DER KORAN

in der Übersetzung von
Friedrich Rückert

Herausgegeben von
Hartmut Bobzin

Mit erklärenden Anmerkungen von
Wolfdietrich Fischer

5. Auflage

Abbildung auf dem Titel:
Die erste Sure aus der 1787 in St. Petersburg gedruckten Koranausgabe
(Universitätsbibliothek Rostock, CIe-1582)

Bibliografische Information der Deutschen Nationalbibliothek
Die Deutsche Nationalbibliothek verzeichnet diese Publikation in der
Deutschen Nationalbibliografie; detaillierte bibliografische Daten sind
im Internet über http://dnb.d-nb.de abrufbar.

© Ergon – ein Verlag in der Nomos Verlagsgesellschaft, Baden-Baden 2018
Das Werk einschließlich aller seiner Teile ist urheberrechtlich geschützt.
Jede Verwertung außerhalb des Urheberrechtsgesetzes bedarf der Zustimmung des Verlages.
Das gilt insbesondere für Vervielfältigungen jeder Art, Übersetzungen, Mikroverfilmungen
und für Einspeicherungen in elektronische Systeme.
Gedruckt auf alterungsbeständigem Papier.

www.ergon-verlag.de

ISBN 978-3-95650-284-2

Vorwort zur 5. Auflage

Für die vorliegende fünfte Auflage der Koranübersetzung von Friedrich Rückert wurde mein Beitrag „Friedrich Rückert und der Koran" leicht überarbeitet.

Erlangen, im Januar 2018
Hartmut Bobzin

Inhaltsübersicht

Friedrich Rückert und der Koran
Von Hartmut Bobzin IX

Der Koran in der Übersetzung von Friedrich Rückert
Herausgegeben von Hartmut Bobzin 1

Erklärende Anmerkungen zum besseren Verständnis der
Koranübersetzung von Friedrich Rückert
Von Wolfdietrich Fischer 493

    Einleitung 495
    Erläuternde Anmerkungen 508
    Anhang: Im Koran häufig vorkommende Begriffe und
    Namen 588

Friedrich Rückert und der Koran

> Wol eine Zauberkraft muß seyn in dem, woran
> Bezaubert eine Welt so hängt wie am Koran[1].

Friedrich Rückerts Plan einer Übersetzung des Korans geht auf die Zeit zurück, da er als Privatgelehrter in Coburg lebte (1820-26). Von dort aus schickte er 1823 dem Nürnberger Buchhändler Johann Leonhard Schrag für das von diesem verlegte *Frauentaschenbuch auf das Jahr 1824* eine Episode aus dem *Iskandarname* (Alexanderbuch) des persischen Dichters Nizami (1141-1209). In den Anmerkungen dazu finden sich ein kürzeres und ein längeres Koranzitat. Das kürzere gilt Maria (Sure 21:91), das längere der Geschichte von Karun und seinen Schätzen (Sure 28:76.79-82). Sehr aufschlußreich ist die Nachbemerkung, die Rückert dem letztgenannten Zitat beigibt: „Der Leser hat hier zweierlei: die Probe einer vom Koran bis zur Unkenntlichkeit umgebildeten biblischen Geschichte (von Korah), und: die Probe einer deutschen Bearbeitung ausgewählter Koranstücke vom Schreiber dieses"[2].

Aus diesem Satz geht mit hinreichender Deutlichkeit hervor, daß Rückert zu diesem Zeitpunkt nicht an eine vollständige Übersetzung des Korans gedacht hat, sondern lediglich an eine Auswahl. Schon bei der Präsentation der Karun-Episode bekennt er sich nämlich ausdrücklich zur „Auslassung von 2 überflüssigen (!) Versen" (nämlich Sure 28:77-78), – und diese Freiheit, einzelne Verse, ja ganze Versgruppen und sogar einzelne Suren zu übergehen, kennzeichnet auch seine hier neu aus dem Nachlaß herausgebene, aus späterer Zeit stammende Übersetzung, deren Unvollständigkeit durchaus beabsichtigt ist: Rückert hatte bei allen seinen Anläufen, den Koran zu übersetzen, stets nur an eine Auswahl, bzw. wie er selber es nannte, einen „Auszug" aus ihm gedacht[3].

---

1 Die *Weisheit des Brahmanen, ein Lehrgedicht in Bruchstücken*, Viertes Bändchen, Leipzig 1838, S. 120.
2 *Frauentaschenbuch 1824*, S. 481 f. Fußnote = Leopold Hirschberg (Hg.), *Rückert-Nachlese*, Bd. I, Weimar 1910, S. 173 Fußnote. – Die Geschichte des biblischen Korah findet sich 4. Mose 16.
3 Daher erscheint dieses Wort auch vollkommen zu Recht auf dem Titelblatt der von August Müller herausgegebenen Erstausgabe von 1888.

Rückert nennt im *Frauentaschenbuch* von 1824 seine damals wichtigste Quelle für das Koranstudium. Es ist die arabisch-lateinische Koranausgabe des italienischen Paters Ludovico Marracci (1612-1700), die 1698 in Padua erschienen war[4]. Sie enthält neben dem arabischen Text eine ziemlich genaue lateinische Übersetzung, Anmerkungen zum Textverständnis, z.T. in Form von Auszügen aus arabischen Korankommentaren, sowie eine Widerlegung *(refutatio)* des Korantextes aus katholischer Sicht. Marraccis Werk atmet noch ganz den Geist mittelalterlicher Kontroverstheologie, – vor allem wegen seiner Widerlegung, die eine Summe der bis dahin christlicherseits gegen den Islam vorgebrachten Polemik darstellt. Rückert hatte Marraccis gewaltigen Folianten im Winter 1822/23 in Coburg „gründlichst durchstudiert", wie er am 21.2.1823 an Gustav Schwab (1792-1850) schreibt. Ob es sich bei diesem Band übrigens genau um das Exemplar handelte, das noch heute in der Coburger Landesbibliothek aufbewahrt wird[5], ist nicht sicher feststellbar. Klar aber ist, daß Rückert für seine damalige Arbeit sich keineswegs auf den arabischen Korantext und die beigegebene lateinische Übersetzung beschränkte, sondern auch Marraccis Anmerkungen fleißig benutzte, wie sich an Rückerts Auffassung manch einer Koranstelle zeigen läßt[6].

Neben Marraccis Koranausgabe benutzte er auch die rein arabische Koranausgabe, die vier Jahre zuvor, also 1694, der Hamburger Hauptpastor Abraham Hinckelmann (1652-1695) in der Hansestadt herausgebracht hatte[7]. Auch wenn für Hinckelmann Mohammed nichts anderes als ein „Pseudoprophet" war, so ist seine Koranausga-

---

4 Unter dem Titel: *Alcorani textus universus* etc. Zu Marracci s. *Lexikon für Theologie und Kirche*, 3. Auflage, Bd. 6, Sp. 1413.

5 Signatur Q II 2/11. Vgl. J. Erdmann (Hrsg.), *Friedrich Rückert. Dichtung und Sprachwissenschaft in seiner Zeit.* Ausstellung Mai 1978, Coburg 1978, S. 12.

6 Vgl. z.B. Sure 6:9. Hier übersetzt Rückert den letzten Satz: „und würden ihn bekleiden, wie sie sich bekleiden", und ist dabei klar von Marracci abhängig, der an dieser Stelle den Unterschied zwischen dem Verb *labisa* „sich bekleiden" und dem Verb *labasa* „jm. etw. verdunkeln" nicht beachtet. Ebenso ist die umschreibende Übersetzung „wir aber sandten so ihn einzeln" für arabisches *ka-ḏālika* in Sure 25:34 von Marraccis Übersetzung „sic demisimus eum separatim" abhängig.

7 Unter dem Titel: *Al-Coranus s[ive] Lex Islamitica Muhammedis, filii Abdallae Pseudoprophetae*, etc. – Zur Person Hinckelmanns und der Entste-

be deshalb bemerkenswert, weil er in einem langen lateinisch geschriebenen Vorwort auf die Bedeutung der arabischen Literatur und den allgemeinen Nutzen des Studiums der arabischen Sprache im Zusammenhang der Bibelwissenschaften hinweist. Darüber hinaus ist Hinckelmanns Werk die erste rein arabisch gedruckte Koranausgabe, die eine respektable Verbreitung auf dem europäischen Buchmarkt erlangte. Denn ein um 1537/38 in Venedig gedruckter arabischer Koran, von dem bis heute nur ein einziges Exemplar vorhanden ist, blieb ohne jede nennenswerte Nachwirkung[8].

Natürlich war das in Coburg betriebene Koranstudium für Rückert keineswegs philologischer Selbstzweck. „Als poetische Abfälle davon", so fährt er im Brief an Schwab fort, „sind mehrere übersetzte Stücke entstanden, in der poetischen Prosa, gereimt und assonierend, wie das Original". Freilich wurde aus einer Veröffentlichung solcher Stücke, die Rückert dem Verleger F. A. Brockhaus (4.5.1772 bis 20.8.1823) in einem Brief vom 4. Februar 1823 für dessen Taschenbuch *Urania* angeboten hatte, nichts. Daß Rückert jedoch schon zu diesem Zeitpunkt auch eine umfangreichere Koranpublikation im Auge hatte, geht aus folgendem Abschnitt eines am selben Tage geschriebenen Briefes an seinen Dichterfreund August Graf von Platen (1796-1835), der damals in Erlangen lebte, hervor: „Sind Sie nicht neugierig auf meinen deutschen Koran? der eigentümliche Zuschnitt in Reimen und Assonanzen des Originals nimmt sich gut genug aus".

Platen mußte lange, ja zu lange neugierig auf Rückerts Koran bleiben. Als er selber sich längst von Erlangen aus nach Italien aufgemacht hatte und Rückert fast ebenso lange schon die Professur für orientalische Sprachen in Erlangen bekleidete (nämlich seit Herbst 1826), schrieb Platen 1830 an einen seiner Erlanger Freunde, den Kirchenhistoriker Veit Engelhardt (1791-1855), eine fast verzweifelt klingende Mahnung: „Rückert sollte den Koran übersetzen, wozu er vor allen andern berufen wäre. Das Buch hat gewiß viele poetische Schön-

---

hungsgeschichte und Bedeutung seiner Koranausgabe lese man die schöne Studie von Hellmut Braun: *Der Hamburger Koran von 1694*, in: *Libris et litteris. Festschrift Hermann Tiemann*, Hamburg 1959, S. 149-166.

8 Näheres dazu siehe in meiner Arbeit *Ließ ein Papst den Koran verbrennen? Mutmaßungen zum Venezianer Korandruck von 1537/38*, München 2013 (= Sitzungsberichte der Bayerischen Akademie der Wissenschaften, Philosoph.-hist. Klasse, 2013,2).

heiten, die er allein wiedergeben könnte. Alle bisherigen Übersetzungen sind höchst langweilig. Wer weiß, wann es wieder einen Poeten geben wird, der zugleich arabischer Orientalist ist? Sagen Sie ihm doch dies in meinem Namen. Es wäre gewiß keine gemeine Aufgabe, die Bibel einer halben Welt dem Okzident zugänglich zu machen. Eine einzige Sure würde schon sehr verdienstlich sein, um wenigstens den poetischen Reiz des Originals anschaulich zu machen"[9]. Tatsächlich hatte ein deutscher Leser zu diesem Zeitpunkt kaum eine Möglichkeit, diesen von Platen, einem Kenner der arabischen Sprache, zu Recht so sehr betonten „poetischen Reiz" des Korans kennenzulernen. Bis dahin waren zwar sieben verschiedene deutsche Koranübersetzungen erschienen[10]; aber die vier ersten beruhten nicht direkt auf dem arabischen Text, sondern waren über eine oder mehrere Zwischenstationen ins Deutsche übersetzt. Das gilt z.B. für die 1746 erschienene Übersetzung von Theodor Arnold[11], die aus der bis heute zu Recht gerühmten englischen von George Sale (erschienen 1734) erarbeitet war. Deren Wert beruhte neben der sprachlichen Exaktheit auf einer wirkungsgeschichtlich sehr bedeutsamen „vorläufigen Einleitung" *(preliminary discourse)*, in der Sale das Leben Mohammeds und die Entstehung des Islam (einschließlich seiner Vorgeschichte) im Geiste der beginnenden Aufklärung darstellt.

Es war übrigens diese Koranübersetzung samt ihrer Einleitung, die Goethe Ende 1818 aus der Weimarer Bibliothek entlieh und für seinen *West-östlichen Divan* und die dazu gehörigen *Noten und Abhandlungen zu besserem Verständnis des West-östlichen Divans* be-

---

9   Rüdiger Rückert (Hg.), Briefe an und über Friedrich Rückert, Schweinfurt 1987, Nr. 198; das Original des Briefes im Stadtarchiv Schweinfurt, „Slg. Rückert", Sign. A II 54-35.
10 Vgl. dazu *Glaubensbuch und Weltliteratur. Koranübersetzungen in Deutschland von der Reformationszeit bis heute*. Katalog herausgegeben von Hartmut Bobzin und Peter M. Kleine, Arnsberg 2007 (= Wedinghäuser Denkanstöße, 1).
11 1683-1761. Arnold war Sprachmeister des Englischen, Verfasser einer weithin benutzten englischen Grammatik (Leipzig 1736) und äußerst produktiver Übersetzer. Neben dem Koran übersetzte er übrigens auch die bedeutende *Geschichte der Sarazenen* (Altona 1745) des Cambridger Orientalisten Simon Ockley (1678-1720).

nutzte[12]. Das ist deshalb bemerkenswert, weil damals auch schon zwei andere, direkt aus dem Arabischen angefertigte deutsche Übersetzungen vorlagen, und man sich fragen mag, warum Goethe nicht eher eine von diesen beiden benutzte, sondern zu der viel älteren Arnolds griff.

Die erste dieser Übersetzungen war 1772 erschienen. Ihr Urheber, der aus Schwaben gebürtige Frankfurter Gelehrte David Fried(e)rich Megerlin[13], mußte herbe Kritik über sich ergehen lassen. In seiner Auffassung des Korans und der Person Mohammeds – das Porträt Mohammeds auf dem Titelkupfer ist unterschrieben: „Mahumed der falsche Prophet"! – ist Megerlin noch ganz der traditionellen christlichen Polemik gegen den Islam verhaftet, und diese Einstellung macht sich auch in der reichlich steifen Textwiedergabe allenthalben bemerkbar. Der Rezensent der *Frankfurter Gelehrten Anzeigen* (22.12.1772) spricht denn auch nicht zu Unrecht von einer „elenden Produktion" und ergeht sich folglich nicht weiter in nutzloser Einzelkritik, sondern äußert im Hinblick auf diese Koranübersetzung den Wunsch, „daß einmal eine andere unter morgenländischem Himmel von einem Deutschen verfertigt würde, der mit allem Dichter- und

---

12 Vgl. dort den bekannten Abschnitt „Mahomet", in dem Goethe Sure 2:1-7 – allerdings nicht ganz korrekt – zitiert, s. *West-östlicher Divan*, hg. v. Hendrik Birus, Teil 1, Frankfurt a.M. 1994, S. 158: „Es ist kein Zweifel in diesem Buch. Es ist eine Unterrichtung der Frommen, welche die Geheimnisse des *Glaubens* vor (= für; H.B.) wahr halten, die bestimmten Zeiten des *Gebets* beobachten und von demjenigen was wir ihnen verliehen haben *Almosen* austeilen; und welche der Offenbarung glauben, die den Propheten vor dir herabgesandt worden, und gewisse Versicherung des zukünftigen Lebens haben: diese werden von ihrem Herrn geleitet und sollen glücklich und selig [Arnold: gesegnet] sein. Die Ungläubigen betreffend, wird es ihnen gleichviel sein, ob du sie vermahnest oder nicht vermahnest; sie werden doch nicht glauben. Gott hat ihre Herzen und Ohren versiegelt. Eine Dunkelheit bedecket ihr Gesicht und sie werden eine schwere Strafe leiden."

13 1699-1778. Der Titel der Übersetzung lautet: *Die türkische Bibel, oder des Korans allererste teutsche Übersetzung.* Frankfurt 1772. Die meisten Schriften Megerlins gelten übrigens der Polemik gegen das Judentum.

Prophetengefühl in seinem Zelte den Koran läse, und Ahndungsgeist genug hätte, das Ganze zu umfassen"[14].

Der das schrieb, war, wie man mit hinreichender Sicherheit annehmen darf, kein anderer als Goethe, der viele Jahre später in seinen *Noten und Abhandlungen* (1819) die vielleicht treffendste Charakterisierung von Sprache und Stil des Korans überhaupt geliefert hat: „Der Stil des Korans ist seinem Inhalt und Zweck gemäß: streng, groß, furchtbar, stellenweis wahrhaft erhaben; so treibt ein Keil den andern und darf sich über die große Wirksamkeit des Buches niemand verwundern"[15]. Hätte Rückert sein Vorhaben einer Koranübersetzung bereits in Coburg zu Ende gebracht, – dann hätte Goethe seinen lange gehegten Wunsch noch zu seinen Lebzeiten verwirklicht gesehen – und ganz gewiß begrüßt! Aber was Rückert in Coburg als sorgfältig geschriebene „Übersetzungsproben aus dem Koran" (sowie als Vorarbeiten dazu) zu Papier brachte, blieb weitestgehend unveröffentlicht und befindet sich heute in der „Sammlung Rückert" im Stadtarchiv Schweinfurt. Und wenn Goethe sich auch fernerhin mit Koranübersetzungen begnügen mußte, die den von ihm gesetzten Maßstäben nicht genügen konnten, bleibt doch festzustellen, daß sein Wunsch nach einer „angemessenen" Koranübersetzung offenbar nicht ganz unerhört blieb, ja daß sich immerhin noch vor Rückerts Auftreten zwei Gelehrte nennen lassen, die sich der sprachlichen Herausforderung des Korans stellten.

Zunächst ist aber, der Vollständigkeit halber, noch von einer anderen Übersetzung zu sprechen, die nur ein Jahr nach Megerlins Arbeit erschien (1773). Sie stammte aus der Feder des Quedlinburger Hofpredigers und Konsistorialrats Friedrich Eberhard Boysen (1720-1800)[16]. Ein zeitgenössischer Rezensent, der Jenaer Theologe und Orientalist Johann Friedrich Hirt (1719-1783), rühmte an ihr zwar den Fortschritt gegenüber der Arbeit Megerlins, kam aber nicht umhin, auch an ihr nicht weniges zu rügen, so z.B. den unzulässig pa-

---

14 Zit. nach Katharina Mommsen, *Goethe und die arabische Welt*, Frankfurt a.M. 1988, S. 176.
15 *West-östlicher Divan*, hg. v. Hendrik Birus, Teil 1, Frankfurt a.M. 1994, S. 159.
16 Seine in Halle 1739 vorgelegte Dissertation handelte *Von einigen aus dem Alkoran erläuterten Ritualen*. Ansonsten war er ein tüchtiger Bibelphilologe. Vgl. *Allgemeine Deutsche Biographie* 3 (1876), S. 226-227.

Friedrich Rückert und der Koran

raphrasierenden, also sprachlich umständlichen Charakter der Übersetzung. Boysens Übersetzung, die 1775 in zweiter Auflage erschien, wurde auch nicht wesentlich verbessert durch die Überarbeitung, die ihr später der Hallesche Orientalist Samuel Friedrich Günther Wahl (1760-1834)[17] angedeihen ließ. „Für ihn," so schrieb später rückblickend einer der berühmtesten Arabisten des 19. Jahrhunderts, der Leipziger Heinrich Leberecht Fleischer (1801-1888), „hatte kein Voß[18] den Homer übersetzt und der Sprache Spannkraft gegeben: ihm war sie, auch für den Koran, noch immer der alte gemächliche Hausrock, unter dem sich Alles in breite Formlosigkeit verlor; für ihn hatte kein de Sacy[19] eine arabische Sprachlehre[20] geschrieben... Daher ließ er die Wasserfluthen, in welche Boysen den Kern des Korans verschwemmt hatte, in ihrer ganzen Ausdehnung fortbestehen, ja vermehrte sie noch durch eigenen Zuguß; daher behielt er die von jenem überkommenen Missverständnisse getreulich bei, und meisterte mit dem schlechtesten Erfolge seine gelehrteren Vorgänger, deren wirkliche Schwächen durch das Studium der mohammedanischen Koranerklärer zu entdecken er eben so wenig wie Boysen vermochte"[21]. Nicht

---

17 Das Hauptwerk dieses wortgewandten, zuletzt an der Universität Halle lehrenden Orientalisten ist gewiß seine *Allgemeine Geschichte der morgenländischen Sprachen und Litteratur worinnen von Sprache und Litteratur der Armener, der Egypter und Kopten, der Araber, der Phönicier und Ebräer, der Aethiopier, Syrer, Samaritaner und Chaldäer, auch der Sineser, der ostindischen Völker, vorzüglich aber der Perser systematisch und ausführlich gehandelt wird*, Leipzig 1784. Der Titel der Koranübersetzung lautet: *Der Koran oder das Gesetz der Moslemen durch Muhammed den Sohn Abdallahs* etc., Halle 1828.
18 Johann Heinrich Voß (1751-1816), der bekannte Übersetzer von Homers *Ilias* und *Odyssee*.
19 Antoine Silvestre de Sacy (1758-1838) war der Begründer der modernen europäischen Orientalistik, den auch Rückert hochschätzte. Nach Sacys arabischer Ausgabe der *Makamen* des Hariri fertigte Rückert seine berühmte Nachdichtung *Die Verwandlungen des Ebu Seid von Seru'g oder die Maka'men des Hari'ri* (Stuttgart 1826) an.
20 Gemeint ist seine *Grammaire arabe à l'usage des élèvesde l'école spéciale des langues orientales vivantes avec figures*. Vol. III.Paris 1810
21 *Allgemeine Literatur-Zeitung*, März 1841, S. 417. Für den Hinweis auf diese Arbeit Fleischers danke ich meinem Kollegen Prof. Holger Preißler, Leipzig (1943-2006), herzlich.

nur von ihrer sprachlichen Form ist die Übersetzung von Boysen-Wahl verfehlt und überholt, sie repräsentiert auch in ihrer Auffassung und Beurteilung von Mohammeds Person und Botschaft die alte polemische kirchliche Auffassung. Rückert nimmt später in den Anmerkungen zu seiner Übersetzung mehrfach auf Wahls Übersetzung und Kommentierung Bezug, meist aber mit kritischer, ja sogar polemischer Distanz[22].

Eine andere Richtung als Boysen – und damit sei hier wieder an Goethes Postulat einer neuen Übersetzungsart des Korans erinnert – verfolgte der damals in Jena lehrende Theologe und Orientalist Johann Christian Wilhelm Augusti[23] mit seiner Auswahlübersetzung *Der kleine Koran oder Übersetzung der wichtigsten und lehrreichsten Stücke des Koran's mit kurzen Anmerkungen* (Weissenfels und Leipzig: Severin und Komp. 1798). Er wählte, um der Sprachform des Korans gerecht zu werden, für seine metrische Übersetzung fünffüßige Jamben. Auch wenn das Ergebnis nicht befriedigen kann, so ist doch anerkennenswert, daß sich Augusti als erster des besonderen sprachlichen Charakters des Korans, also seiner Form, nicht nur seines Inhalts, bewußt war.

Wesentlich bedeutender als Augustis Versuch einer metrischen Nachbildung ausgewählter Stücke des Korans war der des Wiener

---

[22] Vgl. z.B. die Anmerkungen Rückerts zu Sure 5:112ff. (hier ist Wahl nicht namentlich genannt) und vor allem zu Sure 42:41. Hier übersetzt Wahl: „Trägt einer (das Unrecht) geduldig, und verzeihet (die Beleidigung), so geschiehet es nur aus Drang der Umstände", und kommentiert (S. 491): „Indem die Moral des Islam die Rache an den Feinden und Beleidigern nicht nur für erlaubt erklärt, sondern als vorzügliche Tugend der Gläubigen, als Religionsvorschrift empfiehlt, so gibt Muhammed offen zu erkennen, wes Geistes Kind er ist ..." Die von Rückert vertretene Textauffassung wird zwar dann auch von Wahl noch referiert, aber schließlich als dem „Geiste des Islam" – wie Wahl ihn versteht! – entgegenstehend verworfen.

[23] 1772-1841, seit 1803 Professor der orientalischen Sprachen in Jena, später der Theologie in Breslau und Bonn. Er war einer der Begründer der christlichen Archäologie. Vgl. zu ihm *Deutsche Biographische Enzyklopädie*, München 2001, Bd. 1, 222.

Orientalisten Josef von Hammer-Purgstall[24]. Er war ja bekanntlich nicht nur einer der orientalistischen Lehrmeister und Anreger Goethes – man vergleiche das schöne Denkmal, das ihm in den *Noten und Abhandlungen* gesetzt ist[25] –, sondern auch Lehrer Rückerts im Persischen, Türkischen und Arabischen[26]. Wie Goethe war auch Rückert ein eifriger Leser der von Hammer herausgegebenen einzigartigen *Fundgruben des Orients,* einer üppig ausgestatteten, im Folio-Format erscheinenden Zeitschrift, die allerdings nur über einen begrenzten Zeitraum hinweg die neuesten Ergebnisse einer äußerst weit gefaßten Orientwissenschaft publizierte[27]. Dieses Forum wählte Hammer, um seinen Versuch einer „poetischen" Koranübersetzung einem weiteren Publikum vorzustellen. Im zweiten Band dieser Zeitschrift finden sich aus von Hammers Feder *Die letzten vierzig Suren des Korans als eine Probe einer gereimten Übersetzung desselben.* Die Vorrede dazu ist es wert, hier vollständig abgedruckt zu werden, nicht zuletzt deshalb, weil Rückert Hammers Arbeit (oder soll man, aus seiner Sicht, sagen: Vorarbeit?) wohlbekannt war und er gelegentlich darauf Bezug nimmt[28]:

> „Der Koran ist nicht nur des Islam's Gesetzbuch, sondern auch Meisterwerk arabischer Dichtkunst. Nur der höchste Zauber der Sprache konnte das Wort des Sohnes Abdallah's stämpeln als Gottes Wort. In den Werken der Dichtkunst spiegelt sich die Gottheit des Genius ab. Diesen Einhauch und Aushauch der Gottheit beteten die Araber schon vor Mohammed in ihren großen Dichtern an, deren Gedichte mit goldenen Buchstaben geschrieben, an der Kaaba als Gegenstände der allgemeinen Verehrung aufgehangen waren. Mohammed unterjochte sein Volk weniger durch das Schwert, als durch der Rede Kraft. Das lebendige Wort, das die

---

24 1774-1856. Eine brauchbare Biographie dieser ebenso genialen wie schillernden Figur gibt es noch nicht; vgl. jedoch Ingeborg Solbrig, *Hammer-Purgstall und Goethe,* Bern u. Frankfurt a.M. 1973.
25 „Wieviel ich diesem würdigen Mann schuldig geworden, beweist mein Büchlein in allen seinen Teilen", schreibt Goethe im Kapitel „Von Hammer" in seinen *Noten und Abhandlungen;* s. *West-östlicher Divan,* hg. v. Hendrik Birus, Teil 1, Frankfurt a.M. 1994, S. 278 f.
26 Und zwar während Rückerts Aufenthalt in Wien im Winter 1818/19.
27 Vgl. Johann Fück, *Die arabischen Studien in Europa bis in den Anfang des 20. Jahrhunderts,* Leipzig 1955, S. 159ff.
28 Allerdings nur handschriftlich in der seiner eigenen Koranübersetzung zugrundeliegenden Textausgabe von Gustav Flügel.

sieben göttlichen an der Kaaba aufgehangenen Gedichte[29] weit hinter sich zurückließ, konnte nicht die Frucht menschlicher Begeisterung, es mußte im Himmel gesprochen und geschrieben seyn von Ewigkeit her. Daher ist der Koran Gottes Wort. Die treueste Übersetzung davon wird die seyn, welche nicht nur den Geist, sondern auch die Form darzustellen ringt. Nachbildung der Rede durch Rhythmus und Schall ist unerläßliche Bedingung der Übersetzung eines Dichterwerks. Der höchste Zauber arabischer Poesie besteht nicht nur in Bild und Bewegung, sondern vorzüglich in des Reimes Gleichklang, der für arabische Ohren wahrer Sirenenton ist. Um also den poetischen Gehalt des Korans so getreu als möglich auszumünzen, muß die Übersetzung mit dem Originale nicht nur gleichen Schritt, sondern auch gleichen Ton halten; die Endreime der Verse müssen in Reimen übertragen werden, was bisher in keiner der uns bekannten Uebersetzungen geschehen, und in keiner europäischen Sprache getreuer geschehen könnte als in der deutschen. Sie wird zwar von der italiänischen und spanischen übertroffen an Reimfülle (den Wohllaut beachtet der Araber kaum), allein keine Sprache flieht weniger vor den Eigenheiten des fremden Genius zurück als die zutrauliche Sprache Teut's[30], die wie seine Söhne keinem Himmelsstriche fremd, jedem Boden die Keime seiner eigenthümlichen Kultur entlockt, und sorgsam bewahrt. Mit Liebe und Lust wandelt sie nicht nur in den Schattengängen des Ilissus[31] und auf Tiburs Hügeln[32], sondern auch auf den Rosenfluren von Schiras[33] und in Mekka's Palmenhainen. Sie folgt dem Beduinen in der Wüste, und horcht dort den Worten des Korans den wohlabgemessenen den gereimten, deren Gang und Klang sie nachahmend wiedergiebt. So nur kann zunächst die Wirkung hervorgebracht werden, welche der Text auf ein arabisches Ohr nicht verfehlt. So wird uns die Übersetzung als Spiegel

---

29 Hammer spielt hier auf die berühmten *Muʿallaqāt* („die aufgehängten") an, die der Legende nach wegen ihrer Schönheit an der Kaaba zu Mekka „aufgehängt" waren. Dem Abendland bekannt machte diese Gedichte der Engländer William Jones (1783), danach fertigte Anton Theodor Hartmann seine deutsche Übersetzung *Die hellstrahlenden Plejaden am arabischen poetischen Himmel oder die 7 am Tempel zu Mekka aufgehangenen arabischen Gedichte* (1802) an.
30 Angeblich altgermanischer Gott, vom Volkstamm der Teutonen abgeleitet.
31 Attischer Fluß, der südlich an Athen vorbeifließt, – hier als blumige Umschreibung für Athen selber.
32 Tibur: Von Dichtern wie Horaz, Catull und anderen oft besungene alte Stadt in Latium, das heutige Tivoli.
33 Die Heimatstadt der beiden berühmten persischen Dichter Saadi (um 1219 - um 1292) und Hafis (um 1320 - 1389).

nicht nur das Bild des Propheten zeigen, sondern auch den Dichterodem aus seinem Munde auffangen"³⁴.

Hammer hebt hier zu Recht hervor, daß es die Macht des Wortes war, die Mohammed befähigte, Anhänger zu finden, die seiner prophetischen Sendung glaubten. Und er sieht ebenso zu Recht, daß der Koran die im alten Arabien hochgeschätzte Dichtung überbietet als literarische Form ganz eigener Art, die aber doch immerhin im Reim an dichterischer Redeweise teilhat. Schließlich hebt von Hammer die besondere Fähigkeit der deutschen Sprache hervor, Dichtungen aus so unterschiedlichen Sprachen wie dem Lateinischen, Griechischen, Persischen und Arabischen ihrem Geiste wie ihrer Form nach angemessen wiederzugeben.

Wenn man Rückerts Jenaer Dissertation von 1811 *De idea philologiae* („Die Idee der Philologie") kennt, dann kann man ermessen, daß Rückert gerade für solche (übrigens praktisch gleichzeitig geäußerten) Ansichten über das Deutsche empfänglich war, ja geradezu herausgefordert sein mußte³⁵. Hammer versucht in seiner Übersetzung ausgewählter Stücke des Korans, durch Herstellung von Reimen und Reimgruppen wenigstens ein wesentliches Stilmittel koranischer Redeweise nachzuahmen – aber die Resultate dürften Rückert sprachlich kaum zu überzeugen vermocht haben. Ein Vergleich mag hier am Platze sein! Für ihn sei die sehr alte mekkanische Sure 88 ausgewählt. Hammer übersetzt wie folgt³⁶:

Die Bedeckende

1 Hast Du Kunde von der bedeckenden Stunde?
2 Viele Gesichter senken sich in jener Stunde
3 Mit Müh' und Pein
4 Gehn sie ins brennende Feuer ein.
5 Ihr Getränk wird höllischer Gluthen Wein
6 Ihre Speise Dornen seyn.
7 Sie werden davon weder satt noch fett.
8 Andere aber haben fröhliche Gesichter in jener Stunde.

---

34 *Fundgruben des Orients* 2, 1811, S. 25 f.
35 Vgl. Claudia Wiener, *Friedrich Rückerts „De idea philologiae" als dichtungstheoretische Schrift und Lebensprogramm*, Schweinfurt 1994, mit Neudruck und deutscher Übersetzung von Rückerts Dissertation, dort S. 208 ff.
36 *Fundgruben des Orients* 2, 1811, S. 37 f.

9 Zufrieden mit ihrem Thun
10 Werden sie in hohen Gärten ruhn.
11 Entfernt ist alles Geschwätz von hinnen
12 Ausser den Quellen welche rinnen,
13 Es sind darinnen hohe Betten,
14 Becher zum trinken bereit,
15 Polster wohlgereiht
16 Und ausgepreitete Tapeten.
17 Seht ihr nicht das Kamel wie es erschaffen ward mit reichen Gaben?
18 Und die Himmel wie sie stehn erhaben,
19 Und die Berge wie sie sich erheben,
20 Und die Erde wie sie flach ist und eben.
21 Lehre, denn du bist der Lehrer,
22 Du wirst sie nicht strenge beherrschen,
23 Ausser dem, der sich abwendet und nicht glauben will.
24 Gott strafet ihn mit großer Pein.
25 Zu uns kehren sie zurück,
26 Da wird bey uns die Rechenschaft seyn.

Rückert übersetzt diesen Text hingegen so[37]:

 1 O weißt du wer den Schauder verhängt
 2 Tags einer das Antlitz zur Trauer senkt.
 3 Beengt bedrängt,
 4 Von der lohenden Glut versengt,
 5 Aus der kochenden Quellen Flut getränkt
 6 Ihre Speise genannt ist Kummer,
 7 Die macht nicht fett und wehrt nicht dem Hunger.
 8 Tags einem aufs Antlitz ist Lust geschenkt,
 9 Der seines Werks mit Gefallen denkt,
10 In den Gärten unbeschränkt,
11 Wo man nicht hört, was stört noch kränkt,
12 Wo die Quellen sind geleitet,
13 Die Sitze festlich bekleidet,
14 Und die Becher bereitet,
15 Die Kissen umher gereihet,
16 Die Teppiche rings gespreitet.
17 Und haben sie nicht das Kamel angeschaut,
18 Und wie der Himmel ist gebaut,
19 Und wie gewölbt des Berges Haupt?
20 Und die Erde geschmückt mit Gras u Kraut?

---

37 Der Text folgt nicht dem Abdruck in der Ausgabe Müllers von 1888, sondern der Handschrift Stadtarchiv Schweinfurt, „Slg. Rückert", A 11,20-5, Bl. 8a/b. Vgl. zur Begründung weiter unten.

Friedrich Rückert und der Koran

21 So mahne, du bist nur ein Mahner.
22 Über sie kein Gewalthaber.
23 Aber wer sich wendet zum Bösen
24 Gott wird ihn strafen mit seiner Strafe Größen.
25 Zu uns ihre Rückkehr haben sie
26 Und uns dann die Rechenschaft gaben sie.

Der Unterschied zwischen beiden Versionen wird am ehesten klar, wenn man sie *laut* zu lesen versucht. Zwar weist Hammers Übersetzung meist „Reime" am Zeilenende auf, aber ansonsten haben die einzelnen Zeilen keinerlei rhythmische Gliederung. Das hingegen ist bei Rückert durchgehend der Fall, dessen Verse in jambischem Rhythmus (wie bei Augusti!) verlaufen und zudem am Versende Reime bzw. ersatzweise vokalische Assonanzen (Kummer/Hunger, Haupt/Kraut) aufweisen.

Rückerts Übersetzung dieser Sure stammt übrigens mit ziemlicher Sicherheit aus seiner Coburger Zeit und dürfte im Winter 1822/23 entstanden sein. „Ich bin diesen ganzen Winter mit dem Koran beschäftigt, und die nebenbey übersetzten Stücke, nebst einigen Zugaben, werden wohl mit der Zeit ein Buch geben", schrieb Rückert in dem schon erwähnten Brief an den Verleger F. A. Brockhaus, in dem er diesem „einige Stücke aus dem Koran, im genauen Zuschnitt des Originals, nach Reim und Assonanz, die sich eigenthümlich genug ausnehmen", zur Publikation anbot. Diese „Stücke aus dem Koran" können mit einiger Plausibilität mit einer zwölfseitigen Reinschrift in Verbindung gebracht werden, die sich heute im Stadtarchiv Schweinfurt befindet (im folgenden bezeichnet als A)[38]. Sie ist überschrieben: „Aus dem Koran. Übersetzungsproben von Friedrich Rückert". Die Seiten sind jeweils zweispaltig beschrieben und enthalten Texte aus den Suren 6, 7, 8, 9, 15, 21, 22, 28, 30, 31 und 33. Die Probe aus Sure 28 enthält übrigens die Episode von Karun, aus der Rückert 1824 im *Frauentaschenbuch* zitiert, wodurch die hier vorgeschlagene Datierung zusätzliche Wahrscheinlichkeit gewinnt. Noch älter als diese Reinschrift ist ein wesentlich umfangreicheres Konvolut von Blättern, das von seinem Schriftduktus und den zahlreichen an ihm angebrachten Korrekturen eindeutig als Übersetzungsentwurf anzusehen

---

38 „Sammlung Rückert", Sign. A II 20-2; vgl. Kreutner, *Die Sammlung Rückert, Teil I: Friedrich Rückert (1788-1866)*, Schweinfurt 1994, S. 39, Nr. 33.

ist (im folgenden bezeichnet als B)[39]. Die nahe Verwandtschaft zu der eben genannten Reinschrift A ergibt sich daraus, daß sämtliche dort enthaltenen Stücke auch in B begegnen, A jedoch immer die Korrekturen aus B aufweist[40]. Aus diesem Übersetzungsentwurf B stammt nun auch die eben zitierte Übersetzung von Sure 88, – die Rückert interessanterweise nicht in die Reinschrift A mit aufgenommen hat.

Wenn Rückert sowohl in dem zitierten Brief an Gustav Schwab wie in dem an F. A. Brockhaus davon spricht, daß die Übersetzung „in der poetischen Prosa, gereimt und assonierend wie das Original", gehalten sei, so ist damit eine wesentliche Charakteristik der frühen Coburger Übersetzungsversuche gegeben, die sie von den späteren, in Erlangen entstandenen unterscheidet. So enden z.B. die Verse des übersetzten Stückes Sure 15:16-77 durchgängig assonierend mit der Vokalfolge a-e in den letzten beiden Silben, während das in der späteren Übersetzung nicht der Fall ist. In Sure 90 hingegen vermag Rückert mit drei verschiedenen Reimtypen den Reimwechsel des Originals genau nachzuahmen[41]:

(Die Stadt)
1 Ich schwör's bei dieser Stadt!
2 (Denn du wohnst in dieser Stadt)
3 Beim Sämann und seiner Saat!
4 Der Mensch, den wir erschufen, folgt seines eignen Herzens Rath
5 Meint er, daß Niemand Gewalt auf ihn hat?
6 Er spricht: O wie vieles Gut ich zertrat.
7 Meint er, daß Niemand gesehn ihn hat?
8 Wer hat ihm die Augen bereitet?
9 Und die Lippen ihm geweitet?
10 Und auf den Scheideweg ihn geleitet?
11 Doch er erklimmt nicht den hohen Rand.
12 Weißt du, was ist der hohe Rand?

---

39 Stadtarchiv Schweinfurt, „Sammlung Rückert", A II 20-5, vgl. Kreutner, *Sammlung Rückert*, S. 40f., Nr. 36.
40 B enthält wesentlich mehr Texte als A. Die auf zahlreichen Seiten begegnende Abkürzung „Br." (von Rückerts Hand!) ist übrigens wohl nicht, wie Kreutner annimmt, als Hinweis auf spätere Verwendung in der *Weisheit des Brahmanen* zu deuten, sondern als Abkürzung für „Brouillon", d.h. „Entwurf", zu lesen.
41 In Vers 4 Variante Rückerts: Wir erschufen den Menschen zu harter That. Möglicherweise vorzuziehen.

13 Zu lösen der Gefangnen Band;
14 Zu speisen, wenn der Hunger im Land,
15 Den Waisen, der dir verwandt,
16 Den Armen, der dir unbekannt
17 Und bist du dann von denen, die glauben, die sich ermahnen zum Erbarmen, u[nd] sich ermahnen zum Bestand;
18 Das sind die Genossen der rechten Hand.
19 Doch die nicht glauben an unsre Zeichen, das sind die Genossen der linken Hand:
20 Über sie der wölbende Brand.

Man mag darüber spekulieren, warum Rückert sein Koranvorhaben in Coburg offensichtlich nicht weiter verfolgt hat. Ein Grund war sicher das mangelnde Interesse von Brockhaus[42]. Außerdem wandte er sich 1823 der schon erwähnten Übersetzung eines längeren Stückes aus Niẓāmīs *Iskandarname* zu, das 1824 im *Frauentaschenbuch* erschien, und noch im gleichen Jahr den *Makamen* des Ḥarīrī, dessen arabische, von Silvestre de Sacy herausgegebene Textausgabe ihm der Nürnberger Buchhändler Schrag besorgt hatte. „Welch ein Werk, dieser Sacy'sche Hariri", schreibt Rückert im Oktober 1823 begeistert an von Hammer. Ḥarīrī sollte ihn noch länger beschäftigen: 1826 erschien der erste Teil der *Makamen,* und dann hatte Rückert sich in Erlangen in seiner neuen Stellung als Professor einzurichten.

Wie so oft in Rückerts Übersetzerleben sorgte die Veröffentlichung einer neuen Textausgabe für einen starken Impuls, sich mit dem entsprechenden Werk näher zu beschäftigen – und dies gilt wohl auch für den Koran, der 1834 in einer erschwinglichen Ausgabe in Leipzig erschien. Bis zu diesem Zeitpunkt besaß Rückert keine eigene Koranausgabe, sondern war auf Leihexemplare angewiesen. In Coburg benutzte er entweder eine der auf der dortigen Bibliothek vorhandenen Ausgaben von Marracci oder Hinckelmann – oder aber einen Korantext, den ihm Platen dorthin aus Erlangen geschickt hatte[43]. Aus der Erlanger Universitätsbibliothek entlieh Rückert erstmals im Mai 1827 einen Koran „im Folioformat", laut Ausleihbuch. Das konnte nur

---

42 Rückert schreibt am 21.9.1823 an Christian Freiherrn von Truchseß: „Leider finden Sie in der Urania die Koran-Stücke nicht, Brockhaus hat sie nicht aufnehmen wollen" (*Briefe*, Bd. 1, S. 302 f.).
43 Vgl. Rückerts Brief an Platen vom 1.4.1825, wo es heißt: „Ich danke für den Koran". Ob damit eine Handschrift oder eine Druckausgabe gemeint ist, läßt sich nicht mehr feststellen.

Marraccis Koran sein oder aber ein in drei verschiedenen Ausgaben vorhandener russischer Korandruck. Diese in Deutschland seltene Koranausgabe ging auf eine Initiative der russischen Zarin Katharina II. zurück, die den muslimischen Untertanen neueroberter, ehemals türkischer bzw. tatarischer Territorien ihr heiliges Buch leichter zugänglich machen wollte[44]. Diesen erstmals 1787 in St. Petersburg gedruckten und mehrfach dort und später in Kazan nachgedruckten Koran entlieh Rückert mit Sicherheit im Oktober 1829. Ein intensiveres Studium des Korans läßt sich dann erst wieder für das Frühjahr 1836 belegen – also zwei Jahre nach dem Erscheinen der Leipziger arabischen Ausgabe des Korans.

Deren Herausgeber, Gustav Leberecht Flügel (1802-1870), lehrte von 1832-1850 als Professor an der Fürstenschule in Meißen und lebte danach bis zu seinem Tode als Privatgelehrter[45]. Als Orientalist war er Schüler sowohl von Joseph v. Hammer-Purgstall wie von Silvestre de Sacy. Neben einigen historischen Arbeiten, Handschriftenkatalogen und Texteditionen war seine Koranausgabe, der er später eine Konkordanz beigab, gewiß sein einflußreichstes Werk, denn mit ihm „besaß die seit der Wende vom 18. zum 19. Jahrhundert weit aufblühende Wissenschaft vom islamischen Orient ein philologisch zuverlässiges, ästhetisch befriedigendes, handliches und bequem zugängliches Werkzeug zur Befassung mit dem Grundtext ihrer Studien"[46]. Für den Erfolg der Ausgabe spricht, daß schon im Jahr 1834 vier – jeweils unterschiedliche – Auflagen produziert wurden, denen rasch weitere folgten. Rückerts Handexemplar von Flügels Koranausgabe befindet sich heute im Rückert-Nachlaß in Berlin und zeugt allenthalben von

---

44 Zur Sache siehe Horst Röhling, ‚Koranausgaben im russischen Buchdruck des 18. Jahrhunderts', in: *Gutenberg-Jahrbuch* 1977, S. 205- 210. – Katharina II. ließ übrigens ein Exemplar dieses Druckes der Universitätsbibliothek Göttingen zukommen, worüber sich ein kurzer Bericht in den *Götting. Anzeigen von gelehrten Sachen* vom 28. Juli 1788 findet. – Wie die drei Drucke in die Erlanger Universitätsbibliothek gelangt sind, ist unklar.

45 Vgl. zu ihm *Neue Deutsche Biographie* 5, 1961, 260 f.

46 Arne A. Ambros, ‚Die Divergenzen zwischen dem Flügel- und dem Azhar-Koran', in: *Wiener Zeitschrift für die Kunde des Morgenlandes* 78, 1988, S. 9-21; das Zitat auf Seite 9.

Friedrich Rückert und der Koran

seiner intensiven Arbeit am Korantext[47]. Er kennzeichnet übersetzte Stücke, Auslassungen und auch Versumstellungen, macht Anmerkungen zur Bedeutung einzelner Vokabeln und schreibt gelegentlich auch erste Entwürfe an den Rand, so z.b. zu Sure 26 und Sure 53. Eine umfassende Auswertung all dieser Notizen Rückerts kann freilich in der vorliegenden Textausgabe nicht geboten werden.

Neben dem Beginn von Sure 26 steht die Notiz: „übers[etzt] Jan. 1836". Diese Datierung korrespondiert nun ziemlich genau mit derjenigen, die sich anhand der Ausleihbücher der Universitätsbibliothek Erlangen für Rückerts intensives Koranstudium nennen läßt, nämlich das Frühjahr 1836. Neben den deutschen Koranübersetzungen von Wahl und Arnold entleiht Rückert erneut einen der russischen Korandrucke, ferner zwei historische Werke zur vorislamischen arabischen Geschichte und zum Leben Mohammeds, den handschriftlich vorhandenen Korankommentar von al-Bayḍāwī sowie als elementarstes Hilfsmittel das arabisch-lateinische Wörterbuch von Jacob Golius[48]. Einzelne dieser Werke entleiht er erneut im Frühjahr 1837 und 1838, darunter stets Bayḍāwīs Kommentar, aus dem er sich im übrigen handschriftliche Auszüge anfertigt ebenso wie aus George Sales *Preliminary discourse* in der Übersetzung Arnolds[49].

Daß Rückert in dieser Zeit, also 1836/37, beabsichtigte, eine Koranübersetzung zu publizieren, geht zweifelsfrei aus seiner Korrespondenz mit Salomon Hirzel und Karl Reimer, den damaligen Inhabern der Weidmannschen Verlagsbuchhandlung in Leipzig, hervor. In diesem Verlag erschien seit 1836 bändchenweise *Die Weisheit des Brah-*

---

47 Staatsbibliothek Preußischer Kulturbesitz, Sign. A 27. – Die Benutzung von Flügels Textausgabe erklärt übrigens einige Abweichungen in Rückerts Textauffassung und -wiedergabe von der heute meistens benutzten sogenannten Kairiner Ausgabe des Korantextes, die der kufischen Lesetradition Ḥafṣ ʿan ʿĀṣim folgt, vgl. z.B. Sure 3:73/79. Gelegentlich macht Rückert selber aufgrund seiner Benutzung einheimischer Kommentare auf abweichende Lesetraditionen aufmerksam, so z.B. Sure 2:118/124.

48 Für die genauen Titel und Nachweise vgl. meinen Aufsatz ‚Friedrich Rückert und die Universitätsbibliothek Erlangen', in: *Friedrich Rückert an der Universität Erlangen 1826-1841*, Erlangen 1988, S. 101-165, v.a. S. 148ff.

49 Beide Manuskripte heute im Stadtarchiv Schweinfurt, „Slg. Rückert", Sign. A II 20-4 („Aus Baidhawi's Commentar") und A II 20-3 („Aus der Vorrede v Sale's Koran").

manen, ein Lehrgedicht in Bruchstücken, das letzte sechste 1839. In einem Brief an Hirzel vom 4. April 1836, in dem er grünes Licht für das erste Bändchen gibt, kommt Rückert auch auf den Koran zu sprechen: „Was den Koran betrifft, so gebe ich ihn auch Niemand lieber, aber sogleich kann er nicht gedruckt werden, er ist gar zu neubacken, auch ist die Notenbrühe noch nicht ganz darüber. Doch ist kein Liegenbleiben zu befürchten, vier Wochen im Herbst oder sechs werden alles zur Reife bringen. Es wird einen Band oder zwei Bändchen geben, und ich glaube dafür die runde Summe von 1000 fl rh [Rheinische Gulden] verdient zu haben". Im Herbst des gleichen Jahres heißt es, wiederum in einem Brief an Hirzel (11.11.1836): „An den Koran denke ich ganz ernsthaft". Immerhin schien die Koranübersetzung im April 1837 schon so weit gediehen, daß Rückert mit Karl Reimer einen Vertrag über deren Veröffentlichung abschloß[50], auch wenn die Arbeit noch keineswegs beendet war. Ein fester Abgabetermin war im Vertrag offenbar nicht genannt, dennoch hatte Reimer Rückert bereits einen Vorschuß von 500 Gulden bezahlt[51], ja er hatte sogar schon „die Zeichnung zu einem verzierten Umschlag" anfertigen und Rückert vorlegen lassen. Auch war das Erscheinen der Übersetzung offenbar mehrfach angekündigt worden, denn Fleischer bezieht sich im Jahr 1841 darauf (vgl. Anm. 21).

Aber aus der Publikation von Rückerts Koranübersetzung wurde bekanntlich zu seinen Lebzeiten nichts. Daß der Versuch bei Reimer und Hirzel scheiterte, lag wohl nicht zuletzt an finanziellen Gründen. Am 29.9.1839 hatte Rückert nämlich in einem Brief an Hirzel um eine Erhöhung des Honorars gebeten. Er schreibt: „Ich habe Ihnen den Koran um 1000 Gulden überlassen, u darum mit der Expedition solange gezögert, weil mir das Honorar zu gering schien. Denken Sie nun, wir hätten auf 1500 fl gehandelt, senden mir 500 fl auf Vorschuß, u seien dann gewiß, das Manuscript bis zum neuen Jahr in Händen zu haben! Wie gefällt Ihnen das?" Auch wenn die direkte Antwort Hirzels auf dieses Ansinnen nicht bekannt ist – daß es weder

---

50 Der Verlagsvertrag ist, soweit mir bisher bekannt ist, nicht erhalten. Seine Existenz geht hervor aus einem Brief von Karl Reimer an Ferdinand Scheler vom 5.10.1840, in: Rüdiger Rückert (Hg.), *Briefe an und über Friedrich Rückert*, Schweinfurt 1987, Nr. 445.
51 Brief von K. Reimer an Rückert vom 29.8.1837, in: *Briefe an Rückert*, Nr. 364; Rückert an Hirzel vom 15.7.1838, in: *Briefe*, Nr. 489.

ihm noch Reimer gefallen konnte, geht aus einem Brief Karl Reimers vom 5. Oktober 1840 an den Coburger Stadtgerichtsrat Ferdinand Scheler hervor, den Rückert zwischenzeitlich mit der Wahrnehmung seiner Interessen allen seinen Verlegern gegenüber beauftragt hatte[52]. Denn darin gibt er Scheler zu erkennen, daß er bereit sei, den Vertrag aufzuheben, falls Rückert „einen vortheilhaftern Contract mit einem andern Verleger zu schließen wünscht". Nur müsse er „bis zum 15. October seine Erklärung" abgeben, „daß auch er uns der durch den Contract über den Koran eingegangenen Verbindlichkeit entläßt"[53]. Dazu gab Rückert seinem „Freund und Gevatter" Scheler in einem Brief vom 30.3.1841 die Vollmacht, nicht ohne hinzuzufügen, daß er „alle Lust ... für den Koran ... verloren habe"[54]. Diesem Ersuchen Rückerts scheint Scheler aber nicht nachgekommen zu sein, denn es bedurfte einer erneuten Erinnerung Reimers an Scheler, nunmehr aus dem Jahr 1843, mit der ausdrücklichen Bitte, daß die Koranangelegenheit „nicht wieder mit gänzlichem Stillschweigen übergangen werde"[55]. Jedenfalls hatte Reimer mit seiner in diesem Brief ausgedrückten Vermutung ganz Recht, daß nämlich der „Herr Verfasser der poetischen Übersetzung", also Rückert, an deren „Ausführung ..., wenigstens durch unsre Vermittlung nicht mehr denke". Eine Antwort Rückerts bzw. Schelers an Reimer ist nicht bekannt. Später unternahm Rückert dann noch einmal einen Anlauf, die Proben seiner Koranübersetzung zu veröffentlichen, aber bei einem anderen Verleger, der schon früher verschiedene Werke von ihm verlegt hatte, nämlich Samuel Gottlieb Liesching in Stuttgart. In einem an dessen Sohn Friedrich gerichteten Brief vom 8. März 1845 ist von „Koran und Hamasa" als „zugesagten Arbeiten" die Rede, zu deren Vollendung er im vergangenen Winter „einigemal vergeblich angesetzt" habe. Zwar erschien 1846 Rückerts *Hamāsa oder die ältesten arabischen Volkslieder, gesammelt von Abū Temmām* in Lieschings Verlag, – nicht jedoch die Koranübersetzung. Offenbar interessierte sich Rückert von diesem Zeitpunkt an überhaupt nicht mehr für das einst mit so großem Elan be-

---

52 Der entsprechende Vertrag zwischen Rückert und Scheler findet sich in: *Briefe an Rückert*, Nr. 425 a.
53 *Briefe an Rückert*, Nr. 445.
54 Stadtarchiv Schweinfurt, „Slg. Rückert", Sign. RA-189, bisher unveröffentlicht (freundlicher Hinweis von R. Kreutner).
55 12.10.1843, in: *Briefe an Rückert*, Nr. 547.

gonnene Projekt einer „deutschen Bearbeitung ausgewählter Koranstücke".

Nach Rückerts Tod wird die Koranübersetzung in mehreren Übersichten seines literarischen Nachlasses genannt. In einem wohl von Rückerts Sohn Heinrich stammenden Beitrag ist die Rede von einer „Übersetzung der poetischen Bestandtheile des Koran, die schon vor etwa 30 Jahren abgeschlossen und damals zum Druck bestimmt war, wie denen, die sich für diese Specialität interessiren, bekannt sein wird"[56]. Man kann mit Sicherheit annehmen, daß damit Bezug genommen wird auf das wichtigste und umfangreichste Manuskript (im folgenden C genannt)[57] unter den insgesamt dreien, die Übersetzungen aus dem Koran enthalten und heute im Stadtarchiv Schweinfurt aufbewahrt werden. Dieses Manuskript stellte dann auch die Textgrundlage dar für die Edition, die der damals in Königsberg lehrende Orientalist August Müller (1848-1892) anläßlich des 100. Geburtstages Rückerts auf Wunsch der Familie besorgte[58].

Ehe näher auf die Ausgabe Müllers einzugehen ist, sind einige Worte zu unserem Manuskript C notwendig. Zu seiner Datierung ist nach dem bisher Gesagten nur wenig hinzuzufügen: m.E. handelt es sich hier um das Manuskript, von dem seit dem Frühjahr 1836 im Briefwechsel zwischen Rückert und Salomon Hirzel bzw. Karl Reimer stets die Rede ist[59]. Von seinem Charakter her handelt es sich nicht um eine Reinschrift, sondern um eine Vorstufe dazu, wie u.a. aus der Fülle von Durchstreichungen und Verbesserungen sowie gelegentlich nachgeschobenen Ergänzungsblättern zu schließen ist. Die großformatige Handschrift umfaßt 182 meist zweiseitig beschriebene Blätter, die

---

56 *Blätter für litterarische Unterhaltung*, Nr. 50, 13. Dec. 1866, S. 796-8. Danach auch in Conrad Beyer, *Friedrich Rückert. Ein biographisches Denkmal*, Frankfurt a.M. 1868, S. 392.

57 Stadtarchiv Schweinfurt, „Slg. Rückert", Sign. A II 20-1; cf. Kreutner, *Sammlung Rückert*, S. 39, Nr. 32.

58 *Der Koran. Im Auszuge übersetzt von Friedrich Rückert*. Frankfurt a.M.: J. D. Sauerländer 1888. Ein reprographischer Nachdruck erschien 1980 (Hildesheim: Gerstenberg Verlag). Müller widmete seine Arbeit dem Dichter und Historiker Felix Dahn (1834-1912), der seit 1882 sein Kollege in Königsberg war, und durch dessen Vermittlung Müller von der Familie Rückert den Editionsauftrag bekam.

59 Ob es notwendig ist, neben diesem Manuskript noch ein weiteres anzunehmen (so Kreutner, a.a.O.), möchte ich eher bezweifeln.

neben der Übersetzung auch kommentierende Bemerkungen enthalten. Diese Bemerkungen, die in unserer Ausgabe als Fußnoten dem Korantext beigegeben sind, betreffen vor allem die Auszüge aus den Suren 2, 3, 4 und 9 sowie die vollständig übersetzte Sure 8. Eine Reihe weiterer Suren ist in wesentlich geringerem Umfang kommentiert, wieder andere überhaupt nicht. Bei der Erwägung der Frage, ob und inwiefern Rückerts Text im Hinblick auf die Kommentierung unvollendet geblieben ist, sollte man berücksichtigen, daß er v.a. die ausführliche Kommentierung der Auszüge aus Sure 2 wohl als paradigmatisch betrachtete, die eine ebenso ausführliche Kommentierung anderer Suren überflüssig mache. So heißt es am Schluß der Anmerkung zu Sure 2:67f.: „Mit den meisten Auslegerberichten zu den im Koran angespielten Sagen ist es wie mit diesem: sie geben uns allerlei, zum Theil Läppisches und Abgeschmacktes, was wir zum Verständnis der Stelle nicht brauchen und worauf in ihr kein Bezug sich findet; daher wir dergleichen künftig unbeachtet lassen dürfen. Es sind die späteren Nachwüchse und Auswüchse der Sage, die im Koran noch viel einfacher erscheint". Ähnliches findet sich zu Sure 2:268 oder aber zu Sure 53:34, wo Rückert betont, daß das „Allgemeine" zum Verständnis oft durchaus ausreiche. Jedenfalls liegt in Rückerts kritischer Benutzung (oder auch: Nichtbenutzung) der islamischen Auslegungstradition durchaus etwas Zukunftsweisendes, was sie von allen früheren deutschen Koranübersetzungen inhaltlich unterscheidet, da diese in ihrem paraphrastischen Charakter weithin von eben jener Tradition abhängig sind. Allerdings lassen Rückerts v.a. gegen Ende des Korans immer knapper werdende Anmerkungen den Schluß zu, daß er mit seiner „Kommentierung" nicht fertig geworden ist.

Gleiches wird man mit derselben Eindeutigkeit für die Koranübersetzung als solche nicht sagen können. Aber hier sind, vor einem endgültigen Urteil, zwei Gesichtspunkte sorgfältig zu unterscheiden. Rückert hatte von Anfang an vor, nur „Proben" – man vergleiche die Überschrift zu Manuskript A! – bzw. einen „Auszug" zu liefern, wie man für Manuskript C z.B. aus den Anmerkungen zu 2:210 oder 4:33 (wo ausdrücklich auf eine nichtübersetzte Stelle Bezug genommen wird) schließen kann[60].

---

60 Folgende Verse (Zählung nach Flügel) sind in Rückerts Manuskript C unübersetzt geblieben (* bedeutet: unvollständig übersetzter Vers; angege-

Aber auch die Textgestaltung selbst zeigt allenthalben den Auswahlcharakter der Übersetzung, – denn nur an wenigen Stellen markiert Rückert seine Textauslassungen und an noch viel wenigeren findet sich eine explizite Begründung dafür[61]. Eine ganz allgemeine Beschreibung seines Vorgehens findet sich auf einem bisher unpublizier-

---

ben der fehlende Text!): Sure 2:1-6. 19* (yā ayyuhā n-nās ... tattaqūna). 20-27. 39-62. 70-73. 77-80. 85-87. 98-117. 132-135. 141. 154-185. 190-209. 211. 216-243. 254. 272. 274* (laysa ... tuẓlamūna). 277* (inna lladīna ... yaḥzanūna). 278 (in kuntum muʾminīna). 282-283. – Sure 3:1-10. 12-30. 80-88. 104-105. 111. 125-132. 139. 181. 184-199. – Sure 4:3* (fa-nkiḥū ... marīʾan). 8-10. 12-20. 23-32. 34-35. 37. 55. 98. 110. 120- 121. 126-131. 143-148. 153. 161-164. 175. – Sure 5: 1-3* (wa-iḏā ... fa-sṭādū). 4-9. 12-13. 23-29. 36-58. 60-75. 80-91. 94. 99-101. 105-107. – Sure 6:5-6. 10-32. 37-41- 90. 107. 109-110. 114-115. 119-120. 124. 126-127. 129. 131-136. 155. 164-165. – Sure 7:1-32. 35. 43. 50-56. 98. 102-123. 143-145. 148. 180-190. 202-203. – Sure 9:10-12. 15-16. 20-22. 27. 54. 86-90. 95* (sa-yarā ... taʿmalūna). – Sure 10:1-12. 13* (ka-ḏālika ... yaʿmalūna). 14-15. 18-21. 32-42. 45-47. 55-57. 60-61. 67-81. 83-98. 100-103. – Sure 11:1-4. 8-10. 20-37. 52-105* (bis: al-āḫirati). 111-123. – Sure 17:63-74. – Sure 18:52-58. – Sure 22:1-24. 43-50. 54-71. – Sure 23:1-51. 53-85. 101-118. – Sure 24:10. 22. 57-61. – Sure 25:2-4. 18-21. 25-28. 36-41. 53. 60* (allaḏī ... ḫabīran). 62-63. – Sure 27:1-6. 11. 46-83. 85-88. – Sure 28:59.62-64. 67-70. 74-75. 84. – Sure 29:8.17-19. 22. 26-39. 43. 47-55. 61-63. 66. – Sure 30:5-26. 28. 32-37. 39. 41-46* (bis: aġramū). 50-52. 54-60. – Sure 31:1-11. 19-20. 22-25. 27-31. – Sure 33:1-8. 37-52. – Sure 34:1-9. 38-44. – Sure 37:11-96. 114-138. 151-164. 167-179. – Sure 39:1-7. 9* (wa-lā taziru ... taʿmalūna). 10-13. 18-22. 25-27. 42. 44-45. 53. 61-64. – Sure 40:1-6. 10-58. 60-77. 78* (wa-mā kāna ... al-mubṭilūna). 79-85. – Sure 41:5-7. 12-17. 24. 29. 40-48. 51-52. – Sure 42:1-8. 20-21. 24-25. 27-28. 30. 42-49. – Sure 43:8. 19. – Sure 44:1-5. 31-59. – Sure 45:1-17. 19. 22. 26-30. 32-36. – Sure 46:12-13. 26. – Sure 47:3. 11-13. 15-21. 29-30. 36. – Sure 50:1-14. 35-45. – Sure 51:24-55. 59-60. – Sure 54:9-51. – Sure 64:1-13. – Sure 65:1-11. – Sure 66:1-7. 9. – Sure 67:19-30. – Sure 69. – Sure 71. – Sure 72:16-28. – Sure 78. – Sure 79:15-26. – Sure 85. – Sure 86. – Sure 87. – Sure 88. – Sure 89. – Sure 90. – Sure 98. – Sure 99. – Sure 104. – Daneben hat Rückert die sog. Siglen zu Beginn der folgenden Suren unübersetzt gelassen: 12-14, 26, 28-30, 32, 38, 41, 43, 46, 68.

61 Die Beschränkung ist also in jedem Falle gewollt, und Müllers Entscheidung, Lücken nicht zu ergänzen, war, im Sinne Rückerts, vollkommen sachgerecht.

Friedrich Rückert und der Koran XXXI

ten Blatt, auf dem in flüchtigster Schrift verschiedene Gedanken zur Koranübersetzung niedergelegt sind[62]. Hier heißt es: „Auslassung des Zusammenhang störenden oder Unnützen. Wegen des nicht ansprechenden Inhalts Ehegesetze Erbrecht etc. Dagegen alles Mythische und Historische beigebracht, auch nicht Wiederholungen gescheut, die es von verschiedenen Seiten zeigen, aber Züge nahbringen, auch immer neues Interesse haben, sobald man ihr Vorbildliches für M[ohammeds] Verhältnisse ins Auge fasset". Ganz ähnlich äußert er sich in der Anmerkung zu Beginn von Sure 2. Auf der anderen Seite finden sich Indizien dafür, daß Rückert mit seiner Arbeit nicht „fertig" geworden ist, nur im allerletzten Teil des Manuskripts bei den kurzen Suren. So beginnt Rückert mit der Übersetzung der kurzen Sure 91 auf der Mitte und nicht oben auf der Seite. Vergleicht man die übrigen benachbarten Seiten, so findet man jeweils zwei, später drei Suren auf einer Seite; also wird man annehmen dürfen, daß Rückert über der Übersetzung von Sure 91 noch die von Sure 90 nachtragen wollte.

An nicht wenigen Stellen hat Rückert die *Reihenfolge von Versen* verändert oder ganze Abschnitte umgruppiert, um eine in seinem Sinne bessere Gliederung oder Gedankenfolge zu erzielen[63]. Daß er selber dabei eine gewisse Skepsis nicht verhehlt, zeigt die Anmerkung zu Be-

---

62 Stadtarchiv Schweinfurt, „Slg. Rückert", Sign. A II 21-3-15. Ich bin Rudolf Kreutner zu größtem Dank verpflichtet, daß er mir dieses Blatt nicht nur zugänglich gemacht, sondern auch entziffert hat.
63 Hier eine Übersicht über diese Versetzungen: **Sure 2:** Vers 137 nach Vers 140; Vers 153 nach Vers 147; Verse 186-189 nach Vers 215. – **Sure 3:** Vers 11 ist in der Anmerkung zu Vers 119 übersetzt; Verse 117 bis 119 sind in umgekehrter Reihenfolge (also: 119.118.117) übersetzt; Vers 158 nach Vers 154. – **Sure 4:** Verse 21-22 nach Vers 67; Vers 61 nach Vers 33; Verse 82-85 nach Vers 72; Vers 87 nach Vers 106; Vers 88 nach Vers 96. – **Sure 9:** Vers 91 nach Vers 97; Vers 96 nach Vers 91. – **Sure 20:** Verse 127 und 128 sind umgestellt. – **Sure 24:** Verse 11-21 nach Vers 26; Verse 23-26 nach Vers 9; Verse 27-34 nach Vers 21; Verse 35-44 nach Vers 64; Verse 45(=34)-56 nach Vers 33; Verse 2-64 nach Vers 56. – **Sure 25:** Vers 71 in der Anm. zu Vers 70. – **Sure 28:** Verse 71-73 nach Vers 88. – **Sure 29:** Verse 6-7 nach Vers 12. – **Sure 33:** Vers 59 nach Vers 54; Verse 69-71 nach Vers 62. – **Sure 37:** Verse 97-113 nach Vers 182; Verse 139-148 nach Vers 113; Verse 149-150 nach Vers 10; Verse 165-166 nach Vers 150; Verse 180-182 nach Vers 166. – **Sure 43:** Verse 57-62

ginn von Sure 4. Jedenfalls ist Rückert auch darin seiner Zeit voraus, daß er, wie knapp und andeutungsweise auch immer, Fragen der Komposition v.a. der späteren, medinensischen Suren bedenkt[64].

Die Edition Müllers von 1888 war zu ihrer Zeit eine durchaus verdienstvolle Leistung. Sie gibt allerdings auch Aufschluß über eine gewisse Sorglosigkeit, mit dem zugrundeliegenden Manuskript zu verfahren. Zunächst ist festzustellen, daß der 1888 gedruckte Text eine Fülle von Fehllesungen enthält, die z.T. krasser Art sind und den Sinn des Textes gelegentlich in sein Gegenteil verkehren[65]. Gravierender sind eine Reihe von „Textverbesserungen" harmonisierender Art, bei denen Müller Stellen nach im Arabischen wortgleichen Parallelen änderte. So lautet der Beginn von Sure 48:28: *huwa lladī arsala rasūlahū bi-l-hudā wa-dīni l-ḥaqqi li-yuẓhirahū ʿalā d-dīni kullihī*. Rückert übersetzt:

> Er ist es, der gesendet seinen
> Gesandten mit der Leitung
> Und wahrem Gottesdienst, daß er
> Ihn siegen lass' ob jedem Gottesdienste.

Diese Übersetzung Rückerts hat Müller dann auch in die gleichlautende Stelle Sure 9, Vers 33 hineinkorrigiert. In der vorliegenden Ausgabe wurde jedoch der ursprüngliche Wortlaut restituiert:

> Er ists der sandte seinen
> Abgesandten mit der Leitung
> Und mit dem wahren Gottesdienst,
> Ihn wider jeden Gottesdienst zu fördern.

Eine dritte Übersetzungsvariante, die von Müller gleichfalls nivelliert worden ist, bietet Sure 61, Vers 9:

> Er ists der seinen Abgesandten

---

nach Vers 80. – **Sure 63:** Siehe Sure 64! – **Sure 64:** Verse 14-18 werden als Schluß zu Sure 63, Verse 1-11 gezogen. – **Sure 72:** Vers 7 nach Vers 4. – **Sure 81:** Vers 6 nach Vers 3

64 Erst mehr als zwanzig Jahre nach Rückerts Arbeit am Koran, nämlich 1860, erscheint Theodor Nöldekes grundlegende Arbeit Geschichte des Qorâns, in der Fragen der Komposition systematisch behandelt werden. Rückerts Vorschläge sind m.W. nie einer genaueren Prüfung unterzogen worden.

65 Z.B. 29:21: Ihn (statt richtig: ihr) hindert nichts auf Erden... oder 36:75: Ihr Herr (statt richtig: Heer) wird selber vorgefordert werden.

Gesendet hat mit Führung
Und mit dem rechten Gottesdienst,
Um ihm zu helfen gegen jeden Gottesdienst.

Nicht selten finden sich in unserem Manuskript am Rande Übersetzungsvarianten von Rückerts Hand, die nicht von ihm selber getilgt sind. In zahlreichen Fällen hat Müller diesen Randtext vorgezogen. In unserer Ausgabe ist jedoch konsequent der Ersttext abgedruckt, sofern er nicht von Rückert selber ausdrücklich verworfen wurde.

Besonders gravierend ist die Tatsache, daß Müller in unser Manuskript C aus Manuskript B die Suren 88 und 90 nachgetragen hat. Nun hatte Rückert ja, wie bereits angedeutet, für Sure 90 in seinem Manuskript noch Platz gelassen, – aber die unkommentierte Einfügung einer über 10 Jahre älteren Übersetzung bleibt gleichwohl methodisch bedenklich. Dafür läßt sich als recht instruktiver Beleg Rückerts Übersetzung von Sure 91 anführen, für welche die jüngere Fassung aus der Erlanger Zeit ebenso vorliegt wie die ältere Coburger. Um einen Vergleich zu ermöglichen und zu zeigen, daß Rückert selber gewiß nicht einen älteren Text unverändert übernommen hätte, sei hier die ältere Fassung aus Manuskript B abgedruckt:

Sure 91

1 Bei der Sonne, die im Glanze schreitet!
2 Und dem Mond, der sie begleitet!
3 Und dem Tag, der ihr Licht verbreitet!
4 Und der Nacht, die mit ihr streitet!
5 Bei dem Himmel, und was ihn geweitet!
6 Und der Erde, und was sie gebreitet!
7 Bei der Seele, und was sie scheidet,
8 Was sie zu Gutem u Bösem treibet
9 Glücklich ist, wer sie reiniget.
10 Wer sie trübt, ist gepeiniget.
11 Sieh, wie Themud im Trotze streitet;
12 Der Verworfne vor ihnen schreitet.
13 Und Gottes Profet hat ihnen gesagt: das ist Gottes Kamel das weidet!
14 Doch sie stritten, und würgten es, und über alle hat ihr Herr die Strafe der Schuld gebreitet;
15 Kein Rächer ist ihnen bereitet.

Auch wenn die in unserer Ausgabe abgedruckte Fassung sehr starke Ähnlichkeit mit der älteren aufweist, zeigen doch gerade die Änderungen sehr deutlich Rückerts Fortschritte in der Textauffassung wie in der Textgestaltung. Da also aus einer anderen Zeit stammend, finden sich Sure 88 und 90 in unserer Ausgabe nicht im Hauptteil, sondern wurden als Beispiele für Rückerts früheste Übersetzungsversuche im Rahmen dieser Einleitung abgedruckt.

Im übrigen hat Müller immer wieder Rückerts Anmerkungen entweder ganz weggelassen oder aber gekürzt und um eigene, allerdings meist deutlich gekennzeichnete, erweitert. Hier wurde ein anderer Weg gewählt. Rückerts Anmerkungen bzw. Kommentierungen sind, wie bereits erwähnt, ungekürzt unter dem übersetzten Korantext abgedruckt. Darüber hinausgehende Anmerkungen finden sich in einem separaten Teil im Anschluß an die Übersetzung Rückerts, der zusammen mit einer allgemeinen Einleitung in den Koran von Wolfdietrich Fischer verfaßt wurde.

Rückerts Text ist in unserer Ausgabe im Unterschied zu der Müllers zeichengetreu in der originalen Orthographie und Interpunktion abgedruckt, – mit allen sich daraus ergebenden „Inkonsequenzen". Dafür gibt es gewichtige Gründe. Zum einen ist die hier abgedruckte Koranübersetzung in enger zeitlicher Nachbarschaft zur *Weisheit des Brahmanen* entstanden. Wer die sechs Bändchen der 1836-1839 unter Rückerts Aufsicht erschienenen Erstausgabe studiert, wird bemerken, daß das dort verfolgte „System" von Orthographie und Interpunktion ziemlich genau zu dem der Koranübersetzung paßt. Zum anderen wäre es merkwürdig, Rückerts „Profeten" und „Farao" in „Propheten" und „Pharao" zu „verbessern", andererseits aber „Theil" in „Teil", „todt" in „tot", „giengen" in „gingen" usw. zu ändern. Man müßte dann auch durchgängig „wol" zu „wohl" verändern, – und damit einen feinen Unterschied in Rückerts Orthographie verwischen: Wo immer nämlich „wohl" geschrieben ist, ist es bedeutungsmäßig durch „gut" (o.ä.) austauschbar, also Adverb, während „wol" ganz überwiegend dann steht, wenn die Partikel (im Sinne von „denn" o.ä.) gemeint ist. Auch eine „Korrektur" namentlich der Kommasetzung schien uns (nach zahlreichen gescheiterten Versuchen einer „Systematisierung") schließlich nicht angezeigt, zumal Rückert hier viel sparsamer zu Werke geht, als es heute der Fall sein müßte. Zur Textgestaltung in dieser neuen fünften Auflage ist folgendes zu bemerken: Nur ganz wenige und offensichtliche Verschreibungen wurden korrigiert[66], einige wenige Übersetzungsversehen, die auf Fehllesungen beruhen,

---

66 Sure 7:158 „heißen" für „heißten"; Sure 17:85 „ihn" für „ist"; Sure 26:25 „Vätern" für „Väter"; Sure 30:31 „ihren" für „ihres".

wurden verbessert, worauf jeweils zur Stelle hingewiesen ist. Einige unumgängliche Textergänzungen (z.B. Surenüberschriften, die übrigens nicht „vereinheitlicht" wurden) stehen in eckigen Klammern [ ]. Daß der vorliegende Text frei von allen Fehlern wäre, wage ich nicht zu hoffen, – jedenfalls habe ich bei ständiger Konsultation eines Microfiche vom handschriftlichen Original jede erdenkliche Mühe unternommen, den bestmöglichen Text herzustellen.

Worin, so mag man schließlich fragen, besteht eigentlich die Eigenheit von Rückerts so oft gelobter Übersetzung, warum „ist sie die einzige, aus der man die poetische Stärke und den sprachlichen Glanz des Originals erkennen kann"[67]? Als Antwort darauf mag hier stehen, was der schon genannte Orientalist Heinrich Leberecht Fleischer 1841 in seiner Rezension der 1840 erschienenen Koranübersetzung des Krefelder Oberrabbiners Lion Ullmann[68] als Postulat formulierte: „Nicht paraphrasieren, nicht erklären soll der Koranübersetzer als solcher. Der Orakelton, die gesuchte Kürze, Schroffheit, Abgerissenheit, das Verschwommene, Vieldeutige, Dunkle, Ahnungsvolle des Ausdrucks gehört nicht minder, als die sinnliche Frische und Kraft, die rhetorische Pracht und Erhabenheit, zum Charakter des Buches, und Beides in seiner Vereinigung bildet den besten Theil des gleissenden Göttlichkeits-Nimbus, mit dem Mohammed wohlweislich seine Selbstoffenbarungen umgab und dessen ein Übersetzer sie nicht entkleiden soll. Keine Umschreibung trete daher an die Stelle eines Gesammtbegriffs, nichts Bestimmtes an die Stelle des Unbestimmten, nichts Besonderes an die Stelle des Allgemeinen"[69].

---

67 F. Rückert, *Ausgewählte Werke*, hg. v. Annemarie Schimmel, Frankfurt a.M. 1988, Bd. II, S. 111. Vgl. zur Problematik europäischer Koranübersetzungen auch die gedankenreiche Studie von Stefan Wild: ‚„Die schauerliche Ode des heiligen Buches". Westliche Wertungen des koranischen Stils', in: J.-C. Bürgel und A. Giese (Hg.), *Gott ist schön und er liebt die Schönheit*, FS für A. Schimmel zum 7. April 1992, Bern u.a. 1994, S. 429-447 sowie Navid Kermani, *Gott ist schön. Das ästhetische Erleben des Koran*, München 1999.
68 1804-1843. Seine Koranübersetzung, nicht nur von Fleischer kritisiert, sondern auch von Nöldeke vollkommen zu Recht als „jämmerliche Schülerarbeit" bezeichnet, ist leider noch heute in einer Taschenbuchausgabe weithin verbreitet.
69 *Allgemeine Literatur-Zeitung*, März 1841, Sp. 418.

Tatsächlich zeichnet sich Rückerts Übersetzung durch den fast vollständigen Verzicht auf paraphrastische Wiedergaben aus. Viele Worte scheinen absichtsvoll altertümlich, und selbst die Übersetzung der prosaischen Partien ist voll rhythmischer Spannkraft – eine Eigenschaft des Textes, die sich erst dann voll erschließt, wenn man ihn laut vorträgt. Trotz einer gewissen rhythmischen Gleichmäßigkeit greift Rückert gelegentlich zum Stilmittel des gestörten Rhythmus[70], wofür zwei Beispiele genannt seien. Sure 93:9-11 lauten in der Textwiedergabe von Müller:

> Darum den Waisen plage nicht,
> Dem Bittenden versage nicht,
> Und deines Herren Huld vermelde!

In der Handschrift aber steht eindeutig „Herrn", – wodurch sich zwei nacheinander betonte Silben ergeben und der Kulminationspunkt der Sure eindrucksvoll markiert ist. Ein zweites Beispiel sei Sure 56:76-79. Hier lesen wir in Müllers Ausgabe:

> Dies ist ein werther Koran
> In dem verwahrten Buche,
> Berühret nur von Reinen,
> Eröffnung von dem Herrn der Welten.

In der Handschrift ist zu Beginn von Vers 78 ursprüngliches „berühret" von Rückert selbst in „berührt" korrigiert. Auch hier wird mit einem metrischen Kunstgriff aller Nachdruck auf das Wörtchen „nur" gelegt und damit eine zentrale Aussage besonders hervorgehoben.

Rückerts Übersetzung ist keineswegs ohne Nachwirkung geblieben. Nur zwei Jahre nach Müllers Edition veröffentlichte Martin Klamroth *Die fünfzig ältesten Suren des Korans in gereimter deutscher Übersetzung*. Freilich war die Arbeit bereits druckreif, als Müllers Ausgabe erschien, so daß sich Klamroth nur in seinem Vorwort mit der Übersetzung Rückerts auseinandersetzt. Seiner Ansicht nach hat Rückert „den Koran poetischer gemacht, als er in der Ursprache ist", ja er habe „hier ebenso wie in den Makamen ‚schlechtes Ding zu gut ge-

---

70 Vgl. dazu A. Schöne (Hg.), Goethe: *Faust. Kommentare*, Frankfurt a.M. 1994, S. 815 f.

macht', weil er den Verfasser an poetischer Begabung übertraf"[71]. Weit gelungener als Klamroths Nachdichtungen sind die von Hubert Grimme (1864-1942) in seinem Werk *Der Koran. Ausgewählt, angeordnet und im Metrum des Originals übertragen* (Paderborn 1923). Wer die von Rückert nicht übertragenen mekkanischen Suren in ähnlich dem Original nachempfundener Form lesen will, der mag am ehesten zu Grimmes Übersetzung greifen.

Da Rückerts Koranübersetzung fast zur gleichen Zeit entstanden ist wie die *Weisheit des Brahmanen*, kann es nicht verwundern, daß man dort vielleicht die schönste Einladung findet, den Koran zu nehmen und zu lesen[72]:

> Was wirkte groß und wirkt, kann in sich seyn nicht nichtig:
> Solang es dis dir scheint, sahst du es noch nicht richtig.
> Doch richtig siehst du nie, wo du dich selbst verblendest,
> Und nichts erkennest du, wo du dich stolz abwendest.
> Komm, Sohn, und laß uns unbefangen, ohne voran,
> Abzuurtheilen, auch urtheilen übern Koran.
> Wol eine Zauberkraft muß seyn in dem, woran
> Bezaubert eine Welt so hängt wie am Koran.
> Laß näher treten uns und zusehn zauberfrei,
> Ob es in Wahrheit nur ein böser Zauber sei.
> Ob nicht in dieser Form auch eine Offenbarung
> Des ewigen Geistes sei, für unsern Geist zur Nahrung.

* * *

Bei der Vorbereitung der Textedition wurde mir von zahlreichen Institutionen und Personen vielfache Hilfe zuteil.

Mein Dank gilt insbesondere dem Stadtarchiv Schweinfurt und seinem Leiter Dr. Uwe Müller. Er genehmigte eine längere Ausleihe des hier publizierten Manuskripts an die Handschriftenabteilung der Universitätsbibliothek Erlangen und ermöglichte damit dessen eingehendes und durch keinerlei Zeitdruck beeinträchtigtes Studium. Ebenso herzlich danke ich Herrn Dr. h. c. Rudolf Kreutner, Stadtarchiv Schweinfurt, der mir aus der reichen Fülle seiner Kennerschaft der in

---

71 S. IV. – Möglicherweise ist Klamroth hier von der Kritik des bekannten Theologen und Arabisten Julius Wellhausen beeinflußt, der in der *Theologischen Literaturzeitung* (9.2.1889, Sp. 50) u.a. schrieb: „Beinah ist sogar der Eindruck, den man von dem Inhalte und namentlich der Form des Korans erhält, ein zu günstiger".
72 Wie Anm. 1.

Schweinfurt aufbewahrten „Sammlung Rückert" zahlreiche wertvolle Hinweise gab und mir bei der Entzifferung einiger schwieriger Textstellen half.

Ferner danke ich für zahlreiche, hier im einzelnen nicht zu nennende Hilfen bei der Editionsarbeit der Handschriftenabteilung der Universitätsbibliothek Erlangen (Dr. H.-O. Keunecke, S. Kohlmann), der Landesbibliothek Coburg (Dr. Jürgen Erdmann), der Universitätsbibliothek Rostock (Frau H. Tröger) und der Staatsbibliothek Preußischer Kulturbesitz Berlin.

Schließlich gilt mein ganz besonderer Dank Frau Herta Hafenrichter († 2013), Erlangen, die in den Jahren 1993-1994 die schwierige Arbeit des Neusatzes übernommen und trotz zahlreicher technischer Widrigkeiten schließlich zu einem guten Ende geführt hat.

Februar 2018   Hartmut Bobzin

Der Koran
in der Übersetzung von Friedrich Rückert

Herausgegeben von Hartmut Bobzin

Die Erste Sura
Überschrieben
Die Eröffnerinn des Buches

–/1 Im Namen Gottes des allbarmherzigen Erbarmers.
1/2 Gelobt sei Gott, der Herr der Welten!
2/3 Der Allbarmherzige, der Erbarmer,
3/4 Der König des Gerichtstags.
4/5 Dir dienen wir, dich rufen wir um Hilf' an.
5/6 Führ' uns den Weg den graden!
6/7 Den Weg derjenigen, über die du gnadest,
7/– Deren auf die nicht wird gezürnt, und deren die nicht
[irrgehn.

Überschrift *Die Eröffnerinn*] *Fatiha*, als allgemeines Gebet billig der ganzen Sammlung vorangestellt. Die Segensformel: *Im Namen Gottes des allbarmherzigen Erbarmers* kehrt über jeder Sure wieder, mit Ausnahme der neunten; wir haben sie überall weggelassen.
Vers 7] Nach einer anderen Auffassung der Satzfügung kann diese Zeile auch lauten:
>Nicht deren, auf die wird gezürnt,
>und deren nicht die irrgehn.

Die ersteren sollen dann die Juden seyn, und die letztern die Christen. Vergl. Sure 60,13. Dieser Bezug scheint aber unstatthaft für das einfache Gebet.

Aus der Zweiten Sure
Die Kuh

7/8   Wol von den Menschen mancher spricht: „Wir glauben
      An Gott und an den jüngsten Tag;"
      Allein sie glauben nicht.
8/9   Sie wollen Gott betrügen und die Gläubigen;
      Doch sie betrügen nur sich selbst, und merkens nicht.
9/10 In ihren Herzen ist ein Siechthum;
      Zunehmen läßt sie Gott an Siechthum,
      Und ihrer wartet Strafe peinlich
      Darum daß sie verleugnen.
10/11 Sagt man zu ihnen: Stiftet Unheil nicht auf Erden!
      So sagen sie: Wir stiften Heil.
11/12 Ei freilich, Unheil stiften sie, und merken's nicht.
12/13 Sagt aber man zu ihnen: Glaubet,
      Alswie die Leute glauben!
      So sagen sie: Wir sollten glauben,
      Alswie die Thoren glauben?
      Ei ja, die Thoren sind sie selbst, und wissen's nicht.
13/14 Wenn aber sie begegnen denen
      Die glauben, sagen sie: Wir glauben.

Überschrift *Die Kuh*] Diese Riesin unter den Suren, doppelt so lang als die übrigen längsten, und zehn oder mehrfach als die von mittlerer Länge, scheint aller inneren Einheit zu ermangeln und nur ein Versuch (ob des Profeten, oder der Sammler, sei dahingestellt), alles sonst einzeln Ausgeführte als ein äußerliches Ganzes zusammen zu fassen. Viele einzelne Partien, obgleich der fühlbaren Richtung auf ein bestimmtes Ziel, und somit der rechten Wirkung entbehrend, sind doch rhetorisch schön genug, und wir begnügen uns, dergleichen einzeln auszuheben; einiges andere durften wir des mythischen oder des dogmatischen Inhaltes, oder auch der Vergleichung wegen mit Stellen in späteren Suren, nicht übergehen. Arabische Ausleger geben diese Sure für die erste medinische, wir müßten sie nach Obigem vielmehr für die letzte halten. Die letzte aber, deren Zeit sich aus ihr selbst beglaubigt, ist S. 9. Dagegen sind in dieser zweiten wenigstens einige Stücke, die gewiß in die früheste medinische Zeit fallen, z.B. die Veränderung der Kibla V. 136 ff.

Die Kuh

        Doch wenn sie sind allein bei ihren Satanen,
        So sagen sie: Wir sind mit euch;
        Fürwahr wir spotten nur.
14/15 Gott spottet ihrer, und läßt sie in ihrem Trotz hintaumeln.
15/16 Die sind es, die einkaufeten den Irrthum für die Leitung;
        Und nicht gewuchert hat ihr Handel,
        Und sie sind ungeleitet.
16/17 Ihr Gleichnis ist das Gleichnis dessen
        Der angezündet hat ein Feuer;
        Und als es ringsum leuchtete,
        Nahm Gott hinweg ihr Licht, und ließ sie
        Im Finstern, die nicht sehen;
17/18 Taub, stumm und blind; darum sie nie umkehren.
18/19 Oder wie ein Gewölk vom Himmel,
        In dem ist Finsternis und Blitz und Donner;
        Sie stecken ihre Finger in die Ohren vor den Schlägen,
        Aus Furcht vorm Tod; und Gott umfaßt die Leugner.
19/20 Der Blitz will rauben ihre Augen;
        Sooft es ihnen leuchtet, wandeln sie darin,
        Und wenn es dunkelt über ihnen, stehn sie.
        Und wollt' es Gott, so nahm' er ihr Gehör und ihre Augen,
        Denn Gott ist jedes Dings gewaltig.

28/30 Wie da dein Herr sprach zu den Engeln: Ich will setzen
        Auf Erden einen Stellvertreter.
        Sie sprachen: Willst du auf sie setzen einen,
        Der sie verdirbt und Blut vergießt?
        Da wir doch preisen deinen Ruhm und heiligen!
        Er aber sprach: Ich weiß was ihr nicht wisset.
29/31 Nun lehrte er den Adam alle Namen der Geschöpfe,
        Dann führt' er sie den Engeln vor,
        Und sprach: Sagt mir die Namen doch von diesen,
        Wenn ihr die Wahrheit redet!
30/32 Sie sprachen: Preis sei Dir! wir haben
        Kein Wissen, als was du uns lehrest,
        Denn du nur bist der Wissende, der Weise.
31/33 Da sprach er: Adam, sag die Namen ihnen!
        Und als er ihnen nun gesagt die Namen,
        Sprach er: Hab' ichs euch nicht gesagt?

| | Ich weiß' die Heimlichkeit des Himmels und der Erde, |
| | Und weiß das was ihr zeigt und was ihr berget. |

32/34 Wie wir da zu den Engeln sprachen: Fallet nieder
Vor Adam! und sie fielen nieder,
Nur Iblis weigert's und war stolz,
Und war von den Verleugnern.

33/35 Wir sprachen: Adam wohne
Du und dein Weib im Garten hier,
Und eßt von ihm die Fülle, wo ihr wollet,
Nur nahet diesem Baume nicht und sündigt!

34/36 Doch Satan machte sie entgleiten
Und das verlieren was sie hatten;
Wir sprachen: Geht hinab von hier,
Und seid einander feind, auf Erden
Sei euer Aufenthalt und Nießbrauch einer Frist.

35/37 Dem Adam aber wurden Worte
Zu Theil von seinem Herrn, zu dem er sich bekehrte;
Und Er ist der barmherzig zugekehrte.

36/38 Wir sprachen: Geht hinab von hier zusammen!
Doch kommen soll von mir euch Leitung;
Wer nun wird folgen meiner Leitung,
Auf solchen sei nicht Furcht noch Leid.

37/39 Die aber leugnen meine Zeichen
Und Lüge zeihen, sind Genossen
Des Feuers, drin sie ewig sind.

38/40 Ihr Söhne Israels, denkt meiner Wohlthat, die ich that an
[euch,
Und haltet meinen Bund! so halt' ich euren Bund.
Mich fürchtet, mich!

—/41 und glaubt an das
Was ich gesendet habe zur Bekräftigung
Von dem was euch geworden.
Und seid nicht dessen erste Leugner;
Gebt meine Zeichen nicht für schlechten Preis auf! sondern
[ehrt mich!

Die Kuh 7

63/67 Wie Mose sprach zu seinem Volke: Gott befiehlt euch,
Daß ihr sollt schlachten eine Kuh! sie sprachen:
Willst du uns wol verspotten?
Er sprach: Ich nehme Gott zur Zuflucht,
Daß ich nicht sei der Thoren einer.

Vers 63 *Kuh*] Das Urbild dieser Kuh, von der die Sure ihren Namen hat, ist im alten Testamente doppelt vorhanden. 1.) 4 Mos. 19,1 ff.: „Und Jehova redete zu Mose: Sage den Söhnen Israels, daß sie dir bringen eine *rothe Kuh*, fehlerlos, auf welche kein Joch gekommen, und gebet sie Eleasar dem Priester, und jemand soll sie hinausführen vor das Lager, und sie schlachten. Und Eleasar soll von ihrem Blute nehmen mit seinem Finger, und von demselben gegen das Versammlungszelt sprengen siebenmal. Darnach soll jemand die Kuh verbrennen vor ihm; ihre Haut und ihr Fleisch und ihr Blut nebst ihrem Miste soll er verbrennen. Und der Priester soll Cedernholz nehmen und Isop und einen purpurnen Faden, und es in den Brand der Kuh werfen; und soll seine Kleider waschen, und seinen Leib baden in Wasser, und darnach ins Lager gehn und soll unrein seyn bis an den Abend. Und der sie verbrannt soll eben so unrein seyn bis an den Abend. Und ein reiner Mann soll die Asche der Kuh sammeln und sie außerhalb des Lagers schütten an einen reinen Ort, daß sie daselbst aufbewahrt werde für die Gemeinde der Söhne Israels, zum Wasser der Reinigung; es ist ein Sündopfer. Und es soll für die Söhne Israels eine ewige Satzung seyn: Wer einen Todten anrührt, die Leiche irgend eines Menschen, der soll unrein seyn sieben Tage. Wenn sich nun derselbe mit diesem Wasser entsündigt am dritten Tage und am siebenten Tage, so ist er rein." – 2.) 5. Mos. 21,1 ff.: „Wenn ein Erschlagener gefunden wird im Lande, liegend auf dem Felde, und man nicht weiß, wer ihn erschlagen; so sollen deine Aeltesten und Richter ausgehen, und messen bis zu den Städten, welche rings um den Erschlagenen liegen, und welche Stadt die nächste ist an dem Erschlagenen, die Aeltesten derselben Stadt sollen eine junge Kuh nehmen, mit welcher noch nicht gearbeitet worden, und welche noch nicht gezogen am Joche; und sollen sie hinabführen zu einem fließenden Bach, worin nicht gepflügt noch gesäet wird, und sollen die Kuh schlachten daselbst im Bache. Und sollen ihre Hände waschen über der Kuh und sprechen: Unsere Hände haben dis Blut nicht vergossen, und unsre Augen haben es nicht gesehen. Vergib es deinem Volke Israel, welches du erlöset, Jehova, und lege nicht unschuldiges Blut auf dein Volk! Alsdann werden sie über dem Blute versöhnt seyn." – Es ist zu sehen, daß die obige Erzählung im Koran sich bestimmter auf die zweite dieser Sühnkühe bezieht als auf die erste, von der nur die rothe Farbe mitgenommen ist. Die Behandlung selbst aber der Geschichte setzt deren Bekanntschaft voraus, wie dis mit allen jüdisch-christlichen Mythen im Koran der Fall ist.

—/68 Sie sprachen: Ruf uns deinen Herrn an,
Daß er uns deute, wie sie sei.
Er sprach: Gott spricht: solch eine Kuh sei's,
Nicht alt noch jung, in Mitte zwischen beidem.
So thut nun, was euch ist befohlen!

64/69 Sie sprachen: Ruf uns deinen Herrn an,
Daß er uns deute, wie sei ihre Farbe.
Er sprach: Gott spricht, solch eine Kuh sei's, rothgelb ihre
[Farbe,
Erfreuend alle die sie sehn.

65/70 Sie sprachen: Ruf uns deinen Herrn an,
Daß er uns deute, wie sie sei!
Nicht unterscheiden können wir die Kühe,
Und möchten seyn, so Gott will, recht geleitet.

66/71 Er sprach: Gott spricht, solch eine Kuh sei's, nicht gezähmt
Das Feld zu pflügen, noch die Saat zu wässern unterworfen,
Und an ihr sei kein Flecken.
Sie sprachen: Jetzo kamst du mit der Wahrheit.
Da schlachteten sie jene nun, kaum thaten sie's.

67/72 Wie ihr ein Leben nun erschlugt, und strittet drum,
Doch Gott zum Vorschein brachte was ihr barget!

Vers 66 *Kaum thatens sie's*] weil sie noch immer nicht recht glaubten, und aus alter eingewurzelter Halsstarrigkeit oder (sagen arabische Ausleger), weil ihnen der Kaufpreis zu hoch war; siehe zu V. 67 u. 68.
Verse 67. 68] An die Stelle des Reinigungswassers in der hebräischen Urkunde läßt die phantastische jüdisch-arabische Sage das Wunder treten, daß der Todte, mit einem Theile der Kuh berührt, lebendig werde und seinen Mörder anzeige. Die Ausleger wollen wissen, und wir haben keinen Grund an der Richtigkeit der Sagenüberlieferung zu zweifeln: Im Lager der Israeliten sei ein alter reicher Mann von seinen beiden Neffen heimlich erschlagen worden, und unter zwei Stämmen, zwischen deren Lagerorten der Leichnam gefunden ward, sei über die Entrichtung des Blutgeldes Streit entstanden; diesen zu schlichten und die Mörder zu entdecken, sei das Wunder geschehen. Zugleich aber habe dadurch einer armen Witwe geholfen werden sollen, die allein eine solche Kuh, wie die beschriebene, gehabt, und sie sich nun, immer steigernd, theuer genug habe bezahlen lassen. – Mit den meisten Auslegerberichten zu den im Koran angespielten Sagen ist es wie mit diesem: sie geben uns allerlei, zum Theil Läppisches und Abgeschmacktes, was wir zum Verständnis der Stelle nicht brauchen und worauf in ihr kein Bezug sich findet; daher wir der-

Die Kuh

68/73 Wir sprachen: Rührt ihn an mit einem Theil von ihr!
So macht lebendig Gott die Todten,
Und läßt euch sehen seine Zeichen,
Ob ihr verstehen möchtet.

69/74 Doch wieder dann verhärteten sich eure Herzen,
Und waren wie die Felsen oder härter.
Denn von den Felsen ist wol mancher,
Aus welchem Ströme quellen,
Und mancher ist von ihnen wol, der spaltet sich,
Und aus ihm fließet Wasser,
Und mancher ist von ihnen wol, der niederstürzt,
Aus Furcht vor Gott; und Gott ist nicht
Unachtsam dessen was ihr thut.

74/80 Sie sagen: Nicht berühren wird uns
Die Glut, als nur gezählte Tage.
Sag' ihnen: Habet ihr darauf von Gott das Wort erhalten?
Denn nie wird brechen Gott sein Wort.
Wie oder saget ihr von Gott, was ihr nicht wisset?

75/81 Nein! Wer gewirkt hat Böses, wen umrungen seine Sünde,
Dieselbigen sind die Genossen
Der Glut, in der sie ewig sind.

76/82 Die aber glaubten und das Gute thaten,
Dieselbigen sind die Genossen
Des Gartens, drin sie ewig sind.

---

gleichen künftig unbeachtet lassen dürfen. Es sind die späteren Nachwächse und Auswüchse der Sage, die im Koran noch viel einfacher erscheint.

Vers 74 *Sie sagen*] die Juden nämlich behaupten (wie hier behauptet wird) für sich den Vorzug eines solchen Fegefeuers, oder einer Höllenstrafe auf bestimmte kurze Zeit. Nach den Auslegern sollen die *gezählten*, d.i. wenigen Tage bald 40 seyn, solange als sie das Kalb angebetet, bald nur 7 nach den 7000 Jahren der Welt, Einen Tag für jedes Tausend Jahre. Mohammed behauptet die Ewigkeit der Strafe, wenigstens für die Ungläubigen; denn für die Gläubigen setzt er der Gnade Gottes in Vergebung andrer Sünden, als des Unglaubens, keine Schranken.

Vers 76 *Die glaubten etc.*] Beiläufig sei hier noch bemerkt, daß in den unzähligen Stellen, wo wie hier den Gläubigen der Garten, das Paradis, verheißen

81/87 Dem Mose gaben wir die Schrift einst,
Und ließen nach ihm folgen die Gesandten,
Und gaben Jesu, Sohn Marias, die Beweise,
Und stärketen ihn mit dem Geist der Heiligkeit.
Wie denn? sooft euch kommt ein Abgesandter
Mit dem was nicht begehren eure Seelen, thut ihr stolz?
Und ein'ge zeiht ihr Lügen, andre tödtet ihr!
82/88 Sie aber sprechen: Unsre Herzen
Sind eben unbeschnitten! – Ja, gefluchet
Hat ihnen Gott um ihre Leugnung;
Wie wenig sie doch glauben!
83/89 Nachdem nun ihnen kam ein Buch von Seiten Gottes,
Bestätigend das, was sie selber haben;
Da sie nach Gottes Hülfe sonst gerufen gegen die
[Verleugner, –
Nachdem nun ihnen kam, was sie erkannten wol,
Verleugneten sie's doch; Gott aber hat geflucht den
[Leugnern.
84/90 Schlimm ist, wofür sie ihre Seelen
Verkaufen, das zu leugnen, was Gott offenbart,
Aus Schelsucht, daß Gott offenbare
Aus seiner Gnadenfülle, wem er will von seinen Knechten.
So tragen sie nun Zorn auf Zorn heim,
Und den Verleugnern bleibet Strafe schmachvoll.

88/94 Sag ihnen: Wenn bei Gott die ewige Wohnung
Euch eigen ist mit Ausschluß andrer Menschen;
So wünschet doch den Tod, wenn ihr die Wahrheit redet!

---

ist, dis immer mit dem Zusatz geschieht: *Die glaubten und das Gute thaten.* Streng und ängstlich ist überall im Koran an dieser Formel gehalten.
Vers 82 *Unsere Herzen sind ja nicht beschnitten*]: eine Spottrede, ihren Unglauben an Mohammeds Sendung zu bezeichnen.
Vers 83 *Ein Buch*] der Koran. Die Juden werden hier als solche dargestellt, die, unter den ungläubigen Arabern, selbst auf einen Profeten warteten, und nun diesen, da er gekommen war, nicht annehmen wollten.
Vers 84 *Zorn auf Zorn*] den Zorn Gottes für diese und für jene Welt.

Die Kuh

89/95 Sie aber wünschen nimmer ihn,
Des wegen was vor wirkten ihre Hände,
Gott aber kennt die Sünder.
90/96 Du findest sie vor allen Menschen
Die gierigsten nach Leben;
Selbst vor den Götzendienern.
Mancher wol von ihnen wünschte
Zu altern tausend Jahre;
Doch nicht der Straf entrücken würd' ihn dieses, daß er
   [alterte;
Denn Gott ist schauend was sie thun.
91/97 Sag' ihnen: Wer ein Feind ist Gabriels (denn dieser
Gab deinem Herzen ein dis Buch, auf Gottes
Geheiß, bestätigend das Vorige, zur Leitung
Und Freudenbotschaft für die Glaub'gen)
92/98 Wer Gottes Feind und seiner Engel ist und seiner Boten,
Und Gabriels und Michaels; nun, Gott ist Feind der
   [Leugner!
93/99 Wir haben dir gesendet Zeichen offenkundig,
Die leugnen nur Abtrünnige.
94/100 Wie denn? sooft sie sich verbinden
Zu einem Bund, verwirft ihn wieder
Ein Theil von ihnen? ja die meisten glauben nicht.
95/101 Und nun nachdem ein Abgesandter
Von Seiten Gottes ihnen kam,
Bestätigend was sie schon haben, wirft ein Theil
Von denen die das Buch empfiengen,
Das Buch von Gott hinter den Rücken,
Alsob sie es nicht kenneten!
96/102 Und folgen dem, was die Satane
Vorbringen von der Herrschaft Salomonis

Vers 88] Vergl. S. 62,6.
Vers 95 *das Buch empfiengen*] das Gesetz Mose's. – *Das Buch von Gott*] den Koran.
Vers 96] Von Salomo sagt der Koran an vielen Stellen, daß ihm die Geister (bald Satane, bald Dschinnen) unterwürfig gewesen. Hier scheint dieses für eine Fabel erklärt, für ein bloßes Vorgeben der Satane selbst, um mit dieser Vorspiegelung salomonischer Herrschaft die Menschen zu bethören. Es läßt

(Doch Salomon war kein Verleugner,
Die Satane sind Leugner nur und lehren
Die Menschen Zauberei) und dem,
Was offenbart ward den zwei Engeln Babels,
Harut und Marut; doch die beiden lehren keinen,
Bevor sie sagen: Wir sind eine
Versuchung; sei du kein Verleugner!
Und gleichwol lassen sie sich von den beiden lehren,
Womit sie Trennung stiften zwischen Mann und Weib;
Doch keinem schaden sie damit wenn's Gott nicht zuläßt;
Und lassen das sich lehren,
Was ihnen schadet und nicht nützt,
Und wissen wohl, wer solches kauft,
Der hat am Künftigen keinen Antheil;
Schlimm ist, um was sie ihre Seelen
Verkaufen, wenn sie's wüßten!

97/103 O glaubten sie und fürchteten,
Der Lohn von Seiten Gottes wäre besser, wenn sie's wüßten!

118/124 Wie da den Abraham sein Herr versuchete mit Worten,
Und er erfüllte sie;
Da sprach Er: Machen will ich dich zu einem
Vorgänger für die Menschen.
Sprach jener: Auch von meiner
Nachkommenschaft? sprach Er: Mein Bund
Erstreckt sich nicht auf Frevler.

---

sich aber so vermitteln: Die Satane waren allerdings dem Salomo unterworfen, er aber nicht ihnen und ihrer Zauberei. – Die beiden gefallenen Engel, Harut und Marut, die in einem Brunnen zu Babel sitzen und jeden, der sie dort aufsucht, Zauberei lehren, sind uns wol bekannt genug. Hier werden nun die Juden solcher Zauberkünste beschuldigt. Vergl. S. 113.
Vers 118 *mit Worten*] Geboten und Verboten. Andere Lesart:

Wie Abraham da seinen Herrn versuchete mit Worten,
Und Er erfüllte sie,
Sprach: Machen –

wo dann *mit Worten* mit Bitten bedeutet. – *Vorgänger*] im Glauben, *Imam*.

Die Kuh

119/125 Und wie wir machten da das Haus
Zum Sammelort den Menschen und zur Freistatt,
(Nehmt euch den Standort Abrahams zum Betort!)
Und legten auf dem Abraham und Ismael:
Reinigt mein Haus und weihet es
Für die Umwandelnden und Stehenden,
Verbeugten und Fußfälligen!

120/126 Wie da sprach Abraham: O Herr, mach diese Flur
Befriedet, und versorge die Bewohner
Mit Früchten, alle die da glauben
An Gott und an den jüngsten Tag!
Sprach Er: Wer aber leugnet,
Dem geb' ich kurzen Nießbrauch,
Dann zwing' ich ihn zur Pein der Glut,
Schlimm ist dahin die Einkehr.

121/127 Und wie da Abraham den Grund
Des Hauses legt' und Ismael:
O Herr, nimm dieses an von uns!
Du bist der Hörer und der Wisser.

122/128 O unser Herr, mach' uns zu dir Ergebnen, und
Von unserer Nachkommenschaft
Ein Volk ein dir ergebnes;
Und lehr' uns unsre Weihgebräuche,
Und kehr' dich zu uns! Denn du bist
Der Zugekehrte, der Erbarmer.

123/129 O unser Herr, erweck' auch unter ihnen einen Abgesandten
Aus ihnen selber, welcher ihnen
Vortrage deine Zeichen,
Und sie die Schrift und Weisheit lehre,
Und rein'ge sie; denn du bist der Allmächtige Allweise:

Vers 119 *Das Haus*] das heilige, die *Kaba*. – *Ismael*] Der von Seite der Juden ausgestoßene Ismael ist von denen, die ihn unter ihre Stammväter zählen, billig zu hohen Ehren angenommen; er baut zugleich mit seinem Vater Abraham die Kaba, so wie auch er, nicht Isak, es ist, den Gott zum Opfer forderte. Das alles hat Mohammed so in der Überlieferung seines Volkes vorgefunden, und macht es hier gegen die Juden gelten.
Vers 122 *Ergebnen*] Muslims.

124/130 Wer aber strebet ab vom Glauben Abrahams,
Als wer sich selber thöret?
Wir wählten ihn in dieser Welt,
Und in der andern ist er bei den Guten.
125/131 Wie da zu ihm sein Herr sprach: Komm, ergib dich!
Er sprach: Ergeben hab' ich mich dem Herrn der Welten.
126/132 Und das vermachte Abraham an seine Söhn', und Jakob:
O meine Söhne, Gott hat
Für euch erkohren diesen Dienst;
O sterbt nicht ohne daß ihr seid Ergebne!
127/133 War't ihr zugegen, als der Tod
Trat Jakob an? als er zu seinen Söhnen sprach:
Wem wollt ihr nach mir dienen?
Sie sprachen: Dienen wollen
Wir deinem Gott und deiner Väter
Gott Abrahams und Ismaels
Und Isaks, Einem Gott, und ihm sind wir ergeben.
128/134 Dahin ist nun gegangen dieser Volkstamm;
Sein was er wirkte, euer was ihr wirket!
Nicht fragen wird man euch um das, was jene thaten.
129/135 Sie sprechen: Werdet Juden oder Nazarener,
Und seid geleitet! – Nein! zum Glauben Abrahams,
Andächtig, der nicht war ein Götzendiener.
130/136 Sprecht nur: Wir glauben
An Gott und das, was uns gesandt ist,
Und was gesandt ist Abrahamen
Und Ismael und Isak
Und Jakob und den Stammeshäuptern,
Und was empfangen Mose hat und Jesus,
Und was empfangen die Profeten
Von ihrem Herrn, wir machen keine Scheidung zwischen
[einem unter ihnen,
Und wir sind Gottergebne.
131/137 Wenn sie nun glauben an dasselbe
An was ihr glaubet, so sind sie geleitet;
Doch wenden sie sich ab, so sind sie in der Spaltung,
Gott aber wird dich gegen sie vertreten,
Er ist der Hörer und der Wisser.

Die Kuh

136/142 Die Thoren von den Menschen sagen:
Was hat sie abgewendet ihrer Kibla,
Nach welcher sie sich richteten?
Sag' ihnen: Gottes ist der Aufgang
Der Sonn' und Niedergang; er leitet, wen er will, zum
[graden Pfade.
138/143 Wir machten jene Kibla,
Nach welcher du dich richtetest,
Nur um zu unterscheiden, wer
Da folgen würde dem Gesandten,
Von dem der träte hinter sich,
Wiewol sie euch beschwerlich war,
Nur denen nicht die leitet Gott,
Gott aber wollte nicht verloren
Gehn lassen euern Glauben,
Denn Gott ist mild den Menschen und barmherzig;
139/144 Wir sehn, wie du dein Antlitz kehrst umher am Himmel;
Zu einer Kibla wollen wir dich wenden, die dir wohlgefällt!
Wende dein Antlitz dem geweihten Bethaus zu!
Und wo ihr immer sein mögt, wendet euer Antlitz
Demselben zu! Ja jene, so die Schrift empfiengen,
Erkennen werden sie, daß dieses
Die rechte Wahrheit ist von ihrem Herren,
Und Gott ist nicht unachtsam dessen was sie thun.

Vers 136 Kibla] die Richtung des Angesichtes beim Gebet, und der Ort, nach welchem hin man es richtet. Mohammed, solang er in Mekka mehr gegen die Götzendiener als gegen die Juden zu kämpfen hatte, auch wol die letzteren noch ganz zu gewinnen hoffen mochte, hatte zur Kibla seiner Glaubigen den Tempel von Jerusalem bestimmt. Nun in Medina, in ganz anderer Lage gegen die Juden sowohl, die er immer mehr aufgeben mußte, als gegen die Mekkaner und die alteinheimische Gottesverehrung, deren er sich ganz bemächtigen wollte, wie er sich ihrer denn auch mit Gewalt wirklich bemächtigte, veränderte er die *Kibla*, und setzte im 2. J. d. H. an die Stelle des jüdischen Tempels das arabische Heiligthum, die Kaba in Mekka, deren in Götzendienst entartete Gebräuche er streng monotheistisch reformirte.

Vers 138] Durch die Veränderung der Kibla stellte Mohammed erst seine arabischen Anhänger zufrieden, die sich ungern, und nur aus Gehorsam gegen Gottes Leitung, bisher nach der Kibla der Juden gerichtet hatten. Zur Belohnung für ihren Gehorsam erhalten sie nun ihre eigene ihnen angenehme Kibla.

140/145 Doch wenn du jenen, so die Schrift empfiengen,
Auch jedes Zeichen brächtest,
Sie folgten doch nicht deiner Kibla,
Und du sollst auch nicht folgen ihrer Kibla;
Ein Theil von ihnen selber folgt ja
Der Kibla nicht des andern Theiles;
Doch wenn du ihren Lüsten folgtest
Nach dem was dir vom Wissen zukam,
So wärst du von den Sündern.
137/143 So machten wir euch nun zu einem Volk der Mitte,
Daß ihr seid Zeugen über die Menschen,
Und der Gesandte über euch sei Zeuge.
142/147 Dis die Wahrheit von deinem Herrn,
Sei du nicht von den Zweiflern!
143/148 Ein jeder hat wol seine Richtung,
Nach welcher er sich wendet;
Ihr aber sollt vorangehn
Im Guten, wo ihr immer seid!
So wird euch Gott zusammen bringen,
Denn Gott ist jedes Dings gewaltig.
144/149 Von wo du immer ausgehst, wende
Dein Angesicht nur dem geweihten Bethaus zu!
Das ist von deinem Herrn die rechte Wahrheit,
Und Gott ist nicht unachtsam dessen was ihr thut.
145/150 Von wo du immer ausgehst, wende
Dein Angesicht nur dem geweihten Bethaus zu!
Und wo ihr immer sein mögt, wendet euer Angesicht ihm
[zu!
Damit den Menschen gegen euch kein Streitgrund bleibe,
Die Frevler ausgenommen unter ihnen;
Die aber fürchtet nicht! mich fürchtet!
Und daß ich meine Wohlthat
An euch vollend', und daß ihr seid geleitet;
146/151 Wie wir denn schon gesendet haben unter euch
Einen Gesandten aus euch selbst,
Daß er euch vorträgt unsre Zeichen,

Vers 143 *Euch*] alle Araber oder auch Menschen, *zusammen bringen* zu Einem Glauben.

Die Kuh

Und reinigt euch, und lehret euch die Schrift und Weisheit,
Und lehret euch, was ihr nicht wußtet.
147/152 So denket mein, und Ich denk' euer,
Seid dankbar mir, und leugnet nicht undankbar!
153/158 Safa und Marwa auch sind von den Heiligthümern Gottes.
Wer bei dem Hause nun die Wallfahrt oder den Besuch
[macht,
Versündigt sich nicht, wenn er auch umwandelt jene beiden;
Und wer da thut ein gutes Werk freiwillig,
Traun, Gott ist dankbar und erkennend.
148/153 Ihr die da glaubet, nehmt zu Hülfe die Geduld
Und das Gebet! Gott ist mit den Geduldigen.
149/154 Und saget nicht von denen die erschlagen sind
Im Wege Gottes: Todte! sondern: Lebende!
Ihr aber merket es nur nicht.
150/155 Auch prüfen werden wir euch etwas
Mit Kriegsgefahr und Hunger,
Und Schmälerung an Gütern, Leibern, Früchten;
Doch Freudenbotschaft gib du den Geduldigen!
151/156 Die, wenn ein Unfall sie befället, sprechen: wir sind Gottes,
Und zu ihm kehren wir zurück.
152/157 Die sind es, über denen sind die Segnungen
Von ihrem Herren und Erbarmung,
Und sie sind die Geleiteten.

Vers 153 *Safa und Marwa*] Auch die beiden altgeheiligten Hügel bei Mekka, *Safa und Marwa*, sollen in den Kreis der Heiligthümer mit aufgenommen bleiben; so wie denn Mohammed, seit er die Kibla nach der Kaba richtete, immer mehr von der dortigen alten Feierordnung aufnahm, nur alles vom Götzendienerischen ab zur Verehrung seines Einen Gottes lenkte. – Die *Wallfahrt* oder *der Besuch*] jene ist die eigentliche feierliche Wallfahrt, allezeit im letzten Monat des Jahres, der davon Wallfahrtsmonat heißt, wobei keiner der vielfachen Gebräuche und keine der heiligen Stätten übergangen werden darf, dergleichen denn jeder Moslim wenigstens einmal im Leben machen muß; dagegen der *Besuch* an keine bestimmte Zeit gebunden ist und weniger Feierlichkeiten erfordert.

210/214 Wie? meinet ihr, ihr werdet eingehn in den Garten, ohne
[daß
Zuvor auch euch ein Gleiches kam
Wie denen die vor euch gewesen,
Die Kriegsbeschwer und Noth erlitten,
Und wurden sehr geschlittert?
So daß nun der Gesandte spricht und die da glauben
Mit ihm: Wann kommt die Hilfe Gottes? –
O, Gottes Hilfe kommt wol bald.
212/216 Euch vorgeschrieben ist der Kampf,
Er aber ist euch leid.
213/— Doch manches mag euch leid seyn, was euch besser ist,
Und manches mag euch lieb seyn, was euch schlimmer ist,
Denn Gott weiß, und ihr wisset nicht.
214/217 Sie fragen dich um die geweihten Monde, um den Kampf
[darin.
Sag ihnen so: der Kampf darin ist arg;
Verdrängung aber von dem Wege Gottes und Verleugnung
Desselben und des heil'gen Hauses,
Samt der Vertreibung der Bewohner draus ist ärger
Vor Gott, und Aergernis ist ärger
Als Tödtung. Und sie rasten nicht
Euch zu bekämpfen, bis sie euch von eurem Gottesdienst
[abbringen,
Wenn sie's vermögen; doch von euch wer abfällt
Von seinem Gottesdienst, und stirbt als Leugner,
Derselben Werke sind verfallen
In dieser Welt und in der andern,

Vers 210] In dem folgenden, was sich dem Inhalt nach an das in unserm Auszug nächstvorstehende (V. 148-152) unmittelbar anschließen läßt, versuchten wir zwei auseinandergerissene Stücke des Textes zu einem kleinen Ganzen zusammen zu stellen, wie die Verszahlen angeben.
Vers 214] Die Frage wird beantwortet, in wiefern die Feinde in den geweihten Monaten, wo altherkömmliche Waffenruhe und Landfriede war, bekriegt werden dürften. – Für *Aergernis* hier und im folgenden V. 189 kann auch *Meuterei* gesetzt werden. Denn schon sieht der Profet seine Feinde als Empörer gegen Gott und den Glauben an. Das vielumfassende arabische Wort ist *fitna*, das sonst auch nur Prüfung, Versuchung, Verführung bedeutet.

Die Kuh

Dieselbigen sind die Genossen
Des Feuers, drin sie ewig sind.
215/218 Doch die den Glauben nahmen an,
Und die auswanderten und stritten
Für Gottes Weg, dieselben haben
Zu hoffen die Erbarmung Gottes,
Und Gott ist gnädig und barmherzig.
186/190 Bekämpfet denn für Gottes Weg,
Diejenigen, die euch bekämpfen! schreitet aber
Nicht aus! Denn Gott liebt die nicht, die ausschreiten.
187/191 Erschlaget sie, wo ihr sie treffet;
Vertreibet sie, von wo sie euch vertrieben!
Denn Aergernis ist ärger noch als Tödtung.
Bekämpft sie aber nicht beim heiligen Hause,
Bis sie euch selber dort bekämpfen;
Bekämpfen sie euch aber, so erschlaget sie!
Das ist Vergeltung für die Leugner.
188/192 Doch stehn sie ab, nun, Gott ist gnädig und verzeihend.
189/193 Bekämpft sie also, bis kein Aergernis mehr sei,
Und Gottes sei der Gottesdienst;
Doch stehn sie ab, nun, keine Feindschaft
Sei als nur gegen Frevler.

244/243 O sahst du dort nicht jene, die aus ihrer Heimat wanderten
Zu Tausenden, aus Furcht vorm Tod? Und Gott sprach

Vers 186 *Schreitet aber nicht aus*] Könnte dem Sinne nach, den die Worte durch den Zusammenhang bekommen, deutlicher so übersetzt werden,

- greifet aber
Zuerst nicht an! Denn Gott liebt die nicht, die angreifen.

Vers 244] Anspielung auf eine jüdisch-arabische Überlieferung, die in ihrem letzten Grunde eine Umbildung ist des Gesichtes des Profeten Hesekiel, 37, von den lebendig gewordenen Todtengebeinen. Die hier angespielte Sage aber will, daß eine Schaar von Israeliten aus einer Stadt ihres Landes vor der Pest, oder wie andere wollen, vorm Kriege, geflohn, und in einem Thale wohin sie sich geflüchtet, sämmtlich von Gott getödtet, dann aber auf Fürbitte ihres Profeten wieder lebendig gemacht worden. Das Sinnbildliche ist unverkennbar: So wanderten die bedrängten erschreckten Glaubigen aus Mekka aus,

            Zu ihnen: Sterbt! dann macht' er sie lebendig.
            Ja Gott ist gnadenreich den Menschen,
            Die meisten Menschen aber sind undankbar.
245/244   So kämpft für Gottes Weg, und wisset:
            Gott hört und weiß.
246/245   Wer will darlehnen Gott ein schönes Darlehn,
            Daß er's ihm doppele mit vieler Dopplung?
            Gott ziehet ein und strecket aus,
            Und zu ihm seid ihr heimgebracht.
247/246   O sahst du dort nicht die Gemeinde
            Der Söhne Israels nach Mose, wie sie sprachen
            Zu dem Profeten, den sie hatten:
            Erweck' uns einen König, daß wir kämpfen mögen
            Für Gottes Weg! Er sprach: vielleicht dann werdet ihr,
            Wann euch der Kampf wird vorgeschrieben,
            Nicht kämpfen wollen? Doch sie sprachen:
            Wie sollten wir nicht kämpfen wollen
            Für Gottes Weg, da wir vertrieben sind von unsrer Heimat
            Und unsern Kindern? (doch, als nun
            Der Kampf ward ihnen vorgeschrieben,
            Da wandten sie den Rücken, bis auf wenige;
            Gott aber kannte wohl die Sünder.)
248/247   Doch ihr Profete sprach zu ihnen:
            Gott hat erweckt den *Talut* euch zum Könige.

---

und waren in der Verbannung wie Todte, bis sie Gott neu belebte, sie zwiefach neu belebte, im Glauben und in weltlicher Geltung.

Vers 245] Auch diese Partie schließt sich im Inhalt an die nächst vorher ausgezogene an.

Vers 246 *Darlehn*] zur Führung des heiligen Kriegs, Aufopferung von Gut und Blut für Gottes Sache. – *Gott ziehet ein und strecket aus*] die Hand, er nimmt und gibt.

Vers 247 *Zu dem Profeten*] Samuel. Auch die folgende Anwendung einer biblischen Geschichte hat, wie meist alle dergleichen Geschichten, eine absichtlich vorbildliche Beziehung auf Mohammed und seine Gläubigen, denen er hiermit Ausdauer und Entbehrungen im heiligen Kampfe empfehlen, sich selbst aber vielleicht im Lichte eines weltlichen Herrschers zeigen will.

Vers 248 *Talut*] Saul, eine sehr abweichende Form, die ihren Ursprung vielleicht dem Reime auf den gleich folgenden *Galut*, Goliat, verdankt. – Daß Mohammed selbst im Saul sich spiegelt, sieht man an allen Zügen: *Er hat*

Die Kuh

      Sie sprachen: wie soll diesem werden
      Die Königsherrschaft über uns?
      Da wir sind würdiger der Herrschaft,
      Und er nicht Fülle hat an Gut!
      Er sprach: Gott hat ihn auserkohren über euch,
      Und ihn ansehnlich wachsen lassen
      Am Wissen und am Leibe.
      Und Gott gibt seine Herrschaft, wem er will, und Gott
      Ist allumfassend weise.
249/248 Doch weiter sprach zu ihnen ihr Profete:
      Das Zeichen seiner Herrschaft ist, daß euch wird kommen
      Die *Lad'*, in welcher ist die *Gottesruh* von eurem Herren,
      Und Überbleibsel dessen was zurückließ
      Das Haus von Mose und von Aron,
      Dieselbe werden Engel tragen.
      Fürwahr, in diesem ist ein Zeichen
      Für euch, wenn ihr seid Gläubige.

---

nicht Fülle von Gütern. Gott aber hat ihn *auserkohren, [ijstafahu,* wovon Mohammed selbst *Mustafa,* der Auserkorene, heißt. *Ansehnlich am Leibe* war auch Mohammed, wenngleich er nicht wie Saul um eines Hauptes Länge über die andern hinausragte. Das *Wissen* zwar wird an Saul nicht besonders gerühmt, und auch Mohammed rühmt sich sonst nicht dessen, sondern seiner Unwissenheit. Aber auch Saul war ja, als der verwandelnde Geist über ihn kam, unter den Profeten. Doch zu genau dürfen wir die beiden Gegenbilder nicht aneinanderhalten, sonst kämen wir zuletzt mit Saul-Mohammed ins Gedränge durch den David von V. 252, der dann ein profezeiter Nachfolger des Profeten sein müßte.

Vers 249 *Die Lade*] die in die Hände der Filistäer gefallene, von diesen dann zurückgegebene Bundeslade, die aber 1. Samuel. 6,10 nicht von Engeln, sondern von Kühen gebracht wird. – Die *Gottesruhe* hebräisch Schakine, arabisch ebenso Sakina, im Hebräischen die geheimnisvolle Herrlichkeit Gottes, die im Bundeszelt und auf der Lade ruht, von Mohammed aber, der Wortbedeutung gemäß, an mehreren Stellen gebraucht als *Ruh und Friede,* von Gott auf die Gläubigen nach Kampfermattung, Furcht und Unruhe herabgesandt. Vgl. 9,26. So wird denn also hier auch die von Engeln gebrachte Lade sinnbildlich zu verstehn seyn.

250/249 Als Talut mit dem Heer nun aufbrach,
Sprach er: Gott will euch prüfen
Mit einem Strome. Wer davon trinkt,
Ist nicht von mir; wer aber nichts davon genießt,
Der ist von mir (es sei denn, wer nur schöpfet
Ein Schöpfen mit der Hand). Sie aber tranken alle,
Nur wen'ge ausgenommen. Als darüber nun
Geschritten er und die da glaubten
Mit ihm, da sprachen sie: Wir haben keine Kraft
Heut gegen Galut und sein Heer.
Da sprachen die so daran dachten,
Daß sie vor Gott erscheinen müßten:
Wie mancher kleine Haufen hat
Besiegt schon einen großen Haufen
Nach Gottes Rathschluß, denn Gott ist
Mit den ausharrenden Geduld'gen!
251/250 Als sie anrückten nun vor Galut und sein Heer,
Sprachen sie: Unser Herr! verleih uns
Ausharrende Geduld, und stärke unsre Tritte,
Und steh uns bei gegen das Volk der Leugner!
252/251 Da schlugen sie sie in die Flucht nach Gottes Rathschluß,
Und David tödtete den Galut,
Und Gott gab ihm die Herrschaft und die Weisheit,
Und lehrt' ihn alles was er wollte.
Und war' es nicht, daß Gott abtriebe
Die Menschen, einige durch andre,

Vers 250] Meine Bibelbelesenheit reicht nicht zu, die hier genannte Begebenheit in Sauls Feldzügen nachzuweisen. Ich finde nur eine entfernt ähnliche 1 Sam. 14,24 ff., wo Saul dem Volke am Tage der Schlacht verbietet vor dem Abend, und vor vollständig genommener Rache an den Feinden, etwas zu essen, welches Verbot Jonathan selber bricht, indem er wilden Honig isset. Aber jene Geschichte selbst findet sich, nur früher, im Buch der Richter 7,4 ff., wo *Gideon,* auf Gottes Gebot, das Heer, um es zu prüfen, an ein Wasser führt, und alle als unnütz ausscheidet, die niederknien, um bequemlich zu trinken, und nur die 300 behält, die „mit ihrer Zunge das Wasser leckten wie die Hunde"; oder „die leckten aus der Hand zum Munde".
Vers 252 *Und war' es nicht u.a.w.*] Die mohammedanische Glaubens- und Rechtslehre findet hierin die Begründung des Krieges und der Todesstrafe.

Die Kuh

So würde wüst die Erde,
Doch Gott ist gnadenreich den Menschen.
253/252 Dies sind die Zeichen Gottes, die
Wir dir vortragen nach der Wahrheit,
Und du bist einer von den Gottgesandten.

255/254 Ihr die da glaubet, spendet aus
Von dem womit wir euch versorgten;
Bevor der Tag kommt, wo kein Kauf gilt
Und keine Freundschaft, keine Fürsprach',
Und die Verleugner sind die Sünder.
256/255 Gott, außer ihm kein Gott!
Er der Lebendige, der Beständige,
Ihn fasset weder Schlaf noch Schlummer,
Sein ist was da im Himmel ist und was auf Erden;
Wer leget Fürsprach' ein bei ihm,
Als er erlaub' es denn? Er weiß
Was vor ist und was hinter ihnen,
Doch sie umfassen nichts von seinem Wissen,
Als was er will. Sein Richtstuhl füllt
Die Weite Himmels und der Erde,
Und ihn beschwert nicht die Behütung beider,
Er ist der Hohe, Große.
257/256 Kein Zwang im Gottesdienst! Geschieden hat sich klar
Die Richtigkeit vom Irrthum;
Wer nun den *Tagut* leugnet, und an Gott glaubt,

Vers 255 *Spendet aus*] besonders steuert bei zur Führung des heiligen Krieges, vgl. 263.
Vers 256 *Sein Richtstuhl*] hiervon heißt dieser Vers bei den Mohammedanern der Vers des Richtstuhls, und ihm wird eine besondere Heiligkeit beigelegt.
Vers 257 *Kein Zwang im Gottesdienst*] sei fürder! Denn jedem steht nun selbst die klare Einsicht und die Wahl zu zwischen den beiden geschiedenen Prinzipien des Lichtes und der Finsternis. Es bedarf nicht des besonderen Bezugs, den die Ausleger beibringen, daß hiemit die Neubekehrten abgemahnt werden sollten, ihre noch unbekehrten Kinder oder Angehörigen mit Gewalt zu bekehren. – *Tagut*] ein Götze, oder alle Götzen und Dämonen, die ganze Nachtseite der Gottesverehrung. Als Plural ist es in V. 259 gedacht.

Der hält sich an der festesten Handhabe,
Die nicht zerbricht, und Gott ist Hörer, Wisser.
258/257 Gott, Schutzfreund derer, die da glauben,
Führt aus der Finstre sie zum Licht;
259/— Und derer, die da leugnen,
Schutzfreunde Tagut, führen sie
Vom Lichte zu der Finsternis;
Dieselbigen sind die Genossen
Der Glut, in der sie ewig sind.
260/258 O sahst du dort nicht jenen, der mit Abraham
Stritt über seinen Herren,
Weil Gott die Herrschaft ihm gegeben?
Sprach Abraham: Mein Herr ist,
Der leben macht und sterben.
Sprach er: Ich bins der leben macht und sterben.
Sprach Abraham: Wenn Gott nun bringt die Sonn' aus
[Morgen,
So bring du sie aus Abend!
Da war bestürzt, der leugnete,
Gott aber leitet nicht die Frevler.
261/259 Oder wie der an einer Stadt vorüberzog,
Die eingefallen lag auf ihren Pfeilern;
Und sprach: 'Wie wird lebendig diese machen Gott

Vers 260] Dieselbe Wendung wie oben V. 244 und 247. – Der, dem Gott die Herrschaft verliehen, und der deshalb mit Abraham über die höchste Herrschaft streiten wollte, ist *Nimrod*. Abraham[s] erster Streitgrund vom Herrn über Leben und Tod, wird vom Gewaltherrscher nicht anerkannt, der sich selbst Herr über Leben und Tod nennt. Der andre Streitgrund, daß er nicht der Herr der Weltordnung sei, bestürzt ihn, bringt ihn aber nicht zum Glauben.

Vers 261] Die Überlieferung nennt als den, dem dieses begegnete, *Esra*, und als die wüste Stadt selbst Jerusalem, vor der er auf seinem Esel vorbeigeritten. Die Mythe könnte sich aber eben so gut wie die obige in V. 244 aus dem Gesichte *Hesekiel's* entwickelt haben. Sie ist übrigens die früheste Gestalt unseres Mährchens von Brunnenhold und Brunnenstark, in welchem das hier gemeinte Sinnbild von Auferstehung der Todten zum anmuthigen Spiel geworden ist. Als Sinnbild ist zu vergleichen die Geschichte der *Siebenschläfer* in S[ure] 18.

Die Kuh

Nach ihrem Tode?' Da ließ Gott ihn todt seyn hundert
[Jahre,
Dann weckt' er ihn und sprach: Wielange ruhtest du?
Er sprach: Ich ruhte einen Tag,
Oder auch einen Theil des Tages.
Sprach Er: Vielmehr, du ruhtest hundert Jahre.
Nun sieh nach deiner Speis' und deinem Tranke!
Sie sind nicht alt geworden;
Und sieh nach deinem Esel!
Und daß wir dich zum Zeichen machen für die Menschen;
Und sieh nach den Gebeinen, wie wir sie beleben
Und sie bekleiden dann mit Fleisch. –
Wie dieses nun ihm klar ward, sprach er:
Ich weiß, daß Gott ist jedes Dings gewaltig.

262/260 Und auch wie da sprach Abraham:
Herr, laß mich sehn, wie du belebst die Todten!
Sprach Er: Und glaubst du nicht? er sprach:
Ja! aber, daß mein Herz beruhigt werde!
Sprach er: So nimm vier Vögel,
Und drücke sie an dich,
Dann leg' auf jeden Berg ein Stück von ihnen,
Dann rufe sie, so kommen sie dir eilend;
Und wiß, Gott ist allmächtig, weise!

263/261 Das Gleichnis derer die aufwenden ihre Güter
Für Gottes Weg, ist wie das Gleichnis eines Körnleins,
Das sieben Aehren sprosset,

Vers 262] Ein das Gleiche besagende[s] Gleichnis. Abraham *drückt an sich*, d.i. tödtet vier Vögel, legt jeden auf einen anderen Berg, und auf seinen Ruf im Namen Gottes, des Todtenerweckers, kommen sie von allen Seiten zu ihm geflogen. – Es bedarf weder für den Sinn, noch für die Worte, die wir übersetzt haben „drücke sie an dich", der Angabe der Ausleger, daß Abraham die vier Vögel zerstückt habe, um auf jeden Berg das Stück eines Vogels zu legen, statt ein Stück von ihnen, d.i. einem der vier Vögel; wodurch dann gar mehr Berge nothwendig würden als die sagenhaften vier der vier Weltgegenden. Übrigens hat sich diese heilige Sage wol aus 1 Mos. 15 gebildet.
Vers 263] Geht zurück auf den Anfang dieser Partie, V. 255. Der Gedankengang ist springend oder fliegend, doch richtig zum Ziele gehend: Spendet für Gottes Weg Gut und Leben! Denn Er ist der Verleiher und der Wiederbringer von beidem.

An jeder Aehre hundert Körnlein;
Und Gott verdoppelt, wem er will,
Und Gott ist allumfassend weise.

264/262 Die da aufwenden ihre Güter
Für Gottes Weg, dann das was sie aufwendeten,
Nicht mit Dankforderung begleiten, noch mit Kränkung,
Denselben bleibt ihr Lohn bei ihrem Herren,
Und keine Furcht ist über ihnen und kein Leid.

265/263 Freundliches Wort und Mitleid
Ist besser als Almosen, die begleitet Kränkung,
Und Gott ist reich und milde.

266/264 Ihr die da glaubt, vernichtet eure
Almosen durch Dankfordrung nicht und Kränkung,
Wie wer aufwendet was er hat
Zur Schau der Menschen, und nicht glaubt
An Gott und an den jüngsten Tag;
Sein Gleichnis ist das Gleichnis eines Kiesels,
Auf welchem etwas Erde liegt,
Es trifft ein Regenguß ihn
Und läßt ihn glatt und hart.
Sie haben nichts von dem was sie gewirket,
Gott leitet nicht die undankbaren Leugner.

267/265 Das Gleichnis aber derer die ausspenden ihre Güter,
Suchend das Wohlgefallen Gottes
Und ihrer Seelen Festigung,
Ist wie ein Garten auf gelinder Anhöh,
Es trifft ein Regenguß ihn,
Da bringt er seine Früchte zwiefach;
Und wenn ihn trifft kein Regenguß, so ists ein Thau,
Und Gott ist dessen, was ihr thut, ansichtig.

Vers 264 *Dankforderung*] oder Vorrückung der Wohlthat, und *Kränkung*; dieses zeigt, daß unter dem Aufwenden oder Ausspenden auch wirkliches Almosengeben und Unterstützung der Armen begriffen sei, was übrigens im damaligen einfachen Staatshaushalte gar nicht vom Aufwand für den Krieg verschieden ist; wie besonders aus V. 274 erhellet.

Die Kuh

268/266 Möcht' einer unter euch wol haben einen Garten
 Von Palmen und Weinreben,
 Darunter hin die Ströme fließen,
 Und drin für ihn war' jede Frucht?
 Doch dann traf ihn das Alter und er hätte schwache
 Nachkommenschaft? Da träfe
 Den Garten Wirbelwind, darin ein Feuer;
 Daß er verbrennet würde!
 So deutet Gott die Zeichen euch,
 Ob ihr nachdenken wollet!
269/267 Ihr die glaubet, spendet aus
 Vom Besten des was ihr erworben,
 Und was wir euch hervorgehn ließen aus der Erde;
 Und klaubet nicht das Schlechte davon aus zu spenden;
270/— Was selber ihr nicht nehmen würdet, ohn' ein Auge
 [zuzudrücken;
 Und wisset, Gott ist reich und hochgelobet!
271/268 Der Satan droht euch mit der Armuth,
 Und heißt euch Niederträchtigkeit,
 Doch Gott verheißt euch Huld von sich und Gnadenfülle,
 Und Gott ist allumfassend weise.
273/270 Was ihr gespendet habt von Spenden,
 Oder gelobet von Gelübden,

Vers 268] Dieses Gleichnis ist, wie so manches der Art im Koran, nichts weniger als deutlich für den ersten Blick; obgleich, wie es dabei heißt, Gott seine Zeichen deutet; aber er deutet sie eben nur an, nicht aus, was erst die Nachdenkenden thun sollen. Das Gleichnis ist eine Fortsetzung von dem in V. 266, und erklärt sich durch die dortige Erklärung: Sie haben nichts von dem was sie gewirkt. Die Ausleger haben in ihrer Rathlosigkeit aus dem bösen Alter, das ihn trifft, ein gutes Alter, das er erreicht, und gar aus der schwachen Nachkommenschaft eine ihm gleich edle Nachkommenschaft gemacht. Auf dergleichen Gewältigungen des Textes nehmen wir fürder keine Rücksicht, so wie wir auch schon bisher manches dergleichen mit Stillschweigen übergangen haben. Wer jene legitimen Auslegungen sucht, findet sie bei Maraccius und Boysen-Wahl. – Bei: *Da träfe den Garten* kann, wer es bedarf, hinzusetzen *gleichsam;*

 doch wer es nicht bedarf, das ist ihm besser.

Vers 269. 270] Vgl. Maleachi 1,7 ff.

Gott kennt es, und den Frevlern wird kein Helfer.
Wenn ihr Almosen offen gebet, gut sind sie;
Doch wenn ihr sie verberget und den Armen gebet,
Das ist euch besser (und abnehmen
Wird Er euch euer Böses,
Und Gott ist kundig eures Thuns);

274/272 Den Armen, die bedränget sind für Gottes Weg,
Und nicht im Stande sind ins Feld zu ziehen,
Die der Unwissende für reich hält,
Weil sie sich scheun, du kennest sie an ihrem
Gepräg, sie fordern nicht von Menschen ungestüm;
Was ihr so ausgebt, das ist besser,
Denn Gott ist des mitwissend.
275/274 Die da ausspenden ihre Güter Nachts und Tags,
Geheim und öffentlich, denselben bleibt ihr Lohn
Bei ihrem Herrn, und keine Furcht
Ist über ihnen und kein Leid.
276/275 Die aber Wucher essen, werden nicht bestehn,
Es sei denn wie besteht, wen sinnlos niederwirft
Der Satan mit Anrührung.
Dis, weil sie sprachen: Auch der Handel ist ein Wucher!
Gott aber hat erlaubt den Handel, und verpönt den Wucher.
Wem nun zukommet die Ermahnung
Von seinem Herren, und er steht ab:
Der habe was geschehen ist,
Und die Verfügung über ihn kommt Gott zu;
Doch wer es wieder thut, dieselben sind Genossen
Des Feuers, drin sie ewig sind.

Vers 274] Einige Zeilen haben wir hier ausgelassen als überflüssige und störende Glosse, wodurch die Anfügung des Satzes ganz unkenntlich gemacht wird. – *Ins Feld zu ziehen*] könnte freilich auch übersetzt werden: durch's Land zu reisen. Aber die Geltung dieser Frase scheint mir befestigt durch andere Stellen, wie z.B. 4,102.
Vers 276] Sie werden nicht bestehen im Gerichte, sondern fallen, wie wer die fallende Sucht hat. – *Wucher*] bedeutet für die muslimische Gesetzgebung nicht blos übermäßige Zinsen, sondern Zinsen überhaupt.

Die Kuh

277/276 Gott tilgt den Wucher, wuchern aber läßt er die Almosen;
Und Gott liebt keinen undankbaren Leugner.
278/278 Ihr die da glaubet, fürchtet Gott, und gebet auf
Was unter euch noch übrig ist von Wucher!
279/279 Und thut ihrs nicht, so höret eine Kriegserklärung
Von Gott und seinem Abgesandten;
Bekehrt ihr aber euch, so bleibt euch
Der Grundstock eueres Vermögens;
In dem ihr selbst nicht sollt verkürzen,
Und nicht verkürzt sollt werden.
280/280 Ist aber Jemand unvermögend,
So werd' ihm Stundung, bis er sich erholet;
Doch schenkt ihrs als Almosen ihm,
Das ist euch besser, wenn ihrs [wißt].
281/281 Und fürchtet jenen Tag, wo ihr
Zurückgebracht zu Gott seid,
Dann wird gewähret jeder Seele, was sie wirkte,
Sie werden nicht verkürzet.
284/284 Gottes ist was im Himmel und auf Erden ist;
Und zeigt ihr, was in euren Seelen, oder bergt es,
Berechnen wird es Gott euch, und vergeben wem er will,
[und strafen wen er will,
Denn Gott ist jedes Dings gewaltig.
285/285 Der Abgesandte glaubt an das,
Was ihm ist offenbart von seinem Herrn,
Und auch die Gläubigen alle glauben
An Gott und seine Engel
Und Schriften und Gesandte,
(Wir machen keine Scheidung zwischen einem der
[Gesandten),
Und also sprechen sie: Wir hören und gehorchen.
Verzeihung, Herr! und zu dir ist die Heimkehr.
286/286 Gott muthet keiner Seele mehr zu als sie kann;
Für sie ist was sie wirkte, gegen sie was sie verwirkte.
Herr, straf uns nicht, wenn wir vergaßen oder fehlten,
O Herr, und leg' auf uns nicht Bürden,

Vers 280 *wißt*] Ms. thut. Rückert las versehentlich *ta'malūna* statt *ta'lamūna* (H. B.).

Wie du auf die vor uns sie legtest,
Herr, und laß uns nicht tragen, was wir nicht vermögen!
Vergib uns und verzeih uns, und erbarm dich unser!
Denn du bist unser Schutzherr, steh uns
Bei gegen die Verleugner!

Aus der dritten Sure
Das Geschlecht Imran's

31/35 Wie da das Weib von Imran sprach:
Herr, ich gelobe dir das Kind in meinem Leibe,
Zu eigen dir geweihet, nimm es an von mir!
Denn du ja bist der Hörende, der Wissende.
Und als sie's nun gebar, sprach sie:
Herr, ich gebar's ein Weibliches,
(Gott aber wußte wohl, was sie gebar)
Nicht gleich ist Männliches dem Weiblichen;
Ich aber nenne sie Maria,
Und deinem Schutz empfehl' ich sie und ihre
Nachkommenschaft vorm Satan, dem gesteinigten.
32/37 Da nahm sie an ihr Herr mit schöner Annahm',
Und ließ sie wachsen schönes Wachsthum;
Und in die Pflege nahm sie Zacharia.
Sooft zu ihr nun ins Gemach
Trat Zacharia, fand er bei ihr Speise,
Sprach: O Maria! wannen kommt dir dieses?
Sie sprach: Es kommt von Gott; denn Gott
Speist und versorgt, wen Er will, ohn' Anrechnung.

Vers 31 *Imran*] heißt hier der Vater Maria's, der Mutter Jesus, wie im Hebräischen Amram der Vater Miriams, Moses und Arons. Sichtlich sind die beiden Maria's, hebräisch Miriam, arabisch Mariam, verwechselt; so wie denn auch in S. 19,29 Maria, Jesus Mutter, Schwester Arons genannt wird. Doch wird man schwerlich einen solchen Verstoß auf die Rechnung Mohammeds setzen dürfen, der diese beiden wohl zu unterscheiden weiß, sondern annehmen müßen, daß die arabische Volksüberlieferung vor ihm auf solche Weise, wenn nicht die Personen, doch die Namen zusammengeschmolzen habe. Die Art wie Mohammed im Koran meist nur anspielungsweise die alttestamentlichen Geschichten berührt, beweist schon, daß er sie als seinen Zeitgenossen geläufig voraussetzte; für eine uralte Aneignung derselben, oder ursprüngliche Gemeinschaft, zeugt noch mehr die eigenthümliche arabische Umbildung fast aller solcher Namen, wie eben Imran aus Amram, Mariam aus Miriam, Musa aus Mose, Harun aus Aron, Ibrahim aus Abraham u.s.w.

33/38 Alda bat Zacharia seinen Herrn und sprach:
Herr, gib von dir mir eine gute
Nachkommenschaft! denn du bist Hörer des Gebets.
Da riefen ihm die Engel zu,
Indem er stand und betet' im Gemache:
34/— Sieh, Gott verheißt dir den Johannes,
Der wird ein Zeuge für ein Wort von Gott seyn,
Ein Edler und Enthaltsamer
Und ein Profet, der Guten einer.
35/40 Er sprach: Herr, wie soll werden mir ein Knabe,
Da schon mich hat erreicht das Alter,
Und auch mein Weib ist unfruchtbar?
Es sprach: Auf solche Weise thut Gott was er will.
36/41 Er sprach: Herr, gib ein Zeichen mir!
Es sprach: Dein Zeichen sei, daß du
Nicht redest zu den Menschen
Drei Tage, als nur durch Geberde.
Und denke deines Herrn viel,
Und preis' ihn spät und frühe! –
37/42 Wie da die Engel sprachen: O Maria! Gott
Hat dich erwählt und dich gereinet,
Und dich erwählet ob den Fraun der Welten.
38/43 Maria, sei gehorsam deinem Herrn, bet' an
Fußfällig und verbeugt mit den Verbeugten! –
39/44 Dis von den Kunden des Geheimen, was wir dir eröffnen;
Du selber wärest nicht bei ihnen,
Als sie des Looses Pfeile warfen,
Wer nehmen sollt' in Pflege die Maria,
Und wärest nicht bei ihnen als sie stritten. –
40/45 Wie da die Engel sprachen: O Maria! Gott
Verheißet dir ein Wort von sich,
Sein Nam' ist der Messias, Jesus, Sohn Marias,
Geehrt in dieser Welt und in der andern,
Und von den Nahgestellten.
41/46 Der redet zu den Menschen in der Wieg' und als
[Erwachsner,
Und ist der Guten einer.
42/47 Sie sprach: Mein Herr, wie soll ein Sohn mir werden,
Und nie hat mich ein Mann berührt?

Das Geschlecht Imran's

        Er sprach: Auf solche Weise schafft Gott was er will;
        Wenn er ein Ding beschließt, sagt er nur Sei! so ists.
43/48 Der lehret ihn die Schrift und Weisheit,
        Gesetz und Evangelium,
—/49   als einen Abgesandten an
        Die Söhne Israels: Ich bringe
        Ein Zeichen euch von eurem Herrn,
        Daß ich euch schaff' aus Thon Gebild von Vögeln,
        Dann blase drein, so wird es fliegend,
        Nach Gottes Willen, und ich heile
        Den Blinden von Geburt und den Aussätzigen,
        Zum Leben weck' ich auf die Todten
        Nach Gottes Willen, weiß und sag' euch, was ihr esset
                                   [Gläubige.
        Und was ihr aufbewahrt in euern Häusern.
        In diesem ist ein Zeichen traun für euch, wenn ihr seid
44/50 Daß ich bestätige was vor mir vom Gesetz war,
        Und euch erlasse manches was euch war verboten;
        Und kam zu euch mit einem Zeichen
        Von eurem Herrn; so fürchtet
        Gott und gehorchet mir!
—/51   denn Gott ist
        Mein Herr und euer Herr, ihn betet an! das ist der grade
                                   [Weg.
45/52 Doch als nun Jesus ward gewahr
        Von ihnen die Verleugnung, sprach er: Wer sind meine
                                   [Helfer
        Zu Gott? die Jünger sprachen:
        Wir sind die Helfer Gottes, glauben
        An Gott, und zeuge du uns, daß wir sind Ergebne.
46/53 Wir glauben, Herr, an das was du herabgesandt hast,
        Und folgen dem Gesandten,
        Du schreib uns zu den Zeugen ein! –

Vers 45 *Helfer*] *Ansar*, die von Mohammed erwählten unter seinen medinischen Anhängern. – *Ergebne*] Muslims, Muselmanen.
Vers 46 *Zeugen*] Blutzeugen, Märtirer.

47/54 Da haben sie gelistet, und Gott hat gelistet,
Gott aber ist der beste Lister.
48/55 Wie Gott da sprach zu Jesus:
Hinnehmen will ich dich und dich erhöhn zu mir
Und reinen dich von denen die verleugnen,
Und setzen will ich, die dir folgen, über die verleugnen,
Zum Tag der Auferstehung,
Zu mir ist eure Rückkehr dann,
Da werd' ich richten zwischen euch
In dem worinnen ihr uneinig wäret.
49/56 Die nun verleugneten, die werd' ich strafen
Mit schwerer Straf in dieser Welt und jener,
Und ihnen wird kein Helfer.
50/57 Die aber glaubten und das Gute thaten,
Gewähren wird er ihnen ihre Löhne,
Und Gott liebt nicht die Unrecht thu'nden. –
51/58 Dis tragen wir dir vor von unsern Zeichen,
Und von der weisen Kunde.
52/59 Fürwahr das Gleichnis Jesus ist
Vor Gott als wie das Gleichnis Adams,
Den er aus Erde bildete,
Dann sprach zu ihm: Werd'! und er ward.
53/60 Dis die Wahrheit von deinem Herrn,
Sei du nicht von den Zweiflern.
54/61 Doch wenn man dich darüber will bestreiten,
Nach solchem Wissen, das dir kam,
So sprich: Kommt her! wir rufen unsre Söhn' und eure
[Söhne,
Und unsre Fraun und eure Frauen,
Uns selber und euch selber,
Dann beten wir und legen Gottes Fluch auf den der lüget!
55/62 Dis ist die wahrhafte Geschichte,
Und nicht ist außer Gott ein Gott,
Und Gott ist der Allmächtige Allweise.
56/63 Doch wenn sie ab sich wenden, nun,
Gott kennt die Übelthäter.

Vers 47 *Sie*] die Juden wider Jesus.

57/64 Sag ihnen: O ihr Schriftinhaber kommt heran
Zu einer gleichen Rede zwischen uns und euch:
Daß wir nichts außer Gott anbeten,
Noch ihm abgöttisch beigesellen etwas,
Noch uns einander selber
Zu Herren nehmen außer Gott!
Doch wenn sie ab sich wenden, sprecht:
Seid Zeugen des daß wir sind *Gottergebnel* –
58/65 Ihr Schriftinhaber, warum wollt ihr streiten
Um Abraham? da doch ward offenbaret
Gesetz und Evangelium
Erst nach ihm! wollt ihr nicht verstehn?
59/66 Habt ihr gestritten über das, wovon ihr habt ein Wissen,
Was streitet ihr nun über das, wovon ihr keines habet?
Denn Gott weiß, und ihr wisset nicht.
60/67 Ein Jude nicht war Abraham und nicht ein Nazarener,
Sondern war ein Rechtgläubiger Ergebner,
Und war kein Götzendiener.
61/68 Am nächsten von den Menschen stehn dem Abraham
Diejenigen, die folgten ihm und dieser
Profet, und die da nahmen an den Glauben,
Gott aber ist der Gläubigen Schutzherr.
62/69 Es möcht' ein Theil der Schriftinhaber
Euch irreführen, doch sie führen
Sich selbst nur irr und merkens nicht.
63/70 Ihr Schriftinhaber, warum wollt ihr leugnen
Die Zeichen Gottes, da ihr selber Zeugen seid?
64/71 Ihr Schriftinhaber, was wollt ihr verkleiden
Die Wahrheit mit dem Irrthum, und verdecken
Die Wahrheit, die ihr selber wißt!
65/72 Ein Theil der Schriftinhaber spricht:
„Glaubt das, was denen offenbart ist die da glauben,
Nur beim Beginn des Tags und leugnets
Bei seinem End', ob sie vielleicht ablassen.
66/73 Glaubt keinem der nicht folgt eurem Gottesdienst!"
Sag' ihnen: „Leitung ist allein die Leitung Gottes,
Daß irgendeinem werd' ein gleiches als euch ward!"
Und wenn sie wollen euch bestreiten
Vor eurem Herrn, sag' ihnen:

Die Gnadenfülle ist in Gottes Hand,
Er gibt sie wem er will,
Und Gott ist weitumfassend weise.
67/74 Er wählet, wen er will, in seiner
Barmherzigkeit, und Gott ist Herr der Gnaden groß.
68/75 Wol mancher von den Schriftinhabern,
Wenn du ihm anvertrauest tausend,
So gibt er sie dir wieder,
Doch mancher auch, wenn du ihm anvertraust ein einziges
[Goldstück,
So gibt er dirs nicht wieder
Solange du dabei nicht stehst.
69/— Dis, weil sie sagen: „Gegen uns steht
Den andern Völkern zu kein Recht!"
Und reden also Lüg' auf Gott, und wissens.
70/76 Nein! wer sein Wort hält und Gott fürchtet,
Gott liebt die Gottesfürchtigen.
71/77 Die Gottes Bund und ihren Glauben
Verkaufen für geringen Preis;
Die haben keinen Theil an jenem Leben,
Gott wird sie nicht anreden noch anblicken
Am Tag der Auferstehung, noch sie reinigen,
Für sie ist Strafe peinvoll.
72/78 Und auch von ihnen ist ein Haufen,
Die ihre Zungen mit der Schrift beschäftigen,
Daß ihr vermeinet es sei aus der Schrift,
Doch ists nicht aus der Schrift;
Und sagen: Dieses ist von Gott!
Doch es ist nicht von Gott; und reden Lüg' auf Gott, und
[wissen's.
73/79 Nicht steht es einem Menschen zu,
Daß Gott ihm gebe Schrift und Weisheit
Und Profetie, und er dann sage
Den Menschen: Seid mir Diener neben Gott!
Vielmehr: Seid Herrendiener! wie ihr wisset
Die Schrift und wie ihr lest in ihr.
74/80 Und er gebeut euch nicht, zu nehmen Engel und Profeten
Zu Herrn; gebot' er euch wol Leugnung,
Nachdem ihr wart *Ergebne*?

75/81 Wie Gott einst die Zusage der Profeten nahm:
Was ich euch gab von Schrift und Weisheit,
Und wenn euch nun kommt ein Gesandter,
Bestätigend das Eurige,
So sollt ihr an ihn glauben und ihm helfen.
Er sprach: Bekennet ihr, und nehmet
Auf solches meinen Auftrag an?
Sie sprachen: Wir bekennen!
Er sprach: So seid mir Zeugen, und ich bin mit euch ein
[Zeuge.

76/82 Und wer davon hernach sich abkehrt,
Dieselben sind Abtrünnige.

77/83 Was außer'm Dienste Gottes suchen wollen sie?
Ihm ist *ergeben*, wer im Himmel und auf Erden,
Freiwillig und gezwungen,
Und zu ihm seid ihr heimgebracht.

78/84 Sprich so: Wir glauben
An Gott und das was uns herabgesendet ist,
Und was herabgesendet ist auf Abraham
Und Ismael und Isak
Und Jakob und die Stammeshäupter,
Und was empfangen Mose hat und Jesus
Und die Profeten all von ihrem Herren;
Wir machen keine Scheidung zwischen einem unter ihnen,
Und wir sind Ihm *Ergebne*.

79/85 Wer folgt anderm Gottesdienst als der Ergebung,
Es wird von ihm nicht angenommen,
In jener Welt ist er von den Verlierern.

89/95 Sprich: Wahrheit redet Gott, so folget
Der Glaubensgilde Abrahams, rechtgläubig,
Der nicht war von den Götzendienern.

90/96 Das erste Haus, gegründet für die Menschen,
Ist das zu *Bekka*,
Gesegnet, und zur Leitung für die Welten.

Vers 75 *Ein Gesandter*] Mohammed. – Diese den Profeten abgenommene Zusage ist wie die den Seelen der Menschen vor ihrer Geburt abgenommene S. [7,171].
Vers 90 *Bekka*] Mekka.

91/97 In ihm sind klare Zeichen,
Der Standort Abrahams; und wer dort eingeht,
Ist friedlich-sicher, doch zu fordern
Hat von den Menschen Gott die Wallfahrt zu dem Hause,
Wer dazu Weg und Mittel findet.
92/— Wer aber leugnet, nun Gott ist
Der Welten unbedürftig.
93/98 Sag: O ihr Schriftinhaber, warum leugnet ihr
Die Zeichen Gottes? und Gott ist ein Zeuge dessen was ihr
[thut.
94/99 Sag: O ihr Schriftinhaber, warum dränget ihr
Vom Wege Gottes ab, wer glaubt,
Und wünschet ihn zu krümmen? Ihr seid Zeugen,
Und Gott ist nicht unachtsam dessen was ihr thut.
95/100 Ihr die da glaubt, wenn ihr gehorchet einem Trupp
Von denen, die die Schrift empfiengen,
So werden sie nach eurem Glauben
Euch wieder machen zu Verleugnern.
96/101 Wie aber solltet ihr verleugnen,
Da euch sind vorgetragen Gottes Zeichen,
Und unter euch ist sein Gesandter?
Und wer sich hält an Gott, der ist geführt zum graden
Wege.
97/102 Ihr die da glaubet, fürchtet Gott mit rechter Furcht,
Und sterbet nicht, ihr seid denn *Gottergebne*.
98/103 Und haltet euch am Bande Gottes alle,
Und trennt euch nicht! Gedenket
Der Wohlthat Gottes über euch,
Da ihr verfeindet wäret,
Hat er verbündet eure Herzen,
Und Morgens wäret ihr durch seine Wohlthat Brüder.
99/— Ihr wart am Rande eines Grabens
Der Glut, und er hat euch davon errettet.
So deutet Gott euch seine Zeichen,
Ob ihr geleitet möget seyn.

Vers 91 *Standort*] wo er, mit Ismael, stand das Haus zu bauen, und wo er stand betend.

Das Geschlecht Imran's

100/104 Und immer sei von euch ein Volkstamm,
Berufend zu dem Guten,
Gebietend Fug und wehrend ab von Unbill,
Dieselben sind die Hochbeglückten.
101/105 Und seid nicht alswie jene die sich spalteten
Und trenneten nachdem zu ihnen kamen die Beweise;
Derselben wartet Strafe groß;
102/106 Am Tage wo weiß werden Angesichter,
Und Angesichter werden schwarz;
Die deren Angesicher schwarz nun werden:
„Habt ihr verleugnet (fragt man sie), nachdem ihr glaubtet?
So schmeckt die Pein weil ihr verleugnet!"
103/107 Die aber, deren Angesichter werden weiß,
Sind im Erbarmen Gottes, sie sind ewig drin.
106/110 Ihr seid der beste Volkstamm, vorgeführt den Menschen,
Gebietet Fug und wehret ab von Unbill
Und glaubt an Gott. Und glaubeten die Schriftinhaber,
So wär' es ihnen besser. Ihrer einige
Sind gläubig, doch die meisten sind abtrünnig.
107/111 Sie können euch nicht schaden, sondern kränken blos;
Und wenn sie euch bekämpfen, wenden sie den Rücken,
Dann wird sie Niemand retten.
108/112 Die Schmach wird ihnen aufgeprägt, wo man sie trifft,
Sie fügen denn sich Gottes Band' und Menschenbande,
Und tragen heim den Zorn von Gott,
Und ihnen aufgeprägt wird Armuth;
Dis weil sie leugneten die Zeichen Gottes,
Und tödteten Profeten ohne Recht,
Dis weil sie trotzeten und übertraten.
109/113 Doch gleich nicht sind sie; von den Schriftinhabern ist ein
[Volkstamm,
Aufrichtig, lesend Gottes Zeichen um die Nacht, mit
[Fußfall;
110/114 Glaubend an Gott und jüngsten Tag,
Gebietend Fug und wehrend ab von Unbill,

Vers 108 *Gottes Band*] Annahme des Glaubens, *Menschenband*, Unterwerfung, Schätzung, Kopfsteuer.

Und eilend vor im Guten,
Dieselben sind Rechtschaffene.
112/116 Die aber leugnen, denen wird nicht helfen
Ihr Gut noch ihre Kinder etwas gegen Gott, die sind
[Genossen
Des Feuers, drin sie ewig sind.
113/117 Das Gleichnis des, was sie aufwenden
Im Leben dieser Zeitlichkeit ist als ein Wind,
Worin ein Frost ist, der die Saat von Leuten trifft,
Die sich versündigt haben, und verdirbt sie;
Nicht Gott kränkt sie, sie selber kränken sich durch ihre
[Sünden.
114/118 Ihr die da glaubet, nehmet keinen
Vertrauten von den Fremden, die nicht lassen ab
Euch zu vergiften, wünschen, daß ihr straucheltet;
Zum Vorschein ist gekommen ihre
Feindseligkeit aus ihren Mündern,
Was aber ihre Busen bergen, das ist mehr.
Wir haben euch gedeutet
Die Zeichen, wenn ihr sie versteht.
115/119 O ihr, ihr liebt sie (doch sie lieben euch nicht)
Und glaubet an die ganze Schrift,
Doch wenn sie euch begegnen, sprechen sie: Wir glauben!
Und wenn sie wieder sind allein,
Beißen sie über euch die Finger sich vor Grimm.
Sag' ihnen: Sterbt in eurem Grimme!
Denn Gott ist kundig des Gehalts der Busen.
116/120 Wenn euch betrifft ein Gutes, so verdrießt es sie,
Und wenn euch rührt ein Böses, freun sie sich daran.
Doch wenn ihr haltet standhaft aus und fürchtet Gott,
So wird ihr Anschlag euch nicht schaden,
Denn Gott umfasset all ihr Thun.

Vers 115 *Die ganze Schrift*] sowol die Schrift der Schriftinhaber als eure eigene.

Das Geschlecht Imran's

119/123 Schon hat euch Beistand Gott verliehn bei *Bedr*,
Als ihr gering wart. Also fürchtet Gott, damit ihr dankbar
[seid!
118/122 Wie da von euch zwei Truppen dachten
Zu wanken, doch Gott war ihr Schutzfreund;
Auf Gott vertrauen sollen all die Gläubigen.
117/121 Wie du da morgens giengst aus deinem Zelte,
Den Gläubigen anweisend ihren Platz zum Kampf,
Und Gott war Hörer, Wisser.
120/124 Wie du da sprachest zu den Gläubigen: Genügts euch nicht,
Daß euer Herr euch helfe mit dreitausend Engeln
[hergesandt?
121/125 Ja, wenn ihr standhaft haltet aus und fürchtet Gott,
Und sie euch jetzt angreifen,
Wird euer Herr euch helfen mit fünftausend Engeln,
[waffenbunt.
122/126 Zur Siegesbotschaft nur hat Gott euch das gemacht,
Und daß sich so beruhigten eure Herzen.
Der Beistand ist von Gott allein, dem Mächtigen, Allweisen,

Vers 119 *Bedr*] Der erste siegreiche Kampf Mohammeds von Medina aus gegen die Mekkaner, bei *Beder,* einem Orte zwischen Mekka und Medina, im zweiten Jahr der Flucht. Er siegte mit 319 Mann über 100 Mekkaner. – Der rasche Übergang vom Wortkampf gegen die Schriftinhaber zu diesem Waffenkampfe ist zu bemerken. Wir haben die drei Verse versetzt. Es schien uns dazu als ein vierter zu gehören folgender weiter oben in der übergangenen Partie ganz verbindungslos stehender (V. 11):

Schon ward ein Zeichen euch in den zwei Heeren,
Die sich begegneten, das eine kämpfend
Für Gottes Sache, und das andre leugnerisch.
Ihr sähet diese dreimal stärker, nach dem Sehn
Des Auges, aber Gott stärkt
Mit seinem Beistand, wen er will.
In diesem ist ein Beispiel traun für Sehende.

Doch scheint mir nunmehr dieser Vers zwar sich auf dasselbe zu beziehen, aber nicht mit obigen zusammenzugehören. Er schließt aus und wird ausgeschlossen, auch hat er die Assonanz *a*, die in jener Partie herrscht, dagegen im obigen die gewöhnliche Assonanz *i, u.*

—/127 Daß er abschneid' ein Ende derer die da leugnen,
Oder sie stürz' und sie umwenden sieglos,
123/128 (Das geht dich nicht an) oder wieder
Sich zukehr' ihnen, oder
Sie strafe, Sünder sind sie ja!
124/129 Und Gottes ist, was ist im Himmel und auf Erden,
Er mag vergeben wem er will,
Und strafen wen er will, und Gott
Ist gnädig gernvergebend.
133/139 Seid unerschlafft und unbekümmert,
Weil ihr die Oberhand habt, wenn ihr Gläubige seid!
134/140 Hat euch betroffen eine Schramme,
So traf die Feinde gleiche Schramme.
Denn diese Siegestage lassen
Wir wechselschwanken zwischen den Menschen,
Auch daß Gott kennen lerne, die da glauben,
Und nehm' aus euch Blutzeugen,
Und Gott liebt nicht die Frevler;
135/141 Und daß Gott sondre, die da glauben,
Und rotte aus die Leugner.
136/142 Vermeintet ihr, ihr würdet eingehn in den Garten,
Eh Gott erkenne die von euch, die stritten,
Und kenne die ausharrenden?
137/143 Ihr habet schon den Tod gewünscht,
Bevor ihr ihm begegnetet;
Nun seht ihr ihn und staunet.
138/144 Mohammed selber ist nur ein Gesandter,
Vor dem hingiengen viel Gesandte –
Wie? wenn er stürbe oder würd' erschlagen,
Wolltet ihr darum fallen ab?
Wer abfällt, schadet Gott mitnichten,
Doch Gott belohnt die Dankbarn.
140/146 O mit wie manchem der Profeten stritten viele Tausende!
Sie aber zagten nicht bei dem, was sie betraf im Wege
[Gottes,
Und wankten nicht, und gaben nicht nach;
Und Gott liebt die Ausharrenden.
141/147 Und ihre Rede war nur, daß sie sprachen:
O Herr, vergib uns unsre Sünden

| | Und Fehl' in unsren Sachen,
| | Befestig' unsre Tritt' und hilf
| | Uns gegen die Verleugner!
| —/148 | da gab ihnen Gott
| | Den Segen dieser Welt, und schönen Segen jener andern;
| | Denn Gott liebt die schönhandelnden.
| 142/149 | Ihr die da glaubet, wenn ihr folget jenen die verleugnen,
| | Werden sie euch zum Abfall bringen,
| | Dann kehrt ihr um verlustig.
| 143/150 | Nein, Gott ist euer Schutzfreund,
| | Er ist der beste Beistand.
| 144/151 | Wir werden werfen in die Herzen derer, die verleugnen,
| | [Schreck,
| | Weil sie Gott beigesellten das,
| | Wozu er nicht gab Vollmacht ihnen.
| | Ihr Einkehrort das Feuer,
| | Schlimm ist die Wohnung für die Sünder.
| 145/152 | Schon hat euch Gott bewähret sein Versprechen,
| | Da ihr sie schlugt auf sein Geheiß;
| | Bis ihr erschlaffet dann und uneins wurdet
| | Im Rath und ungehorsam,
| | Nachdem er euch ließ sehen was ihr liebet.
| 146/— | Von euch will mancher diese Welt,
| | Und mancher will die andre.
| | Da ließ er euch vor ihnen weichen,
| | Um euch zu prüfen, doch schon hat er euch verziehn,
| | Denn Gott ist gnadenreich den Gläubigen.
| 147/153 | Wie ihr den Berg anklommt und keinem hieltet Stand,
| | Indeß euch der Gesandte nachrief hinten bei den letzten.
| | Da ward zu Lohn euch Noth um Noth,
| | Daß ihr nicht mehr euch kümmertet

Vers 145 *Da ihr sie schlugt*] bei Beder, s. 119. – *Was ihr liebet*] schwerlich: den Sieg, sondern die Beute, über die sie herfallen wollten, statt zu kämpfen. Vergl. 149.
Vers 147 *Der Berg*] Ohod bei Medina, wo die Gläubigen im dritten Jahr der Flucht von den Mekkanern geschlagen wurden. *Was euch entgieng*] von Beute.

Um das was euch entgieng, noch das was euch betraf;
Doch Gott war kundig eures Thuns.

148/154 Dann aber sandt' er nach der Noth
Auf euch hernieder Friedenstille, Schlummer,
So einen Theil von euch umhüllte,
Doch einen Theil betrübten ihre Seelen,
Indem sie wähneten von Gott Unwahres,
Den Wahn des Heidenthumes, sprechend:
Was haben wir denn von der Sache?
Sag' ihnen: Gott hat ganz die Sache! –
Sie bergen in den Seelen, was sie dir nicht wollen zeigen,
Und sagen nur: Wenn von der Sache
Wir etwas hätten, wären wir nicht hier erschlagen.
Sag' ihnen: Wäret ihr in euern Häusern auch,
Doch wären, denen war der Tod geschrieben,
Zu ihrer Ruhestatt gelangt;
Und: Daß Gott prüfen möchte was in eurer Brust ist,
Und sondern, was in eurem Herzen,
Denn Gott sieht den Gehalt der Brust.

149/155 Die unter euch sich wandten ab
Am Tage wo sich die zwei Heere trafen,
Ausgleiten ließ sie nur der Satan,
Um einiges das sie verwirkt.
Schon aber hat euch Gott verziehn,
Denn Gott ist gnädig gernverzeihend.

150/156 Ihr die da glaubt, seid nicht wie die da leugnen,
Die da von ihren Brüdern sagen,
Wenn sie zu Feld ziehn oder Gottes Streiter sind:
„O wären sie bei uns geblieben,
Sie wären nicht gestorben noch erschlagen;"
Daß also Gott leg' einen Kummer in ihr Herz;
Doch Gott läßt leben und läßt sterben,
Und Gott ist eures Thuns ansichtig.

Vers 149 *Um einiges, das sie verwirkt*] Dieses versteht man zum Theil so: durch ihre Habgier, daß sie sich von der Beute verlocken ließen. So trägt man gezwungen hier ein, was wir V. 145 gefunden haben. Hier heißt es nichts als: um ihrer Sünden willen.
Vers 150 *in ihr*] der also Sprechenden, *Herz*.

Das Geschlecht Imran's

151/157 Und werdet ihr getödtet auf dem Wege Gottes oder sterbt,
So ists Barmherzigkeit von Gott und Gnade,
Besser als alles was ihr häuft.
152/158 Und sterbt ihr oder seid getödtet,
So werdet ihr zu Gott erwecket.
153/159 Doch aus Erbarmung Gottes warst du ihnen lind.
Und wärst du rauh und hart von Sinn gewesen,
So wären sie von dir gewichen.
Darum sieh ihnen nach, bitt' um Verzeihung Gott
Für sie, berathe dich mit ihnen in den Sachen;
Doch wenn du etwas hast beschlossen, trau auf Gott!
Denn Gott liebt die Vertrauenden.
154/160 Steht Gott euch bei, so ist ob euch kein Sieger;
Verläßt er euch, wer wird euch beistehn hinter ihm?
Darum auf Gott sollen vertraun die Gläubigen.
158/164 Schon hat sich hold erwiesen Gott den Gläubigen,
Da er erweckte unter ihnen einen
Gesendeten aus ihnen selber,
Der ihnen vorträgt seine Zeichen,
Und sühnet sie und lehret sie
Die Schrift und Weisheit, wenn sie auch
Zuvor in offner Irre waren.
155/161 Keinem Profeten kommt es zu zu trügen.
Wer aber trügt, bringt was er trog, zum Tag der Urständ',
Und jeder Seele wird gewährt dann was sie wirkte,
Kein Unrecht thut man ihnen.
156/162 Ist wol, wer wandelte nach Gottes Wohlgefallen,
Wie wer hingeht mit Zorn von Gott?
Sein Hingang ist Gehenna,
Und schlimm ist dort die Einkehr.
157/163 Sie stehn bei Gott nach Stufen,
Und Gott ist sichtig ihres Thuns.
159/165 Wie? weil euch ward ein Schlag geschlagen,
Da ihr schon schlugt zweimal soviel,

Vers 159] Wir sind wieder bei der Schlappe von *Ohod*. – Hier sei beiläufig auf die Vieldeutigkeit und Unerschöpflichkeit der versbeschließenden und reimenden Gemeinsprüche aufmerksam gemacht. Der hier gebrauchte kann für diesen Fall unter andern auch meinen: Gott an sich ist allmächtig, und konnte

Sprecht ihr: von wannen dieses?
Sag' ihnen: Dieses von euch selber!
Denn Gott ist jedes Dings gewaltig.

160/166 Und was euch traf am Tag wo sich die beiden Heere trafen,
Geschah nach Gottes Willen, und aufdaß er kenne
Die Gläubigen, und kenne, die da heuchelten,
Als ihnen ward gesagt: Heran und kämpfet
Für Gottes Weg und wehret euch! da sprachen sie:
Wenn wir den Kampf verstünden, wollten wir euch folgen!
Der Leugnung waren sie des Tages näher als dem Glauben.

161/167 Mit ihren Mündern sprechen sie,
Was nicht in ihren Herzen ist,
Gott aber weiß am besten was sie bergen.

162/168 Die da von ihren Brüdern sagten,
Indem sie selber stille saßen: Hätten sie
Gehorchet uns, sie wären nicht erschlagen.
Sag' ihnen: Wehret doch den Tod ab
Von euren Seelen! wenn ihr Wahrheit redet.

163/169 Nicht aber rechne du, die da erschlagen sind
Auf Gottes Weg, für Todte, sondern Lebende
Bei ihrem Herrn versorgte,

164/170 Froh dessen was Gott ihnen gab von seiner Gnadenfülle,
Glückwünschend sich zu denen, die
Noch nicht zu ihnen sind gelangt, von ihren
[Nachgebliebnen,
Daß keine Furcht sei über ihnen und kein Leid;

165/171 Glückwünschend sich zu Gottes Huld und Gnadenfülle,
Und daß Gott lasset nicht verloren gehn den Lohn der
[Gläubigen.

166/172 Die da willfährig waren Gott und dem Gesandten,
Nachdem sie traf die Schramme;
Für diese, die schön handelten
Und waren fromm, ist großer Lohn.

167/173 Zu denen da die Leute sagten:
„Die Leute haben gegen euch sich
Geschaaret, hütet euch vor ihnen!"

---

nicht den Feinden des Glaubens im Kampf unterliegen; nur ihr habt die Niederlage verschuldet.

Das Geschlecht Imran's

        Das aber mehrete nur ihren Glauben,
        Sie sprachen: Unsre Zuversicht
        Ist Gott, er ist ein guter Vogt.
168/174 Und kamen heim mit Huld von Gott und Gnadenfülle,
        Nicht rührte sie ein Böses,
        Und wandelten dem Wohlgefallen Gottes nach,
        Und Gott ist großer Gnaden reich.
169/175 Der Satan da macht furchtbar seine
        Genossen; fürchtet sie nur nicht!
        Mich fürchtet, wenn ihr Gläubige seid!
170/176 Und laßt euch die nicht kümmern, die voreilen in der
                                                [Leugnung!
        Sie werden nie Gott etwas schaden:
        Gott will, daß er geb' ihnen keinen Antheil
        Am künft'gen Leben; ihrer wartet große Pein.
171/177 Ja, die einkauften die Verleugnung für den Glauben,
        Sie werden nie Gott etwas schaden,
        Und ihrer wartet große Pein.
172/178 Nicht sollen denken, die da leugnen,
        Weil wir mit ihnen Nachsicht haben,
        Das sei für ihre Seelen gut;
        Wir haben nur mit ihnen Nachsicht,
        Daß sie zunehmen an Verschuldung,
        Und ihrer wartet Pein voll Schmach.
173/179 Nicht kommt es Gott zu, daß er lasse
        Die Gläubigen in solcher Lage, wie ihr seid,
        Wann er gesondert haben wird das Schlechte von dem
                                                [Guten.
174/— Auch kommt es Gott nicht zu, daß er
        Euch blicken lass' in das Geheimnis.
        Vielmehr Gott wählt von seinen Boten wen er will.
        So glaubt an Gott und seine Boten!
        Und wenn ihr glaubt und fromm seid, wird euch großer
                                                         [Lohn.

Vers 174] Die zwei ersten Zeilen schließen die Ermahnungen an die Gläubigen ab, machen aber zugleich den Übergang zu einer neuen Vornahme der Juden (s. 58 u 63).

175/180	Nicht sollen denken, die da geizen
	Mit dem was ihnen Gott gegeben
	Von seiner Gnadenfülle, gut sei es für sie;
	Nein! schlimm ist es für sie.
176/—	Als Halsband werden sie
	Einst tragen das womit sie geizten,
	Am Tag der Auferstehung, aber Gottes ist
	Die Erbschaft Himmels und der Erde,
	Und Gott ist kundig eures Thuns.
177/181	Gott hat gehört die Rede derer,
	Die sprachen: Gott ist arm und wir sind Reiche.
	Wir werden schreiben, was sie sprachen,
	Und daß sie tödteten Profeten ohne Recht;
	Und sagen werden wir: Schmeckt Pein des Brandes!
178/182	Dis wegen des, was ihre Hände vorgewirkt;
	Und daß nicht Gott thut Unrecht an den Knechten.
179/183	Die sprachen: Gott hat uns verpflichtet, nicht zu glauben
	An einen Abgesandten, bis er uns vor Augen bringe
	Ein Opfer, das die Glut verzehrt!
180/—	Sag' ihnen: Abgesandte brachten euch vor mir
	Beweise schon und was ihr sprächet;
	Warum denn habt ihr sie getödtet?
	Wenn ihr die Wahrheit redet!
182/185	Den Tod muß jede Seele schmecken,
	Doch euer Lohn wird euch gewährt
	Am Tag der Auferstehung;
	Wer dann entrückt dem Feuer ist,
	Und eingeführt zum Garten, ist gerettet.
	Das ird'sche Leben aber ist ein Nießbrauch der Bethörung
	[nur.
183/186	Geprüfet werdet ihr an euren Gütern und an euren Seelen,
	Und hören müßet ihr von denen,
	Welche die Schrift empfiengen,
	Und von den Götzendienern manche Kränkung.

Vers 177 *Gott ist arm*] weil er Almosen und Sühnungssteuer und Aufwand für seinen Krieg von den Gläubigen fordert.
Vers 179 *Ein Opfer*] das auf wunderbare Weise durch Feuer vom Himmel verzehrt werde, wie das des Elias.

>   Doch wenn ihr in Geduld ausharret
>   Und fürchtet Gott, das ist von Festigkeit des Rathes.
> 200/200 Ihr, die da glaubet, seid geduldig
>   Und harret in Geduld aus,
>   Und rüstet euch und fürchtet Gott,
>   Aufdaß ihr glücklich seiet!

Vers 183 *Von Festigkeit des Rathes*] Diese öfter, immer in Verbindung mit der Geduld, wiederkehrende Phrase, scheint mir nicht, wie die Ausleger wollen, zu sagen: Das ist unveränderlicher Beschluß Gottes; sondern: Das ist die rechte Mannestüchtigkeit. – 184-199 erkläre ich für eine geflickte Partie, die auch, den Anfang ausgenommen, andere Assonanz, nämlich *a*, hat.

4ᵉ Sure

Die Weiber

1/1 O Menschen, fürchtet euern Herrn,
Der euch erschuf von Einem
Lebendigen, und von demselben
Schuf sein Gemahl, und von den beiden
Ausstreute Männer viel und Weiber.
O fürchtet Gott, bei welchem ihr einander bittet,
Und ehrt die Blutsverwandtschaft!
Denn Gott ist über euch ein Wächter.
2/2 Gebet den Waisen ihr Vermögen,
Und schiebt nicht Schlechtes statt des Guten unter;
Zehret nicht ihr Vermögen auf zu euerem Vermögen;
Denn das ist große Sünde.
3/3 Doch fürchtet ihr, daß ihr gerecht
Nicht handeln möchtet an den Waisen;

Überschrift] *Die Weiber* von den gesetzlichen Bestimmungen über eheliche Verhältnisse, die einen Theil des Inhalts der Sure ausmachen. Wir aber haben diese, sowie die damit verbundenen Verordnungen über Erbrecht und dergl. übergangen, weil sie uns für unsern Zweck noch weniger angehn als das Aehnliche in der mosaischen Gesetzgebung, dann aber auch, weil die betreffenden Verse in völliger Verwirrung und Zersplitterung zwischen Alles übrige bunt verstreut sind. Freilich besteht die Einheit dieser Sure, wie anderer medinischer, nur in der Mannigfaltigkeit der zu besprechenden und festzusetzenden Angelegenheiten des neu werdenden Staatshaushaltes; doch ist dadurch eine gewisse Ordnung nicht ausgeschlossen, die wir denn auch durch Ausstoßung des Zerrütteten, hin und wieder auch durch Versetzung und Einrenkung des aus seinen Fugen gerückten, herzustellen gesucht haben, soweit es für unseren Zweck hinlänglich war.
Vers 3 *Doch fürchtet ihr...*] Der im Text folgende Nachsatz paßt nicht zum Vordersatz, denn er enthält Ehegesetze. Der geforderte Nachsatz wäre etwa: So gebt die Verwaltung ihres Vermögens lieber ab.

Die Weiber

4/5 Den' Unverständigen gebt nicht ihr Vermögen,
Das Gott euch anvertraut hat zur Verwaltung,
Sondern ernähret sie davon und kleidet sie
Und redet auch mit ihnen Rede freundlich.
5/6 Prüfet die Waisen, bis sie mannbar werden;
Dann, wenn ihr merkt an ihnen rechte Stärke,
So übergebet ihnen ihr Vermögen,
Verzehrt es nicht verschwendrisch und eilfertig,
6/— Bevor sie groß geworden!
Wer reich ist, der enthalte ganz sich dessen;
Wer aber arm ist, zehre davon füglich.
7/— Wenn ihr dann ihnen ihr Vermögen übergebt,
So nehmet dazu Zeugen,
Gott aber gnügt zur Rechenschaft.
11/10 Traun, die da essen Waisengut mit Unrecht,
Essen in ihren Bauch ein Feuer,
Und werden brennen in der Hölle.
33/29 Ihr Gläubigen, verzehrt nicht eur Vermögen
Untereinander sündlich,
Es sei denn eine Handelschaft
Nach Übereinkunft zwischen euch;
Auch tödtet euch nicht selber!
Denn Gott ist euch barmherzig.
61/58 Gott heißet euch zurückzugeben Anvertrautes seinem
[Herrn,
Und wenn ihr richtet zwischen Leuten,
Zu richten mit Gerechtigkeit.
O schön ist, wozu Gott euch mahnt,
Und Gott ist hörend, schauend.
36/32 Begehret nicht, was Gott als Gnadenvorzug
Gab einem unter euch vorm andern!
Den Männern bleib' ihr Antheil
Von dem, was sie erworben, und den Weibern
Ihr Antheil auch von dem, was sie erworben;

Vers 33 *Verzehrt nicht euer Vermögen untereinander sündlich*] soll, nach den Auslegern, den unerlaubten Wucher bezeichnen. Wir verstehn es in weiterem Umfang, wie in einer nicht übersetzten Stelle 2,184.

Und bittet Gott um seine Gnaden!
Denn Gott ist aller Dinge kundig.

38/34 Die Männer gehen vor den Weibern,
Weil Gott gab Gnadenvorzug einem vor dem andern,
Und auch weil sie aufwenden ihr Vermögen.
Ehrbare Frauen aber sind
Gehorsam und bewahren das Geheimnis, weil sie Gott
[bewahrt.
Doch deren Widerspenstigkeit ihr fürchtet,
Dieselbigen vermahnet
Und scheidet euch von ihrem Lager,
Und schlaget sie! doch wenn sie euch gehorchen,
Suchet gegen sie keinen Weg!
Denn Gott ist hoch und mächtig.

39/35 Befürchtet ihr Zerwürfnis eines Ehebundes,
So bringt zur Stelle einen
Schiedsrichter von des Mannes Seite,
Und einen von des Weibes Seite.
Und wenn die beiden sich vertragen,
So wird Gott ihren Bund befestigen,
Denn Gott ist weis' und kundig.

40/36 Dient Gott nur und gesellet ihm nichts andres bei!
Doch an den Eltern handelt schön,
Und an den Anverwandten,
Den Waisen und den Armen,
Am Nachbar der euch anverwandt ist,
Und an dem Nachbar der euch fremd ist,
So wie am Freund an eurer Seite,
Und an dem Sohn des Weges und an denen,
Die unter eurer Hand stehn.
Denn Gott liebt nicht die dünkelhaften, stolzen,

41/37 Die geizen und zum Geiz die Menschen leiten an,
Und vorenthalten, was Gott ihnen
Aus seinem Gnadenvorzug gab;
Den Leugnern haben wir bereitet Strafe schmachvoll;

Vers 38 *Aufwenden ihr Vermögen*] eben zum Unterhalt der Weiber, aber auch für Gottes Sache, für den heiligen Krieg gegen die Ungläubigen.

Die Weiber

42/38 Und die ausgeben ihr Vermögen
Zur Schau den Leuten, und nicht glauben
An Gott und an den jüngsten Tag;
Und wes Genoß der Satan ist,
Der hat schlimmen Genossen.
43/39 Was thät' es ihnen, wenn sie glaubten
An Gott und an den jüngsten Tag,
Und gäben aus von dem womit sie Gott versorgt?
Und Gott ist ihrer wohlbewußt.
44/40 Gott thut nicht Unrecht ums Gewicht von einem Stäubchen;
Wenn's Gutes war, verdoppelt er's,
Und legt von seiner Seite großen Lohn zu.
45/41 Wie aber, wann wir einst von jeder
Volksgilde bringen einen Zeugen,
Und bringen dich als Zeugen wider diese?
Des Tages möchten wünschen, die da leugneten
Und trotzten dem Gesandten, daß wär' ausgeglichen
Der Erde Boden über ihnen,
Sie aber werden Gott verbergen keine Kunde.
46/43 Ihr Gläubigen, kommt zum Gebet nicht trunken,
Daß ihr auch wisset, was ihr saget;
Auch nicht befleckt (es sei denn auf der Reise),
Bevor ihr euch gewaschen habet.
Doch wenn ihr krank seid, oder auf der Reise,
Oder einer vom Abtritt kommt,
Oder ihr habt berührt die Weiber,
Und findet dann kein Wasser,
So reinigt euch mit Sande, feinem gutem,
Und wischet eur Gesicht und eure Hände;
Denn Gott ist nachsichtsvoll und gnädig. –
47/44 Siehst du wol jene, denen ward ein Theil der Schrift,
Die Handel mit dem Irrthum treiben,
Und möchten daß ihr irretet im Wege;

Vers 46 *Trunken*] Erst in der nächstfolgenden medinischen Sure, V. 93 [92], wird der Wein verboten.
Vers 47 *Denen ward ein Teil der Schrift*] d.i. die Juden, die dem Profeten in Medina viel zu schaffen machen, Ernstliches und Spöttliches, wie das letztere hier an einem ergötzlichen Beispiel gezeigt wird, V. 48 u 49.

Gott aber kennt wohl eure Feinde,
Und Gott genügt zum Freund, und Gott genügt zum Helfer.

48/51 Von denen die sich Juden nennen,
Verrücken einige die Worte
Von ihrer Stell', und sprechen:
Wir hören und mishorchen;
Auch: *Hör' und scheu uns!*
Aus schiefer Zungendrehung und aus Hohn am Glauben.

49/— Doch sprächen sie: *Wir hören und gehorchen;*
Und: *Hör' und schau uns!* Das wär' ihnen besser
Und bünd'ger; doch geflucht hat ihnen Gott um ihrer
Verleugnung willen, und nur wenig glauben sie.

50/47 Ihr die ihr habt die Schrift bekommen, glaubt an das,
Was wir herabgesendet zur Bestätigung
Des was ihr habt, eh wir verwüsten die Gesichter,
Sie kehrend um in ihre
Rückseiten, oder fluchen euch,
Wie wir geflucht den Sabatschändern!
Was Gott befiehlt, das ist gethan.

51/48 Ja Gott vergibt nicht, daß ihm beigesellt werd' etwas,
Doch außer dem vergibt er wem er will; wer aber
Gott etwas beigesellt, der hat erdichtet großen Frevel.

52/49 Siehst du wol jene, die sich selbst rein machen?
Nein, Gott macht rein den wen er will,
Und Unrecht thut man ihnen nicht um eine Dattelfaser.

53/50 Schau, wie sie Lug auf Gott erdichten!
Genug des offnen Frevels!

54/51 Siehst du wol jene, denen ward ein Theil der Schrift,
Und die da glauben an den *Gibt* und *Tagut*!
Und sagen von den Leugnern: Die sind besser
Geleitet, als die Gläubigen, des Weges.

Vers 50 *den Sabatschändern*] deren Verwandlung in Affen S. 7,63-65 [7,163-166].
Vers 51] kehrt wieder 116. Könnte hier wegbleiben.
Vers 54 *Gibt und Tagut*] Götzen dieses Namens, auch Götzen überhaupt. Das Glauben daran besteht hauptsächlich in einer Art von Schiedsgericht oder Gottesurtheil, dem auch die Juden sich gelegentlich bequemen mochten. Vergl. V. 63.

Die Weiber

56/53 Wie! haben sie wol Theil an Gottes Herrschaft?
   Da gäben sie gewis den Leuten keinen Kriebs.
57/54 Oder beneiden sie den Leuten,
   Was ihnen Gott für Gnaden gab?
   Wir aber gaben einst dem Hause Abrahams
   Die Schrift und Weisheit, und wir gaben ihnen große
               [Herrschaft.
58/55 Von ihnen mancher glaubt nun dran,
   Und mancher kehrt sich ab davon;
   Doch heiß genug ist die Gehenna.
59/56 Ja, die verleugnen unsre Zeichen,
   Wir werden sie im Feuer glühen lassen
   So daß, so oft schrumpft ihre Haut,
   Wir ihnen geben eine neue Haut dafür,
   Daß sie die Pein verkosten; denn
   Gott ist allmächtig, weise.
60/57 Die aber glaubten und das Gute thaten,
   Die führen wir in Gärten,
   Darunter hin die Ströme fließen,
   Darin sie ewig sind; sie haben
   Darinnen Frauen, reine,
   Wir aber führen sie in schattige Schatten.
62/59 Ihr die da glaubt, gehorchet Gott,
   Gehorchet dem Gesandten,
   Und denen unter euch, die zu gebieten haben!
   Und streitet ihr um etwas, bringt es
   Zu Gott und dem Gesandten,
   Wenn ihr in Wahrheit glaubt an Gott
   Und an den jüngsten Tag; das ist euch besser
   Und schöner zur Entscheidung.
63/60 Siehst du wol jene, die da geben vor, zu glauben
   An das was dir herabgesandt ist
   Und was vor dir herabgesandt ist,
   Und gleichwol sich berufen wollen auf den Tagut,

Vers 57 *was ihnen*] den andern Leuten, den Arabern, Gott für Gnaden gab, nämlich den jetzigen Vorzug durch Erscheinung des Profeten.
Vers 61] siehe zwischen 33 und 36.
Vers 63 *Tagut*] wie V. 54. – *Sich berufen auf ihn*] als einen Schiedsrichter.

	Da ihnen doch geheißen ist ihn zu verleugnen!
	Doch Satan will sie irre führen in die weite Irre.

64/61 Und sagt man ihnen: Kommt zu dem,
Was Gott eröffnet hat, und zum Gesandten,
So siehst du wie die Heuchler dir
Mit Weigerung sich weigern.

65/62 Wie nun, wenn sie befällt ein Unfall
Um das was ihre Hände vorgewirket?
Dann kommen sie zu dir und schwören
Bei Gott: Wir wollen nichts als Liebs und Gutes.

66/63 Die sinds, die Gott kennt, was in ihren Herzen ist;
Drum wende dich von ihnen, aber mahne sie und rede
In ihre Seelen eine Red' eindringlich.

67/64 Wir sandten niemals einen Abgesandten,
Außer damit ihm sei gehorcht
Nach Gottes Willen. Und o möchten jene, wann
Sie sich versündigt haben, zu dir kommen,
Um sich mit Gott zu sühnen,
Und möchte für sie sühnen der Gesandte;
So fänden sie Gott zugekehrt, barmherzig.

21/17 Zukehrung lieget Gott nur ob für solche,
Die Böses thun unwissentlich,
Und sich darauf bekehren in der Kürze,
Zu denen kehret Gott sich,
Und Gott ist weis' und kundig.

22/18 Zukehrung ist für jene nicht,
Die Böses thun, bis ihrer einem naht der Tod,
Und er sagt: Nun bekehr' ich mich;
Noch auch für jene die da sterben
Als Leugner, solchen haben wir bereitet Strafe peinvoll.

68/65 Bei deinem Herrn! sie glauben nicht in Wahrheit,
Wenn sie dich nicht zum Richter wählen
Des was ist zwistig unter ihnen,
Und dann sich nicht verdrießen lassen

Vers (67 b). 21. 22.] Diese beiden Verse passen hier leidlich, und ich wollte ihnen, um sie nicht gar umkommen zu lassen, das Plätzchen gönnen, wo allein sie bestehn können.

Die Weiber

> Was du entscheidest, und sich ganz
> Ergeben mit Ergebung.
69/66 Ja wenn wir ihnen auferlegten: bringt euch um,
> Oder wandert aus eurer Heimat!
> Dann möchten es nur wenige thun von ihnen.
> Doch wenn sie dis nur thäten, wes man jetzt sie mahnt,
> So war' es ihnen besser und zu festerer Begründung.
70/67 Und geben würden wir auch ihnen
> Von unsrer Seite großen Lohn,
> Und würden leiten sie des graden Pfades.
71/69 Denn wer gehorcht Gott und dem Abgesandten,
> Die sind mit denen, über welche Gott gegnadet,
> Von den Profeten und Gerechten,
> Den Zeugen und den Frommen;
> Sie haben herrliche Genossen.
72/74 Das ist die Gnadenfülle Gottes,
> Und Gottes Weisheit ist genug. –
82/80 Wer da gehorchet dem Gesandten,
> Hat Gott gehorcht; wer aber sich wendet, nun,
> Wir sandten dich nicht über sie zum Hüter.
83/81 Sie sprechen wol: Gehorsam!
> Doch wenn sie wieder von dir gehn,
> So führen einige von ihnen nächtlich andre Reden.
> Gott aber schreibet was sie nächtlich reden;
> Du laß sie und vertrau auf Gott!
> Gott genüget zum Vertrauen.
84/82 Erwägen sie den Koran nicht?
> Wenn er von Gott nicht wäre,
> Sie würden in ihm finden manchen Widerspruch!
85/83 Wenn ihnen ein Gerücht nun kommt
> Von Frieden oder Kriegsgefahr,
> Verbreiten sie dasselbe; brächten sie's doch lieber
> Zu dem Gesandten, oder denen
> Die zu gebieten haben unter ihnen;

Vers 82-85] Diese Partie unterbricht an der Stelle, wo sie steht, den Zug der Rede; hier aber, wo wir sie hersetzen, kann sie zu einem Übergang dienen von der vorigen Partie zu der folgenden V. 73.
Vers 84] Das mag auch auf ihre nächtlichen Unterhaltungen gehn.

So würden's doch diejenigen wissen,
Die es ergründen könnten.
Ja, wäre Gottes Huld nicht über euch und sein Erbarmen,
Ihr folgetet dem Satan bis auf wenige! –

73/71 Ihr die da glaubet, nehmet eure Wahrung;
Dann greift an einzelstandhaft oder schaarweis!

74/72 Doch mancher ist von euch der da zurückbleibt.
Wenn euch ein Unfall dann befiel,
Spricht er: Gott war mir gnädig,
Daß ich bei ihnen nicht gewesen.

75/73 Doch wenn euch eine Gunst von Gott ward,
So wird er sprechen, gleichalsob nie zwischen euch
Und ihm gewesen war' ein Abwand:
War' ich bei ihnen doch gewesen,
Mich hätte großes Glück beglückt!

76/74 Doch kämpfen soll für Gottes Weg,
Wer da verkaufen will dis Leben für das künft'ge.
Und wer da kämpft für Gottes Weg,
Werd' er getödtet oder siege,
Wir bringen großen Lohn ihm.

77/75 Was habt ihr denn, daß ihr nicht kämpft für Gottes Weg,
Und für die Schwachen von den Männern
Und Fraun und Kinder, die da sprechen:
O Herr, bring' uns aus dieser Stadt
Der sündigen Bewohner,
Und gib von Dir uns einen Hort,
Und gib von dir uns einen Helfer!

78/76 Ja, die da glauben, kämpfen
Für Gottes Weg, und die da leugnen,
Sie kämpfen für den Weg des *Tagut*.
So kämpft denn gegen die Genossen
Des Satans! denn schwach ist der Anschlag Satans.

Vers 73] Von hier an feurige Ermunterung zum heiligen Krieg.
Vers 75 *Abwand*] oder Abstand u. dergl. Man mag statt des nur äußerst gezwungen zu erklärenden *mawaddatun* lesen *maraddatun* oder auch ein sonst nicht vorkommendes *muʿaddatun* von *add*.
Vers 76 *Gottes Weg*] Religion, Gottes Sache.

Die Weiber

79/77 Siehst du wol jene, denen erst gesagt war:
Laßt eure Hände ruhn, bestellet das Gebet
Und gebt die Sühnungssteuer!
Nun aber ihnen auch ward aufgelegt der Kampf;
Da fürchten einige von ihnen
Die Menschen, wie man Gott nur fürchtet,
Ja noch mit stärkrer Furcht, und sprechen:
O Herr, warum hast du uns aufgelegt den Kampf?
O hättest du gefristet uns zu naher Frist!
Sag' ihnen: Dieses Lebens Nießbrauch ist gering,
Das andre dort ist besser, wer Gott fürchtet;
Von seinem Rechte wird man ihm entziehn nicht eine
[Dattelfaser.
80/78 Wo ihr auch seid, wird euch der Tod erreichen,
Und wäret ihr auf Thürmen hochgemauerten.
Doch wenn sie Glückliches betrifft, so sprechen sie:
Das ist von Gott! und wenn sie trifft ein Unglück,
So sprechen sie: Das ist von dir!
Sag' ihnen: Alles ist von Gott!
Was hat dis Volk, daß sie kaum recht verstehn ein Wort?
81/79 Was dich betraf von Glücklichem, das ist von Gott;
Doch was dich traf von Unglück, das ist von dir selber.
Wir sandten dich den' Menschen zum Gesandten,
Und Gott genügt zum Zeugen.
86/84 So kämpfe du für Gottes Weg!
Du nimmst nur auf dich selber die Beschwerde;
Reiz' aber auch die Gläubigen!
Vielleicht daß Gott thu' Einhalt der Gewalt von denen die
[da leugnen;
Denn Gott ist stärker an Gewalt
Und stärker an Bezwingung.
89/87 Gott, außer dem kein Gott ist, sammeln wird er euch
Zum Tag der Urständ', an dem ist kein Zweifel;
Wer ist wahrhaftiger als Gott an Rede?
90/88 Was aber habt ihr, daß ihr für
Die Heuchler macht Partei, die Gott

Vers 79 *Laßt eure Hände ruhn*] enthaltet euch für euch selber der Theilnahme am Krieg.

Gestürzt hat ihrer Werke willen?
Wollt ihr rechtleiten, wen Gott irrgehn läßt? wen Gott
Läßt irrgehn, nimmer findest du ihm Wege.
91/89 Sie möchten, daß ihr leugnet, wie sie leugnen,
Und würdet ihnen gleich. O nehmt
Von ihnen keine Freunde,
Bis sie auswandern für die Sache Gottes.
Doch wenden sie sich feindlich ab,
So faßt und tödtet sie, wo ihr sie findet;
Und nehmt von ihnen keinen Freund noch Helfer!
92/90 Die ausgenommen, die sich halten
Zu einem Volke, zwischen dem
Und euch ein Bund ist, oder zu euch kommen
Bedrängtes Muthes, daß sie sollten
Entweder euch bekämpfen oder
Bekämpfen ihren eignen Volkstamm.
Denn war' es Gottes Wille, könnt' er
Macht geben ihnen über euch,
Und euch bekämpfen würden sie.
Drum wenn sie euch bei Seite lassen,
Euch nicht bekämpfen und euch Friede bieten,
So hat Gott gegen sie euch keinen Weg gegeben.
93/91 Allein ihr werdet andre finden,
Die gerne möchten gut mit euch stehn
Und gut mit ihrem Volke auch;
Sooft sie sich in Meuterei einlassen,
Bekommt es ihnen übel!
Wenn sie euch nicht bei Seite lassen,
Euch bieten Fried' und ihre Händ' abhalten,
So faßt und tödtet sie, wo ihr sie treffet!
Über dieselben haben wir
Euch volle Macht gegeben. –

Vers 91 *auswandern*] wie ihr selbst dafür ausgewandert seid. Die Gemeinten sind Araber von den umwohnenden Stämmen; sie meinten es nicht so ernstlich mit ihrer Anhänglichkeit an die Sache des Glaubens, daß sie dafür die Verbindung mit ihren heidnischen Stammgenossen hätten aufgeben wollen.
Vers 92 *keinen Weg gegeben*] kein Recht sie feindlich zu behandeln.

Die Weiber

94/92 Kein Glaubiger wird einen Glaubigen tödten,
Es sei denn unvorsätzlich.
Wer einen Gläubigen nun tödet unvorsätzlich,
Die Sühne sei Befreiung eines Nackens, eines gläubigen,
Und Buße ausbezahlt den Angehörigen,
Es sei denn daß sie diese ihm erlassen.
War der Getödtete von einem Feindesvolk euch,
Er selber aber gläubig,
So sei's nur die Befreiung eines Nackens, eines gläubigen.
Doch war er eines Volkes, zwischen dem und euch ein Bund
[ist,
Sei Buße ausbezahlt den Angehörigen,
Und dazu die Befreiung eines Nackens, eines gläubigen.
Wenn aber das nicht möglich ist,
So sei's ein Fasten zweier Monde nacheinander,
Zu einer Reu von Gott, und Gott ist weis' und kundig.
95/93 Doch wer vorsätzlich einen Gläubigen tödtet,
Dessen Vergeltung ist die Hölle,
Darin er ewig bleibt;
Gott zürnt auf ihn und fluchet ihm,
Und hat ihm zubereitet große Strafe. –
96/94 Ihr Gläubigen, wenn ihr auf Gottes Weg ausziehet,
So unterscheidet wohl und sagt nicht
Zu jedem der euch grüßt: Du bist kein Gläubiger!
Indem ihr sucht Gewinn von Weltgut;
Aber bei Gott ist reiche Beute.
So war't ihr sonst, doch Gott war gnädig gegen euch;
Drum unterscheidet wohl! Gott ist des, was ihr thuet,
[kundig.
88/86 Wenn man euch grüßt mit einem Gruße,
So grüßt darauf mit einem schönern,

Vers 94 *Befreiung eines Nackens*] Freilassung eines Sklaven, oder Loskaufung eines Kriegsgefangenen.
Vers 96 *Indem ihr sucht Gewinn von Weltgut*] d.h. weil ihr ihn nur ausplündern wollt unter dem Vorwand, er sei kein Gläubiger. *So waret ihr sonst*] so pflegtet ihr es sonst zu halten, eh euch Gott nach seiner Gnade eines bessern belehrte.
Vers (96 b) 88] Die Einfügung hier wie 67 b.

	Oder gebet den gleichen wieder;
	Denn Gott ist über alle Ding' ein Rechner. –
97/95	Doch nicht sind gleich die Sitzer von den Gläubigen
	(Schadhafte ausgenommen) und die Kämpfer
	Für Gottes Weg mit ihrem Gut und ihrem Blut.
	Gott hat erhöht die Kämpfenden mit Gut und Blut
	Über die Sitzenden um eine Stufe;
	Verheißen zwar hat beiden Gott das Schönste,
	Jedoch erhöht die Kämpfenden mit Gut und Blut
	Über die Sitzenden mit großem Lohne.
99/97	Wen hin die Todesengel nehmen
	In seinen Sünden, zu denselben sprechen sie:
	Was waret ihr? sie sprechen:
	Wir waren schwache in dem Lande.
	Doch jene sprechen: War nicht Gottes Erde weit,
	Daß ihr auswandern möchtet?
	Die Wohnung derer ist Gehenna,
	Schlimm ist dahin die Einkehr.
100/98	Die wirklich schwachen ausgenommen,
	Der Männer, Fraun und Kinder,
	Die keinen Rath und Ausweg finden;
—/99	Denselbigen mag Gott verzeihn,
	Denn Gott ist gnädig gern verzeihend.
101/100	Doch wer auswandert auf dem Wege Gottes,
	Der wird auf Erden finden Unterkommen gnug und Fülle.
	Wer geht aus seinem Vaterland auswandernd
	Zu Gott und seinem Abgesandten,
	Und ihn erreichet dann der Tod,
	Dessen Belohnung lieget Gott' ob,
	Und Gott ist gnädig und barmherzig. –
102/101	Wenn aber ihr im Lande reiset,
	Ists keine Sünd' euch, abzukürzen das Gebet,
	Dafern ihr fürchtet Überfall

Vers 99 *Wir waren schwache in dem Lande*] und konnten deswegen uns nicht für den Glauben offen erklären und für Gottes Sache mitkämpfen, wir waren *Sitzer*. Aber sie hätten eben auswandern können und sollen.
Vers 100 *Rath und Ausweg*] um auszuwandern.

Die Weiber

        Von jenen die verleugnen;
        Denn die Verleugner sind euch offne Feinde.
103/102 Wenn aber du bist unter ihnen,
        Und lassest das Gebet sie halten;
        So soll ein Theil von ihnen mit dir stehn und ihre Waffen
                                                 [nehmen;
        Doch wenn sie niederfallen, sollen
        Sie hinter euerm Rücken seyn.
        Kommen soll dann ein andrer Theil,
        Der noch nicht hat gebetet,
        Und sollen mit dir beten,
        Und nehmen ihre Hut und ihre Waffen.
        Wol möchten die Verleugner, daß
        Ihr außer Acht ließ't eure Waffen
        Und eur Gepäck, um über euch
        Mit einmal herzufallen.
        Doch sei es keine Sünd' euch, wenn ihr leidet
        Von Regen, oder wenn ihr krank' seid,
        Daß ihr ableget eure Waffen;
        Nur nehmet eure Hut! Und Gott hat
        Bereitet den Verleugnern Strafe schmachvoll.
104/103 Habt ihr so das Gebet vollendet,
        So denket Gottes dann beim Stehn,
        Beim Sitzen und beim Liegen auf den Seiten.
        Doch wenn ihr sicher seid, bestellet das Gebet recht!
        Denn das Gebet ist für die Gläub'gen Vorschrift für
                                        [bestimmte Zeit. –
105/104 Ermüdet nicht, die Feinde aufzusuchen!
        Wenn ihr dabei auch leidet,
        So leiden sie nicht minder als ihr leidet,
        Ihr aber seid von Gott begnadigt,

Vers 103 *Du*] Mohammed, *unter ihnen,* unter solchen die auf der Reise oder dem Kriegszug das feierliche Gebet halten wollen. – *Ein Theil soll stehn* bleiben, und gewaffnet die Gebetstellungen und Neigungen verrichten, während die andern den Gebetniederfall machen (und dabei die Waffen ablegen).
Vers 104 *Denket Gottes*] betend, als Ersatz der Mangelhaftigkeit des öffentlichen Gebetes.

Wie nimmer sie begnadigt werden,
Und Gott ist weis', allwissend. –
106/105 Wir haben dir das Buch herabgesendet mit der Wahrheit,
Aufdaß du richtest unter den Menschen
Nach dem, was Gott dir zeiget.
Sei du kein Anwalt den Betrügern,
—/106 Und sühne Gott! denn Gott ist gnädig und versöhnlich.
87/85 Wer als Vertreter wird vertreten Gutes,
Dem wird ein Antheil dran;
Wer als Vertreter aber wird vertreten Böses,
Dem wird gleichviel davon, und Gott
Ist über alles ein Verfüger.
107/107 Darum vertheidige nicht, die sich
Mit ihrem Truge selbst betrügen;
Denn Gott liebt nicht den trügerischen Frevler.
108/108 Verbergen sie sich vor den Menschen,
Verbergen sie sich doch vor Gott nicht,
Er ist bei ihnen, wann sie nächtlich
Rede führen, die er nicht liebt,
Gott hält ihr Thun umschlossen.
109/109 Ihr, die ihr sie vertheidiget in diesem Leben,
Wer wird sie gegen Gott vertheidigen
Am Tag der Urständ', oder seyn
Für sie dann ein Sachwalter?
111/111 Wer eine Sünde wirkt, der wirkt sie seiner Seele,
Und Gott ist weis', allwissend.
112/112 Wer aber eine Sünde wirket oder Schuld,
Und dann damit beschmitzt einen Unschuldigen,
Der hat zu tragen beides, Lüg' und offne Schuld.

Vers 106 *Sei den Betrügern kein Vertreter*] Dis schließt sich einigermaßen an den Inhalt von V. 90 an, nur daß es hier der Profet sich selber, wie dort seinen Gläubigen, zu Gemüth führt. *Und sühne Gott!*] Wenn du dir eine solche Parteilichkeit hast zu Schulden kommen lassen.
Vers 109] Hieran schließt sich 134, doch so, daß was dazwischen liegt, eine natürliche Abschweifung heißen mag, deren Inhalt bildet die (in späteren Suren oft wiederkehrende) Rüge allerlei heimlicher Umtriebe, und Einverständnisse der Übelgesinnten, verbunden mit Anhänglichkeit an verpönte heidnische Gebräuche, die ein Werk Satans sind.

Die Weiber

113/113 Und wäre Gottes Huld nicht über dir und sein Erbarmen,
Ein Theil von ihnen suchte wol dich irrzuführen,
Sie aber führen nur sich selbst irr,
Und werden dir nicht schaden irgend;
Denn Gott hat dir herabgesandt die Schrift und Weisheit,
Und dich gelehrt was du nicht wußtest,
Und Gottes Gnadenfülle über dir ist groß.

114/114 Nichts Gut's ist in den meisten ihrer heimlichen Gespräche,
Wer nicht anmahnt zu Unterstützung
Und Freundlichkeit und zur Versöhnung unter Menschen;
Wer aber dis thut, suchend Gottes Wohlgefallen,
Dem werden wir einst geben großen Lohn.

115/115 Wer aber hindert den Gesandten,
Nachdem ihm kund geworden ist die Leitung,
Und folgt anderm Weg als dem der Glaubigen,
Dem lassen wir das womit er sich einläßt,
Glühn lassen wir ihn in der Hölle,
Schlimm ist dahin die Einkehr.

116/116 Denn Gott vergibt nicht, daß ihm zugesellt sei Etwas,
Das Mindere vergibt er wem er will, wer aber
Gott etwas zugesellt, der irrt in weiter Irre.

117/117 Sie rufen außer Gott nichts andres an als Frauen,
Sie rufen nichts andres als den Satan den Empörer.

118/118 Dem fluchte Gott, er aber sprach:
Ich will von deinen Knechten nehmen
Den mir beschiednen Theil,

—/119   und will sie irre leiten,
Will sie zu Wunsch und Wahn verführen,
Will ihnen heißen, daß sie sollen
Des Viehes Ohren stutzen,
Will ihnen heißen, daß sie sollen
Verstümmeln Gottes Schöpfung.

Vers 116] Schon 51 dagewesen.
Vers 117 *Frauen*] die weiblichen Gottheiten und Engelwesen.
Vers 118 *des Viehes Ohren stutzen*] ein heidnischer Gebrauch, jedes zehnte Kameljunge mit solchem Zeichen den Göttern zu weihen. Vergleiche andere ähnliche Gebräuche S. 6,138 ff.

Doch wer den Satan nimmt zum Schutzherrn neben Gott,
Der ist verlustig offenen Verlustes.
119/120 Denn er verheißt, und machet wünschen, wähnen,
Doch nichts verheißt der Satan als Bethörung.
122/123 Nichts ists mit eurem Wunsch und Wahn,
Noch mit dem Wunsch und Wahn der Schriftbesitzer!
Wer Böses thut, dem wirds vergolten,
Er findet neben Gott für sich
Nicht Schutzherrn nicht Helfer.
123/124 Wer aber Gutes thut, von Männern oder Fraun,
Und ist dabei ein Gläubiger,
Dieselben führen wir zum Garten,
Sie werden nicht verkürzt um eine Faser.
124/125 Und wer hat schönern Gottesdienst,
Als wer sein Antlitz hingibt Gott', und handelt schön,
Und folgt der Gilde Abrahams, rechtgläubig!
Gott nahm den Abraham zum Freunde.
125/126 Und Gottes ist, was ist im Himmel und auf Erden.
Und Gott ist alles Ding umfassend.
132/133 Will er, so nimmt er euch hinweg, ihr Menschen,
Und bringet andre; Gott ist dessen wohl gewaltig.
133/134 Wer da den Lohn will dieser Welt, bei Gott ist
Der Lohn von dieser Welt und jener,
Und Gott ist hörend, schauend.
134/135 Ihr die ihr glaubt, seid standhaft in Gerechtigkeit,
Als Zeugen Gottes, sei's auch gegen
Euch selber oder eure Eltern
Und nächsten Anverwandten,
Mag einer arm seyn oder reich,
Denn Gott ist nahe beiden;
Und folget nicht der Lust, daß ihr euch neiget!
Doch wendet ihr euch oder weigert,
Gott ist des, was ihr thut, bewußt.

Vers 122 *der Schriftbesitzer*] Juden (und Christen).
Vers 125] Hierauf folgt eine ganz fremdartige Partie von den Weibern und deren Behandlung, die in V. 130 und 131 mit demselben Gemeinplatz und Übergang schließt wie hier V. 125.
Vers 134 *nahe beiden*] 3,61.

Die Weiber

135/136 Ihr die da glaubet, glaubt an Gott und seinen Abgesandten,
Und an die Schrift, die er gab seinem Abgesandten,
Und an die Schrift, die er zuvor gab.
Doch wer verleugnet Gott und seine Engel
Und seine Schriften und Gesandten
Und jüngsten Tag, der irrt in weiter Irre.
136/137 Die glaubten erst, dann leugneten,
Dann wieder glaubten, und dann wieder leugneten,
Und nahmen zu an Leugnung,
Denselben wird Gott nicht verzeihn,
Noch sie des Weges leiten.
137/138 Verkündige den Heuchlern: ihrer wartet Strafe peinvoll.
138/139 Die da zu Freunden nehmen
Die Leugner mit Vorbeigehn
Der Gläubigen, o suchen sie
Bei ihnen Macht? die Macht ist alle Gottes.
139/140 Und schon ist euch im Buch eröffnet:
Wo ihr die Zeichen Gottes höret
Geleugnet und verspottet,
Da sitzet bei den Leuten nicht,
Bis sie von etwas anderm schwätzen;
Sonst wäret ihr wie sie! und sammeln
Wird Gott die Heuchler und die Leugner
In der Gehenna sämmtlich.
140/141 Sie, die da auf euch lauern, und wenn euch nun ward
Ein Sieg von Gott, so sprechen sie:
Waren wir nicht mit euch? doch wenn
Den Leugnern wird ein Vortheil,
So sprechen sie zu ihnen: Hatten
Wir Macht nicht über euch, und schützten
Euch vor den Gläubigen? doch Gott wird
Am Tag der Auferstehung richten zwischen euch,
Und nie wird Gott den Leugnern geben
Gegen die Gläubigen einen Weg.
141/142 Die Heuchler, traun, belisten Gott,
Doch sie wird er belisten.
Und wenn sie stehen zum Gebet,
So stehn sie träg', und sehen nach den Leuten,
Und denken Gottes wenig nur.

142/143 Sie schwanken zwischen beiden,
Nicht diesen zu, noch jenen zu;
Wen aber Gott läßt irre gehn,
Dem wirst du finden keinen Weg.
149/150 Die da verleugnen Gott und seine Abgesandten,
Und möchten machen eine Scheidung zwischen Gott
Und dessen Abgesandte,
Sprechend: „An Eines glauben wir,
Und verleugnen das Andre,"
Und möchten da hindurch einschlagen einen Weg;
150/151 Dieselben sind Verleugner wahrhaft,
Gott aber hat bereitet den Verleugnern Strafe schmachvoll.
151/152 Doch die an Gott und seine Abgesandte glauben,
Und machen keinen Unterschied
Zwischen einem von ihnen,
Denselben werden wir einst geben ihren Lohn,
Und Gott ist gnädig und barmherzig.
152/153 Die Schriftbesitzer fordern, daß
Du ihnen bringst herab ein Buch vom Himmel.
Sie forderten von Mose Größres noch als das,
Und sprachen: Laß uns schauen Gott von Antlitz!
Da faßte sie die Schmetterung in ihrer Schuld.
154/155 Doch weil sie brachen ihren Bund,
Und weil sie leugneten die Zeichen Gottes,
Weil sie erschlugen die Profeten ohne Recht,
Und sprachen: Unsre Herzen sind ja nicht beschnitten;
(Jawohl versiegelt hat sie Gott in ihrer
Verleugnung, so daß wenige nur glauben);
155/156 Und weil sie leugneten und arg verleumdeten Maria,
156/157 Und weil sie sprachen: Getödtet haben
Wir den Messias, Jesus, Sohn Marias;
(Und haben doch ihn nicht getödtet noch gekreuzigt,
Es täuschte sie ein Scheinbild nur;
Doch die darüber streiten, sind darob in Zweifel,
Da sie davon kein Wissen haben

Vers 149 *An Eines*] oder auch an Einen Abgesandten.
Vers 152] Was hier und nach 160 ausgelassen worden, steht in vollkommnem Zusammenhang, ist aber überflüssig.

Die Weiber 69

	Und folgen nur der Meinung;
	Sie aber haben ihn in Wahrheit nicht getödtet,
—/158	Erhoben hat ihn Gott zu sich,
	Denn Gott ist stark und weise;
157/159	Und keiner von den Schriftinhabern
	Ist der an ihn nicht glauben wird vor seinem Tod,
	Am Tag der Urständ' aber wird er gegen sie ein Zeuge);
158/160	Ob solcher Frevel derer, die sich Juden nennen,
	Verboten wir denselben Gutes,
	Das ihnen sonst erlaubt war,
	Und weil sie viel von Gottes Weg ablenken,
159/161	Und weil sie Zinsen nehmen, was doch ihnen untersagt [ward,
	Und das Vermögen Anderer verzehren sündlich;
	Bereitet aber haben wir
	Den Leugnern unter ihnen scharfe Pein.
160/162	Doch die feststehenden im Wissen unter ihnen
	Und glaubenden, die glauben
	An das was dir herabgesandt ist
	Und was vor dir herabgesandt ist,
	Und das Gebet bestellenden
	Und Sühnungssteuer gebenden
	Und glaubenden an Gott und an den jüngsten Tag,
	Die sind es, ihnen werden
	Wir geben großen Lohn.
165/167	Doch die da leugnen und ablenken
	Von Gottes Weg, sind irr in weiter Irre.
166/168	Die Leugnenden und Frevelnden,
	Gott mag denselben nicht verzeihn,
	Noch einen Pfad sie leiten,
167/169	Außer den Pfad zur Hölle, drin sie ewig sind,
	Und das ist Gott' ein Leichtes.
168/170	Ihr Menschen, euch gekommen ist
	Der Abgesandte mit der Wahrheit
	Von eurem Herrn, so glaubt! das ist euch besser;
	Doch leugnet ihr, nun, Gottes ist
	Was ist im Himmel und auf Erden,
	Und Gott ist weis' und kundig.

169/171 Ihr Schriftinhaber, schreitet
Nicht aus in eurem Gottesdienst,
Und sagt von Gott nichts als die Wahrheit!
Ja, der Messias, Jesus, Sohn Marias, ist
Der Abgesandte Gottes, und sein Wort, das er
Gegossen auf Maria, und ein Geist von ihm.
So glaubt an Gott und seine Abgesandten,
Und sagt nicht: Drei sinds! lasset ab! das ist euch besser.
Gott ist ein einziger Gott, Lobpreis ihm, es sei ferne,
Daß sein ein Sohn sei! Sein ist was
Im Himmel ist und was auf Erden,
Und Gott genügt zum Anwalt.
170/172 Sich weigert nimmer der Messias,
Daß er ein Knecht sei Gottes,
Und auch die Engel nicht, die nahgestellten.
171/— Und wer sich seiner Knechtschaft weigert
Und stolz ist, – sammeln wird Er zu sich alle.
172/173 Die glaubten nun und Gutes thaten,
Gewähren wird er ihnen ihre Löhne,
Und ihnen legen zu von seiner Gnadenfülle;
Die aber stolz sich weigerten und sträubten,
Bestrafen wird er sie mit Strafpein.
173/— Und finden werden sie für sich nicht neben Gott
Schutzherren oder Helfer.
174/174 Ihr Menschen, euch gekommen ist
Beweis von eurem Herrn nunmehr,
Und euch herabgesendet haben
Wir offnes Licht. Nun, die da glauben
An Gott und halten sich an ihn,
Die wird er eingehn lassen in Erbarmung
Von sich und Gnadenfülle,
Und leitet sie zu sich im graden Pfade.

Vers 174] Der Schlußvers 175 enthält einen Nachtrag zu den obigen von uns übergangenen Erbbestimmungen.

Aus der 5ⁿ Sure
Der Tisch

3/- Kein Antrieb soll euch seyn der Haß von Leuten,
Die euch wegdrängen vom geweihten Bethaus,
Daß ihr auch sie beleidigt. Helft einander
Zur Frömmigkeit und Gottesfurcht, doch helft
Einander nicht zu Frevel und Feindseligkeit;
Und fürchtet Gott! denn Gott ist stark von Rache.

10/7 Gedenkt der Wohlthat Gottes an euch,
Und seines Bunds, mit dem er euch verbündet, als ihr
[sprachet:
Wir hören und gehorchen! Fürchtet Gott! denn Gott
Kennt den Gehalt der Busen.

11/8 Ihr die da glaubt, seid standhaft gegen Gott,
Zeugen für die Gerechtigkeit!
Kein Antrieb soll euch seyn der Haß von Leuten,
Daß ihr gerecht nicht seiet. Seid gerecht! das ist gemäßer
Der Gottesfurcht; und fürchtet Gott!
Denn Gott ist kundig eures Thuns.

14/11 Ihr die da glaubet, denket
Der Wohlthat Gottes über euch, als Leute strebten
Nach euch zu strecken ihre Hände;
Da hielt er ihre Hand' euch ab.
Und fürchtet Gott! und ja auf Gott
Sollen vertraun die Gläubigen.

15/12 Einst nahm Gott an den Bund der Söhne Israels,
Und unter ihnen weckten wir zwölf Fürsten;
Gott sprach: Ich bin mit euch! wenn ihr
Bestellet das Gebet und gebt die Sühnungssteuer,
Und glaubt an meine Boten und steht ihnen bei,
Und darlehnt Gotte schönes Darlehn,

Überschrift *Der Tisch*] s. V. 112.

So will ich von euch nehmen euer Böses,
Und führen euch in Gärten, unter denen hin
Die Ströme fließen. Aber wer nach diesem
Von euch wird leugnen, ist verirrt vom rechten Wege.
16/13 Weil sie nun brachen ihren Bund,
Fluchten wir ihnen und verstockten ihre Herzen.
Nun rücken sie die Worte
Der Schrift von ihren Stellen, und vergaßen
Das beste Theil von dem des sie gemahnet worden,
Und unaufhörlich nimmst du wahr Betrug von ihnen,
Nur wenige ausgenommen. Drum
Entzieh dich ihnen und entschlag!
Denn Gott liebt die schönhandelnden.
17/14 Und auch von denen, die sich Nazarener nennen, nahmen
Wir ihren Bund an, aber sie vergaßen
Das beste Theil von dem des sie gemahnet worden,
Drum wir erregten unter ihnen Feindschaft
Und Zwietracht bis zum jüngsten Tag,
Dann wird Gott ihnen sagen, was sie machten.
18/15 Ihr Schriftbesitzer, euch gekommen
Ist unser Abgesandter,
Der euch eröffnet manches dessen,
Was ihr verbarget von der Schrift,
Und übergeht auch manches.
Gekommen ist euch Licht von Gott und offne Schrift,
—/16 Womit Gott leitet den der folget seiner Gnade,
Den Pfad des Heils, und führt sie aus der Finsterniss
Zum Licht nach seinem Willen,
Und leitet sie zum graden Wege.
19/17 Die sind Verleugner, welche sprechen: Gott ist der Messias,
Der Sohn Marias. Sprich du: Wer vermöchte
Denn gegen Gott wol etwas, wollt' er
Vertilgen den Messias, Sohn Marias,
Und seine Mutter, und auf Erden alle?
20/— Denn Gottes ist das Reich des Himmels und der Erde
Und was da zwischen beiden; Er schafft was er will,
Und Gott ist jedes Dings gewaltig.
21/18 Die Juden doch und Nazarener sagen: Wir
Sind Gottes Kinder und seine lieben Freunde.

Sag' ihnen: Nun warum denn straft er euch um eure
[Sünden?
Ihr seid nur Menschen, wie er schuf,
Doch er verzeihet wem er will,
Und strafet wen er will, und Gottes ist das Reich
Des Himmels und der Erd' und was dazwischen,
Und zu ihm ist die Wiederkehr.
22/19 Ihr Schriftbesitzer, euch gekommen
Ist unser Abgesandter, euch eröffnend
Nach Unterbrechung der Gesandten,
Daß ihr nicht sagt: Uns kam kein Heilverkündiger und
[Warner.
Denn euch gekommen ist ein Heilverkündiger und Warner;
Und Gott ist jedes Dings gewaltig.

―――

30/27 Trag ihnen vor die Kunde beider Söhne Adams nach der
[Wahrheit;
Als sie ein Opfer opferten,
Vom einen ward es angenommen,
Und angenommen nicht vom andern;
Sprach jener: tödten will ich dich!
Sprach dieser: Gott nimmt an nur von den Frommen.
31/28 Drum, wenn du deine Hand ausstreckest mich zu tödten,
Werd' ich nicht meine Hand ausstrecken dich zu tödten;
Denn ja, ich fürchte Gott den Herrn der Welten.
32/29 Ich will daß du hingehst mit meiner Schuld und deiner,
Und einer wirst von den Genossen
Des Feuers, denn das ist der Lohn der' Frevler.
33/30 Doch überredete ihn seine Seele
Zur Tödtung seines Bruders, und er tödtet' ihn,
Und war des Tages einer der Verlornen.
34/31 Da sendete Gott einen Raben,
Der wühlete im Boden, ihm zu zeigen,
Wie er verbergen sollte seines Bruders Greul.
Da sprach er: Weh mir, bin ich nicht im Stande
Zu thun wie dieser Rabe, zu verbergen meines Bruders
[Greul?
Und war des Tags voll Reue.

35/32 Von diesetwegen schrieben wir nun vor den Söhnen Israels:
Wer schlägt ein Leben ohne für ein andres,
Und ohne Krieg im Lande,
Seyn solls, alsob er hab' erschlagen alle Menschen;
Wer aber eins erhält, das sei
Alsob er hab' erhalten alle Menschen.

59/54 Ihr die da glaubet! wer von euch da wieder
Abfällt von seinem Gottesdienst; –
Gott wird ein Volk von andren bringen, die er liebt,
Und die ihn lieben, unterwürfig gegen
Die Gläubigen, stolz gegen die Verleugner,
Und streitend auf dem Wege Gottes,
Nicht fürchtend Tadel eines Tadlers.
Das ist die Gnadenfülle Gottes,
Er gibt sie wem er will, und Gott
Ist weitumfassend weise.

76/72 Die sind Verleugner, welche sprechen: Gott ist der Messias,
Der Sohn Marias. Aber der Messias sprach:
Ihr Söhne Israels, o dienet
Gott, meinem Herrn und eurem Herrn!
Denn wer Gott etwas beigesellt,
Dem hat versaget Gott den Garten,
Und seine Wohnung ist das Feuer,
Die Sünder aber finden keine Helfer.

77/73 Die sind Verleugner, welche sprechen:
Gott ist der Dritte von Dreien.
Es ist kein Gott als nur Ein Gott.
Und stehn sie ab von dem nicht, was sie sprechen,
So wird berühren die Verleugner unter ihnen scharfe Pein.

78/74 O werden sie sich nicht bekehren
Zu Gott und ihn versöhnen?
Denn Gott ist gnädig und versöhnlich.

Vers 35 *Ohne für ein andres*] außer nach dem Rechte der Blutrache, zur Vergeltung für ein andres.
Vers 59 *Auf dem Wege Gottes*] für die Sache Gottes.

Der Tisch

79/75 Der Sohn Marias, der Messias,
Ist nichts wan ein Gesandter,
Vor welchem hergegangen viel Gesandte,
Und seine Mutter eine
Wahrhaftige; sie beide aßen Speise.
Schau, wie wir ihnen deuten
Die Zeichen! schau dann, wie sie sind verblendet!

92/90 Ihr die da glaubet! Wein und Spiel,
Bildsäulen und Looßpfeile sind ein Greuel
Vom Werk des Satans; meidet sie,
Aufdaß ihr glücklich werdet!

93/91 Der Satan will nur unter euch
Erregen Haß und Feindschaft
Durch Wein und Spiel, und euch ablenken
Von dem Gedächtnis Gottes
Und vom Gebet. Wollt ihr euch wol abwenden?
Gehorchet Gott denn und gehorchet dem Gesandten
Und hütet euch! Doch weigert ihr, so [wisset:]
Unserm Gesandten liegt nur ob die klare Meldung.

95/94 Ihr die da glaubet, Gott will auch euch prüfen
Mit etwas von der Jagd, das eure Händ' erreichen
Und eure Spieße, damit Gott erkenne,
Wer da ihn fürchtet im Verborgnen.
Doch wer es künftig überschreitet,
Dem bleibet Strafe peinlich.

96/95 Ihr die da glaubet, tödten sollt ihr
Kein Jagdthier, wenn ihr in der Wallfahrt Weihe seid.
Doch wer von euch eins tödten wird vorsätzlich,
Ersatz dafür sei gleichviel, als er tödtete, vom Hausvieh,
Nach Urtheil zwei gerechter Männer unter euch,
Zum Opfer das da hingelangt zur Kaaba,
Oder die Sühne sei die Speisung Armer,
Oder ein Gleichbetrag an Fasten, daß er schmecke
Die Folgen seine Missethat.

Vers 93 *wisset:*] Ms. thut es. Rückert las versehentlich *fa-ʿmalū* statt *fa-ʿlamū* (H. B).

Gott übersiehet gnädig, was geschehn ist,
Doch wer es wiederthut, Gott wird es rächen;
Gott ist allmächtig und ein Rächer.

97/96 Erlaubt ist aber euch die Jagd
Des Meers und deren Speise
Zur Nutzung für euch selbst und für den Reisetrupp;
Verboten ist euch nur die Jagd des Landes,
Solang ihr in der Weihe seid, drum fürchtet Gott,
Zu dem ihr einst versammelt werdet!

98/97 Gott hat gemacht die Kaaba, das geweihte Haus,
Als eine Stätte für die Menschen,
Und die geweihten Monate,
Die Opfer auch und Angehänge;
Auf daß ihr wisset, daß Gott weiß,
Was ist im Himmel und auf Erden,
Und Gott ist jedes Dings bewußt.
Wißt, daß Gott ist von starker Strafe,
Und daß Gott ist nachsichtig und barmherzig.

102/103 Doch nichts hat Gott gemachet von Bahira noch von Sa'iba,
Nichts von Waßila noch von Hami;
Nur die Verleugner dichten solchen Lug auf Gott,
Und ihre meisten sind unweise.

103/104 Wann ihnen wird gesagt: Kommt her
Zu dem was Gott hat offenbart, und zum Gesandten!
So sagen sie: Uns gnüget das,
Wobei wir unsre Väter fanden. –
Wie? auch wenn ihre Väter
Nichts wußten und nicht waren recht geleitet?

104/105 Ihr die da glaubet, hütet eure Seelen,
Daß euch nicht Schaden bringen die Verirrten,
Wenn ihr seid recht geleitet!
Zu Gott ist aller euer Heimgang,
Dann wird er euch ansagen was ihr thatet.

108/109 Tags wo Gott sammeln wird die Boten,
Und sprechen: Was erhieltet ihr für Antwort?
Sie sprechen: Uns ist nichts bewußt,
Du bist der Wisser des Geheimen.

Der Tisch

109/110 Wie Gott sprach: Jesus, Sohn Marias!
        Gedenke meiner Wohlthat über dir und deiner Mutter,
        Wie ich dich stärkte mit dem Geist der Heiligkeit,
        Daß du sprachst zu den Menschen in der Wieg' und als
                                     [Erwachsner;
110/—   Und wie ich lehrte dich die Schrift,
        Die Weisheit, das Gesetz und Evangelium,
        Und wie du schufst aus Thon Gebild von Vögeln
        Nach meinem Willen, bliesest's an, und fliegend wards
        Nach meinem Willen, und du heiltest
        Den Blindgebornen und Aussätz'gen
        Nach meinem Willen, und hervorgehn ließest du die Todten
        Nach meinem Willen, und wie ich abwehrete
        Die Söhne Israels von dir, als du zu ihnen kamest
        Mit sichtbaren Beweisen, und die Leugner unter ihnen
                                     [sprachen:
        Das ist nichts wan ein offenbares Blendwerk.
111/111 Und wie ich dort eröffnete den Jüngern:
        Glaubet an mich und meinen Abgesandten!
        Sie sprachen: Ja wir glauben; sei uns Zeuge,
        Daß wir sind Gottergebne!
112/112 Wie da die Jünger sprachen:
        O Jesus, Sohn Marias, kann
        Dein Herr uns niedersenden einen Tisch vom Himmel?
        Er sprach: O fürchtet Gott nur, wenn ihr Gläubige seid!
113/113 Sie sprachen: Von ihm essen wollen wir, daß sich
        Beruhigen unsre Herzen und wir wissen,
        Daß du die Wahrheit uns geredet,
        Und wir des seyen Zeugen.
114/114 Sprach Jesus, Sohn Marias: Herrgott, unser Herr!
        Send' auf uns nieder einen Tisch vom Himmel,
        Daß er uns eine Feier sei,
        Dem ersten unter uns und letzten,
        Und ein Zeichen von dir; versorg' uns!
        Du bist der beste der' Versorger.
115/115 Sprach Gott: Ich will ihn niedersenden
        Auf euch; doch wer von euch noch leugnet,

Vers 111 *Gottergebene*] Moslime.

Den will ich strafen mit einer Strafe,
Mit der ich keinen strafe aus den Welten.
116/116 Und wie da Gott sprach: Jesus, Sohn Marias!
Hast du gesagt den Menschen: Nehmt mich
Und meine Mutter zu zwei Göttern neben Gott an?
Er spricht: Preis dir! mir kommt nicht bei
Zu sagen, was mir nicht gebührt.
Hätt' ichs gesagt, so wüßtest du's;
Du weißt was ist in meiner Seele,
Nicht ich weiß was in deiner Seel' ist,
Denn du nur bist der Wisser des Geheimen.
117/117 Nichts sagt' ich ihnen als was du mir anbefahlst:
Dient Gotte meinem Herrn und eurem Herren!
Und war ein Zeuge über sie,
Solang ich weilte unter ihnen;
Als du mich hingenommen, wärest du der Wächter über
[ihnen,
Und du bist jedes Dinges Zeuge.
118/118 Wenn du sie strafst, so sind sie deine Knechte;
Und wenn du ihnen nachsiehst,
So bist du der Allmächtige, Allweise.
119/119 Spricht Gott: Dis ist der Tag, wo nützet den Gerechten ihre
Gerechtigkeit, für sie sind Gärten,
Darunter hin die Ströme fließen,
Darin sie bleiben ewig;
Gott hat an ihnen Wohlgefallen,
Und Wohlgefallen sie an ihm,
Das ist die große Seligkeit.
120/120 Und Gottes ist die Herrschaft
Des Himmels und der Erd' und was in beiden,
Und er ist jedes Dings gewaltig.

Vers 112 ff.] Nicht sowohl „eine verdeckte Anspielung" auf die Einsetzung des Abendmales als eine sehr abgeleitete phantastische Auffassung jenes Geheimnisses.

Die sechste Sure

Die Hausthiere

1/1 Gelobt sei Gott, der Himmel schuf und Erde,
Und machte Finsternis und Licht;
Doch die Verleugner setzen ihrem Herren etwas andres
[gleich!

2/2 Er ist es der euch schuf aus Thon,
Und dann euch setzte eine Frist,
Eine Frist ist bestimmt bei ihm;
Ihr aber wollet zweifeln!

3/3 Er ist der Gott im Himmel und auf Erden,
Er weiß eur Heimliches und euer Lautes,
Und weiß auch was ihr wirket.

4/4 Doch kommt kein Zeichen ihnen von den Zeichen ihres
[Herren,
Von dem sie nicht sich kehrten ab!

7/7 Und sendeten wir dir hernieder
Ein Buch auf Blättern, und sie rührten's
Mit ihren Händen, dennoch sprächen
Die Leugnenden: Es ist ein offnes Blendwerk.

8/8 Und sprechen: Würde doch zu ihm
Herabgesandt ein Engel!
Doch sendeten wir einen Engel,
So wär' es aus, sie würden nicht gefristet.

9/9 Doch sendeten wir auch einen Engel,
Wir ließen ihn als Mann erscheinen,
Und würden ihn bekleiden, wie sie sich bekleiden.

33/33 Wir wissen wohl, dich kränket was sie reden;
Sie aber zeihen dich nicht Lügen,
Die Sünder, sondern Gottes Zeichen leugnen sie.

Überschrift *Die Hausthiere*] s. V. 138. – Wir haben hin und wieder einen oder mehrere überflüssige, zuweilen auch störende und wol unächte, Verse übergangen, wie die Zahlen anzeigen.

34/34 Doch Lügen wurden auch geziehn Gesandte
Vor dir, und duldeten's wie sie
Bezüchtigt wurden und gekränkt,
Bis ihnen unser Beistand kam.
Kein Wandler ist der Worte Gottes;
Und Kunde kam dir ja von den Gesandten.
35/35 Und wenn so schwer dir fiele ihre Widrung,
Und wenn du könntest einen Schlupf dir suchen
Im Boden, oder eine Leiter
Hinauf zum Himmel, um zu holen
Ein Zeichen ihnen; – doch, wärs Gottes Wille,
Zusammen brächt' er sie zur rechten Leitung;
Du aber sei nicht von den Thoren!
36/36 Antworten können nur, die hören;
Die Todten aber wird Gott wecken,
Dann sind sie zu ihm heimgebracht.
42/42 Wir sendeten an Völkergilden vor dir,
Und faßten sie mit Noth und Drangsal,
Ob sie sich wol demüthigten!
43/43 O hätten sie, als ihnen unsre Macht kam,
Sich doch gedemüthigt! allein
Verstocket waren ihre Herzen,
Und Wohlgefallen
Ließ ihnen Satan, was sie thaten.
44/44 Vergaßen sie nun, wes gemahnt sie waren,
So öffneten wir über ihnen
Die Thore aller Fülle,
Bis sie froh wurden dessen was sie hatten,
Da faßten wir sie plötzlich,
Und sie verzageten.
45/45 Und ausgerottet ist der Stumpf des Volks der Frevler,
Und Lobpreis Gott dem Herrn der Welten!
46/46 Sag' ihnen: Wenn nun euch auch nähme Gott Gehör und
[Augen,
Und siegelt' eure Herzen zu,
Wer wär' ein Gott denn außer Gott,
Der es euch wieder brächte?
Sieh, wie wir modeln unsre Zeichen!
Sie aber beugen ab davon.

Die Hausthiere

47/47 Sag' ihnen: Wenn nun Gottes Straf euch käme plötzlich oder
                                                                         [offen,
      Wer würd' umkommen als das Volk der Frevler?
48/48 Wir aber senden die Gesandten
      Nur als Verkündiger und Mahner;
      Nun wer da glaubt und recht thut,
      Nicht Furcht sei über ihnen, noch Betrübnis!
49/49 Die aber Lügen strafen unsre Zeichen,
      Berühren wird die Strafe sie
      Ob dem was sie gemeutert.
50/50 Sag' ihnen: Nicht ja sag' ich euch:
      Bei mir sind die Schatzkammern Gottes;
      Noch weiß ich das Verborgene,
      Noch sag' ich euch: ich bin ein Engel.
      Ich folge dem nur was mir offenbart wird.
      Sag' ihnen: Ist wol gleich ein Blinder und ein Sehender?
      O wollt ihr nicht bedenken!
51/51 Und mahn' hiermit, die davor zittern,
      Daß sie versammelt sey'n zu ihrem Herren:
      Für sie ist außer ihm kein Schützer noch Vertreter;
      Daß sie Gott fürchten mögen!
52/52 Und treib nicht weg, die ihren Herrn anrufen
      Am Morgen und am Abend, weil sie suchen
      Sein Angesicht. Dir liegt nicht ihre Rechenschaft ob,
      Noch ihnen deine Rechenschaft;
      Daß du hinweg sie treiben dürftest,
      Und würdest dich versündigen.
53/53 So laßen wir von ihnen ein'ge
      Den andern zur Versuchung dienen,
      Damit sie sagen: „Warum ist Gott gnädig diesen unter
                                                                                   [uns?"
      Kennt Gott am besten doch die Dankbarn!
54/54 Doch kommen zu dir, die da glauben
      An unsre Zeichen, sage: Friede sei mit euch!
      Es hat sich selber vorgeschrieben

Vers 52] Die Armen und Geringen, die den Glauben annehmen, vielleicht auch solche, die nicht im besten Rufe standen, deren Anhang man ihm zum Vorwurf machte. Vergl. S. 26, 111-114, auch S. 80,1.

Euer Herr die Barmherzigkeit,
Daß wer von euch thut Böses in Unwissenheit,
Und sich hernach bekehrt und bessert,
Daß er ist huldreich und barmherzig.
55/55 So modeln wir die Zeichen,
Daß sichtbar werde auch der Weg der Schuldigen.
56/56 Sag' ihnen: Mir ist untersagt
Zu dienen denen die ihr anruft neben Gott.
Sag': Euern Lüsten folg' ich nicht;
Da würd' ich irrgehn ja, und würde
Nicht seyn von den Geleiteten.
57/57 Sag': Auf Beweise meines Herrn beruf ich mich;
Ihr aber straft sie Lügen.
In meiner Macht ist nicht, was ihr herbeiruft;
Der Richterspruch ist Gottes nur,
Er wird die Wahrheit sprechen,
Er ist der beste der Entscheider.
58/58 Sag': Wär's in meiner Macht, was ihr herbeiruft;
So wäre schon entschieden
Der Handel zwischen mir und euch;
Doch kennt am besten Gott die Sünder.
59/59 Bei ihm nur sind die Schlüssel des Geheimnisses,
Sie kennt nur Er, er kennt was ist zu Land und Meer,
Und nicht ein Blättlein fällt daß er's nicht wüßte,
Und nicht ein Körnlein in der Erde Finsterniß,
Nichts Grünes und nichts Dürres,
Daß es nicht ständ' in einem Buche deutlich.
60/60 Er ist es der bei Nacht euch hinnimmt,
Und weiß was ihr verübt am Tag,
Er wecket euch dazu, damit
Werde vollbracht bestimmte Frist,
Alsdann zu ihm ist eure Rückkehr,
Dann wird er euch ansagen, was ihr thatet.
61/61 Er ist der Machtherr über seinen Knechten,
Und sendet auf euch Wächter,
Bis euer einem nun der Tod kam,
Da nehmen hin ihn unsre Boten,
Und säumen nicht.

Die Hausthiere

62/62	Zurückgebracht
	Sind sie zu Gott dann ihrem wahren Oberherrn;
	Ist sein nicht das Gericht? und Er ist
	Der schnellste Rechenschafter.
63/63	Sag' ihnen: Wer errettet euch aus Finsternissen
	Zu Land und Meer? ihr ruft ihn an demüthig in der Stille:
	Wenn du von diesen uns errettest,
	So werden wir gewis seyn von den Dankbarn.
64/64	Sag' ihnen: Gott errettet euch
	Von diesem und von jeder Noth;
	Dann ehrt ihr Nebengötter!
65/65	Sag' ihnen: Er ist wohl imstande,
	Auf euch ein Strafgericht zu senden
	Von oben oder unter euern Füßen,
	In innre Zwietracht auch euch zu verwickeln,
	Euch gegenseitig schmecken
	Zu lassen euern Grimm. O schau, wie wir die Zeichen [modeln,
	Ob sie verstehen möchten!
66/66	Doch Lügen zieh dein Volk dis was die Wahrheit ist;
	Sag': Über euch bin ich nicht Vogt;
—/67	Jedwedes Ding hat seine Weile,
	Und einst mögt ihrs erfahren.
67/68	Und siehst du sie, die schwätzen über unsre Zeichen,
	So wende dich von ihnen ab,
	Bis sie von etwas anderm schwätzen.
	Und ließ dich Satan es vergessen,
	So sitze doch nach dieser Mahnung
	Nie mehr beim Volk der Sünder.
68/69	Zwar liegt nicht denen die Gott fürchten
	Die Rechenschaft von jenen ob,
	Doch Mahnung, ob sie nicht Gott fürchten wollen.
74/74	Wie Abraham zu seinem Vater Äser sprach:
	O nimmst du Bilder an zu Göttern?
	Ich seh' dich und dein Volk in offner Irre.
75/75	So zeigen wir dem Abraham
	Das Reich der Himmel und der Erde,
	Daß er erkennen möge das Gewisse.

76/76 Als über ihn nun einbrach
Die Nacht, erblickt' er einen Stern,
Und sprach: Das ist mein Herr. Doch als er untergieng,
Sprach er: Ich liebe nicht die Untergehenden.
77/77 Als er nun sah den Mond vorbrechen,
Sprach er: Das ist mein Herr. Doch als er untergieng,
Sprach er: Wenn nicht mein Herr mich leitet,
So werd' ich seyn von den Verirrten.
78/78 Als er nun sah die Sonn' aufbrechen,
Sprach er: Das ist mein Herr, das ist ein größrer.
Doch als sie untergieng, sprach er:
Mein Volk, ich habe keinen Theil
An eurer Gottgesellung.
79/79 Mein Angesicht hab' ich gerichtet
Zu dem, der Himmel schuf und Erd', andächtig,
Und bin nicht von den Gottgesellern.
80/80 Und ihn bestritt sein Volk, er sprach:
Wollt ihr mich über Gott bestreiten,
Da er mich schon geleitet hat?
Nicht fürcht' ich das was ihr ihm beigesellet,
Nur was mein Herr will! Allumfassend ist mein Herr
An Wissen; wollet ihr euch nicht besinnen!
81/81 Wie aber sollt' ich fürchten, was ihr beigesellt,
Da ihr nicht fürchtet, Gott beizugesellen
Etwas worüber er euch keine Vollmacht gab?
Wer von den beiden hat mehr Recht
Furchtlos zu seyn? Wenn ihr es wisset!
82/82 Die glauben, und nicht ihren Glauben
In Frevel hüllen, ihr ist die Furchtlosigkeit,
Und sie sind wohlgeleitet.
83/83 Dis unsere Bestreitung, die wir gaben
Gegen sein Volk dem Abraham.
Wir höh'n um Stufen, wen wir wollen,
Fürwahr dein Herrn ist weis' und kundig.
84/84 Und schenkten ihm dem den Isak und den Jakob,
Die beide wir geleiteten,
Und Noah auch geleiteten wir vorher, und von seiner
Nachkommenschaft den David und den Salomo,

Hiob und Josef, Moses auch und Aron;
Und so belohnen wir die Frommen.
85/85 Zacharia auch, Johannes, Jesus und Elias,
Jeder war von den Guten.
86/86 Und Ismael, Elisa, Jonas auch und Lot,
Jedweden zeichneten wir vor der Welt aus.
87/87 Von ihren Vätern auch und ihrer
Nachkommenschaft und ihren Brüdern viele
Erwählten wir und führten sie zum graden Pfad.
88/88 Das ist die Leitung Gottes,
Womit er leitet wen er will von seinen Knechten;
Und hätten sie ihm beigesellt Abgötter,
Verloren wäre, was sie wirkten.
89/89 Die sind es, denen wir die Schrift gegeben,
Die Weisheit und die Profetie.
Und wenn undankbar diese sie verleugnen,
So haben wir damit beauftragt
Ein andres Volk, das sie nicht wird verleugnen.
91/91 Fürwahr, sie messen Gott nicht
Mit seinem rechten Maße, wenn sie sprechen:
Gott hat nichts offenbaret einem Menschen.
Sag' ihnen: Wer hat offenbart
Das Buch, das Mose brachte,
Zu Licht und Leitung für die Welt?
(Woraus ihr Blätter machet, die ihr vorbringt,
Und unterdrücket manches;
Wodurch euch ward bekannt, was ihr

Vers 89 *Wenn diese*] die Juden, *verleugnen sie,* die vorhergenannte Schrift, Weisheit und Profetie, besonders wol die letzte, die Profetie, und deren neuste, den arabischen Profeten. – *Ein andres Volk*] nicht eben die Mekkaner, die ja auch nicht glauben wollten, sondern wie S. 5,59. Ob auf Medina hingedeutet ist, oder ob er sich gar nach den Persern umsieht?
Vers 91] (90 ist als ganz zusammenhangstörend zu beseitigen) *einen Menschen,* Mohammed. – *Wer hat offenbart?* Und wem hat er offenbart? Nicht auch einem Menschen, Mose? *Die ihr vorbringt*; darin liegt schon ein Vorwurf der Schriftverfälschung, als Einschiebung von Unächtem, mehr aber noch im folgenden: *und unterdrücket manches,* nämlich was in der Schrift befindlich gewesen, und auf Mohammed deutete.

Nicht kanntet und nicht eure Väter!)
Sag' ihnen: Gott! Dann laß sie nur in ihrer Thorheit
[schwätzen.
92/92 Dis aber ist das Buch, das
Wir offenbarten, das gesegnete,
Bekräftigend das ihm vorangegangne,
Damit du mahnen sollst die Mutterstadt und deren
[Umkreis.
Und die an jenes Leben glauben,
Die werden an das Buch auch glauben,
Und werden über ihr Gebet auch wachen.
93/93 Doch wer ist frevelhafter als wer Lüg' auf Gott erdichtet,
Und sagt: Eröffnet ward mir!
Und nichts ward ihm eröffnet;
Und sagt: Ich will dergleichen offenbaren,
Als was Gott offenbaret hat!
O sähest du die Frevler in des Todes Grausen, wann die
[Engel
Ausstrecken ihre Hand: Gebt von euch eure Seelen!
Heut lohnt man euch mit Pein der Schmach
Dafür daß ihr spracht über Gott Unwahres,
Und gegen unsre Zeichen stolz wart.
94/94 Nun kamet ihr uns nackt,
Wie wir zuerst euch schufen,
Und ließt, womit wir euch bereichert, hinter euch;
Wir sehn bei euch nicht euere
Fürsprecher, die ihr wähntet
Daß unter euch sie seyen Gottgesellen;
Gebrochen ist nun zwischen euch,
Und weggeschwunden ist euch, was ihr wähntet.
95/95 Gott ist der Spalter
Des Saamenkorns und Fruchtkerns,
Zieht das Lebend'ge aus dem Todten,
Und zieht das Todt' aus dem Lebend'gen;
Der ist euch Gott; wie laßt ihr euch bethören!
96/96 Der Spalter er der Morgenröthe,
Und hat gemacht die Nacht zur Ruhe,

Vers 92 *Dis* 1 der Koran – Die *Mutterstadt*] Mekka.

Die Hausthiere

       Und Sonn' und Mond zur Jahresrechnung;
       Das ist die Ordnung des Allmächtigen, Allweisen.
97/97 Er ists der euch gesetzt hat die Gestirne,
       Daß ihr davon geleitet sei't in Finsternissen
       Des Landes und des Meeres.
       Gemodelt haben wir die Zeichen
       Für Leute, die verstehn.
98/98 Und Er, der euch hervorgebracht
       Aus einer einzigen Seele,
       Mit Aufenthalt und Aufbewahrung.
       Gemodelt haben wir die Zeichen
       Für Leute die da einsehn.
99/99 Und Er, der sendete vom Himmel Wasser,
       Mit welchem wir hervorgebracht
       Das Wachsthum aller Dinge,
       Und haben draus hervorgebracht das Grüne,
       Aus dem hervor wir bringen Korn gereihet,
       Und aus des Palmbaums Blütenbüscheln Datteltrauben
                                                      [dichte,
       Und Gärten von Weinreben,
       Oliven und Granaten,
       Einander ähnlich und unähnlich.
       Schaut ihre Frucht an, wann sie treibt und wann sie reift!
       In diesem traun sind Zeichen
       Für Leute die da glauben.
100/100 Und machten Gotte Nebengötter,
       Die Dschinnen, die Er schuf!
       Und dichteten ihm Söhn' an
       Und Töchter, ohne Wissen.
       Preis ihm! er ist erhaben
       Ob allem was sie von ihm sagen.
101/101 Urheber Himmels und der Erde,
       Wie sollt' er haben einen Sohn,
       Und hat doch keine Ehgenossin,
       Und hat geschaffen alles Ding,
       Und alles Dinges ist er weise.

Vers 98 *Aufenthalt und Aufbewahrung*] in Vaterlende und Mutterschooß.

102/102 Das ist Gott euer Herr,
 Kein Gott als Er, der Schöpfer aller Dinge; betet Ihn an!
 Und Er ist aller Dinge Vogt.
103/103 Die Blicke nicht erreichen ihn,
 Doch er erreicht die Blicke,
 Er ist der feine, kundige.
104/104 Gekommen sind euch sichtliche Beweise
 Von euerm Herren; wer nun sieht,
 Der sieht für seine Seele,
 Wer aber blind ist, ist es ihr,
 Und ich bin über euch nicht Hüter.
105/105 So modeln wir die Zeichen, daß sie sagen müßen:
 Du hast gelesen;
 Und daß wir es erklären Leuten, die verstehn.
106/106 Folg' dem, was dir ist offenbart
 Von deinem Herrn, kein Gott als Er!
 Und weiche von den Gottgesellern!
108/108 Doch fluchet ihr nicht denen, die sie rufen neben Gott an,
 Damit sie Gott nicht fluchen feindlich ohne Wissen!
 So ließen wir gefallen jeder Völkerzunft
 Ihr eignes Thun; alsdann zu ihrem Herrn ist ihre Rückkehr,
 Dann wird er ihnen sagen was sie thaten.
111/111 Und wenn wir ihnen sendeten die Engel gleich,
 Und ihnen redeten die Todten,
 Und wir vor Augen ihnen Alles stellten,
 Sie würden doch nicht glauben, wenn nicht Gott will,
 Die meisten ihrer aber sind unwissend.
112/112 Und also gaben wir noch jedem
 Profeten Feinde, Satane der Menschen und der Dschinnen,
 Die da mittheilen einer
 Dem andern Redeprunk, Bethörung.
 Doch wenn dein Herr es wollte, thäten sie es nicht;
 Darum laß sie und was sie dichten;
113/113 Und daß dazu sich neigen
 Die Herzen derer die nicht glauben an das Jenseit,
 Und daß sie haben Lust daran,
 Und haben den Gewinn, den sie gewinnen!
116/116 Wenn aber du gehorchen wolltest
 Den meisten auf der Erde,

Die Hausthiere

           Sie führten dich von Gottes Weg ab;
           Sie folgen ihrem Wahn allein,
           Und rathen nur aufs Ohngefähr.
117/117 Am besten aber kennt dein Herr,
           Wer ab von seinem Weg irrt,
           Und kennt die recht geleiteten.
118/118 Drum esset nur von dem, worüber Gottes Namen ist
                                               [gesprochen,
           Wenn ihr an seine Zeichen wirklich glaubet.
121/121 Doch esset nicht von dem, worüber
           Nicht ist gesprochen Gottes Name!
           Denn das ist Treubruch; und fürwahr die Satane
           Sie geben ihren Freunden ein,
           Daß sie mit Worten euch bestreiten;
           Doch wenn ihr ihnen folgetet,
           So wärt ihr Götzendiener.
122/122 Ist wol, wer todt war und wir machten ihn lebendig,
           Und gaben ihm ein Licht, darin zu wandeln vor den
                                            [Menschen,
           Ist er wie der im Finstern geht,
           Und kommet nie heraus?
           So wohlgefällt den Leugnern was sie thun!
123/123 So machten wir in jeder Stadt
           Die Großen unter ihren Sündern,
           Daß sie darin Anschläge machen, doch Anschläge machen
                                                      [sie
           Nur gegen sich, und merken's nicht.
125/125 Wen aber Gott will leiten, dem
           Erweitert er die Brust zum Islam;
           Und wen er irrgehn lassen will,
           Dem macht er eng die Brust und dumpf,

Vers 118] Übergang zu dem Gegenstand, der den Rest der Sure füllt, die heidnischen Verbote und Gebote, die der Koran aufhebt. Wir haben, um den Zusammenhang leichter hervortreten zu lassen, überflüssige Abschweifungen (zum Theil unstatthafte Einschaltungen) übergangen. Ja wir hätten an 121. unmittelbar 138. anknüpfen können; doch schien uns manches dazwischen liegende zu bedeuten.

Als sollt' er auf zum Himmel klimmen;
So leget Gott den Graus auf solche die nicht glauben.
128/128 Doch Tags, wo er sie alle sammelt:
„Ihr Zunft der Dschinnen, ihr habt euch
Viel abgegeben mit den Menschen!"
Und ihre Freunde von den Menschen sprechen:
Herr, unser einer hat des anderen genossen,
Und nun erreichten wir das Ziel, das du uns hast gezielet.
Er spricht: Das Feuer eure Wohnung,
Darin auf ewig! außer was da Gott will;
Denn ja dein Herr ist weis' und kundig.
130/130 Ihr Zunft der Dschinnen und der Menschen!
Kamen euch Boten nicht von uns,
Die euch erzählten unsre Zeichen,
Und mahnten euch der Zukunft dieses eures Tags?
Sie sprechen: „Ja,
Wir zeugen gegen unsre eignen Seelen."
Bethört hat sie das irdische Leben,
Sie zeugen gegen ihre eignen Seelen,
Daß sie Verleugner waren.
137/136 Sie aber macheten für Gott
Von dem was er gesät von Feldfrucht und Hausthieren,
[einen Antheil,
Sprechend: „Dis ist für Gott!" nach ihrem Wähnen;
„Dis aber ist für unsre Gottgesellen."
Was nun für ihre Gottgesellen ist, gelanget nicht an Gott;
Doch was für Gott ist, das gelangt an ihre Gottgesellen;
Wie übel ist ihr Urtheil!
138/137 Desgleichen ließen vielen von den Gottgesellern
Die Tödtung ihrer Kinder ihre Gottgesellen Wohlgefallen,
Um sie in Schuld zu stürzen und zu wirren ihren
[Gottesdienst.
Doch wenn Gott wollte, hätten sie es nicht gethan;
Darum laß sie und was sie dichten.

Die Hausthiere

139/138 Und sprechen: „Diese Feldfrücht" und Hausthiere sind
                                                                              [verboten;
       Sie darf nur essen, wer wir wollen;"
       Nach ihrem Wähnen; ferner Thiere,
       Deren Rücken ist untersagt,
       Und Thiere über die sie nicht den Namen Gottes sprechen;
       Erdichtung gegen Gott! er wird es ihnen
       Vergelten, was sie dichteten.

140/139 Und sprechen: Was im Leibe dieser Thiere ist,
       Gehöret eigen unsern Männern,
       Und ist verboten unsern Weibern;
       Doch wenn es todt zur Welt kommt, haben beide dran
                                                       [Gemeinschaft.
       Vergelten wird Er ihnen ihre Rede,
       Denn er ist weis' und kundig!

141/140 Verloren sind, die tödten ihre Kinder
       In Thorheit ohne Wissen,
       Und die verbieten das, womit sie Gott versorgt,
       Dichtend auf Gott, sie irren
       Und sind nicht recht geleitet.

142/141 Er ist es der hervorgebracht hat Gärten
       Gezäunt' und ungezäunte,
       Und Palm' und Saat verschiedentlich von Speise,
       Oliven und Granaten, ähnlich und unähnlich:
       Esset von ihren Früchten, wann sie fruchten,
       Und gebt die Schuldigkeit davon am Tag der Ernte,
       Und übernehmt euch nicht! Er liebt
       Nicht die sich Übernehmenden.

143/142 Und von den Thieren die zum Tragen, die zum Schlachten:
       Esset von dem womit euch Gott versorgt hat,
       Und folgt nicht den Schritten Satans,
       Denn er ist euer offner Feind.

144/143 „Vier Paare von Hausthieren, ein Paar Schaaf und ein Paar
                                                                        [Ziegen."
       Frage sie doch: Hat er die Männlein

Vers 139 *Wer wir wollen*] Bevorzugte, oder bei besonderen Anlässen. – *Deren Rücken ist untersagt*] sie dürfen, als Göttern heilig, nicht belastet oder geritten werden.

Verboten oder Weiblein, oder
Was in dem Leib der Weiblein ist?
Sagt mir es an mit Wissenschaft, wenn ihr die Wahrheit
[redet!
145/144 „Und auch ein Paar Kamel' und ein Paar Rinder,"
Frage sie nur: Hat er die Männlein
Verboten oder die Weiblein, oder
Was in dem Leib der Weiblein ist?
Wart ihr zugegen, als euch Gott dis anbefahl?
Doch wer ist frevelhafter, als
Wer Lügen dichtet gegen Gott, um irrzuführen
Die Menschen ohne Wissenschaft?
Denn ja Gott leitet nicht das Volk der Frevler.
146/145 Sag' ihnen: Nicht find' ich in dem,
Was mir ist offenbart, verboten etwas
Dem essenden, daß er es esse, außer
Gestorbnes, oder Blut vergossnes, oder Fleisch des
[Schweines;
Denn das ist Greul; und endlich Lästerliches,
Das anderm Gott als Gott geweiht wird.
Doch wer dazu gezwungen wird
Ohn' eigne Lust noch Übertretung;
Nun, gnädig ist dein Herr und gernverzeihend.
147/146 Den Juden aber haben wir verboten, was da Klauen hat,
Und von dem Rind und Schmalvieh ihnen
Verboten alles Fett, das ausgenommen
Das an dem Rücken sitzt und im Geweide,
Und was an einem Knochen haftet.
Mit diesem haben wir sie nur
Gestraft für ihren Frevel, denn wir sind gerecht.
148/147 Doch zeihen sie dich Lüge, so sag': Euer Herr hat weites
Erbarmen, aber seine Kraft
Wird abgetrieben nicht dem Volk der Schuldigen.

Vers 144. 145] Die Bestreitung ist uns unverständlich, doch das schadet nicht, noch hindert ihre Bündigkeit zu erkennen.
Vers 147] 3. Mos. 7,23 ff.

Die Hausthiere

149/148 Wol werden sagen, die Gott andres beigesellten:
„So Gott es wollte, nichts gesellten wir ihm bei,
Nicht wir noch unsre Väter, und verböten nichts."
So leugneten auch die vor ihnen
Bis daß sie schmeckten unsre Kraft.
Sag ihnen: Habet ihr ein Wissen,
So bringt es uns herbei! ihr folget nur dem Wahn,
Und rathet nur aufs Ohngefähr.
150/149 Sag' ihnen: Gottes ist die bündige Bestreitung;
Und wenn er wollte, leitet' er euch alle.
151/150 Sag' ihnen: „Her mit euren Zeugen,
Die zeugen daß Gott hat verboten dieses!"
Und zeugen sie, so zeuge du mit ihnen nicht,
Und folge nicht den Lüsten derer,
Die Lüge strafen unsre Zeichen,
Und die nicht glauben an das Jenseit,
Und ihrem Herrn gleichstellen andres.
152/151 Sag' ihnen: Kommt! ich will euch lesen,
Was euch verboten euer Herr hat:
Nicht ihm beizugesellen etwas,
Doch an den Eltern schön zu handeln,
Und nicht zu tödten eure Kinder
Aus Armuth; wir versorgen euch und sie auch;
Und nicht zu nahn der Unzucht,
Der offnen oder der verborgnen;
Zu tödten auch kein Menschenleben,
Das Gott verpönt hat, außer nach dem Rechte.
Dis hat euch anbefohlen euer Herr, ob ihr verstehn wollt!
153/152 Und rühret Waisengut an
Nicht anders als zum Schönsten,
Bis sie zu ihren Jahren kommen;
Und haltet auch Maß und Gewicht recht!
Wir legen keiner Seel' auf mehr als sie vermag.
Und wenn ihr sprechet, seid gerecht,
Beträfs auch einen Blutsfreund,
Und Gottes Bündnis haltet!
Dis hat er anbefohlen euch, ob ihr euch wollt besinnen!

Vers 149-151] Kann ausfallen.

154/153 Dis ist mein Weg der grade,
Dem folgt! und folget nicht den Pfaden,
Daß sie euch führen ab von seinem Pfade!
Dis hat er anbefohlen euch, ob ihr Gott fürchten wollet
156/155 Dis ist das Buch, das wir herabgesendet, das gesegnete;
Folgt ihm und fürchtet Gott, ob ihr Erbarmen findet!
157/156 Daß ihr nicht sagt: Herabgesandt ward
Das Buch nur auf die zwei Parteien vor uns,
Und seiner Lesung sind wir achtlos blieben;
158/157 Oder auch sagt: Wär' uns herabgesandt das Buch,
Wir wollten seyn rechtfertiger als jene!
Denn nun gekommen ist euch deutlicher Beweis
Von eurem Herrn, und Leitung und Barmherzigkeit.
Doch wer ist frevelhafter als wer Lügen straft die Zeichen
[Gottes,
Und weichet ab von ihnen? Lohnen wollen wir es denen,
Die weichen ab von unsern Zeichen,
Mit schlimmer Strafe daß sie abgewichen.
159/158 Worauf noch warten sie? Daß ihnen Engel kommen?
Oder kommen dein Herr selbst, oder komme
Eins von den Zeichen deines Herrn?
Des Tags, wo kommt eins von den Zeichen deines Herrn,
Wird nützen keiner Seel' ihr Glaube,
Die nicht geglaubt vor diesem, oder
Gewirkt in ihrem Glauben Gutes.
Sag' ihnen: Wartet nur! Denn wir auch warten.
160/159 Die da gespaltet ihren Gottesdienst und Sekten wurden,
Mit ihnen hast du nichts zu schaffen;
Ihr Ding ist Gott' anheim gestellt,
Dann wird er ihnen sagen, was sie thaten.
161/160 Wer Schönes bringt, dem soll Zehnfaches werden;
Wer aber Übles bringt, dem wird
Vergolten nur mit Gleichem,
Und Unrecht thut man ihnen nicht.
162/161 Sprich also: Mich geleitet hat
Mein Herr zum graden Pfade,
Im steten Gottesdienst, in der Zunft Abrahams,
[rechtgläubig,
Der nicht war von den Gottgesellern.

163/162 Sprich: Mein Gebet und meine Weihen,
Mein Leben und mein Sterben sind
Gottes, des Herrn der Welten,
Der keinen Gottgesellen hat;
Dazu bin ich befehliget
Und bin der erste von den Gottergebnen.

Vers 163 *Gottergebnen*] Muselmanen. Noch zwei Verse nach diesem haben wir weggelassen.

Aus der 7ⁿ Sure
Die Scheidewand

33/35 Ihr Söhne Adams, kommen sollen Boten euch
Aus eurer Mitt', euch aufzuzählen meine Zeichen.
Wer fromm nun ist und recht thut,
Furcht ist nicht über ihnen,
Und sie sind unbekümmert.

34/36 Die aber Lüge zeihen unsre Zeichen,
Und stolz thun gegen sie, die sind Genossen
Des Feuers, drin sie ewig sind.

36/38 Er spricht: Geht ein hier zu den Herden
Die euch vorangegangen sind,
Der Dschinnen und der Menschen, in das Feuer!
Sooft hineingeht eine Herde, flucht sie ihrer Schwester;
Bis nacheinander sind hineingekommen alle;
Da spricht die letzte zu der ersten:
Herr! diese haben uns verführt;
Gib ihnen Pein zwiefach vom Feuer!
Er spricht: Jedweder hat es zwiefach,
Ihr wisset es nur nicht.

37/39 Da spricht die erste zu der letzten:
So habt ihr vor uns keinen Vorzug;
Schmeckt nur die Pein für das was ihr gewirket!

38/40 Ja, die da Lüge zeihen unsre Zeichen,
Und stolz thun gegen sie, wir öffnen ihnen nicht
Des Himmels Pforten, und sie gehn nicht in den Garten,
Bis das Kamel durchs Nadelöhr geht;
So lohnen wir's den Schuldigen.

39/41 Sie haben von der Höll' ein Lager unter sich,
Und über ihnen Hüllen;
So lohnen wir's den Sündern.

40/42 Die aber glaubten und das Gute thaten –
Wir legen keiner Seel' auf über ihr Vermögen –

Überschrift] Die *Scheidewand* siehe V. 44.

Die Scheidewand 97

        Dieselbigen sind die Genossen
        Des Gartens, drin sie ewig sind.
41/43 Wir nahmen auch heraus was da
        In ihrer Brust war von Unlautrem;
        Die Ströme fließen unter ihnen, und sie sprechen:
        Gelobt sei Gott, der uns geleitet
        Zu diesem! nimmer hätten wir
        Geleit gefunden, hätt' uns nicht geleitet Gott;
        Gekommen sind die Boten unsres Herren mit der Wahrheit.
        Und ihnen zugerufen wird: Dis ist der Garten,
        Den man euch erben ließ um das was ihr gewirket.
42/44 Da riefen die Genossen
        Des Gartens den' Genossen zu
        Des Feuers: Funden haben wir,
        Was uns verheißen unser Herr, als Wahrheit;
        Habt ihr gefunden auch, was euch
        Verheißen euer Herr, als Wahrheit?
        Sie sprachen: Ja! da rief ein Herold zwischen ihnen:
        Fluch Gottes ob den Sündern!
44/46 Und zwischen beiden ist ein Vorhang,
        Und auf der *Scheidewand* stehn Männer,
        Die unterscheiden jeden an den Mienen;
        Und rufen den' Genossen zu des Gartens:
        Friede mit euch! – Sie selber gehn
        Hinein nicht, doch sie wünschen's.
45/47 Doch wenn sich wenden ihre Blicke
        Nach den' Genossen hin des Feuers,
        Sprechen sie: Unser Herr! o mach'
        Uns nicht vom Volk der' Sünder!
46/48 Die Scheidewandsgenossen rufen Männern zu,
        Die sie dort unterscheiden an den Mienen:
        So hat euch nichts geholfen euer Sammeln,
        Und daß ihr stolz gewesen!
47/49 Sind jene die, von denen ihr einst schwöret,
        Empfangen werde Gott sie nicht mit solcher Huld?:
        Geht ein zum Garten! keine Furcht sei über euch,
        Ihr sollt euch nicht bekümmern!
48/50 Da riefen die Genossen
        Des Feuers den' Genossen zu des Gartens:

Laßt uns zufließen von dem Wasser oder dem,
Womit euch Gott versorget hat!
Sie sprachen: Beides hat Gott untersagt den Leugnern;
49/51 Die machten ihren Gottesdienst zu Spiel und Spott,
Und sie bethörete das irdische Leben;
Heut nun vergessen wir sie, alswie sie vergaßen
Die Zukunft dieses ihres Tags,
Und weil sie durften unsre Zeichen leugnen.
57/59 Wir sendeten den Noah vormals an sein Volk,
Der sprach: Mein Volk! o betet Gott an!
Es ist kein Gott euch außer ihm;
Ja furcht' ich über euch die Strafe großen Tages.
58/60 Doch die Vornehmen seines Volkes sprachen:
Wir sehen dich in offenbarer Irre.
59/61 Er sprach: Mein Volk! kein Irrthum ist an mir, ich bin
Ein Bote von dem Herrn der Welten.
60/62 Ich bring' euch die Botschaften meines Herren,
Und rath' euch Gutes, und ich weiß
Von Gott, was ihr nicht wisset.
61/63 Verwundert's euch, daß eine Mahnung
Euch kommt von eurem Herrn durch einen Mann aus euch?
Daß er euch warn', und daß ihr Gott mögt fürchten,
Ob ihr vielleicht Erbarmung findet!
62/64 Sie aber straften Lügen ihn,
Da retteten wir ihn und die mit ihm im Schiff,
Und ließen die ertrinken,
Die unsre Zeichen Lügen straften,
Es waren blinde Leute.
63/65 An Ad dann ihren Bruder Hud,
Der sprach: Mein Volk! o betet Gott an!
Es ist kein Gott euch außer ihm;
O wollt ihr ihn nicht fürchten?

Vers 58 *Die Vornehmen*] wie jetzt die Vornehmen in Mekka. Alle solche Anführungen voriger Sendungen sind in ihren einzelsten Zügen vorbildlich für die jetzige Sendung gemeint.
Vers 63 *An Ad dann*] nämlich: sendeten wir; zu wiederholen aus V. 57.

Die Scheidewand

64/66 Doch die Vornehmen sprachen, die Ungläubigen von seinem
                                                    [Volke:
      Wir sehen dich in Thorheit,
      Und halten dich für einen Lügner.
65/67 Er sprach: Mein Volk! nicht Thorheit ist an mir, ich bin
      Ein Bote von dem Herrn der Welten.
66/68 Ich bring' euch die Botschaften meines Herrn,
      Und bin euch ein Berather treu.
67/69 Verwundert's euch, daß eine Mahnung
      Euch kommt von eurem Herrn durch einen Mann aus euch?
      Daß er euch warn' und ihr bedenket:
      Wie Er euch zu Nachfolgern machte
      Nach Noahs Volk, und euch zulegte Größe.
      Bedenkt denn die Wohlthaten Gottes,
      Daß es euch möge wohl gehn!
68/70 Sie sprachen: Kommst du uns, daß wir
      Anbeten sollen Gott allein,
      Und lassen, was anbeteten unsre Väter?
      So bring uns doch was du uns drohst,
      Wenn du die Wahrheit redest!
69/71 Er sprach: Gefallen ist auf euch
      Von eurem Herren Greul und Zorn.
      Wollt ihr mit mir um Namen streiten,
      Die ihr benamet habt und eure Väter,
      Darüber Gott gesandt hat keine Vollmacht?
      So wartet! ich wart' auch mit euch.
70/72 Da retteten wir ihn und die mit ihm durch unsre
      Barmherzigkeit, und rotteten den Stumpf aus
      Derer, die Lügen straften unsre Zeichen, und nicht glaubten.
71/73 Und an Themud auch ihren Bruder Salih,
      Der sprach: Mein Volk! o betet Gott an!
      Es ist kein Gott euch außer ihm.
      Gekommen ist euch ein Beweis von eurem Herrn,
      Hier die Kamelkuh Gottes, euch ein Zeichen.
      Nun laßt sie essen auf der Erde Gottes,
      Und rühret sie nicht an mit Bösem,
      Daß euch erfasse Strafe peinlich!
72/74 Bedenkt, wie Er euch zu Nachfolgern machte
      Nach Ad, und gab euch gute Statt im Lande,

Von dem ihr nehmt die Ebenen zu Schlössern,
Und haut die Berge aus zu Häusern;
Bedenkt denn die Wohlthaten Gottes,
Und tobt nicht schädigend im Lande!

73/71 Da sprachen die Vornehmen, die die stolzen waren, seines [Volkes,
Zu denen, die die schwächern waren,
Zu denen unter ihnen die da glaubten:
Wißt ihr, daß Salih ist ein Abgesandter
Von seinem Herrn? Sie sprachen: Wir
Glauben an seine Sendung.

74/76 Da sprachen, die die Stolzen waren:
Wir leugnen das, woran ihr glaubet.

75/77 Und lähmten die Kamelkuh,
Und übertraten ihres Herrn Befehl, und sprachen:
O Salih! bring uns doch, was du uns drohst,
Wenn du einer der Gesandten!

76/78 Da faßte sie die Schütterung, sie lagen morgens
In ihrer Wohnung hingestreckt.

77/79 Er aber wandte sich von ihnen
Und sprach: Mein Volk! ich brachte euch
Die Botschaft meines Herrn und rieth' euch Gutes,
Ihr aber liebt nicht guten Rath.

78/80 Auch Loth, da er zu seinem Volk sprach:
O wollt ihr Schande treiben,
Worin euch keiner gieng voran von allen in der Welt?

79/81 Ihr geht die Männer mit Begier an,
Und geht vorbei die Weiber, ja
Ihr seid ein Volk ausschweifend.

80/82 Nichts aber war die Antwort seines Volkes,
Als daß sie sprachen: Treibt sie aus
Von eurer Stadt! denn es sind Leute,
Die rein seyn wollen.

81/83 Wir aber retteten ihn und die Seinen,
Bis auf sein Weib, die kam mit um.

82/84 Und einen Regen regneten wir über sie;
Schau, wie der Ausgang war der Schuld'gen!

Vers 79] Ob auch dieses eine besondere Anwendung auf die Mekkaner findet?

Die Scheidewand

83/85 An Midian aber ihren Bruder
Schoaib, der sprach: Mein Volk, o betet Gott an!
Es ist kein Gott euch außer ihm;
Gekommen ist euch ein Beweis von euerm Herrn.
So haltet Maß nun und Gewicht recht,
Und schmälert nicht den' Menschen ihre Habe;
Und schädiget im Lande nicht,
Nachdem es heil geworden.
Das ist euch besser, wenn ihr glaubt.
84/86 Und lagert nicht an jedem Wege, drohend
Und drängend ab vom Pfade Gottes den, der glaubt,
Und wünschend ihn zu krümmen.
Bedenkt, wie ihr wart wenig, und er mehrte euch;
Und schauet, wie der Ausgang war der Frevler!
85/87 Wenn aber ist ein Theil von euch, der glaubt an das
Womit ich bin gesendet, und ein andrer Theil, der nicht
[glaubt;
So wartet denn, bis Gott wird richten zwischen uns;
Er ist der allerbeste Richter.
86/88 Doch die Vornehmen sprachen, die
Die Stolzen waren seines Volkes:
Wir werden dich vertreiben, o Schoaib, und die da glauben
Mit dir, aus unsrer Stadt,
Ihr kehret denn zurück in unsre Glaubensinnung!
Er sprach: Auch wenn wir es nicht wollen?
87/89 Wir würden Lug auf Gott erdichten,
Wenn wir zurück in eure Innung kehrten,
Nachdem uns Gott daraus gerettet;
Uns kommts nicht zu in sie zurückzukehren,
Wenn es nicht Gott will unser Herr;
Umfassend all ist unser Herr an Weisheit.
Auf Gott vertraun wir: Unser Herr!
Entscheide zwischen uns und unsrem Volke nach der
[Wahrheit!
Du bist der beste der' Entscheider.

Vers 83 *So haltet Maß nun und Gewicht recht*] Die Anwendung auf das handeltreibende Mekka liegt nahe. Noch deutlicher spielt 84 und die folgenden auf die gegenwärtigen Zustände Mekkas an.

88/90 Da sprachen die Vornehmen, die Ungläubigen, von seinem
[Volke:
Wenn ihr folgt dem Schoaib, so werdet ihr verlieren.
89/91 Da faßte sie die Schütterung, sie lagen morgens
In ihrer Wohnung hingestreckt.
90/92 Die Lügen straften den Schoaib, alsob sie nie gehaust darin,
Die Lügen straften den Schoaib, die hatten's da verloren.
91/93 Er aber wandte sich von ihnen
Und sprach: Mein Volk! ich brachte euch
Botschaften meines Herrn und rieth euch Gutes;
Was sollt' ich trauern um ein Volk Verleugner?
92/94 Wir sendeten in keine Stadt
Profeten, ohne daß wir faßten
Ihr Volk mit Noth und Drangsal,
Ob sie demüthig würden.
93/95 Dann brachten wir anstatt des Bösen
Das Gute, bis genug sie hatten
Und sprachen: Unsre Väter hat betroffen Leid und Freude!
Da faßten wir sie plötzlich, und sie merktens nicht.
94/96 Wenn die Bewohner dieser Städte glaubeten
Und wären fromm, wir würden aufthun ihnen
Segnungen von dem Himmel und der Erde.
Allein sie leugneten, und wir erfaßten sie
Um das was sie gewirket.
95/97 Sind die Bewohner dieser Städte denn so sicher,
Daß ihnen nicht komm' unsre Macht
Bei Nacht, indem sie schlafen?
96/98 Sind die Bewohner dieser Städte auch so sicher,
Daß ihnen nicht komm' unsre Macht
Des Morgens, weil sie spielen?
97/99 Sind sie so sicher vor dem Anschlag Gottes?
Vor Gottes Anschlag sind nur sicher die Verlornen.
99/101 Dis sind die Städte, deren Kunden
Wir dir erzählen; ihnen kamen ihre Boten
Mit deutlichen Beweisen;
Wie aber sollten sie an das nun glauben,
Was sie erst Lügen straften? also
Versiegelt Gott die Herzen der Verleugner.

Die Scheidewand

100/102 Wir fanden bei den meisten
Derselben keine Treu, wir fanden
Die allermeisten abgefallen.

101/103 Dann sandten wir nach ihnen Mose
Mit unsern Zeichen
An Farao und seine großen:
Sie frevelten daran, und schau
Wie da der Ausgang war der' Frevler!

124/127 Die Großen sprachen da vom Volke Faraos:
Willst du den Mose und die Seinen lassen gehn,
Daß sie im Lande Unfug treiben,
Und daß er dich verlaß' und deine Götter?
Er sprach: Wir wollen tödten ihre Söhne,
Und ihre Weiber leben lassen;
Wir sind wol über sie gewaltig.

125/128 Sprach Mose zu den Seinen: Ruft um Hülf an Gott,
Und duldet! Denn die Erd' ist Gottes,
Er läßt sie erben wen er will von seinen Knechten,
Der Ausgang aber ist der Frommen.

126/129 Sie sprachen: Eh du kämest, wurden wir gedrückt,
Und werden's da du kämest.
Er sprach: Vielleicht wird euer Herr noch
Vertilgen euern Feind, und euch Nachfolg' im Lande geben,
Aufdaß er sehe wie ihr thut.

127/130 Da faßten wir das Haus von Farao
Mit bösen Jahren und Fruchtmangel,
Aufdaß sie sich besännen.

128/131 Wenn ihnen nun das Gute kam, so sprachen sie:
Dis haben wir! Doch wenn sie traf ein Böses,
So nannten sie's verhängt von Mose und den Seinen.
Ist ihr Verhängnis nicht bei Gott?
Doch ihre meisten wissen's nicht.

129/132 Und sprachen: Was du uns auch bringst für Zeichen,
Damit uns zu bezaubern,
Wir glauben doch dir nicht.

Vers 101 *Mose*] Hierdurch sind also die vorerwähnten Völker Ad, Themud und Midian in die Urzeiten nächst an die große Flut hinauf gerückt.

130/133 Da sendeten wir über sie Sündfluten,
Heuschrecken, Läuse, Frösche, Blut
Als unterschiedliche Zeichen,
Sie aber waren stolz und blieben Sünder.
131/134 Und als nun über sie der Graus kam, sprachen sie:
O Mose, bitt' uns deinen Herrn
Bei dem was er dir zugesagt;
Und wendest von uns den Graus ab,
So wollen wir dir glauben und entlassen
Mit dir die Söhne Israels.
Und als den Graus wir ihnen abgewendet
Auf eine Frist, die sie einhalten sollten,
Siehe, da traten sie zurück.
132/136 Da rächten wir an ihnen uns,
Ertränkten sie im See, dieweil
Sie Lügen straften unsre Zeichen,
Und waren deren unachtsam.
133/137 Und erben ließen wir das Volk der Schwachen
Des Landes Auf- und Untergänge,
Das wir gesegnet haben,
Und deines Herren schönstes Wort
Gieng in Erfüllung an den Söhnen Israels,
Weil sie geduldet hatten, und wir trümmerten,
Was Farao erbauet und sein Volk, und was sie thürmten.
134/138 Und führten übers Meer die Söhne Israels;
Da kamen sie zu einem Volk,
Das mit Verehrung stand vor Bildern,
Und sprachen: Mose, mach' uns einen Gott, wie die hier
[Götter haben!
Er sprach: Ihr seid ein Thorenvolk.
135/139 Hier diese, auszurotten ist das was sie treiben,
Und nichtig, was sie thun.
136/140 Sprach: Soll ich außer Gott euch suchen einen Gott?
Und Er hat euch gewürdigt ob den Welten!
137/141 Wie wir euch retteten vom Hause Faraos,
Die euch bedrückten schwer mit Strafe,
Umbringend eure Söhn' und leben lassend eure Weiber,
Das war von eurem Herrn euch Prüfung groß.

Die Scheidewand

138/142 Da legten wir dem Mose dreißig Nächt' auf,
Zu denen wir noch setzten zehn,
Und voll war seines Herrn Frist vierzig Nächte.
Doch Mose sprach zu seinem Bruder Aaron: Sei
Mein Stellvertreter bei dem Volk, und mach' es gut,
Und folge nicht dem Weg der Übelthäter.
139/143 Als Mose nun zu seiner Frist kam,
Und mit ihm redete sein Herr,
Sprach er: Mein Herr, laß mich dich sehn und schauen.
Er sprach: Du siehest nimmer mich;
Doch schau zum Berg hin! steht er fest an seinem Ort,
Alsdann sollst du mich sehn. Als nun
Sich zeigete sein Herr dem Berge,
Macht' er ihn trümmern, und zu Boden stürzte Mose.
140/— Und als er sich erholet, sprach er:
Lobpreis dir! reuig wend' ich mich
Zu dir, und bin der erste von den Gläubigen.
141/144 Er sprach: O Mose, dich erkor ich ob den Menschen
Zu meiner Botschaft und zu meinen Worten;
So nimm was ich dir geb', und sei du dankbar.
142/145 Da schrieben wir ihm auf den Tafeln
Von Jeglichem Ermahnung, und Erörterung
Für Jegliches: Nimm sie mit Kraft,
Und heiß dein Volk sie schönstens halten!
Doch zeigen will ich euch, wo die Abtrünnigen wohnen.
146/148 Und Mosis Volk, in seinem Abseyn nahmen sie
Aus ihrem Schmuck ein Kalb von Leib, das brüllte.
O sehn sie nicht? es redet nicht mit ihnen,
Und zeiget ihnen nicht den Weg!
147/— Sie aber nahmen es und waren Sünder.
149/150 Und als zu seinem Volk zurück kam Mose zornig und
[betrübt,
Sprach er: O schlimm was ihr an meiner Stelle

Vers 142] Die letzte Zeile halte ich für eine Andeutung des Inhalts von 149, und das dazwischen Liegende für unecht, oder doch unnütz. Vielleicht sollte für: zeigen will ich euch, stehn: will ich dir.
Vers 146] (Etwas das wie) *ein Kalb von Leib* (war)] aus ihrem (zusammen getragenen und eingeschmelzten) Schmuck.

Gethan habt hinter meinem Rücken!
Beschleunigt ihr so Gottes Rath?
Und warf die Tafeln hin, und nahm
Beim Kopfe seinen Bruder,
Ihn an sich zerrend. Dieser sprach: Sohn meiner Mutter!
Es hat das Volk mich übermannt,
Fast hätt' es mich getödtet.
Mach' an mir nicht die Feinde schadenfreudig,
Und setze mich nicht unter's Volk der Sünder!

150/151 Er sprach: O Herr, vergib mir
Und meinem Bruder! führ' uns ein in deine
Barmherzigkeit! Denn du bist der barmherzigste Erbarmer.

151/152 Doch die das Kalb annahmen, treffen wird sie Zorn
Von ihrem Herrn und Schmach in diesem Leben;
Denn also lohnen wir's den Dichtern.

152/153 Die aber Böses thaten, dann nach diesem sich bekehrten,
Und glaubten; nun, dein Herr nach diesem
Ist huldreich und barmherzig.

153/154 Und als von Mose nun der Zorn fiel,
Nahm er die Tafeln auf, in deren Abschrift
War Leitung und Barmherzigkeit
Für die so fürchten ihren Herrn.

154/155 Und Mose wählete aus seinem Volke siebzig Männer
Zu unsrer Tagfrist. Als sie nun erfassete die Schütterung,
Sprach er: O Herr, wenn du es wolltest,
Du konntest längst sie tödten
Und mich; willst du uns tödten denn
Um jenes was von uns die Thoren thaten?
Es ist von dir nur eine Prüfung,
Womit du irrest wen du willst,
Und leitest wen du willst, du unser Schutzherr,
Verzeih uns und erbarm dich unser!
Du bist der beste der Verzeihnden.

155/156 Und schreib uns an für dieses Leben Schönes,
Und für das andre! wir bekehren uns zu dir.
Er sprach: Mit meiner Strafe treff' ich wen ich will, und
[meine
Barmherzigkeit ist allumfassend;
Und sie anschreiben werd' ich denen

Die Scheidewand

Die fromm sind und Almosen geben,
Und die an unsre Zeichen glauben,
156/157 Die folgen dem Gesandten, dem Profeten,
Dem aus dem Volke, den sie finden
Bei sich beschrieben im Gesetz
Und in dem Evangelium,
Der ihnen heißen wird das Rechte,
Und wehren das Unrechte,
Verstatten ihnen wird das Gute,
Und verpönen für sie das Böse,
Von ihnen nehmen ihre Bürde und das Joch,
Das lag auf ihnen. Die an ihn nun glauben,
Und helfen ihm und stehn ihm bei, und folgen
Dem Lichte, das mit ihm herabkam,
Dieselben sind die Glücklichen.
157/158 Sag ihnen: O ihr Menschen, ich
Bin der Gesandte Gottes an euch alle.
158/— Sein ist das Reich des Himmels und der Erde,
Kein Gott als Er, er machet leben
Und sterben. Glaubt darum an Gott und seinen
Gesandten, den Profeten, den vom Volke,
Der selber glaubt an Gott und seine Worte;
Demselben folgt, daß ihr geleitet seiet!
159/159 Von Mosis Volk ist eine Zunft,
Die leiten in der Wahrheit,
Und richten sich nach ihr.
160/160 Wir aber theilten sie in zwölf Stammzünfte, und eröffneten
Dem Mose, als um Wasser ihn sein Volk bat:
Schlage mit deinem Stab den Felsen!
Da quollen draus zwölf Quellen,
Und alle Leute wußten ihren Trinkort.
Wir ließen über sie auch schatten
Die Wolk', und sendeten auf sie
Herab das Manna und die Wachteln:
Eßt von dem Guten des womit wir euch versorgt! –
Nicht Unrecht aber thaten uns sie,
Sie thaten nur sich selber Unrecht;

Vers 159 *eine Zunft*] Nur Eine von den folgenden zwölfen.

161/161 Als ward gesagt zu ihnen: Wohnt in dieser Stadt,
Und esset aus ihr wo ihr wollt, nur saget:
Versöhnung! und geht ein durchs Tor fußfällig;
So wollen wir verzeihn euch eure Sünden,
Und mehren die Schönhandelnden.
162/162 Die Sünder unter ihnen aber setzten
Ein andres Wort an dessen Stelle, das gesagt war ihnen;
Da sendeten auf sie wir einen Graus vom Himmel,
Um daß wie sie gesündigt.
163/163 Befrage sie auch um die Stadt, am Meer gelegen,
Da sie am Sabat frevelten, da ihnen kamen
Die Fisch' an ihrem Sabat angeschwommen,
Und kamen nicht wann sie nicht Sabat hielten.
Denn so versucheten wir sie,
Wie sie bundbrüchig waren.
164/164 Als eine Zunft von ihnen sprach:
Was mahnet ihr ein Volk, das Gott
Verderben oder strafen will mit starker Strafe?
Sie sprachen: Zur Entschuldigung bei euerm Herrn,
Und ob sie nicht Gott fürchten wollen!
165/165 Doch als sie des vergaßen, wes gemahnt sie waren,
Erretteten wir jene die abwehreten vom Bösen,
Und faßten jene die gefrevelt
Mit schlimmer Strafe, weil sie bundesbrüchig waren.
166/166 Und als sie übertraten das, wovon sie waren abgemahnt,
Da sprachen wir zu ihnen: Werdet Affen, menschenscheue!
—/167 Wie ihnen da verkündigte
Dein Herr, erwecken werd' er über sie bis zum Gerichtstag
[Dränger,
Zu drängen sie mit schwerer Strafe!
Denn ja, dein Herr ist schnell zur Rache,
Und ja, er ist huldreich barmherzig.
167/168 Und wir zerstreuten sie auf Erden zunftweis,
Wo nun von ihnen sind rechtschaffne,
Und sind von ihnen andre auch;
Und prüften sie mit Gutem und mit Bösem,
Ob sie umkehren möchten!
168/169 Nach ihnen aber wuchs ein Nachwuchs,
Die erbten zwar die Schrift, doch nehmen

Zugleich das Gut der Zeitlichkeit.
Sie sprechen zwar: Uns sei verziehen!
Kommt aber ihnen wieder Weltgut,
So nehmen sie es wieder.
O sind sie nicht verpflichtet worden auf die Schrift,
Nichts anders gegen Gott zu sprechen
Als Wahrheit, und sie haben auch
Gelesen was darin steht!
Die Wohnung jener Welt ist besser
Für solche die Gott fürchten! o versteht ihr nicht?

169/170 Die aber welche halten
Die Schrift, und das Gebet bestellen;
Nun, nicht verloren lassen wir
Den Lohn gehn der Gerechten.

170/171 Auch wie wir da den Berg ob ihnen schwangen,
Alsob er sei ein Sonnenschirm,
Und sie vermeinten, auf sie würd' er fallen!
„Nehmt was wir gaben euch mit Kraft,
Und denket seines Inhalts,
Ob ihr Gott fürchten möget!"

171/172 Auch wie dein Herr nahm von den Söhnen Adams,
Aus ihren Rücken ihre
Nachkommenschaft, und machte sie zu Zeugen
Über sie selber: „Bin ich euer Herr nicht?"
Sie sprachen: Ja! – „Nun nehmen wir zu Zeugen euch,
Daß ihr nicht sagt am Tag der Auferstehung:
Wir waren dessen ungewahr!

172/173 Oder sagt: Unsre Väter waren Götzendiener
Vor dem, und wir sind ihre
Nachkommenschaft; willst du uns denn verderben
Um das was die Verfälscher thaten?" –

173/174 Und also modeln wir die Zeichen,
Ob sie umkehren möchten!

174/175 Trag ihnen auch die Kunde vor
Von jenem, dem wir gaben unsre Zeichen,
Er aber streifte sich los davon,
Und nach sich zog ihn Satan,
Er war von den Verführten.

175/176 Wenn wir's gewollt, wir hätten ihn erhöht damit;
Er aber haftet' an der Erde,
Und folgte seiner Lust.
Sein Gleichnis ist des Hundes Gleichnis:
Gehst du auf ihn zu, klaffet er,
Und lassest du ihn, klaffet er.
Das ist das Gleichnis solcher Leute,
Die leugnen unsre Zeichen;
Erzähle die Geschichte nur,
Ob sie sich noch bedenken!
176/177 Ein schlimmes Gleichnis sind die Leute,
Die leugnen unsre Zeichen,
Und Unrecht thun sie selber sich.
177/178 Wen leitet Gott, der ist geleitet;
Wen aber er läßt irre gehn,
Dieselbigen sind die Verlust'gen.
178/179 Wir haben schon gesäet für Gehenna
Der Dschinnen viel und Menschen,
Die haben Herzen, und verstehn damit nicht,
Haben Augen und sehn damit nicht,
Ohren und hören damit nicht;
Sie sind alswie das Vieh, ja sind noch irrer,
Sie sind es die nicht merken wollen.
179/180 Doch Gottes sind die schönsten Namen;
Ruft ihn damit, und lasset jene,
Die da misbrauchen seine Namen;
Gelohnt wird ihnen werden, was sie thaten.
191/191 Gesellen sie Gott solche bei,
Die nichts erschaffen, sondern sind erschaffen?
Und die nicht können ihnen beistehn;
Sie stehn sich selber ja nicht bei!
192/193 Wenn ihr sie anruft zum Geleite,
So folgen sie euch nicht;
Gleich ist es euch, ob ihr sie anruft oder schweigt.
193/194 Ja, die ihr anruft neben Gott,
Sind Knechte wie ihr selber;

Vers 179 *Misbrauchen*] indem sie dieselben den Gottgesellen, Nebengöttern, beilegen.

Die Scheidewand

          Ruft sie doch, daß sie euch antworten,
          Wenn ihr die Wahrheit redet!
194/195 Haben sie Füß' und gehn damit?
          Oder Händ' und treffen damit?
          Oder Augen und sehn damit?
          Oder Ohren und hören damit?
          Sag' ihnen: Ruft doch eure Gottgesellen!
          Greifet mich an, und wartet nicht!
195/196 Mein Schutzherr der ist Gott, der offenbart die Schrift,
          Er nimmt in Schutz die Guten.
196/197 Doch die ihr anruft neben ihm,
          Die mögen nicht euch beistehn,
          Sie stehn sich selber ja nicht bei.
197/198 Und rufet ihr sie zum Geleit an,
          Sie hören nicht; du siehest wie
          Sie dich anblicken und nicht sehn.
198/199 Hab Nachsicht, heische Fügliches,
          Und geh weg von den Thoren!
199/200 Doch wenn dich reizt vom Satan eine Reizung,
          So geh um Zuflucht Gott an!
          Er ist der hört und weiß.
200/201 Denn die Gott fürchten, wenn sie angreift
          Ein Rudel von Satanen,
          Erinnert werden alsbald, und schauen.
201/202 Doch ihre Brüder führen sie tief in die Irre,
          Daß sie zurück nicht können.
204/205 Gedenke deines Herrn in deiner Seele
          Demüthig und in Furcht, und ohne lautes Wort,
          Am Morgen und am Abende,
          Und sei nicht ungewahrsam.
205/206 Auch die bei deinem Herren droben
          Sind nicht zu stolz um ihm zu dienen,
          Lobpreisen ihn und fallen vor ihm nieder.

8ᵉ Sure

Die Beute

1/1 Sie werden dich befragen um die Beute.
Sag' ihnen nur: Die Beut' ist Gottes
Und des Gesandten. Also fürchtet Gott, vertragt euch unter
[euch,
Gehorchet Gott und dem Gesandten, wenn ihr Gläubige
[seyn wollt!
2/2 Die Gläubigen sind, denen, wann
Gedacht wird Gottes, ihre Herzen zittern,
Und wann man ihnen vorträgt seine Zeichen,
Vermehrt es ihren Glauben und auf ihren Herrn vertraun
[sie;
3/3 Die recht bestellen das Gebet, und
Von dem, womit wir sie versorgt, ausspenden;
4/4 Die sind die Glaubigen in Wahrheit, und für sie sind Stufen
Bei ihrem Herrn, Barmherzigkeit und würdige Versorgung.
5/5 Wie dich dein Herr aus deinem Hause führte nach der
[Wahrheit,
Und von den Glaubigen war ein Theil verdrossen!

Überschrift und Vers 1 *Die Beute*] gemacht in der Schlacht von Beder, von der zu 3,119 die Rede war. Über die Theilung der Beute war Streit unter den Glaubigen entstanden, der hier beigelegt wird. Die Sure ist, wenn nicht unmittelbar, doch nicht lange nach jener Schlacht zu setzen, und bezieht sich ganz auf die damalige Lage der Dinge. Es ist überall in ihr wie zu Wissenden von Bekanntem geredet, was sie schwer, doch eben dadurch auch anziehend macht. Die im Eingang nur mit einem Machtspruch abgewiesene Frage wird in V. 42 wieder aufgenommen. Die Beute, um die ihr streitet, gehört keinem von euch mehr als dem andern, sie gehört Gott und dem Gesandten zur ferneren Bestreitung des Kriegsaufwandes. Ihr aber sollt gehorchen, einig seyn und kämpfen, und die rechte Beute, den besten Lohn dafür in jenem Leben erwarten.

Vers 5 *Nach der Wahrheit*] um die Wahrheit seiner Rathschlüsse und seiner Verheißungen durch den Sieg, zu dem er dich aus Medina führte, zu bewähren. Oder: nach seiner rechten und festen Entscheidung, wie 9,48.

Die Beute 113

6/6 Sie wollten mit dir streiten um die Wahrheit,
 Nachdem sie klar erschienen,
 Als würden sie geführt dem Tod entgegen sehend.
7/7 Wie Gott euch da verhieß die eine von den beiden Truppen,
 Daß sie euch werden sollte!
 Da wünschtet ihr, daß euch die minder kriegerische würde;
 Da wünschte Gott, die Wahrheit zu bewähren
 Mit seinen Worten und zu rotten aus den Stumpf der'
 [Leugner;
8/8 Die Wahrheit zu bewähren und das Eitle zu vereiteln,
 Verdröss' es auch die Sünder.
9/9 Wie ihr da rieft um Beistand euern Herrn,
 Und er antwortet' euch: Ich werd' euch unterstützen
 Mit tausend Engeln die sich drängen.
10/10 Das machte Gott euch nur zur Freudenbotschaft,
 Und daß beruhigt würden eure Herzen;
 Denn alle Hülf' ist nur von Gott,
 Und Gott ist stark und weise.
11/11 Wie er auf euch da Schlaf ließ fallen
 Mit einer Friedensruh von sich,
 Und sendet' über euch vom Himmel Wasser,
 Daß er euch reinige damit,
 Und nehme von euch Satans Greuel,
 Und daß er eure Herzen stärke
 Und festige eure Tritte.

Vers 7] Die beiden Truppen bei Beder waren die koreischitischen Stämme Air und Nafir, der von Air aber der minder kriegerische. Gott, d.i. sein Profet verhieß zwar den' Glaubigen, um sie zu ermuthigen, sie sollten nur einen Stamm auf dem Kampfplatz finden, und sie wünschten, es möchte der minder kriegerische seyn. Gott aber hatte sie nur geprüft, er wollte in Wahrheit, daß die Leugner miteinander ausgerottet würden, daher fanden sich dort die beiden Truppen vereinigt.
Vers 9 *tausend*] S. 3,120.121 waren es drei- oder fünftausend.
Vers 10] Derselbe Vers 3,122 mit geringer Veränderung.
Vers 11] Durch Gott ermuthigt und beruhigt, stärkt die Glaubigen ein friedlicher Schlaf in der Nacht vor dem Kampftage. Ein Regen nicht weniger erquickt sie, und gibt ihnen die Mittel, sich für das feierliche Gebet mit Abwaschung gehörig zu reinigen.

12/12 Wie da dein Herr eröffnete den Engeln:
Ich bin mit euch! so stärket die so glauben!
Und werfen will ich in die Herzen derer, die da leugnen,
[Schreck;
So hauet auf die Nacken,
Und haut von ihnen jeden Finger!
13/13 Dis, weil sie trotzten Gott und seinem Abgesandten;
Denn wer trotzt Gott und seinem Abgesandten,
Ja, Gott ist stark von Rache.
14/14 Nun dis, verkostet es! und ferner
Wartet der' Leugner Feuerpein.
15/15 Ihr Glaubigen, wann ihr begegnet
Den Leugnern in Schlachtordnung nun,
Kehrt ihnen nicht die Rücken zu!
16/16 Wer dieses Tages kehrt den Rücken,
Es sei denn daß zum Kampf er ausbeug' oder
Zu seiner Schaar zurück sich ziehe,
Der geht mit Zorn von Gott davon,
Und seine Herberg' ist Gehenna,
Schlimm ist die Einkehr dort.
17/17 Doch ihr nicht habet sie getödtet,
Sondern getödtet hat sie Gott;
Und du nicht schössest als du schössest,
Sondern Gott hat geschossen;
Nur daß die Glaubigen er prüfen möchte
Mit einer schönen Prüfung, denn Gott hört und weiß.

Vers 12] Jetzt am Kampftage werden die Engel wirklich von Gott aufgeboten, die er am Tage vorher den' Glaubigen verheißen hatte.
Vers 15] Gleichsam Hineinversetzung in die Schlacht, Wiederholung damaliger Anreden an die Glaubigen, aber zugleich zur Richtschnur für die Zukunft, welche doppelte Seite die ganze Sure hat. Vielleicht auch ein versteckter Verweis für manche, die sich bei Beder nicht zum besten gehalten.
Vers 16] Es sei denn daß er den Rücken nicht zur Flucht wende, sondern weil ein irgend wohin gezielter Angriff im Kampfgemenge diese Wendung fordere, oder auch er, als Einzelkämpfer vorgesprungen, sich nur wieder zu seiner Schaar zurück ziehe.
Vers 17] Rühmet euch auch eurer Thaten und des Sieges nicht! Ihr Glaubigen, und du selbst, o Profet!

Die Beute

18/18 Dis euch! und so entkräftet Gott
Den Anschlag der' Verleugner.
19/19 Sucht ihr Entscheidung? schon gekommen ist Entscheidung.
Steht ihr nun ab, so ists euch besser;
Doch kommt ihr wieder, kommen wir auch wieder;
Und nichts hilft euer Anhang euch, und wär' er groß,
Denn Gott ist mit den Gläubigen.
20/20 Ihr die da glaubt, gehorchet Gott
Und seinem Abgesandten,
Und kehrt euch nicht ihm ab, indem ihr höret.
21/21 Seid nicht wie die da sprachen:
Wir hören! Doch sie hörten nicht.
22/22 Die schlimmsten Thiere sind vor Gott
Die tauben, stummen,
Die nicht verstehn.
23/23 Und wüßt' an ihnen Gott ein Gutes,
So würd' er machen daß sie hörten;
Doch macht' er daß sie hörten auch,
Doch kehrten sie sich weigernd ab.
24/24 Ihr die da glaubt, steht Rede Gott und dem Gesandten,
Wenn er euch ruft zu dem was euch gibt Leben,
Und wißt daß Gott ist zwischen einem Mann und seinem
[Herzen,
Und daß zu ihm ihr werdet seyn versammelt.
25/25 Und hütet euch vor Meuterei,
Die nicht nur trifft diejenigen
Von euch die freveln insbesondre;
Und wißt daß Gott ist stark von Rache!
26/26 Gedenket, wie ihr waret wenige, schwache in dem Lande,
In Furcht daß euch wegrafften die Menschen,
Er aber gab euch eine Zuflucht,

Vers 18 *Dis euch*] ihr Feinde.
Vers 20. 21] Die Rede wendet sich gegen diejenigen, die, vom Profeten aufgeboten, nicht mit zur Schlacht auszogen.
Vers 25 *Meuterei*] deren Folge, die göttliche Strafe und der Schaden in der Gemeinde, nicht blos die Meuter, sondern die ganze Gemeinde trifft. Meuterei meint Uneinigkeit und Ungehorsam überhaupt, insbesondere die bei der Beutetheilung bewiesenen.

Und stärkte euch mit seinem Beistand,
Versorgte euch mit Gutem, ob ihr dankbar wäret!
27/27 Ihr die da glaubet, seid nicht untreu
Gott und dem Abgesandten, untreu euern
Verpflichtungen, da ihr es wisset!
28/28 Und wißt, daß eure Güter, eure Kinder nur
Eine Versuchung sind, Gott aber,
Bei ihm ist großer Lohn.
29/29 Ihr die da glaubet, wenn ihr fürchtet Gott, wird er
Euch setzen gute Ordnung,
Und von euch nehmen euer Böses,
Und euch verzeihn, denn Gott ist Herr der Gnaden groß.
30/30 Wie gegen dich da listeten die Leugner,
Daß sie dich griffen oder schlügen oder
Vertrieben! und sie listen, und Gott listet,
Gott aber ist der beste Lister.
31/31 Wenn ihnen wurden vorgetragen unsre Zeichen, sprachen
[sie:
Wir haben's schon gehört! und wenn wir wollten,
Wir könnten Gleiches sagen,
Es sind altvätrische Geschichten.
32/32 Wie sie da sprachen: Herr Gott, wenn dis Wahrheit ist
Von dir, so regn' auf uns vom Himmel Steine,
Oder laß uns Strafe peinvoll treffen!
33/33 Doch strafen wollte Gott sie nicht, da du noch warst unter
[ihnen,
Und strafen wollte Gott sie nicht, da sie sich noch bekehren
[konnten.
34/34 Doch warum sollte nun sie Gott nicht strafen,
Da weg sie drängen vom geweihten Bethaus,

Vers 28] Laßt euch nicht durch die Anhänglichkeit an eure Güter und Kinder von eurer Verpflichtung gegen Gott, von der Theilnahme am heiligen Krieg, der uneigennützigen Aufopferung von Gut und Leben, abhalten.
Vers 30] Wie 26 Erinnerung an die vorigen Bedrängnisse in Mekka vor der Auswanderung.
Vers 32 *Dis*] das im Koran vorgetragene.
Vers 34 *Wegdrängen vom geweihten Bethaus*] dir und den' Glaubigen den Zugang zur Kaba sperren wollen.

Die Beute

        Und sind doch dessen rechte Herrn nicht; dessen rechte
                                                                       [Herrn
        Sind nur die Gottesfürchtigen,
        Doch sie sind meist unwissend.
35/35 Und ihr Gebet beim heiligen Hause
        War Pfeifen nur und Händeklatschen.
        So schmecket nun die Strafe, weil ihr leugnet!
36/36 Ja, die da leugnen, wenden ihr Vermögen auf,
        Um wegzudrängen von dem Wege Gottes,
        Aufwenden sie's, und es wird sie gereuen,
        Und werden dann doch unterliegen;
37/— Und die da leugnen, werden
        Versammelt seyn zur Hölle;
38/37 Daß sondre Gott das Schlechte von dem Guten,
        Und leg' ein Schlechtes auf das andre,
        Und Schicht' es all zusammen,
        Und werf es in die Hölle;
        Diselbigen sind die Verlierer.
39/38 Sag' ihnen die da leugnen: Wenn sie abstehn,
        Wird ihnen Gott verzeihen was geschehn ist;
        Doch wenn sie's wieder thun, nun
        Ergangen ist die Satzung an den Vorigen!
40/39 Und so bekämpfet sie so lange,
        Bis keine Meuterei mehr sei,
        Und ganz der Gottesdienst sei Gottes!
        Doch stehn sie ab, nun, Gott ist ihres Thuns ansichtig.
41/40 Doch thun sie Widerstand, so wisset,
        Daß Gott ist euer Schutzherr;
        O schöner Schutzherr, schöner Beistand!

Vers 35 *Pfeifen und Händeklatschen*] um die Glaubigen zu stören und zu verhöhnen.
Vers 39 *Ergangen ist die Satzung*] des göttlichen Strafgerichtes *an den vorigen* Völkern, die eben so frevelten, und wird eben so an ihnen ergehn.
Vers 40 *Meuterei*] oder Ärgernis wie 2,214 und 189.

42/41 Und wisset auch, was ihr erbeutet,
Der fünfte Theil davon gehöret Gott und dem Gesandten
Und den' Verwandten, und den' Waisen,
Den' Armen und dem Sohn des Weges;
Dafern ihr wirklich glaubt an Gott
Und das was wir herabgesendet
Auf unsern Knecht am Tage der Entscheidung,
Am Tag wo sich die beiden Heere trafen;
Und Gott ist alles Dings gewaltig.

43/42 Als ihr da wart am Ufer disseits,
Und sie am Ufer jenseits,
Unterhalb euch die Reiterei;
Wenn ihr euch hättet da entschließen sollen,
Ihr wäret uneins im Entschluß gewesen;
Gott that's um zu vollbringen, was da sollte seyn;

44/— Daß wer umkam' umkäme bündig,
Und wer am Leben blieb' am Leben bliebe bündig;
Und Gott ist der da hört und weiß.

45/43 Wie Gott dir da im Traume
Sie sehen ließ als wenig;
Und hätt' er dir sie lassen sehn als viele,
So wäret ihr verzaget und zerfallen unter euch im Rathe;
Doch Gott behütete, denn Er
Kennt den Gehalt der Busen.

Vers 42] Hier nun, wie Eingangs gesagt, wird die Frage über die Kriegsbeute wieder aufgenommen. Ein Fünftel davon gehört vorweg Gott und dem Gesandten, der es zur Unterstützung seiner bedürftigen Verwandten und anderer Bedürftigen verwendet. – Der *Sohn des Weges*] der Reisende, Fremde oder Heimatlose. – *Was wir herabgesendet*] unsere göttliche Hilfe, die Engel, oder auch, nach der sonstigen Bedeutung des Herabsendens, was wir ihm damals offenbarten von unserem Willen in Hinsicht der Kriegsordnung und der Beutevertheilung. Über die Almosenordnung vgl. 9,60.

Vers 43] In eurer damaligen Stellung, der euch wohlbekannten. Das räthselhaft angedeutete mag dasselbe, oder ähnliches, wie V. 7 gewesen seyn.

Vers 45] Erklärt das, und erklärt sich durch das zu V. 7 gesagte. Der Profet, in der Nacht vor dem Kampfe, wo Gott den' Glaubigen den erquickenden Schlaf und Regen sendet (V. 11), sieht im Traume das feindliche Heer, und Gott läßt es ihm klein erscheinen, d.i. er träumt, es sei von den beiden zu erwartenden Truppen nur der eine da.

Die Beute

46/44 Und wie er euch, als ihr sie trafet, auch sie ließ
 Mit euern Augen sehn als wenig,
 Und machte wenig sie in euern Augen,
 Damit vollbrächte Gott das Ding das sollte seyn,
 Und ja zu Gott sind heimgebracht die Dinge!
47/45 Ihr die da glaubet, wenn ihr treffet eine Schaar,
 So haltet Stand und denket Gottes häufig,
 Aufdaß ihr glücklich seiet!
48/46 Gehorchet Gott und seinem Abgesandten,
 Und werdet uneins nicht, daß ihr erschlaffet
 Und euch entgehe euer Muth! nein, haltet aus
 Geduldig! denn Gott ist mit den Geduldigen.
49/47 Seid nicht wie die aus ihrem Wohnort zogen
 Voll Übermuthes und zur Schau den Menschen,
 Um wegzudrängen euch vom Wege Gottes;
 Doch Gott umfasset was sie thun.
50/48 Wie da der Satan ihnen schön ließ dünken ihre Werke,
 Und sprach: Heut ist euch niemand überlegen von den
 [Menschen,
 Und ich bin euer Nachbar.
 Doch als die beiden Heer' einander sahen,
 Trat er auf seine Fersen hinter sich und sprach: Ich sage
 Von euch mich los, ich seh' was ihr nicht sehet,
 Ich fürchte Gott, und Gott ist stark von Rache.
51/49 Wie da die Heuchler sprachen,
 Und die, in deren Herzen Siechthum ist: „Betrogen
 Hat diese da ihr Glauben!"
 Doch wer auf Gott vertraut, Gott ist
 Allmächtig und allweise.
52/50 O sähst du, wann die Seelen derer,
 Die leugnen, nehmen hin die Todesengel,

Vers 47] Anrede wie V. 15.
Vers 49] Seid nicht wie die Feinde.
Vers 50 *Ich sehe, was ihr nicht sehet*] den euch verborgenen Plan Gottes, oder auch die Engel von V. 9.
Vers 51 *Die Heuchler*] die unaufrichtigen Freunde, die den Profeten und seine Getreuen im Stiche ließen V. 20.
Vers 52] Das Ende der übermüthigen Feinde von V. 50.

Ihr Angesicht und ihre Rücken schlagend:
Nun schmeckt die Feuerpein!
53/51 Dis dafür, was vorwirkten eure Hände,
Weil Gott nicht Unrecht thut den Knechten.
54/52 Nach Art des Hauses Farao und derer all vor ihnen,
Die auch verleugnet Gottes Zeichen,
Da griff sie Gott in ihren Sünden,
Denn Gott ist mächtig, stark von Rache.
55/53 Dis, weil Gott nie verändert seine Gnade, die
Er gnadet über einem Volke, bis sie selber
Verändern was in ihren Seelen ist, und weil
Gott ist ein Hörer und ein Kenner.
56/54 Nach Art des Hauses Farao und derer all vor ihnen,
Die Lüge straften auch die Zeichen ihres Herrn,
In ihren Sünden ließen wir sie sterben,
Und ließen das Haus Farao ertrinken,
Und alle waren Frevler.
57/55 Die schlimmsten Thiere, traun, vor Gott
Sind, die da leugnen und nicht glauben.
58/56 Mit denen einen Bund du schließest,
Sie aber brechen ihren Bund
Ein jedes mal, und scheun sich nicht.
59/57 Wo du sie nun im Kriege triffst,
Zersprenge ihre letzten,
Ob sie bedenken mögen!
60/58 Und aber, fürchtest du von einem Volk Verrath,
So schleudre grade gegen sie!
Denn ja Gott liebt nicht die Verräther.
61/59 Und denke nicht, daß die da leugnen, irgend einen
[Vorsprung haben;
Sie werden nichts verhindern.

Vers 55] Wenn Gott seine Gnade einem Volk entzieht, wie jetzt den Mekkanern und andern Feinden der' Gläubigen, so liegt der Grund davon immer in der Verschuldung des Volkes, das sich durch Veränderung seiner Gesinnungen jener Gnade unwürdig gemacht hat. Die Rede wendet sich nun mit verzehrendem Feuer gegen alle Feinde insgemein, deren Bundbrüchigkeit 58, Verrath 60 und Falschheit 63.

Die Beute

62/60 So rüstet gegen sie, was ihr vermögt, an Kraft und
[Reitermacht,
Schreckt damit Gottes Feind' und eure Feinde,
Und andere daneben, die ihr selbst nicht kennt,
Gott aber kennt sie. Und was ihr aufwendet
Für Gottes Weg, wird euch ersetzt,
Ihr werdet nicht verkürzt seyn.
63/61 Wenn sie zum Frieden neigen, neig' auch du dazu,
Und trau auf Gott, denn Er ist Hörer, Wisser.
64/62 Und wollen sie dich hintergehn, nun, dein Verlaß
Ist Gott, Er ists der dich gestärkt mit seinem Beistand
Und mit den Glaubigen, und hat in Eintracht
Verbündet ihre Herzen; hättest du auch alles
Aufwenden mögen was auf Erden, nimmer doch verbündet
Hättest du ihre Herzen, sondern Gott hat sie verbündet,
Denn Er ist mächtig und allweise.
65/64 Du, o Profete, dein Verlaß
Ist Gott, und wer dir folget von den Glaubigen.
66/65 Du, o Profet, reiz' an die Glaubigen zum Kampf!
Wenns von euch zwanzig sind standhafte in Geduld,
Werden sie siegen ob zwei hundert;
Und sind es von euch hundert, werden
Sie siegen über tausend
Von denen die da leugnen,
Weil sie ein Volk sind unverständig.
67/66 So hats euch Gott erleichtert, weil er kennet eure Schwäche;
Und ists von euch ein Hundert, standhaft in Geduld,
Werden sie siegen ob zwei hundert;
Und ists von euch ein tausend, werden
Sie siegen ob zwei tausenden

Vers 64] Dankbarer Rückblick auf die frühere gedrückte Lage, wie V. 26, hier besonders hervorgehoben die Gnade Gottes, die darin [sich] gezeigt, daß aus dem zerstreuten uneinigen Haufen der Flüchtlinge eine starke und einträchtige Volksgemeinde geworden.
Vers 67 *Eure Schwäche*] an Anzahl, oder auch an Muth, die solcher göttlicher Huldversicherungen noch gar wohl bedarf. Vgl. V. 9. 10. Über die wechselnden Zahlen vergleiche die 3000 oder 5000 Engel S. 3,120 u. 121.

Nach Gottes Rathschluß, denn Gott ist
Mit den standhaften in Geduld.
68/67 Keinem Profeten steht es zu,
Gefangene zu haben,
Und dick zu thun auf Erden.
Ihr wollt das Gut der Zeitlichkeit,
Gott aber will das Ewige,
Und Gott ist hoch und weise.
69/68 Wär' nicht von Gott zuvor ergangen eine Schrift,
Getroffen hätt' euch über das,
Was ihr ergriffet, große Strafe.
70/69 Genießet nun was ihr gewannt erlaubterweise Gutes,
Und fürchtet Gott! denn Gott ist gnädig und barmherzig.
71/70 Du, o Profete, sprich zu den Gefangnen die in eurer Hand
[sind:
Wenn Gott erkennt in euern Herzen Gutes,

Vers 68] Die Rede geht auf den ersten Gegenstand, die Kriegsbeute, zurück. Der Profet verwahrt sich gegen Vorwurf oder Verdacht, als wolle er selbst sich mit Gefangenen bereichern, deren Lösegeld doch eben so wie die übrigen Gegenstände der Beute von ihm zum gemeinen Besten zu verwenden, wie zu V. 42 gesagt ist. – *Um dick zu thun auf Erden*] dadurch daß wir dieses ganz wörtlich übersetzten, und dabei einer Partikel eine andere eben so grammatisch richtige Beziehung im Satz gaben, haben wir etwas ganz anderes herausgebracht als z. B. *Wahl* nach den gewöhnlichen Auslegern: 'Noch ist keinem Profeten erlaubt worden, Gefangene in Besitz zu nehmen, als bis er unter den Ungläubigen auf dem Wahlplatze eine große Niederlage angerichtet hatte.' Was eine höchst krasse Abgeschmacktheit ist, auch aller Verbindung mit dem nächstfolgenden ermangelt. (Freilich sind gegen die hier der Partikel *hatta* gegebene Wendung Beispiele wie S. 9,116).

Vers 69] Wäre nicht von Gott Gnade euch schriftlich zugesichert in seiner Schrift, dem Koran, so würde euch große Strafe getroffen haben über eure Gier und Habsucht bei der Beutetheilung.

Vers 70] So genießet nun den euch zugefallenen rechtmäßigen Beuteantheil, in der Furcht Gottes, dankbar für seine Nachsicht.

Vers 71] Sehr natürlich schließt sich an die Vertheilung der Beute und der Gefangenen, diese Vorschrift über die Behandlung der Gefangenen selbst an. Wenn sie auch nicht ausgelöst werden u zum verlorenen Besitz daheim zurückgebracht werden sollten (was doch nicht ausgeschlossen ist), sondern in der Gefangenschaft als Sklaven bleiben müßten, so kann doch Gott ihnen al-

Die Beute 123

        So wird er geben Bessres euch als was euch ist genommen,
        Und wird euch gnädig seyn; denn Gott ist gnädig und
                                                    [barmherzig.
72/71 Doch wenn sie wollen dich betrügen,
        Nun, sie betrogen Gott zuvor auch,
        Der drum sie gab in eure Macht,
        Und Gott ist weise kundig.
73/72 Fürwahr, die da annahmen
        Den Glauben und auswanderten und stritten
        Mit ihrem Gut und ihrem Blut für Gottes Weg;
        Und die da Zuflucht gaben
        Und Beistand; diese sind einander schutzverwandt.
        Die aber, die annahmen zwar den Glauben,
        Doch nicht auswanderten, mit ihnen habet
        Ihr keine Schutzverwandtschaft, bis auch sie auswandern.
        Doch rufen sie euch an um Beistand für den Glauben,
        So steht euch zu der Beistand, außer gegen
        Ein Volk, mit welchem ihr Vertrag habt;
        Und Gott ist dessen, was ihr thut, ansichtig.
74/73 Die Leugner aber lasset unter
        Einander Schutzverwandte seyn!
        Wenn ihrs nicht thut, so wird auf Erden Aergernis und
                                                    [großer Schaden.
75/74 Die aber, die da nahmen an
        Den Glauben und auswanderten und stritten
        Für Gottes Weg, und die da Zuflucht gaben

---

les Verlorene reichlich ersetzen, wenn sie treu sind, und vielleicht auch den Glauben annehmen.
Vers 72] Die treulosen aber sind fest zu halten, daß sie nicht entwischen.
Vers 73] Wer soll an der Beute, und überhaupt an den Vortheilen der Glaubigen Antheil haben? Die mit dem Profeten gleich Anfangs ausgewanderten, und die bei denen sie in Medina Aufnahme und Unterstützung gefunden; nicht diejenigen, die seither in Mekka oder sonst den Glauben angenommen oder es gethan zu haben vorgeben, aber nicht ausgewandert sind, sich nicht zu thätiger Hülfe mit dem Profeten vereinigt haben.
Vers 74] Achtet aber die Gesetze des Völkerrechtes unter euren Feinden; verleitet sie nicht zu Treulosigkeit gegen ihre Schutzverwandten und dergl. So wie schon 73 am Ende sagt: Auch den Glaubigen sollt ihr nicht gegen solche Unglaubige beistehn, mit welchen ihr Friedensverträge geschlossen habt.

Und Beistand, diese sind die Glaubigen in Wahrheit;
Für sie ist Huld von Gott und gnädige Versorgung.
76/75 Die auch, die später nahmen an
Den Glauben und auswanderten,
Und stritten dann mit euch, auch diese sind von euch;
Die Blutsverwandten aber sind einander
Die nächsten Schutzverwandten, nach der Schrift von Gott,
Und Gott ist jedes Dings mitwissend.

Die 9. Sure

Die Bekehrung

1/1 Ein Freibrief Gottes und des Abgesandten
An die, mit denen ihr Vertrag
Gemacht habt, von den Götzendienern:

Überschrift] Die *Bekehrung,* nach V. 105; doch auch schon V. 4 ist von der Bekehrung die Rede, und noch öfter gegen das Ende der Sure. Nach anderen heißt die Sure der *Freibrief,* nach dem ersten Worte derselben. – Diese Sure soll im neunten Jahr der Flucht durch Ali, den Mohammed von Medina nach Mekka sandte, um in der bevorstehenden Wallfahrtszeit die Festgebräuche anzuordnen, daselbst bei der Kaba feierlich vorgetragen worden seyn. Aber schwerlich eignete sich die ganze Sure dazu, die in ihren meisten Einzelheiten sich auf kleine innere Verhältnisse von Medina, oder auch auf besondere Kriegsvorfälle der nächstverflossenen Zeit bezieht; dagegen das Allgemeingültige, was bei einer solchen Gelegenheit den aus allen Gegenden versammelten Pilgern, Bekehrten, und Unbekehrten, schicklich verkündigt werden mochte, in wenigen die ganze Sure hindurch verstreuten Versen enthalten ist. Gleichwol ist kein Grund vorhanden, die innere Ganzheit der Sure in der Gestalt, wie wir sie vor uns haben, zu bezweifeln, und unsere Übersetzung selbst soll die Stetigkeit des Gedankengangs nachzuweisen suchen, wobei sie sich nur die Freiheit nimmt, manche Auswüchse wegzuschneiden und manches verschobene einzurenken. – Die Sure ist ohne Zweifel die letzte der Zeit nach unter denjenigen größeren, deren Zeit überhaupt bestimmt werden kann, oder die sich auf eine bestimmte Zeit beziehen. Nur die zweite Sure, nach dem was wir zu ihr bemerkt haben, könnte ganz oder theilweise noch später fallen, vom Ende des neunten Jahres bis zum elften, dem Todesjahre Mohammeds.
Vers 1 *Freibrief*] Im Jahre vor der Abfassung dieser Sure, im achten seiner Flucht, hatte Mohammed endlich Mekka erobert, und das heilige Haus, die Kaba, von den Greueln des Heidenthums gesäubert. Nun konnten freilich die Mekkaner nicht mehr ihn und seine Gläubigen vom Besuch des gemeinsamen Volksheiligthums ausschließen, worüber er an so vielen Stellen früher verfaßter Suren klagt, gleichwol aber wurde dasselbe noch von Ungläubigen so gut als Gläubigen besucht. Unmittelbar von der Eroberung war er zu anderen schweren Kämpfen aufgebrochen, und nun erst, nachdem er siegreich und mit weithin befestigter Herrschaft nach Medina zurückgekehrt war, ließ er durch

2/2 Nun reiset nur im Land vier Monde!
Doch wisset, daß ihr Gott nicht hemmen werdet,
Und daß Gott macht zu Schanden die Verleugner.
3/3 Verkündung Gottes und des Abgesandten an die Menschen
Am Tag der großen Wallfahrt:
Daß Gott sich lossagt von den Götzendienern, und sein
[Abgesandter;
Wenn ihr euch nun bekehrt, das ist euch besser;
Doch, wendet ihr euch ab, so wisset,
Daß ihr nicht hemmen werdet Gott!
Und du verkünde denen, die da leugnen, Strafe peinvoll.
4/4 Die ausgenommen nur, mit denen ihr Vertrag
Gemacht habt, von den Götzendienern,
Und die daran nichts brechen,
Und gegen euch nicht helfen irgendeinem;
Denselben sollt ihr halten ihren
Vertrag auf ihre Frist; denn Gott liebt, die ihn fürchten.
5/5 Wann dann verlaufen sind die heiligen Monate,
So schlagt die Götzendiener,
Wo ihr sie trefft, und fanget sie,
Schließt sie ein und belagert sie
Mit jedem Hinterhalt! Nur wenn sie sich bekehren,
Und das Gebet bestellen und die Sühnungsteuer geben,
So lasset ihnen freien Weg!
Denn Gott ist gnädig und verzeihend.

Ali diesen *Freibrief* verkündigen, d.i. die letzte Frist für die Unglaubigen, nach deren Ablauf sie vom Besuch der Kaba ganz ausgeschlossen seyn sollten.
Vers 2 *Vier Monate*] die vier heiligen Monate der altarabischen Stammverfassung, in welchen alle Fehden eingestellt wurden, und man also unangefochten im Lande reisen, Handel treiben und die Heiligthümer besuchen konnte. Die vier Monate sind die drei letzten jedes Mondjahrs und der erste des folgenden. Die den' Ungläubigen gegebene letzte Frist ist hier als vier Monate bezeichnet, weiterhin als ein Jahr, was in der Sache eins ist, weil vom Jahr eben nur die vier Friedensmonate in Anschlag kommen.
Vers 4] Nicht allen Götzendienern und Unglaubigen ist die Jahresfrist bewilligt; im allgemeinen vielmehr hat sich Gott von ihnen losgesagt, und sie für Feinde erklärt; nur einigen ist noch diese letzte Frist gesetzt, nach deren Ablauf auch sie der Theilnahme an den Volksheiligthümern verlustig gehn, und als Feinde behandelt werden sollen.

Die Bekehrung

6/6 Doch sucht ein einzelner Götzendiener Schutz bei dir,
So gib ihm Schutz und Aufenthalt,
Damit er höre Gottes Wort.
Dann laß ihn wieder hingehn, wo er sicher ist;
Denn es sind unverständige Leute.
7/7 Wie aber sollten Götzendiener haben
Vertrag mit Gott und seinem Abgesandten?
(Die ausgenommen nur, mit denen
Ihr habt Vertrag gemacht beim heiligen Bethaus;
Was diese halten, haltet ihnen!
Denn Gott liebt, die ihn fürchten.)
8/8 Wie sollten sie? da, wenn sie eure Meister sind,
Sie gegen euch nicht achten Bund und Treue.
Gefällig sind sie euch mit ihrem Munde,
Doch ihre Herzen weigern sich,
Und ihre meisten sind bundbrüchig.
9/9 Sie gaben Gottes Zeichen hin für schlechten Preis,
Und drängten ab von seinem Wege,
Ja schlimm ist was sie thaten.
13/13 O wollt ihr nicht bekämpfen Leute,
Die ihre Eide brachen,
Und strebten zu vertreiben den Gesandten,
Und die euch griffen an zuerst?
Wollt ihr sie etwa fürchten? Gott
Ist würdiger daß ihr ihn fürchtet,
Dafern ihr Gläubige seid!
14/14 Bekämpfet sie! Gott wird sie strafen
Durch eure Hand' und sie zu Schanden machen,

Vers 6] Kein öffentlicher Volksverkehr soll mehr mit den Götzendienern seyn; für die einzelnen aber gilt diese Ausnahme: ein Glaubiger darf einen Unglaubigen aufnehmen, und diese Gelegenheit benutzen, ihn im Glauben zu unterrichten. Ist er aber dafür unempfänglich, so lass' er ihn ohne weiteren Zwang, als einen Unverständigen, sicher in seine Heimat zurückkehren.
Vers 13] Gegen diejenigen unter den Glaubigen, deren viele seyn mochten, die da meinten, man müsse noch immer die Unglaubigen schonen, was der Profet nun nicht mehr für nöthig und recht erachtete.
Vers 14 *Heilen*] von Furcht, oder von Unzufriedenheit über noch nicht völligen Sieg.

Euch beistehn gegen sie und heilen
Den Busen seiner Glaubigen.
17/17 Die Götzendiener sollen nicht
Besuchen die Bethäuser Gottes,
Als Zeugen ihrer eigenen Verleugnung;
Derselben Werke sind verfallen,
Im Feuer sind sie ewig.
18/18 Besuchen soll nur die Bethäuser Gottes,
Wer glaubt an Gott und jüngsten Tag,
Bestellet das Gebet und gibt die Sühnungsteuer,
Und fürchtet nichts wan Gott; dieselben
Mögen wol seyn Geleitete.
19/19 Wollt ihr die Tränkung der' Wallfahrer
Und die Besuchung des geweihten Hauses
Gleichhalten dem, der glaubt an Gott und jüngsten Tag,
Und kämpft für Gottes Weg? sie sind nicht gleich vor Gott;
Gott leitet nicht die Sünder.
23/23 Ihr die da glaubet, nehmt nicht eure Väter, eure Brüder,
Zu Freunden, wenn sie die Verleugnung lieben über'm
[Glauben!
Wer sie zu Freunden nimmt von euch,
Dieselbigen sind Sünder.
24/24 Sag' ihnen nur: Wenn eure Väter,
Und eure Kinder, eure Brüder,
Und eure Fraun und euer Stamm,
Und euer Gut das ihr erwarbet,
Und euer Handel, des Verfall ihr fürchtet,
Und Wohnungen die euch gefallen,
Euch lieber sind als Gott und sein Gesandter,
Und als der Kampf für Gottes Weg;

Vers 19] Die Unglaubigen werden dadurch nicht den' Glaubigen gleich, daß sie in heidnischem Sinne die heiligen Wallfahrtsgebräuche verrichten, aus dem heiligen Brunnen *Semsem* Trank schöpfen u.s.w.

Vers 23] Saget euch selbst von euren nächsten Anverwandten los, die unglaubig unter den Unglaubigen zurückgeblieben sind. Vgl. V. 13.

Vers 24 *Euer Handel, des Verfall ihr fürchtet*] bei Aufhebung des Verkehrs mit den Unglaubigen, wenn diese nicht mehr Mekka besuchen und (bei der mit der Wallfahrt verbundenen Messe) mit euch handeln dürfen.

Die Bekehrung

So wartet denn, bis Gott euch kommt mit seinem
Gerichte! denn Gott leitet nicht Abtrünnige.
25/25 Schon hat euch beigestanden Gott an vielen Orten,
Und auch am Tage von *Honein*,
Als ihr mit Wohlgefallen saht auf eure Menge,
Die aber half euch nichts, und enge
Ward euch der Raum, so weit er war,
Da wandtet ihr den Rücken.
26/26 Dann aber sendete Gott seine *Gottesruh*
Auf seinen Abgesandten und die Gläubigen,
Und sendete hernieder Heere,
Ihr saht sie nicht, und züchtigte die Leugner;
Dis ist der Lohn der Leugnenden.
28/28 Ihr die da glaubt! die Götzendiener sind ein Schmutz,
Und sollen nicht dem heiligen Bethaus nahen
Nach diesem ihrem Jahre!
Und wenn ihr Mangel fürchtet,
Bereichern wird euch Gott aus seiner Gnadenfülle, wenn er
[will,
Denn Gott ist weis' und kundig.
29/29 Bekämpfet, die nicht glauben
An Gott und jüngsten Tag, und die nicht heiligen
Was Gott geheiligt hat und sein Gesandter,
Und dienen nicht den Gottesdienst der Wahrheit,
Die unter denen, die das Buch empfiengen;
Bis sie das Handgeld geben und erniedrigt sind!

Vers 25] Im Thale *Honein* war es zur Schlacht gekommen zwischen Mohammed und einigen noch ungehorsamen heidnischen Stämmen, gegen welche er unmittelbar nach der Einnahme von Mekka (s. zu V. 1) mit großer Macht aufgebrochen war. Gleichwol waren die Glaubigen anfangs im Nachtheil gegen den schwächern Feind, was hier ihrem unfrommen Vertrauen auf ihre Menge zugeschrieben wird.
Vers 26 *Gottesruh*] vgl. 2,249. Mohammed hielt ruhig Stand auf seinem weißen Maulthiere, bis der Sieg sich ihm zuwendete. – *Heere, ihr saht sie nicht*] Engel, wie auch in der Schlacht von *Beder*. S. 8,9.
Vers 28 *Nach diesem ihren Jahre*] s. zu V. 2. – *Mangel*] s. zu V. 24.
Vers 29] An die Götzendiener werden diejenigen, *die das Buch empfiengen*, die Juden und Christen, angereihet. – *Bekämpfet sie*] solange, bis sie entweder den Glauben annehmen, oder das *Handgeld*, die Kopfsteuer, geben.

30/30 Die Juden sprechen: *Esra*
Ist Gottes Sohn; die Nazarener sprechen: Der Messias
Ist Gottes Sohn! dis ihre Rede
Mit ihren Mündern, gleich der Rede
Derjenigen, die vordem Leugner waren;
Schlage sie Gott! wie thören sie!
31/31 Sie nahmen ihre Schriftgelehrten und Mönche
Zu Herren neben Gott an,
Und den Messias, Sohn Maria's;
Und ihnen ist doch nichts befohlen
Als anzubeten Einen Gott,
Kein Gott als Er! Preis ihm, ob allem,
Was sie abgöttisch ihm gesellen!
32/32 Sie möchten löschen Gottes Licht
Mit ihren Mündern, aber Gott will andres nicht,
Als daß er mache voll sein Licht,
Verdröss' es auch die Leugner.
33/33 Er ists der sandte seinen
Abgesandten mit der Leitung
Und mit dem wahren Gottesdienst,
Ihn wider jeden Gottesdienst zu fördern,
Verdröss' es auch die Leugner.
34/34 Ihr, die da glaubet! viele von den Schriftgelehrten
Und Mönchen essen das Gut der Menschen sündlich,
Und drängen ab vom Wege Gottes;
Die speichern Gold und Silber, und es nicht aufwenden
Für Gottes Weg, verkünde du denselben Strafe peinvoll,
35/35 Tags wo es wird geglühet werden
Im Feuer der Gehenna,
Sodann damit gebrandmarkt ihre Stirnen,
Ihre Seiten und Rücken:
Dis was ihr euch gespeichert habet!
Nun schmecket, was ihr speichertet!

Vers 30] Ob arabische Juden wirklich den hochgehaltenen Wiederhersteller *Esra* bis zu solchem Range erhoben, oder welches Misverständnis oder Entstellung dabei obwalte, muß hier unentschieden bleiben.
Vers 31] Mohammeds Ansicht von den christlichen Heiligen.

Die Bekehrung 131

36/36 Die Zahl der Monate von Gott
Sind zwölf im Buche Gottes, als
Er Himmel schuf und Erde;
Davon sind heilig viere;
Dis ist der feste Gottesdienst.
Versündiget euch nicht an ihnen!
Aber bekämpft die Götzendiener insgemein,
So wie sie euch bekämpfen insgemein, und wisset:
Gott ist mit denen die ihn fürchten.
37/37 Traun, die Verlegung ist ein Zuwachs an Verleugnung,
Wodurch verführet werden die Verleugner,
Die einen Mond in einem Jahr
Entweihn und weihn im andern,
Um einzuhalten so die Zahl
Von dem was Gott geweihet hat, indem sie doch
Entweihn was Gott geweihet hat.
Ihr böses Werk dünkt ihnen schön,
Gott aber leitet nicht die Leugner.
38/38 Ihr die da glaubt, was habet ihr? wenn euch gesagt wird:
[Rücket aus
Für Gottes Weg! was lahmet ihr zu Boden?
Liebt ihr dis Erdenleben über jenes?

Vers 36] Nach der Abschweifung auf Juden und Christen, knüpft sich der Faden wieder an V. 28 an. Vgl. V. 2. – *Versündiget euch nicht an ihnen*] entheiligt sie nicht durch Kriegführen untereinander. Aber gegen die Ungläubigen kämpfet *insgemein*, das ganze Jahr hindurch, nämlich nach Ablauf der ihnen gelassenen Frist dieses Jahres. Eine Versündigung aber an den heiligen Monaten ist auch die im folgenden
Vers 37] genannte *Verlegung* eines heiligen Monates auf einen andern, damit nicht vier ununterbrochene Friedensmonate seyen und es doch vier bleiben; ein alter Brauch oder Misbrauch der heidnischen Araber, wenn ihnen der Friede zu lang ward.
Vers 38] Von hier an eine der feurigen Kampfreden des Profeten an seine ihm noch immer nicht kriegerisch genug gesinnten Glaubigen, vgl. V. 13. Aber nicht so ganz allgemein wie dort ist hier die Rede, vielmehr auf das besonderste nächste gerichtet. Denn im neunten Jahre, noch vor der Erlassung dieses Freibriefes, rüstete Mohammed gegen die Griechen an der oberen Grenze Arabiens, einen weithin gehenden, mühvoll und gefährlich scheinenden Feldzug, zu welchem die Gläubigen wenig Lust und Eifer bezeigen mochten.

Doch ist der Nießbrauch dieses Lebens
Vor jenem nur gering.
39/39 Wenn ihr nicht ausrückt, wird Er euch
Strafen mit Strafe peinvoll,
Und wird an eure Stelle setzen
Ein andres Volk. Ihr werdet Ihm nicht schaden,
Denn Gott ist jedes Dings gewaltig.
40/40 Wenn ihr ihm bei nicht steht, so hat doch Gott ihm
[beigestanden,
Da zu entweichen zwangen ihn die Leugner
Als einen von den zweien, die da waren in der Höle,
Da sprach er zum Genossen: Kümmre
Dich nicht! Gott ist mit uns. Da sandte
Gott auf ihn seine Gottesruh,
Und stärkte ihn mit Heeren,
Ihr saht sie nicht, und machte
Den Plan der Leugner niedriger,
Und Gottes Plan war höher,
Und Gott ist mächtig und allweise.
41/41 So rücket aus, leicht oder schwergewaffnet!
Und kämpft mit eurem Gut und Blut
Für Gottes Weg! das ist euch besser, wenn ihr's wisset.

Vers 39] Aehnliche Drohungen.
Vers 40 *Ihm*] dem Gesandten. Aehnliche Erinnerung an Gottes Beistand S. 8,26 und 30; hier an die Flucht aus Mekka, von der des Gesandten Erfolge und die Jahre des Islams sich rechnen. Er hatte schon lange bei den Medinern für sich und seine Anhängern eine Zuflucht vorbereitet, dahin ließ er alle die Seinigen vorausgehn; und er selbst in Mekka, seinen Verfolgern gegenüber, hielt aus bis auf den letzten Mann. Dann entwich er endlich als *einer von den zweien*, d.i. selbander mit *Abu beker,* und barg sich mit diesem in einer *Höle* (davon heißt *Abu beker* der *Genosse der Höle*), welche die wundererfindende Sage nicht unterlassen hat zu verherrlichen. Es habe nämlich, als die beiden sich drin verborgen, eine Spinne ihr Netz über den Eingang gezogen, oder auch eine Taube davor genistet, von welchen Zeichen getäuscht die Verfolger jene Höle, welche sie zu durchsuchen gekommen waren, für lange nicht betreten hielten und vorübergiengen. Statt dieser späteren Ausschmückungen erwähnt hier der Profet nur die *Gottesruhe* von V. 26 und die ebendaselbst damit verbundenen himmlischen *Heere.*

Die Bekehrung

42/42 Wenn es ein naher Vortheil wär' und eine kurze Reise,
So würden sie dir folgen;
Doch weit kommt ihnen vor die Mühsal,
Und schwören werden sie bei Gott! wenn wir vermöchten,
Zögen wir aus mit euch. Sie selbst
Verderben ihre Seelen,
Und Gott weiß daß sie lügen.
43/43 Verzeih dir's Gott! was gabst du Urlaub ihnen,
Bevor du unterschiedest die wahr redenden
Und kennetest die Lügner.
44/44 Um Urlaub werden dich nicht bitten, die da glauben
An Gott und an den jüngsten Tag, um nicht zu streiten
Mit ihrem Gut und ihrem Blut,
Und Gott kennt, die ihn fürchten.
45/45 Um Urlaub werden dich nur bitten, die nicht glauben
An Gott und an den jüngsten Tag,
Die zweifelmüthiges Herzen sind,
Und hin und her in ihrem Zweifel schwanken.
46/46 Wenn sie ausziehen hätten wollen,
So hätten sie dazu gerüstet Wegerüstung.
Doch Gott verdroß es ausziehn sie zu lassen,
Drum stockt' er sie, und ihnen ward gesagt: Sitzt mit den
[Sitzern!
47/47 Zogen sie aus mit euch, sie wären
Ein Zuwachs nur an Last euch,
Und hätten unter euch gestöret,
Euch anzustiften Meuterei;

Vers 42] Nicht ein naher, leichte Beute versprechender Streifzug gegen umwohnende schwache Stämme, sondern gegen die mächtigen Heere der Griechen an die äußersten Grenzen des Landes (V. 38).

Vers 43 *Urlaub*] Erlaubnis zurückzubleiben vom gefahrvollen und beschwerlichen Feldzuge. Der Profet macht es sich zum Vorwurfe, diesen Urlaub zu schnell und gutwillig an manche ertheilt zu haben, ohne zu prüfen, ob sie triftige Gründe der Entschuldigung oder nur leere Ausflüchte vorzubringen hatten.

Vers 46] Ihr Vorgeben, daß sie wirklich haben mitziehen wollen, aber nun durch irgendetwas verhindert seyen, ist falsch, denn sie haben gar keine Anstalt dazu gemacht.

Vers 47] Es ist aber doch besser, daß sie nicht mitzogen.

Gefehlt nicht hätten ihnen Hörer unter euch,
Gott aber kennt die Sünder.
48/48 Sie stifteten schon Meuterei vor diesem an,
Und wirrten dir die Sachen,
Bis die Entscheidung kam der Wahrheit,
Und Gottes Rathschluß siegte, ob sies gleich verdroß.
49/49 Von ihnen mancher spricht: „Gib Urlaub mir, und führe
Mich nicht in die Versuchung!" Oh, in die Versuchung
Sind sie gefallen, und Gehenna
Umfaßt wol die Verleugner.
50/50 Trifft Gutes dich, so ärgert sies,
Doch wenn dich trifft ein Unfall,
So sprechen sie: Wir haben unsern Rath zuvor genommen!
Und wenden sich und freuen sich.
51/51 Sag' ihnen: Nichts kann uns betreffen,
Als was uns Gott geschrieben hat,
Er unser Schutzherr, und auf Gott
Sollen vertraun die Glaubigen.
52/52 Sag' ihnen: Was erwartet ihr
An uns, als eins der beiden Schönsten?
Doch wir erwarten das an euch,
Daß Gott mit einer Straf euch treffe
Von seiner Seit' oder mit unsern Händen.
So wartet nur, wir wollen mit euch warten!
53/53 Sag' ihnen: Wendet auf gern oder ungern,
Es wird von euch nicht angenommen,
Dieweil ihr Leute seid abtrünnig.

Vers 48] Sie suchten den ganzen Feldzug zu hintertreiben.
Vers 49 *In die Versuchung*] in die Anfechtung und Noth.
Vers 52 *Eins der beiden Schönsten*] schönen Sieg oder schönen Tod und himmlischen Lohn.
Vers 53 *Wendet auf*] wenn ihr auch Aufwand für den Krieg machen, zu den Kriegskosten beisteuern wolltet, wir nehmen von euch nichts an, weil ihr euch zweideutig gezeigt habt. Man muß denken, daß Mohammed hier hauptsächlich umwohnende arabische Stämme im Auge hat, die es nie recht ernstlich mit seiner Sache meinten; die denn auch V. 91-98 wirklich genannt werden. Doch stecken unter den hier gemeinten auch die Heuchlerischen und Eigennützigen in Medina selbst, wie V. 58 zeigt.

Die Bekehrung

55/55 Laß dich nur auch nicht blenden ihre Güter, ihre Söhne!
Nur strafen will sie Gott damit in diesem Leben,
Daß sie aushauchen ihre Seelen
Als trotzige Verleugner.
56/56 Sie schwören wol bei Gott, daß sie mit euch sind;
Doch sie sind nicht mit euch, sie sind zwiespaltige Leute.
57/57 Fänden sie einen Schlupf nur oder Hölen oder Eingang,
Sie wendeten dahin sich, scheu ausreißend.
58/58 Von ihnen auch verleumdet mancher
Dich über die Almosen.
Wenn sie davon bekommen, so sind sie zufrieden,
Und wenn sie nichts bekommen, so sind sie erboßt.
59/59 Wären sie doch mit dem zufrieden,
Was ihnen Gott gibt und sein Abgesandter,
Und sagten: Unsre Gnüg' ist Gott! Gott wird uns geben
Von seiner Gnadenfüll', und sein Gesandter;
Unser Verlangen steht zu Gott.
60/60 Almosen sind nur für die Armen
Und Dürftigen und die Almosenpfleger,
Und für die Neubekehrten, dann für Loskauf der
 [Gefangnen,
Und Schuldenbelastete, für Gottes Weg und für den Sohn
 [des Weges,
Nach Ordnung Gottes, und Gott ist allwissend und allweise.
61/61 Von ihnen auch sind, die da kränken den Profeten
Und sagen: Er ist Ohr. Sag' ihnen:
Ein Ohr des Guten ist er euch;
Er glaubt an Gott und glaubt den' Glaubigen.

Vers 58] Von den Almosen, wozu ein Theil der Kriegsbeute verwendet wurde (S. 8,1 und 42), möchten sie gern mehr erhalten, als ihnen zukommt, und ohne es dann für *Gottes Weg* aufzuwenden. Sie beschuldigen den Profeten um der Verkürzung darin.
Vers 60 *Für die Almosenpfleger*] zu deren Besoldung. – *Für Gottes Weg*] um Unvermögende zum Krieg auszurüsten.
Vers 61 *Er ist Ohr*] er leiht sein Ohr Einflüsterungen, er läßt sich einreden von den einen zum Nachtheil der andern, etwa in Bezug auf die Almosenvertheilung.

62/— Und Huld ist er für die da glauben unter euch;
Die aber kränken den Gesandten Gottes,
Für die ist Strafe peinvoll.
63/62 Sie schwören euch bei Gott, gefällig euch zu seyn;
Gott aber und sein Abgesandter
Hat mehr Recht, daß sie ihm gefällig seyen, wenn sie
[glaubten.
64/63 Wissen sie nicht? wer trotzet Gott
Und seinem Abgesandten,
Dem ist die Glut Gehennas, ewig ist er drin,
Das ist die Schmach die große.
65/64 Die Leugner scheuen, daß eröffnet gegen sie
Werd' eine Sure, die da ansag' ihnen,
Was sie in ihren Herzen haben.
Sag' ihnen: Spottet nur! Gott bringt zum Vorschein, was ihr
[scheuet.
66/65 Wenn du sie fragest, sagen sie:
Wir schwätzten nur und scherzten.
Sag': Über Gott und seine Zeichen
Und seinen Abgesandten wollt ihr spotten?
67/66 Entschuldiget euch nicht! Ihr seid Verleugner,
Nach Glaub'gen die ihr waret.
Wenn wir verzeihen einigen
Von euch, so strafen wir die andern,
Denn sie sind Schuldige.
68/67 Die Heuchler und die Heuchlerinnen
Halten sich zu einander,
Gebietend Unfug, haltend ab vom Billigen,
Verschließend ihre Hände;

Vers 65] Sie fürchten, ohne daran zu glauben, ja darüber spottend, fürchten sie doch Gottes Offenbarung an den Profeten über ihre falschen Gesinnungen. Wie sonst in Mekka die Ungläubigen den Profeten ausforderten, eine neue Sure zu bringen, um ihr zu trotzen, fast eben so spotten jetzt die falschen Gläubigen, und
Vers 66] wollen, wenn man sie darüber zu Rede setzt, es als einen bloßen Scherz entschuldigen.
Vers 68 *Verschließend ihre Hände*] kargend gegen die Dürftigen, und gegen Gottes Sache.

Die Bekehrung 137

        Sie haben Gott vergessen, Er hat sie vergessen;
        Denn ja die Heuchler das sind die Abtrünnigen.
69/68 Den Heuchlern und den Heuchlerinnen
        Hat Gott verheißen, wie den Leugnern,
        Die Glut Gehennas, ewig sind sie drinnen;
        Diese ist ihre Gnüge, Gott hat ihnen
        Geflucht und ihre Straf ist dauernd;
70/69 Gleich denen, die vor euch gewesen,
        Stärker an Kraft als ihr, und reicher
        An Gütern und an Kindern.
        Da genossen sie ihren Theil,
        Und ihr genosset euren Theil,
        Wie die vor euch genossen ihren Theil, und schwätztet
        Wie alle die da schwätzten;
        Derselben Werke sind verfallen
        In dieser Welt und in der andern,
        Dieselbigen sind die Verlust'gen.
71/70 Kam ihnen nicht die Kunde derer
        Vor ihnen zu? des Volks von Noah,
        Von Ad und von Thamud, des Volks von Abraham,
        Von den Genossen Midians und den umgestürzten Städten!
        Zu denen ihre Boten kamen
        Mit bündigen Beweisen;
        Und Gott that ihnen Unrecht nicht,
        Sie thaten selbst sich Unrecht.
72/71 Die Glaubigen aber und die Gläubiginnen
        Halten als Schutzfreund' aneinander,
        Gebietend Billiges und wehrend ab von Unfug,
        Bestellend das Gebet und gebend
        Die Sühnungsteuer, und gehorchend

Vers 71] Alle diese hier nur angedeuteten Strafexempel der Vorzeit sind anderwerts, in der Zeit nach früheren, mekkanischen Suren, vielfach ausgeführt. *Des Volks von Abraham*] des götzendienerischen Geschlechtes, von dem er sich lossagte, nachdem er sie umsonst zu bekehren gesucht hatte. – Die *umgestürzten Städte*] Sodom und Gomorra. – *Ihre Boten*] die von Gott an sie gesendeten Boten mit dem angedrohten Strafgerichte, das sie für ihre eigene Schuld traf.
Vers 72] Gegensatz zu 68.

Gott und dem Abgesandten;
Derselben wird sich Gott erbarmen,
Denn Gott ist stark und weise.
73/72 Den' Gläubigen und Gläubiginnen
Hat Gott verheißen Gärten, unter denen hin
Die Ströme fließen, ewig sind sie drinnen,
Und gute Wohnungen in Gärten Edens, und ein
[Wohlgefallen
Von Gott ist höher noch, das ist
Die Seligkeit die große.
74/73 Du, o Profet, bekämpfe die Verleugner und die Leugner,
Und sei streng gegen sie! Ihr Herbergort ist die Gehenna,
Schlimm ist dahin die Einkehr.
75/74 Sie schwören wol bei Gott, sie haben nichts geredet;
Allein geredet haben sie das Wort der Leugnung,
Und sind Verleugner nach Ergebnen, die sie waren;
Und suchten, was sie nicht erreichten.
Was aber hatten sie zu rächen,
Als daß sie Gott hat reich gemacht, und sein Gesandter,
Von seiner Gnadenfülle?
Nun wenn sie sich bekehren, ist es besser ihnen,
Doch wenn sie ab sich wenden,
So straft sie Gott mit Strafe peinlich
In dieser Welt und in der andern,
Und ihnen bleibt auf Erden kein Beschützer und kein Helfer.
76/75 Von ihnen mancher sagte Gott' zu:
Wenn er uns gibt von seiner Gnadenfülle,
So wollen wir Almosen spenden,
Und wollen von den Guten seyn.

Vers 73] Gegensatz zu 69.
Vers 75] Vgl. 66 u 67. – *Ergebne* Moslim's. – *Suchten was sie nicht erreichten*] Meuterei zu stiften V. 48. Vielleicht auch, wie die Ausleger meinen, den Profeten umzubringen. *Was aber hatten sie zu rächen?*] So vergalten sie mit Bösem nur das Gute, das ihnen Gott erzeigt, der sie zu Ehren und Reichthümern gebracht. – *Und sein Gesandter*] klingt hier und überall Gotte nach, ohne bestimmten Einfluß in der Satzfügung, sodaß das folgende „von seiner Gnadenfülle" billig nur auf Gott geht; doch bekommt der Gesandte allerdings durch seine Nähe einen Abstrahl des göttlichen Glanzes. Vgl. V. 63.

Die Bekehrung

77/76 Und als er ihnen gab von seiner Gnadenfüll,
 Da geizten sie damit, und wandten
 Sich weigernd ab.
78/77 Da gab er ihnen zum Gefolge
 Den Heuchelmuth in ihren Herzen bis zum Tage,
 Wo sie ihn finden werden,
 Weil sie Gott' vorenthielten was sie zugesagt ihm,
 Und weil sie Lügner waren.
79/78 Wissen sie nicht daß Gott weiß ihre Heimlichkeit und ihr
 [Gespräch,
 Und Gott ist Wisser des Verborgnen!
80/79 Die da verleumden die freiwillig
 Allmosen gebenden der' Glaubigen,
 Und solche die zu geben nur ihr schwer erspartes haben;
 Die spotten über sie, Gott spottet über sie,
 Und ihrer harret Strafe peinvoll.
81/80 Bitt' um Vergebung oder bitte nicht für sie;
 Wenn du für sie auch siebzig male bittest,
 Nie doch wird ihnen Gott vergeben,
 Weil sie verleugnet haben Gott
 Und seinen Abgesandten,
 Gott aber leitet nicht Abtrünnige.
82/81 Es freun sich die Zurückebleiber ihres Sitzens hinterm
 [Rücken
 Des Abgesandten Gottes, es verdrießet sie zu kämpfen
 Mit ihrem Gut und Blut für Gottes Weg, und sprechen:
 Rückt nicht aus in der Hitze!
 Sag' ihnen nur: Die Glut Gehennas
 Ist heißer noch! wenn sie's verstehn.
83/82 Lachen sie nur ein weniges, und weinen vieles
 Zum Lohne des was sie gewirkt!

Vers 78 *Ihn finden werden*] als strengen Richter. Aber das *ihn* könnte statt auf Gott auch auf den Heuchelmuth bezogen werden, den sie im Gerichte gegen sich als Zeugen finden werden, oder dessen Strafe sie finden werden.
Vers 82] Wir kommen zum Hauptgegenstande zurück, zum Kriegszug gegen die Griechen nach Tabuk, der durch wasserlose Gegenden in der heißesten Jahrszeit unternommen wurde.

84/83 Und bringt dich Gott zu einigen von ihnen wieder,
Und bitten sie um Urlaub dann mit auszuziehn;
So sag': Ihr sollt mit mir nie ausziehn jemals,
Und nie mit mir den Feind bekämpfen!
Denn es gefiel euch still zu sitzen
Das erstemal; so sitzt nun mit den Hintenbleibern!
85/84 Und beten sollst du über keinen
Von ihnen, der gestorben, jemals,
Noch stehn an seinem Grabe! Denn verleugnet haben
Sie Gott und seinen Abgesandten,
Und starben als Abtrünnige.
92/91 Den' Schwachen nur und Kranken
Und denen, die nichts haben aufzuwenden,
Ist es kein Vorwurf, wenn sie nur wohlmeinend
Berathen Gott und seinen Abgesandten;
Kein Weg ist gegen Wohlgesinnte,
Und Gott ist nachsichtsvoll barmherzig.
93/92 Noch gegen solche die dich baten,
Sie mitzunehmen, und du sprachst: Ich habe
Die Mittel nicht euch mitzunehmen;
Da giengen sie und ihre Augen flossen
Von Thränen aus Betrübnis,
Daß sie nichts hatten aufzuwenden.
94/93 Der Weg ist gegen jene nur,
Die dich um Urlaub bitten, da sie reich sind,
Und lieber wollen seyn von den Rückbleibern.
Gott hat versiegelt ihre Herzen,
So daß sie nichts verstehn.

Vers 84 *Zu einigen von ihnen*] warum nicht einfach *zu ihnen!* Vielleicht in Bezug auf den folgenden Vers.
Vers 92 *Ist es kein Vorwurf*] nicht mit zu ziehn. – *Kein Weg*] des Angriffs, der Klage hier des Tadels.
Vers 93 *Sie mitzunehmen*] sie auf deine Kosten, oder aus der Gotteskriegskasse zum Feldzug auszurüsten, weil sie selbst die Mittel dazu nicht hatten.

Die Bekehrung

95/94 Wenn ihr zurückkommt, werden sie sich gegen euch
[entschuldigen;
Doch sag': Entschuldigt euch nur nicht! Wir glauben
Euch nicht; schon that uns Gott zu wissen eure Kunden.
97/96 Sie werden euch beschwören, wieder
Mit Huld sie anzunehmen.
Doch wenn ihr auch mit Huld sie annehmt, nimmt doch
[Gott
Mit Huld nicht an Abtrünnige.
91/90 Auch von den Feldarabern sind
Gekommen die Entschuldiger,
Daß Urlaub ihnen würde;
Und sitzen sind geblieben, die
Belogen Gott und seinen Abgesandten;
Doch treffen wird die Leugner unter ihnen Strafe peinvoll.
96/95 Sie werden, wenn ihr wiederkehrt zu ihnen, euch
[beschwören,
Bei Seite sie zu lassen.
Laßt sie bei Seite! denn sie sind ein Greuel,
Ihr Einkehrort Gehenna
Zum Lohne des was sie gewirkt.
98/97 Die Feldaraber sind die stärksten
An Leugnung und an Heuchelei, und würdig
Am wenigsten zu wissen
Die Ordnung dessen was Gott hat eröffnet seinem
[Abgesandten;
Doch Gott ist weise und allwissend.

Vers 95] Über die einzelnen übergangenen Verse scheint keine besondere Anmerkung nöthig nach der Eingangs zu dieser Sure darüber gemachten allgemeinen; hier aber ist zu bemerken, daß vom Ende dieses Verses ein Stück weggeblieben, das sichtlich nicht dazu paßt, und aus V. 106, wo es wörtlich wiederkehrt, sich hierher verirrt hat. Allerdings fehlt nun im Text, nach Hinwegnahme des Anhängsels, ein reimendes Schlußglied, dessen Mangel aber in der die Reime entbehrenden Übersetzung nicht bemerkt wird.
Vers 91 *Die Feldaraber*] s. zu V. 53.
Vers 96 *Wenn ihr wiederkehrt zu ihnen*] auf dem Rückwege euren Zug durch ihr Gebiet nehmen wollt.

99/98 Und mancher von den Feldarabern
Hält, was er soll beisteuern, für Schuldforderung,
Und lauert auf den Wandel eures Glückes;
Doch über ihnen ist des Unglücks Wandel,
Und Gott ist hörend, wissend.
100/99 Zwar mancher von den Feldarabern
Glaubt auch an Gott und jüngsten Tag,
Und hält, was er beisteuern soll, für Näherung
Zu Gott und Segnungen des Abgesandten.
O ists nicht ihnen eine Näh'rung?
Einführen wird sie Gott in seine
Barmherzigkeit, denn Gott ist huldreich und barmherzig.
101/100 Doch die Vortreter sind die ersten
Der Ausgewanderten und die Gehilfen,
Und die in Frömmigkeit nachfolgen ihnen;
Gott hat an ihnen Wohlgefallen,
Und Wohlgefallen haben sie an Gott;
Bereitet hat er ihnen Gärten,
Darunter hin die Ströme fließen,
Darin sie ewig sind, das ist die Seligkeit die große.
102/101 Von denen aber rings um euch, den Feldarabern,
Gibts Heuchler, und von den Bewohnern
Der Stadt auch, die verstockt in Heuchelei sind;
Du kennst sie nicht, wir aber kennen sie, und werden
Sie strafen zweimal; dann erst werden
Sie zugebracht der großen Strafe.
103/102 Und andere, die ihre Schuld bekennen,
Die gutes Werk und andres Böses mischten;
Zu ihnen mag vielleicht noch Gott sich kehren,
Denn Gott ist nachsichtvoll erbarmend.

Vers 99 *Für* lästige *Schuldforderung*] der er sich nur gezwungen fügt.
Vers 101] Aber, obgleich auch unter den umwohnenden Arabern es viele treu meinen, Hauptstütze der Sache Gottes bleiben immer *die ersten Ausgewanderten* von Mekka und die ersten *Gehilfen* von Medina, die *Muhagirun* und *Ansar*.
Vers 102 *Der Stadt*] Medina. – *Sie strafen zweimal*] im Leben durch Unglück, und im Tode durch die Todesengel (vgl. 8,52) vor der *großen Strafe* jenseits.

Die Bekehrung

104/103 Von ihren Gütern nimm Almosen,
   Mit welchen du sie reinigest und sühnest,
   Und bete über sie! denn dein Gebet ist Ruhe ihnen,
   Und Gott ist Hörer, Wisser.
105/104 O wissen sie es nicht, daß Gott
   Nimmt die Bekehrung an von seinen Knechten, und
   Empfänget die Almosen,
   Und Gott ist der sich zukehrt voll Erbarmen.
106/105 Sag' ihnen: Wirkt! und Gott wird sehen euer Werk,
   Und sein Gesandter und die Glaubigen,
   Dann werdet ihr zurückgebracht
   Zum Wisser des Verborgnen und des Sichtbarn,
   Da wird er euch ansagen, was ihr wirktet.
107/106 Und andere die sind gefristet
   Auf ein Verhängnis Gottes,
   Sei's daß er sie wird strafen, sei's
   Daß er sich ihnen zu wird kehren;
   Denn Gott ist weis' und kundig.
108/107 Die aber sich ein Bethaus wählten
   Zum Schaden und zur Leugnung,
   Und Spaltung unter den Glaubigen,
   Zum Hinterhalt für jeden, der zuvor schon
   Befehdet Gott und seinen Abgesandten;
   Und schwören jetzt: wir wollten nichts wan Gutes;
   Gott aber zeuget, daß sie lügen –
109/108 Nie sollst du jemals stehn darin! –
   Ein Bethaus, das gegründet ist
   Auf Gottesfurcht von Anbeginn,
   Ist werther daß darin du stehest,
   Worin sind Männer, die da lieben rein zu seyn,
   Gott aber liebt die Reinen.

Vers 106] Die Worte: *Und Gott wird* bis zu Ende des Verses, sind es, die wir oben V. 95 verworfen haben.

Vers 108] Die schlimmste Meuterei kommt zuletzt, ein eigenmächtig in böser Absicht, zur Spaltung im Glauben, und zum Trotz und Hinterhalt, angelegtes Bethaus. Es soll nach den Auslegern und Geschichtschreibern in jener Gegend gewesen seyn, nach welcher eben der Kriegszug geht, und nicht ohne Einverständnis mit den Griechen.

110/109 Ist wol, wer seinen Bau gegründet
Auf Gottes Furcht und Wohlgefallen, besser,
Oder wer gegründet seinen Bau
An einem Abhang sinkenden Gerölles,
Und er sinkt ein damit zum Feur der Hölle?
Gott aber leitet nicht die Frevler.
111/110 Nicht rasten wird der Bau, den sie gebaut, zu stiften
[Zweifelsinn
In ihren Herzen, bis zerbrochen
Sind ihre Herzen; aber Gott ist weis' und kundig.
112/111 Gott hat erkaufet von den Gläubigen
Ihr Leben und ihr Gut dafür,
Daß ihnen sei der Garten, weil sie kämpfen
Im Wege Gottes, tödtend und getödtet;
Nach der Verheißung, die er fest auf sich nahm
In Thora Evangelium und Koran;
Und wer hält treuer sein Versprechen
Als Gott? O freut euch eures Handels,
Den ihr mit ihm gehandelt habet!
Das ist die große Rettung.
113/112 Die sich bekehrenden, die Gottverehrenden,
Die preisenden, wallfahrenden,
Die sich verbeugenden und niederfallenden,
Die Billiges gebietenden, abmahnenden von Unfug,
Und die bewahrenden die Ordnung Gottes –
Gib Freudenbotschaft allen Gläub'gen!
114/113 Nicht steht es dem Profeten zu, noch denen die da glauben,
Fürbitten einzulegen für die Götzendiener,
Und wären sie die nächsten Anverwandten,

Vers 111] Mohammed säumte nicht, den Bau des Aergernisses aus dem Wege räumen zu lassen.
Vers 112 *In Thora*] dem mosaischen Gesetze, *Evangelium und Koran*] nach Mohammeds Grundvorstellung von der innern Einheit dieser dreie, wovon das Weitere in S. 2.
Vers 114] Die Rede wendet sich zurück nach dem Hauptgegenstande der Sure, der völligen Aufhebung aller Gemeinschaft zwischen Glaubigen und Ungläubigen, nach verstrichener letzter Frist.

Die Bekehrung

        Nachdem sie wissen klar, daß jene
        Sind Genossen der Flammenwelt.
115/114 Auch Abrahams Fürbitte war
        Für seinen Vater nur nach einem
        Versprechen, das er ihm versprochen hatte;
        Doch als ihm klar geworden geworden, daß
        Er Gottes Feind sei, sagt' er los von ihm sich;
        Und Abraham war mild und liebreich.
116/115 Und Gott wird niemals irr gehn lassen
        Diejenigen, die er einmal geleitet,
        Bevor er klar sie wissen läßt,
        Wovor sie sich zu hüten haben;
        Denn Gott ist jedes Dings bewußt.
117/116 Ja, Gottes ist das Reich des Himmels und der Erde,
        Der leben macht und sterben,
        Und außer Gott ist euch kein Schutzfreund und kein Helfer.
118/117 Gott hat sich gnädig zugekehret dem Profeten,
        Den Ausgewanderten und Helfern,
        Die in der Stunde der Noth ihm folgten,
        Nachdem beinah die Herzen einiger gewankt,
        Er aber kehrete darauf sich ihnen zu,
        Denn er ist ihnen freundlich und barmherzig.
119/118 Und kehrte sich den dreien zu, die hinten blieben,
        Bis ihnen enge ward der Raum, so weit er war,
        Und enge wurden ihre Herzen;

Vers 115] Ebenso vollkommen sollen sich die Glaubigen von den Leugnern lossagen, wie Abraham einst von den Seinigen und seinem eignen Vater. Zwar versprach er diesem, Gott für ihn zu bitten, und er hielt es, aber gleichwol sagte er sich los von ihm. Vgl. S. 14,42. S. 19,48. 49 und an mehrern Stellen.

Vers 116] Wenn ihr gleichwol von der Strenge des Glaubens abweicht, so ist Gott unschuldig daran, denn er hat euch seinen Willen klar und deutlich wissen lassen.

Vers 118] Letzter Rückblick auf die durch Gottes Gnade überstandene Noth und Gefahr des Feldzugs. *Die in der Stunde der Noth ihm folgten,* in irgendeiner nicht näher zu bestimmenden Lage während des Hin- und Zurückzugs, wo auch die treuesten Anhänger, die Muhagirun und Ansar, wanken mochten.

Vers 119 *Den dreien*] die gleichfalls nicht näher zu bestimmen sind, die im Drange der Noth und in einer Anwandlung von Kleinmuth zurückblieben.

Da merkten sie, daß keine Zuflucht
Vor Gott sei als zu ihm;
Da kehrte er sich ihnen zu, damit sie sich bekehreten;
Denn Gott ist der barmherzig zugekehrte.
120/119 Ihr die da glaubt, o fürchtet Gott,
Und seid von den Wahrhaftigen!
121/120 Nicht kommt es den Bewohnern dieser Stadt zu,
Noch denen ringsum von den Feldarabern,
Zurückzubleiben vom Gesandten Gottes
Noch ihre Willen abzulenken
Von seinem Willen; weil sie ja
Kein Dürsten trifft und kein Ermüden,
Kein Hungern auf dem Wege Gottes,
Und weil sie treten keinen Tritt,
Der da erzürnt die Leugner,
Und leiden nie ein Leid von einem Feinde,
Es sei denn dafür ihnen angeschrieben ein verdienstlich
[Werk;
Denn Gott läßt nicht verloren gehn
Den Lohn Schönhandelnder.
122/121 Auch keine Spende spenden sie groß oder klein,
Kein Thal durchziehen sie, es sei denn ihnen angeschrieben,
Daß ihnen lohne Gott aufs schönste, was sie thaten.
123/122 Es brauchten auch die Glaubigen
Nicht auszurücken insgemein;

Vers 120 *Von den Wahrhaftigen*] ihr Gotte gegebenes Wort Haltenden und durch Ausdauer im Glauben und im Kampfe bewährenden.

Vers 121] Am allerwenigsten haben die Bewohner Medina's und die nächsten Umwohner, Ursache sich über die ihnen mit dem Glauben aufgelegten Kriegsbeschwerden zu beklagen, und sich ihnen und dem Gehorsam des Profeten zu entziehen. Denn sie leiden und thun nicht das geringste für Gottes Sache, was ihnen nicht angerechnet würde, nach dem Handel von V. 112.

Vers 122 *Spende*] Kriegsaufwand.

Vers 123] Gott fordert auch gar nicht, daß ein ganzes Volk auf einmal Kriegsdienste thue; nur einen Theil ihrer Männer sollen sie senden, und diese sollen dann, vom Feldzuge zurückgekehrt, die daheim gebliebenen in den Vorschriften des Glaubens unterrichten, die sie selbst im Felde bei dem Profeten und den ersten Gläubigen gelernt haben. Die Kriegsschule zugleich eine Glaubensschule.

Die Bekehrung 147

> Wenn nur von jedem Trupp von ihnen
> Ausrückt' ein Theil, daß sie belehret würden
> Im Gottesdienst, und mahneten
> Ihr Volk, wenn sie zu ihm zurückgekehrt,
> Daß es sich wahren möchte!
124/123 Ihr die da glaubt, bekämpft die euch benachbarten
> Von den Verleugnern, und sie mögen an euch finden
>   [Strenge!
> Und wißt: Gott ist mit denen die ihn fürchten.
125/124 Wenn aber offenbart wird eine Sure, sprechen manche:
> Wen nun von euch hat sie bestärkt im Glauben?
> Doch die da glauben, die hat sie bestärkt im Glauben,
> Und diese freuen sich darüber.
126/125 Doch die, in deren Herzen Siechthum ist, hat sie
> Bestärkt mit Sünd' in ihren Sünden,
> Sie sterben als Verleugner.
127/126 O sehn sie nicht, daß jedes Jahr
> Geprüft sie werden einmal oder zweie?
> Dennoch bekehren wollen sie
> Sich nicht, noch sich bedenken.
128/127 Ja, wenn da offenbart wird eine Sure,
> Blickt einer an den andern: Sieht uns Jemand?
> Dann wenden sie geschwind um; Gott

Vers 124] Jeder Volkstamm aber, der den Glauben annimmt, soll besonders gegen seine noch unglaubigen Nachbarn den Glauben verfechten und verbreiten.
Vers 125] Nun wird den Arabern im weiteren Kreise derselbe Vorwurf gemacht, wie oben V. 65 im engeren, daß sie mit den Eröffnungen des Korans unzufrieden seyen. So schwer gieng ihnen der neue Gehorsam ein.
Vers 127 *Jedes Jahr geprüft*] eben mit einer neuen Sure, mit einer neuen Eröffnung des göttlichen Gesetzes. Prüfung durch Unglücksfälle, Hungersnoth und dergl., woran die Ausleger denken, sind, wenn auch nicht ganz auszuschließen, doch nicht zur Hauptsache zu machen, wie der Fortgang im folgenden Vers zeigt.
Vers 128] So mochte es bei öffentlichen Versammlungen geschehen, wo der Profet eine Sure vortrug oder vortragen ließ, daß diejenigen, die nur ungern gehorchten, sich, wenn es unbemerkt geschehen konnte, zu entfernen suchten, um nichts von den neuen lästigen Verordnungen zu hören.

Hat umgewendet ihre Herzen,
Denn sie sind unverständige Leute.
129/128 Gekommen ist euch ein Gesandter
Aus eurer Mitte, schwer gedrückt von eurem Freveln,
Nach euch begierig, für die Glaub'gen milde, voll
[Erbarmung.
130/129 Doch wenn sie ab sich wenden, sprich: Mein Halt ist Gott!
Kein Gott als Er! auf ihn vertrau' ich,
Er ist der Herr des großen Throns.

Vers 129] Doch der Profet ist ja, als ein Gottgesandter aus eurer eignen Mitte, dergleichen ihr erwartetet und wünschtet, nur zu eurem Heile gekommen, am meisten selbst leidend von eurem Frevel gegen Gott, den er sich zu Herzen nimmt und ihn zu verantworten hat, deshalb begierig, euch zu gewinnen, und sofern ihr den Glauben annehmt, geneigt euch liebreich zu behandeln.

Vers 130] Auch diese letzte Streitrede für seinen Glauben schließt Mohammed, wie die meisten seiner frühern, mit der halben herben Entsagung, die immer zugleich halbe Drohung ist (vgl. V. 39), so wenig hielt er auch jetzt noch, nach allen glänzenden Erfolgen, seine Sache für ganz durchgesetzt.

Aus der zehnten Sure

[Jonas]

13/12 Wenn nun den Menschen trifft ein Leid, So rufet er uns an,
Auf seiner Seite liegend, oder sitzend, oder stehend.
Doch nehmen wir ihm ab sein Leid,
So geht er hin, als hätt' er nie
Uns angerufen um ein Leid das ihn betraf.

16/15 Wenn man nun ihnen vorträgt unsre Zeichen deutlich,
So sagen, die nicht hoffen unsre Zukunft:
Bring' einen andern Koran, oder andre diesen!
Sag' ihnen: Mir nicht steht es zu,
Aus eignem Antrieb ihn zu ändern;
Ich folge dem nur was mir wird eröffnet.
Ich fürchte, wär' ich ungehorsam meinem Herrn,
Die Strafe großen Tages.
17/16 Sag' ihnen: Wollt' es Gott, so hätt' ich
Ihn nie euch vorgetragen,
Und euch damit nicht unterrichtet.
Verweilt' ich unter euch zuvor doch
Ein Lebenlang, bedenkt ihr nicht?

22/21 Wenn wir die Menschen kosten lassen eine Huld
Nach einem Schaden der sie traf,
Gleich treiben sie List gegen unsre Zeichen.
Sprich: Gott ist schneller noch an List;
Ja, unsre Boten schreiben, was ihr listet.
23/22 Er ist es, der euch reisen läßt zu Land und Meer,
Daß, wenn ihr nun seid auf dem Schiffe,
Und es mit ihnen schwimmt mit gutem Winde,
Und sie darob sich freun, kommt ihm
Ein Sturmwind, und kommt ihnen
Die Flut von jeder Seit', und sie
Vermeinen um sie sei's gethan,

Da rufen sie nun Gott, ihm weihend frommen Dienst:
O wenn du uns von diesem rettest,
Werden wir dankbar bleiben.

24/23 Und wann wir sie gerettet, siehe
So streben sie auf Erden widerrechtlich.
Ihr o ihr Menschen, eur Bestreb
Ist gegen eure eignen Seelen,
Zum Nießbrauch dieses Erdenlebens,
Alsdann zu uns ist eure Rückkehr,
Dann werden wir euch sagen was ihr thatet.

25/24 Das Gleichnis dieses Erdenlebens
Ist Wasser, das wir senden von dem Himmel,
Mit dem sich mischen die Gewächse
Des Bodens, alles was da essen
Die Menschen und die Thiere,
Bis wann die Erde ihre Zier nun angelegt
Und sich geschmückt hat, und es meinen ihre
Bewohner, daß sie dessen walten,
Da kommt denn unser Rathschluß ihr, Nachts oder Tags,
Da machen wir's zu Stoppeln,
Als sei es gestern nicht gediehn.
So modeln wir die Zeichen für Nachdenkende.

26/25 Doch Gott beruft zum Haus des Friedens,
Und leitet wen er will zum graden Pfade.

27/26 Die Schönes thaten, ihnen dis Schönstes,
Und mehr als sie verdienet!
Nicht sehret ihre Angesichte Schwärz' und Schmach;
Die Genossen des Gartens sie,
Darin sie ewig sind.

28/27 Die aber Böses wirketen,
Vergolten sei's mit gleichem Bösen,
Und sie versehret Schmach,
Für sie ist gegen Gott kein Schirmer,
Und ihre Angesichte sind
Als wie bedeckt mit Stücken Nacht, mondloser;
Die Genossen des Feuers diese,
Darin sie ewig sind.

29/28 Am Tag wo wir sie alle sammeln,
Da sagen wir den Götzendienern:

An euren Ort fort, ihr und eure Götzen!
Dann trennen wir sie voneinander,
Und ihre Götzen sagen: Uns nicht dientet ihr.
30/29 Gott gnügt als Zeuge zwischen uns und zwischen euch:
Wir achteten eures Dienstes nicht.
31/30 Daselbst erfährt nun jede Seele,
Was sie voraus anlegte;
Sie sind zurückgegeben
Gott ihrem wahren Oberherrn,
Und ihnen schwand hinweg was sie gedichtet.

43/42 Von ihnen ist wol mancher der dir zuhört;
Doch kannst du hören machen Taube,
Auch wenn sie nichts verstehn?
44/43 Von ihnen ist auch mancher der dich ansieht;
Doch kannst du leiten Blinde, auch wenn sie nicht sehn?

48/47 Für jedes Volk ein Bote!
Und wann ihr Bote ihnen kam,
So ist ihr Recht geschehen ihnen,
Und sie sind nicht bekränket.
49/48 Sie aber sagen: Wann kommt dieser Drohverheiß,
Wenn ihr doch Wahrheit redet?
50/49 Sag' ihnen: Selbst vermag ich ja
Mir nicht zu schaden noch zu nutzen,
Als nur wie Gott will. Jedem Volke steht ein Ziel;
Und wann sein Ziel kommt, werden sie um keine Stunde
Rückbleiben noch voreilen.
51/50 Sag ihnen: Ha, wie meinet ihr,
Wenn euch nun seine Strafe kam,
Nachtwährend oder über Tags,
Wie wird dann seyn, was ungeduldig
Davon herbei die Sünder riefen!
52/51 Wie, dann wann's eintraf, glaubet ihr?
Ja jetzt! doch ungeduldig rieft ihrs erst herbei.
53/52 Dann wird gesprochen zu den Frevlern:
Kostet die Pein der Ewigkeit!
Wird euch vergolten andres als was ihr gewirkt?

54/53 Sie aber fragen dich, ob wahr sei dieses?
Sag: Ja bei meinem Herrn! 's ist wahr,
Und ihr nicht werdets hindern.

58/57 Ihr, o ihr Menschen, schon kam euch Ermahnung
Von eurem Herrn, und Heilung
Für das im Busen, Leitung und Barmherzigkeit den
[Gläubigen.
59/60 Sag: An der Gnadenfülle Gottes und an seiner
Barmherzigkeit an dieser sollen sie sich freun,
Besser ist das als was sie häufen.

62/61 In keiner Lage magst du seyn,
Noch irgend was vom Koran lesen;
Noch mögt ihr wirken irgendwas von Werken,
Daß wir ob euch nicht wären Zeugen,
Wenn ihr euch drin ergehet;
Und nicht entrückt ist deinem Herrn
Das Gewicht eines Stäubchens
Auf der Erd' oder in dem Himmel,
Noch kleineres als das, noch größers:
Geschrieben stehts in einem Buche deutlich.
63/62 O ja, die Schutzverwandten Gottes,
Furcht ist nicht über ihnen, und sie trauern nicht;
64/63 Die glaubten und Gott fürchteten;
65/64 Ihnen ein Freudengruß im Leben
In diesem und im andern,
Kein Wandel ist an Gottes Reden,
Das ist das Heil das große.
66/65 Drum kränke dich nicht ihre Rede!
Die Macht ist Gottes ganz allein,
Er ist der Hörende, Wissende.

82/82 Und Gott bewährt die Wahrheit
Mit seinen Worten, wenn es auch
Ungerne sehn die Schuldigen.

99/99 Und wollte es dein Herr, so glaubten
Auf Erden alle insgesammt;
Willst du die Menschen zwingen denn zum Glauben?
──────────

104/104 Sprich: O ihr Menschen, wenn ihr seid
Im Zweifel über meinen Gottesdienst!
Nicht jene bet' ich an, die ihr
Anbetet außer Gott,
Sondern ich bete Gott an, der euch zu sich nimmt,
Und dis ist mir geboten, daß
Ich sei der Gläubigen einer.
105/105 Und dieses: Richte du dein Antlitz
Zum Gottesdienst andächtig,
Und sei nicht von den Götzendienern.
106/106 Und rufe nicht an außer Gott,
Was dir nicht nützt und dir nicht schadet;
Denn thust du das, so bist du von den Sündern.
107/107 Und wenn dich anrührt Gott mit einem Schaden,
So ist kein Wender ihm als Er,
Und wenn er zudenkt dir ein Gut,
So ist kein Hindrer seiner Gnade;
Er trifft damit wen Er nur will von seinen Knechten,
Und Er ist der Huldreiche, der Erbarmer.
108/108 Sprich: O ihr Menschen: Euch nunmehr
Gekommen ist die Wahrheit
Von euerm Herrn; und wer sich lasset leiten,
Der ist geleitet sich zum Heil,
Und wer da irrt, der irret sich zum Schaden,
Doch ich bin über euch kein Vogt.
109/109 Du folg' ihm was dir offenbart wird,
Und harre aus, bis Gott wird richten,
Er ist der beste Richter.

Aus der elften Sure

[Hud]

5/5 O ja, sie falten ihre Busen,
 Vor ihm sich zu verbergen.
 O ja, wenn sie sich decken wollen
6/- Mit ihren Kleidern, doch er kennt
 Was sie verheimlichen und was sie zeigen.
7/- Er ist der Kenner des Gehalts der Busen.

———

11/8 Und wenn wir ihnen nun verschoben
 Die Straf auf kurzgezählte Frist,
 So sprechen sie: Was hält ihn auf?
 Ja, wann sie ihnen kommt,
 Wird sie nicht abgewendet ihnen,
 Und auf sie fiel, worüber sie gespottet.
12/9 Wenn aber wir nun kosten ließen
 Den Menschen eine Huld von uns,
 Und dann sie ihm entzogen,
 Da ist er ein Verzagender Verleugner.
13/10 Wenn aber wir ihn kosten ließen
 Ein Gut nach einem Übel,
 Das ihn betroffen hat, so spricht er:
 Gegangen ist das Unheil von mir;
 Dann ist er übermüthig stolz.
14/11 Die aber die da in Geduld
 Ausharren und das Gute thun,
 Denselben wird Barmherzigkeit und großer Lohn.
15/12 Du aber unterdrückst vielleicht
 Etwas das dir wird offenbart,
 Und deine Brust beengt es, daß sie sagen:
 Ja wenn auf ihn herabgesendet würd' ein Schatz,
 Oder mit ihm ein Engel käme!
 Du bist allein ein Mahner,
 Und Gott ist aller Dinge Vogt.

16/13 Wie oder sagen sie: Er hats gedichtet!
 Sprich: Bringet doch zehn Suren, solche,
 Gedichtete, und ruft dazu an
 Wen ihr nur könnet, außer Gott,
 Wenn ihr die Wahrheit redet!
17/14 Und wenn sie euch nicht Antwort geben,
 So wisst, daß es herabgesandt ist
 Mit Wissenschaft von Gott, und daß
 Kein Gott ist außer Er!
 Nehmt ihr wol an den Islam?
18/15 Wer da begehret diese Welt
 Und ihre Pracht, vergelten werden
 Wir ihnen ihre Werke drin,
 Sie sollen nicht darin verkürzt seyn.
19/16 Dieselben sind es, denen nichts
 Bleibt in der andern als die Glut;
 Verloren ist darin, was sie gewirket,
 Und eitel, was sie thaten.

38/36 Eröffnet ward dem Noah: Glauben wird von deinem Volke
 Sonst Niemand, als wer schon geglaubt; bekümmre du
 Dich über das nicht was sie thun!
39/37 Und bau das Schiff vor unsern Augen,
 Nach unserer Eröffnung,
 Und rede mir nicht um die Frevler!
 Sie sind bereits ertränket.
40/38 Da baute er das Schiff nun, und so oft vor ihm
 Vorübergieng ein Trupp von seinem Volke,
 Lachten sie über ihn; er sprach:
 Wenn über uns ihr lachet, werden
 Wir lachen über euch, als wie ihr lachet,
 Dann werdet ihrs erfahren.
41/39 Wem kommt die Strafe, den macht sie zu Schanden,
 Und bei ihm einkehrt Strafe bleibend.
42/40 Bis daß nun unser Rathschluß kam,
 Und sprudelte der Feuerherd;

Vers 16 *zehn Suren*] vielleicht ist diese deswegen die elfte.

Wir sprachen: Nimm darein
Von allen Gattungen ein Paar,
Dazu dein Hausgesinde, außer, über wen der Spruch
[ergieng,
Und alle die da glauben! Doch
Es glaubten mit ihm wenige nur.
43/41 Er sprach: Steigt ein! in Gottes Namen geh's und steh's!
Mein Herr ist huldreich und barmherzig.
44/42 Es aber schwamm mit ihnen
Auf Wogen gleich den Bergen;
Und zurief Noah seinem Sohn,
Der war an freiem Orte:
Mein Sohn, steig' ein mit uns, und sei nicht von den
[Leugnern!
45/43 Er sprach: Ich flüchte mich zu einem Berge, der
Mich schützen wird vorm Wasser.
Er sprach: Kein Schützer heut vom Rathschluß Gottes,
Als wessen nur er sich erbarmt.
Da scheidete die Woge zwischen beiden, und
Er war von den Ertränkten. –
46/44 Gesprochen ward: O Erde, schluck dein Wasser ein,
Und, Himmel, schleuß dich zu! Da war
Versiegt das Wasser, und vollbracht der Rathschluß;
Es aber schwebte auf dem Gudi.
Gesprochen war: Weg mit dem Volk der Sünder!
47/45 Doch Noah rief zu seinem Herrn,
Und sprach: O Herr! Mein Sohn, er war doch von den
[Meinen,
Und dein Verheiß ist Wahrheit, und
Du bist der richtigste der Richter.
48/46 Er sprach: O Noah, nein, er war nicht von den Deinen;
Sein Werk, es war kein gutes.
Drum bitte du mich nichts, um was du
Kein Wissen hast! ich mahne dich
Ab daß du seiest von den Thoren.
49/47 Er sprach: Mein Herr, du mögest mich behüten,
Daß ich dich etwas bitt', um was ich
Kein Wissen hab'; und wenn du nicht

       Vergibst mir und erbarmst dich mein,
       So werd' ich seyn von den Verlust'gen.
50/48 Gesprochen ward: O Noah, steig hernieder
       Mit Friedensgruß von uns und Segen über dir
       Und über Volksgeschlechter
       Von denen die da mit dir sind,
       Und Volksgeschlechter, denen wir
       Nutznießung geben werden, dann
       Wird sie von uns betreffen Strafe peinlich.
51/49 Dis von den Kunden des Geheimen,
       Die wir dir offenbaren,
       Du wußtest sie zuvor nicht, du nicht noch dein Volk.
       Harr in Geduld nun, denn der Ausgang
       Ist derer die Gott fürchten.

105/103 Der Tag ist dieses der Versammlung
        Der Menschen, dieses ist der Tag der Anwartschaft.
106/104 Und wir verzögern ihn nur auf gezählte Frist.
107/105 Tags wo er kommt, wird keine Seele reden außer
        Auf seinen Urlaub; denn von ihnen
        Sind Selige und Unselige.
108/106 Die nun unselig sind, die sind im Feuer,
        Drin ihr Geächz ist und Gestöhn,
109/107 Auf ewig drin, solange währen
        Die Himmel und die Erde,
        Außer was da dein Herr will, denn
        Dein Herr mag thun, was ihm gefällt.
110/108 Die aber selig sind, die sind im Garten,
        Auf ewig drin, solange währen
        Die Himmel und die Erde,
        Außer was da dein Herr will,
        Ununterbrochenes Geschenk.

Die 12. Sure

Josef

1/1 Dis sind die Zeichen
 Des offenkundigen Buches.
2/2 Wir ließen's nieder als arabischen Koran,
 Ob ihrs verstehen möchtet.
3/3 Wir wollen dir erzählen
 Die schönste der Geschichten,
 Indem wir dir eröffnen diesen Koran,
 Wennauch zuvor du nicht darauf geachtet.
4/4 Wie Josef sprach zu seinem Vater: O mein Vater,
 Ich sah im Traum elf Sterne,
 Und Sonn' und Mond sah ich vor mir sich neigen.
5/5 Er sprach: Mein Sohn, erzähle dein
 Gesicht nicht deinen Brüdern!
 Sie möchten eine List dir listen:
 Denn Satan ist den Menschen
 Ein offenbarer Feind.
6/6 Doch also wird dein Herr dich wählen,
 Und wird dich lehren Kundendeutung,
 Und wird vollenden seine Gnad' an dir
 Und am Geschlechte Jakobs, wie er sie zuvor
 Vollendet hat an deinen Vätern, Abraham
 Und Isak; denn dein Herr ist weis' und kundig.
7/7 An Josef wol und seinen Brüdern
 Sind Zeichen für die Forschenden.
8/8 Wie sie da sprachen: Josef und sein Bruder
 Ist lieber unserm Vater
 Als wir, doch wir sind eine Schaar;
 Ja unser Vater ist im offnen Irrthum.
9/9 Tödtet den Josef oder werfet ihn wohin!
 So wird euch frei der Zutritt eures Vaters,
 Und ihr seid nach ihm wackre Leute.

Josef

10/10 Da sprach ein sprechender von ihnen: Tödtet nicht
Den Josef, werft ihn in des Brunnens Tiefe!
Aufnehm' ihn da ein Reisender, wenn ihr es wollt.
11/11 Sie sprachen: Vater! warum trauest
Du uns nicht über Josef,
Da wir bedacht sind auf sein Bestes?
12/12 Laß ihn mit uns gehn morgen, daß
Er sich ergötz' und spiele;
Wir werden ihn behüten.
13/13 Er sprach: Betrüben wird michs, daß ihr geht mit ihm,
Ich fürchte daß ihn frißt der Wolf,
Und ihr auf ihn nicht achtet.
14/14 Sie sprachen: Frisset ihn der Wolf,
Und wir sind eine Schaar; wir würden traun zu Schanden.
15/15 Als sie mit ihm nun giengen, und sie wurden eins,
Daß sie ihn thäten in des Brunnens Tiefe,
Eröffneten wir ihm: Einst wirst
Du ihnen sagen dis ihr Ding,
Wo sie es nicht gewahren.
16/16 Zu ihrem Vater kamen sie am Abend weinend.
17/17 Sprachen: O Vater, sieh, wir liefen
Einander vor, und ließen Josef
Zurück bei unsern Sachen, da
Fraß ihn der Wolf, du glaubst uns nicht,
Wenn wir auch Wahrheit reden.
18/18 Da brachten sie an seinem Hemde falsches Blut.
Er sprach: Nein! eure Seele rieth euch einen Handel.
Nun frommt Geduld, und Gott um Beistand
Ruf ich bei dem an was ihr sagt. –
19/19 Da kam ein Zug von Reisenden,
Die sandten ihren Wassersucher,
Der ließ den Eimer in den Brunn, und rief: Glück auf! ein
[Knabe.
Sie bargen ihn als Waare, doch
Gott wußte was sie thaten.
20/20 Und sie verkauften ihn um einen schlechten Preis,
Wen'ge gezählte Pfennige,
Und waren leicht zufrieden. –

21/21 Da sprach der ihn gekaufet, von Aegypten,
Zu seinem Weib: Laß ehrenvoll ihn wohnen!
Vielleicht mag er uns nützen, oder
Wir nehmen ihn zum Sohne. –
So gaben wir dem Josef eine Stätt' im Land,
Und daß wir auch ihn lehrten Kundendeutung.
Gott aber siegt in seinem Rath,
Allein die meisten Menschen sind unwissend.

22/22 Als er nun kam zu seinen Jahren, gaben wir
Ihm Wissenschaft und Weisheit;
Und also lohnen wir's den Frommen.

23/23 Da gieng ihn die, in deren Haus
Er war, um seine Lieb' an,
Verschloß die Thür und rief: Geh her!
Er sprach: Bewahr' mich Gott! mein Herr,
Der schön gemacht hat meine Wohnung –
Unselig sind die Sünder!

24/24 Sie strebte gegen ihn, er strebte gegen sie,
Wo er gesehn nicht hätte
Die Mahnung seines Herrn; – so,
Aufdaß wir ab ihm wendeten
Das Übel und das Laster,
Denn er war einer unsrer treuen Knechte.

25/25 Da liefen sie einander vor zur Thür, und sie
Zerriß sein Hemd von hinten,
Und fanden ihren Ehherrn an der Thür, sie rief:
Was sei der Lohn für einen, der
An dein Gesind begehrt hat Übles,
Als in den Kerker komm' er, oder Strafpein!

26/26 Er sprach: Sie gieng mich an um meine Liebe. –
Da zeugt' ein Zeugender von ihrem Hausgesind:
Dafern sein Hemd zerrissen ist von vorne,
So sprach sie wahr, und er ist von den Lügnern;

27/27 Doch wenn sein Hemd zerrissen ist von hinten,
So log sie und er ist der Wahrheit redet.

28/28 Als er nun sah sein Hemde, das
Zerrissen war von hinten, sprach er:
Das ist nun eure Weiberlist,
Die Weiberlist ist groß.

Josef

29/29 Josef! geh über dieses weg!
Doch du, Weib, sühne deine Schuld!
Denn du bist von den Sündern.
30/30 Da sprachen in der Stadt die Frauen:
Das Weib des Edlen geht um Lieb' an ihren Knaben;
Er hat ihr Herz mit Lust verwundet,
Wir sehen sie in offner Irre.
31/31 Als sie nun hörte deren Spott,
Da sandte sie nach ihnen, und bereitete
Denselbigen ein Gastmal,
Und gab jedweder in die Hand ein Messer.
Dann rief sie: Tritt heraus zu ihnen!
Und als sie ihn erblickten, dünkt' er ihnen groß,
Und schnitten sich in ihre Hände, sprachen:
Behüte Gott! das ist kein Mensch,
Das ist ein werther Engel nur.
32/32 Sie sprach: Der ist es euch, um den ihr schaltet mich.
Ich gieng ihn an um seine Lieb', er sträubte sich;
Doch, thut er nicht, was ich ihn heiße,
So soll er in den Kerker kommen,
Und soll erniedrigt werden.
33/33 Er sprach: O Herr, der Kerker
Ist lieber mir als das wozu sie mich berufen;
Doch wendest du von mir nicht ihre List ab,
So werd' ich thören gegen sie,
Und seyn der Thoren einer.
34/34 Da gab Erhörung ihm sein Herr,
Und wandte von ihm ihre List ab;
Er ist der Hörer und der Wisser.
35/35 Nun kam es ihnen in den Sinn,
Nachdem sie schon gesehn die Zeichen,
Daß sie ihn thäten in den Kerker eine Zeit.
36/36 Doch mit ihm in den Kerker kamen
Zwei Jünglinge; der eine sprach:
Ich sahe mich im Traume pressen Wein.
Der andre sprach: Ich sah mich tragen
Auf meinem Haupte Brot, von dem die Vögel fraßen.
Sag uns die Deutung dessen, denn
Wir sehn, du bist ein Frommer.

37/37 Er sprach: Es wird nicht kommen Speise
Zu eurer Nahrung, daß ich nicht
Euch sagete die Deutung, eh sie komme.
Dis ist von dem was mich gelehrt mein Herr, denn ich
Verließ die Weise eines Volkes, die nicht glauben
An Gott, und jenes Leben leugnen,
38/38 Und folgete der Weise meiner Väter, Abrahams und Isaks
Und Jakobs; uns nicht kam es zu, Abgötterei zu treiben;
Das ist von Gottes Gnad' an uns und allen Menschen,
Allein die meisten Menschen sind undankbar.
39/39 O meine Mitgefangenen!
Sind Herren wol, zwiespaltige, besser
Als Gott der Eine der Allmächt'ge?
40/40 Ihr betet außer ihm nichts an wan Namen,
Die ihr benannt habt, ihr und eure Väter;
Gott sandte dazu keine Vollmacht,
Denn das Gericht ist Gottes nur;
Er hat geboten, Nichts sollt ihr
Anbeten als nur ihn; das ist
Der Gottesdienst der stäte,
Allein die meisten Menschen sind unwissend.
41/41 O meine Mitgefangenen!
Der eine nun von euch
Wird tränken seinen Herrn mit Wein;
Der andre aber wird gekreuzigt,
Da fressen die Vögel von seinem Haupt.
Entschieden ist die Sach' um die ihr mich befragt.
42/42 Und sprach zu jenem, den er meinte
Daß er gerettet würde seyn von beiden:
Gedenke mein bei deinem Herrn!
Doch ihn vergessen machte Satan

Vers 37] Die Ausleger scheinen alle den Satz so verstanden zu haben, daß er mit besonderem zierlichem Umschweif nur dis sage: Noch vor dem Essen will ich euch eure Träume deuten. Aber er kann ja auch meinen: Ich weiß, durch die Gnade meines Gottes, euch alles zu sagen, auch welche Speise man euch geben wird.

Josef

Die Erinnerung seines Herrn;
So weilte jener nun im Kerker etliche Jahre.
43/43 Der König aber sprach: Ich sah
Im Traume sieben Kühe fett, es fraßen
Sie sieben magre,
Desgleichen sieben Aehren grün, und andre dürr.
Ihr, mein Gefolge, legt mir meinen Traum aus,
Wenn ihr könnt Träume deuten.
44/44 Sie sprachen: Es ist Traumverwirrung,
Und wir sind nicht der Traumauslegung kundig.
45/45 Da sprach, der da gerettet ward von jenen beiden,
Indem er sich erinnerte nach langer Frist:
Ich will euch dessen Deutung bringen, sendet mich! –
46/46 „O Josef, du wahrhaftiger!
Deute mir sieben Kühe fett, es fraßen
Sie sieben magre;
Desgleichen sieben Aehren grün und andre dürr;
Daß ich zurückgehn möge zu den Menschen,
Und sie es mögen wissen."
47/47 Er sprach: Ihr werdet säen sieben Jahr' in einem Striche;
Und was ihr erntet, laßt in seinen Aehren,
Bis auf ein wenigs dessen so ihr esset.
48/48 Dann werden nachher kommen sieben strenge,
Die werden das verzehren, was ihr ihnen vorbereitet,
Bis auf ein wenigs dessen so ihr sparet.
49/49 Dann wird ein Jahr nach diesem kommen,
Wo's regnen wird den Menschen, und sie pressen Wein. –
50/50 Der König sprach: Holt ihn mir her! –
Und als der Bote kam zu jenem, sprach er:
Geh erst zu deinem Herrn zurück, und frag' ihn:
Was meineten die Frauen, die sich schnitten in die Hände?
Mein Herr ist ihrer List wol kundig. –
51/51 Der König sprach: Was thatet ihr,
Als ihr den Josef gienget an um Liebe?
Sie sprachen: Gott behüte! wir

Vers 42 *Die Erinnerung seines Herrn*] den König an Josef zu erinnern. Oder auch: Gottes Gedächtnis oder Mahnung, die Pflicht der Dankbarkeit u.s.w. zu vergessen.

Wissen an ihm nichts Böses.
Da sprach das Weib des Edlen: Jetzt kommt an den Tag
Die Wahrheit. Ich gieng ihn um seine Lieb' an,
Und er ist Wahrheit redend;
52/52 Auf daß er wisse, daß ich ihn mit Heimlichkeit nicht
[täusche,
Und daß Gott nicht gelingen läßt
Die List der Täuschenden.
53/53 Auch will ich rein nicht machen meine Seele; denn
Die Seel' ist eine Treiberinn zum Bösen,
Wofern sich nicht erbarmt mein Herr,
Denn ja mein Herr ist gnädig und barmherzig.
54/54 Der König sprach: Holt ihn mir her!
Ich will für mich ihn nehmen. –
Als er mit ihm geredet, sprach er:
Du bist von heut an mein Bestallter und Betrauter.
55/55 Er sprach: Nun setze du mich über
Des Landes Vorrathskammern!
Ich bin ein kundiger Hüter.
56/56 Und also schufen wir dem Josef feste Statt im Lande,
Darin zu wohnen wo er wollte;
Wir wenden unsre Huld zu, wem wir wollen,
Und lassen nicht verloren gehn
Den Lohn Schönhandelnder.
57/57 Allein der Lohn in jener Welt ist besser noch
Für jene, die da glauben und Gott fürchten. –
58/58 Die Brüder Josefs kamen nun
Und traten ein vor ihm,
Er kannte sie, sie aber kannten ihn nicht.
59/59 Und als er sie entließ, versorgt
Mit jeglicher Versorgung, sprach er:
Bringt euern einen Bruder mir von eurem Vater! Seht ihr
[nicht?
Ich gebe volles Maß, und bin der beste der Bewirther.

Vers 52] Der Er kann ganz gut Josef seyn; er soll ihr Bekenntnis erfahren. Die Ausleger verstehen aber zum Theil unter dem Er den König, von dem die Sprechende in der dritten statt der zweiten Person spreche; andere gar halten dis für eine abgebrochene Zwischenrede Josefs im Kerker.

Josef

60/60 Doch bringt ihr ihn mir nicht, so wird
Bei mir kein Maß euch fürder und kein Zutritt.
61/61 Sie sprachen: Seinen Vater wollen
Wir um ihn angehn, also thun wir.
62/62 Er aber sprach zu seinen Leuten: Legt ihr Geld
In ihre Bündel wieder, ob sie's merken,
Wann sie nach Haus gekommen sind,
Ob sie uns wiederkehren!
63/63 Und als sie nun zurückgekehrt
Zu ihrem Vater, sprachen sie: O Vater!
Man weigert uns das Maß dort, aber laß mit uns
Ziehn unsern Bruder! und uns wird gemessen;
Wir aber wollen ihn behüten.
64/64 Er sprach: Kann ich ihn sicherer
Euch anvertraun, als wie ich euch
Zuvor hab' anvertrauet seinen Bruder?
Gott ist der beste Hüter, er
Ist der barmherzigste Erbarmer.
65/65 Als sie nun ihr Gepäck geöffnet, fanden sie
Ihr Geld zurückgegeben ihnen;
Sie sprachen: Vater; was wollen wir mehr?
Dis unser Geld ist uns zurückgegeben!
Wir wollen unser Haus versorgen
Und unsern Bruder auch behüten,
Und wollen uns noch eine
Kamellast messen lassen;
Denn dieses ist geringes Maß.
66/66 Er sprach: Ich lass' ihn nimmer ziehn
Mit euch, bevor ihr mir Versichrung macht von Gott,
Daß ihr ihn mir zurücke bringet,
Man halt' euch selber denn zurück.
Und als sie ihm gegeben ihre
Versichrung, sprach er: Gott ist unsrer Rede Bürge.
67/67 Und sprach zu ihnen: Meine Söhne, ziehet nicht
Zu Einem Thor ein, sondern zieht
Ein zu verschiednen Thoren!
Doch gegen Gott helf ich euch nichts;
Der Rathschluß ist bei Gott allein;

Auf ihn vertrau' ich, auf ihn sollen
Vertrauen die Vertrauenden.
68/68 Als sie nun eingezogen, wo
Ihr Vater ihnen es geheißen,
Half's ihnen gegen Gott doch nichts;
Nur ein Verlangen in der Seele Jakobs war befriedigt.
Denn er war weise, weil wir unterwiesen ihn,
Allein die meisten Menschen sind unweise.
69/69 Als sie nun eingetreten waren
Zu Josef, nahm er zu sich seinen Bruder,
Sprach: Sieh, ich bin dein Bruder!
Laß dich nicht kränken, was sie thaten.
70/70 Als er sie nun entließ, versorgt
Mit jeglicher Versorgung,
That er den Becher in den Bündel seines Bruders,
Und ließ ausrufen einen Rufer:
He, Reisende! ihr habt gestohlen.
71/71 Sie fragten, sich zu jenen wendend:
Was ist es das ihr misset?
72/72 Sie sprachen: Das Gefäß des Königs missen wir;
Wers bringet, dem wird eine
Kamellast, dessen bin ich Bürge.
73/73 Sie sprachen: O bei Gott! ihr wisset
Wir kamen nicht, zu schädigen im Lande,
Und sind auch keine Diebe.
74/74 Sie sprachen: Und was soll dafür der Lohn seyn, wenn ihr
[lüget?
75/75 Sie sprachen: Dieses soll der Lohn dafür seyn:
In wes Gepäck es wird gefunden,
Der selber soll der Lohn dafür seyn;
So lohnen wir den Frevlern.
76/76 Da fieng er an bei ihren Bündeln,
Vorm Bündel seines Bruders,
Dann zog ers aus dem Bündel seines Bruders.
So machten wir die List für Josef;
Nicht dürft' er nehmen seinen Bruder
Nach dem Gesetz des Königs, hätt' es
Nicht also Gott gewollet.
Wir höh'n um Stufen, wen wir wollen,

Und über jeden Wissensreichen
Ist ein Allwissender.
77/77 Sie sprachen: Wenn er stahl, gestohlen
Hat auch von ihm ein Bruder einst.
Darüber schwieg in seiner Seele Josef
Und sagte ihnen nichts darüber;
Er sprach: Ihr seid an übler Statt,
Gott aber weiß am besten, was ihr saget.
78/78 Sie sprachen: O Hochedler!
Sein Vater ist ein alter Greise.
Nimm einen doch von uns, statt seiner! denn wir sehn,
Du bist ein Billighandelnder.
79/79 Er sprach: O Gott verhüte, daß wir nehmen einen,
Als den, bei dem wir unsre Sache fanden;
Da würden wir sehr Unrecht thun.
80/80 Als sie an ihm verzweifelten,
Hielten sie heimlich Zwiesprach;
Da sprach ihr Aeltster: Wißt ihr nicht,
Daß euer Vater über euch
Versicherung hat von Gott genommen?
Und auch zuvor, was ihr gethan an Josef?
Drum räum' ich nimmermehr das Land,
Bevor es mir erlaubt mein Vater, oder Gott
Mir's richtet, denn er ist der beste Richter.
81/81 Kehrt heim zu eurem Vater! sagt: o Vater,
Es hat dein Sohn gestohlen;
Wir zeugen nichts dan was wir wissen,
Nicht über das Verborgne sind wir Hüter.
82/82 Frage die Stadt, in der wir waren,
Und auch den Reisetrupp mit dem wir zogen!
Wir reden nur die Wahrheit.
83/83 Er sprach: Nein, eure Seel' hat euch
Gerathen einen Handel.
Nun frommt Geduld; vielleicht bringt Gott mir alle wieder,
Denn er ist weis' und kundig.
84/84 Von ihnen wandt' er sich und sprach:
O Kummer über Josef!

Weiß wurden seine Augen vor Betrübnis,
Und seine Kehle schnürte Weh.
85/85 Sie sprachen: Lässest du, um Gott!
Nicht ab, zu denken Josefs,
Bis du dich aufzehrst oder umkommst?
86/86 Er sprach: Ich klage meinen Jammer
Und Gram nur Gott, und weiß von Gott, was ihr nicht
[wisset.
87/87 O, meine Söhne geht und forschet
Nach Josef und seinem Bruder!
Verzweifelt nicht am Hauch des Geistes Gottes!
Denn es verzweifelt an dem Hauch des Geistes Gottes
Allein das Volk der Leugner. –
88/88 Als sie nun traten ein zu ihm,
Sprachen sie: O Hochedler!
Uns und die unsern traf die Noth;
Wir kommen mit geringem Gelde,
So mach' uns voll das Maß und gib Almosen uns!
Denn Gott lohnt's den Almosengebern.
89/89 Er sprach: Wisst ihr, was ihr gethan
An Josef und an seinem Bruder
Einst als ihr thöricht waret?
90/90 Sie sprachen: Oh, bist du wol selber Josef?
Er sprach: Ich bins, und der mein Bruder.
Gegnadet hat Gott über uns,
Denn wer Gott fürchtet und Geduld hat, Gott läßt nie
Verloren gehn den Lohn der Frommen.
91/91 Sie sprachen: O bei Gott, Es hat
Dich Gott gewürdigt über uns,
Wir aber waren Sünder.
92/92 Er sprach: Kein Vorwurf treff' euch heute!
Verzeihen wird euch Gott, denn er
Ist der erbarmendste Erbarmer.
93/93 Geht hin mit diesem meinem Hemd, und werfet
Es übers Antlitz meines Vaters,

Vers 84 *Weiß*] der weiße oder graue Star.
Vers 92] Das Ausrufzeichen kann auch vor statt nach heute gesetzt werden.

So wird er sehend werden;
Dann kommt zu mir mit eurem ganzen Hause!
94/94 Als auf nun brach der Reisezug,
Da sprach ihr Vater: Ich empfinde
Den Duft von Josef, haltet doch
Mich nur nicht für blödsinnig!
95/95 Sie sprachen: O um Gott, du bist
In deinem alten Irrwahn.
96/96 Doch als nun der Glücksbote kam,
Da warf ers auf sein Antlitz, und ward sehend.
97/— Sprach: Sagt' ich es euch nicht, ich weiß
Von Gott, was ihr nicht wisset?
98/97 Sie sprachen: Vater, o erbitte
Für uns Verzeihung unsrer Schuld!
Wir sind gewesen Sünder.
99/98 Er sprach: Für euch erbitten will ich meinen Herrn,
Denn er ist der barmherzige Verzeiher. –
100/99 Als sie nun traten ein zu Josef,
Da nahm er zu sich seine Eltern,
Und sprach: Ihr alle, ziehet in
Aegypten ein, so Gott will, sicher!
101/100 Er aber setzte seine Eltern auf den Thron,
Doch jene sanken hin vor ihm fußfällig.
Er sprach: Mein Vater! dieses ist
Die Deutung meines Traums vor dem;
Er hat ihn wahr gemacht mein Herr,
Und schön an mir gethan, da er
Mich führte aus dem Kerker,
Und brachte euch hieher vom Lande,
Nachdem der Satan angestiftet
Unfrieden zwischen mir und meinen Brüdern.
Fürwahr, mein Herr weiß fein zu machen, was er will,
Er ist der Kundige der Allweise.
102/101 O Herr, du gabst mir viel der Herrschaft,
Und lehrtest mich viel Kundendeutung,
Erschaffer Himmels und der Erde,
Du bist mein Schutzfreund hier und drüben,

Vers 96 *Der Glücksbote*] das Hemde, oder der es bringt.

Nimm mich im Tod hin als *Ergebnen*,
Und zähle mich den Guten bei! –
103/102 Dis von den Kunden des Geheimen,
Was wir dir offenbareten.
Du warest selber nicht bei ihnen,
Als sie eins wurden ihres Raths und listeten;
—/103 Die meisten Menschen aber werden,
Ob du es auch begehretest, nicht glauben.
104/104 Du aber forderst keinen Lohn dafür von ihnen,
Es ist nur eine Mahnung an die Welten.
105/105 Und wieviel Zeichen an dem Himmel und auf Erden!
Sie gehn daran vorbei und wenden
Davon sich ab.
106/106 Und ihre meisten glauben nicht
An Gott, ohn' auch Abgötterei zu treiben.
107/107 Sind sie so sicher, daß nicht ihnen
Komm' ein Gericht von Gottes Strafen, oder komme
Die *Stunde* unversehens, und sie merkens nicht!
108/108 Sag' ihnen: Dieses ist mein Weg:
Zu Gott beruf ich euch auf sichtlichen Gewähr,
Ich und wer da mir folgt, gepriesen
Sei Gott! ich bin nicht von den Götzendienern.
109/109 Auch sandten wir vor dir nur Menschen, denen
Wir offenbareten, vom Volk der Städte.
Sind sie denn nie gereist auf Erden, um zu sehn,
Wie da das Ende derer war vor ihnen?
Die Wohnung aber jener Welt ist besser
Für die Gott fürchten; wißt ihr nicht?
110/110 Doch wann die Boten schon verzagten,
Und sahn daß man sie Lügen zieh,
Kam ihnen unser Beistand, daß wir retteten
Wen wir da wollten, und gewendet
Ward unsre Kraft nicht ab dem Volk dem Schuldigen.
111/111 Ein Warnungsbeispiel ist in ihren
Geschichten für die Sinnbegabten;
Nicht eine Sag' ist es erdichtet,
Nein, zur Beglaubigung des Vor'gen,
Und zur Erörterung von Allem,

Josef

Zur Leitung und Barmherzigkeit
Für solche die da glauben.

Die dreizehnte Sure
Überschrieben
Der Donner

Im Namen [Gottes des allbarmherzigen Erbarmers.]

1/1 Dis sind die Zeichen
Des Buches, und was dir herab
Gesendet ward von deinem Herrn,
Das ist die Wahrheit, aber
Die meisten Menschen glauben nicht.

2/2 Gott der erhöhet hat
Den Himmel ohne Säulen die ihr sehet,
Dann saß er auf dem Thron,
Zum Dienst genöthigt hat er Sonn' und Mond,
Jedes läuft zum benannten Ziel;
Er lenkt den Gang der Dinge,
Die Zeichen modelt er,
Ob etwa ihr von der Begegnung
Eures Herrn euch überzeugt!

3/3 Er ist es, der gebreitet hat
Die Erde, und auf ihr gemacht Bergvesten
Und Ströme, und von allen Früchten
Hat er auf ihr gemachet Doppelpaare.
Er läßt die Nacht den Tag verhüllen.
In diesem traun sind Zeichen für Nachdenkende.

4/4 Und auf der Erde sind Grundstücke nachbarlich,
Und Gärten von Weintraub', und Saat,
Und Palmen doppelschaftige,
Und einfachschaftige,
Getränket werden sie mit Einem Wasser,
Wir aber ziehn die eine vor der andern
Zur Nahrung; traun in diesem
Sind Zeichen für Verständige.

5/5 Und nimmt dichs Wunder, ja ein Wunder
Ist ihre Rede:

Der Donner

        Wie? wenn wir Staub geworden sind,
        Wie? sollen wir zu neuer Schöpfung kommen?
6/-   Dieselben sind es die verleugnen ihren Herrn,
        Dieselben, Joche sind auf ihren Nacken,
        Dieselbigen sind die Genossen
        Der Glut, in der sie ewig sind.
7/6   Sie wollen sich beschleunigen
        Das Übel vor dem Guten,
        Und schon ergangen sind vor ihnen die Exempel;
        Jedoch dein Herr ist gnadenvoll
        Den Menschen bei all ihrer Sünde,
        Jedoch dein Herr ist stark auch von Vergeltung.
8/7   Es sprechen, die da leugnen:
        O wär' auf ihn herabgesandt
        Von seinem Herrn ein Wunderzeichen!
        Doch du bist nur ein Mahner,
        Und jedem Volke wird ein Führer.
9/8   Gott kennt, was jedes Weib trägt,
        Und was versiegt im Mutterschooß und was erschwillt,
        Und alles steht bei ihm in Maaß.
10/9 Der Kenner des Geheimen und des Sichtbarn,
        Der Große, der Erhabne.
11/10 Gleich ist es, wer von euch die Rede dämpfet,
        Und wer sie lautbar machet,
        Und wer sich bergen will in Nacht
        Und wer am Tage wandelt,
12/11 Er hat Begleiter vor
        Und hinter sich, die ihn behüten
        Auf Gottes Geheiß; denn Gott verwandelt
        Nicht was an Menschen ist, bis sie
        Verwandeln was an ihnen ist.
        Wenn aber Gott zudenkt den Menschen Böses,
        Ist kein Abwender ihm, und nicht
        Bleibt ihnen außer ihm ein Hort.
13/12 Er ist es, der euch sehen läßt
        Den Blitz zu Furcht und Hoffnung,
        Und der aufsteigen läßt die schweren Wolken.
14/13 Der Donner preist zu seinem Lobe,
        Und die Engel in seiner Furcht,

Und er sendet die Schläge,
Mit denen trifft er wen er will.
Sie aber streiten über Gott,
Doch ist er stark von Machten.

15/14 Sein ist der Anruf der Gebühr,
Doch die sie außer ihm anrufen,
Die geben ihnen keine Antwort;
Sondern, wie wer die beiden Hände
Ausstrecket nach dem Wasser, daß es
Zu seinem Munde komme, doch
Es kommt nicht zu ihm; und so ist der Anruf
Der Gottesleugner nur im Irren.

16/15 Gott aber beten an, die sind
Im Himmel und auf Erden,
Freiwillig und gezwungen,
Und ihre Schatten früh und abends.

17/16 Sprich: Wer ist Herr des Himmels und der Erde?
Sprich: Gott! Sprich: Nahmet ihr
Doch außer ihm an Horte,
Die nicht im Stande sind sich selber
Zu nutzen noch zu schaden?
Sprich: Ist wol gleich der Blinde und der Sehende?
Oder sind gleich
Die Finsternisse und das Licht?
Oder gaben sie Gott Gehilfen,
Die schaffen wie er schaffet,
Und gleich an ihnen ist das Schaffen?
Sprich: Gott ist der Erschaffer jedes Dinges,
Er ist der Eine der Gewalt'ge.

18/17 Er hat gesandt vom Himmel Wasser,
Da flossen Bäch' in ihrem Maaß,
Und sich ergoß der Strom im vollen Schaume.
Aber von dem was sie im Feuer schmelzen,
Schmuck zu gewinnen oder Geräth und Waare,
Kommt gleicher Schaum, so schmiedet Gott
Die Wahrheit und das Nichtige;
Allein der Schaum nun, er vergehet haltlos,
Was aber nutzt den Menschen,

Der Donner

```
         Das bleibt auf Erden;
         So schmiedet Gott die Gleichnisse. –
—/18     Für die Gehör da gaben ihrem Herren, bleibt
         Das Schönste; doch die nicht Gehör ihm gaben,
         Wär' ihr auch alles was auf Erden,
         Und noch soviel dabei, sie würden
         Sich gern damit loskaufen.
         Dieselben sind es, ihnen bleibt
         Das Schlimme von der Rechnung,
         Ihr Einkehrort Gehenna,
         Und übel ist das Bett.
19/19    Ist wol, wer weiß daß dieses dir
         Von deinem Herrn gesendete die Wahrheit ist,
         Gleich jenem der da blind ist?
         Bedenken mögen's nur die Sinnbegabten,
20/20    Die das Versprechen Gottes halten
         Noch die Zusage brechen;
21/21    Und die da fügen, was Gott hat
         Geboten daß gefügt seyn soll,
         Und fürchten ihren Herrn, und scheuen
         Das Schlimme von der Rechnung;
22/22    Und die ausharrten in Geduld,
         Suchend das Antlitz ihres Herrn,
         Und recht bestellten das Gebet,
         Auch spendeten von dem,
         Womit wir sie versorget haben,
         Geheim und öffentlich,
         Und wehren mit dem Guten ab das Böse,
         Die sind es, denen wird der Lohn des Hauses.
23/23    Die Gärten Edens, wo sie eingehn,
         Sie und wer Gutes that von ihren Vätern,
         Von ihren Fraun und ihren Kindern,
         Und auch die Engel gehen ein zu ihnen
         Durch jedes Thor:
24/24    Fried' über euch um daß ihr augeharret,
         Schön ist der Lohn des Hauses.
25/25    Die aber brechen Gottes Bund,
         Nachdem er war gefestigt,
         Und das zertrennen, was Gott hat
```

Geboten daß gefügt seyn soll,
Und schädigen auf der Erde;
Die sind es, ihnen ist der Fluch,
Ihnen das Weh des Hauses.
26/26 Gott dehnet aus die Nahrung, wem
Er will, und misset sie.
Sie aber waren überfroh
Des Lebens dieser Welt;
Allein das Leben dieser Welt
Ist gegen jenes nur ein Nießbrauch.
27/27 Es sprechen, die da leugnen:
„O wär' auf ihn herabgesandt
Von seinem Herrn ein Wunderzeichen!"
Sprich: Gott läßt irren, wen er will,
Und führt zu ihm, wer sich bekehrt.
28/28 Diejenigen die da glauben,
Und deren Herzen ruhen aus im Angedenken Gottes, –
O ja im Angedenken Gottes ruhen aus
Die Herzen
—/29   derer, die da glauben –
Und die das Gute wirketen,
Heil ihnen und ein schöner Ort zur Einkehr!
29/30 So haben wir gesandt dich unter einen Stamm,
Dem viel Volkstämme schon vorangegangen,
Auf daß du lesest ihnen,
Was wir dir offenbaret haben;
Doch sie verleugnen nun den Allerbarmer.
Du sprich: Er ist mein Herr,
Kein Gott ist außer ihm,
Auf ihn vertrau' ich und zu ihm ist meine Hinkehr.
30/31 „Ja wär' es nur ein solcher Koran,
Von dem in Gang gesetzt die Berge würden,
Oder die Erde gespalten,
Oder die Todten reden gemacht."
Nein! Gottes ist die Herrschaft all.
Wie? wollen, die da glauben,

Vers 30] ausgelassene Negation, *'a-fa-lam yay'as* wollen sie wol aufhören zu verzweifeln = wollen sie nicht aufhören etc.

Der Donner

       Aufhören wol, zu zweifeln,
       Daß, wenn Gott wollt', er könnte führen
       Zum Glauben alle Menschen?
31/— Und unaufhörlich wird bei denen, die da leugnen,
       Anpochen wegen ihrer Werk' ein Strafgericht,
       Oder sich niederlassen nah bei ihrem Haus,
       Bis die Verheißung Gottes kommt,
       Denn Gott versäumt nicht den Verheiß.
32/32 Und auch gespottet ward schon über Boten
       Vor dir, und ich gab Frist den Leugnern,
       Dann faßt' ich sie, und wie war mein Vergelten!
33/33 Wie? Er der vorsteht jeder Seele
       Von wegen des, was sie verwirkt –
       Und Gott, ihm gaben sie Gehilfen?
       Sprich: Nennet ihre Namen nur!
       Könnt ihr ihm sagen etwas, das er wüßte nicht
       Im Erdgrund, oder außenher im Worte?
       Doch wohlgefällig dünkt den Leugnern ihre List,
       Und von dem Weg sind sie verstoßen;
       Und wen Gott irren läßt, dem wird kein Führer.
34/34 Für sie ist Pein in dieser Welt,
       Unseliger aber ist die Pein der andern,
       Und gegen Gott beschirmt sie nichts.
35/35 Das Bild des Gartens, dessen sind
       Verheißen die Gottesfürchtigen,
       Darunterhin die Ströme fließen,
       Beständig seine Frucht ist und sein Schatten,
       Das ist der Lohn für die Gott fürchten,
       Der Lohn der Leugner ist die Glut.
36/36 Das Volk auch, dem wir einst die Schrift gegeben,
       Sie freun sich dessen, was dir offenbart wird;
       Doch einige von den Rotten leugnen einen Theil.
       Sprich nur: Mir ist geboten, daß ich diene Gott,
       Und nichts abgöttisch ihm geselle;
       Ihn ruf ich an, und zu ihm ist mein Hingang.
37/37 Und so gesendet haben wir
       Dis als arabische Weisheit.
       Doch wenn du folgtest ihren Lüsten,
       Nachdem dir kam die Wissenschaft;

Dir bliebe gegen Gott
Kein Schützer und kein Schirmer.
38/38 Wir haben schon gesendet Abgesandte
Vor dir, und ihnen auch
Gegeben Fraun und Kinder.
Und keinem Abgesandten steht
Es zu, daß er ein Zeichen bringe,
Als mit Zulassung Gottes nur;
Für jede Frist ein eignes Buch.
39/39 Gott löschet aus, wie Er will, und bestätigt,
Und bei ihm ist der Mutterstock des Buches.
40/40 Sei's nun, daß wir dich selber noch
Sehn lassen, was wir ihnen dreuen,
Oder dich vorher zu uns nehmen;
Dir liegt nur ob die Meldung,
Und uns die Rechenschaft.
41/41 O sahen sie nicht schon, wie wir
Der Erde kommen, sie zu trümmern
Von ihren Enden her?
Gott richtet, und es ist
Kein Hindrer seinem Richtspruch,
Und Er ist schnell zur Rechenschaft.
42/42 Gelistet haben auch schon die vor ihnen,
Doch Gottes ist die List gesammt;
Er kennt, was jede Seele wirkt;
Und kennen werden die Verleugner,
Wem ist der Lohn des Hauses.
43/43 Allein es sprechen, die da leugnen:
Du bist kein Abgesandter.
Sprich: Gott genügt zum Zeugen zwischen mir und euch,
Er bei dem ist die Wissenschaft des Buches.

Die vierzehnte Sure
Überschrieben
Abraham

Im Namen [Gottes des allbarmherzigen Erbarmers.]
1/1 Das Buch, das wir herniederließen
Zu dir, aufdaß du führetest
Die Menschen aus der Finsternis zum Lichte,
Auf die Erlaubnis ihres Herrn,
Zum Pfade des Allmächtigen Hochgelobten,
2/2 Gottes, in dessen Macht ist, was
Im Himmel ist und was auf Erden;
Und weh den Leugnern vor der starken Pein!
3/3 Die da das Leben dieser Welt
Lieb haben über jenes,
Und drängen ab vom Wege Gottes
Und wünschen ihn zu krümmen;
Dieselben sind in weiter Irre.
4/4 Und niemals sendeten wir einen Boten,
Als in der Sprache seines Volkes,
Damit er rede deutlich ihnen.
Doch Gott läßt irren, wen er will,
Und leitet, wen er will;
Denn er ist der Allmächtige Allweise.
5/5 Gesendet haben wir einst Mosen
Mit unsren Zeichen: Führe du dein Volk aus
Der Finsternis zum Licht, und mahne
Sie an die Tage Gottes!
In diesem traun sind Zeichen
Für jeden dankbaren Dulder.
6/6 Und wie da Mose sprach zu seinem Volke:
Gedenkt der Wohlthat Gottes
An euch, als er euch rettete
Von dem Gesinde Faraos,
Die auf euch legten schwere Pein

Und schlachteten eure Söhne
Und schändeten eure Weiber;
Darin von eurem Herrn war
Euch eine große Prüfung.

7/7 Und wie nun kundthat euer Herr:
Dafern ihr dankbar seid, werd' ich euch mehren;
Doch wenn ihr leugnet undankbar,
Wird meine Strafe schwer seyn.

8/8 Und Mose sprach: Ob ihr verleugnet,
Und wer auf Erden ist gesammt,
Nun, Gott ist unbedürftig, hochgepriesen.

9/9 O kam euch keine Kunde derer,
Die vor euch waren, Noe's Volk,
Und von Ad und Thamud?

10/— Und die nach ihnen waren,
Die Niemand kennt wan Gott;
Zu ihnen kamen ihre Boten
Mit offnen Kunden, doch sie stießen
Die Hände ihnen in den Mund,
Und sprachen: Wir verwerfen das,
Womit ihr seid gesendet;
Wir zweifeln über das, wozu ihr uns beruft, bedenklich.

11/10 Da sprachen ihre Boten:
Ist denn an Gott ein Zweifel,
Dem Schöpfer Himmels und der Erde,
Der euch berufet, daß er euch
Vergebe viel von euren Sünden,
Und geb' euch Aufschub auf bestimmte Frist?

12/— Sie sprachen: Ihr seid Menschen nur
Gleich uns, und wollet uns verdrängen
Von dem, was unsre Väter ehrten;
So bringt uns klare Vollmacht!

13/11 Da sprachen ihnen ihre Boten:
Ja wir sind Menschen nur gleich euch;
Gott aber gnadet über wen
Er will von seinen Knechten.
Nicht kommt es uns zu, euch zu bringen Vollmacht,

14/— Es sei denn auf Erlaubnis Gottes; und auf Gott
Sollen vertraun die Gläubigen.

15/12	Nicht kommt es uns zu, daß wir nicht Vertraun auf Gott, der schon uns hat Geführet unsre Wege; Wir wollen uns gedulden Bei dem was ihr uns kränktet; Und ja auf Gott so sollen Vertrauen die Vertrauenden.
16/13	Da sprachen, die da leugneten, Zu ihren Boten: Treiben wollen Wir euch aus unserm Lande; Oder fürwahr ihr müßt zurück Kehren in unsre Weise. Da that denselbigen kund ihr Herr: Vertilgen wollen wir die Sünder.
17/14	Und wollen euch bewohnen lassen Das Land nach ihnen. Solches dem, Der fürchtet meine Stätte, Und fürchtet mein Verheiß.
18/15	Aufschluß begehrten sie, und leer aus Gieng jeder widerspenstige Trotzer.
19/16	Hinter ihm ist Gehenna; Mit faulem Wasser tränkt man ihn.
20/17	Er würgts hinab und mags Nicht leicht hinunterschlingen; Und ihm kommt Tod von jeder Seite, Er aber ist nicht todt, Und hinter ihm ist harte Pein.
21/18	Das Gleichnis derer die ihren Herrn Verleugnen: Ihre Werke sind Wie Asch', in welche fährt der Wind An einem stürmischen Tage. Sie haben nichts von dem was sie gewirket; Das ist die weite Irre.
22/19	O siehst du nicht, daß Gott erschuf Den Himmel und die Erd' in Wahrheit? Wenn Er will, nimmt er euch hinweg, Und bringet neue Schöpfung;
23/20	Und solches ist für Gott nichts Großes.

24/21 Da zogen sie auf vor Gott gesammt, da sprachen
Die Schwachen zu den andern die sich groß gedünkt:
Wir waren eur Gefolge nur;
O wollt ihr nicht abhalten uns
Von Gottes Strafen etwas?
25/— Sie sprachen: Hätt' uns Gott geleitet,
So hätten wir geleitet euch.
Gleich ists für uns ob wir geduldig
Sind oder ungeduldig,
Für uns ist kein Entrinn.
26/22 Und Satan sprach, als nun entschieden war die Sache:
Ja, Gott hat euch verheißen
Verheißungen der Wahrheit,
Doch ich hab' euch verheißen und hab' euch geteuscht.
Doch über euch hatt' ich nicht Macht;
27/— Als nur daß ich euch rief, und ihr gabt Antwort mir.
So scheltet mich nicht, scheltet nur
Euch selber! Ich bin euch kein Helfer,
Und ihr seid keine Helfer mir.
Ich glaubt' es selbst nicht, als ihr mich
Vergöttertet vor diesem;
Fürwahr der Sünder wartet Strafe peinlich.
28/23 Doch eingeführt sind, die da glaubten,
Und die das Gute thaten, dort in Gärten,
Worunter hin die Ströme fließen,
Darin sie ewig sind,
Auf die Erlaubnis ihres Herrn,
Ihr Gruß darin ist Friede.
29/24 O siehst du nicht, wie Gott geprägt ein Gleichnis?
Ein gutes Wort gleich einem guten Baume,
Fest stehet seine Wurzel, und
Sein Laubwuchs ist im Himmel.
30/25 Er bringet seine Frucht beständig
Auf seines Herrn Geheiß.
Gott aber prägt die Gleichnisse
Dene Menschen, ob sie es bedenken wollen.
31/26 Das Gleichnis aber bösen Wortes
Ist als ein böser Baum,

Der weggehaun wird oben von der Erde,
Es ist für ihn kein Halt.
32/27 Gott festigt, die da glauben, mit dem festen Wort
Im Leben dieser Welt und in der andern,
Und Gott läßt irre gehn die Sünder,
Und Gott thut was er will.
33/28 O siehst du nicht an jene, die
Vertauschten Gottes Güte für Ableugnung,
Und leiteten die ihrigen
Zur Wohnung des Verderbens!
34/29 Gehenna, die sie heizen,
Schlimm ist der Aufenthalt.
35/30 Und macheten Gott Ebenbilder,
Zu führen irr von seinem Wege,
Sprich: O genießt nur eine Weile,
Denn eure Heimkehr ist zur Glut.
36/31 Sprich auch zu meinen Knechten, die da glauben,
Daß sie bestellen das Gebet, und spenden auch
Von dem womit wir sie versorgten,
Geheim und öffentlich, bevor
Der Tag kommt, da kein Kauf und kein Verkehr ist.
37/32 Gott, der da schuf die Himmel und die Erde,
Und sendete vom Himmel Wasser,
Mit dem er bracht' hervor von Früchten Nahrung euch,
Und machte dienstbar euch die Schiffe,
Zu schwimmen in dem Meer auf sein Gebot,
Und machte dienstbar euch die Flüsse,
—/33 Und macht' euch dienstbar Sonn' und Mond,
Die beiden ruhelosen,
Und macht' euch dienstbar Nacht und Tag,
—/34 Und gab euch alles was ihr ihn gebeten;
Und wenn ihr zählt die Güte Gottes,
Nicht rechnen könnt ihr sie; fürwahr
Der Mensch ist ruchlos und undankbar.
38/35 Und als wie da sprach Abraham:
O Herr, mach dis Gefilde friedlich,
Und ferne mich und meine Söhne
Vom Dienst der Götzenbilder.

39/36 Herr, denn sie haben viel verführt der Menschen.
Doch wer mir folgt, der ist von mir;
Und wer mir trotzt, nun du
Bist gnädig und barmherzig.

40/37 O unser Herr, ich ließ hier wohnen
Die meines Stamms in einem Thale,
Das saatlos ist, bei deinem Hause,
Dem heiligen, o unser Herr,
Aufdaß sie das Gebet bestellen;
So mache nun, daß Herzen
Der Menschen sich zu ihnen neigen,
Und nähre sie mit Früchten,
Ob sie es etwa danken.

41/38 O unser Herr, du kennst, was wir
Verbergen, und was offenbaren;
Und nicht verborgen ist vor Gott
Auf Erden etwas noch im Himmel.

—/39 Gelobt sei Gott, der mir gegeben
In meinem Alter Ismael und Isaak;
Ja Gott ist Hörer des Gebets.

42/40 Herr, mach mich zum Besteller des
Gebets, und andre meines Stammes,
O unser Herr, und nimm mein Flehn an!

—/41 Vergib in Gnaden mir und meinen
Eltern, und allen Gläubigen
Am Tag der Rechnungslage. –

43/42 Doch halte du nur Gott nicht für unachtsam
Des was da thun die Sünder.
Nur Aufschub gibt er ihnen bis zum Tage,
Wo in die Höh die Augen schauen.

44/43 Hintaumeln sie geducktes Haupts,
Ihr Blick kehrt nicht zurück zu ihnen,
Und hohl sind ihre Herzen.

—/44 O mahne du die Menschen
Des Tags, da ihnen kommt die Pein.

45/— Da sprechen, die da sündigten:
O unser Herr, gib Aufschub uns
Zu einer nahen Frist.

Abraham

46/45 Wir wollen hören deinen Ruf
Und folgen deinen Boten. –
Ei, habt ihr nicht vordem geschworen
Euch sei kein Untergang?
47/46 Und habt gewohnt in Wohnungen,
Derer die dich versündigten,
Und habt gesehn, wie wir an ihnen thaten,
Und prägten euch die Gleichnisse.
Sie aber listeten ihre List,
Und nun ist ihre List bei Gott,
Ihre List vermochte nicht soviel
Daß davon Berge wankten.
48/47 Du aber denke nicht daß Gott
Versäume sein Verheiß an seine Boten!
Denn Gott ist mächtig und ein Rächer.
49/48 Am Tage wo gewandelt wird
Die Erd' in andre Erde, und der Himmel,
Und wo sie ziehen auf vor Gott,
Dem Einen, dem Gewaltigen.
50/49 Alsdann wirst du die Schuldigen sehn
Gejochet in die Bande;
51/50 Ihr Leibgewand von flüssigem Pech,
Und ihr Gesicht deckt Feuer;
—/51 Daß Gott vergelte jeder Seele,
Was sie gewirkt;
Denn Gott ist schnell zur Rechenschaft.
52/52 Dis eine Meldung an die Menschen,
Und daß sie seien gemahnt daran,
Und daß sie wissen: ja es ist
Ein einziger Gott,
Und es bedenken alle Sinnbegabten.

Die Fünfzehnte Sure
Überschrieben
Elhigru

Im Namen [Gottes des allbarmherzigen Erbarmers.]

1/1 Dis sind die Zeichen
Des Buchs und klaren Korans.
2/2 Wol würden die Ungläubigen wünschen,
Daß sie Muslime wären.
3/3 Laß sie nur, daß sie essen und genießen,
Und sie die Hoffnung halte hin!
Einst werden sie's erfahren.
4/4 Nie vertilgten wir eine Stadt,
Der es nicht war geschrieben.
5/5 Kein Volk rennt seinem Ziele vor,
Und keines bleibt zurück.
6/6 Sie aber sprachen: Du, auf den
Herabkam diese Kunde,
Du bist ein Rasender.
7/7 Ja brächtest du doch die Engel uns,
Wenn du die Wahrheit sprächest! –
8/8 Wir senden nicht die Engel nieder
Alsnur wo's gilt;
Dann lassen sie nicht auf sich warten.
9/9 Gesendet haben wir die Kunde
Und werden sie behüten.
10/10 Und vor dir haben wir gesandt
An frühere Völkerstämme,
11/11 Und nie kam ihnen ein Gesandter,
Ob dem sie nicht gespottet.
12/12 So führen wir auch dieses ein
In die Herzen der Schuldigen.

Vers 4] Doppelsinnig.

13/13 Sie glauben nicht daran, doch schon
 Sind hingegangen frühere Geschlechter.
14/14 Ja thäten wir auch ihnen auf
 Ein Thor vom Himmel, daß hinauf sie stiegen;
15/15 Sie würden sagen: Nur berauscht
 Sind unsre Augen, ja
 Wir sind verblendete Leute.
16/16 Am Himmel aber haben wir
 Gemacht der Sterne Burgen,
 Und sie geschmückt für die Beschauer,
17/17 Und haben sie verwahrt vor jedem
 Gesteinigten Satane.
18/18 Wer aber stiehlt ein erlauschtes Wort,
 Den verfolgt die helle Flamme.
19/19 Und die Erde haben wir gebreitet,
 Darauf geworfen Bergesvesten,
 Und haben auf ihr sprossen lassen
 Von allem wohlgemessnen.
20/20 Wir schufen auf ihr, wovon ihr lebt,
 Und was ihr nicht habt zu versorgen.
21/21 Nichts ist, wovon bei uns nicht sind
 Die Vorrathskammern, und wir sendens
 Herab nur in gewissem Maaß.
22/22 Wir schicken Winde als Befruchter,
 Und senden von dem Himmel Wasser,
 Wir tränken euch damit, ihr seid
 Nicht des Vorraths Beschließer.
23/23 Ja wir beleben und wir tödten,
 Und wir auch sind die Erben.
24/24 Wir kennen die Voreilenden
 Von euch und kennen die Dahintenbleiber.
25/25 Fürwahr, dein Herr wird sie versammeln,
 Denn er ist weis' und kundig.
26/26 Den Menschen aber schufen wir
 Aus einer Masse von geformtem Lehmen.
27/27 Die Dschinnen aber schufen wir
 Zuvor aus Feuer-Gluthauch.

28/28 Als nun dein Herr sprach zu den Engeln:
Ich will erschaffen einen Menschen
Aus einer Masse von geformtem Lehmen;
29/29 Wann ich ihn nun gebildet habe
Und eingehauchet ihm von meinem Geiste,
So fallet vor ihm hin anbetend!
30/30 Da beteten nun an die Engel allgesamt;
31/31 Nur Iblis nicht, der weigert' es
Zu seyn mit den Anbetern.
32/32 Er sprach: Iblis, was hast du, daß du
Nicht bist mit den Anbetern?
33/33 Er sprach: Anbeten will ich nicht
Den Menschen, den du schufest
Aus einer Masse von geformtem Lehmen.
34/34 Er sprach: So geh hinaus von hier!
Gesteinigt sollst du werden;
35/35 Und auf dir liegt der Fluch bis zum Gerichtstag.
36/36 Er sprach: Mein Herr, so warte mein
Zum Tag der Auferweckung.
37/37 Er sprach: Du sollst von denen seyn,
Auf die da wird gewartet
38/38 Zum Tage der gewissen Zeit.
39/39 Er sprach: Herr, weil du mich getäuscht hast,
So will ich ihnen spiegeln vor auf Erden,
Und will sie täuschen insgesammt,
40/40 Nur nicht von ihnen deine treuen Knechte.
41/41 Er sprach: Das ist ein Weg zu mir ein rechter;
42/42 Denn über meine Knechte hast du nicht Gewalt,
Nur wer dir folgt von den Getäuschten.
43/43 Und ja die Höh' ist ihnen
Verheißen insgesammt;
44/44 Die sieben Thor' hat, jedem Thor ist
Von ihnen zugetheilt ein Trupp.
45/45 Aber die Gottesfürchtigen
In Gärten und an Quellen:
46/46 „Geht ein in Frieden hier sorglos geborgen!"
47/47 Und weggenommen haben wir,
Was war in ihrer Brust Unlautres;

	Als Brüder, auf den Thronen
	Einander zugekehrt.
48/48	Nie rührt sie drin Ermüdung an,
	Und nie sind sie daraus vertrieben.
49/49	Verkünde meinen Knechten, daß
	Ich bin der Gnädige, der Erbarmer,
50/50	Doch meine Strafe
	Das ist die Strafe peinvoll.
51/51	Und künd' auch ihnen von den Gästen Abrahams;
52/52	Als sie zu ihm eintraten
	Und sprachen: Friede!
	Er sprach: Wir sind vor euch erschrocken.
53/53	Sie sprachen: Erschrick nicht, wir verheißen
	Dir einen klugen Knaben.
54/54	Er sprach: Verheißt ihr mir, da mich
	Doch hat gefaßt das Alter?
	Womit verheißt ihr mir es denn?
55/55	Sie sprachen: Wir verheißen dirs mit Wahrheit,
	Und sei du kein Verzagender.
56/56	Er sprach: Und wer verzagt wol an
	Der Gnade seines Herrn? nur die Verirrten.
57/57	Er sprach: Doch was ist euer
	Gewerb, ihr Abgesandten
58/58	Sie sprachen: Wir sind abgesandt
	Zu einem Volk von Schuldigen;
59/59	Nur Loth's Gesind,
	Dieselben retten wir gesammt;
60/60	Sein Weib nur, ihr verhängten wirs,
	Sie ist von den Rückbleibern.
61/61	Und als zum Hausgesinde Loths
	Nun kamen die Gesandten;
62/62	Sprach er: Ihr seid mir unbekannte Leute.
63/63	Sie sprachen: Doch wir bringen dir
	Das woran jene zweifeln.
64/64	Wir bringen dir Gewisheit,
	Und Wahrheit reden wir.
65/65	So brich mit deinen Leuten auf
	In einer Stunde von der Nacht;
	Zeuch hinter ihrem Rücken her,

	Und keiner kehre von euch sich um;
	Eilt, wo man hin euch weiset! –
66/66	So sagten wir ihm diesen Rath,
	Daß Stumpf und Stiel von jenen
	Soll ausgerottet seyn am Morgen.
67/67	Da kam das Volk der Stadt lustjauchzend.
68/68	Und Loth sprach: Dis sind meine Gäste;
	O kränkt mich nicht!
69/69	Fürchtet Gott, und beschämt mich nicht!
70/70	Sie sprachen: Haben wir dir nicht
	Verboten fremde Leute?
71/71	Er sprach: Hier meine Töchter,
	Nehmt, wenn ihr wollt! –
72/72	Bei deinem Leben! Wahrlich, sie
	In ihrem Rausche taumelten.
73/73	Da fassete sie der Schlag bei Sonnenaufgang,
74/74	Da machten wir das Oberste
	Zum Untersten, und regneten
	Auf sie gebrannte Steine.
75/75	In diesem traun sind Zeichen
	Für die bemerkenden:
76/76	Fürwahr der Ort liegt auf betretnen Wegen;
77/77	Hierin ist traun ein Zeichen für die Gläubigen.
78/78	Auch die von Aika waren Sünder;
79/79	Wir aber nahmen Rach' an ihnen.
	Traun, diese beiden sind ein deutlich Beispiel.
80/80	Auch die von Higr straften Lügen
	Die Abgesandten.
81/81	Wir brachten ihnen unsre Zeichen,
	Sie wendeten davon sich ab,
82/82	Und hieben aus den Bergen Häuser sorglos.
83/83	Da faßte sie der Schlag am Morgen,
84/84	Und nichts half ihnen, was sie wirkten.
85/85	Wir haben nicht erschaffen
	Den Himmel und die Erd' und was
	Darin ist, ohne festen Plan;
	Und ja fürwahr, die Stunde kommt;
	Kehr du die gute Kehre!

86/86 Warlich, dein Herr, er ist
Der Schöpfer, der Allweise.
87/87 Schon haben wir gegeben dir die Sieben
Des Eingangs, und den großen Koran.
88/88 Nicht dehne deine Augen aus
Auf das was zum Genuß wir gaben Einigen,
Noch betrübe dich über sie,
Doch neige deinen Fittig zu den Gläubigen,
89/89 Und sprich: Ich bin der offenkundige Mahner.
90/90 Schon thaten wir den Ausspruch über
Die Spaltenden,
91/91 Die aus dem Koran machten Stückwerk.
92/92 Bei deinem Herrn, wir werden sie
Befragen insgesammt
93/93 Um das was sie gethan.
94/94 Mach laut, was dir geheißen ist,
Und kehr dich ab den Götzendienern!
95/95 Wir stehn dir gut vor den Verspottern,
96/96 Die machen neben Gott noch einen andern Gott;
Einst werden sie's erfahren.
97/97 Wir wissen auch, daß dir
Eng ist die Brust um was sie reden.
98/98 Doch du lobpreise deinen Herrn,
Und sei von den Anbetern.
99/99 Und diene deinem Herrn, bis dir
Wird kommen die Gewisheit.

Sechzehnte Sura
Überschrieben
Die Bienen

Im Namen [Gottes des allbarmherzigen Erbarmers.]

1/1 Die Fügung Gottes kommt, beschleunigt sie nur nicht!
Preis ihm! er ist erhaben
Ob jeglicher Abgötterei.

2/2 Er sendet nieder Engel mit dem Geiste,
Nach seiner Fügung,
Auf wen er will von seinen Knechten: Prediget!
Kein Gott als Ich! o fürchtet mich!

3/3 Er schuf den Himmel und die Erde
Nach festem Plan, er ist erhaben
Ob jeglicher Abgötterei.

4/4 Er schuf den Menschen
Aus einem Tröpfchen, sieh und nun
Ist er ein offner Widersacher.

5/5 Und die Hausthiere schuf er euch,
An denen ihr habt Wärmendes
Und Nutzungen, und eßt von ihnen.

6/6 Und habt an ihnen eine Schau,
Wann ihr sie eintreibt und wann austreibt wieder.

7/7 Und sie auch tragen eur Gepäck
In Gegenden, wohin ihr sonst
Nicht kämet sonder eigne Mühsal;
Ja, euer Herr ist huldreich und barmherzig.

8/8 Und auch das Roß, das Maulthier und den Esel,
Daß ihr sie reitet, und zum Gepräng;
Und Er schafft auch was ihr nicht kennet.

9/9 Und Gottes ist die Richte
Des Wegs, von ihm schweift einer ab,
Doch wollte Gott, so leitet' er euch alle.

10/10 Er ist es, der gesandt vom Himmel Wasser,
Von dem ihr Trinken habet,
Von ihm Gebüsch auch, unter dem ihr weidet.
11/11 Er läßt davon euch sprossen Saat,
Olive, Palm' und Trauben,
Und von jedweder Baumfrucht;
In diesem ist ein Zeichen
Für Leute die da denken nach.
12/12 Und euch zu Dienst hat er gezwungen Nacht und Tag,
Und Sonn' und Mond, und die Gestirne
Sind dienstbar auch auf sein Gebot;
In diesem traun sind Zeichen
Für alle die verständig sind.
13/13 Und was er hat für euch verstreut
Auf Erden bunt von Arten;
In diesem ist ein Zeichen
Für sich besinnende.
14/14 Und Er ist der euch dienstbar machte
Das Meer, damit daraus
Ihr esset frisches Fleisch,
Und ziehet draus hervor Schmuck, den ihr anlegt;
Auch siehst du dort die Schiffe schweben;
Aufdaß ihr suchet seiner Gnaden Fülle,
Und ob ihr dankbar wäret.
15/15 Und auf die Erde warf er Bergesvesten,
Daß sie mit euch nicht wank', und Ströme,
Und Wege, ob ihr möget seyn geleitet.
16/16 Wegzeichen auch; und nach Gestirnen
Sind Wanderer geleitet.
17/17 Ist wer da schafft, wie wer nicht schaffet?
Wollt ihr euch nicht besinnen?
18/18 Und wenn ihr zählt die Güte Gottes,
Ihr könnt sie nicht berechnen;
Ja Gott ist gnädig und barmherzig.
19/19 Gott aber kennt, was ihr verheimlicht,
Und was ihr offenbaret.
20/20 Doch die man anruft außer Gott,
Sie schaffen nichts, sie sind geschaffen;

21/21 Sind todte, nicht lebendige,
Und merken's nicht,
22/— Wann man sie wird erwecken.
23/22 Euer Gott ist ein einziger Gott;
Die aber nicht ans Ende glauben,
Derselben Herz ist leugnerisch,
Und selbst sind sie hochfärtig.
24/23 Kein Anstoß ist, Gott kennt was sie verheimlichen,
Und was sie offenbaren.
25/— Er liebt nicht die hochfärtigen.
26/24 Wenn man sie fragt: Was hat denn
Gesandt für Kunden euer Herr?
Sagen sie: Possen der Alten.
27/25 Aufdaß sie tragen ihre Ladung ganz
Am Tag der Auferstehung,
Und einen Theil der Ladung derer,
Die sie irrführen ohne Wissen;
O schlimm sind sie beladen.
28/26 Gelistet haben andre schon vor ihnen;
Gott aber kam an ihren Bau
Von den Grundlagen her, da stürzte
Auf sie das Dach von oben,
Und ihnen kam die Strafe,
Von wannen sie's nicht nahmen wahr.
29/27 Alsdann am Tag der Auferstehung
Wird sie zu Schanden machen Gott
Und sprechen: Wo sind meine
Hülfsgötter, über die ihr Zwiespalt hattet?
Da sprachen, die empfangen haben Wissenschaft:
Ja Schande heut und Weh ob den Ungläubigen.
30/28 Die hin die Todesengel nahmen
Mit schuldbeladnen Seelen,
Ergeben wollen sie sich nun:
Wir thaten ja kein Böses!
Ja! Gott ist kundig dessen was ihr thatet.
31/29 Geht ein denn in die Pforten
Gehennas, ewig seid ihr drin,
Wol übel ist die Stätte der Hochmüthigen.

Die Bienen

32/30 Doch sagt man denen die da fürchten:
Was hat denn euer Herr gesendet?
So sagen sie: Nur Gutes!
Für die, so schön gehandelt
In dieser Welt, ist Schönes,
Die Wohnstatt in der andern doch ist besser,
O wonnige Statt der Gottesfürcht'gen!
33/31 Die Gärten Edens, wo sie eingehn,
Darunter hin die Ströme fließen,
Sie haben drinnen was sie wünschen;
So lohnet Gott die Gottesfürcht'gen.
34/32 Die hin die Todesengel nahmen, wohlgemuth,
Sprechend: Fried' über euch!
Geht ein zum Garten,
Um das was ihr gewirket habt.
35/33 Doch was erwarten die, als daß
Ihnen kommen die Todesengel,
Und komme deines Herrn Gericht?
So machtens die vor ihnen auch.
Und nicht that ihnen Unrecht Gott,
Sie selber thaten ihren Seelen Unrecht.
36/34 Da traf sie alles Böse des,
Was sie gethan, und auf sie fiel,
Was sie verspottet hatten.
37/35 Nun sprechen die Abgöttischen:
So Gott es wollte, hätten wir
Nichts angebetet außer ihm,
Nicht wir, noch unsre Väter,
Und hätten nichts geweihet außer ihm.
So machtens die vor ihnen auch;
Was aber liegt den Boten ob,
Als nur die klare Meldung?
38/36 Wir sandten jedem Volk schon einen Boten:
Dient Gott und laßt das Irrsal.
Von ihnen manchen hat nun Gott geleitet,
Und über manchem war verhängt die Irre.
Doch reiset nur durchs Land, und sehet,
Wie war das Ende der Verleugner!

39/37 Bist du begierig sie zu leiten?
Gott leitet nicht, wen er läßt irrgehn,
Und für sie ist kein Helfer.
40/38 Geschworen haben sie bei Gott
Mit ihren stärksten Eiden:
Erwecken wird nicht Gott, wer stirbt.
Ja! ein Verheiß von ihm ists fest;
Allein die meisten von den Menschen wissens nicht.
41/39 Damit er ihnen ansag' einst,
Worüber sie uneinig waren;
Damit die Leugner auch erfahren,
Daß sie gewesen Lügner.
42/40 Nur unser Wort zu einem Ding,
Sobald wirs haben wollen,
Ist, daß wir zu ihm sagen: Werde! und es wird.
43/41 Doch die auswanderten um Gott,
Nachdem sie Unrecht litten,
Wir siedeln ihnen in der Welt ein Schönes;
Der Lohn der andern aber
Ist größer, wenn sie's wüßten.
44/42 Die in Geduld ausharrten und
Auf ihren Herrn vertrauen.
45/43 Wir haben auch vor dir gesandt nur Männer,
Denen wir offenbarten,
(Fragt nur das Volk der Schrift, wenn ihrs nicht wisset!)
46/44 Mit Schrifturkunden und Abschnitten,
Und schickten dir die Mahnung zu,
Damit du kündigtest den Menschen,
Was ihnen zugesandt ist,
Ob sies vielleicht bedenken wollen.
47/45 Sind denn so sicher, die da listen,
Vorm Unheil, daß
Gott lasse klaffen unter ihnen
Den Boden, oder ihnen komme
Das Strafgericht, vonwannen sie's nicht merken!
48/46 Oder es sie ergreif in ihren
Umtrieben, und sie werden nichts entkräften!
49/47 Oder er sie ergreife nur zur Schreckung!
Denn euer Herr ist gnädig huldreich.

Die Bienen

50/48 O sahen sie nicht an, was alles
Hat Gott geschaffen irgend,
Es wenden sich davon die Schatten rechts und links,
Anbetend Gott fußfällig, sich erniedernd.

51/49 Und Gott fußfällig betet an,
Was da im Himmel ist, und was
Auf Erden von Geschöpfen,
Die Engel auch, und sind nicht stolz.

52/50 Sie fürchten ihren Herrn von oben,
Und thun, was sie geheißen sind.

53/51 Und Gott sprach: Nehmet nicht an Götter zwei!
Es ist nur Gott ein Einziger,
Ich, und mich sollt ihr scheun.

54/52 Und sein ist, was im Himmel und was auf Erden ist;
Sein ist der Dienst beständig;
Was außer Gott denn wollt ihr fürchten?

55/53 Und was an euch von Wohlthat ist, das ist von Gott;
Dann, wenn euch rührt ein Weh an,
So schreiet ihr zu ihm.

56/54 Dann, wenn er nimmt das Weh von euch,
Gleich wird von euch ein Haufen
Beigeben eurem Herrn Beigötter;

57/55 Daß sie undankbar leugnen, was wir ihnen gaben.
Nun so genießt! einst werdet ihrs erfahren.

58/56 Und geben dem, was sie nicht kennen, Antheil
Von dem, womit wir sie versorgten.
Bei Gott! man wird euch fragen
Um das was ihr erlogt.

59/57 Und geben Gotte Töchter, (Preis ihm!)
Sie aber haben was sie wünschen.

60/58 Wird ihrer einem angesagt ein Mädchen,
So wird sein Antlitz dunkel,
Und Ärger würget ihn.

61/59 Er birgt sich vor den Leuten ob
Der Schmach des Angesagten;
Wird ers behalten mit Verachtung?

Vers 59 *Töchter*] die Engel, weiblich. – *was sie wünschen*] nämlich: Söhne.
Vers 60 *ein Mädchen*] die Geburt eines Mädchens.

Oder verscharrt er es im Staub?
Wie übel ist ihr Urtheil!

62/60 Für jene, die nicht glauben
Ans Ende, ist das üble Gleichnis,
Doch für Gott ist das hohe Gleichnis,
Und Er ist der Allmächtige, der Allweise.

63/61 Doch wollte fassen Gott die Menschen
An ihrer Schuld, so ließ' er übrig
Auf Erden kein Geschöpf.
Doch Aufschub gibt er ihnen auf bestimmte Frist,
Und ist gekommen ihre Frist,
So verzögern sie keine Stunde,
Und eilen keine vor.

64/62 Sie aber geben Gott, was sie verschmähen,
Und ihre Zungen reden Lüge,
Daß ihnen werden wird das Schönste.
Kein Anstoß! ihnen wird das Feuer,
Sie sind vor allen verstoßen.

65/63 Bei Gott! wir sandten an die Stämme schon vor dir;
Doch Satan schmückte ihnen ihre Werke;
So ist er ihr Genoß' nun heut',
Und ihre Straf ist peinvoll.

66/64 Wir aber gaben dir das Buch nur,
Damit du ihnen deutetest
Dasjenige worüber sie noch streiten,
So wie zu Leitung auch und Gnade
Für alle, die da glauben.

67/65 Gott hat gesandt vom Himmel Wasser,
Und hat damit belebt die Erde,
Nachdem sie todt war; traun, hierin ist
Ein Zeichen für die Hörenden.

68/66 Und an dem Hausthier habet ihr ein Beispiel.
Wir geben euch zu trinken
Von dem was es in seinem Bauch
Hat zwischen Blut und Unrath,
Milch, lautre, leichteingehende den Trinkern.

69/67 Und von der Frucht der Palme,
Und von den Trauben nehmet ihr
Ein Rauschgetränk und Nahrung schön.

Die Bienen

Darin ist traun ein Zeichen
Für solche die verständig sind.
70/68 Und offenbaret hat dein Herr der Biene:
Nimm in Bergklüften deine Wohnung,
In Bäumen, und in dem was Menschen aufbaun.
71/69 Dann iß von allen Früchten,
Und geh die Wege deines Herrn in Demuth.
Aus ihrem Innern kommt ein Saft
Von mannigfacher Farbe,
In ihm ist Heilung für die Menschen.
Darin ist traun ein Zeichen
Für solche, die da denken nach.
72/70 Und Gott hat euch geschaffen,
Dann nimmt er euch zu sich,
Doch von euch mancher wird gebracht
Zurück zum Niedersten des Lebens,
Sodaß er nichts mehr weiß, nachdem er wußte.
Doch Gott ist weise und mächtig.
73/71 Und Gott hat ausgezeichnet
Von euch den einen vor dem andern
Im Unterhalt; doch die da ausgezeichnet sind,
Sie geben ihren Unterhalt
Nicht hin an die, so unter ihrer Hand stehn,
Sodaß sie darin würden gleich.
Wollt ihr die Wohlthat Gottes wol bestreiten?
74/72 Gott hat gemacht für euch auch von euch selber Frauen,
Und hat gemacht für euch von euren Frauen Söhn' und
[Enkel,
Und euch versorgt mit allem Guten.
Wie? wollen sie ans Eitle glauben
Und Gottes Wohlthat leugnen?
75/73 Und beten neben Gott an, was
Nicht ist im Stand sie zu versorgen
Vom Himmel und von Erden irgend,
Und nichts vermögen sie.
76/74 Drum präget doch für Gott kein Gleichnis!
Denn Gott weiß, und ihr wisset nicht.
77/75 Geprägt hat Gott ein Gleichnis, einen dienstbarn Knecht,
Der Macht hat über Nichts, und einen,

Den wir versorgt von uns aus haben
Mit schönem Lebensunterhalt,
Er aber spendet davon heimlich
Und öffentlich. Sind gleich wol beide?
Bewahre Gott! allein die meisten
Von ihnen sind unwissend.

78/76 Und auch geprägt hat Gott ein Gleichnis,
Zwei Männer, ihrer einer stumm,
Der Macht hat über nichts, und er
Ist eine Last für seinen Pfleger;
Wohin er ihn mag schicken,
Er bringt nichts Gutes. Ist wol gleich
Der, und dagegen wer gebeut, was Recht ist,
Und wandelt auf geradem Pfad?

79/77 Doch Gottes ist die Heimlichkeit
Des Himmels und der Erde,
Und das Gebot der letzten Stunde ist
Nur wie ein Blink des Auges oder schneller;
Denn Gott ist jedes Dings gewaltig.

80/78 Und Gott hat euch hervorgebracht
Aus eurer Mütter Leibern,
Und hat gemacht euch das Gehör,
Die Augen und die Herzen,
Ob ihr seid etwa dankbar.

81/79 O sahen sie nicht an die Vögel,
Die dienstbaren im Luftraum?
Nichts hält sie als nur Gott.
In diesem traun sind Zeichen
Für solche die da glauben.

82/80 Und Gott hat euch gemacht aus euren Zelten Wohnung,
Und hat gemacht euch aus Thierhäuten Zelte,
Die ihr bewegt am Tag des Aufbruchs
Und an dem Tag der Niederlassung;
Dazu aus ihren Wollen, Vließen, Haaren
Geräth und Nutz auf eine Zeit.

83/81 Und Gott hat euch gemacht aus dem,
Was er erschuf, Beschattung,
Und hat gemacht euch aus den Bergen Schlupfe,
Und hat gemacht euch Leibgewänder,

Die Bienen

        Abwehrend euch die Hitze,
        Und Leibgewänder, euch im Kampf
        Abwehrend eur Versehr. So
        Vollendet er an euch die Wohlthat,
        Ob ihr ergeben seyn wollt!
84/82 Doch wenn sie ab sich wenden, nun,
        Dir liegt nur ob die klare Meldung.
85/83 Gottes Wohlthat erkennen sie,
        Dann leugnen sie dieselbe,
        Und ihre meisten sind ungläubig.
86/84 Doch Tags, wo wir erwecken werden
        Aus jedem Volkstamm einen Zeugen,
        Dann wird kein Urlaub denen die nicht glaubten.
        Und nicht entschuldigt werden sie.
87/85 Doch wenn nun sehn, die da gesündigt,
        Die Pein, und nichts erleichtert sie,
        Und sie sind ungefristet –
88/86 Doch wenn nun sehn
        Die Götzendiener ihre Götzen, sprechen sie:
        Herr, das sind unsre Götzen,
        Die wir anriefen außer dir.
        Doch diese werfen ihnen
        Das Wort zu: Ihr seid Lügner.
89/87 Da werfen sie auf Gott des Tages ihr Vertraun,
        Und ihnen schwand, was sie erdichtet hatten.
90/88 Die da verleugneten und stießen
        Vom Pfade Gottes, ihnen mehrten
        Wir eine Pein ob ihrer Pein
        Um das was sie gefrevelt.
91/89 Und Tags wo wir erwecken werden
        Aus jedem Volkstamm einen Zeugen über sie
        Aus ihnen selber, und da bringen
        Wir dich als Zeugen über diese,
        Und haben dir verliehn das Buch zur Deutung
        Für alles, und zur Leitung und Barmherzigkeit
        Und Freudenbotschaft für die Moslems.
92/90 Denn Gott gebietet Fug und Recht
        Und Wohlthun den Verwandten,

Und er verbietet Unglimpf, Unbill, Frevel.
Er mahnet euch, ob ihr bedenken wollet.

93/91 O haltet Gottes Bund, wann ihr euch habt verbunden,
Und trennt nicht auf den Eidschwur,
Nachdem er ward gefestigt,
Und Gott habt ihr gemacht ob euch zum Bürgen.
Ja Gott weiß was ihr thut.

94/92 Und seid nicht wie ein Weib, die auftrennt ihr Gespinst,
Nachdem es stark war, fetzenweise,
Indem ihr brauchet eure Eide
Zu Wirren unter euch,
Daß ein Geschlecht sei größer als das andre.
Doch Gott versucht euch nur damit,
Und sagen wird ers euch am Tag der Auferstehung,
Worüber ihr gestritten habt.

95/93 Und hätte Gott gewollt, so hätt' er euch gemacht
Zu einem einzigen Geschlecht;
Doch er läßt irrgehn, wen er will,
Und leitet wen er will;
Und fragen wird man euch um was ihr thatet.

96/94 So brauchet eure Eide nicht
Zu Wirren unter euch, daß gleite
Ein Fuß, nachdem er fest stand, und ihr schmecket
Das Weh davon, daß ihr verstießet
Von Gottes Pfad, und groß ist eure Strafe.

97/95 Erkaufet nicht um Gottes Bund
Gut von geringem Werth!
Denn das bei Gott ist besser
Für euch, wenn ihr es wüßtet.

98/96 Denn das bei euch zergeht,
Und das bei Gott ist bleibend,
Erstatten wird er denen, die
Geduldig harren, ihren Lohn,
Vom schönsten dessen was sie thaten.

99/97 Wer Gutes that, Mann oder Weib,
Und gläubig ist, den werden wir
Beleben zu wonnigem Leben,
Und ihnen erstatten ihren Lohn,
Vom schönsten dessen was sie thaten.

Die Bienen

100/98 Wenn du den Koran liesest nun,
So bitte Gott um Zuflucht vorm
Gesteinigten Satane.
101/99 Denn er hat keine Vollmacht über
Die glauben und auf ihren Herrn vertrauen.
102/100 Nur über die ist seine Vollmacht,
Die ihn zum Freunde wählen,
Und treiben mit ihm Götzendienst.
103/101 Wenn an die Stelle eines Zeichens
Wir nun ein andres setzen (doch
Gott weiß am besten was er offenbaret),
So sprechen sie: Du hast es nur erdichtet.
Nein! ihre meisten wissen nichts.
104/102 Sprich: Offenbaret hats der Geist der Heiligkeit
Von deinem Herrn, mit Absicht
Die zu befestigen, die da glauben,
Zu Leitung auch
Und Freudenkunde den Ergebnen.
105/103 Wir wissen wohl auch, daß sie sagen:
Es lehret ihn ein Mensch.
Die Zunge dessen, den sie meinen,
Ist eine fremde, aber dis
Ist rein arabische Zunge.
106/104 Fürwahr, die, so nicht glauben an die Zeichen Gottes,
Dieselben leitet Gott nicht,
Und ihrer wartet scharfe Pein.
107/105 Nur Lug erdichten jene, die
Nicht glauben an die Zeichen Gottes,
Dieselben sind die Lügner.
108/106 Wer leugnet Gott, nachdem er glaubte,
Außer wer da gezwungen ward,
Indeß sein Herz beruhete im Glauben, –
Doch wer aus freier Brust verleugnet,
Ob denen ist ein Zorn von Gott,
Und ihrer wartet große Pein.

Vers 104 *mit Absicht*] Diese Übersetzung von *bi-l-ḥaqqi* ist anderswo auch anzuwenden. – *Ergebnen*] Moslim's.

109/107 Dis, weil sie haben lieb das Leben
 Hienieden vor dem andern,
 Und weil Gott leitet nicht das Volk der Leugner.
110/108 Sie sind es, denen Gott hat
 Versiegelt ihre Herzen,
 Und ihr Gehör und ihre Augen,
 Und sie sind ungewahrsam:
—/109 Kein Zweifel, in der andern Welt
 Sind diese die Verlustigen.
111/110 Aber dein Herr ist jenen, die
 Auswanderten, nachdem geprüft sie wurden,
 Dann stritten und ausharreten, –
 Fürwahr dein Herr nach diesem
 Ist huldreich und barmherzig.
112/111 Am Tag wo jede Seele kommt,
 Und für sich selber kämpfet,
 Und jede wird belohnt für ihre Werke,
 Da werden sie nicht seyn verkürzt.
113/112 Gott aber hat geprägt ein Gleichnis: eine Stadt,
 Die sorglos war in Ruh,
 Ihr Unterhalt kam reichlich ihr von jedem Ort,
 Doch undankbar verleugnete
 Sie die Wohlthaten Gottes,
 Da ließ sie Gott verkosten das
 Gewand des Hungers und der Furcht,
 Um ihrer Werke willen.
114/113 Und schon gekommen war ein Bote ihnen
 Aus ihnen selber, den sie Lügen straften;
 Da fassete die Strafe sie,
 Indem sie Sünder waren.
115/114 Ihr aber, eßt von dem, womit euch Gott versorgt,
 Erlaubtes, Liebliches, und dankt
 Für Gottes Huld, wenn ihr seid dessen Diener.
116/115 Verboten hat er euch nur das Gestorbne,
 Das Blut, das Fleisch der Sau, und was
 Geopfert einem außer Gott ward.
 Doch wer gezwungen wird, und es
 Nicht will und es nicht widerholt, –
 Nun Gott ist gnädig gernverzeihend.

Die Bienen

117/116 Und redet nicht von dem,
Was eure Zungen nennen, Lug:
„Dis ist erlaubt, und dis verboten",
Daß ihr auf Gott erdichtet Lug;
Denn die auf Gott erdichten Lug,
Dieselben sind nicht glücklich:
118/117 Ein kurzer Nießbrauch, und darauf
Wird ihnen Strafe peinlich.
119/118 Auch denen, die sich Juden nennen,
Verboten wir, was wir zuvor dir sagten.
Nicht Unrecht thun wir ihnen, sondern
Sie thun sich selber Unrecht.
120/119 Aber dein Herr ist jenen, die
Sündigten in Unwissenheit,
Sodann bekehrten sich hernach und besserten –,
Fürwahr dein Herr nach diesem
Ist gnädig, gernverzeihend.
121/120 Traun, Abraham war ein Geschlecht,
Gott unterwürfig und andächtig,
Und war nicht von den Götzendienern;
122/121 Dankbar für Gottes Gnaden, der ihn wählte,
Und leitet' ihn zum Wege dem geraden.
123/122 Wir gaben ihm in dieser Welt ein Schönes,
Und in der andern ist er von den Frommen.
124/123 Dann offenbareten wir dir:
Folge der Innung Abrahams, andächtig,
Der nicht war von den Götzendienern.
125/124 Der Sabbat ist für jene nur
Gemacht, die drüber streiten;
Und ja dein Herr wird richten zwischen ihnen
Am Tag der Urständ' über das,
Worüber sie nun streiten.
126/125 Berufe du zum Weg des Herrn
Mit Weisheit und mit Predigt schön!
Bekämpfe sie nur mit dem Bessern!
Dein Herr ja kennt am besten, wer

Vers 124 *Innung*] *milla* Innung, immer, oder doch öfter.

Verirrt von seinem Wege,
Und kennt am besten auch die rechtgeleiteten.
127/126 Wenn aber ihr euch rächet,
So rächet euch mit gleichem wie
Man sich an euch gerächet.
Wenn aber ihr geduldig euch
Enthaltet, besser ist das den Geduldgen.
128/127 Gedulde dich, und dein Gedulden
Ist nur in Gott, betrübe dich nicht über sie,
Und sei beengt nicht über was sie listen.
Gott ist mit denen, die ihn fürchten,
Und die da thun das Gute.

Aus Sure 17

Überschrieben

Er reiste in der Nacht

1/1 Preis ihm, der reiste
Mit seinem Diener in der Nacht
Vom Betehaus dem geweihten
Bis zu dem Betehaus der Grenze,
Das ringsum wir gesegnet haben;
Daß wir ihm zeigten einiges unsrer Wunder.
Ja, Gott ist der da hört und sieht.

2/2 Wir aber gaben Mosen
Das Buch, das wir zur Leitung machten
Den Söhnen Israels, hierin:
Nicht nehmet außer mir an einen Beistand;

3/3 Als Saame derer, die wir trugen
Mit Noa durch die Fluten; denn
Er war ein Diener dankbar.

4/4 Doch dann bestimmten wir den Söhnen Israels
In unserm Buche: Zweimal sollt
Ihr freveln auf der Erd' und euch
Erhöhn zu großer Höhe.

5/5 Und als nun die Verheißung kam
Des ersten Mals von beiden,
Da erweckten wir gegen sie
Ein Heer von unsern Knechten,
Begabt mit starker Streitkraft;
Die drangen ein in Landes Mitten,
Und die Verheißung war geschehn.

6/6 Dann wandten wir euch wieder zu
Die Obhand über jene,
Und breiteten euch aus
An Gütern und an Söhnen,
Und machten größer euch an Volkszahl.

7/7 Wenn ihr nun Gutes thut, so tut ihrs euren Seelen,
Wenn aber Böses, ihnen auch.

Doch als nun die Verheißung kam des letzten,
Daß sie verhöhnten eure Angesehnen
Und drangen ein ins Heiligthum,
Wie sie darin das erste Mal gedrungen,
Zerstörend, was sie nur betraten, mit Zerstörung;
8/8 Vielleicht wird euer Herr sich euer nun erbarmen,
Doch thut ihrs wieder, so thun wirs auch wieder,
Und machen die Gehenna
Den Leugnern zum Umfang.
9/9 Wahrhaftig dieser Koran leitet
Zum Glücke von Bestand, und Freude
Verkündet er den Gläubigen,
10/— Die da das Gute thun: Daß ihnen
Bevorsteht großer Lohn,
11/10 Und daß, die da nicht glauben an das Ende,
Bereitet haben wir ihnen Strafe peinlich.
12/11 Ruft doch der Mensch das Böse,
Als riefe er das Gute, ja
Der Mensch ist höchst eilfertig.
13/12 Wir machten Nacht und Tag euch zu zwei Zeichen.
Wir löschen aus das Zeichen nun
Der Nacht, und machen dann das Zeichen
Des Tages sichtbar, daß ihr suchet
Güter von eurem Herren,
Und daß ihr kennt die Zahl der Jahre
Und Zeitrechnung, und Alles haben
Wir gesondert mit Sonderung.
14/13 Und jedem Menschen haben wir
Geheftet sein Geschick an seinen Nacken,
Und ziehn hervor für ihn am Tag der Urständ'
Ein Buch, er findets aufgeschlagen:
15/14 Da lis dein Buch! Es genüget deine Seele
Heut gegen dich zur Klägerinn.
16/15 Wer richtig geht, geht richtig seiner Seele nur,
Und wer da irret, irrt nur ihr zum Schaden.
Nicht ladet eine schuldbeladne
Die Ladung auf von einer andern;
Und niemals straften wir, bevor
Wir senden einen Boten.

Er reiste in der Nacht

17/16 Doch wann wir dachten zu verderben eine Stadt,
Hießen wir's ihren Reichen, und sie frevelten
In ihr, da traf die Stadt der Spruch,
Wir trümmerten sie in Trümmer.
18/17 Wieviel verdarben wir der Volksgeschlechter
Nach Noa! und es gnügt dein Herr
Den Sünden seiner Knechte
Zum Forscher und zum Schauer.
19/18 Wer hier dis Flüchtige begehrt,
Wir geben auf der Flucht ihm
Daran soviel wir wollen, wem wir mögen,
Dann machten wir für ihn die Hölle, die er heizt,
Gescholten und verstoßen.
20/19 Doch wer das Andre dort begehrt,
Und fleißt darauf sich rechten Fleißes,
Und ist dabei ein Gläubiger;
Nun solche sind es, deren Fleiß bedankt wird.
21/20 Wir spenden alles, dis und jenes,
Von dem Geschenke deines Herrn,
Und nie ist deines Herrn Geschenk versperrt.
22/21 Sieh, wie wir Vorzug gaben einem
Von ihnen vor dem andern hier;
In jenem Leben aber sind
Die Stufen größer, größer noch der Vorzug.
23/22 O mache neben Gott nicht einen andern Gott,
Sonst sitzest du gescholten und verlassen.
24/23 Verordnet hat dein Herr, daß ihr
Nicht sollt anbeten alsnur ihn,
Und an den Eltern schön zu handeln,
Ob nun gelangen mag bei dir
Zum Alter eins von ihnen oder beide.
Und sage nicht zu ihnen Pfui,
Schilt sie nicht, sondern sprich
Zu ihnen Worte freundlich.
25/24 Und ihnen senke du den Fittig
Der Demuth aus liebreichem Sinn,
Und sprich: Mein Herr, sei liebreich ihnen,
Alswie sie mich erzogen haben kleinauf.

26/25 Es kennt am besten euer Herr
Das was in euch ist, wenn ihr fromm seid;
27/— Und Er ist den Bekehrten gnädig.
28/26 Auch dem Verwandten gib sein Recht, und
Dem Armen und dem Sohn des Weges,
Doch auch verschwende nicht verschwenderisch.
29/27 Denn die Verschwender sind die Brüder
Der Satane, und Satan war
An seinem Herrn undankbar.
30/28 Doch wenn du ihnen weigerst, weil du selber
Suchst Huld vom Herrn, auf die du wartest,
Sag ihnen doch ein lindes Wort.
31/29 Laß weder deinen Arm gefesselt
An deiner Schulter haften,
Noch dehn' ihn aus mit aller Dehnung;
Sonst sitzest du getadelt und geblößet.
32/30 Gott dehnt die Nahrung wem er will und misset sie,
Und Er ist seiner Knechte kundiger Schauer.
33/31 Auch tödtet eure Kinder nicht
Aus Sorge vor Verarmung;
Wir werden sie ernähren und euch selber;
Traun ihre Tödtung ist ein großer Frevel.
34/32 Und nahet nicht der Unzucht; sie
Ist eine Schmach und übler Weg.
35/33 Auch tödtet nicht ein Leben, welches Gott verpönt,
Es sei denn nach dem Rechte.
Doch wer getödtet wird mit Unrecht, dessen
Vertreter geben wir Gewalt,
Doch überschreit' er nicht die Grenz' im Todtschlag,
Und Beistand soll er haben.
36/34 Auch rühret Waisengut nicht an
Außer zu seinem Besten,
Bis er zu seinen Jahren komme.
Und haltet das Versprechen,
Denn das Versprechen wird gefordert.
37/35 Und haltet treues Maß auch, wo ihr messet,
Und wägt mit rechter Wage,
Das ist euch besser, eine schönre Weise.

38/36 Auch zeihe nicht, um was du hast kein Wissen;
Denn Ohr und Aug' und Herz, von allen diesen
Wird Rechenschaft gefordert.
39/37 Und schreite nicht auf Erden übermüthig,
Denn spalten wirst du nicht die Erde,
Noch reichen an die Berg' an Länge.
40/38 All dieses, derlei Laster ist
Bei deinem Herrn unangenehm.
41/39 Dis ist von dem, was offenbart
Dir hat dein Herr von Weisheit;
Und mache neben Gott nicht einen andern Gott,
Daß du geworfen werdest in die Hölle,
Verachtet und verstoßen.
42/40 Hätt' euch begnadigt euer Herr mit Söhnen,
Und hätte selber an den Engeln Töchter?
Ihr redet traun ein großes Wort!
43/41 Einräumten wir nun ihnen diesen Koran,
Damit sie sich bedenken möchten,
Doch mehrts nur ihre Störrigkeit.
44/42 Sprich also: Wären neben ihm
Götter, wie sie behaupten;
Sie hätten wol versucht dem Herrn
Des Thrones beizukommen.
45/43 Preis ihm, er ist erhaben
Ob allem was sie sagen, hoch erhaben.
46/44 Es preisen ihn die sieben Himmel und die Erde,
Und was darin ist; und nichts ist,
Es preise denn sein Lob, doch sie
Verstehn nicht ihren Lobpreis:
Ja, er ist mild und huldreich.
47/45 Wenn aber du den Koran liesest, machen
Wir zwischen dir und denen, die nicht glauben
Ans andre Leben, einen dichten Vorhang.
48/46 Und machen über ihre Herzen Decken,
Daß sie ihn nicht verstehen, und in ihre Ohren Härte.

Vers 43 *einräumen*] *ṣarrafnā?* Wol elliptisch = V. 91.
Vers 44 *Sprich also*] öfter zu setzen.

49/— Und wenn du nennest deinen Herrn im Koran
Den Einen, wenden sie sich um
Nach ihren Rücken, störrig.
50/47 Wir wissen es am besten, wem
Gehör sie geben, wenn Gehör
Sie geben dir, und wenn sie heimlich sich besprechen,
Wenn da die Sünder sagen:
Ihr folgt nur einem Mann, der ist bezaubert.
51/48 Sieh, wie sie schmiedeten auf dich die Gleichnisse!
So irren sie, und können nicht zum Wege.
52/49 Und sprechen: Wie denn? wann wir sind
Geworden Staub und Knochen,
Sollen wir denn erwecket seyn
Zu einem neuen Gebilde?
53/50 Sprich: Werdet Stein nur oder Stahl
—/51 Oder Gebilde härter noch
In euren Busen! Doch sie werden sprechen:
Wer soll uns wiederbringen? sprich:
Er der euch hat hervorgebracht das erste Mal.
Sie werden schütteln gegen dich die Köpfe,
Und sprechen: Wann wird dieses seyn?
Sprich: Möglich ist es bald,
54/52 Des Tages, wo er rufet euch,
Und Antwort gebet ihr mit seinem Lobe,
Und meint, geruhet hättet ihr
Nur eine kleine Weile.
55/53 Sag meinen Dienern:
Sie sollen nur das Beste reden.
Denn Satan will sie reizen gegeneinander,
Denn Satan ist dem Menschen
Ein offenbarer Feind.
56/54 Eur Herr kennt euch am besten; wenn er will, verzeiht er
[euch;
Und wenn er will, bestraft er euch.
Wir aber haben dich gesandt nicht über sie zum Hüter.
57/55 Dein Herr ja kennt am besten, was
Im Himmel und auf Erden lebet,

Vers 55] Knüpft sich an V. 50.

Und wir erhöhten einen der
Profeten über den andern,
Dem David gaben wir den Psalter.
58/56 Sprich: Rufet an diejenigen,
Die ihr behauptet neben ihm!
Sie können nicht entrücken
Das Weh von euch, noch ändern.
59/57 Diejenigen, die ihr rufet an,
Sie suchen selbst bei ihrem Herrn den Zutritt,
Wer näher sei in Gunst,
Und wünschen seine Huld,
Und fürchten seine Strafe;
Die Strafe deines Herrn ist traun zu scheuen.
60/58 Und keine Stadt ist, die wir nicht
Verderben werden vor dem Tag
Der Auferstehung, oder sie
Strafen mit schwerer Strafe;
Das ist im Buch geschrieben.
61/59 Nichts aber hält uns ab zu senden Boten
Mit Wunderzeichen, alsnur, daß
Sie Lügen zieh die Welt vor diesem.
So brachten zu Themud wir die Kamelkuh augensichtlich.
Sie aber frevelten an ihr;
Wir senden traun die Zeichen nur zum Schrecken.
62/60 Da sagten wir dir auch: dein Herr umzingelt
Die Menschen, und wir machten das
Gesicht, das wir dich ließen sehn,
Nur zur Versuchung für die Menschen,
Und zu dem Baum des Fluchs im Koran;
Wir schrecken sie, das aber mehrt
Und macht nur größer ihren Ungehorsam.

75/73 Vermöchten sie's, sie möchten dich verführen
Ab dem was wir dir offenbarten,

Vers 61 *Boten*] einen Boten (Muhammed).
Vers 63-74] Für Einschiebsel zu erklären.

Daß du auf uns erdichten sollest andres,
Dann nähmen sie dich wol zum Freunde.
76/74 Und hätten wir dich nicht befestigt,
Du hättest fast zu ihnen dich
Geneigt ein Weniges.
77/75 Dann hätten wir dich kosten lassen
Gedoppeltes vom Leben und Gedoppeltes vom Tode,
Da fändest gegen uns du keinen Helfer.
78/76 Und wenn sie möchten, würden sie
Dich drängen aus dem Lande,
Daß sie dich draus vertrieben;
Dann würden sie doch hinter dir
Auch nur verbleiben kurze Frist:
79/77 Nach Ordnung derer, die wir sendeten vor dir
Als unsere Gesandten;
Und niemals wirst du finden
An unsrer Ordnung eine Änderung.
80/78 Bestelle das Gebet beim Neigen
Der Sonne bis zum Graun der Nacht,
Und lis den Koran um das Frühroth;
Denn Koranlesung ums Frühroth hat Segen.
81/79 Auch von der Nacht wach' einen Theil
Dir zum Verdienst freiwillig;
Vielleicht erweckt dich einst dein Herr
In ehrenvollem Stande.
82/80 Und sprich: Herr, laß mich ausgehn
Den Ausgang der Gerechtigkeit, und eingehn
Den Eingang der Gerechtigkeit;
Und setze mir von dir her Hülfsgewalten.
83/81 Sprich auch: Gekommen ist die Wahrheit,
Zergangen ist der Irrthum;
Denn aller Irrthum ist zergänglich.
84/82 Hernieder senden wir vom Koran
Was Heilung ist und Gnade für die Gläubigen,
Den Sündern aber mehrt es nur den Schaden.
85/83 Wann wir erweisen Huld dem Menschen, wendet er
Sich ab und weichet seitwerts;
Doch rührt das Übel ihn, wird er kleinmüthig.

86/84 Sprich: Jeder thu' nach seiner Weise!
Doch euer Herr weiß, wer den bessern Weg geht.
87/85 Sie fragen auch dich um den Geist;
So sprich: Der Geist
Kommt auf Befehl von meinem Herrn;
Euch aber ward vom Wissen nur ein Wenig.
88/86 Und wenn wir wollten, nähmen wir
Hinweg, was wir dir offenbarten;
Dann fändest du für dich hierin
Gegen uns keinen Anwalt;
89/87 Als Gnade nur von deinem Herrn;
Denn seine Huld ist an dir groß.
90/88 Sprich so: Wenn sich vereinigten
Die Menschen und die Genien,
Zu bringen etwas gleiches diesem Koran;
Nicht brächten sie ein gleiches ihm,
Wär' ihrer auch ein Theil des andern Beistand.
91/89 Wir haben ausgelegt den Menschen
In diesem Koran alle Art von Gleichnis;
Die meisten doch der Menschen wollten
Nicht andres wan Verleugnung.
92/90 Und sprachen: Nimmer werden wir dir glauben,
Bisdaß du lässest sprudeln
Uns aus dem Boden einen Quell;
93/91 Oder bis dir ein Garten wird
Von Palmen und von Reben,
Und lässest rings um ihn
Sprudelnde Ströme sprudeln.
94/92 Oder fallen lässest du vom Himmel,
Wie du gesagt, auf uns ein Stück,
Oder kommst mit Gott und mit den Engeln schaarweis;
95/93 Oder dir wird ein Haus von Goldprunk,
Oder du steigest auf zum Himmel;
Und nimmer glauben wir auch deinem Aufstieg,
Bis du herniederbringest uns
Ein Buch, das selbst wir lesen.
Sprich du: Preis meinem Herrn! was bin
Ich andres wan ein Sterblicher, ein Bote?

96/94 Doch nichts hielt ab die Menschen, daß sie glaubeten,
Da ihnen kam die Leitung,
Wan daß sie sprachen: Hat gesandt
Gott einen sterblichen Boten?
97/95 Sprich: Wenn auf Erden Engel wären,
Die friedlich wandelten,
So hätten ihnen wir gesandt
Vom Himmel einen Engel Boten.
98/96 Sprich: Gott genügt zum Zeugen zwischen mir und euch;
Denn Er ist seiner Knechte kundiger Schauer.
99/97 Wen Gott geleitet, der ist der Geleitete,
Doch die er lässet irre gehn, du findest nie
Für sie Vertreter außer ihm;
Und sie versammeln werden wir
Am Tag der Auferstehung
Auf ihren Angesichtern,
Blind, stumm und taub;
Ihr Einkehrort Gehenna,
So oft sie lischet, mehren
Wir ihnen neuen Brand.
100/98 Dis ihr Vergelt dafür, daß sie
Geleugnet unsre Zeichen und gesprochen:
Wie? wann wir sind geworden Staub und Knochen,
Wie? sollen wir denn seyn erweckt
Zu einer neuen Schöpfung?
101/99 O sehn sie nicht, daß Gott, der schuf
Den Himmel und die Erde,
Im Stand ist auch zu schaffen ihresgleichen?
Und ihnen setzt' er eine Frist,
An der nicht ist zu zweifeln;
Die Sünder aber wollen
Nicht andres wan Verleugnung.
102/100 Sprich: Wenn ihr waltetet des Schatzes
Der Gnade meines Herrn, ihr würdet sparen,
Aus Furcht was auszugeben; denn der Mensch ist karg.
103/101 Wir haben einst gegeben Mosen
Neun offenbare Zeichen,
Frag nur die Söhne Israels,

Er reiste in der Nacht

Als er zu ihnen kam, und Farao sprach zu ihm:
Ich halte dich, o Mose, für bezaubert.
104/102 Er aber sprach: Du weißt daß Niemand
Dis hat gesendet als der Herr
Des Himmels und der Erde augensichtlich;
Ich halte dich, o Farao, für verloren.
105/103 Da wollte er sie drängen aus dem Lande,
Doch wir ertränkten ihn, und wer mit ihm war insgesammt.
106/104 Und sprachen nachher zu den Söhnen Israels:
Bewohnet nun das Land, doch wenn
Nun die Verheißung kommt des letzten,
Lassen wir kommen euch bunt durcheinander.
—/105 In Wahrheit offenbaren wir,
In Wahrheit wird es offenbar,
Wir senden dich als Heilverkündiger und Warner,
107/106 Und einen Koran, den wir abgetheilet,
Daß du den Menschen lesest ihn in Pausen,
Den offenbarten wir als Offenbarung.
108/107 Sprich: Glaubt daran oder glaubet nicht!
Doch denen ward die Wissenschaft von ehmals,
Sie, wenn sie lesen hören, fallen
Auf ihr Gesicht anbetend hin,
—/108 Und sprechen: Preis sei unserm Herrn!
Erfüllt ist die Verheißung unsres Herren.
109/109 Und fallen hin auf ihr Gesicht, mit Weinen,
Und ihre Demuth wächst davon.
110/110 Sprich: Ruft Gott oder rufet Allerbarmer;
Wie immer ihr ihn rufen möget,
Sein sind die schönsten Namen.
Doch sei nicht laut mit deinem

Vers 106 *die Verheißung ... des letzten*] wol wie V. 7.
Vers 110] *ar-Raḥmān* [der Allerbarmer] als Gottes Eigenname in Sure 19 besonders in dem Bruchstück v. 76 an bis zu Ende (V 98), worin ein neuer Reim eintritt. Darin *ar-Raḥmān* V. 76. 81. 88. 90. 91. 93 (zweimal). 94. 96. Dazwischen nur zweimal *Allāh*, was eingeschoben oder vertauscht seyn könnte. Vorher in der Sure steht *ar-Raḥmān* V. 18. 27. 45. 59. 62. 70, *Allāh* aber Vers 31 (V. 35-41, die sichtlich eingeschoben sind, steht es zweimal). 49. 50. 59.

Gebet, noch leise auch mit ihm,
Suche dazwischen einen Weg.

111/111 Und sprich: Gelobt sei Gott, der nicht
Empfahn hat einen Sohn, und ihm
Ward kein Theilnehmer in der Herrschaft,
Noch ein Gehilfe wegen Ohnmacht;
Erheb ihn mit Erhebung!

18ᵉ Sure
Die Grotte

1/1 Gelobt sei Gott, der niederließ auf seinen Knecht
    Das Buch, und machte dran nichts Krummes,
2/2 Als stete Norm, zu predigen
    Gewaltiges Gericht von unsrer Seite,
    Und Heil zu kündigen
    Den Gläubigen, die Gutes thun,
    Daß ihrer wartet schöner Lohn,
–/3 Dabei sie bleiben ewig,
3/4 Und predigend zu warnen die
    Da sagen: Gott hat einen Sohn.
4/5 Sie haben davon keine Kunde,
    Nicht sie noch ihre Väter;
    Groß ist das Wort, das geht aus ihrem Munde!
    Sie reden nichts wan Lug.
5/6 Du aber quälst vielleicht dich ihretwegen,
    Wenn sie nicht glauben diesem Wort, bekümmert.
6/7 Wir machten, was auf Erden ist, zum Schmuck ihr,
    Die Menschen zu versuchen, wer
    Der Bessre sei von Werken.
7/8 Und machen werden wir, was auf ihr ist, zu dürrem Staube.
8/9 Bedenkst du wol, daß die Genossen
    Der Grott' und des Rakim von unsern Zeichen
    Ein wunderbares waren?
9/10 Da flüchteten die Jünglinge zur Grotte
    Und sprachen: Unser Herr! gib uns
    Von deiner Seit' Erbarmung,
    Gewähre uns in unsrem Rathe Richtigkeit!
10/11 Und wir betäubeten sie in der Grotte
    Von Jahren eine Zahl.

Vers 8] Die Siebenschläfer, die wiedererweckten, sind ein Vorbild des Gerichtstags, auf den V. 7 anspielt.

11/12 Dann weckten wir sie, um zu wissen, welcher Theil
Von ihnen richtiger berechne
Die Frist von ihrem Weilen.
12/13 Wir wollen dir erzählen ihre Kunde nach der Wahrheit:
Sie waren Jünglinge, die glaubten
An ihren Herrn, und wir vermehrten sie an Leitung;
13/14 Und festigeten ihre Herzen, als sie standen
Und sprachen: unser Herr ist
Der Herr des Himmels und der Erde;
Wir rufen nimmer einen Gott an außer ihm,
Da sprächen wir ja Falsches.
14/15 Dis unser Volk nahm neben ihm an Götter;
O zeigten sie darüber klare Vollmacht doch;
Doch wer ist sündiger, als wer
Auf Gott erdichtet Lüge?
15/16 Wenn ihr euch nun von ihnen trennt und dem was sie
Anbeten außer Gott, so flüchtet
Zur Grotte! euer Herr wird euch
Entfalten einiges von seiner Gnade,
Und euch in eurem Rath gewähren Vorschub.
16/17 Nun sähest du die Sonne, wenn sie aufgeht,
Sich wenden ab von ihrer Grotte rechterhand,
Und wenn sie untergeht, von ihnen
Sie kehren ab zur linken;
Und sie sind drin im Raume.
Dis von den Zeichen deines Herrn;
Wen leitet Gott, der ist geleitet,
Doch wen er lasset irren, nimmer findest du
Ihm einen Freund und Führer.
17/18 Du sähest sie für wach an, doch sie schlafen;
Wir aber wenden sie zur rechten und zur linken.
Ihr Hündlein liegt gestreckt auf seinen Pfoten an der
[Schwelle.
Erblicketest du sie, du kehrtest
Von ihnen ab zur Flucht dich
Und würdest über sie voll Schrecken.

Vers 16 *von ihrer Grotte*] Die Grotte (ihr Eingang) ist gegen Norden.

Die Grotte

18/19 Und so erweckten wir sie dann,
Daß sie einander frageten;
Sprach einer der da sprach von ihnen:
Wielang habt ihr geweilet?
Sie sprachen: Einen Tag wol haben wir geweilt,
Oder einen Theil des Tages.
Sie sprachen: Euer Herr weiß besser,
Wielang ihr habt geweilet.
Nun aber sendet euer einen
Mit dieser euern Münze
Zur Stadt, dort schau' er, wer daselbst hat reinste Speis',
Und bring' euch Unterhalt davon;
Doch mach' er's fein, daß euch gewahre keiner.
19/20 Denn wenn sie euer habhaft würden,
So würden sie euch steinigen,
Oder zurück zu ihrer Sekt' euch bringen;
Das wär' euch ewig nimmer gut.
20/21 So aber ließen wir sie nun entdecken,
Aufdaß erkenneten die Menschen,
Daß die Verheißung Gottes wahr,
Und an der Stunde ist kein Zweifel.
Da wurden sie in ihrem Rath
Uneinig unter sich und sprachen:
Baut über sie ein Gebäude!
Ihr Herr weiß, wies mit ihnen ist.
Da sprachen, die in ihrem Rathe siegten:
Wir wollen machen über sie ein Bethaus.
21/22 Sie werden sagen: Drei, ihr vierter war ihr Hund;
Und werden sagen: Fünf, ihr sechster war ihr Hund;
Nur rathend aufs Verborgne;
Und werden sagen: Sieben, ihr achter war ihr Hund.
Sag du: Mein Herr weiß ihre Zahl recht,
Es wissen sie nur wenige.
22/23 Streit' anders nicht darüber, als
Mit gültiger Bestreitung,
Und frage drüber von denselben keinen.
23/24 Sag auch von keinem Ding: Ich will es morgen thun,
Als nur, wenns Gottes Will' ist.
Und denke deines Herrn, wann du vergaßest,

	Und sprich: Wohl kann mein Herr mich leiten
	Zu Näherem an Richtigkeit.
24/25	Nun denn, sie weileten in ihrer Grotte
	Drei Hundert Jahr, darüber neun.
25/26	Sag: Gott weiß recht, wielang sie weilten;
	Sein ist die Heimlichkeit des Himmels und der Erde;
	Wie schauet er und hört! sie haben
	Nicht außer ihm Vertreter,
	Und Antheil seines Rathes gibt er keinem.
26/27	Trag vor, was dir ist offenbart
	Vom Buche deines Herrn, nicht
	Vertauschend seine Worte!
	Du findest außer ihm nie eine Zuflucht.
27/28	Gedulde dich mit denen, die
	Anrufen ihren Herrn.
	Am Morgen und am Abend,
	Suchend allein sein Angesicht;
	Dein Auge weiche nicht von ihnen, daß du suchest
	Den Schmuck des Lebens dieser Welt;
	Und nicht gehorch' ihm, dessen Herz wir
	Unachtsam machten unserer Erinnerung,
	Und der da folgt seiner Lust,
	In seinem Rath ist er verlassen.
28/29	Sprich also: Dis die Wahrheit
	Von euerm Herrn! wer will, der glaube!
	Und wer da will, der leugne! doch wir haben
	Bereitet für die Sündigen
	Ein Feur, es überspannt sie dessen Decke.
	Wenn sie nach Wasser rufen, bringt
	Man ihnen Wasser gleich dem Gußerz,
	Das senget die Gesichter;
	O schlimmer Trank und üble Rast!
29/30	Doch die da glaubten und das Gute thaten,
	Wir lassen nicht verloren gehn
	Den Lohn des der da Gutes wirkte.
30/31	Dieselben sind in Gärten Edens,
	Darunter hin die Ströme fließen,
	Geschmückt darin mit Spangen
	Von Gold, bekleidet mit Gewändern grünen,

Die Grotte

   Von Sundus und von Atlas,
   Gelagert drin auf Thronen;
   O guter Lohn und schöne Rast!
31/32 Präg' ihnen auch ein Gleichnis,
   Zwei Männer, deren einem wir zwei Gärten machten
   Von Reben, und sie faßten ein mit Palmen,
   Und machten zwischen die zwei Gärten Saatfeld,
—/33 Die beiden Gärten gaben ihre Früchte
   Und unterschlugen nichts davon.
32/— Wir ließen sprudeln zwischen ihnen Ströme,
—/34 Und ihm ward ein Ertrag, da sprach er
   Zu seinem Nachbar, ihn bestreitend:
   Ich bin reicher an Gut als du
   Und herrlicher von Stamm.
33/35 Und gieng in seine Gärten,
   Indem er sich versündigte,
   Und sprach: Ich denke nicht daß diese
   Zu Grunde gehn in Ewigkeit.
34/36 Noch denk' ich daß die letzte Stunde
   Bevorsteht, aber wenn ich werde heimgebracht
   Zu meinem Herrn, so werd' ich finden
   Noch bessern Aufenthalt.
35/37 Da sprach zu ihm sein Nachbar, ihn bestreitend:
   Verleugnest du undankbar den, der dich erschuf
   Aus Staub, sodann aus einem Tröpfchen,
   Sodann dich bildete zum Mann?
36/38 Doch Er, Gott, ist mein Herr, und nicht
   Gesell' ich meinem Herrn abgöttisch irgend wen.
37/39 O hättest du doch nur, als du
   In deinen Garten tratest,
   Gesagt: Wie Gott will! keine Macht ist als in Gott!
   Wenn du doch mich ansiehest für geringer
   Als dich an Gut und Kind.
38/40 Allein vielleicht gibt mir mein Herr ein bessres
   Als deinen Garten hier, und sendet
   Auf ihn ein Strafgericht vom Himmel,
   Daß er ist Morgens Oedung kahl,
39/41 Oder morgens sein Wasser einsiegt,
   So daß dus nimmer finden kannst.

40/42 Da kam ihm rings um sein Ertrag,
Und morgens rang er seine Hände
Ob dem was er darauf verwandt;
Verfallen war der Garten mit seinen Lauben.
Er sprach: O hätt' ich
Nicht meinem Herren wen gesellt.
41/43 Da blieb ihm nun kein Anhang,
Die ihm beiständen gegen Gott,
Und nicht könnt' er bestehn.
42/44 Die Schutzherrschaft ist dort bei Gott, dem wahren,
Er ist der beste zur Belohnung,
Der beste zum Vergelt.
43/45 Präg' ihnen auch das Gleichnis
Des Lebens dieser Welt, gleich Wasser,
Das wir vom Himmel sendeten,
Da mischte sich mit ihm das Grün der Erde,
Doch eines Morgens war es Spreu,
Die streueten die Winde;
Und Gott hat jedes Dings Gewalt.
44/46 Güter und Kinder sind ein Schmuck
Des Lebens dieser Welt,
Allein das Bleibende, das Gute, besser ists
Bei deinem Herrn zum Lohne
Und besser zum Erwerb.
45/47 Am Tage wo wir machen gehn die Berge,
Und du die Erde siehst vortreten,
Wo wir versammeln alle,
Und ihrer keinen übergehn.
46/48 Sie werden vorgeführt dem Herrn in Reihe:
Nun seid ihr uns gekommen,
Alswie wir euch erschufen
Das erstemal; ihr sagtet doch,
Wir hätten nie euch eine Frist gesetzt.
47/49 Und vorgelegt ist nun das Buch,
Da siehest du die Schuldigen erbangend
Vor dem was darin steht. Sie sprechen:
Weh uns! was ists mit diesem Buche?
Es übergeht nichts Kleines und nichts Großes,
Es rechn' es denn. Sie finden nun

Die Grotte

           Das was sie thaten, gegenwärtig,
           Und keinem Unrecht thut dein Herr. –
  48/50 Wie da wir zu den Engeln sprachen: Fallet nieder
           Vor Adam! und sie fielen nieder;
           Nur Iblis, der war von den Dschinnen,
           Der fiel von seines Herrn Gebot ab.
           Wollt ihr nun ihn und seinen Abstamm
           Annehmen zu Genossen außer mir, da sie euch feind sind?
           O schlimmer Eintausch für die Sünder!
  49/51 Ich nahm euch nicht zu Zeugen bei
           Der Schöpfung Himmels und der Erde,
           Noch bei der Schöpfung euer selbst;
           Und hätt' ich die Verführer wol zum Beistand nehmen
                                                                                    [sollen?
  50/52 Des Tages wo wir sprechen werden:
           Ruft unsre Nebengötter, die ihr glaubtet!
           Da rufen sie dieselben, doch
           Sie geben keine Antwort ihnen;
           Wir machten zwischen ihnen eine grause Kluft.
  51/53 Nun sehn die Schuldigen das Feuer,
           Und merken daß sie fallen drein,
           Und finden davon keinen Abwand.

           ───────────────

  59/60 Als wie da Mose sprach zu seinem Knaben:
           Ich ruh nicht bis ich komme zum Verein der beiden Wasser,
           Und sollt' ich gehn ein Menschenalter.
  60/61 Als sie nun waren zum Verein der beiden hingekommen,
           Vergaßen sie dort ihren Fisch,
           Der nahm ins Wasser seinen Weg in Eile.
  61/62 Und als sie weiter drauf gegangen,
           Sprach er zu seinem Knaben: Gib uns unsre Kost!
           Wir sind von dieser unsrer Reis' ermüdet.
  62/63 Sprach dieser: Denke nur! als wir
           Dort rasteten am Felsen, da vergaß ich

───────────────

Vers 59 *Verein der beiden Wasser*] der unsichtbare unterirdische Verband von süßem und bitterm Wasser. Dahin ist Mose gewiesen, dort werde er einen Profeten finden. Er kommt hin ohne den Ort zu erkennen.

Den Fisch, und mich vergessen machte
Der Satan nur, daß ich daran nicht dachte.
Und er nahm seinen Weg ins Wasser wunderbar.
63/64 Sprach Mose: Das ist, was wir wünschten! –
Da giengen sie zurück auf ihren Spuren Schritt vor Schritt.
64/65 Und fanden einen Knecht von unsern Knechten,
Dem wir geschenket Huld von uns
Und hatten ihn gelehrt von unsrer Seite Weisheit.
65/66 Zu ihm sprach Mose: Darf ich mit dir gehn,
Aufdaß von dem, was du gelernt,
Du lehrest mich Rechtfertigkeit?
66/67 Er sprach: Du wirst dich nicht bei mir gedulden können!
67/68 Wie solltest du dich wol gedulden
Bei etwas das du nicht begreifest?
68/69 Er sprach: Du sollst mich schon, wills Gott, geduldig finden,
Nicht brechen werd' ich dein Gebot.
69/70 Er sprach: So folge mir, und frag mich über nichts,
Bis ich davon dir Kunde sage.
70/71 Da giengen sie, bis sie nun fuhren
Im Schiffe, da zerbrach es jener.
Sprach Mose: Hast du's wol zerbrochen,
Um seine Leute zu ertränken?
Du thatest etwas Seltsames.
71/72 Er sprach: Hab' ich dirs nicht gesagt,
Du wirst dich nicht bei mir gedulden können?
72/73 Er sprach: Nimm mich nicht her darum
Was ich vergaß, und leg in meinen
Umständen mir nichts Hartes auf!
73/74 Da giengen sie nun weiter, bis
Sie fanden einen Jüngling, den erschlug er;
Sprach Mose: Wie? erschlugst du einen

Vers 63 *Das ist, was wir wünschten*] Der zur Reisezehrung mitgenommene (gedörrte) Fisch, war, da der Knabe ihn unachtsam hingelegt, ins Wasser gesprungen. Das war aber dem Mose verheißen als ein Zeichen des erreichten Zieles.
Vers 70 *da zerbrach es jener*] Der Knecht Gottes macht das Schiff schadhaft, nachdem sie darin eine Überfahrt gemacht hatten.

Die Grotte

Unschuldigen, ohne Rach' um Totschlag?
Du thatest etwas Arges.
74/75 Er sprach: Hab' ich dirs nicht gesagt,
Du wirst bei mir dich nicht gedulden können!
75/76 Sprach Mose: Frag' ich dich um etwas
Nach diesem noch, so bleib nicht mein Gefährte!
Dazu hast du von mir Befugnis.
76/77 Da giengen sie nun weiter, bis sie kamen
Zu den Bewohnern einer Stadt,
Und giengen die Bewohner an um Speisung,
Die weigerten's sie zu bewirthen.
Drauf fanden dort die beiden eine Mauer,
Die wollt' einstürzen, diese stützte jener.
Sprach Mose: Wolltest du, du könntest
Dafür wol kriegen einen Lohn!
77/78 Er sprach: Dis ist die Scheidung zwischen mir und dir.
Nun sag' ich dir die Deutung dessen,
Wobei du dich nicht hast gedulden können:
78/79 Das Schiff zuerst gehöret armen Leuten,
Die ihr Gewerb im Wasser haben,
Und schadhaft wollt' ichs machen,
Weil hinter ihnen her ein Fürst war,
Der jedes Schiff nahm mit Gewalt.
79/80 Der Jüngling aber, seine Eltern
Sind Gläubige, wir aber sorgten,
Verleiten möcht' er sie zu Abfall und Verleugnung,
80/81 Und wünschten, daß für ihn ihr Herr
Geb' ihnen einen bessern
An Reinigkeit und näheren an Liebe.
81/82 Die Mauer endlich, die gehört
Zwei Waisenkindern in der Stadt,
Und drunter liegt ein Schatz für sie,
Ihr Vater war ein frommer Mann, drum wollte
Dein Herr, daß sie zu ihrem Alter kämen,
Und ihren Schatz hervor dann nähmen;
Aus Huld von deinem Herrn, mitnichten
Aus eigner Willkür that ich es.

Dis ist die Deutung dessen,
Wobei du dich nicht hast gedulden können.

82/83 Sie fragen dich auch um Dhulkarnain;
Sag: Euch berichten will ich dessen Kunde.
83/84 Wir setzten ihn auf Erden ein,
Und gaben ihm zu allem Weg;
Da schlug er einen Weg ein;
84/85 Bis daß er kam zum Untergang der Sonne,
Und untergehen fand er sie in einer schlammigen Quelle,
Und fand daselbst ein Volk.
85/86 Wir sprachen: Dhulkarnain, magst du sie strafen nun,
Magst sie behandeln freundlich.
86/87 Er sprach: Wer sündigt, den werd' ich bestrafen;
Dann kehret er zu seinem Herrn,
Der wird bestrafen ihn mit arger Strafe.
87/88 Wer aber glaubt und Gutes thut,
Für den ist schönste Lohnung,
Wir werden ihm gebieten Güt'ges.
88/89 Drauf schlug er einen andern Weg ein,
89/90 Bis er zum Aufgang kam der Sonne,
Und aufgehn fand er sie ob einem Volke,
Dem gegen sie wir keinen Schirm gegeben.
90/91 Soweit, und wir erkannten ihn
Und wußten was in ihm war.
91/92 Drauf schlug er einen andern Weg ein;
92/93 Bis daß er hinkam zwischen zwei Bergriegel,
Dahinter er ein Volk fand,
Die kaum verstunden Rede.
93/94 Die sprachen: O Dhulkarnain!
Jagug und Magug schädigen auf der Erde;
Sollen wir dir nun Schätzung geben,
Aufdaß du machest zwischen uns und ihnen einen Riegel?

Vers 82 *Dhulkarnain*] Die Anfügung der zweiten Mythe an die erste ist vielleicht dadurch vermittelt, daß Dhulkarnain an den Quell des Lebens kommt, der eben der Verein der beiden Wasser ist.
Vers 90] Hier ist eine ähnliche Ausfüllung, wie V. 85-87 zu denken.

Die Grotte

94/95 Er sprach: Worin mein Herr mich eingesetzt hat, das ist
[besser.
Doch helfet mir mit Kraft, so mach' ich zwischen euch
Und ihnen eine Sperre.
95/96 Bringt Eisenbarren mir! Und als
Er aufgeschichtet zwischen den zwei Halden,
Sprach er: Nun blast! und als er es gebracht in Glut,
Sprach er: Nun gebet her, daß ich
Darüber gieße Schmelzerz.
96/97 Nun konnten sie's nicht übersteigen,
Und konnten's nicht durchgraben.
97/98 Er sprach: Dis ist Barmherzigkeit von meinem Herrn.
98/— Wann aber die Verheißung meines Herrn kommt,
Macht ers zu Malm, und die Verheißung meines Herrn ist
[wahrhaft.
99/99 Desselben Tages lassen wir
Den einen stürmend wogen auf den andern;
Geblasen wird in die Drommete,
Und wir versammeln sie zur Sammlung.
100/100 Und stellen dar die Höll' alsdann
Den Leugnern zur Darstellung;
101/101 Die über ihren Augen hatten Decken
Vor unsrer Mahnung, und nicht konnten hören.
102/102 Was dachten die Ungläubigen,
Zu nehmen meine Knechte neben mir zu Helfern?
Bereitet haben wir die Hölle
Den Leugnenden zur Einkehr.
103/103 Sprich also: Sollen wir euch sagen,
Wer die verlustigsten wol sind an Werken!
104/104 Die deren Streben irre gieng auf dieser Welt,
Und meinten daß sie schön es machten!
105/105 Die sind es die verleugneten
Die Zeichen ihres Herrn und sein Erscheinen;
Drum sind verfallen ihre Werke,
Wir richten ihnen nicht am Tag der Urständ' eine Waage.
106/106 Dis ihr Vergelt, die Hölle, weil sie leugneten
Und nahmen meine Zeichen
Und meine Boten zum Gelächter.

107/107 Die aber glaubten und das Gute thaten,
Für sie sind Paradiesesgärten Einkehr,
108/108 Darin sie ewig sind, sie suchen
Von dannen nicht Veränderung.
109/109 Sag: Wenn das Meer war Tinte für
Die Worte meines Herrn, es gienge
Das Meer aus, ehr ausgiengen
Die Worte meines Herrn, und nähmen
Wir noch ein zweites Meer zu Hilfe.
110/110 Sag: Ich bin nur ein Mensch wie ihr,
Mir aber ist eröffnet: Euer Gott ist nur ein einziger Gott.
Wer nun hofft seines Herrn Erscheinen,
Der wirke gutes Werk, und nicht gesell' er
Dem Dienste seines Herrn abgöttisch einen bei!

19ᵉ Sure

Maria

1/2 Gedächtnis der Erbarmung deines Herrn
An seinem Knecht Zakaria.
2/3 Anrief er seinen Herrn mit heimlichem Rufe,
3/4 Sprach: O mein Herr, schwach ist geworden mein Gebein,
Und angeglommen ist mein Haupt von Greisheit.
4/- Doch beim Gebet zu dir, Herr, war ich nie unglücklich.
5/5 Nun aber fürcht' ich die Beerber nach mir, denn
Mein Weib ist unfruchtbar, drum gib
Von dir mir einen Stellvertreter,
6/6 Der sei mein Erb' und Erb' im Hause Jakobs;
Und mach ihn, Herr, dir angenehm! –
7/7 O Zakaria, wir verkünden
Dir einen Knaben Namens Jahja;
8/- Des Namensgleichen wir zuvor nie schufen.
9/8 Er sprach: Mein Herr, wie soll mir werden
Ein Knabe, da unfruchtbar ist mein Weib, und schon
Gelangt' ich zu des Alters Ohnmacht?
10/9 Er sprach: So hat dein Herr gesprochen:
Das ist für mich ein Leichtes;
Ich habe ja dich auch zuvor
Geschaffen, da du Nichts warst.
11/10 Er sprach: Mein Herr, gib mir ein Zeichen!
Er sprach: Mein Zeichen sei, daß du die Menschen
Nicht redest an drei ganzer Nächte.
12/11 Da gieng er vor sein Volk her aus dem Heiligthum,
Und deutet' ihnen: Preiset früh und Abends! –
13/12 O Jahja, nimm das Buch mit Kraft! –
Und Weisheit gaben wir ihm jung,
14/13 Mildherzigkeit von uns und Reine;
Und er war gottesfürchtig
—/14 Und liebreich gegen seine Eltern,
Und war kein trotziger Gewaltmann.

15/15 Fried' über ihm Tags da er ward,
 Tags da er stirbt, und Tags da er
 Wird auferweckt zum Leben!
16/16 Denk' auch im Buch Marias, da
 Sie weggieng von den Ihrigen
 An einen Ort in Osten,
17/17 Und hielt vor ihnen sich verborgen;
 Da sendeten zu ihr wir unsern Geist, und er
 Erschien ihr als vollkommner Mann.
18/18 Sie sprach: Ich flüchte mich vor dir zum Allerbarmer,
 Wenn du bist gottesfürchtig.
19/19 Er sprach: Ich bin ein Bote deines Herrn nur,
 Daß ich dir schenke einen reinen Knaben.
20/20 Sie sprach: Wie soll mir werden
 Ein Knabe? da mich hat berührt
 Kein Mann, und ich bin keine Sünderin.
21/21 Er sprach: So hat dein Herr gesprochen:
 Das ist für mich ein Leichtes,
 Und daß wir machen ihn zum Zeichen
 Den' Menschen, zur Barmherzigkeit,
 Schon ist es fest beschlossen.
22/22 Und sie empfieng ihn, und sie gieng
 Mit ihm zu fernem Orte.
23/23 Da kamen ihr die Wehn am Schaft der Palme;
 Sie rief: O wär' ich eh' gestorben,
 Vergangen und vergessen.
24/24 Da riefs ihr zu von unten her:
 Betrüb' dich nicht! Gemacht hat unter dir dein Herr ein
 [Bächlein.
25/25 Auch rüttle gegen dich den Schaft der Palme!
 So läßt sie auf dich fallen reife Dattel.
26/26 Iß, trink und mach dein Auge frisch!
 Doch wenn du siehest nun der Menschen einen,
27/— So sag: Gelobt hab' ich dem Allerbarmer
 Ein Fasten, darum red' ich heut' mit keinem. –
28/27 Sie kam mit ihm zu ihrem Volk, ihn tragend.
 Sie sprachen: O Maria,
 Du fandest Wundermähre.

29/28 O Schwester Aarons, war dein Vater doch kein Wicht,
        Und deine Mutter keine Sünderin.
30/29 Sie deutete auf ihn. Sie sprachen: Sollen wir
        Mit diesem reden, der ein Kind ist in den Windeln?
31/30 Da sprach er: Ich bin Gottes Knecht,
        Der mir das Buch gab und mich machte zum Profeten.
32/31 Und machte mich zu einem
        Gesegneten, wo ich mag seyn,
        Und wies mich zu Gebet an und Almosen, weil ich lebe,
33/32 Und zu Liebreichheit an der [Mutter],
        Und machte mich zu keinem unglückseligen Gewaltmann.
34/33 Fried' über mir Tags da ich ward,
        Tags da ich sterb' und Tags da ich werd' auferweckt zum
        [Leben!
35/34 (Derselb' ist Jesus, Sohn Marias, nach dem Wort
        Der Wahrheit, über den sie zweifeln.
36/35 Nicht kommt es Gott zu, anzunehmen einen Sohn;
        Preis ihm! wenn er beschließt ein Ding,
        Sagt er zu ihm nur: Sei! so ist es.
37/36 Gott ist mein Herr und euer Herr, ihn betet an!
        Das ist der Weg der grade.
38/39 Die Sekten aber wurden uneins unter sich;
        Weh aber denen die da leugnen,
        Weh vor der Anwartschaft des großen Tages!
39/38 Wie werden sie hören und sehn am Tag,
        An dem sie zu uns kommen!
        Allein die Sünder heute sind in offenbarer Irre.
40/39 Verwarne sie vorm Tage des Verlustes, wo
        Der Handel ist entschieden!
        Sie aber sind des achtlos, und sie glauben nicht.

Vers 33] Rückert: den Eltern; nach dem arab. Text korrigiert (H.B.)
Vers 35-41] Eine Glosse, in anderm Reime, die aber gleichwol ursprünglich seyn mag. Doch ist gegen die Echtheit in Anschlag zu bringen 1.) daß in dieser Partie Gott nur Gott, Allah, heißt, nicht der Allerbarmer, wie fast durchgehends im Übrigen dieser Sure; aber eben dieses kann auch im Wesen der Glosse und ihrem weniger poetischen Tone liegen. 2.) daß der eigentliche Inhalt dieser Glosse, die Bestreitung der Gottheit Jesus, am Ende der Sure von V. 91 an wiederkehrt.

41/40 Da erben wir die Erd' und was darauf ist,
       Und zu uns sind sie heimgebracht.)
42/41 Gedenk' im Buch auch Abrahams;
       Denn er war ein wahrhaftiger und Profete.
43/42 Wie er zu seinem Vater sprach:
       Mein Vater, warum dienest du
       Dem, was nicht höret und nicht sieht,
       Und dir nicht nützet etwas?
44/43 Mein Vater, ja, mir kam von Wissen,
       Was dir nicht kam, so folge mir,
       Ich führe dich den rechten Pfad.
45/44 Mein Vater, diene nicht dem Satan!
       Denn Satan war dem Allerbarmer ungehorsam.
46/45 Mein Vater, ja ich fürchte daß dich treffe Pein
       Vom Allerbarmer, und du werdest
       Dem Satan ein Genosse.
47/48 Er sprach: entstrebst du meinen Göttern,
       O Abraham? wenn du nicht abstehst,
       Werd' ich dich steinigen; du sollst mich meiden eine
                                              [Zeitfrist.
48/47 Da sprach er: Friede sei mit dir!
       Ich will für dich um Gnade
       Anflehen meinen Herrn, denn er ist hold mir.
49/48 Und will von euch mich scheiden
       Und dem was ihr ruft außer Gott an;
       Ich aber rufe meinen Herrn an,
       Beim Anruf meines Herren werd' ich wol nicht seyn unselig.
50/49 Und als er nun sich schied von ihnen
       Und was sie beteten außer Gott an,
       Da gaben wir ihm Isaak und den Jakob,
       Und machten beide zu Profeten.
51/50 Und gaben ihnen unsere Barmherzigkeit,
       Und schufen ihnen hohe Wahrheitszunge.
52/51 Gedenk im Buch auch Mosis! denn er war getreu,
       War ein Gesandter und Profet.
53/52 Wir riefen von des Berges rechter Seiten ihn,
       Und näherten ihn uns zur Unterredung.
54/53 Und gaben ihm aus unserer Barmherzigkeit
       Auch seinen Bruder Aaron als Profeten.

55/54 Gedenk im Buch auch Ismaels!
Der wahrhaft war im Worte,
Und war Gesandter und Profet.
56/55 Und hielt die Seinen zu Gebet und Almos' an,
Und war bei seinem Herrn beliebt.
57/56 Gedenk im Buch des Idris auch!
Er war wahrhaftig und Profet,
58/57 Und wir erhöhten ihn zu hohem Orte.
59/58 Die sind es, über welche Gott
Gegnadet hat, Profeten
Vom Abstamm Adams und von denen,
Die wir mit Noah führten,
Und von dem Abstamm Abrahams und Ismaels,
Die wir geleitet und erwählt;
Wann ihnen wurden vorgetragen
Des Allerbarmers Zeichen, sanken
Sie hin fußfällig, weinend.
60/59 Nach ihnen aber blieb ein Nachblieb,
Die da wegwarfen das Gebet,
Und folgten ihren Lüsten,
Einst werden sie den Schaden finden.
61/60 Nur wer da sich bekehrt' und glaubt' und Gutes that,
Dieselben werden eingehn in den Garten,
Und nicht gekränkt in etwas,
62/61 Die Gärten Edens, die verheißen
Der Allerbarmer seinen Dienern im Geheim,
Erfüllt wird sein Verheißen.
63/62 Sie hören drin nicht lose Rede, sondern Friede!
Und ihnen ist ihr Unterhalt darinnen früh und Abends.
64/63 Das ist der Garten, den wir erben lassen
Von unsern Knechten welcher fromm ist.
65/64 Wir aber steigen nur herab auf unsers Herrn Gebot,
Sein ist was vor und hinter uns
Und zwischen diesen beiden, und dein Herr ist nicht
[vergeßlich.
66/65 Der Herr des Himmels und der Erden
Und was da zwischen beiden ist;
Ihm diene du und halt in seinem Dienst aus!
Kennst du wol seines Namens gleichen?

67/66 Doch spricht der Mensch: Wie, wann ich starb,
Werd' ich hervorgebracht seyn lebend?
68/67 Gedenkt der Mensch nicht, daß wir ihn erschufen
Vor diesem, da er Nichts war?
69/68 Und ja bei deinem Herrn! versammeln wollen wir
Sie und die Satane, und dann sie bringen
Zum Rand der Höll' auf Knieen liegend.
70/69 Dann nehmen wir heraus von jeder Sekte, wer
Am heftigsten dem Allerbarmer trotzte.
71/70 Dann werden wir die kennen, die
Am würdigsten sind drin zu glühn.
72/71 Und keiner ist von euch, der nicht hinunter fährt,
Fest ist für deinen Herrn der Rathschluß.
73/72 Dann aber retten wir die Frommen,
Und lassen die Sünder drin auf Knieen liegend. –
74/73 Doch wenn man ihnen vorträgt unsre Zeichen deutlich,
So sprechen die da leugnen,
Zu denen die da glauben: Welche
Der zwei Partein ist besser wol
Von Stand und herrlicher von Anhang?
75/74 Allein, wieviel vertilgten wir vor ihnen schon
Volkstämme, herrlicher an Füll' und Ansehn!
76/75 Sag also: Wer im Irren ist,
Mag ihm der Allerbarmer doch ein volles Maß zumessen!
77/— Bis daß, wann sie nun schaun was ihnen ist gedroht,
Sei's hier die Strafe, sei es dort die Stunde,
Da werden sie erkennen, wer der schlechtere
An Stand, der schwächre war an Heer!
78/76 Doch die Geleiteten mehrt Gott an Leitung.
79/— Das Dauernde, das Gute doch ist besser
Bei deinem Herrn an Lohn, und besser an Erstattung.
80/77 O siehst du den, der leugnet unsre Zeichen,
Und spricht: Bekommen werd' ich Gut und Kinder wol!
81/78 Hat er geschauet ins Geheimnis, oder hat
Er wol das Wort darauf vom Allerbarmer?
82/79 Nein! schreiben wollen wir das was er redet,
Und ihm zumessen von der Straf ein volles Maß.
83/80 Wir wollen ihn beerben, was er redet,
Und zu uns kommen soll er einzeln.

84/81	Sie aber nahmen neben Gott an Götter, Die ihnen seyen Helfer.
85/82	Nein! leugnen werden diese den empfangnen Dienst, Und werden ihnen Widersacher.
86/83	O siehst du nicht, wir sendeten die Satane Den Leugnern zu, mit Reizung sie zu reizen!
87/84	Drum rufe du nicht über sie Beschleunigung! Wir zählen ihnen ihre Zahl.
88/85	Tags wir die Frommen werden schaaren Zum Allerbarmer zugweis,
89/86	Und treiben Sünder zur Gehenna truppweis.
90/87	Nicht werden sie vermögen Fürsprach', außer wer Vom Allerbarmer drauf das Wort hat.
91/88	Doch sagen sie: Der Allerbarmer Hat einen Sohn! o ungeheure Mähre,
92/90	Davon die Himmel springen möchten Und sich spalten die Erde, Und die Berg' einstürzen trümmernd;
93/91	Daß sie dem Allerbarmer geben einen Sohn!
—/92	Nicht kommt es zu dem Allerbarmer Zu haben einen Sohn;
94/93	Denn Niemand ist im Himmel und auf Erden, Er komme denn dem Allerbarmer als ein Knecht;
—/94	Gerechnet hat er sie und sie gezählet nach der Zahl;
95/95	Und jeder kommt ihm am Tag der Urständ' einzeln.
96/96	Nun, die da glaubten und das Gute thaten, Die läßt der Allerbarmer Lieb' empfangen.
97/97	Wir aber machten leicht für deine Zung' ihn, Daß du mit ihm Lust kündigest den Frommen Und warnest alle Zänker.
98/98	Wieviel vertilgten wir vor ihnen Stämme schon! Merkst du von ihrer einem etwas, Oder hörst von ihnen einen Laut?

Vers 97 *ihn*] den Koran.

20 e Sure

[Taha]

1/2 Wir sendeten den Koran dir
 Nicht zu, um dich zu quälen,
2/3 Sondern zur Mahnung Gottesfürcht'ger;
3/4 Sendung von dem der schuf die Erd' und Himmelshöhe:
4/5 Der Allerbarmer saß zu Thron.
5/6 Sein ist was da im Himmel und auf Erden,
 Und zwischen beiden, und was unterm Staube.
6/7 Magst du das Wort laut machen, doch
 Er weiß auch das Geheimnis und enthüllt es.
7/8 Gott, kein Gott ist als Er,
 Sein sind die schönsten Namen.
8/9 Kam wol zu dir die Kunde Mosis?
9/10 Als er ein Feuer sah, und sprach zu seinen Leuten:
 Bleibt hier, ich seh' ein Feuer.
10/— Vielleicht daß ich von ihm euch bringe einen Brand,
 Oder daß ich finde bei dem Feuer Leitung.
11/11 Als er nun hinkam, ward gerufen: Mose!
12/12 Ich bins, dein Herr; zieh deine Schuh aus,
 Du wandelst in dem heiligen Thale.
13/13 Ich habe dich erwählt, so höre
 Was dir wird offenbaret.
14/14 Ich, ich bin Gott, kein Gott als ich, so diene mir,
 Und halte das Gebet mir zum Gedächtnis.
15/15 Fürwahr die Stunde kommt,
 Bald werd' ich sie enthüllen,
16/— Aufdaß belohnt sei jede Seele
 Für das was sie gewirket.
17/16 Laß dich von dem, der nicht daran glaubt
 Und seiner Lust folgt, nicht davon
 Abbringen, daß du fallest.
18/17 Doch was ist das in deiner Rechten, Mose?

19/18	Er sprach: Mein Stab, ich stütz' auf ihn mich,
	Und schlage Laub damit für meine Herd' ab,
	Und er thut mir noch andre Dienste.
20/21	Er sprach: Wirf ihn, o Mose!
21/20	Da warf er ihn, und sieh er ward
	Zu einer Schlange, laufend.
22/21	Er sprach: Ergreif sie, fürchte nicht! Ich bringe sie
	Zurück zu ihrer ersten Weise.
23/22	Und schmiege deine Hand an deine Schulter!
	Hervorgehn wird sie weiß ohn' Übel,
	Das ist ein zweites Zeichen,
24/23	Daß wir von unsern Zeichen
	Dich lassen sehen einige der grösten.
25/24	Geh hin zu Farao, denn er frevelt!
26/25	Er sprach: Herr, mach mir meine Brust weit,
27/26	Und mein Geschäft leicht,
28/27	Und löse mir den Knoten meiner Zunge,
29/28	Daß sie verstehen meine Rede!
30/29	Gib auch mir zum Gehilfen einen meines Volks,
31/30	Den Aaron, meinen Bruder!
32/31	Mit diesem gürte meine Kraft,
33/32	Und mach ihn theilhaft meines Dings,
34/33	Daß wir dich preisen häufig und
—/34	Gedenken deiner häufig,
35/35	Dieweil du nach uns schauetest.
36/36	Er sprach: Gewähret bist du deiner Bitt', o Mose.
37/37	Dir auch gegnadet haben wir ein andermal,
38/38	Als wir eröffnet deiner Mutter, was wir ihr eröffneten:
39/39	Leg in den Kasten ihn, und wirf ihn in den Strom!
	Ihn werfen wird der Strom ans Ufer,
	Aufnehmen wird mein Feind ihn und der seinige. –
	Auf dich hab' ich geworfen meine Lieb',
40/—	Und daß du würdest
	Gebildet unter meinen Augen.
41/40	Als deine Schwester wandelte
	Und sprach: Soll ich euch weisen
	Zu einem der in Pfleg' ihn nehme?
	So brachten wir zurück zu deiner Mutter dich,
	Daß kühl ihr Auge würd' und sie sich nicht betrübte.

Da schlugst du einen Mann todt und wir retteten
Dich aus der Noth, und prüften dich mit Prüfung.
42/— Und daher weiltest du im Volke Midians;
Nun kommst du her zur Frist, o Mose.
43/41 Und dich hab' ich mir selber zugerichtet.
44/42 So geh du und dein Bruder nun mit meinen Zeichen,
Und seid nicht laß in meiner Mahnung!
45/43 Geht hin zu Farao, denn er frevelt!
46/44 Und redet zu ihm linde Rede,
Vielleicht besinnet er sich oder fürchtet.
47/45 Sie sprachen: Unser Herr, wir sorgen, er vergreift
Sich an uns, oder frevelt.
48/46 Er sprach: Sorgt nicht! ich bin mit euch,
Ich hör' und sehe.
49/47 Da kamen sie zu ihm und sprachen:
Wir sind Gesandte deines Herrn; so sende
Mit uns die Söhne Israels,
Und peinige sie nicht! Wir kommen
Mit einem Zeichen dir von deinem Herren,
Und Friede dem, der folgt der Leitung.
50/48 Uns ist eröffnet, daß die Pein
Für den ist, der verläugnend ab sich wendet.
51/49 Er sprach: Und wer ist euer Herr, o Mose?
52/50 Er sprach: Derselb' ist unser Herr,
Der jedem Ding gab sein Gebild' und Leitung.
53/51 Er sprach: Was ists dann mit den vorigen Geschlechtern?
54/52 Er sprach: Das Wissen dessen steht
Bei meinem Herrn in einem Buch;
Es irrt mein Herr nicht noch vergisset.
55/53 Der euch die Erde schuf zur Wiege,
Und bahnt' euch auf ihr Pfade,
Und sendete vom Himmel Wasser,
Draus ließen wir hervorgehn Gattungen von Pflanzen
[vielfach.
56/54 Esset, und weidet euer Vieh!
In diesem traun sind Zeichen für Verständige.
57/55 Aus ihr erschuf ich euch, und lass'
In sie euch eingehn wieder,
Und lass' aus ihr hervorgehn euch ein andermal. –

58/56 So ließen wir ihn sehn all unsre Zeichen,
　　　Doch leugnet' er und weigerte.
59/57 Sprach: Kamest du, uns zu vertreiben
　　　Aus unserm Land mit deinem Zauber, Mose?
60/58 Dir kommen wollen wir mit gleichem Zauber.
　　　So setze zwischen uns und dir fest eine Frist,
　　　Die weder wir verfehlen
　　　Noch du, auf gleiche Weise.
61/59 Er sprach: Die Frist sei euch der Festtag,
　　　Und daß die Menschen sich versammeln in der Frühe.
62/60 Da wendete sich Farao,
　　　Sammelte seinen Anschlag, und dann kam er.
63/61 Doch Mose sprach zu ihnen: Weh euch!
　　　Ersinnt auf Gott nicht Lüge,
64/— Daß er mit Pein euch tilge; manchem
　　　Mislang es schon, der Lüg' ersann.
65/62 Sie nun bestritten ihren Handel unter sich,
　　　Und hielten ihr Gespräch geheim;
66/63 Sie sprachen: Diese beiden hier
　　　Sind Zauberer, die wollen euch
　　　Aus eurem Land vertreiben
　　　Mit ihrer Zauberkunst und euer höchstes Ansehn rauben.
67/64 So sammelt euren Anschlag, und dann kommt in Reihen!
　　　Beglückt ist heut, wer sieget.
68/65 Sie sprachen: Mose, willst du werfen, oder werfen wir
　　　　　　　　　　　　　　　　　　　　　　　　　[zuerst?
69/66 Er sprach: Werft nur! und sieh da, ihre Strick' und ihre
　　　　　　　　　　　　　　　　　　　　　　　　　[Stäbe
　　　Erschienen ihm durch ihre Zauberkunst alsob sie liefen;
70/67 Und Furcht empfand in seiner Seele Mose.
71/68 Wir sprachen: Fürchte nicht! du bist der Sieger.
72/69 Wirf, was in deiner Rechten ist!
　　　Verschlingen wird es, was sie gaukeln.
　　　Sie gaukeln Zauberlist nur, doch unglücklich ist
　　　Der Zaubrer, wo er seyn mag.

73/70 Da warfen sich die Zaubrer hin fußfällig,
Riefen: Wir glauben an den Herrn
Von Aaron und von Mose.
74/71 Sprach Farao: Wie, glaubt ihr ihm,
Bevor ichs euch erlaubet?
Er ist wol euer Aeltester,
Der euch gelehrt die Zauberei.
Euch stümmeln will ich Hand und Fuß querüber,
Und kreuzigen euch an Palmenschäften,
Und merken sollt ihr, wer von uns
Gewaltiger straft und dauernder.
75/72 Sie sprachen: Nimmer achten wir dich höher,
Als was uns kam von deutlichen Beweisen
Und dem der uns erschaffen hat.
Gebeut nur, was du willst gebieten! du gebeutst
Nur über dieses irdische Leben;
—/73 Wir aber glauben an unsern Herrn,
Daß er vergeb' uns unsre Sünden
Und Zauberei, wozu du uns gezwungen hast;
Besser ist Gott und dauernder.
76/74 Denn wer zu seinem Herrn kommt schuldig,
Für solchen ist Gehenna,
Er stirbt nicht drin und lebt nicht.
77/75 Doch wer zu ihm kommt gläubig,
Und hat gethan das Gute,
Für solche sind die höchsten Stufen,
78/76 Die Gärten Edens, drunter hin
Die Ströme fließen, ewig sind sie drinnen;
Das ist der Lohn für den der rein war. –
79/77 Darauf eröffneten wir Mosen: Reise Nachts
Mit unsern Knechten, und schlag ihnen einen Pfad
Durchs Meer im Trocknen.
80/— Fürchte nicht
Einholung, sei nicht bange!
81/78 Da ließ sie Farao verfolgen durch sein Heer;
Da deckte sie vom Wasser, was sie deckte.
—/79 Geirrt hat Farao sein Volk, und nicht geleitet.

Vers 73] Vgl. 26,49 ff.

82/80 O Söhne Israels, wir haben
Euch nun befreit von eurem Feind,
Und euch beschieden an des Berges rechte Seite;
Und haben euch herabgesandt
Das Manna und die Wachteln:
83/81 Eßt von dem Guten des womit wir euch versorgt,
Und frevelt nicht daran, daß falle
Auf euch mein Zorn! auf wen mein Zorn fällt, stirbet.
84/82 Doch ich bin ein Verzeiher dem,
Der glaubet und das Gute thut
Und gehet in der Leitung.
85/83 Was aber eilst du so von deinem Volk, o Mose?
86/84 Er sprach: Sie gehn auf meiner Spur,
Ich aber eilte vor zu dir,
Mein Herr, daß du mir gnadest.
87/85 Er sprach: Wir haben hinter dir
Dein Volk versuchen lassen,
Verführt hat es der Samiri.
88/86 Da kehrte Mose zornig und betrübt zu seinem Volke.
89/— Sprach: o mein Volk, verhieß euch Gott nicht schöne
Verheißung? war zulang euch die Verheißung?
Wie oder wolltet ihr, daß auf euch fall' ein Zorn von eurem
[Herrn,
Daß meinen Bund ihr brachet?
90/87 Sie sprachen: Nicht gebrochen haben
Wir deinen Bund aus unsrer Macht;
Man hieß uns tragen Lasten von dem Schmuck des Volks,
Die warfen wir hinein, so goß es Samiri,
—/88 Und brachte ihnen draus hervor
Ein Kalb von Leib, das brüllte;
Sie sprachen: das ist euer Gott
Und Mosis Gott, den er vergaß. –
91/89 O sehn sie nicht, daß es nicht Antwort ihnen gibt,
Und ihnen weder schaden kann noch nützen?
92/90 Auch Aaron sprach zuvor zu ihnen: O mein Volk,
Man prüft euch nur damit;

Vers 87 *Samiri*] Zurücktragung des Namens von Samaria, wo der hier geübte Stierdienst späte öffentliche Geltung erhielt.

Euer Gott ist der Allerbarmer;
O folgt mir und gehorchet meiner Rede!
93/91 Sie sprachen: Nimmer lassen wir
Von diesem ab, bis uns zurückkehrt Mose.
94/92 Der sprach: Aaron! was hielt dich ab,
Als du sie sahest irren, daß
—/93 Du mir nicht folgtest? warst du ungehorsam meinem Worte?
95/94 Er sprach: Sohn meiner Mutter, zause
Nicht meinen Bart und nicht mein Haupt!
Ich fürchtete, du möchtest sagen:
Du hast die Söhne Israels in Spaltung
Gesetzt, und nicht mein Wort bewahrt.
96/95 Dann sprach er: Doch, was ists mit dir, o Samiri?
—/96 Er sprach: Ich sah, was sie nicht sahen,
Und eine Handvoll nahm ich von der Spur des Boten,
Das streut' ich, also rieth mirs meine Seele.
97/97 Er sprach: Drum geh nun! Dein sei dis im Leben,
Daß du sollst sagen: Rühr nicht an!
Und dir ist eine Frist gesetzt,
Die wird man nimmer dich verfehlen lassen.
Doch sieh nun deinen Gott an,
Vor welchem du solange standest!
Wir brennen ihn zusammen, dann
Verspreun wir ihn ins Wasser mit Verspreuung.
98/98 Doch euer Gott ist Gott nur, außer dem kein Gott als Er ist,
Der alles weit umfaßt mit Wissen. –
99/99 Also erzählen wir dir von den Kunden
Des was zuvor ergangen, und wir ließen
Von unsrer Seite dir zukommen Mahnung.
100/100 Wer sich dagegen sträubt, der trägt
Am Tag der Urständ' eine Bürde,
101/101 Mit der sie ewig gehn; o schlimm ist
Am Tag der Urständ' ihre Last.

Vers 95 *In Spaltung gesetzt*] Deutlicher wäre: verlassen, oder in ihrer Spaltung verlassen.

102/102	Tags wo geblasen wird in die Drommete,
	Und auferstehen lassen wir
	Die Schuldigen selben Tages blind,
103/103	Unter einander murmelnd: ihr
	Verweiletet zehn Tage nur.
104/104	Wir aber wissen besser was sie sagen.
	Da sagt ihr Angesehenster:
	Ihr weiltet einen Tag nur.
105/105	Allein man fragt dich nach den Bergen.
	Sag: Sie verspreuen wird mein Herr da mit Verspreuung,
106/106	Und sie lassen als Steppe flach,
—/107	Darauf du siehst nicht Schiefes noch Erhöhtes.
107/108	Desselben Tages folgen alle
	Dem Rufer ohne Schiefe,
	Und stille sind die Stimmen vor dem Allerbarmer,
	Du hörst nur ein Gesumse.
108/109	Desselben Tags nützt nicht die Fürsprach', außer
	Wem es erlaubt der Allerbarmer
	Und annimmt seine Rede.
109/110	Er weiß was vor ist und was hinter ihnen,
	Und sie umfassens nicht mit Wissen.
110/111	Es senken sich die Angesichter
	Vorm Ewigen, Lebendigen;
	Verloren hat, wer Unrecht trägt.
111/112	Wer aber Gutes that und glaubte,
	Fürchtet nicht Unrecht noch Verkürzung. –
112/113	Und also haben wir ihn nieder
	Gesendet als arabischen Koran,
	Und drin gemodelt manche Drohverheißung, ob
	Sie fürchten wollen, oder ihnen
	Es wecke ein Gedächtnis.
113/114	Erhöht sei Gott, der König, der wahrhaftige!
	Doch du beeile nicht den Koran, eh dir wird
	Beschieden seine Offenbarung;
	Und sprich: Herr, laß mich nehmen zu an Wissen.
114/115	Wir machten einen Bund mit Adam vormals:
	Doch er vergaß, wir fanden nicht an ihm Bestand;

115/116 Als wir da sprachen zu den Engeln: Fallet nieder
 Vor Adam! und sie fielen nieder
 Nur Iblis nicht, der weigert' es.
—/117 Da sprachen wir: O Adam, siehe, dieser ist
 Feind dir und deinem Weibe!
 O daß er euch nicht treibe aus dem Garten,
 Und du unselig werdest.
116/118 Du hast, daß du nicht hungerst drin noch nackt bist,
117/119 Und daß du auch nicht durstest drin
 Noch leidest Sonnenglut.
118/120 Da flüsterte ihm zu der Satan, sprach: O Adam!
 Soll ich dich weisen zu dem Baum
 Der Ewigkeit und Herrschaft die nicht welket?
119/121 Da aßen sie davon und ihnen
 Ward sichtbar ihre Blöße,
 Und huben an zu flechten
 Um sich vom Laub des Gartens.
 So trotzte Adam seinem Herrn und ward verführt.
120/122 Dann nahm der Herr ihn wieder an,
 Und kehrte sich zu ihm und führt' ihn.
121/123 Sprach: Steigt hinab vom Garten miteinander,
 Eines von euch des andern Feind!
 Doch wird euch kommen meine Leitung;
122/— Wer da nun folget meiner Leitung,
 Der geht nicht irr und er wird nicht unselig.
123/124 Doch wer sich abkehrt meiner Mahnung,
 Dem wird ein Leben knapp und eng.
124/— Und ihn versammeln werden wir
 Am Tag der Auferstehung blind.
125/125 Er spricht: Mein Herr, warum versammelst du mich blind,
 Da ich gewesen sehend?
126/126 Er spricht: So kamen einst dir unsre Zeichen,
 Und du vergaßest sie, und so
 Bist heute du vergessen.
128/128 Hat's ihnen nicht gedient zur Leitung,
 Wieviel vor ihnen schon wir tilgten
 Der Völkerstämm', in deren
 Wohnplätzen sie nun wandern?
 In diesem traun sind Zeichen für Verständige.

127/127 So lohnen wir, wer ausgeschritten
Und nicht geglaubt hat an die Zeichen seines Herrn;
Aber die Pein in jener Welt
Ist stärker und ist dauernder.
129/129 Und wäre nicht ergangner Spruch von deinem Herrn,
Schon hätt' es sie getroffen,
Doch eine Frist ist festbenannt.
130/130 Drum hör geduldig, was sie reden,
Und preise deines Herren Lob vorm Aufgang
Der Sonn' und ihrem Niedergang,
Und in Nachtstunden preise du,
Und an des Tages Grenzen, ob
Du seiest wohlgefällig.
131/131 Auch dehne deine Augen nicht
Auf das aus, was zur Nießung
Wir gaben manchen unter ihnen,
Lustblüte dieses Lebens,
Damit wir sie versucheten;
Doch die Versorgung deines Herrn
Ist besser und ist dauernder.
132/132 Und treib die Deinen zum Gebet,
Und selbst verharre du darin.
Wir zehren nicht von der Versorgung, sondern wir
Versorgen dich, der Ausgang aber,
Der gute ist der Gottesfurcht.
133/133 Sie sprechen: Brächt' er uns ein Zeichen
Von seinem Herrn! – Kam ihnen doch die klare
Auslegung des was in den alten Schriften steht!
134/134 Und hätten wir sie weggetilgt mit Strafe
Vorher, so hätten sie gesagt: Herr, hättest du
Uns doch gesendet einen Abgesandten,
Damit wir folgten deinen Zeichen,
Bevor wir seyn erniedrigt und beschämet!
135/135 Sag: Jeder lauert; lauert ihr nur!
Sehn werdet ihr, wer die Genossen
Des rechten Weges sind, und wer in Leitung wandelt.

Vers 127 u. 128] versetzt, um leidliche Verbindung zu erhalten; doch vielleicht geflickte Lappen.

21. Sura

Überschrift

Die Profeten

Im Namen [Gottes des allbarmherzigen Erbarmers.]

1/1 Es naht den' Menschen ihre Rechnungslage,
Doch sie sind sorglos abgewendet.

2/2 Nichts kommt von Mahnung ihres Herrn zu ihnen neu,
Das sie nicht hörten an mit Scherzen,

3/3 Fröhlichen Herzens, und es hielten
Da heimlich das Gespräch die Sünder:
Was ist er als ein Mensch nur euresgleichen?
Geht ihr dem Blendwerk nach mit sehenden Augen?

4/4 Er sprach: Mein Herr weiß, was gesprochen
Im Himmel wird und auf der Erde,
Er ist der Hörer und der Wisser.

5/5 Allein sie sprechen: Traumgewirr,
Er dichtet nur, er ist ein Dichter;
Er bring' uns doch ein Zeichen, gleich
Den vorigen Abgesandten. –

6/6 Es glaubte nicht vor ihnen irgend eine Stadt,
Die wir verdarben; sollten sie denn glauben?

7/7 Auch vor dir sandten wir nur Männer,
Denen wir offenbarten;
Fragt nur das Volk der Schrift, wenn ihrs nicht wisset.

8/8 Wir machten auch sie nicht zu Leibern
Die da nicht äßen Speise,
Und auch nicht ewig lebten sie.

9/9 Allein wir hielten ihnen die Verheißung,
Retteten sie und wen wir wollten,
Umkommen aber ließen wir die Frevler.

10/10 Längst sandten wir zu euch hernieder
Ein Buch drin eure Mahnung ist;
Werdet ihr nicht verstehen?

Die Profeten

11/11 Wie manche Stadt zerbrachen wir, die sündig war,
Und brachten neues Volk an ihre Stelle.
12/12 Wenn sie nun merkten unsre Macht,
Sieh wie daraus sie springen!
13/13 O springt nicht! kommt zurück zu dem,
Worin ihr schwelgtet, und zu euren Wohnungen,
Daß man euch kann befragen!
14/14 Sie aber rufen: Weh uns! wir sind Sünder.
15/15 Und nicht aufhörte dis ihr Rufen,
Bisdaß wir hatten sie gemacht
Zu abgemähten, erloschnen.
16/16 Wir aber schufen nicht den Himmel und die Erde,
Und was darinnen ist, zum Spiel.
17/17 Wenn wir uns hätten machen wollen eine Lust,
Wir hätten sie bei uns gemacht,
Hätten wir thun es wollen.
18/18 Den Ernst der Wahrheit schleudern wir aufs Eitle,
Treffens ins Hirn, da schwindet's;
Euch aber Weh um was ihr sagt!
19/19 Doch sein ist, wer im Himmel und auf Erden ist;
Und die bei ihm sind nicht zu stolz für seinen Dienst,
Und sind nicht matt und träge,
20/20 Lobpreisen ihn bei Nacht und Tag, nie rastend.
21/21 Nehmet ihr Götter von der Erde,
Die euch erwecken sollen?
22/22 Wenn im Weltraume Götter wären außer Gott,
Wär' er zu Grund gegangen;
Lobpreis sei Gott, dem Herrn des Throns,
Gegen das was ihr saget!
23/23 Man fragt ihn nicht um was er thut,
Ihr seid es die man fraget.
24/24 Nahmen sie Götter außer Gott an?
Sag ihnen: Bringet euere Beweise!
Dis ist die Kunde derer,
Die mit mir sind, die Kunde derer,
Die vor mir waren; doch die meisten
Von ihnen kennen nicht die Wahrheit,
Und wenden sich mit Sträuben ab.

25/25 Wir sendeten vor dir auch keinen Boten,
Dem wir nicht offenbarten dis:
Kein Gott als Ich! so dienet mir!
26/26 Doch sprechen sie: Es hat genommen
Der Allerbarmer einen Sohn, –
Preis ihm! nein! nur geehrte Knechte,
27/27 Die ihm nicht vorgehn mit dem Wort,
Nach seinem Befehle thun sie.
28/28 Er weiß was zwischen ihren Händen,
Was hinter ihrem Rücken ist,
Und sie sind nicht Vertreter,
29/— Als dem nur, den mit Huld er annimmt;
Sie aber sind in seiner Furcht voll Bangen.
30/29 Doch wer von ihnen sagt: Ich bin ein Gott wie er,
Dem geben wir zum Lohne dis: Die Hölle;
Dis geben wir zu Lohn den Sündern.
31/30 O sehn nicht, die da leugnen, daß
Der Himmel und die Erde waren
Verschlossen, und wir thaten auf die beiden;
Und machten aus dem Wasser alles
Lebendige! und sie glauben nicht?
32/31 Und machten auf der Erde Vesten,
Daß sie nicht wankete mit ihnen,
Und machten auf ihr Pässe, Wege,
Ob ihr geleitet möchtet seyn.
33/32 Und macheten zum Dach den Himmel, wohlbehut;
Sie aber sträuben sich vor unsern Zeichen.
34/33 Und Er ist's der da hat geschaffen Nacht und Tag,
Und Sonn' und Mond, sie wandeln
Jedes im eignen Kreise.
35/34 Wir gaben keinem Sterblichen
Vor dir auch ewiges Leben;
Wenn du nun stirbst sind sie denn ewig?
36/35 Jedwede Seele schmeckt den Tod,
Wir aber prüfen euch mit Bösem
Und Gutem als Versuchung,
Dann seid ihr zu uns heimgebracht.
37/36 Doch wenn dich sehen, die da leugnen,
Haben sie dich nur zum Gespött:

Die Profeten 251

       „Ist dieser es, der Worte macht
       Von euren Göttern?" Und das Wort
       Des Allerbarmers leugnen sie.
38/37 Erschaffen ist der Mensch aus Eiligkeit;
       Nun sehn will ich euch lassen meine Zeichen,
       Daß ihr mich nicht beeiligen sollt!
39/38 Sie aber sprechen: Wann kommt die Verheißung,
       Wenn ihr wollt Wahrheit reden?
40/39 O wüßten, die da leugnen, wie es seyn wird, wann
       Sie nicht abwehren werden
       Von ihrem Angesicht das Feur,
       Und nicht von ihrem Rücken,
       Und finden Hülfe nicht.
41/40 Nein, plötzlich kommt es ihnen unversehns und überfällt
                                                          [sie,
       Sie können es zurück nicht treiben,
       Und werden nicht gefristet.
42/41 Gespottet ward vor dir der Boten auch, da traf,
       Die über sie da lachten, das
       Worüber sie gespottet.
43/42 Sprich so: Wer wird euch schirmen
       Bei Nacht und Tag vorm Allerbarmer?
       Doch wenden sie der Mahnung ihres Herrn sich ab.
44/43 Sind ihnen Götter, die sie schützen gegen uns?
       Nicht helfen können sie sich selber,
       Und nicht von uns sind sie bewehrt.
45/44 Wir gaben einen Nießbrauch nur
       Ihnen und ihren Vätern,
       Bis lang ward über sie das Leben;
       Doch, sehn sie nicht? wir kommen bei
       Der Erde, sie zu trümmern,
       Von ihren Enden her; sind sie dann Sieger?
46/45 Sprich so: Ich warne nur euch mit der Offenbarung;
       Doch hören nicht die Tauben
       Den Ruf, wenn man sie warnt.
47/46 Wenn aber sie berührt ein Hauch
       Der Strafe ihres Herrn,
       Werden sie rufen: Weh uns! wir sind Sünder.

48/47 Da stellen wir die Wage die gerechte
Zum Tag der Auferstehung,
Und keine Seele leidet Unrecht irgend;
Und wär' es das Gewicht von einem Senfkorn,
Wir bringen's, und es genügt an uns zu Rechnern.
49/48 Wir aber gaben Mosen
Und Aaron das Gesetz
Zu Mahnung und Erleuchtung für die Frommen,
50/49 Die fürchten ihren Herren im Verborgnen,
Und vor der Stunde bangen.
51/50 Doch dis hier ist die Segenskunde,
Die wir hernieder sendeten,
Wollet ihr sie verleugnen?
52/51 Wir gaben Abraham auch seine
Rechtfertigkeit vor diesem, und wir kannten ihn;
53/52 Als er zu seinem Vater sprach und seinem Volk:
Was sind die Bilder hier, die ihr verehret?
54/53 Sie sprachen: Wir haben unsre Väter
Gefunden ihnen dienend.
55/54 Er sprach: Ihr waret, ihr und eure Väter,
In offenbarem Irrthum.
56/55 Sie sprachen: Redest du zu uns
Im Ernste, oder scherzest?
57/56 Er sprach: Ja, euer Herr ist
Der Herr des Himmels und der Erde,
Der sie geschaffen hat, und ich
Bin dessen euch ein Zeuge.
58/57 Bei Gott, belisten will ich eure Götzen,
Wenn ihr den Rücken wendet.
59/58 Da schlug er sie zu Stücken,
Bis auf den grösten unter ihnen,
Daß sie an den sich halten möchten.
60/59 Sie sprachen: Wer that dis an unsern Göttern?
Er ist fürwahr ein Frevler.
61/60 Da sprachen einige: Wir hörten
Von ihnen reden einen Mann,
Der nennt sich Abraham.

62/61 Da sprachen jene: Bringt ihn her
Vor den Augen der Menschen,
Aufdaß sie Zeugen seyen.
63/62 Sie sprachen: Bist dus, der dis that
An unsern Göttern, Abraham?
64/63 Er sprach: Nein sondern dieser thats, ihr Gröster;
Befragt sie, wenn sie reden.
65/64 Da kehrten sie sich gegen sich,
Und sprachen: Ihr seid Sünder.
66/65 Dann stellten sie auf ihren Kopf sich wieder:
Du weißt es, diese reden nicht.
67/66 Er sprach: Und wollt ihr denn anbeten außer Gott,
Was euch nicht nützet etwas noch euch schadet?
—/67 Pfui euch und dem was ihr anbetet außer Gott!
O wollt ihr nicht verstehen?
68/68 Sie schrien: Verbrennt ihn und steht euern Göttern bei!
Warum wollt ihrs nicht thun?
69/69 Da sprachen wir: O Feuer,
Sei kühl und hold für Abraham!
70/70 Sie wollten spielen ihm den Streich,
Wir aber ließen sie verlieren.
71/71 Und retteten ihn selbst und Loth ins Land das wir
Gesegnet haben für die Welt.
72/72 Und gaben ihm Isaak und Jakob obendrein,
Und alle machten wir zu Frommen.
73/73 Und machten zu Vorgängern sie,
Die führeten nach unserem Gebote,
Und hießen ihnen, Gutes thun,
Gebet bestellen und Almosen geben,
Und unsre Diener waren sie.
74/74 Dem Loth dann gaben wir Verstand und Weisheit,
Und retteten ihn aus der Stadt, die Böses that,
Es waren Leute schlimm, abtrünnig.
75/75 Und nahmen ihn auf in unsre Liebe,
Denn er war von den Frommen.
76/76 Und Noa, da er rief zuvor,
Da gaben wir ihm Antwort,

Vers 73 *Vorgängern*] Imâme.

Und retteten ihn und die Seinen
Aus großer Noth.
77/77 Und halfen ihm vor jenem Volk,
Das Lügen strafte unsre Zeichen,
Es waren Leute schlimm, und wir ertränkten alle.
78/78 Und David auch und Salomo,
Als sie das Urtheil sprachen über den Acker,
Als Nachts ihn abgefressen fremde Schaafe,
Wir waren ihres Urteilspruches Zeugen.
79/79 Wir gaben da die beßre Einsicht Salomo'n,
Doch beiden gaben wir Verstand und Weisheit,
Und dienstbar machten wir bei David
Die Berge zum Lobpreisen,
Die Vögel auch, das thaten wir.
80/80 Und lehrten ihn Verfertigung von Kleidung
Für euch, um euch zu schirmen
Vor eurer Kriegsgewalt;
O wollet ihr es danken?
81/81 Aber für Salomo den Wind im Sturme
Laufend auf sein Gebot zum Land,
Das wir gesegnet haben;
Und jedes Ding ist uns bewußt.
82/82 Und auch von den Satanen welche,
Die taucheten für ihn, und werkten
Ihm sonst noch Werke außer dem,
Wir aber waren ihre Hüter.
83/83 Auch Hiob, als er rief zu seinem Herren:
Mich hat berührt das Weh;
Doch du bist der erbarmendste Erbarmer.
84/84 Und wir erhörten ihn, und hoben
Was an ihm war von Weh,
Und gaben ihm die Seinen wieder,
Und noch einmal soviel dazu,
Als Huld von uns und Mahnung für die Diener.
85/85 Auch Ismael und Idris und Dhulkifl,
Sie alle waren von den Duldern.
86/86 Wir nahmen sie auf in unsre Liebe,
Denn sie waren von den Frommen.

87/87 Und den vom Fisch, als er floh zornig,
Und meinte daß wir nichts auf ihn vermöchten;
Dann rief er aus den Finsternissen:
Kein Gott als du! Preis dir! ich war ein Sünder.
88/88 Wir aber gaben Antwort ihm,
Und retteten ihn aus dem Leid,
So retten wir die Gläubigen.
89/89 Auch Zacharia, da er rief zu seinem Herrn:
Mein Herr, laß mich nicht einzeln!
Du bist der beste der' Beerber.
90/90 Doch wir erhörten ihn, und gaben ihm Johannes,
Und machten gut sein Weib ihm;
Sie waren schnell zum Gutes thun,
Anrufend uns in Lieb' und Furcht,
Und waren uns unterwürfig.
91/91 Auch sie, die ihre Sittsamkeit behütete,
Da hauchten wir in sie von unserm Geiste,
Und machten sie und ihren Sohn
Zum Zeichen für die Welten.
92/92 Ja diese eure Zunft ist eine einzige Zunft,
Und ich bin euer Herr, so dient mir!
93/93 Sie aber spalteten ihr Wesen unter sich;
Wol! alle kehren heim zu mir.
94/94 Wer nun das Gute thut und ist ein Gläubiger,
Kein Undank werde seinem Fleiß,
Wir haben's ihm geschrieben.
95/95 Bann aber über solche Stadt,
Die wir verderben! sie kehren niemals wieder;
96/96 Bis aufgethan wird Gog und Magog,
Und man von allen Höhen rennt;
97/97 Und nah kommt der Verheiß, der wahre;
Sieh da emporgerichtet sind
Die Blicke derer die nicht glaubten:
Weh uns! wir waren unbesorgt
Um dieses, ja wir waren Sünder.
98/98 Ja ihr und was ihr angebetet außer Gott
Seid Brennholz für Gehenna,
Ihr steigt in sie hinab.

99/99 Wenn diese wären Götter,
So stiegen sie nicht da hinab,
Und alle drin sind ewig.
100/100 Darin ist ihr Gezisch,
Sie aber hören nichts darin.
101/101 Doch die, für die ergieng von uns das Schönste,
Die sind von ihr gefernet.
102/102 Sie hören nicht ihr Knistern,
Und sind in dem, was ihre Seelen wünschten, ewig.
103/103 Sie ängstet nicht die gröste Furcht,
Und ihnen gehn entgegen
Die Engel: Dis ist euer Tag,
Der euch verheißen war.
104/104 Am Tag, wo wir zusammenfalten
Den Himmel, wie der Siegler
Zusammenfaltet den Brief;
Wie wir zuerst erschufen,
So bringen wirs zurück,
Nach übernommener Verheißung,
Wahrlich, wir Werdens thun.
105/105 Und schon geschrieben haben wir
Im Psalter nach den andern Kunden:
Die Erde werden erben unsre Knechte, die gerechten.
106/106 Hierin fürwahr ist eine Meldung
Für alle Gottesdiener.
107/107 Und dich gesendet haben wir
Nur aus Erbarmung für die Welt.
108/108 Sprich: Offenbaret wird mir nur,
Daß euer Gott ein einziger Gott;
Wollt ihr euch Gott ergeben?
109/109 Und wenn sie ab sich wenden,
So sprich: Geladen hab' ich euch gleichmäßig;
Doch weiß ich nicht, ob nah, ob fern
Ist, was euch ist verheißen.
110/110 Er weiß das Laute von dem Wort,
Und weiß was ihr verschweiget.

Vers 108 Wollt ihr euch Gott ergeben] Moslems werden.

111/111 Ich weiß nicht, ist vielleicht dis eine
Versuchung für euch und ein Nießbrauch
Auf eine Frist.
112/112 Er sprach: Herr, richte mit der Wahrheit!
Unser Herr ist der Allerbarmer,
Den wir um Hülfe rufen an
Gegen das was ihr saget.

Aus der 22^n Sura
Überschrieben
Die Wallfahrt

25/25   Die da ungläubig sind und andre stoßen weg
Von Gottes Pfad und vom geweihten Bethaus,
Das wir gemacht für alle Menschen also
Daß gleich sei, wer dort selbst hat seinen Aufenthalt,
Und wer im offnen Lande wohnt;
26/—   Wer aber dort begehn will einen Frevel,
Den lassen wir verkosten herbe Pein.
27/26   Als wir anwiesen Abrahame
Den Ort des Hauses: Hier geselle
Mir nicht abgöttisch etwas!
Und reinige mein Haus für die Umwandelnden
Und Stehenden und hingebeugten Beter.
28/27   Lad' ein die Menschen zu der Wallfahrt,
Daß sie dir kommen
Zu Fuße und auf jedem schlanken
Kamel aus jeder tiefen Bergschlucht,
29/28   Hier abzuwarten ihren Vortheil,
Und auszusprechen Gottes Namen,
An den bekannten Tagen, über alles
Was wir an Vieh zur Nutzung ihnen gaben:
Nun eßt davon und speiset auch
Den elenden, den Bettler.
30/29   Dann zu verrichten ihre Weihen
Und abzutragen ihr Gelübde,
Und zu umgehn das alte Haus.
31/30   Dis, und wer ehrt die Festverbote Gottes,
Das ist ihm gut bei seinem Herrn.
Erlaubt ist alles Vieh euch, ausgenommen,
Was euch besonders ist gesagt.

Vers 29 *Vortheil*] Handelschaft?

Die Wallfahrt

       Doch meidet allen Greul von Götzenbildern,
       Und meidet Lügenrede!
32/31 Andächtige Gottes, nichts abgöttisch ihm gesellend.
       Wer etwas Gott gesellet, ist als fiel' er von dem Himmel,
       Als raubten ihn die Vögel oder
       Führt' ihn der Wind in Oeden fort.
33/32 Dis, und wer ehrt die Festordnungen Gottes,
       Das ist ein Theil der Frömmigkeit der Herzen.
34/33 Ihr habt an eurem Viehe Nutzung
       Bis zu bestimmter Frist, dann geh es
       Als Opfer zu dem alten Haus.
35/34 Wir haben jedem Volk gesetzet Bräuche,
       Den Namen Gottes auszusprechen über das,
       Was wir an Vieh zur Nahrung ihnen gaben.
       Doch eur Gott ist ein einziger Gott, ergebt euch ihm!
       Und du verkünde Heil den Unterwürf'gen!
36/35 Die, wann genannt wird Gottes Name,
       So zittern ihre Herzen,
       Und die ausharren in Geduld
       In dem was sie betroffen hat,
       Die das Gebet bestellen, und
       Von dem, womit wir sie versorgt, ausspenden.
37/36 Die feisten setzten wir euch unter
       Die Festordnungen Gottes,
       Daran ist ein Ersprieß für euch.
       So sprechet Gottes Namen über sie,
       Indem sie stehn gereihet,
       Und wenn sie seitwerts sinken hin,
       So eßt davon, und speiset den bescheidnen
       Und der euch nicht zu bitten wagt.
       So machten wir sie dienstbar euch,
       Auf daß ihr dankbar wäret.
38/37 Zu Gott gelanget nicht ihr Fleisch und nicht ihr Blut,
       Allein zu ihm gelangt die Frömmigkeit von euch.
       So machten wir sie dienstbar euch,
       Daß ihr erhöbet Gott für seine Leitung;
       Und du verkünde Heil den Frommen! –
39/38 Ja Gott vertheidigt, die da glauben,
       Ja Gott liebt keinen trügrischen Verleugner.

40/39 Erlaubnis haben, die sich wehren,
Weil sie gekränket wurden,
Und Gott ist ihnen beizustehn wol mächtig.
41/40 Die man vertrieb aus ihrer Heimat
Mit keinem Recht, nur einzig weil
Sie sprechen: Unser Herr ist Gott.
Und wehrte Gott nicht ab die Menschen,
Die einen durch die andern,
Zerstöret wären Klöster längst und Kirchen,
Gebet und Betehäuser,
Darin genannt wird Gottes Name häufig.
Gott aber hilft dem, der ihm hilft,
Denn Gott ist stark und herrlich.
42/41 Ja Gott hilft denen, die, wo wir im Lande
Sie siedeln lassen, das Gebet bestellen,
Und geben die Almosensteuer,
Die fordern auf zum Fug,
Und halten ab von Unbill;
Und Gottes ist der Ausgang aller Dinge.

51/52 Nie sandten wir vor dir auch einen
Gesandten oder Profeten,
Dem nicht, indem er betete,
Der Satan einschob etwas ins Gebet.
Doch Gott streicht aus, was Satan einschiebt,
Sodann bestätiget Gott seine Zeichen,
Und Gott ist weis' und kundig;
52/53 Aufdaß er mache das, was einschiebt
Der Satan, zur Versuchung denen,
In deren Herzen Siechthum ist,
Und denen von verstockten Herzen,
Und ja die Sünder sind in weiter Spaltung;
53/54 Daß aber wissen, denen ward die Wissenschaft,
Daß es die Wahrheit ist von deinem Herrn,
Und glauben dran, und unterwürfig seyen

Vers 40 *die sich wehren*] Ich vermuthe *yuqātilūna* act. für *yuqātalūna*.

Die Wallfahrt

        Ihm ihre Herzen, denn Gott leitet
        Die glaubenden zum graden Pfade.

72/73 Ihr Menschen, euch geprägct ist ein Gleichnis,
        Gebt ihm Gehör! Fürwahr, die ihr anrufet neben Gott,
        Sie schaffen nimmer eine Fliege,
        Und wenn sie alle sich dazu vereinten.
        Doch raubt die Fliege ihnen etwas,
        Nicht entreißen sie ihr es wieder.
        Schwach ist der Bittende und der Gebetne.
73/74 Sie haben Gott gemessen nicht
        Mit seinem rechten Maße,
        Denn Gott ist stark und herrlich.
74/75 Gott wählet von den Engeln Boten,
        Und von den Menschen auch, denn Gott ist
        Ein Hörer und ein Seher.
75/76 Er weiß was zwischen ihren Händen
        Und hinter ihrem Rücken ist,
        Und ja zu Gott sind heimgebracht die Dinge.

76/77 Ihr die da glaubet, beuget euch und fallet nieder
        Und betet euern Herrn an,
        Und thut dabei das Gute,
        Auf daß ihr glücklich seid.
77/78 Kämpfet in Gott den rechten Kampf!
        Er hat euch angenommen,
        Und nicht hat er gelegt auf euch
        Im Gottesdienst ein Mühsal;
        Zur Innung eures Vaters
        Abrahams, der euch nannte die Ergebnen,
78/— Vor diesem; aber nun, daß der Gesandte sei
        Ein Zeuge über euch, und ihr
        Seid Zeugen über die Menschen!
        So haltet das Gebet und gebt Almosensteuer,
        Und bleibet fest in Gott! denn er ist euer Schutzherr;
        O schöner Schutzherr, schöner Helfer!

Vers 76] Ein neues Bruchstück.

Aus Sure 23

[Die Gläubigen]

52/50   Wir machten auch den Sohn Marias
Und seine Mutter zu 'nem Zeichen,
Und gaben ihnen eine Wohnung
An einem Hügel still und flutreich.

86/84   Sag ihnen: Wem gehört die Erd'
Und was darin ist, wenn ihrs wisset?
87/85   Sie werden sagen: Gott! Sag: Wollt ihrs nicht bedenken?
88/86   Sag: Wer ist der Herr der sieben Himmel,
Und Herr des großen Thrones?
89/87   Sie werden sagen: Gott. Sag: Wollet ihr nicht fürchten?
90/88   Sag: Wer ist es, in dessen Hand
Die Herrschaft jedes Dings ist?
Der da beschützt und nicht beschützt wird? wenn ihrs
                                                                 [wisset?
91/89   Sie werden sagen: Gott! so sage:
Wie seid ihr denn verblendet!
92/90   Wir kamen ihnen mit der Wahrheit,
Sie aber reden Lüge.
93/91   Nicht hat Gott einen Sohn empfahn,
Noch irgend ist mit ihm ein Gott.
Sonst nähme jeder Gott, was er geschaffen,
Und es erhöbe sich einer über'n andern;
Lobpreis sei Gott ob allem was sie sagen.
94/92   Der Wisser des Verborgnen und des Sichtbarn,
Erhaben über dem, was sie ihm zugesellen.
95/93   Sag: Herr, willst du mich sehen lassen,
Was jenen angedrohet ist,
96/94   O Herr, so laß mich nicht seyn unter'm Volk der Sünder!
97/95   Wir sind, dich sehn zu lassen, was
Wir ihnen androhn, wol im Stande.
98/96   Wehre du mit dem Bessern ab das Böse;
Wir wissen, was sie sagen.

99/97 Und sprich: Herr, zu dir flücht' ich vor
Eingebungen der Satane.
100/98 Zu dir flücht' ich, o Herr,
Daß sie mich nicht umzingeln!

Die vierundzwanzigste Sura
Überschrieben
Das Licht
(Medinisch)

1/1 Die Sura, die herab wir sandten
Und sie verordneten,
Darin herab wir sandten Zeichen deutlich,
Ob ihr bedenken wollet!

2/2 Die Hure und den Hurer, streichet jedem
Von beiden hundert Streiche,
Und über sie fass' euch kein Mitleid,
Im Dienste Gottes, wenn ihr glaubt
An Gott und an den letzten Tag.
Und ihrer Strafe wohne bei
Eine Anzahl von den Gläubigen.

3/3 Der Hurer soll heirathen eine Hure nur
Oder eine Götzendienerinn;
Die Hur' auch soll heirathen nur
Ein Hurer oder Götzendiener;
Verpönt ist das den Gläubigen.

4/4 Doch die beschmitzen züchtige Frauen
Und dann nicht kommen mit vier Zeugen,
So streichet ihnen achtzig Streiche,
Und nehmet nie mehr Zeugnis an von ihnen,
Dieselben sind Abtrünnige.

5/5 Die ausgenommen, die umkehren nach der Hand
Und bessern sich; denn Gott ist gnädig huldvoll.

6/6 Doch die beschmitzen ihre Frauen,
Und haben keine Zeugen als sich selber;
So sei des Einen Zeugnis gleich

Überschrift *Das Licht*] v. V. 35.– Medinisch] Zerlegt in einzelne Stücke, mit Auslassung einzelner Verse und Partien.

Das Licht 265

        Vier Zeugnissen mit Gottanrufung,
        Daß er die Wahrheit redet;
7/7   Das fünfte Zeugnis aber dis,
        Daß Gottes Fluch auf ihm sei,
        Dafern er Lüge redet.
8/8   Dem Weibe wendet aber dis die Straf ab,
        Daß sie bezeuge vier
        Bezeugungen mit Gottanrufung,
        Daß er nur Lüge redet;
9/9   Das fünfte Zeugnis aber dis,
        Daß Gottes Fluch auf ihr sei,
        Wenn er die Wahrheit redet.
23/23 Fürwahr, die da beschmitzen Frauen züchtige,
        Sorglose, gläub'ge, sind verflucht
        In dieser Welt und in der andern,
        Und groß ist ihre Strafe,
24/24 Am Tag wo zeugen gegen sie
        Ihre Zungen und Hände
        Und Füß' ob dem, was sie gethan;
25/25 Des Tags wird ihnen Gott vergelten ihren Dienst
        Der Wahrheit, und sie werden es
        Erfahren, daß Gott ist die lautre Wahrheit.
26/26 Unzüchtige Frauen für unzüchtige Männer,
        Unzüchtige Männer für unzüchtige Frauen;
        Doch gute Fraun für gute Männer,
        Und gute Männer für die guten Frauen!
        Dieselben sind unschuldig böser Reden,
        Für sie ist Gottes Gnad' und ehrenvolle Nahrung.
11/11 Die da mit Lügen kommen,
        Ein Trupp von euch; o haltet dis
        Nicht für ein großes Übel;
        Es ist für euch nur besser.
        Denn jedem Mann von ihnen bleibt
        Was er gewirkt von Sünde;
        Und wer davon begieng das Schwerste,
        Dem wird auch große Strafe.
12/12 Wenn aber ihr dergleichen höret,
        O möchten gläubige Männer oder Frauen

	Dann bei sich selbst das beste denken,
	Und sagen: Das ist offenbare Lüge.
13/13	O möchten sie darüber doch
	Vier Zeugen bringen, oder wenn
	Sie keine Zeugen bringen,
	So sind vor Gott sie Lügner.
14/14	Und wäre nicht die Gnade Gottes über euch
	Und sein Erbarmen
	Hienieden und in jener Welt,
	Euch hätte längst betroffen
	In dem, worin ihr euch ergießet, schwere Strafe,
—/15	Wenn ihr's mit euern Zungen aufnehmt,
	Und sagt mit euern Mündern,
	Wovon ihr doch kein Wissen habt,
	Und haltets für gering, doch ists bei Gott ein Großes.
15/16	O möchtet ihr, wenn ihr es höret, sprechen:
	Uns steht nicht zu davon zu reden,
	Behüte! das ist arger Lug.
16/17	Gott mahnet euch, daß ihr nie wieder solches thut,
	Wenn ihr wollt Gläubige heißen.
17/18	Gott offenbaret euch die Zeichen,
	Und Gott ist weis' und kundig.
18/19	Die so da wünschen, daß auskomme Schmähliches
	Über die so da glauben,
	Derselben wartet Strafe peinvoll,
19/—	In dieser Welt und in der andern;
	Und Gott weiß, und ihr wisset nicht.
20/20	O wäre nicht die Gnade Gottes über euch,
	Und sein Erbarmen, und daß Gott
	Ist huldreich und barmherzig! –
21/21	Ihr die da glaubet, folget nicht
	Den Schritten Satans! denn wer folgt
	Den Schritten Satans, dieser führt
	Zur Schmach an und zur Unbill;
	Und wäre nicht die Gnade Gottes über euch
	Und sein Erbarmen, rein war auch von euch nicht einer.
	Gott aber reinigt wen er will,
	Und Gott ist hörend, wissend. –

Das Licht

27/27 Ihr, die da glaubet, tretet nicht
In andre Wohnungen als eure,
Bevor ihr angefragt habt und gegrüßet die Bewohner.
Das ist euch besser, wenn ihr es bedenket.
28/28 Doch wenn ihr Niemand findet an der Thüre,
So tretet nicht hinein, bevor mans euch erlaubt;
Und sagt man: Geht! so gehet fort.
Das ist untadliger für euch,
Und Gott ist eures Thuns Erkunder.
29/29 Doch ists euch keine Sünde, daß ihr tretet ein
In unbewohnte Räume,
Wenn ihr darin Geschäfte habt,
Und Gott weiß was ihr zeigt und was ihr berget.
30/30 Sage den Gläubigen, daß sie zügeln ihre Blicke
Und hüten ihre Sinnlichkeit.
Das ist untadliger für euch,
Denn Gott ist kundig eures Thuns.
31/31 Sag auch den gläubigen Frauen, daß sie zügeln ihre Blicke
Und hüten ihre Sinnlichkeit,
Nicht zeigen ihre Reize,
Als das was sichtbar ist davon,
Auch daß sie schlagen ihre Schleier
Um ihre Busenspalten,
Und zeigen ihre Reize keinem
Als ihren Männern oder Vätern,
Oder den Vätern ihrer Männer,
Oder den eignen Söhnen,
Oder den Söhnen ihrer Männer,
Oder den eignen Brüdern,
Oder den Söhnen ihrer Brüder,
Oder den Söhnen ihrer Schwestern,
Oder den eignen Mägden,
Und die da unter ihrer Hand stehn,
Oder ihrem Gefolge, nebst
Blödsinnigen von Männern, oder Kindern,
Die nicht gewahren Frauenblöße;
Auch daß sie nicht mit ihren Füßen schlagen,

Vers 28 *So tretet nicht hinein*] Vermuthlich Frauengemächer.

        Damit man merke, was sie halten
        Versteckt von ihren Reizen.
        Sondern bekehret euch zu Gott
        Allesammt, o ihr Gläubigen,
        Aufdaß ihr glücklich seid.
32/32 Verheirathet die Waisenkinder unter euch,
        Die frommen auch von euren Knechten
        Und euren Mägden! wenn sie arm sind,
        Gott wird sie machen reich von seiner Gnade,
        Und Gott ist weit umfassend, kundig.
33/33 Enthalten aber sollen die sich,
        Die keine Heirat finden,
        Bis Gott sie machet reich von seiner Gnade.
        Doch die den Freibrief wünschen, derer,
        Die unter eurer Hand stehn,
        Schreibt denen ihren Brief, wenn ihr
        An ihnen wisset Gutes,
        Und gebet ihnen von den Gütern
        Gottes, die er gegeben euch.
        Auch zwingt nicht eure Mägdlein,
        Die züchtig wollen seyn, zum Buhlgewerbe,
        Euch zu erwerben zeitlich Weltgut.
        Doch wer sie zwingt, nun Gott ist ihnen
        Nach ihrem Zwang barmherzig und verzeihend.
34/34 (45/46) So haben wir herabgesendet Zeichen deutlich,
        Und Gott führt wen er will zum graden Wege.
46/47 Sie sagen wol: Wir glauben
        An Gott und den Gesandten, und gehorchen;
        Dann wendet sich ein Theil von ihnen
        Nach diesem ab, dieselben sind nicht Gläubige.
47/48 Und wenn man sie beruft zu Gott
        Und seinem Abgesandten,
        Damit er richte zwischen ihnen:
        Sieh da ein Theil von ihnen die sind sträubig.
48/49 Wenn sie die Wahrheit hätten,
        Sie kämen her gehorsam.
49/50 Ist wol in ihren Herzen Krankheit,
        Oder sind sie im Zweifel?
        Oder befürchten, daß sie werde

Verkürzen Gott und sein Gesandter?
Nein, sondern sie sind Sünder.
50/51 Allein das Wort der Gläubigen,
Wenn man sie ruft zu Gott und seinem Gesandten,
Damit er richte zwischen ihnen,
Ist, daß sie sagen:
Wir hören und gehorchen,
Dieselben sind die glücklichen.
51/52 Und wer gehorchet Gott und seinem Abgesandten,
Und fürchtet Gott und ehret ihn,
Dieselben sind die seligen.
52/53 Sie aber schwören dir bei Gott
Mit ihren stärksten Eiden:
Wenn's du beföhlest, würden sie ins Feld ziehn.
Sag ihnen: Schwöret nicht! Gehorsam
Ist angenehm. Ja Gott ist kundig eures Thuns.
53/54 Sprich nur: Gehorchet Gott! gehorchet dem Gesandten!
Und wenn sie ab sich wenden:
Auf ihm ist was ihm auferlegt ist,
Auf euch, was euch ist auferlegt.
Und folgt ihr ihm, so geht ihr recht,
Doch dem Gesandten steht nur zu die klare Meldung.
54/55 Gott hat verheißen denen die da glauben
Von euch und Gutes thun, die woll' er machen
Zu seinen Stellvertretern auf der Erde,
Wie er zu seinen Stellvertretern
Einst andere vor ihnen machte;
Befestigen auch woll' er ihren Gottesdienst,
Den er genehmigt ihnen, und eintauschen
Für sie auf ihre Aengste Ruh und Frieden.
Mir dienen werden sie und nichts
Abgöttisch beigesellen;
Doch wer verleugnet hinterher,
Das sind Abtrünnige.
55/56 Ihr nun, bestellet das Gebet,
Gebt die Almosensteuer, und
Gehorchet dem Gesandten,
Aufdaß ihr Gnade findet.

56/57 O denke nicht, daß die da leugnen
Etwas ausrichten auf der Erde,
Doch ihre Einkehr ist die Glut,
Schlimm ist dahin der Eingang.
62/62 Allein die Gläubigen, die da glauben
An Gott und seinen Gesandten,
Und die, wenn sie mit ihm berathen
Eine gemeine Sache,
Nicht weggehn, eh sie ihn um Urlaub bitten;
Ja die so dich um Urlaub bitten,
Die sind es die da glauben
An Gott und seinen Gesandten;
Und wenn sie dich um Urlaub bitten
Ob irgend eins Geschäftes,
So gib den Urlaub wem du willst von ihnen,
Und bitte Gott für sie um Nachsicht,
Denn Gott ist nachsichtsvoll barmherzig.
63/63 Setzt die Berufung des Gesandten
In eurer Mitte doch nicht eurer
Berufung untereinander gleich!
Gott kennet die da sich entziehn mit Ausflucht.
Und hüten jene sich, die sein Gebot verweigern,
Daß sie betreffe eine Prüfung,
Oder betreffe Strafe peinlich.
64/64 Ha ist nicht Gottes was da ist
Im Himmel und auf Erden!
Er weiß womit ihr umgeht, und am Tage,
Wo sie ihm sind zurückgebracht,
Da wird er ihnen sagen was sie thaten,
Denn Gott ist jedes Dings bewußt.

35/35 Gott ist das Licht des Himmels und der Erde,
Das Gleichnis seines Lichtes ist
Wie eine Nisch' in welcher eine Leuchte
Die Leuchte ist in einem Glas,
Das Glas ist wie ein funkelnder Stern
Die angezündet ist vom Segensbaume,

Das Licht 271

       Dem Oelbaum nicht aus Osten noch aus Westen;
       Das Oel fast selber leuchtet, wenns
       Auch nicht berührt die Flamme;
       Licht über Licht – Gott leitet
       Zu seinem Lichte wen er will:
       Gott aber prägt die Gleichnisse den Menschen,
       Und Gott ist jedes Dings bewußt.
36/36 Das brennt in Häusern welche Gott
       Befohlen aufzurichten
       Und drin zu nennen seinen Namen,
       Es preisen ihn darin am Morgen und am Abend
37/37 Männer, die nicht abzieht Handelschaft
       Noch Einkauf vom Gedächtnis Gottes
       Und von Bestellung des Gebets
       Und von Almosengebung,
       Die fürchten jenen Tag, wo sich
       Wenden die Herzen und die Augen,
38/38 Daß ihnen Gott vergelte
       Das Bessre, was sie thaten,
       Und mehre sie mit seiner Fülle;
       Denn Gott versorget, wen er nur
       Will, über alle Rechnung.
39/39 Doch die Ungläubigen, ihre Werke
       Sind wie ein Wasserschein in Wüsten,
       Ihn hält der Durstige für Wasser,
       Bis er hinkommt und findet nichts,
       Er findet aber Gott daselbst,
       Der seine Rechnung ihm gewährt,
       Denn Gott ist schnell zur Rechnung.
40/40 Oder wie Finsternis im Meeresabgrund;
       Es decket eine Woge ihn,
       Darüber eine Wog' ist,
       darüber ein Gewölk' ist,
       Eine Finsternis über der andern;
       Wenn er ausstrecket seine Hand, sieht er sie kaum,

Vers 35 *nicht aus Osten noch aus Westen*] sondern vom Berg Sinai, in der Mitte?
Vers 38 *Fülle*] *faḍl* öfter zu setzen Gnadenfülle.

Und wem da Gott nicht schaffet Licht,
Der hat kein Licht.

41/41 O siehst du nicht, daß Gott lobpreiset
Was ist im Himmel und auf Erden,
Und die Vögel in Reihen,
Jedweder kennet sein Gebet
Und seine Lobpreisformel,
Und Gott ist kundig was sie thun.

42/42 Und Gottes ist die Herrschaft
Des Himmels und der Erden,
Und zu Gott ist die Rückkehr.

43/43 O siehst du nicht daß Gott zusammentreibt Gewölke,
Dann verdichtet ers unter sich,
Dann macht er es zu Schichten;
Da siehest du die Flut hervor
Brechen aus seinen Spalten,
Und niedersendet er vom Himmel Berge,
In denen Hagel ist,
Mit diesem trifft er wen er will,
Und wendet ihn von wem er will ab,
Doch seines Blitzes Leuchtung nimmt
Beinah hinweg die Sehe.

44/44 Gott aber wendet Nacht und Tag um,
Hierin ist traun ein Beispiel für die Sehenden.

—/45 Und Gott schuf jedes Geschöpf aus Wasser,
Von ihnen eins nun geht auf seinem Bauche,
Von ihnen eins geht auf zwei Füßen,
Und eins von Ihnen geht auf vieren;

Vers 44] Dieses vielleicht erhabenste und am meisten symbolisch ausdeutbare Bruchstück des Korans scheint wenig zum übrigen Inhalt der ganz politischen und polizeilichen Sura zu passen. Auch herrscht darin ein abweichender seltenerer Reim. Doch ist zu bemerken, daß der Reim des ersten Verses noch der des vorigen Stückes und der gewöhnl[ichste] des ganzen Korans ist, des letzten Verses aber in eben diesen Reim zurück oder doch ihm wieder nahe tritt. So daß dieses Stück denn doch vielleicht eine ursprüngliche (?) absichtliche Einfügung seyn könnte. Vergl. die 66. Sure, eben so weltlich, und in noch mehr besonderer Beziehung, worin ein ähnliches nur weniger ausgeführtes Bild vom Licht V. 8 unten übersetzt.

Gott schaffet was er will, ja Gott
Ist jedes Dings gewaltig.

Fünfundzwanzigste Sura
Überschrieben
Der Forkan

Im Namen [Gottes des allbarmherzigen Erbarmers.]

1/1 Gelobt sei, der herabgesandt den Forkan
Auf seinen Knecht, auf daß er sei
Für die Welten ein Mahner.

5/4 Es sprechen aber, die da leugnen:
Das ist nur Trug, den er gedichtet,
Ihm halfen dazu Fremde.
So kommen sie mit Frevel und mit Lügen;

6/5 Und sprechen: Fabelwerk der Alten,
Er schreibt es nach, und vorgesagt
Wird es ihm früh und Abends.

7/6 Sprich: Er hat es herabgesandt,
Der das Geheimnis weiß im Himmel und auf Erden,
Er ist barmherzig und verzeihig.

8/7 Sie sprechen: Doch was ists mit diesem Gottgesandten?
Er isset Speis' und wandelt in den Gassen.
Ja wär' ihm nur herabgesandt ein Engel,
Der mit ihm wär' ein Mahner!

9/8 Oder wär' ihm beschert ein Schatz,
Oder würd' ihm ein Wonnegarten,
Von dessen Frucht er äße.
Die Sünder sagen: Ei ihr folgt
Nur einem Manne, der berückt ist.

10/9 Sieh wie auf dich sie prägen ihre Gleichnisreden!
So irren sie und können nicht zum Wege.

11/10 Gelobt sei, der dir, wenn er will, schafft Beßres
Als dieses alles, Gärten,

Der Forkan] d.i. Koran, eigentlich Schiednis, Entscheid. Mit einigen Auslassungen (von angenommenen Einschiebseln).
Vers 9 *berückt*] besser als bezaubert. Öfter zu setzen.

Der Forkan

    Darunter hin die Ströme fließen,
    Und schafft dir drin Paläste.
12/11 Sie aber leugneten die Stunde;
    Doch wir bereiten jedem, der
    Die Stunde leugnet, Lohe.
13/12 Wenn diese sie ansieht von weitem,
    Da hören sie von ihr ein Wüthen und Gezisch.
14/13 Und wenn sie sind geworfen drein in engen Raum
                 [gedränget,
    Rufen sie dort den Untergang.
15/14 Ruft heut nicht einen Untergang!
    Ruft viele Untergänge!
16/15 Sag ihnen: Ist dis besser oder
    Der ewige Garten, dessen sind
    Verheißen Gottesfürchtige,
    Der ihnen Lohnung ist und Einkehr!
17/16 Sie haben darin, was sie wünschen, ewige;
    Dein Herr nahm auf sich das Versprechen,
    Das wird ihm abgefordert.
22/20 Wir aber sandten auch vor dir Gesandte niemals,
    Daß sie nicht äßen Speis' und wandelten in den Gassen.
    Wir machen einen unter euch
    Dem andern zur Versuchung,
    Ob ihr bestehet; und dein Herr ist schauend.
23/21 Doch sprechen jene, die nicht hoffen
    Zu stehn vor unserm Antlitz:
    Ja stiegen doch zu uns herab die Engel,
    Oder wir sähen unsern Herrn! Hochfärtig
    Sind sie in ihren Seelen,
    Und freveln großen Frevel.
24/22 Am Tage wo sie werden sehn die Engel,
    Kein Freudengruß wird da den Schuldigen,
    Und rufen werden sie: O ein verhegter Hag!
29/27 Am Tage wo der Sünder wird
    Annagen seine Hände,
    Und rufen: Hätt' ich doch genommen
    Mit dem Gesandten einen Weg!
30/28 Oh weh mir! hätt' ich doch genommen
    Nicht den und den zum Freunde!

31/29	Er hat mich irrgeleitet ab der Mahnung, Nachdem sie mir gekommen war, Und Satan ist den Menschen ein Verführer.
32/30	Doch der Gesandte spricht: O Herr, Mein Volk nimmt diesen Koran zum Gespötte.
33/31	Gott spricht: Wir gaben also jedem Profeten einen Feind vom Volk der Schuldigen; Doch dir genügt dein Herr zum Führer und zum Helfer.
34/32	Allein es sprechen, die da leugnen: Wär' ihm nur zugesandt der Koran Auf einmal als ein Ganzes! – Wir aber sandten so ihn einzeln, Damit zu kräftigen dein Herz, Und ließen dir ihn singen sangweis.
35/33	Sie können keine Gleichnisrede Vorbringen wider dich, daß wir Nicht brächten Aufschluß und die schönste Deutung.
42/40	Sie kamen doch schon zu der Stadt, Die eingeregnet ward mit bösem Regen: Haben sie selbe nicht gesehn? Die hofften auch nicht Auferweckung!
43/41	Allein, wenn sie dich sehen, nehmen Sie dich nur zum Gelächter: Ist dis, den Gott gesendet hat als Boten?
44/42	Möcht' ers, abirren macht' er uns von unsern Göttern, Wenn wir nicht hielten Stand bei ihnen! – Einst werden sie erfahren, wann sie sehn die Pein, Wer irrer war des Weges.
45/43	Siehst du wol jenen, der zum Gott nimmt sein Gelüst? Bist du ihm wol bestellt zum Anwalt?
46/44	Wie oder meinst du, daß die meisten Von ihnen hören werden oder merken? Sie sind nur wie das Vieh, Ja sie sind irrer noch des Weges.
47/45	O siehst du nicht auf deinen Herrn, Wie er dehnet den Schatten? Wollt' ers, er macht' ihn stille stehn; Nun aber machten wir die Sonne Zur Weiserinn auf ihn.

48/46 Dann rafften wir ihn ein zu uns
 Mit leichtem Raff.
49/47 Und Er ists der gemacht hat euch
 Die Nacht zur Hülle und den Schlaf zur Ausruh',
 Und hat gemacht den Tag zur Auferweckung.
50/48 Und Er ists, der die Winde sendet
 Als Freudenkündiger her vor seiner Gnade,
 Und niederschickten wir vom Himmel reine Flut,
51/49 Daß wir damit belebten todte Auen,
 Und davon trinken ließen, was wir schufen,
 Thiere und Menschen vielerlei.
52/50 Und theilten das Wasser unter ihnen aus,
 Daß sie des Dankes dächten;
 Doch weigerten die meisten Menschen
 All andres außer Undank.
54/52 Doch du gehorch nicht den undankbaren Leugnern,
 Bekämpfe sie für Ihn mit mächtigem Kampfe!
55/53 Und Er ists, der frei ließ die beiden Wasser,
 Das eine süß und trinkbar,
 Das andre herb und bitter,
 Und machte zwischen beiden eine Scheidewand,
 Und einen wohlverhegten Hag.
56/54 Und Er ists, der schuf aus dem Wasser Menschen,
 Und machte sie verbunden durch
 Verwandtschaft und Verschwägerung,
 Und mächtig ist dein Herr.
57/55 Sie aber beten außer Gott an,
 Was ihnen kann nicht nützen und nicht schaden;
 Der undankbare Leugner
 Ist gegen seinen Herrn ein Helfer.
58/56 Dich aber sendeten wir nur
 Als Heilverkünder und Mahner.
59/57 Sprich: Nicht von euch begehr' ich dafür einen Lohn,
 Als nur, wer will, daß er annehme
 Zu seinem Herren einen Weg.
60/58 Und du vertrau auf den Lebendigen der nicht stirbt,
 Und feiere seinen Lobpreis!
 Er gnügt für jeden Fehltritt seiner Knechte zum Erkunder.

61/60	Doch wenn man sagt zu ihnen:
	Fallt nieder vor dem Allerbarmer! sagen sie:
	Was ist der Allerbarmer? sollen
	Wir niederfallen dem was du uns heißest? –
	Es mehrt nur ihre Störrigkeit.
64/63	Aber die Knechte des Allerbarmers,
	Die auf der Erde gehn demüthig,
	Und wenn mit ihnen die Thoren hadern,
	Zu ihnen sagen: Friede;
65/64	Und die nachtwachen ihrem Herrn
	Fußfällig oder stehend;
66/65	Und sprechen: Herr, entrück' uns
	Der Pein Gehennas, ihre Pein ist endlos,
—/66	Sie ist ein schlimmer Aufenthalt und Standort;
67/67	Und die, wenn sie ausgeben, nicht
	Vergeuden und nicht kargen,
	Und halten Mitte zwischen beidem;
68/68	Und die nicht neben Gott anrufen andre Götter,
	Und tödten nicht das Leben, welches Gott verpönt,
	Als nur nach Recht, und huren nicht;
	(Denn wer das thut, den trifft Verschuldung,
69/69	Verdoppelt wird ihm einst die Pein
	Am Tag der Auferstehung,
	Und er ist drinnen ewig, schmachvoll;
70/70	Ausgenommen, wer sich bekehrt
	Und glaubt und wirket gutes Werk;
	Für solche wird vertauschen Gott
	Ihr Übles all mit Schönem,
	Denn Gott ist gnädig und barmherzig);
72/72	Und die da Zeugnis geben nicht der Lüge,
	Und wo sie gehn vorüber losen Reden,
	Vorüber gehn hochsinnig;

Vers 70] Hierauf ausgelassen als über das Maß hinaustretend der an sich treffliche Vers

[71] Wer sich bekehrt und Gutes thut,
Nur der bekehrt zu Gott sich recht.

Der Forkan

73/73 Und die, wo sie gemahnet werden
Der Zeichen ihres Herrn, darüber
Nicht niederstürzen taub und blind;
74/74 Und die da sprechen: Unser Herr,
Gib uns von unsern Frauen
Und unsern Sprösslingen einen Trost der Augen,
Und mach uns Gottesfürchtigen' zum Muster:
75/75 Dieselben werden dort belohnt sein mit der Lusthall'
Um was sie duldeten, und werden
Empfangen drin mit Gruß und Frieden,
76/76 Darin geewigt; herrlich ist der Aufenthalt und Standort.
77/77 Sprich: Euer Herr fragt nicht nach euch.
Ja, wärt ihr nicht berufen!
Ihr aber leugnetet, das wird euch einst anhaften.

Sechsundzwanzigste Sure
Überschrieben
Die Dichter
(Mekkanisch)

Im Namen Gottes, des barmherzigen Allerbarmers.

1/2 Dis sind die Zeichen
Des offenkundigen Buches.
2/3 Du grämest dich vielleicht darüber,
Daß sie nicht glauben?
3/4 Wenn uns beliebet, senden wir
Auf sie herab vom Himmel
Ein Zeichen, dem
Sich ihre Nacken werden beugen.
4/5 Doch kommet ihnen keine Kunde
Vom Allerbarmer, keine neue,
Davon sie nicht sich wenden ab.
5/6 Sie straften alles Lügen;
Doch kommen wird einst Botschaft ihnen
Von dem was sie verlachten.
6/7 Sahn sie nicht an die Erde,
Wieviel auf ihr wir sprossen ließen
Von edlen Kräutern aller Art?
7/8 In diesem ist ein Zeichen,
Allein die meisten sind ungläubig.
8/9 Doch er, dein Herr, ist der Allmächtige Allerbarmer.
9/10 Und als dein Herr rief Mosen:
Geh hin zum Volk der Übelthäter!
10/11 Zum Volke Faraos! Wollen sie nicht fürchten?
11/12 Er sprach: Mein Herr, mir banget
Daß sie mich Lügen strafen.
12/13 Auch eng ist meine Brust,
Und nicht gelös't ist meine Zunge;
Drum sende du an Aaron!

Die Dichter

13/12 Sie haben auch
 An mir zu fordern eine Schuld;
 Mir bangt daß sie mich tödten.
14/15 Er sprach: Mitnichten! sondern geht,
 Ihr zwei, mit unsern Zeichen!
 Wir sind mit euch und hören.
15/16 So geht zu Farao hin und sprecht:
 Wir sind ein Bote von dem Herrn der Welten.
16/17 Entlaß mit uns
 Die Söhne Israels!
17/18 Er sprach: Erzogen wir dich nicht
 Bei uns als Kind?
 Und bei uns weiltest du
 Von deinem Leben Jahrelang!
18/19 Und thatest jene That auch, die du thatest,
 Und bist der Sünder einer.
19/20 Er sprach: Ich that sie, ja, da ich
 War der Verirrten einer;
20/21 Und floh von euch,
 Weil ich euch fürchtete.
 Da aber gab mein Herr mir Weisheit,
 Und machte mich zu einem Abgesandten.
21/22 Die Wohlthat aber, welche du mir vorwirfst,
 Ist daß du hast geknechtet
 Die Söhne Israels.
22/23 Sprach Farao: Und wer ist der Herr der Welten?
23/24 Er sprach: Der Herr
 Des Himmels und der Erden
 Und was darin ist, wenn ihr es verständet!
24/25 Sprach Farao zu denen um ihn: Hört ihrs?
25/26 Er sprach: Der Herr von euch, und Herr
 Von euren Väter [n] ehmals.
26/27 Sprach Farao: Euer Gesandter,
 Der an euch ist gesendet, ras't.
27/28 Er sprach: Der Herr
 Des Aufgangs und des Niedergangs,
 Und was dazwischen liegt, wenn ihr's begriffet!
28/29 Sprach Farao: So du einen Gott nimmst außer mir,
 So mach' ich dich zu der Gefangnen einem.

29/30 Er sprach: Auch wenn ich dir
 Bring' etwas Sichtbares?
30/31 Sprach Farao: Bring es, wenn du Wahrheit redest!
31/32 Da warf er seinen Stab, und sieh,
 Zur Schlange ward er sichtbar.
32/33 Dann zog er seine Hand hervor,
 Und sie war weiß den Schauenden.
33/34 Sprach Farao zu der Schaar um ihn:
 Das ist ein kundiger Zaubrer.
34/35 Er will euch treiben
 Aus eurem Land mit seinem Zauber;
 Was meinet ihr?
35/36 Sie sprachen: Halt' ihn hier mit seinem Bruder,
 Und sende gen Mada'in Werbende,
36/37 Daß sie dir bringen jeden kundigen Zaubrer.
37/38 Da sammelten sich die Zauberer
 Zur anberaumten Tagesfrist.
38/39 Den Leuten aber ward gesagt:
 Wollt ihr euch nicht versammeln?
39/40 So mögen wir dann folgen
 Den Zauberern, wenn sie die Sieger bleiben.
40/41 Als nun die Zauberer gekommen,
 Da sprachen sie zu Farao:
 Wird uns wol auch ein Lohn, wenn wir die Sieger bleiben?
41/42 Ja, sprach er, und ihr sollet seyn
 Am Throne, von den Nächsten.
42/43 Und Mose sprach zu ihnen: Werft,
 Was ihr zu werfen habet!
43/44 Sie warfen ihre Strick' und ihre Stäbe
 Und riefen: Bei der Hoheit
 Faraos, wir sind die Sieger!
44/45 Doch Mose warf den Stab, und der
 Verschlinget, was sie gaukeln.
45/46 Da warfen sich die Zaubrer hin, anbetend,
46/47 Und riefen:
 Wir glauben an den Herrn der Welten!
47/48 Den Herrn Mose's und Aaron's.

Vers 35 Werbende] *ḥāširina?* v. 53

48/49 Sprach Farao: Ihr glaubet ihm,
 Bevor ich's euch erlaube?
 Ja er ist euer Meister,
 Der euch gelehrt die Zauberei;
 Ihr sollet es erfahren!
49/— Euch stümmeln will ich Händ' und Füße,
 Querüber, und euch kreuzigen miteinander.
50/50 Sie sprachen: Kein Versehr!
 Wir sind zu unserm Herrn gewendet.
51/51 Wir wünschen, es verzeihe
 Der Herr uns unsre Sünden, weil
 Wir sind die ersten Gläubigen.
52/52 Doch wir verkündigten an Mose: Reise Nachts
 Mit unsern Knechten! man wird euch verfolgen.
53/53 Da sandte Farao gen Mada'in Werbende:
54/54 Hier diese Leute sind ein kleines Trüppchen,
55/55 Und sind auf uns ergrimmt;
56/56 Doch wir sind sämmtlich auf der Hut.
57/57 Doch wir (spricht Gott) vertreiben sie
 Von Gärten und von Quellen,
58/58 Von Schatz und werthem Aufenthalt.
59/59 Wir thuns und geben es zum Erbe
 Den Söhnen Israels.
60/60 Doch sie verfolgten sie bei Sonnenaufgang.
61/61 Und als einander sahn die beiden Heere, sprachen
 Die Leute Mose's: Wir sind eingeholet.
62/62 Er sprach: Mitnichten!
 Denn mit mir ist mein Herr, er wird mich führen.
63/63 Doch wir verkündigten an Mose:
 Schlage mit deinem Stab das Meer!
 Da spaltete sichs, und jede Seite
 Stand wie ein hoher Bergwall.
64/64 Da brachten wir heran das Heer der Andern;
65/65 Da retteten wir Mose samt den Seinen;
66/66 Sodann ertränkten wir die Andern.
67/67 In diesem ist ein Zeichen,
 Allein die meisten sind ungläubig.
68/68 Doch er, dein Herr, ist der Allmächtige Allerbarmer.
69/69 Lies ihnen auch die Kunde Abrahams!

70/70 Als er da sprach zu seinem Vater
      Und seinem Volk: Wem dienet ihr?
71/71 Sie sprachen: Bildern dienen wir,
      Und warten ihnen stehend auf.
72/72 Er sprach: Und hören sie euch, wann ihr rufet?
73/73 Und nutzen sie euch oder schaden?
74/74 Sie sprachen: Nein, wir fanden
      Nur unsre Väter also thun.
75/75 Er sprach: O seht ihr, wem ihr dientet,
76/76 Ihr selbst, und eure Väter vormals?
77/77 Sie sind mir feind, nur nicht der Herr der Welten!
78/78 Der mich geschaffen hat, und führt mich;
79/79 Und der mich speis't und tränket mich;
80/80 Und wenn ich sieche, heilt er mich.
81/81 Er der mich sterben läßt und wieder leben;
82/82 Von dem ich wünsche, daß er mir
      Verzeihe meine Sünde
      Am Tage des Gerichts.
83/83 Herr, gib mir Weisheit,
      Und zähle mich den Frommen bei!
84/84 Und schaff mir eine Zunge
      Der Wahrheit bei den Spätern!
85/85 Mach mich zu einem Erben
      Des Gartenhains der Wonne!
86/86 Verzeih auch meinem Vater! denn
      Er ist von den Verirrten.
87/87 Laß mich beschämt nicht seyn
      Am Tage der Auferstehung!
88/88 Am Tage wo nicht nutzt Gut noch Söhne;
89/89 Nur, wer da kommt zu Gott mit reinem Herzen.
90/90 Da wird herangebracht der Garten
      Den Gottesfürchtigen.
91/91 Und vor die Augen wird gerückt
      Der Abgrund den Verführten.
92/92 Und ihnen wird gesagt:
      Wo ist nun, wem ihr dientet?
93/93 Statt Gottes! Werden sie euch helfen, oder
      Wird ihnen seyn zu helfen?
94/94 Und drein gestürzt sind sie und die Verführten,

Die Dichter 285

95/95 Des Iblis Heerschaar insgesammt.
96/96 Sie sprechen drin und hadern:
97/97 Bei Gott, wir waren
 Im offenkundigen Irrthum,
98/98 Als wir euch stelltenn gleich dem Herrn der Welten.
99/99 Nur irrgeleitet haben uns die Schuldigen;
100/100 Und uns ist Niemand Fürsprach,
101/101 Kein Freund und Anverwandter.
102/102 Und würd' uns Widerkehr,
 Wir wären von den Gläubigen.
103/103 In diesem ist ein Zeichen,
 Allein die meisten sind ungläubig.
104/104 Doch er, dein Herr, ist der Allmächtige, Allerbarmer.
105/105 Auch Lügen strafte Noe's Volk die Gesandten.
106/106 Als da zu ihnen sprach ihr Bruder Noe:
 Wollet ihr Gott nicht fürchten?
107/107 Ich bin an euch ein Bote treu.
108/108 So fürchtet Gott, und folget mir!
109/109 Und nicht von euch begehr' ich Lohn dafür;
 Mein Lohn allein steht auf den Herr der Welten.
110/110 So fürchtet Gott, und folget mir!
111/111 Sie sprachen: Sollen wir dir glauben?
 Dir hängen die Nichtswürdigen an.
112/112 Er sprach: Mein Wissen ist nicht, was sie thaten.
113/113 Die Rechenschaft für sie ist nur
 Bei meinem Herrn, wenn ihr es merktet!
114/114 Doch treiben will ich nicht von mir die Gläubigen.
115/115 Ich bin nichts wan ein offenkundiger Mahner.
116/116 Sie sprachen: Lassest du nicht ab, o Noe,
 So stirbst du als gesteinigter.
117/117 Er rief: O Herr, mein Volk es straft mich Lügen;
118/118 Entscheide zwischen mir und ihnen mit Entscheidung!
 Und rette mich und die mit mir, die Gläubigen.
119/119 Da retteten wir ihn und die mit ihm
 Im Schiffe dem gefüllten.
120/120 Und dann ertränkten wir darauf die Übrigen.

Vers 111-114] Vergl. 6,52 und 7,58 die Anmerkung.

121/121 In diesem ist ein Zeichen,
   Allein die meisten sind ungläubig.
122/122 Doch er, dein Herr, ist der Allmächtige, Allerbarmer.
123/123 Ad's Volk auch strafte Lügen die Gesandten.
124/124 Als da zu ihnen sprach ihr Bruder Hud:
   Ha wollet ihr nicht fürchten?
125/125 Ich bin an euch ein Bote treu.
126/126 So fürchtet Gott, und folget mir!
127/127 Und nicht von euch begehr' ich Lohn dafür;
   Mein Lohn allein steht auf den Herrn der Welten.
128/128 Erbauet ihr auf jedem Bühl
   Ein Wunderwerk zum Spiele?
129/129 Und unternehmt Kunstbauten,
   Alsob ihr ewig wäret?
130/130 Und wenn ihr stürmet, stürmet ihr wie Riesen.
131/131 O fürchtet Gott, und folget mir!
132/132 Und fürchtet ihn, der euch versah
   Mit allem was ihr wisset;
133/133 Der euch versah mit Herden und mit Söhnen;
134/134 Mit Gärten und mit Quellen.
135/135 Ich fürchte wahrlich über euch
   Straf eines großen Tages.
136/136 Sie sprachen: Gleich gilt uns, ob du gepredigt,
   Ob nicht gepredigt habest.
137/137 Das sind nur Dichtungen der Alten;
138/138 Und uns wird Niemand strafen.
139/139 So straften sie ihn Lügen;
   Doch wir verdarben sie.
   In diesem ist ein Zeichen,
   Allein die meisten sind ungläubig.
140/140 Doch er, dein Herr, ist der Allmächtige Allerbarmer.
141/141 Themud auch strafte Lügen die Gesandten;
142/142 Als da zu ihnen sprach ihr Bruder Salih:
   Ha, wollet ihr nicht fürchten?
143/143 Ich bin an euch ein Bote treu.
144/144 So fürchtet Gott, und folget mir!
145/145 Und nicht von euch begehr' ich Lohn dafür;
   Mein Lohn allein steht auf den Herrn der Welten.

146/146 Werdet ihr bleiben in dem,
 Worin ihr seid so sicher?
147/147 In Gärten und an Quellen,
148/148 Saaten und Palmen schlank von Wuchs;
149/149 Und hauet aus den Bergen Häuser wacker!
150/150 So fürchtet Gott, und folget mir!
151/151 Und folget nicht den Reden der Vergeuder,
152/152 Die schädigen auf Erden, und nicht bessern.
153/153 Sie sprachen: Du bist einer der Bethörten.
154/154 Du bist ein Mensch nur unsersgleichen;
 Bring uns ein Zeichen, wenn du Wahrheit redest!
155/155 Er sprach: Hier die Kamelin;
 Sie hat zu trinken, und ihr habt
 Zu trinken soviel Tage.
156/156 Rührt sie nicht an im Bösen!
 Sonst wird euch fassen
 Straf eines großen Tages.
157/157 Sie aber lähmten jene, darauf
 Erwachten sie zur Reue.
158/158 Da faßte sie die Strafe.
 In diesem ist ein Zeichen;
 Allein die meisten sind ungläubig.
159/159 Doch er, dein Herr, ist der Allmächtige, Allerbarmer.
160/160 Loth's Volk auch strafte Lügen die Gesandten.
161/161 Als da zu ihnen sprach ihr Bruder Loth:
 Ha wollet ihr nicht fürchten?
162/162 Ich bin an euch ein Bote treu.
163/163 So fürchtet Gott, und folget mir!
164/164 Und nicht von euch begehr' ich Lohn dafür;
 Mein Lohn allein steht auf den Herrn der Welten.
165/165 Wie? gehet ihr die Männer in der Welt an,
166/166 Und lasset, was euch Gott erschuf an euren Fraun
 Ja, ihr seid ein Volk von Frevlern.
167/167 Sie sprachen: Lässest du nicht ab, o Loth,
 So bist du ein Vertriebner.
168/168 Er sprach: Ich bin ein Hasser eurer Werke.
169/169 Herr, rette du mich und die Meinen
 Von ihren Werken!
170/170 Da retteten wir ihn und all die Seinen,

171/171 Bis auf die Alte, die zurückblieb;
172/172 Dann tilgten wir die Andern.
173/173 Und einen Regen regneten wir über sie;
O schlimmer Regen der (umsonst) gewarnten!
174/174 In diesem ist ein Zeichen,
Allein die meisten sind ungläubig.
175/175 Doch er, dein Herr, ist der Allmächtige, Allerbarmer.
176/176 Die Leute auch von Aika straften Lügen die Gesandten.
177/177 Als da zu ihnen sprach Schoaib:
Ha, wollet ihr nicht fürchten?
178/178 Ich bin an euch ein Bote treu;
179/179 So fürchtet Gott, und folget mir!
180/180 Und nicht von euch begehr' ich Lohn dafür;
Mein Lohn allein steht auf den Herrn der Welten.
181/181 Meßt treulich und verkürzet nicht!
182/182 Und wägt mit rechter Wage!
183/183 Entzieht den Menschen nicht das Ihre,
Und stiftet nicht auf Erden Frevelschaden.
184/184 Und fürchtet den, der euch erschuf
Und vorige Geschlechter.
185/185 Sie sprachen: Du bist einer der bethörten.
186/186 Du bist ein Mensch nur unsresgleichen;
Wir halten dich für einen von den Lügnern.
187/187 Laß fallen auf uns ein Stück vom Himmel,
Wenn du die Wahrheit redest.
188/188 Er sprach: Es weiß mein Herr am besten, was ihr thuet.
189/189 So straften sie ihn Lügen,
Da faßte sie die Strafe
Des Wolkentages, ja es war
Straf' eines großen Tages.
190/190 In diesem ist ein Zeichen,
Allein die meisten sind ungläubig.
191/191 Doch er, dein Herr, ist der Allmächtige, Allerbarmer.
192/192 Und dieses ist die Offenbarung
Vom Herrn der Welten,
193/193 Geoffenbaret vom betrauten Geiste
194/194 In deinen Busen, daß du seist ein Mahner,
195/195 In klarer Zung', arabischer;
196/196 Dasselb' ist auch in heiliger Schrift der Alten.

Die Dichter

197/197 Ist dieses nicht für sie ein Zeichen,
Daß es wissen die Weisen
Der Söhne Israels?
198/198 Und hätten wir es offenbart
An einen der Fremdredenden,
199/199 Und hätt' er es gelesen ihnen,
So hätten sie daran nicht glauben mögen.
200/200 So aber haben wir es eingeführet
Ins Herz der Schuldigen.
201/201 Sie glauben nicht daran, bisdaß
Sie sehn die Strafe furchtbar.
202/202 Bis ihnen sie wird kommen plötzlich,
Ohne daß sie es merken,
203/203 Und sie dann rufen: Gibt man keine Frist uns?
204/204 Ha wollen sie wol unsre Strafe
Beschleunigen?
205/205 Hast du's gesehn, wann wir sie ließen
Genießen Jahre lang,
206/206 Dann ihnen kam, was ihnen war verheißen,
207/207 Wie ihnen alles nichts half, was
Sie zu genießen hatten?
208/208 Und nie verdarben eine Stadt wir, ohne daß
Ihr kamen Mahner
209/209 Zur Kundschaft, und wir thaten ihr kein Unrecht.
210/210 Auch offenbarten dis nicht böse Geister.
211/211 Dergleichen kommt nicht ihnen zu, noch können sie's;
212/212 Sie sind vom Hören ausgeschlossen.
213/213 Auch ruf nicht neben Gott an einen andern Gott,
Daß du nicht werdest der Gestraften einer!
214/214 Und mahne deinen Stamm, die dir Verwandten!
215/215 Und neige deinen Fittig dem,
Wer dir folgt von den Gläubigen.
216/216 Doch wenn sie Trotz dir bieten, sprich:
Ich bin unschuldig
An solchem was ihr thuet.
217/217 Und du vertrau auf den Allmächtigen, Allerbarmer,

Vers 197 *für sie*] i.e. die Araber.
Vers 199 *ihnen*] den Arabern.

218/218 Der dich sieht, wo du stehest,
219/219 Und auch dein Liegen unter den Anbetern:
220/220 Er ist der Hörer und der Wisser.
221/221 Soll ich euch künden, welchem nahn
 Mit Offenbarung böse Geister?
222/222 Sie nahen jedem schuldbewußten Lügner,
223/223 Treffen das Ohr, und trügen meist;
224/224 Und ihnen folgten die verführten Dichter.
225/225 O siehst du nicht, wie sie
 In jedem Thale schwärmen,
226/226 Und reden viel, was sie nicht thun?
227/227 Die ausgenommen, welche glauben,
 Das Gute thun und denken Gottes häufig.
228/228 Und ihnen ist geholfen,
 Nachdem sie Unrecht litten.
 Erfahren aber werden, die da Unrecht thun,
 Welchen Ergangs sie sich ergehen werden.

Aus Sura 27
Die Ameisen

7/7 Als wie da Mose sprach zu seinen Leuten:
Ich sehe dort ein Feuer,
Von ihm will ich euch bringen eine Nachricht,
Oder euch bringen einen Brand,
Daß ihr euch wärmen möget.
8/8 Doch als er nun dahin kam, hört' er rufen:
Heilig ist der im Feuer ist und rings um es,
Lobpreis sei Gott, dem Herrn der Welten!
9/9 O Mose, ich bin Gott der Mächtige der Weise.
10/10 Wirf deinen Stab! –
Als er nun sah den Stab sich regen,
Alsob er sei ein Geist,
Wandt' er zur Flucht den Rücken
Und kehrte sich nicht um. – O Mose, fürchte
Dich nicht! Es fürchten sich bei mir nicht die Gesandten.
12/12 Nun steck' auch deine Hand in deinen Busen!
Hervorgehn soll sie weiß, ohn' Übel.
Dis unter den neun Zeichen
An Farao und sein Volk, denn ja
Sie sind ein Volk abtrünnig. –
13/13 Und als nun ihnen kamen unsre Zeichen augensichtlich,
Sprachen sie: Das ist offenbarer Zauber.
14/14 Und leugneten die Zeichen,
Die doch erkannten ihre Seelen,
Aus Trotz und Hochmuth. – Aber siehe,
Wie war das Ende nun der Frevler! –
15/15 Wir aber gaben David' einst
Und Salomone Weisheit, und sie sprachen:
Gelobt sei Gott, der uns aus Gnaden
Hat vorgezogen vielen
Seiner Knechte, der Gläubigen.

Vers 7] Vgl. 28,30

16/16 Und Salomo beerbte David,
Und sprach: O all ihr Menschen!
Ich ward gelehrt der Vögel Sprache,
Und alles hab' ich überkommen;
Ja, das ist Gottes offenbare Gnade.

17/17 Da ward geschaart zu Salomo
Sein Heer vom Stamm der Dschinnen,
Der Menschen und der Vögel,
Aufziehend in geschiednem Trupp;

18/18 Bis, da sie nun gekommen waren
Zum Thale der Ameisen,
Sprach eine Ameis: O all ihr Ameisen, geht
Hinein in eure Wohnungen,
Damit euch nicht zertrete
Salomo und sein Heer, ohn' es zu merken!

19/19 Da lächelt' er und lacht' ob ihrer Rede,
Und sprach: O Herr, gib Antrieb mir
Zu danken deine Huld, die du
Gabst huldreich über mich und meine Väter,
Zu thun das Gute das du liebest,
Und bringe mich in deiner
Barmherzigkeit zu deinen frommen Knechten!

20/20 Da mustert' er die Vogelschaar,
Und sprach: Wie ist mir? nicht seh' ich den Hudhud.
Oder wär' er wol abwesend?

21/21 Nun strafen will ich ihn mit schwerer Strafe,
Oder ihn schlachten, oder
Er komme mir mit einem klaren Ausweis.

22/22 Doch jener blieb nicht lange fern,
Und sprach: Ich hab' erkundet, was
Du nicht erkundet hast, von Saba
Bring' ich dir sichre Nachricht.

23/23 Ich fand daselbst ein Weib als ihre Königin,
Und sie hat überkommen alles,
Und einen großen Thron hat sie.

24/24 Ich fand sie und ihr Volk anbeten
Die Sonne außer Gott, und schön läßt scheinen

Vers 20 *Hudhud*] Widhopf.

Die Ameisen

	Der Satan ihnen ihre Werke,
	Daß er sie wegstieß von dem Weg,
	Und sie nicht richtig gehn.
27/27	Der König sprach: Wir wollen sehn,
	Ob du die Wahrheit redest oder logest.
28/28	Geh hier mit meinem Brief, den wirf dort ihnen zu,
	Dann wende dich von ihnen,
	Und warte was sie erwidern. –
29/29	Sie sprach: O mein Gefolge! mir
	Ist zugeworfen ein werther Brief,
30/30	Er ist von Salomo, und ist
	Im Namen Gottes des allbarmherzigen Erbarmers:
31/31	Wollt ihr nicht ziehn hinauf zu mir,
	Und kommen als Ergebne?
32/32	Sie sprach: O mein Gefolge!
	Nun rathet mir in meinem Ding!
	Denn ich beschließe nie ein Ding, bis ihr mir bei seid.
33/33	Sie sprachen: Wir sind Leute
	Von Kraft und Leute von starker Macht;
	Doch das Gebot steht dir zu,
	So sieh nun zu, was du gebietest.
34/34	Sie sprach: Fürwahr die Könige,
	Wenn sie kommen in eine Stadt,
	Verwüsten sie dieselbe,
	Und ihre Edlen erniedern sie,
	So pflegen sie zu thun.
35/35	Drum will ich schicken Abgesandte
	An jene mit Geschenken,
	Und warten was zurück die Boten bringen.
36/36	Als er nun kam zu Salomo,
	Sprach dieser: Wollt ihr mich bereichern
	Mit Gute? doch was Gott mir gab
	Ist besser als was euch er gab;
	Doch ihr habt Freud' an eueren Geschenken.
37/37	Kehr um zu ihnen, doch wir wollen ihnen kommen
	Mit einem Heer, dem sie nicht sind gewachsen,
	Und wollen sie von dort vertreiben schmählich,
	Klein sollen sie erscheinen.

38/38 Er sprach: O mein Gefolge!
Wer von euch holt mir ihren Thron,
Eh sie mir kommen als Ergebne?

39/39 Da sprach ein Ifrit von den Dschinnen:
Ich hol' ihn dir, eh du aufstehst von deinem Sitze;
Ich bin dazu stark und bewährt.

40/40 Doch einer spricht, der Wissen hat vom Buche:
Er sprach: Ich hol' ihn dir,
Eh zu dir kehrt zurück dein Blick. –
Und als er ihn nun vor sich stehn sah, sprach er: Dis
Ist von der Gnade meines Herrn,
Daß er mich prüf', ob ich sei dankbar, ob undankbar.
Wer aber dankbar ist, ist es nur seiner Seele;
Und wer undankbar, nun mein Herr
Ist unbedürftig großmuthsvoll.

41/41 Er sprach: Macht ihr unkenntlich ihren Thron!
Wir wollen sehen, ob sie ist erleuchtet,
Ob von den Unerleuchteten.

42/42 Als sie nun kam, ward ihr gesagt:
Ist so wie der dein Thron? Sie sprach:
Es ist als sei ers selber.
Wir überkamen schon vordem das Wissen,
Und wurden Gottergebne. –

43/43 Dann irrten aber jene sie,
Die sie anbetet' außer Gott,
Dieweil sie war aus einem Volk Ungläubiger.

44/44 Ihr ward gesagt: Tritt in den Saal ein!
Sie sah ihn und hielt ihn für tiefes Wasser,
Und zog das Kleid hinauf von ihren Schenkeln.
Er sprach: Es ist ein Saal, geglättet von Kristallen.

45/– Sie sprach: O Herr, ich habe mich versündigt;
Doch nun ergeb' ich mich mit den Ergebnen
An Gott den Herrn der Welten.

84/82 Und wann auf sie nun fällt das Wort der Strafe,
Dann lassen wir hervorgehn ihnen
Ein Thier dort aus der Erde,

Die Ameisen 295

      Das wird zu ihnen sprechen, daß
      Die Menschen nicht an unsre Zeichen glaubten.

89/87 Tags wo geblasen wird in die Drommete,
      Wird zittern wer im Himmel und wer auf Erden,
      Außer, wen Gott ausnehmen will,
      Und alle kommen zu ihm unterwürfig.
90/88 Und sehn wirst du die Berge, die du hältst für fest,
      Die gehn nach Gang der Wolken,
      Werkstellung Gottes, der gefügt hat jedes Ding,
      Und Er ist kundig eures Thuns.
91/89 Wer Gutes bringt, dem wird dafür ein Beßres,
      Und solche sind vorm Zittern
      Desselben Tags behut.
92/90 Wer aber Böses bringt, derselben
      Gesichter sind gestürzt ins Feuer:
      Wird euch vergolten andres als ihr thatet?
93/91 Mir ist geheißen dis nur: anzubeten
      Den Herren dieser Flur,
      Die er geweihet hat, und sein ist alles;
      Und mir geheißen ist, zu seyn von den Ergebnen;
94/92 Und vorzutragen auch der Koran.
      Nun wer sich leiten läßt, der ist
      Geleitet seiner eignen Seele;
      Wer aber irre geht, du sprich:
      Ich bin nur einer von den Mahnern.
95/93 Und sprich: Gelobt sei Gott! er wird
      Euch sehen lassen seine Zeichen,
      Ihr werdet sie erkennen. Und der Herr ist nicht
      Unachtsam dessen was ihr thut.

28ᵉ Sure

Überschrieben

Die Erzählung der Geschichte

-/2 Dis sind die Zeichen
Des offenkundigen Buches.
2/3 Vortragen wollen wir dir von der Kunde
Mose's und Farao's, nach der Wahrheit,
Für solche die da glauben.
3/4 Nun, Farao war gewaltig auf der Erde,
Und machete sein Volk zwiespaltig,
Unterdrückt' einen Theil von ihnen,
Indem er schlachtet' ihre Söhne
Und beschämt' ihre Frauen;
Ja er war einer von den Frevlern.
4/5 Wir aber wollen Huld erweisen
Den Unterdrückten auf der Erde,
Und sie machen zu Vorständen,
Und sie machen zu Erben;
5/6 Und geben ihnen feste Statt auf Erden,
Und zeigen Farao'n und Haman
Und ihrem Heer von ihnen, was sie scheuen.
6/7 Doch wir eröffneten der Mutter Mose's:
Säug' ihn! und fürchtest du für ihn,
So wirf ihn in den Strom!
Und fürchte nicht noch traure!
Wir geben dir ihn wieder,
Und machen ihn zu einem der Gesandten.

Überschrift] Mit einigen Auslassungen gegen das Ende hin. – Angeblich in Mekka. Mag seyn in Medina, oder doch nach eingeleiteter Verbindung mit Medina, als dort schon ein Rückhalt für die Seinigen war, er aber war noch in Mekka geblieben V. 57. – Anfangs als er noch nicht mit den Juden zerfallen war, V. 52.

Die Erzählung der Geschichte

7/8 Da lasen ihn nun auf die Leute Farao's,
Damit er ihnen würd' ein Feind und Kummer.
Denn Farao und Haman und ihr Heer, sie waren Sünder.
8/9 Da sprach die Gattin Farao's:
Ein Trost der Augen mir und dir, o tödt' ihn nicht!
Vielleicht daß er uns nützet, oder
Wir nehmen ihn zum Sohne.
Sie aber merkten nicht.
9/10 Da ward das Herz der Mutter Mosi's leicht am Tag;
Fast hätte sie's verrathen,
Doch machten wir ihr fest die Brust,
Daß sie bestand' im Glauben.
10/11 Sie sprach zu seiner Schwester: Geh ihm nach!
Die blickte nach ihm von der Seite,
Sie aber merkten nicht.
11/12 Da wehrten wir ihm ab erst die Säugammen;
Doch jene sprach: Soll ich euch weisen
Zu Leuten eines Hauses, die in Pfleg' ihn nehmen
Für euch, und die ihn wohl berathen?
12/13 So brachten wir zurück ihn seiner Mutter,
Daß ruhig würd' ihr Aug und sie sich nicht betrübte
Und wüßte: Der Verheiß von Gott ist Wahrheit;
Die meisten aber wissens nicht.
13/14 Als er nun kam zu seiner Kraft
Und war in rechten Jahren,
Gaben wir ihm Verstand und Weisheit,
Also belohnen wir die Frommen.
14/15 Da gieng er in die Stadt einst unbemerkt von den
[Bewohnern,
Und fand daselbst zwei Männer kämpfen,
Den einen von den Seinen,
Den andern von den Feinden.
Da rief um Hilf ihn an der von den Seinen
Gegen den von den Feinden,
Und Mose schlug ihn und erlegt' ihn.
Da sprach er: Das ist von dem Werke Satans,
Der ein erklärter Feind ist und Verführer.

15/16 Er sprach: Mein Herr! ich habe mich versündigt;
 Vergib mir! da vergab er ihm,
 Denn Er ist der Vergeber der Erbarmer.
16/17 Er sprach: Herr, weil du mir hast Gnad' erwiesen,
 Nie will ich mehr ein Helfer seyn den Bösen.
17/18 Darauf des Morgens war er in der Stadt voll Furcht,
 Umschauend; siehe da, der ihn
 Um Beistand angerufen gestern,
 Der schrie ihn wieder an. Zu ihm sprach Mose:
 Du bist ein offenbarer Thor.
18/19 Doch als er treffen wollte jenen,
 Der ihrer beider Feind war,
 Sprach der: O Mose, willst du mich erschlagen,
 Wie du erschlugest einen gestern?
 Du willst nur ein Gewaltmann seyn auf Erden,
 Und willst nicht seyn der biedern einer.
19/20 Da kam ein Mann, vom Aeußersten
 Der Stadt her laufend, rief: o Mose!
 Das Volk beräth sich über dich,
 Daß sie dich tödten! geh hinaus!
 Ich bin dir ein wohlmeinender Berather.
20/21 Da gieng er aus der Stadt voll Furcht,
 Umschauend, sprach: Herr, rette mich
 Von diesem Volk, den Frevlern.
21/22 Und als er sich gewendet nun gen Midian,
 Sprach er: Vielleicht daß mich mein Herr
 Leite des rechten Weges.
22/23 Und als er kam zum Wasser Midians,
 Fand er da einen Trupp von Leuten, tränkend.
23/— Und fand von ihnen weg zwo Frauen,
 Die abwerts hielten ihre Herde;
 Er sprach: Was macht ihr da? Sie sprachen:
 Wir tränken ehr nicht, bis die Hirten
 Zurück vom Wasser treiben.
 Und unser Vater ist ein hoher Greise.
24/24 Da tränkt' er ihnen, und dann zog er
 Zurück sich in den Schatten,
 Und sprach: Mein Herr, ich bin des Guten,
 Das du mir sendest zu, bedürfig.

Die Erzählung der Geschichte

25/25 Da kam zu ihm heran die eine
Der beiden, schamhaft wandelnd, sprach:
Mein Vater rufet dich, daß er dir gelte
Den Lohn um daß du tränktest uns.
Und als er zu ihm kam und ihm
Erzählte seine Geschichte,
Sprach er: Sei ohne Furcht, du bist
Entronnen jenem Volk, den Frevlern.
26/26 Da sprach die eine von den beiden:
O Vaterchen, ding' ihn um Lohn.
Der beste, den du dingest, ist der starke, der bewährte.
27/27 Er sprach: Ich will zum Weib dir geben
Die eine meiner Töchter hier,
Auf den Beding daß du um Lohn
Mir dienst acht Jahr', und wenn du willst
Voll machen zehn, so stehts bei dir.
Ich will dich nicht beschweren,
Du sollst mich finden, will es Gott, als biedern.
28/28 Er sprach: So soll es gelten zwischen mir und dir,
Welche der beiden Fristen ich
Besteh', mehr liege mir nicht ob,
Und Gott ist dessen was wir reden Bürge.
29/29 Als Mose nun die Frist bestanden
Und zog mit seinem Hausgesind,
Sah er am Fuß des heiligen Bergs ein Feuer;
Und sprach zu dem Gesinde: Wartet!
Ich hab' ersehn ein Feuer,
Ob ich davon euch herbring' eine Kunde
Oder einen Glimmer von dem Feuer
Daß ihr euch möget wärmen.
30/30 Als er nun hinkam, hört' er rufen
Vom Stromrand her des Glücksthals
Auf dem gesegneten Boden
Aus dem Gebüsch: O Mose,
Ich, ich bin Gott, der Herr der Welten!
31/31 Und dann: Wirf deinen Stab!
Doch als er den nun sah sich regen,

Vers 30] Vgl. 27,7 übersetzt.

Alsob er sei ein Geist,
Wandt' er zur Flucht den Rücken,
Und kehrte sich nicht um. – O Mose!
Kehre dich her und fürchte nichts!
Du bist von den Behuten.

32/32 Steck deine Hand in deinen Busen,
Daraus hervorgehn wird sie weiß, ohn' Übel,
Und fasse dich vom Schrecken.
Denn dieses beides sind Beweise
Von deinem Herrn an Farao
Und sein Gefolg', sie sind ein Volk abtrünnig.

33/33 Er sprach: Mein Herr, ich hab' erschlagen ihrer einen,
Und fürchte daß sie mich erschlagen.

34/34 Mein Bruder Aaron aber ist beredter
Als ich an Zunge, sende den
Mit mir als Beistand, mir zu zeugen,
Sie zeihn mich, fürcht' ich, Lügen.

35/35 Er sprach: Wir wollen stärken deinen Arm durch deinen
[Bruder
Und geben beiden Vollmacht euch,
Daß sie an euch nicht kommen sollen
Bei unsern Zeichen; ihr und die euch folgen, bleiben Sieger.

36/36 Als Mose nun zu ihnen kam
Mit unsern Zeichen offenkundig,
Sprachen sie: Das ist nichts wan Zauberwort, gedichtet,
Und niemals hörten wir davon bei unsern Vätern vormals.

37/37 Doch Mose sprach: Es weiß mein Herr am besten,
Wer mit der Leitung kommt von ihm,
Und wem da bleibt der Lohn des Hauses;
Nicht glücklich sind die Sünder.

38/38 Sprach Farao: Ihr mein Gefolge,
Nie kannt' ich einen andern Gott für euch als mich.
Du aber brenne mir, o Haman, Thon und bau
Mir einen Thurm, auf dem ich steige
Hinan zum Gotte Mosis.
Fürwahr, ich halt' ihn für der Lügner einen.

39/39 Hochmüthig war er und sein Heer
Auf Erden ohne Fug und Recht,
Und meinten daß sie nicht zu uns heimkehren sollten.

Die Erzählung der Geschichte

40/40 Da faßten wir ihn und sein Heer,
Und warfen sie ins Meer, und siehe,
Wie war das Ende der Sünder.

41/41 Und machten sie zu Vorständen,
Die da rufen zum Feuer,
Und bei der Auferstehung sind sie beistandlos.

42/42 Und machten ihnen folgen
In dieser Welt den Fluch,
Und bei der Auferstehung sind sie
Von den geschändeten.

43/43 Dem Mose aber gaben wir
Die Schrift, nachdem vertilgt wir hatten
Die früheren Geschlechter,
Zum Augenschein den Menschen,
Zur Leitung und Barmherzigkeit,
Ob sie wol sich bedächten.

44/44 Du selber warst nicht auf der Westseit',
Als wir an Mose richteten die Gebote,
Und warst dabei nicht von den Zeugen.

45/45 Nun, wir erneueten seitdem Geschlechter,
Und lang ergieng hin über sie das Leben.
Du hast auch nicht gewohnt im Volke Midians,
Ihnen zu deuten unsre Zeichen,
Wir sandten dazu Boten.

46/46 Du warest auch nicht an der Seite
Des heiligen Berges, als wir riefen;
Nein sondern aus Barmherzigkeit von deinem Herrn
Sagen wir dir's, zu mahnen
Ein Volk, dem nie ein Mahner kam
Vor dir, ob sie wol sich bedenken.

47/47 Damit sie nicht erleiden möchten
Ein Leid um das was ihre Hände wirkten,
Und rufen dann: O unser Herr!
Hättest du doch gesandt uns einen Boten,
Daß wir ihm folgeten und wären von den Gläubigen.

48/48 Doch als nun ihnen kam die Wahrheit
Von unsrer Seite, riefen sie:

Vers 41 *Vorständen*] Imâme.

Ja, wäre dem gegeben solches,
Wie einst gegeben Mosen war! –
Wie? haben sie nicht auch geleugnet,
Was Mosen war gegeben einst?
Und sprachen: Zwei Blendwerke sinds,
Einander unterstützend;
Und sprachen: Beide leugnen wir.

49/49 Sprich du: Bringt mir ein Buch von Seiten Gottes,
Das leitungskräftiger sei als diese beide,
So folg' ich selber ihm, wenn ihr die Wahrheit redet.

50/50 Doch wenn sie dir nicht Antwort geben,
So wiß, daß sie nur folgen ihren Lüsten;
Und wer ist irrer als wer folget seiner Lust
Ohne Geleit von Gott? denn Gott
Geleitet nicht die Sünder.

51/51 Zukommen ließen ihnen wir das Wort nun,
Ob sie wol sich besännen!

52/52 Und jene selber, denen wir
Die Schrift zuerst gegeben,
Die glauben an das Wort.

53/53 Und wird es vorgetragen ihnen, rufen sie:
Wir glauben dran, es ist die Wahrheit
Von unserm Herrn; wir waren schon
Vor diesem Gottergebne.

54/54 Die werden ihren Lohn empfangen zweimal
Dafür daß sie ausharreten,
Und wehren mit dem Guten ab das Böse,
Und gern von dem, womit wir sie versorgt, ausspenden.

55/55 Und wo sie hören lose Rede,
Da wenden sie sich ab davon und sprechen:
Uns unsre Werke und euch eure Werke!
Friede mit euch! wir suchen nicht die Thoren.

56/56 Du leitest nicht, wen du begehrest, sondern
Gott leitet wen er will, er kennt
Am besten, die sich leiten lassen.

57/57 Sie aber sprechen: Folgen wir der Leitung
Mit dir, so werden wir gerafft aus unserm Lande.
Wie? gaben wir nicht ihnen eine feste Statt,

Die Erzählung der Geschichte 303

        Ein befriedetes Heiligthum,
        Zu dem gesammelt wird der Fruchtertrag von allem,
        Zum Unterhalt von unsertwegen?
        Doch ihre meisten wissen nichts.
58/58 Wie manche Stadt vertilgten wir,
        Die überfroh war ihrer Lebensfülle!
        Und jene Wohnungen von ihnen,
        Sie wurden nicht bewohnt nach ihnen,
        Als wenig nur, wir aber sind die Erben.
60/60 Und das was euch gegeben ward,
        Ist Nießbrauch dieses Erdenlebens und sein Schmuck,
        Das aber dort bei Gott ist besser
        Und dauernder; versteht ihr nicht?
61/61 Ist wol, wem wir verheißen haben
        Verheißung schöne, die er einst wird finden,
        Wie der, den wir genießen lassen
        Den Nießbrauch dieses Erdenlebens,
        Dann wird er seyn am Tag der Auferstehung
        Unter den Vorgeforderten!
65/65 Am Tag wo Er sie rufen wird und fragen:
        Was gabet ihr zur Antwort meinen Boten?
66/66 Da werden sie nicht Auskunft wissen,
        Und auch nicht beieinander sich befragen. –
76/76 Ja Karun war vom Volke Mosis,
        Hochmüthig über alle,
        Wir hatten ihm verliehn von Schätzen
        Soviel daß schon davon die Schlüssel
        Schwer wurden einem Truppe starker Leute.
        Wie da zu ihm sein Volk sprach: Sei nicht frech!
        Denn Gott liebt nicht die frechen!
77/77 Wirb hier mit dem, was Gott dir gab,
        Nach jener Wohnung, und vergiß
        Auch nicht dein Theil hienieden;
        Thu Gutes, wie Gott Gutes hat gethan an dir,

Vers 57 *Heiligthum*] Nicht etwa die Kaba, sondern Medina. Gleich 29,67.
Vers 67 ff] Der Ideengang ist deutlich, wenn vielleicht auch einige verbindende Verse stehen sollten.

Und suche nicht den Frevel auf der Erde;
Denn Gott liebt nicht die Frevler.

78/78 Er sprach: Dis alles ward mir nur
Beschert für eignes Wissen. –
O wußt' er nicht, daß Gott verdorben hat vor ihm
Von den Volkstämmen manchen,
Der stärker war als er an Kraft,
Zahlreicher auch an Menge? denn
Man fragt nicht erst um ihre Sünden
Die Schuldigen.

79/79 Er aber gieng
Hervor von seinem Volke,
In seinem Schmuck; da sprachen, die da gehren
Das Leben dieser Welt: O hätten
Wir gleiches, als was Karun hat,
Er ist Herr großen Glückes.

80/80 Da sprachen aber, die da Wissen hatten:
Weh euch! der Sold von Gott ist besser
Für den, der glaubt und Gutes thut,
Und ihn empfahn nur die enthaltsamen Dulder.

81/81 Da ließen wir ihm und seinem Hause
Die Erde klaffen, und ihm blieb
Kein Anhang, die ihm hülfen gegen Gott,
Und ihm war nicht zu helfen.

82/82 Da wachten morgens, die da hatten
Gewünschet seine Stelle gestern,
Und sprachen: Ach ja wohl, Gott dehnt
Die Nahrung, wem er will von seinen Knechten,
Und mißt sie zu. Hätt' uns nicht Gott gegnadet,
So hätt' er uns es klaffen lassen; ach ja wohl,
Nicht glücklich sind die Gottverleugner.

83/83 Dort jene Wohnung werden wir
Verleihen denen, die nicht gehren
Hochmuth auf Erden oder Frevel;
Der gute Ausgang wird den Frommen.

85/85 Fürwahr, der dir hat auferlegt den Koran,
Wird dich zu einer Freistatt bringen.
Sprich nur: Es weiß mein Herr am besten,

Die Erzählung der Geschichte

Wer mit der Leitung kommt und wer
Da ist in offner Irre.
86/86 Du hofftest selbst nicht, daß dir würde
Zu Theil das Buch, es war nur aus Barmherzigkeit
Von deinem Herrn; darum sei du
Kein Beistand den Verleugnern.
87/87 Abdrängen sollen sie dich nicht
Von Gottes Zeichen wieder,
Nachdem sie dir erschienen sind.
Rufe zu deinem Herrn, und sei
Nicht von den Götzendienern!
88/88 Und rufe nicht mit Gott an einen andern Gott.
Kein Gott als Er! Vergänglich
Ist alles außer seinem Antlitz.
Sein ist der Richtspruch und zu ihm
Seid ihr zurückgebracht.

71/71 Sprich so: was meint ihr? wollte Gott
Die Nacht euch machen endlos,
Bis zu dem Tag der Auferstehung;
Wer wär' ein Gott wol außer Gott,
Der Licht euch brächte? hört ihr nicht?
72/72 Sprich so: was meint ihr? wollte Gott
Den Tag euch machen endlos,
Bis zu dem Tag der Auferstehung;
Wer wär' ein Gott wol außer Gott,
Der eine Nacht euch brächte,
Darin zu ruhen? seht ihr nicht?
73/73 Er hat euch aus Barmherzigkeit
Die Nacht geschaffen und den Tag,
In ihr zu ruhn, und dann zu suchen Gottes Fülle,
Und ob ihr etwa danken wollt.

Aus [der] 29. Sure

Die Spinne

1/2 Wie? meinen denn die Menschen, so
 Zu bleiben, daß sie sagen nur:
 Wir glauben! ohne daß geprüft sie würden?
2/3 Wir haben auch geprüfet die vor ihnen;
 Und Gott kennt wohl, die wahrhaft reden,
 Und kennet wohl die Lügner.
3/4 Wie oder meinen, die da thun
 Das Üble, daß sie uns voreilen?
 Wie übel ist ihr Urtheil!
4/5 Wer zu erscheinen hofft vor Gott;
 Fürwahr, die Frist von Gott kommt;
 Er ist der Hörer und der Wisser.
5/6 Und wer den heiligen Kampf kämpft,
 Der kämpft ihn seiner eignen Seele;
 Denn Gott ist unbedürftig aller Wesen.
9/10 Doch von den Menschen mancher spricht: Ich glaub' an
  [Gott;
 Doch wenn er wird bedrängt um Gott,
 So setzt er die Versuchung
 Der Menschen gleich der Strafe Gottes.
 Kommt Hilfe dann von deinem Herren,
 So sagen sie: Wir sind mit euch! –
 Wie? weiß nicht Gott am besten,
 Was in der Menschen Herzen ist?
10/11 Wohl kennet Gott die so da glauben,
 Und kennet wohl die Heuchler.
11/12 Es sprechen aber, die da leugnen,
 Zu denen die da glauben:
 Folgt unserm Wege nur, und tragen
 Wollen wir eure Sünden.

Überschrift] Abgekürzt, versuchsweise die Einschiebselchen Gemeinplätze etc. ausgeworfen.

Die Spinne

           Aber sie werden tragen nichts
           Von ihren Sünden; sie sind Lügner.
12/13 Sie werden tragen ihr Gewicht
           Und anderes Gewicht zu ihrem
           Gewicht, und werden seyn befragt
           Am Tag der Auferstehung
           Um das was sie gedichtet.
6/7   Die aber, die da glauben und das Gute thun,
           Abnehmen werden denen wir ihr Böses,
           Und sie belohnen für das Beßre das sie thaten.
7/8   Wir haben anbefohlen auch
           Dem Menschen gegen seine Eltern Schönes;
           Doch, fechten sie dich an, daß du
           Abgöttisch mir gesellen sollst,
           Was du nicht kennst: folg' ihnen nicht!
           Zu mir ist eure Rückkehr,
           Da werd' ich euch ansagen, was ihr thatet.
13/14 Wir sandten Noe an sein Volk; er weilte
           Bei ihnen tausend Jahre, weniger fünfzig.
           Da faßte sie die Flut, indem sie sündigten.
14/15 Da retteten wir ihn und die Genossen
           Des Schiffs, und machten dieses
           Zu einem Zeichen für die Welt.
15/16 Auch Abraham, als er sprach zu seinem Volke:
           Dient Gott und fürchtet ihn! das ist
           Euch besser, wenn ihrs wisset.
16/17 Ihr dienet außer Gott nur Bildern
           Und schaffet Lug; fürwahr, die, denen
           Ihr dienet außer Gott, vermögen
           Euch nicht zu geben Unterhalt.
           Und dient ihm und seid dankbar ihm!
           Zu ihm kehrt ihr zurücke.
20/21 Er strafet wen er will,
           Und ist barmherzig wem er will;
           Und zu ihm müßt ihr wandern.
21/22 Ihr hindert nichts auf Erden noch im Himmel;
           Und außer Gott ist euch kein Schutzherr und kein Helfer.

Vers 7] Parallele 31,13.14.

23/24 Da war die Antwort seines Volks
Nur daß sie sagten: Tödtet ihn oder verbrennt ihn!
Da rettete Gott ihn vom Feuer.
Darin fürwahr sind Zeichen für die Gläubigen.
24/25 Er sprach: Ihr nahmet außer Gott an Bilder,
Aus Liebe nur zu euerem
Verein im Erdenleben,
Allein am Tag der Auferstehung werdet ihr
Verleugnen einer den andern,
Und fluchen einer dem andern,
Und eure Einkehr ist die Glut,
Ihr findet keine Helfer.
25/26 Ihm aber glaubte Loth, und sprach:
Ja, ich bin ein Auswanderer
Zu meinem Herren, denn ja Er
Ist der Allmächtige, der Allweise.
40/41 Das Gleichnis derer, die sie machen neben Gott zu
[Schutzherrrn,
Ist wie die Spinne, die sich macht ein Haus; fürwahr
Das schwächste aller Häuser ist
Das Haus der Spinne, wenn sie's wüßten!
41/42 Gott aber weiß, was sie anrufen neben ihm,
Und Er ist der Allmächtige Allweise.
42/43 Wir prägen diese Gleichnisse den Menschen,
Und sie verstehn nur kundige.
44/45 Du trage vor was dir eröffnet wird vom Buch,
Und halte das Gebet recht!
Denn das Gebet wehrt ab von Unzucht und von Unfug,
Doch Gottes Denken ist noch größer;
Und Gott weiß was ihr wirket.
45/46 Bestreitet nicht das Volk der Schrift,
Als nur mit schönem Glimpfe
(Die ausgenommen die von ihnen freveln),
Und sprechet nur: Wir glauben
An das was kam herab auf uns,
Und das was kam herab auf euch,

Vers 25 *Ein Auswanderer*] absichtliche Bezeichnung.

Die Spinne

	Und unser Gott und euer Gott ist Einer,
	Und wir sind ihm Ergebne.
46/47	So sendeten wir dir das Buch hernieder;
	Und jene denen wir das Buch einst gaben,
	Die glauben dran; von diesen aber
	Glaubt mancher dran, und unsre Zeichen
	Verleugnen nur die Gottesleugner.
56/56	O meine Diener, die da glauben,
	Raum hat noch meine Erde,
	O dient mir nur!
57/57	Den Tod muß schmecken jedes Leben,
	Dann seid ihr uns zurückgebracht.
58/58	Doch denen die da glauben und das Gute thun,
	Räumen wir ein zum Aufenthalt
	Vom Garten einen Söller,
	Darunter hin die Ströme fließen;
	Geewigt sind sie drinnen,
	O schöner Lohn der Wirkenden!
59/59	Die in Geduld ausharren und
	Auf ihren Herrn vertrauen.
60/60	Wie manch Geschöpf auch, das nicht seinen Unterhalt
	Erwirbt, Gott unterhält es
	Und euch; Er ist der Hörer und der Wisser.
64/64	Doch dieses Erdenleben ist
	Ein Schemen und ein Schaum nur,
	Die Wohnung dort die ist das Leben
	Das wahre, wenn ihr's wüßtet.
65/65	Wenn sie zu Schiffe fahren, rufen sie zu Gott,
	Lauteren Dienst ihm weihend,
	Doch hat er sie ans Land gerettet,
	So dienen sie den Götzen.
67/67	O sehn sie nicht, wir machten
	Ein befriedetes Heiligthum,
	Indeß hinweg geraffet werden
	Die Menschen rings um sie.

Vers 56] Trost für die Auswanderer.
Vers 67 *ein befriedetes Heiligthum*] wie 28,57. Gleiche Situation.

　　　　　Wollen sie doch ans Eitle glauben
　　　　　Und Gottes Huld verleugnen?
68/68　Doch wer ist frevelhafter
　　　　　Als wer auf Gott erdichtet Lug,
　　　　　Oder die Wahrheit Lügen zeiht,
　　　　　Nachdem sie ihm erschienen?
　　　　　Ha ist wol in Gehenna nicht
　　　　　Ein Wohnplatz für die Leugner?
69/69　Die aber welche kämpfen
　　　　　Für uns, die führen wir auch unsre Wege,
　　　　　Und Gott ist mit den Tugendsamen.

Aus der 30. Sura

Rom

1/2 Besiegt ist Rom
2/3 Im nächsten Lande. Dann nach ihrer
 Besiegung werden sie siegen
3/4 In etlichen Jahren, Gottes ist
 Die Herrschaft vor und nachher,
 Dann freuen sich die Gläubigen
4/5 Der Hülfe Gottes. Er hilft wem er will und Er
 Ist der allmächtige Erbarmer.

27/28 Er prägte euch ein Gleichnis an euch selber:
 Habt ihr an euren Sklaven wol
 Theilnehmende Genossen
 An dem womit wir euch versorgten,
 Sodaß ihr drin euch gleichstellt
 Und ehret sie wie ihr euch selber ehret?
 So modeln wir die Zeichen
 Für Leute die verstehn.
29/30 O richte du dein Angesicht
 Zum Gottesdienst andächtig,
 Nach dem Gebilde Gottes,
 Zu dem die Menschen er gebildet.
 Kein Wandel ist am Werke Gottes,
 Das ist der Dienst der stetige,
 Allein die meisten Menschen sind unwissend.
30/31 Gekehrt zu ihm, o fürchtet ihn,
 Und haltet das Gebet recht,
 Und seid nicht von den Götzendienern,

Überschrift] Heraklius besiegt Chosru Perwis.
Vers 4] Nun verläuft sich das Orakel in die gewöhnlichen Gemeinsprüche.

31/32 Von denen, die gespaltet ihren Gottesdienst
 Und wurden Sekten, jeder Trupp
 Ist auf sein Eignes stolz und froh.

38/39 Und was ihr bringt zu Wucher, daß
 Es wuchere am Gut der Menschen,
 Das wuchert nicht bei Gott;
 Doch was ihr bringet zu Almosen,
 Womit ihr suchet Gottes Antlitz:
 Die das thun, das sind die Verdoppler.

40/41 Sichtbar ist worden die Verheerung
 Zu Land und Meer durch das, was wirkten
 [Menschenhände,
 Aufdaß Er sie verkosten lasse
 Ein Theil von dem, was sie gethan,
 Ob sie umkehren etwa.

46/47 Es ist uns ein Obliegen
 Der Beistand für die Gläubigen.
47/48 Gott, der da sendet aus die Winde,
 Daß sie erwühlen das Gewölk,
 Und er verbreitet es am Himmel wie er will,
 Und machet es zu Stücken,
 Da siehest du die Flut hervor
 Brechen aus seinen Spalten;
 Und wenn er nun damit trifft wen er will von seinen
 [Dienern,
 Sieh da frolocken sie,
48/49 Und wenn sie auch, eh es auf sie herniederkam,
 Zuvor verzaget waren.
49/50 So sieh die Spuren der Erbarmung Gottes an,
 Wie er belebt die Erde wann sie todt war,

Vers 46] Gott spricht.

Derselbe wird beleben auch die Todten,
Und Er ist jedes Dings gewaltig.

53/54 Gott, der euch schuf von Schwäche,
Dann macht' er nach der Schwäche Stärke,
Dann macht' er nach der Stärke Schwäch' und Alter;
Er schaffet was er will und Er
Ist der Allweise der Allmächt'ge.

Aus der 31. Sura
Lokman

12/13 Wie Lokman sprach zu seinem Sohn
Und ihn ermahnte: O mein Söhnlein,
Treib' nicht Abgötterei vor Gott,
Denn die Abgötterei ist große Sünde.
13/14 Empfohlen haben dieses wir
Dem Menschen gegen seine Eltern:
Getragen hat ihn seine Mutter
Mit Mühsal über Mühsal,
Und seine Abgewöhnung war im zweiten Jahr:
Sei dankbar mir und deinen Eltern!
Zu mir ist eure Rückkehr.
14/15 Doch fechten sie dich an, daß du
Abgöttisch mir gesellen sollst, was du nicht kennst,
So folg nicht ihnen, doch begegne
Ihnen im Leben freundlich,
Und folg dem Pfade dessen der sich kehrt zu mir;
Zu mir ist euer Heimgang, dann
Werd' ich euch sagen was ihr thatet.
15/16 Mein Söhnlein, wär' es auch nur das Gewicht von einem
[Senfkorn,
Und wär's in einem Felsen, oder im Himmel,
Oder im Schoß der Erde; bringen wird es Gott,
Denn Gott ist fein und kundig.
16/17 Mein Söhnlein, halte das Gebet recht,
Befördre Ziemendes, und steure Ungebühren
Und bleib im Unglück standhaft,
Denn das gehört zur Tüchtigkeit des Rathes.

Vers 14 *Doch fechten sie dich an ...*] Parallel 29,7. Hier vielleicht als eingeschoben zu betrachten (wie auch Wahl annimmt).
Vers 16 *Halte das Gebot recht ... steure Ungebühren*] Parallele. Dieselben Worte ganz anders übersetzt. Wenn sie noch zehnmal kämen, zehnmal anders zu übersetzen. – *Tüchtigkeit des Rathes*] S. 42,41.

Lokman

17/18 Verzerre deine Wange gegen
 Die Menschen nicht, und schreite
 Nicht auf der Erde voller Lust;
 Denn Gott liebt keinen eingebildeten stolzen.
18/19 Miß deinen Schritt und dämpfe deine Stimme;
 Denn die unangenehmste
 Der Stimmen ist des Esels Stimme.

21/22 Wer gibt sein Antlitz hin an Gott und thuet wohl,
 Der hält sich an der festesten Handhabe.
26/27 Und wären alle Bäum' auf Erden Schreiberohre,
 Das Meer dazu die Tint', und dazu sieben Meere,
 Es würden nie erschöpft die Worte Gottes,
 Denn Gott ist machtvoll weise.

32/33 O Menschen, fürchtet euern Herrn,
 Und scheut den Tag, wo einstehn wird
 Kein Vater für sein Kind, und kein
 Erzeugter stehet ein für seinen Zeuger irgend.
33/— Ja wahr ist die Verheißung Gottes,
 Und nicht berück' euch dieses Leben
 Der Zeitlichkeit, und nicht berück'
 An Gott euch der Berücker.
34/34 Bei Gott nur ist die Wissenschaft der Stunde,
 Und er nur schickt herab den Regen,
 Und er nur weiß was ist im Mutterschoße.
 Und keine Seele weiß, was sie wird wirken morgen;
 Und keine weiß in welchem Land sie sterben wird,
 Denn Gott allein ist weis' und kundig.

Aus der 32ᵗᵉⁿ Sure
Überschrift
Die Fußfälligen

Im Namen [Gottes des allbarmherzigen Erbarmers.]
1/2 Offenbarung des Buchs, an dem kein Zweifel ist,
 Gesandt vom Herrn der Welten.
2/3 Oder sagen sie: Er dichtet's? Nein, es ist die Wahrheit
 Von deinem Herrn, auf daß du mahnest
 Ein Volk, dem nie ein Mahner kam vor dir,
 Ob sie sich lassen leiten!
3/4 Gott ists, der schuf den Himmel und die Erde
 Und was da ist in beiden, in sechs Tagen,
 Dann saß er auf dem Thron; ihr habt
 Nicht außer ihm Fürsprecher noch Vertreter;
 Wollt ihr euch nicht besinnen?
4/5 Er lenkt das Wort der Herrschaft
 Vom Himmel zu der Erde,
 Und wieder steigts zu ihm empor,
 In einem Tage, dessen Maß
 Sind tausend Jahre, deren die ihr zählet.
5/6 Derselbe ist der Wisser des Verborgnen
 Und Sichtbarn, der Allmächtige Erbarmer;
6/7 Der schön gemacht hat alles was er schuf,
 Und brachte vor die Schöpfung
 Des Menschen selbst aus Thon.
7/8 Dann macht' er dessen Sproß
 Aus Saft verächtlichen Wassers;
8/9 Dann bildet' er ihn und blies in ihn von seinem Geist,
 Und machte euch Gehör, Gesicht und Herze;
 Wie wenig danket ihr!

Vers 4 *tausend Jahre, deren die ihr zählet*] Das Dogma vgl. 70,4 und dort Wahl.

Die Fußfälligen

9/10 Sie aber sprechen: Wie? Wenn wir verstreut sind auf der
   [Erde
   Wie sollen wir erstehn in neuer Schöpfung?
10/— O ja, die Zukunft ihres Herren leugnen sie.
11/11 Sprich: Euch nimmt hin der Todesengel,
   Der über euch gesetzt ist,
   Dann seid ihr heimgebracht zu eurem Herren.
12/12 Und o sähest du, wann nun die Schuldigen
   Gebücktes Hauptes stehn vor ihrem Herren:
   „O Herr, wir schauten nun und hörten,
   Laß uns zurück, so thun wir Gutes,
   Wir haben nun Gewisheit." –
13/13 Wir würden, wenn wir wollten, geben
   Jedweder Seele ihre Leitung,
   Aber fest steht das Wort von mir:
   Füllen werd' ich die Hölle
   Mit Dschinnen und Menschen allzumal.
14/14 Nun schmeckt dafür daß ihr vergaßet
   Die Zukunft dieses eures Tags,
   (Wir haben euch auch vergessen),
   So schmeckt die Pein der Ewigkeit,
   Dafür was ihr gewirket.
15/15 Die nur glauben an unsre Zeichen,
   Die, wo sie deren sind gemahnt,
   Sich werfen hin Fußfällige,
   Und preisen ihres Herren Lob,
   Weil sie nicht groß sich dünken.
16/16 Es trennen ihre Weichen sich vom Lager,
   Indem sie rufen ihren Herrn
   In Furcht und Hoffnung, und von dem,
   Womit wir sie versorgen, spenden sie gerne.
17/17 Und das weiß keine Seele,
   Was ihnen aufbehalten ist
   Von Trost der Augen zur Vergeltung
   Für das was sie gewirket.
18/18 Wird seyn wol, wer da gläubig war,
   Wie wer da war abtrünnig?
   Sie werden sich nicht gleich seyn.

19/19 Dort jene die da glaubten und das Gute thaten,
 Derselben sind die Wohnegärten
 Zur Gasteinkehr für ihre Thaten.
20/20 Hier aber jene die verbrachen,
 Ihr Wohnort ist das Feuer;
 Sooft sie wollen draus herausgehn,
 Sind sie darein zurückgebracht,
 Und ihnen ist gesaget: Schmeckt
 Die Pein des Feuers, die ihr habt geleugnet.
21/21 Doch schmecken wollen wir sie lassen
 Erst von der Pein, der niedern,
 Statt jener Pein, der höhern,
 Ob etwa sie umkehren wollen.
22/22 Doch wer ist sündiger, als wer gemahnet wird
 Der Zeichen seines Herrn, und kehrt sich ab davon?
 Wir werden an den Schuldigen Rache nehmen.
23/23 Wir gaben Mosen einst das Buch auch
 (O zweifle nicht, du wirst sein Antlitz schauen)
 Und machten es zur Leitung
 Den Söhnen Israels.
24/24 Von ihnen machten wir Vorgänger,
 Anleitende nach unserm Worte,
 Die in Geduld bestanden und von unsern Zeichen
 Gewisheit hatten.
25/25 Und einst entscheiden wird dein Herr noch zwischen ihnen
 Am Tag der Auferstehung das
 Worüber sie uneinig waren.
26/26 Dient ihnen nicht zur Leitung dis,
 Wieviel wir tilgten aus vor ihnen
 Volkstämm', auf deren Wohnstatt sie nun wandeln?
 Darin fürwahr sind Zeichen; wollen sie nicht hören?
27/27 Und sehn sie nicht auch, wie wir führen
 Das Wasser zu der dürren Erde,
 Und bringen aus ihm Saat hervor,
 Die essen ihre Thiere und sie selber; wollen sie nicht
 [schaun?
28/28 Sie aber sprechen: Wann kommt diese
 Eröffnung, wenn ihr Wahrheit redet?

29/29 Du sprich: Am Tage der Eröffnung
 Wird denen, die da leugneten,
 Nicht nutzen mehr ihr Glauben, und
 Man wird nicht ihrer warten.
30/30 Du kehre dich von ihnen ab
 Und warte! Denn man wartet ihrer.

33. Sura

(Medinisch)

Die Bündner

9/9 Ihr die da glaubet, denkt daran,
Wie gnädig Gott war über euch,
Als zu euch kamen Heere,
Wir aber sandten gegen sie
Einen Wind und andre Heere,
Die ihr nicht saht, doch Gott ist eures Thuns ansichtig.
10/10 Als euch die Feinde kamen oben und unten her,
Als sich verkehrten eure Augen,
Und sich das Herz hob bis zum Schlund,
Ihr wähntet über Gott auch manches Wähnen;
11/11 Dort sind geprüft die Gläubigen worden,
Geschüttert mit gewaltiger Schüttrung.
12/12 Wie da die Heuchler sprachen
Und die, in deren Herzen Siechthum:
Verheißen hat uns Gott und sein Gesandter nichts als Trug.
13/13 Und wie da sprach ein Trupp von ihnen:
Ihr Leute Jethreb's,
Kein Halt ist mehr für euch; kehrt um!
Und schon um Urlaub bat ein Theil von ihnen den Profeten,
Sprechend: Unsre Häuser sind entblößt,
Doch diese waren nicht entblößt,
Sie selbst nur wollten fliehen.
14/14 Ja dränge man auf sie zur Stadt ein ringsum,
Und forderte sie zu Meuterei auf,
So wären sie bereit dazu.
Doch sollten sie darin nicht bleiben lange!

Überschrift] Mit Auslassungen und Versetzungen. – Belagerung von Medina, Krieg des Grabens.

Die Bündner

15/15 Sie aber hatten Gott gelobet vorher,
Nicht wenden würden sie den Rücken;
Und Gottgelobtes wird gefordert.
16/16 Sag ihnen: Nimmer nützt die Flucht euch,
Entfliehet ihr dem Tod auch oder dem Todtschlag,
Genießen lässt man es euch doch nur kurze Frist.
17/17 Sag: Wer vertheidigt euch vor Gott,
Wenn er nun zudenkt euch ein Böses,
Oder euch zudenkt ein Erbarmen?
Und finden werden sie für sich nicht außer Gott
Beschützer oder Helfer.
18/18 Gott kennt die Hindrer unter euch,
Die rufen ihren Brüdern zu: Kommt her zu uns!
Und wagen in den Kampf sich wenig;
19/19 Karg gegen euch; und wo Gefahr droht, siehest du
Sie nach dir blicken mit rollenden Augen,
Wie wer befallen wird vom Tod,
Und ist dann die Gefahr vorbei,
So hacken sie auf euch mit scharfen Zungen,
Karg gegen's Gute. Solche sind ungläubig,
Und Gott läßt ihre Werk' umkommen,
Und das ist Gott' ein Leichtes.
20/20 Sie meinen daß die Bündner gar nicht abziehn;
Und wenn die Bündner da sind, wünschen sie sich weit
Ins Feld zu den Feldarabern:
Da fragen sie nach eurer Zeitung!
Gut! wären sie auch unter euch,
Sie föchten doch nur wenig.
21/21 Euch aber wurde am Gesandten Gottes
Ein schönes Beispiel, jedem der da hofft auf Gott
Und auf den letzten Tag und denket Gottes häufig.
22/22 Und als die wahren Gläubigen die Bündner sahn,
Da sprachen sie: Das ist was uns verheißen
Gott und sein Abgesandter; wahr gesprochen hat
Gott und sein Abgesandter. Und die Fahr hat ihnen
Vermehrt nur Glauben und Ergebung.
23/23 Von diesen Glaubigen Männer sinds, die halten Wort
Dem was sie Gott gelobet haben;
Von ihnen mancher hat bezahlt schon sein Gelübde,

	Manch anderer erwartet's noch;
	Sie ändern nicht veränderlich;
24/24	Aufdaß belohne Gott den wortestreuen ihre Treue,
	Und strafe, wenn er will, die falschen Heuchler,
	Oder lasse sie in sich gehn;
	Denn Gott ist gnädig und barmherzig.
25/25	Gott aber warf die Götzendiener
	Zurück in ihrem Grimm, sie haben
	Erlangt nichts Gutes; doch Gott stand
	Den Gläubigen für den Krieg ein,
	Und Gott ist stark allmächtig.
26/26	Er brachte die, so jenen halfen,
	Vom Volk der Schrift, herab von ihren Burgen,
	Und warf in ihre Herzen Schreck,
	Daß einen Theil ihr tödtetet,
	Und nahmt gefangen einen Theil.
27/27	Und erben ließ er euch ihr Land
	Und ihr Gebiet und ihren Reichthum,
	Land, das ihr nie zuvor betratet,
	Denn Gott ist jedes Dings gewaltig.

28/28	Du, o Profet, sag deinen Frauen:
	Wenn ihr begehrt die Zeitlichkeit und ihren Schmuck,
	So kommt nur her, ich will sie euch genießen lassen,
	Entlassend euch mit ehrsamer Entlassung.
29/29	Wenn aber ihr begehret Gott und seinen Abgesandten,
	Und dort die ewige Wohnung; nun, Gott hat bereitet
	Für die schönhandelnden von euch Belohnung große.
30/30	Ihr Weiber des Profeten! wer von euch begehet offne [Schmach,
	Verdoppelt wird ihr die Strafe doppelt,
	Und das ist Gott ein Leichtes.
31/31	Doch wer von euch willfahret Gott und seinem [Abgesandten,
	Und Gutes thut, ihr geben

Vers 27] Ein prachtvolles Siegeslied.

Die Bündner 323

        Wir ihren Lohn zwiefaltig,
        Und ihr bestimmen wir auch ehrenvolle Nahrung.
32/32 Ihr Weiber des Profeten, ihr
        Seid nicht wie eine von den andern Weibern.
        Wenn ihr seid gottesfürchtig, lispelt nicht mit eurer Stimme,
        Daß euer gehr' in wessen Herzen Siechthum ist,
        Doch redet wohlgefällig.
33/33 Bleibt fein in eueren Gemächern,
        Und prunket nicht hervor mit heidnischem Prunke
        Der vorigen Zeiten, sondern haltet das Gebet
        Und gebt Almosen und gehorchet Gott und seinem
                                          [Abgesandten.
        Denn Gott will von euch nehmen nur Unsauberkeit,
        Gesinde seines Hauses!, und euch reinigen mit Reinheit.
34/34 Merkt auf was vorgetragen wird
        In eueren Gemächern
        Von Gottes Zeichen und der Weisheit,
        Denn Gott ist fein und kundig.
35/35 Fürwahr, ergebne Männer und ergebne Fraun,
        Gläubige Männer und gläubige Frauen,
        Andächtige Männer und andächtige Frauen,
        Worttreue Männer und worttreue Frauen,
        Geduldige Männer und geduldige Frauen,
        Demüthige Männer und demüthige Frauen,
        Almosenspendende Männer und almosenspendende Frauen,
        Fastende Männer und fastende Fraun,
        Und ihren Sinnentrieb behütende Männer und behütende
                                                [Frauen
        Und Gottes häufig denkende Männer und gedenkende
                                                [Frauen;
        Gott hat bereitet ihnen
        Barmherzigkeit und großen Lohn.
36/36 Nicht zustehts einem Gläubigen noch einer Gläubiginn,
                                                [wann hat
        Beschlossen Gott und sein Gesandter einen Rath,
        Die eigne Wahl zu haben ihres Rathes;
        Und wer da trotzet Gott und seinem Gesandten,
        Der irrt in offenbarer Irre.

53/53 Ihr die da glaubet, tretet nicht
In die Gemächer des [Profeten,
Eh man euch angemeldet hat, zum Essen,
Und ohne zu beschauen seinen Hausrath.
Sondern, wenn man euch ruft, so kommt,
Und wann ihr habt gegessen, so geht euren Gang,
Und suchet nicht vertrauliches Gespräche.
Denn dis kränkt den Profeten, doch er schämt sich euchs zu
[sagen,
Gott aber schämt sich nicht der Wahrheit.
Und wenn ihr seine Frauen bittet um Geräth,
So bittet, so daß zwischen sei ein Vorhang.
Das ist euch unverfänglicher für eure Herzen und für ihre
[Herzen,
Und nicht zukommt es euch zu kränken
Den Abgesandten Gottes,
Noch zu heirathen seine Frauen je nach ihm;
Denn das wär' euch bei Gott ein großes.
54/54 Ob ihr mögt zeigen etwas oder bergen,
Doch Gott ist jedes Dings bewußt.
59/59 Du, o Profete, sprich zu deinen Frauen
Zu deinen Töchtern und den Weibern
Der Gläubigen, sie sollen senken
Auf sich ein Theil von ihren Überwürfen.
So ists geschickter, daß man sie erkenne, doch nicht kränke;
Und Gott ist gnädig und barmherzig.
55/55 Kein Anstoß ist für sie bei ihren Vätern oder Söhnen,
Noch auch bei ihren Brüdern noch den Söhnen ihrer Brüder,
Noch bei den Söhnen ihrer Schwestern,
Noch auch bei ihren dienenden Fraun,
Und die da unter ihrer Hand stehn.
Doch fürchtet Gott! Denn Gott ist jedes Dinges Zeuge.
56/56 Ja Gott und seine Engel sprechen Segen über den Profeten.
Ihr die da glaubet, sprechet Segen über ihn,
Und grüßet ehrerbietigen Gruß.

Vers 56] Den Gruß fügen sie noch jetzt dem Namen M[ohammeds] an.

Die Bündner

57/57 Ja die da kränken Gott und seinen Abgesandten,
Geflucht hat ihnen Gott in dieser Welt und in der andern,
Und hat bereitet ihnen Strafe schmachvoll.
58/58 Und die da kränken gläubige Männer oder Fraun mit
[falschen
Anschuldigungen, die beladen sich mit Lug und offner
[Schuld.
60/60 Drum wenn nicht lassen ab die Heuchler,
Und die in deren Herzen Siechthum,
Und die Lärmmacher in der Stadt;
So werden wir auf sie dich reizen,
Dann sollen sie die Nachbarschaft
Mit dir darin nicht theilen lange;
61/61 Gefluchete, wo man sie trifft, ergreift man sie,
Und tödtet sie mit Tödtung;
62/62 Nach Ordnung Gottes über Volksgeschlechter voriger
[Zeiten,
Und nimmer findest du an Gottes Ordnung eine Wandlung.
69/69 Ihr die da glaubt, seid nicht wie jene, die einst kränkten
[Mosen;
Da reinigte ihn Gott von dem, was sie geredet hatten,
Bei Gott stand er in Ansehn.
70/70 Ihr die da glaubet, fürchtet Gott,
Und redet Rede glimpflich!
71/71 So wird er fördern eure Werke,
Und euch verzeihen eure Sünden;
Und wer gehorchet Gott und seinem Abgesandten,
Der ist mit großer Seligkeit beseligt.
63/63 Es fragen dich die Menschen um die Stunde.
Sprich: Ihre Wissenschaft ist nur bei Gott,
Und was weißt du, ob nicht vielleicht die Stunde nah sei!
64/64 Gott aber hat gefluchet den Ungläubigen
Und ihnen Glut bereitet,
65/65 Darin sie ewig sind, sie finden nimmer
Vertreter oder Helfer,
66/66 Des Tages wo sich wenden ihre
Gesichter in dem Feuer,
Da sagen sie: O hätten wir
Gehorcht Gott und gehorcht dem Abgesandten!

67/67 Und sagen: „Herr, wir haben
Gehorchet unsern Fürsten, unsern Aeltesten,
Die haben uns geleitet irr des Weges.
68/68 Herr, gib Gedoppeltes ihnen von der Strafe,
Und fluche ihnen schweren Fluch!" –
72/72 Wir trugen an den Glauben
Den Himmeln und der Erde und den Bergen;
Sie weigerten zu nehmen ihn auf sich,
Und bangeten davor.
Auf sich nahm ihn der Mensch, er war
Ein Sünder und unwissend;
73/73 Daß strafe Gott die Heuchler und die Heuchlerinnen,
Die Götzendiener und Götzendienerinnen,
Und Gott sich kehre zu den Gläubigen und Gläubiginnen,
Denn Gott ist huldreich und erbarmend.

Aus der 34ⁿ Sure
Überschrieben
Saba

10/10 Daviden gaben wir von uns einst Hoheit:
      Ihr Berge, singet Chor mit ihm! und Vögel!
      Wir machten ihm auch weich das Eisen:
—/11 Wirke du
      Umwallende Kriegsgewande,
      Und gib ihr Maß den Panzerringen!
      Wirkt alle Gutes, denn ich bin
      Des was ihr wirkt Zuschauer.
11/12 Und Salomone gaben wir den Wind, zu wehn
      Am Morgen einen Monat, und am Abend einen Monat,
      Und ließen fließen ihm den Quell des Erzes;
      Dazu auch Dschinnen, die vor ihm arbeiten
      Auf Zulaß seines Herrn, und wer von ihnen wankt
      Von unserem Gebot, dem geben wir zu kosten Glutpein.
12/13 Sie wirken ihm, was er begehrt
      Von Hallen und Bildsäulen,
      Und Schalen gleich den Teichen,
      Und Kesseln, die auf Füßen stehn.
      Wirkt, o Gesinde Davids, dankbar!
      Doch wenig unsrer Knechte sind die dankbarn.
13/14 Als wir verhängt nun hatten über ihn den Tod,
      Da zeigte ihnen seinen Tod
      Ein Würmlein nur der Erde,
      Das nagte seinen Stab;
      Und als er hinfiel, merkten es die Dschinnen,
      Daß, wenn sie wüßten das Verborgne,
      Sie wären länger nicht geblieben
      In der Strafarbeit schmachvoll. –

Überschrift] Abgekürzt, nämlich ausgelassen 1-9 und 38-43. – *Saba*] V. 14.

14/15 Dem Volk von Saba aber war
In seinem Gau ein Zeichen,
Zwei Gärten, zu der Rechten und zur Linken: Eßt
Vom Unterhalte eures Herrn, und danket ihm!
Ein gutes Land und milder Herr.
15/16 Sie aber kehrten sich ab, da sendeten
Wir über sie den Bruch der Schleußen,
Und tauschten ihnen ein für ihre beiden Gärten
Zwei andre Gärten tragend Früchte bitter,
Und Tamarisk' und etwas weniges Lotos.
16/17 So galten wir es ihnen, daß sie leugneten;
Und wem vergelten wir es wie dem Leugner?
17/18 Wir hatten auch gemachet zwischen ihnen und
Den Städten, welche wir gesegnet,
Manch andre Städte sichtbar,
Und ihnen dahindurch bestimmt die Reise:
Reiset hindurch bei Nacht und Tage sicher!
18/19 Sie aber sprachen: Herr, mach einen weiteren
Raum zwischen unsern Reisen!
Und so versündigten sie sich.
Da machten wir zu Mährchen sie,
Und splitterten sie in alle Splitter;
In diesem traun sind Zeichen
Für jeden dankbaren geduld'gen.
19/20 An ihnen hat behalten Recht
Iblis mit seiner Meinung, und sie folgten ihm,
Bis auf ein Häuflein nur von Gläub'gen.
20/21 Doch hatt' er über sie nicht irgend Vollmacht,
Alsnur daß wir erkennen möchten
Den der da glaubte an die letzten Dinge,
Von dem der drüber wär' in Zweifel; denn dein Herr
Ist jedes Dings gewahrsam.
21/22 Sag: rufet die doch, die ihr annehmt außer Gott!
Sie vermögen nicht die Schwere eines Stäubchens
Im Himmel oder auf der Erde;
An beiden haben sie nicht Antheil,
Und Er hat auch an ihnen keinen Hülfsmann.
22/23 Und keine Fürsprach hilft bei ihm,
Als dem nur, dem er Zulaß gibt;

Sodaß, wann abgeschüttelt ist die Furcht nun ihren Herzen,
Sie fragen: Was ist, das gesprochen euer Herr?
Und sie antworten: Wahrheit!
Und Er nur ist der Hohe, der Gewaltige.

23/24 Sag ihnen: Wer versorget euch
Vom Himmel und von der Erde?
Sag ihnen: Gott! Wir oder ihr seid
In Leitung oder offenbarer Irre.

24/25 Sag ihnen: Euch wird man nicht fragen
Um das was wir gesündigt,
Und uns um das nicht fragen, was ihr thatet.

25/26 Sag ihnen: Uns zusammenbringen wird der Herr,
Dann wird er zwischen uns eröffnen
Die Wahrheit. Er ist der Eröffner, der Allweise.

26/27 Sag ihnen: Zeiget mir doch die,
Die ihr ihm beigabt als Genossen!
Nein! sondern Er ist Gott allmächtig und allwissend.

27/28 Dich aber sendeten wir nur
Insgemein an die Menschen
Als Heilverkünder und als Warner;
Allein die meisten Menschen sind unwissend,

28/29 Und sagen: Wann kommt euere Verheißung,
Wenn ihr doch Wahrheit redet?

29/30 Sprich: Euch ist anberaumt ein Tag,
Von welchem ihr zurückbleibt keine Stunde noch zuvoreilt.

30/31 Allein es sprechen, die da leugnen:
„Wir glauben nimmer an diesen Koran,
Noch auch an das vor ihm."
Doch sähest du die Sünder nur,
Gestellt vor ihrem Herren,
Einander zu die Rede schiebend;
Da reden, die die Schwachen waren,
Zu denen die die Stolzen waren:
Waret nicht ihr, so hätten wir geglaubt.

31/32 Da reden, die die Stolzen waren,
Zu jenen da die Schwachen waren:
Haben denn wir verdrängt euch von der Leitung,
Nachdem sie euch gekommen war?
O nein! ihr waret Sünder.

32/33 Da reden, die die Schwachen waren,
Zu jenen, die die Stolzen waren:
O nein! die List bei Nacht und Tag,
Da ihr uns hießt verleugnen Gott,
Und ihm zu setzen Ebenbilder. –
Nun zeigen sie die Reue,
Nachdem sie sahn die Strafe.
Wir aber legten auf die Joche
Den Nacken der Verleugner;
Wird ihnen wol vergolten als was sie gethan?

33/34 Und niemals haben wir gesendet
In eine Stadt noch einen Mahner,
Daß ihre Üppigen nicht sprachen:
Wir sind an das, womit ihr seid gesandt, ungläubig.

34/35 Und sprachen: Wir sind reicher
An Gütern und an Kindern,
Und werden nicht gestraft seyn.

35/36 Du sprich: Mein Herr dehnt aus die Nahrung, wem er will,
Und misset sie, allein die meisten
Der Menschen sind unwissend.

36/37 Und eure Güter, eure Kinder sind es nicht,
Was euch zu uns gibt nähern Zutritt,
Sondern wer glaubt und Gutes thut,
Denselben ist der Lohn verdoppelt
Um was sie thaten, und sie sind
Auf ihren Söllern sorgenfrei.

37/38 Die aber streben gegen unsre Zeichen,
Sie zu entkräften, diese sind
Zur Strafe vorgerufen.

45/46 Sprich: Nur des Einen mahn' ich euch:
Daß ihr euch stellet Gotte paarweis oder einzeln;
Sodann bedenkt: In euerm Landsmann ist kein Dämon;
Nichts ist er als ein Warner euch,
Vorwandelnd mächtiger Strafe.

46/47 Sprich: Nicht von euch begehr' ich Lohn,
Der steht bei euch! Mein Lohn steht nur auf Gott,
Und Er ist jedes Dinges Zeuge.

47/48 Sprich: Er, mein Herr, schießt treffend mit der Wahrheit,
 Der Wisser der Verborgenheiten.
48/49 Sprich: Kommen ist die Wahrheit,
 Und nicht ersteht das Eitl' und nicht kommts wieder.
49/50 Sprich: Wenn ich irre, irr' ich nur auf meine Seele;
 Und wenn ich bin geleitet,
 Bin ichs durch das was offenbaret mir mein Herr,
 Denn Er ist hörend nahe.
50/51 O sähst du's, wie sie zittern, und kein Ausweg ist,
 Erfasset sind sie aus der Nähe.
51/52 Und sprechen nun: Wir glauben dran.
 Wie aber können sie dazu
 Gelangen aus der Ferne?
52/53 Sie glaubten nicht daran zuvor,
 Und schossen auf's Geheimnis aus der Ferne.
53/54 Nun ist die Scheidwand zwischen ihnen
 Und dem was sie begehren;
 54/- Wie es geschah auch ihresgleichen vordem,
 Weil sie in argem Zweifel waren.

Vers 47 *Verborgenheiten*] Geheimnisse.

35ᵉ Sure

Überschr[ift]

Die Engel

1/1 Gelobt sei Gott,
Der Schöpfer Himmels und der Erde,
Der da die Engel macht zu Boten
Mit Flügeln zweifach, dreifach oder vierfach.
Zusetzet er der Schöpfung was er will,
Denn Gott ist jedes Dings gewaltig.
2/2 Was aufthut Gott den Menschen für Barmherzigkeit,
Wer kann sie vorenthalten?
Und was er vorenthält, wer kann
Es niedersenden hinter ihm?
Und Er ist der Allmächtige der Allweise.
3/3 Ihr o ihr Menschen, denkt der Wolthat Gottes
An euch! Ist noch
Ein Schöpfer außer Gott?
Der euch versorgt vom Himmel und von der Erde;
Kein Gott ist alsnur Er;
Wie laßt ihr euch bethören?
4/4 Und zeihen sie dich Lügen,
So wurden Lügen auch geziehn
Die Boten vor dir; doch zu Gott
Sind heimgebracht die Dinge.
5/5 Ihr o ihr Menschen, die Verheißung Gottes
Ist Wahrheit; nicht bethör' euch
Das irdische Leben, nicht bethör'
An Gott euch der Bethörer.
6/6 Der Satan ist ein Feind euch,
So nehmet ihn zum Feinde;
Er rufet seinen Anhang nur
Zu werden Glutgenossen.
7/7 Die leugneten, für die ist starke Pein.
8/- Die aber glaubten und das Gute thaten,
Für die ist Gnad' und großer Lohn.

Die Engel

9/8 Wie aber wem gefällt das Böse seines Thuns
  Und sieht es an für schön? Denn Gott
  Läßt irren wen er will, und leitet wen er will.
  Drum komme deine Seele
  Nicht über sie in Kümmerniß;
  Denn Gott weiß was sie wirken.
10/9 Und Gott ist der gesendet hat die Winde,
  Die wühlen das Gewölk auf,
  Das führen wir hin zu erstorbnem Gaue;
  Lebendig machen wir dadurch
  Die Erde, wann sie todt war;
  So ist die Auferstehung.
11/10 Wer da begehrt die Herrlichkeit,
  Die Herrlichkeit ist Gottes ganz.
  Zu ihm steigt auf das fromme Wort,
  Das gute Werk erhebet er;
  Und die da listen Böses,
  Für sie ist starke Pein,
  Und die List derselben sie kommt um.
12/11 Gott aber hat geschaffen euch
  Aus Staub, sodann aus einem Tröpflein,
  Und hat gemachet euch zu Paaren.
  Und nichts trägt eine Schwangre und nichts bringet sie,
  Als nur mit seinem Wissen;
  Und nicht betagt wird ein betagter,
  Und nichts wird abgebrochen seinen Tagen,
  Es stehe denn im Buch;
  Wol ist das Gott ein Leichtes.
13/12 Nicht gleich sind beide Wasser, dieses lieblich süß
  Und angenehm zu trinken,
  Und jenes herb und bitter;
  Aus beiden aber eßt ihr frische Speise,
  Und zieht daraus hervor Schmuck den ihr anlegt.
  Du siehst darauf die Schiffe schweben,
  Aufdaß ihr werbt nach Gottes Fülle,
  Und ob ihr dankbar wäret.
14/13 Er führt die Nacht ein in den Tag,
  Und führt den Tag ein in die Nacht,
  Und machte dienstbar Sonn' und Mond,

Jedes läuft zu bestimmtem Ziel.
Selbiger ist Gott euer Herr,
Sein ist die Herrschaft, aber die
Ihr anruft neben ihm, beherrschen
Nicht eine Dattelfaser.
15/14 Ruft ihr sie an, so hören sie
Nicht euern Ruf, und wenn sie hörten,
Könnten sie nicht erhören euch.
Und an dem Tag der Auferstehung
Verleugnen sie den Antheil, den ihr ihnen gabt.
Dir sagts am besten wer es weiß.
16/15 Ihr o ihr Menschen, dürftige seid ihr gegen Gott,
Gott aber ist der Reiche der Gelobte.
17/16 Wenn Er will, nimmt er euch hinweg
Und bringet neue Schöpfung;
18/17 Das ist für Gott kein Großes.
19/18 Und keine beladne Seele ladet
Einer Anderen Ladung auf;
Und rufet eine schwerbeladne
Ihr etwas abzunehmen,
So wird davon nichts abgenommen,
Wär's auch ein Blutsverwandter;
Du aber mahnest die allein,
Die fürchten ihren Herren im Verborgnen
Und das Gebet bestellen;
Und wer Almosen gibt, der gibt sie seiner Seele,
Und zu Gott ist der letzte Gang.
20/19 Doch gleich ist nicht der Blinde und der Sehende,
—/20 Noch Finsterniß und Licht,
—/21 Noch Hitz' und Schattenkühle.
21/22 Gleich sind nicht die lebendigen und die todten.
Ja Gott macht hören wen er will,
Du aber machst nicht hören die in Gräbern,
—/23 Du bist nichts wan ein Mahner.
22/24 Wir haben dich gesendet mit der Wahrheit
Als Heilverkündiger und Mahner.

Vers 15 *wer es weiß*] Sprichwörtlich was es auch später geblieben.

Die Engel

	Und nie ein Volkstamm war, in welchem
	Nicht schon erschien ein Mahner.
23/25	Und wenn sie Lügen zeihen dich,
	So zeiheten auch die vor ihnen,
	Als ihnen kamen ihre Boten
	Mit offnen Kunden, Buchabschnitten
	Und mit der Schrift der klaren.
24/26	Dann griff ich, die da leugneten,
	Und wie war da mein Strafgericht!
25/27	O siehst du nicht, daß Gott hernieder schickt vom Himmel [Wasser,
	Da bringen wir daraus hervor
	Früchte verschiedner Farben.
	Und von den Bergen sind Abschnitte weiße
	Und rothe, von verschiednen Farben,
	Und rabenschwarze,
28/—	Und von Menschen, Thier und Vieh,
—/28	Verschiedene von Farben.
	So, doch es fürchten Gott von seinen Knechten nur die [Weisen;
	Ja Gott ist machtvoll, huldreich.
26/29	Ja, die da lesen Gottes Buch,
	Und halten das Gebet, und spenden
	Von dem womit wir sie versorgten,
	Geheim und öffentlich,
	Die lieben einen Handel der nicht umschlägt;
27/30	Daß er gewähre ihnen den verheißnen Lohn,
	Und zuleg' ihnen von seiner Gnadenfülle,
	Denn er ist huldvoll dankbar.
28/31	Was aber wir dir offenbaren von der Schrift,
	Das ist die Wahrheit,
	Bekräftend das was ihm vorangieng;
	Denn Gott ist seiner Knechte kundiger Schauer.
29/32	Nun haben wir vererbt die Schrift
	Auf die so wir erwählten unsrer Knechte;
	Von ihnen einer nun der sich versündigt,
	Und einer der die Mitte hält,
	Und einer der da eilt voran im Guten,

	Nach Zulaß Gottes, dieses ist
	Die hohe Gnadenfülle:
30/33	Die Gärten Edens, wo sie eingehn,
	Geschmückt darin mit Spangen
	Von Gold, und Perlen, und ihr Gewand darin ist Seide.
31/34	Da sprechen sie: Gelobt sei Gott,
	Der von uns nahm die Trauer;
	Ja unser Herr ist huldreich dankbar.
32/35	Der uns gesiedelt hat im Haus des Bleibens
	Nach seiner Gnadenfülle, nicht berührt uns drin
	Ermüdung, nicht berührt uns drin Ermattung.
33/36	Doch die geleugnet, ihnen ist
	Das Feuer der Gehenna,
	Nicht wird es aus mit ihnen daß sie stürben,
	Und nichts geleichtert wird ab ihnen von der Pein;
	So lohnen wir jeden Leugner.
34/37	Sie rufen Hülfe drinn: O Herr!
	Laß uns hinaus, so thun wir Gutes
	Anderes dan wir thaten. –
	Ließen wir nicht solang euch leben,
	Daß sich besänne, wer da sich besänne,
	Und euch kam auch der Mahner!
35/—	So schmeckt nun, und den Sündern ist kein Helfer.
36/38	Gott aber ist der Wisser des Geheimnisses
	Des Himmels und der Erde,
	Er ist bewußt auch des Gehalts der' Herzen.
37/39	Er ists der euch gemacht zu Stellvertretern auf der Erde;
	Wer leugnet nun, auf ihn sein Leugnen!
	Nichts aber bringt den Leugnern ein ihr Leugnen
	Bei ihrem Herrn als Zorn;
	Nichts aber bringt den Leugnern ein ihr Leugnen als
	[Verlust.
38/40	Sag ihnen: Saht ihr eure Gottgesellen,
	Die ihr anrufet neben Gott?
	Zeigt mir, was sie erschufen von der Erde?
	Ob ihr ist ein Gesellschaftsrecht am Himmel?
	Oder wir ihnen gaben
	Geschriebnes, daß sie sich damit ausweisen?

Die Engel

	Nein! es verheißen nur die Sünder
	Einer dem andern nichts wan Trug.
39/41	Gott hält den Himmel und die Erde,
	Daß sie nicht weichen; und sie wichen,
	Wenn sie hielt' einer außer ihm;
	Denn Er ist gütig huldreich.
40/42	Sie aber schworen Gott mit ihren stärksten Eiden,
	Wenn ihnen käm' ein Mahner,
	Sie würden seyn rechtwandelnder
	Als eins der Volksgeschlechter;
	Und als nun ihnen kam ein Mahner,
	Mehrt es nur ihre Störrigkeit
41/43	Mit Hochfahrt auf der Erde
	Und List zum Bösen, doch es trifft nur
	Die böse List den eignen Mann.
	Was anders denn erwarten sie,
	Als die Strafordnung voriger Zeiten?
	Und nimmer findst du an der Ordnung Gottes eine [Wandlung,
42/—	Und nimmer findst du an der Ordnung Gottes eine [Aendrung.
43/44	O reisten sie nicht auf der Erde,
	Und sahen, wie das Ende war
	Derjenigen die vor ihnen
	Stärker waren als sie an Macht?
	Doch kommt es Gott nicht zu daß ihn behindre irgend [etwas
	Im Himmel oder auf der Erde;
	denn er ist weis' und mächtig.
44/45	Und wollt' ergreifen Gott die Menschen
	Um das was sie verwirkten,
	Nicht übrig ließ' er auf dem Rücken
	Der Erde ein Geschöpf, doch er
	Gibt Aufschub ihnen auf bestimmte Frist.

Vers 41 *Ordnung Gottes*] Vgl. 33,62.

45/— Doch , ist gekommen ihre Frist,
       Dann schauet Gott nach seinen Knechten.

Sechsunddreißigste Sura
Jas[in]

Im Namen Gottes des barmherzigen Allerbarmers.
1/1 Jas.
-/2 Beim weisheitsreichen Koran!
2/3 Du bist der Gottgesandten einer
3/4 Zum Pfade dem geraden,
4/5 Mit Offenbarung vom allmächtigen Allerbarmer,
5/6 Aufdaß du mahnest solch ein Volk,
Des Väter ungemahnet waren,
So sind sie denn unachtsam.
6/7 Schon zugekommen ist das Wort den meisten
Von ihnen, doch sie glauben nicht.
7/8 Wol legten wir auf ihre Nacken Joche,
Die reichen zu den Kiefern,
So müßen sie den Kopf aufrecken.
8/9 Auch legten wir vor ihnen einen Balken,
Und hinter ihnen einen Balken,
So überhüllten wir sie, und sie sehn nicht.
9/10 Gleich ist es ihnen, ob du nun sie mahntest,
Ob nicht sie mahnst; sie glauben nicht.
10/11 Du mahnst nur, wer der Kunde folgt,
Und fürchtet den Erbarmer im Verborgnen;
Dem bring du frohe Botschaft von
Vergebung und von werthem Lohne.
11/12 Denn wir, ins Leben wecken wir die Todten,
Und schreiben was sie vorgethan
Und ihrer Werke Spuren,
Und Alles haben wir gerechnet
In deutlicher Verzeichnung.
12/13 Halt ihnen vor ein Gleichnis,
Die Leute jener Stadt,
Als da zu ihnen kamen die Gesandten;
13/14 Als wir zu ihnen sandten zwei,
Die jene Lügen straften,

Doch wir verstärkten sie durch einen Dritten;
Da sprachen sie: Wir sind an euch Gesandte.
14/15 Doch jene sprachen: Ihr seid nichts
Wan Menschen unsersgleichen,
Und keine Offenbarung hat
Gesandt der Allerbarmer;
Ihr wollet nichts wan lügen.
15/16 Sie sprachen: Unser Herr weiß,
Wir sind an euch Gesandte;
16/17 Und uns liegt ob allein
Die deutliche Verkündung.
17/18 Doch jene sprachen:
Ein übles Zeichen seid ihr uns;
Steht ihr nicht ab, so wollen wir euch steinigen,
Und treffen wird von uns euch Strafe peinlich.
18/19 Sie sprachen: Euer übles Zeichen
Ist an euch selber; ließet ihr euch warnen!
Doch ihr seid ausgelassne Leute.
19/20 Da kam vom End der Stadt her
Ein Mann mit Laufen, sprach:
Ihr Leute, folgt den Gottgesandten!
20/21 Folgt ihnen, die nicht fordern Lohn,
Und sind auf rechtem Wege.
21/22 Wie? sollt' ich dem nicht dienen,
Der mich erschuf, und zu ihm werdet
Ihr heimgebracht.
22/23 Sollt' außer ihm ich nehmen Götter,
Die, wenn mir will der Allerbarmer
Zufügen einen Schaden,
Nichts hilft mir ihre Fürsprach',
Und mich nicht retten könnten sie?
23/24 Fürwahr, ich war' im offenbarem Irrthum.
24/25 Ich glaub' an ihn, an euren Herrn, o hört mich!
25/26 Da ward zu ihm gesagt:
Geh ein zum Wonnegarten!
Er rief: O daß mein Volk erkennte,
26/27 Wie mich begnadigt hat mein Herr,
Und mich gesellet hat den Auserwählten.

27/28	Wir aber sandten seinem Volke Darauf kein Heer vom Himmel, Und brauchten keins zu senden;
28/29	Ein Krach nur wars, da waren sie erloschen.
29/30	Weh über diese Knechte! Es kommt zu ihnen kein Gesandter, Daß sie ob ihm nicht spotten.
30/31	O sahn sie nicht, wieviele wir verdarben Vor ihnen der Geschlechter?
31/—	Daß sie zu ihnen nimmer kehren!
32/32	Und alle samt und sonders werden Uns vorgeführt.
33/33	Und auch ein Zeichen ihnen ist das Erdreich, Das todte, welches wir lebendig machten, Und ließen draus hervorgehn Körner, Von denen essen sie.
34/34	Und Gärten legten drin wir an Von Palmen und von Trauben, Und ließen drin aufsprudeln Quellen;
35/35	Damit sie äßen seine Frucht Und was da bauten ihre Hände; Werden sie es nicht danken?
36/36	Lobpreis ihm, der Schuf die Geschlechter alle Von dem was aufgesproßt die Erde, Und von den Menschen selber, und von dem, was sie nicht [kennen!
37/37	Und auch ein Zeichen ihnen ist Die Nacht, durch die wir wegthun Den Tag, und sieh! sie sind im Finstern.
38/38	Die Sonn' auch läuft nach ihr gesetztem Ziele; Das ist die Ordnung des Allmächtigen Allweisen.
39/39	Dem Mond auch haben wir Geordnet Wanderungen, Bis daß er wieder kommt Gleich dürrem Dattelstiele.
40/40	Der Sonne kommts nicht zu Den Mond zu überholen,

Die Nacht auch eilet nicht zuvor dem Tage;
Jedes im eignen Kreise geht.
41/41 Und auch ein Zeichen ihnen ist,
Daß wir getragen ihren Stamm
Im Schiff einst, dem gefüllten;
42/42 Und schufen ihnen gleiches nun,
Darauf sie fahren.
43/43 Doch wenn wir wollen, lassen wir sie sinken,
Daß ihnen kommt kein Hilfrufeiler,
Und sie sind ungerettet,
44/44 Wo nicht von uns aus Gnad', und zur
Genussesfrist auf eine Weile.
45/45 Doch, wann man ihnen sagte: Fürchtet,
Was vor euch und was hinter euch,
Aufdaß ihr Gnade findet! –
46/46 Doch kommt an sie kein Zeichen
Von allen Zeichen ihres Herrn,
Daß nicht davon sie ab sich wenden.
47/47 Und wann man ihnen sagte: Gebt Almosen
Von dem was euch zum Unterhalte Gott gab;
So sprechen, die da leugnen,
Zu denen die da glauben:
Sollten wir speisen einen, den
Gott, wenn er wollte, speisen würde?
Fürwahr ihr seid im offenbaren Irrthum.
48/48 Und sprechen: Wann kommt die verheißne Strafe,
Wenn ihr doch Wahrheit redet?
49/49 Nichts werden sie erwarten als
Nur einen Krach, der wird sie fassen,
Derweile sie noch hadern.
50/50 Nicht machen können werden sie ein Testament,
Und nicht zu ihrem Hausgesind heimkehren.
51/51 Geblasen aber wird in die Drommete,
Und siehe, sie aus ihren Grüften
Zu ihrem Herrn hinströmen sie.
52/52 Sie sprechen: Weh uns, wer hat uns erwecket
Von unsrer Ruhstatt? Das ist, was verheißen hat
Der Allerbarmer, Wahrheit haben
Geredet die Gesandten.

53/53	Nichts ist es als ein einziger Krach, Und siehe, sie gesammt Sind vor uns hergebracht.
54/54	Nun heut wird Unrecht keine Seele leiden, Und nicht wird euch vergolten werden Als was ihr habt gethan.
55/55	Ja die Genossen Des Wonnegartens heute sind Beschäftigt froh,
56/56	Sie selbst und ihre Frauen, Im Schatten auf Ruhbetten hingelehnet.
57/57	Sie haben Früchte dort, und haben was sie wünschen.
58/58	Friede zum Gruß von gnädigem Herrn.
59/59	Doch ausgeschieden seid heut, o ihr Schuldigen!
60/60	Hab' ich es nicht euch angesagt, Ihr Söhne Adams: dienet nicht Dem Satan! denn er ist euch Ein offenbarer Feind.
61/61	Und dienet mir! Das ist der Weg der grade.
62/62	Er aber hat von euch verführet vieles Volk; Habt ihr es nicht verstanden?
63/63	Dis ist die Hölle, die euch ward verheißen;
64/64	Heizet sie heut, weil ihr geleugnet!
65/65	Heut siegeln wir auf ihre Münder, Und zu uns reden ihre Hände, Und Zeugnis geben ihre Füße Von dem, was sie gewirket.
66/66	Nun wenn wir wollten, würden wir Auslöschen ihre Augen, Da eilten sie des Weges vor, Wie würden sie dann sehen?
67/67	Und wenn wir wollten, würden wir sie Verwandeln auf der Stelle, Sodaß sie könnten nicht von dannen, Und könnten nicht zurück.
68/68	Doch wen wir länger leben lassen, Den krümmen wir im Wuchse; Werden sie nicht verstehen?

69/69 *Ihn* aber lehrten wir nicht Dichtkunst,
Nicht solches kommt ihm zu,
Es ist nur eine Botschaft
Und deutlicher Koran;
70/70 Damit er mahne die Lebendigen;
Und treffen soll das Wort die Leugner.
71/71 O sahn sie nicht, daß wir erschufen ihnen
Von dem was unsre Hände wirkten,
Vieh, über das sie walten?
72/72 Und unterwarfen's ihnen,
Sodaß davon ist ihr Gereite,
Und von ihm essen sie.
73/73 Und ihnen ist daran vielfache Nutzung,
Und Tränkung, wollen sie's nicht danken?
74/74 Sie aber nahmen anstatt Gottes Götter,
Ob sie nicht etwa Beistand fänden!
75/75 Nichts können sie zu ihrem Beistand,
Ihr Heer wird selber vorgefordert werden.
76/76 Doch dich betrübe nicht ihr Reden;
Wir wissen wohl, was sie verbergen,
Und was sie offenbaren.
77/77 Sieht nicht der Mensch, daß wir ihn schufen
Aus einem Tröpflein?
Und nun ist er ein offner Widersacher,
78/78 Und macht uns Gleichnisreden,
Und hat vergessen sein Erschaffen,
Spricht: Wer wird wol lebendig machen
Gebeine, wann sie modern?
79/79 Sprich: Der wird sie lebendig machen,
Der sie hervorgebracht zuerst,
Und er ist aller Schaffung kundig.
80/80 Der euch bereitet hat vom Baum, dem grünen,
Ein Feuer, sieh, nun schüret ihrs!
81/81 Ist, der da schuf den Himmel und die Erde,
Nicht auch im Stande
Zu schaffen euresgleichen? Ja,
Er ist der Schöpfer, der all weise.
82/82 Sein Wort ist, wann er etwas will,
Daß er zu ihm spricht Werde! und es wird.

83/83 Preis ihm, in dessen Hand die Herrschaft
Ist jedes Dings, und zu ihm werdet
Ihr heimgebracht.

Auszug aus der 37ⁿ Sura
Die Reihenführerinnen

1/1 Bei euren Reihenführerinnen!
2/2 Und Treiberinnen!
3/3 Und Kundeleserinnen!
4/4 Euer Gott ist Ein einziger,
5/5 Herr des Himmels und der Erd' und was in beiden,
 Und Herr der Sonnaufgänge.
6/6 Wir haben geschmückt den Erdenhimmel
 Mit dem Schmuck der Gestirne,
7/7 Behut vor jedem meuterischen Satan.
8/8 Sie behorchen nicht die hohe Zunft,
 Getroffen mit Geschoß von jeder Seite,
9/9 Erliegend, ihre Pein ist dauernd.
10/10 Doch wer erhascht hat das Erhaschte,
 Den verfolgt ein scharfer Stral.
149/149 Frage sie doch, ob deinem Herrn sind
 Die Töchter, ihnen die Söhne?
150/150 Ob wir die Engel schufen weiblich,
 Und sie dabei gewesen?
165/165 Wir aber sind die Reihenführer,
166/166 Und wir sind die Lobpreiser.
180/180 Lobpreis dem Herrn der Herrlichkeit
 Ob allem was sie sagen.
181/181 Gruß über die Gesandten,
182/182 Und Lobpreis Gott dem Herrn der Welten.

Überschrift] Vgl. S. 51 und 79.
Vers 165 *die Reihenführer*] Der Gegensatz von V. 1 zu 165 scheint bisher übersehen worden zu seyn. In V. 1 ist *euer* eingeschoben zur bestimmteren Bezeichnung des Bezuges. Dieser Schwur gibt wol auch Aufschluß über die übrigen der letzten kleinen Suren.

Die Reihenführerinnen

Abrahams Opfer

97/99 Er sprach: Ich geh' zu meinem Herrn,
       Er wird mich leiten.
98/100 Herr, gib mir eine Stelle bei den Guten!
99/101 Darauf verkündigten wir ihm
       Einen wackeren Knaben.
100/102 Als er mit ihm den Lauf vollbracht,
101/— Sprach er: Mein Sohn, ich seh' im Traume,
       Daß ich dich opfern soll;
       Sieh zu nun, was dir dünket.
102/— Er sprach: Mein Vater, thu was du geheißen bist;
       Mich finden wirst du, so Gott will, geduldig.
103/103 Als sie sich nun ergeben hatten,
       Und er ihn hinstreckt' auf die Stirne;
104/104 Und da riefen wir: O Abraham!
105/105 Du hast entsprochen der Erscheinung.
       Wir, also lohnen wir den Frommen.
106/106 Nun dieses war die klare Prüfung.
107/107 Wir kauften ihn los mit großem Opfer.
108/108 Und hinterließen über ihn der Nachwelt:
109/109 Gruß über Abraham!
110/110 So lohnen wir den Frommen.
111/111 Dieweil er war von unsern gläubigen Knechten.
112/112 Und wir verkündigten ihm Isaak
       Als Profeten, einen von den Guten.
113/113 Und segneten ihn und den Isaak;
       Und nun von [ihrem] Stamme
       Ist einer fromm und einer
       Versündiget sich offenbar.

Jonas

139/139 Auch Jonas war von den Gesandten;
140/140 Wie er da floh zum vollen Schiffe;
141/141 Da loßte er, und war Verlierer.
142/142 Da schlang ihn ein der Fisch, denn er war strafbar.

Vers 99 *Einen wackeren Knaben*] Ismael nicht Isaak.
Vers 100 *den Lauf*] zwischen Safa und Merwa.

143/143 Und, wars nicht weil er war von den Lobpreisern,
144/144 Er blieb in seinem Bauche bis
Zum Tage wo man aufsteht.
145/145 Da warfen wir ihn aus ins Offne,
Und er war krank.
146/146 Und ließen wachsen über ihn
Ein Gewächse von Kürbis.
147/147 Und sandten ihn an Hunderttausend oder mehr.
148/148 Da glaubten sie, da gaben
Wir ihnen Frist auf eine Zeit.

38. Sura

[Sad]

1/1 Beim kundevollen Koran!
-/2 Die Leugner sind in Hochmuth und in Zwiespalt!
2/3 Wieviel vertilgten wir vor ihnen Stämme;
    Da schrien sie und es war nicht Zeit zur Flucht.
3/4 Sie wundern sich daß ihnen kam
    Ein Mahnender aus ihnen selber,
    Und sprechen, die Ungläubigen:
    Das ist ein Gaukler, Lügner.
4/5 Macht er die Götter zu Einem Gott?
    Traun das sind Wunderdinge.
5/6 Aufbrachen die Fürsten unter ihnen:
    Kommt, haltet Stand bei euern Göttern!
    Das ist nun ein Ansinnen.
6/7 Wir hörten nicht davon in letzten Zeitläuften;
    Das ist nur ein Gedichte.
7/8 Wie? kam auf ihn die Kunde mitten unter uns? –
    Ja, sie zweifeln an meiner Kunde,
    Ja ja, sie schmeckten noch nicht meine Strafe.
8/9 Stehn denn bei ihnen die Schatzkammern
    Der Gnade deines Herrn, des höchsten Gebers?
9/10 Oder ist ihr das Reich des Himmels und der Erde,
    Und was dazwischen? Mögen sie aufsteigen doch auf
    [Leitern!
10/11 Die Heerschaar dort steht fernab von den Bündnern.
11/12 Geleugnet hat vor ihnen
    Das Volk von Noah und von Ad,
    Und Farao der Herr der Pflöcke.
12/13 Themud auch und das Volk von Loth,
    Und die von Aika; diese waren Bündner.

Vers 5 *Ein Ansinnen*] das man uns ungebührlich macht, oder: das wir euch gebührlich machen.

13/14 Von ihnen keiner der nicht Lügen zieh die Boten,
 Und es traf sie mein Gericht.
14/15 Und was erwarten die hier auch als Einen Krach,
 Der ohne Nachlaß ist?
15/16 Sie aber sprechen: Herr, beeile
 Uns unsern Spruch noch vorm Gerichtstag!
16/17 Gedulde dich bei ihren Reden,
 Und denke unsres Knechtes David
 Des rüstigen, denn er war eifrig.
17/18 Wir machten dienstbar ihm die Berge,
 Mit ihm zu singen Lob am Abend und Taganbruch.
18/19 Die Vögel auch geschaaret all' ihm eifrig.
19/20 Und festigten sein Reich und gaben
 Die Weisheit ihm und Redekunst.

Nathans Parabel

20/21 Kam dir die Kunde der Widersacher,
 Als sie aufklommen zum Gemache?
21/22 Als sie traten zu David ein,
 Bangt' er; sie sprachen: fürchte nicht!
 Wir sind zwei Widersacher,
 Von denen einer frevelte am andern;
 Du richte zwischen uns nach Recht,
 Und übertrit nicht, sondern führ' uns
 Zum rechten Pfad.
22/23 Mein Bruder hier hat neun und neunzig Lämmer,
 Und ich Ein Lamm. Da sprach er:
 Gib mirs in Pfleg'! und übermochte mich im Wort.
23/24 Sprach David: Unrecht that er dir,
 Zu fordern dein Lamm zu seinen Lämmern.
 Doch viele der Genossen freveln
 Der eine an dem andern,
 Nur die nicht, die da glauben und das Gute thun,
 Doch wenig nur sind deren. -
 Nun merkte David, daß wir ihn nur prüften,

Vers 20 *Widersacher*] Sind Engel anzunehmen.

	Da fleht' er um Verzeihung seinen Herrn an,
	Fiel hin gebeugt und wandte sich.
24/25	Und wir verziehn ihm dieses,
	Auch ward ihm zu uns Zutritt,
	Und eine schöne Heimkehr.
25/26	O David, wir bestellen dich
	Zu einem Stellvertreter auf der Erde.
	So richte nach dem Recht die Menschen,
	Und folge nicht der Lust, die dich
	Abirren mache von dem Wege Gottes.
	Denn die abirren von dem Wege Gottes,
	Für die ist starke Pein, weil sie vergaßen
	Den Tag der Rechenschaft.

26/27 Nicht schufen wir den Himmel und die Erd' und was
[dazwischen ist, vergebens;
Das ist der Wahn der Leugner,
Doch weh den Leugnern vor der Glut!
27/28 Werden wir, die da glauben und das Gute thun
Wol machen wie die Schädiger auf der Erde?
Oder machen Gottesfürchtige wie die Lästrer?
28/29 Ein Buch, das wir herab dir sandten, segensvoll,
Aufdaß erwägen seine Zeichen
Und sich bedenken die Verständ'gen.

Salomo's Rosse

29/30 Davidem gaben wir zum Sohne Salomon;
Ein guter Knecht, denn er ist eifrig.
30/31 Da wurden ihm vorgeführt am Abend
Die edlen Stampfenden.
31/32 Da sprach er: Lieb war liebes Gut mir
Vor dem Gedächtnis meines Herrn,
Bis sich die Sonn' umschleiert hat.
32/33 Bringt sie mir her! – Da hub er an die Stümmlung
An Schenkeln und an Nacken.

33/34	Auch prüften wir den Salomo, und setzten
	Auf seinen Thron eine Gestalt;
	Da wandt' er sich,
34/35	Sprach: Herr, verzeihe mir und gib mir
	Ein Reich das keinem zukommt nach mir;
	Denn du, du bist der Geber.
35/36	Da macheten wir dienstbar ihm die Winde,
	Wehend auf sein Gebot gelind, wohin ers schuf;
36/37	Und die Satane, lauter Bauer, Taucher,
37/38	Und andere gefesselte in Ketten.
38/39	„Dis unsre Gabe! Spende nun
	Oder behalt, ohne Rechenschaft."
39/40	Auch ward ihm bei uns Zutritt
	Und eine schöne Heimkehr.

Hiob

40/41	Gedenk auch unsres Knechtes Hiob, wie er rief
	Zu seinem Herrn: Mich hat berührt der Satan
	Mit Ungemach und Pein.
-41/42	Stampfe mit deinem Fuße! – Dis
	Ist kühles Bad und Trank.
42/43	Wir gaben ihm auch sein Gesinde,
	Und noch einmal soviel dazu,
	Gnade von uns und Mahnung an Verständige.
43/44	„Nimm auch mit deiner Hand den Blätterbüschel
	Und schlag damit, daß du den Schwur nicht brechest!"
	Denn wir befanden ihn geduldig;
44/—	Ein guter Knecht! denn er ist eifrig.

45/45	Gedenk' auch unsrer Knechte Abrahams, Isaaks und [Jakobs,
	Der rüstigen und erleuchteten.
46/46	Wir wählten sie zur Auswahl
	Zu Kundschaft unsrer Wohnung;
47/47	Sie sind bei uns von den erlesnen Guten.
48/48	Gedenk' auch Ismael's und Jasa's und Dhulkifl's,
	Sie alle von den Guten.

49/49	Dis ist die Kunde, und den Gottesfürchtigen
	Bleibt eine schöne Heimkehr:
50/50	Die Gärten Edens, aufgethan die Pforten.
51/51	Drin hingelehnt, sie langen drin
	Nach Früchten mancherlei und Trank.
52/52	Bei ihnen Frauen züchtigen Blicks, gleichaltrige.
53/53	Dis was man euch verheißt zum Tag der Rechenschaft.
54/54	Dis unsere Versorgung,
	Sie geht nicht aus.
55/55	Dis, doch den Widerspenstigen schlimme Heimkehr,
56/56	Gehenna, die sie heizen,
	Schlimm ist die Ruhestatt.
57/57	Dis, kosten sie es nur! ist Qualm und Schlamm,
58/58	Und anderes desgleichen paarweis.
59/59	Der Trupp hier wird hinabgestoßen
	Mit euch. Kein Willkomm ihnen!
	Sie heizen nur das Feuer.
60/60	Sie sprechen: Nein, euch selbst, kein Willkomm euch!
	Ihr gienget uns hiezu voran,
	Und übel ist die Stätte.
61/61	Sie sprechen: Herr, wer uns hiezu vorangieng,
	Mehr' ihm die Pein zweifach im Feuer.
62/62	Und sprechen: Wie ist uns, daß wir
	Nicht sehn die Männer, die wir zählten zu den Schlechten,
63/63	Sie nahmen zum Gespött? verfehlen
	Vielleicht sie unsre Augen nur?
64/64	Dis ist wahrhaftig,
	Der Redestreit des Volks im Feuer.
65/65	Sprich: Ich bin nur ein Mahnender,
	Und nicht ein Gott ist als nur Gott,
	Der Eine der Allmächtige,
66/66	Der Herr des Himmels und der Erden
	Und was dazwischen,
	Der Höchste, der Verzeiher.

Der Engelfall und die Verführung der Menschen

67/67	Sprich: Dis ist hohe Kunde;
68/68	Ihr kehrt euch ab davon.

69/69	Mir war kein Wissen um die hohe Heerschar, wie sie [stritten;
70/70	Mir ist nur offenbart dis, daß ich sei ein offner Mahner.
71/71	Wie da dein Herr sprach zu den Engeln: Ich will schaffen den Menschen aus Thon.
72/72	Wenn ich ihn nun gebildet und ihm eingehaucht von [meinem Geiste, Fallt hin vor ihm anbetend!
73/73	Da beteten an die Engel alle insgesamt.
74/74	Nur Iblis war zu stolz, Und war von den Verleugnern.
75/75	Er sprach: Was, Iblis, hielt dich ab, Anzubeten was ich erschuf mit meiner Hand?
76/—	Bist du zu stolz oder bist du zu erhaben?
77/76	Er sprach: Besser bin ich als er; Du schufest mich aus Feuer, Und schufest ihn aus Thon.
78/77	Er sprach: Geh aus von hier! Du bist gesteinigt.
79/78	Und auf dir ist mein Fluch bis zum Gerichtstag.
80/79	Er sprach: Mein Herr, erwarte mich Am Tage wo sie aufstehn.
81/80	Er sprach: Du bist von denen, die erwartet sind,
82/81	Zum Tage der bestimmten Frist.
83/82	Er sprach: Bei deiner Hoheit, nun, verführen will ich alle,
84/83	Nur deine Knechte nicht, die treuen.
85/84	Er sprach: Recht! und das Recht sag' ich:
—/85	Füllen will ich die Hölle Mit dir und jedem, wer dir folgt von ihnen allesamt.
86/86	Sprich: Nicht von euch begehr' ich dafür Lohn, Und bin nicht einer der Bewerber.
87/87	Es ist nur ein Gedenknis an die Welten.
88/88	Erfahren werdet ihr schon seine Kunde Nach einiger Zeit.

Aus der 39. Sura
Die Truppe

8/6   Er hat geschaffen euch aus einer einzigen Seele,
Aus der er machte ihre Gattung
Und hat herab gesandt für euch der Hausthiere
Vier Gattungen in Paaren.
Er schaffet euch im Leibe eurer Mütter,
Erschaffung nach Erschaffung,
In Finsternissen dreifach.
Das ist Gott euer Herr, sein ist das Reich;
Kein Gott als Er! Wie laßt ihr euch abwendig machen?
9/7   Verleugnet ihr, nun, Gott ist unbedürfig euer,
Doch nicht genehm hält er an seinen Knechten Leugnung;
Dankt ihr, das hält er euch genehm.

―――――

14/11   Du sprich: Mir ist geheißen anzubeten Gott,
Ihm rein den Dienst erweisend,
—/12   Und mir geheißen ist zu seyn
Der erste der Gottergebnen.
15/13   Du sprich: Ich fürchte, war' ich ungehorsam meinem Herrn,
Die Strafe großen Tages.
16/14   Sprich: Gott anbet' ich, rein ihm
Erweisend meinen Dienst.
17/15   Und betet ihr an, wen ihr wollet außer ihm!
Sprich: Das sind die Verlierer, die verlieren ihre Seelen
Und ihre Angehörigen am Tag der Auferstehung;
Ist dis nicht der Verlust, der offenbare?

―――――

23/22   O wem Gott hat erweitert seinen Busen zur Ergebung,
So daß er ist im Licht von seinem Herrn!
Weh aber denen die verstocktes Herzens sind

―――――

Überschrift *Die Truppe*] s. V. 71.
Vers 8 *Vier Gattungen in Paaren*] Kamel, Rind Schaaf und Ziege.

Vor der Ermahnung Gottes,
Dieselben sind in offner Irre.

24/23 Gott hat herabgesandt die schönste Kunde,
Ein Buch, sich ähnlich widerholend,
Von dem die Haut erschauert derer,
Die fürchten ihren Herrn, dann schmeidigt
Sich ihre Haut und ihre Herzen
Der Mahnung Gottes. Das ist die Leitung Gottes,
Womit er leitet wen er will,
Doch wen Gott irrgehn läßt, dem wird kein Leiter.

28/27 Gepräget haben wir den' Menschen
In diesem Koran jede Art von Gleichnis,
Ob sie sich wol bedenken mögen.
29/28 Arabischen Koran sonder Schiefe,
Ob sie Gott fürchten mögen.
30/29 Geprägt hat Gott ein Gleichnis, einen Mann, der hat
Gesellen unverträgliche,
Und einen Mann, ganz hingegeben einem Mann.
Sind wol gleich diese beiden?
Gelobt sei Gott! nein, ihre meisten wissen nichts.
31/30 Nun, du wirst sterben, und sie werden sterben,
32/31 Dann werdet ihr am Tag der Auferstehung
Vor eurem Herren rechten.
33/32 Doch wer ist schuldiger, als wer da log auf Gott
Und Lügen zieh die Wahrheit,
Nachdem sie zu ihm kam? Ist Gehenna nicht
Ein Wohnraum für die Leugner?
34/33 Wer aber bringt die Wahrheit und gibt Zeugnis ihr,
Das sind die Gottesfürchtigen.
35/34 Denselben wird was sie begehren
Bei ihrem Herrn, das ist der Lohn der Frommen,
36/35 Daß ihnen Gott erlasse
Das Bösere was sie gethan,
Und ihnen gelte ihren Lohn ums Bessre was sie thaten.
37/36 Ist Gott nicht seinem Knecht genug?
Sie aber schrecken dich mit denen außer ihm!
Doch wen Gott irrgehn läßt, dem wird kein Leiter.

38/37 Wem aber leitet Gott, dem ist kein Irrer.
Ist Gott nicht ein allmächtiger Rächer?
39/38 Fragst du sie nun: Wer hat erschaffen
Den Himmel und die Erde?
Sie werden selber sagen: Gott! Sag ihnen:
Was meint ihr? jene die ihr anruft neben Gott;
Wenn Gott mir zudenkt einen Schaden,
Können sie heben seinen Schaden?
Oder mir zudenkt eine Gnade,
Können sie wol aufhalten seine Gnade?
Sag ihnen: Mein Verlaß ist Gott,
Auf ihn vertrauen die Vertrauer.
40/39 Sag ihnen: O mein Volk! thut ihr an eurem Orte,
Ich thu desgleichen; dann erfahrt ihr,
41/40 Zu wem die Pein kommt, die ihn schändet,
Und einkehrt bei ihm Pein die bleibt.

43/42 Gott nimmt zu sich die Seelen wann sie sterben,
Und die nicht sterben, wann sie schlafen.
Die nun behält er, über die er
Den Tod verhängt,
Die andere entläßt er wieder
Bis auf bestimmte Frist.
In diesem traun sind Zeichen für Nachdenkende.

46/45 Wenn man gedenket Gotts des Einen,
Schaudern die Herzen derer, die
Nicht glauben an das Ende;
Doch denkt man derer neben ihm, frolocken sie.
47/46 Du sprich: O Herrgott, Schöpfer Himmels und der Erden,
Erforscher des Verborgnen und des Sichtbarn,
Du, du wirst richten zwischen deinen Knechten,
Worüber sie gestritten haben.
48/47 Und hätten, die da sündigten,
Das was auf Erden ist zumal,
Und nochsoviel dabei, sie kauften gerne
Sich los damit vom Ungemach der Strafe

	Am Tag der Auferstehung, da erscheinet ihnen
	Von Gott, worauf sie nicht gerechnet;
49/48	Erscheinet ihnen all das Böse das sie wirkten,
	Und fällt auf sie, was sie verlachten.
50/49	Berührt den Menschen nun ein Schaden,
	So ruft er uns; dann, wann wir ihn
	Reich machten eines Guts von uns,
	Spricht er: Erworben hab' ich es durch Wissen. –
	Nein, sondern eine Versuchung ist's,
	Doch ihre meisten wissen nichts.
51/50	Nicht anders sprachen die vor ihnen,
	Und nicht half ihnen das was sie erwarben.
52/51	Es traf sie all das Böse, das sie wirkten.
	Und die jetzt sündigen hier von diesen,
	Es wird sie treffen all das Böse das sie wirkten,
	Und nichts behindern werden sie.

―――――――――

54/53 Du sprich: Ihr, meine Knechte, die ihr
 Euch übernahmt an euren Seelen,
 Verzweifelt nicht an Gottes Gnade! Gott verzeiht
 Die Vergehungen alle,
 Er ist der gnädige der Verzeiher;
55/54 Kehrt euch zu eurem Herrn nur und ergebt euch ihm,
 Bevor euch kommt die Strafe,
 Dann findet ihr nicht Beistand.
56/55 Und folgt dem schönsten was euch ward
 Herabgesandt von eurem Herrn,
 Bevor euch kommt die Strafe plötzlich
 Und ihrs nicht merkt;
57/56 Daß dann sag' eine Seele: Ach
 Und Weh mir über das was ich
 Versäumt' auf Seiten Gottes,
 Und ich war von den Spöttern!
58/57 Oder sage: Hätte mich Gott geleitet,
 So wär' ich gewesen ein Frommer!
59/58 Oder sage, wann sie sieht die Pein:
 O würde mir Umkehr, so wollt' ich recht thun. –

Die Truppe

60/59 O nein! dir kamen unsre Zeichen,
Da straftest du sie Lügen,
Und thatest stolz und wärest von den Leugnern.

65/65 Es ist dir offenbart und denen vor dir,
Wenn du Abgötterei treibst,
So wird dein Werk umkommen,
Und du wirst seyn von den Verlierern.
66/66 Nein, sondern bete Gott an,
Und sei der Dankbarn einer.
67/67 Sie haben nicht gemessen Gott mit seinem rechten Maße.
Die ganze Erd' ist ihm ein Griff am Tag der Auferstehung,
Und die Himmel gefaltet in seiner Rechten.
Preis ihm! er ist erhaben
Ob dem, was sie ihm beigesellen.
68/68 Geblasen wird in die Drommete,
Da stürzt hin, wer im Himmel und wer auf Erden,
Als nur wen Gott hält.
Dann wird geblasen das andremal,
Nun stehen sie und warten.
69/69 Es sprühet auf die Erd' im Lichte ihres Herrn,
Und aufgeschlagen ist das Buch,
Und hergebracht sind die Profeten und Zeugen,
Und ist gerichtet zwischen ihnen nach dem Recht,
Und sie sind nicht verkürzet.
70/70 Und jeder Seele ist gewährt, was sie gethan;
Er aber weiß am besten was sie thaten;
71/71 Und hingetrieben werden, die da leugneten,
Zur Hölle truppweis, bis, wann hin sie kamen,
Aufthaten ihre Thore sich,
Und sprachen ihre Wächter:
Kamen euch keine Boten denn
Aus eurer Mitt', euch vorzutragen
Die Zeichen eures Herrn, und euch zu warnen
Der Zukunft dieses eures Tags?
Sie sprechen: Ja! – Allein verhängt ist
Das Wort der Strafe ob den Leugnern.

72/72 Gesagt wird: Geht ein in die Thore
 Der Hölle, drin ihr ewig seid;
 O schlimmer Wohnungsort der Stolzen!
73/73 Und hingeführt sind, die gefürchtet ihren Herrn,
 Zum Garten truppweis, bis, wann hin sie kamen,
 Aufthaten seine Thore sich,
 Und sprachen seine Wächter:
 Fried' über euch, ihr Guten!
 Nun geht hier ein auf ewig!
74/74 Da sprechen sie: Gelobt sei Gott,
 Der uns bewährt hat sein Verheiß,
 Und so uns erben ließ die Erde:
 Wir wohnen in dem Garten wo wir wollen.
 O schöner Lohn der Wirkenden!
75/75 Und du siehest die Engel
 Herschwebend um den Thron,
 Lobsingend ihrem Herrn.
 Und ist gerichtet zwischen ihnen nach dem Recht,
 Und wird gesprochen: Lob sei Gott dem Herrn der Welten!

Aus der 40. Sure

Der Gläubige

7/7   Die tragen Gottes Thron und die so ihn umringen,
Lobpreisen ihren Herrn und glauben
An ihn, und flehn um Gnade
Für die da glauben: Unser Herr!
Alles umfassest du mit Huld und Weisheit.
Also gewähre Gnade denen,
Die sich bekehrn und folgen deinem Wege,
Und schirme sie vor Pein der Glut.
8/8   O unser Herr, und führe sie
Ein in die Gärten Edens,
Die du verheißen ihnen,
Und wer fromm war von ihren Vätern,
Von ihren Fraun und Sprößlingen;
Denn du bist der Allmächtige Allweise.
9/9   Und schirme sie vom Übel!
Denn wen du schirmst vom Übel jenes Tages,
Dem gabst du deine Gnade,
Das ist das Heil das große.

59/57   Die Schöpfung Himmels und der Erde
Ist größer als die Schöpfung
Des Menschen, doch die meisten Menschen wissen nicht.

78/78   Wir sandten vor dir auch Gesandte,
Von deren manchem wir dir sagten,
Von manchem sagten wir dir nichts.

41ᵉ Sure

Überschrift

Gemodelt

1/2 Herabgesandte Offenbarung
    Vom allbarmherzigen Erbarmer,
2/3 Ein Buch worin gemodelt sind
    Die Zeichen zu arabischem Koran
    Für Leute, die verstehn,
3/4 Als Heilverkündiger und Warner;
    Doch ihre meisten wenden
    Sich ab und hören nicht.
4/5 Und sprechen: Unsre Herzen sind in Hüllen
    Vor dem, wo du uns rufest zu,
    In unsern Ohren auch ist Härte,
    Und zwischen uns und zwischen dir ein Vorhang;
    Thu was du willst, wir thun desgleichen. –
8/9 Du sprich: O wollt ihr leugnen den,
    Der schuf die Erde in zwei Tagen,
    Und wollt ihm machen Ebenbilder?
    Er ist der Herr der Welten.
9/10 Und machte auf ihr Bergesvesten über ihr,
    Und segnete sie und ordnete
    Auf ihr all ihre Nahrung in vier Tagen
    Gleichmäßig allen Bittenden.
10/11 Dann hob er sich zum Himmel, der war Rauch,
    Und sprach zu ihm und zu der Erde:
    Kommt mit Gehorsam oder Zwang! Sie sprachen:
    Wir kommen als Gehorsame.
11/12 Da schied er ihn in sieben Himmel in zwei Tagen,
    Und jedem Himmel wies er an sein Amt,
    Und auch geschmücket haben wir den Erdenhimmel

Überschrift] Verkürzt.

Gemodelt

	Mit Leuchten, wohlbehut.
	Das ist die Ordnung des Allmächtigen Allweisen.
18/19	Doch Tages wo versammelt werden
	Die Feinde Gottes zu der Glut,
	In Reih und Glied aufziehend,
19/20	Bis sie nun kamen hin,
	Da zeuget gegen sie
	Ihr Gehör, Gesicht, und ihre Haut,
	Über das was sie thaten.
20/21	Da sprachen sie zu ihrer Haut:
	Was zeugt ihr gegen uns? Sie sprachen:
	Uns machet reden Gott, der reden machet jedes Ding.
	Und Er schuf euch das erstemal,
	Und zu ihm seid ihr heimgebracht.
21/22	Nicht konntet ihr verbergen euch,
	Daß gegen euch nicht zeugten euer
	Gehör, Gesicht und eure Haut,
	Ihr aber meinetet, Gott wüßte
	Nicht viel um was ihr thatet.
22/23	Und diese eure Meinung, die
	Ihr meinetet von eurem Herrn,
	Hat euch gestürzt, nun heut seid ihr von den Verlierern.
23/24	Wenn sie sich still verhalten nun,
	Doch ist die Glut ihr Wohnhaus;
	Und wenn sie sich entschuldigen wollen,
	Sind sie doch nicht entschuldigt.
25/26	Doch sprechen die Ungläubigen:
	Hört nicht auf diesen Koran! schwätzet drein!
	Ob wir vielleicht ihn überwinden. –
26/27	So wollen wir verkosten lassen
	Die Leugner schwere Pein.
27/—	Und wollen ihnen gelten
	Das Schlimmste des was sie gethan.
28/28	Dis der Vergelt der Feinde Gottes,
	Die Glut, für euch darin die ewige Wohnung,
	Vergeltung, daß sie unsre Zeichen höhnten.
30/30	Die aber sprachen: Unser Herr ist Gott;
	Und dann aufrichtig wandeln,
	Auf sie steigen die Engel nieder:

	Fürchtet euch nicht und trauert nicht,
	Freut euch des Gartens, des ihr seid verheißen!
31/31	Wir sind euch Schutzgenossen
	In diesem Leben und im andern,
	Und euch wird dort was eure Seelen wünschen,
	Und euch wird dort was ihr verlangt,
32/32	Gäst' eines gnädigen liebreichen.
33/33	Und wer hat eine schönre Rede,
	Als wer da ruft zu Gott und thuet Gutes,
	Und spricht: Ich bin von den Ergebnen!
34/34	Es ist nicht gleich das Schöne und das Üble;
	Wehre du mit dem Schönern dich!
	Und siehe! zwischen wem und dir erst Feindschaft war,
	Wird wie ein nah verwandter Freund.
35/35	Dazu gelangen doch nur die geduldige sind
	Dazu gelanget nur ein hochbeglückter.
36/36	Doch reizt vom Satan dich ein Anreiz,
	Nimm deine Flucht zu Gott! Er ist
	Der Hörer und der Wisser.
37/37	Von seinen Zeichen einige
	Sind Nacht und Tag und Sonn' und Mond.
	Fallt nieder nicht vor Sonn' und Mond,
	Fallt nieder vor Gott, der sie geschaffen,
	Wenn ihr ihm wirklich dienet.
38/38	Doch wenn sie dazu sind zu stolz,
	Nun! jene droben, die bei deinem Herrn sind,
	Die preisen ihn bei Tag und Nacht,
	Und werden nimmer müde.
39/39	Und auch von [ihm] ein Zeichen
	Ist, daß du siehst die Erde stille liegen;
	Doch, senden wir auf sie herab das Wasser,
	So regt sie sich und sprosset.
	Fürwahr, der sie belebet, wird

Vers 39 *ihm*] Ms. *uns*. Von Müller zu Recht nach dem arabischen Text korrigiert (H. B.).

Gemodelt 365

> Beleben auch die Todten;
> Denn er ist jedes Dings gewaltig.

49/49 Nicht müde wird der Mensch zu wünschen Gutes;
Doch wenn ihn anrührt Böses,
Ist er kleinmüthig und verzagt.
50/50 Wenn wir ihn kosten lassen eine Huld von uns
Nach Weh, das ihn betroffen,
So spricht er: Das ist mein;
Ich denk' auch nicht, daß mir der Tag bevorsteht.
Doch werd' ich heimgebracht zu meinem Herren,
So wird bei ihm das Schönste mir. –
Ja! sagen werden wir's den Leugnern,
Was sie gewirket haben,
Und kosten lassen werden wir
Sie von der herben Strafe.

53/53 Wir wollen sie sehn lassen unsre Zeichen noch
Am Himmelsbogen und an ihnen selber,
Bis ihnen klar wird, es ist Wahrheit.
Ists etwa nicht genug an deinem Herrn, daß er
Ist über alles Zeuge?
54/54 Nun ja, sie sind im Zweifel über
Die Zukunft ihres Herrn; nun ja,
Er ist ja allumfassend.

Aus der 42^n Sura
Überschrift
Die Rathsbetreibung

9/11 Der Schöpfer Himmels und der Erde,
Er machte von euch selber Paare,
Und auch vom Hausthier Paare,
Womit er euch ausbreitet,
Doch seinesgleichen ist kein Ding,
Er ist der Hörer und der Seher.
10/12 Sein sind die Schlüssel Himmels und der Erde;
Er dehnt die Nahrung wem er will und misset sie,
Denn er ist jedes Dinges weise.
11/13 Er hat für euch verordnet von dem Gottesdienst
Das was er einst befahl an Noah,
Und was wir offenbarten dir,
Ist was wir einst befahlen
Abraham, Moses und Jesus, nämlich:
Bestellet recht den Gottesdienst,
Und spaltet euch darin nicht!
Schwer aber dünkt den Gottgesellern
12/— Das wozu du sie rufest.
Gott wählet zu sich wen er will,
Und leitet zu sich, wer sich hinkehrt.
13/14 Sie aber spalteten sich erst
Als ihnen kam das Wissen,
Nur aus Anmaßung unter sich.
Und wär' es nicht ergangner Spruch von deinem Herrn
Auf anberaumte Frist, so wäre
Bereits entschieden unter ihnen.
Doch die die Schrift nach diesen erbten,
Sind jetzt darob in ärgerlichem Zweifel.

Überschrift. *Die Rathsbetreibung*] s. V. 36.

Die Rathsbetreibung

14/15 Zu solchem aber rufe du,
 Und halte recht dich, wie dirs ist geheißen,
 Folge nicht ihren Lüsten, sondern sprich: Ich glaube
 An alles was gesandt hat Gott von Büchern;
 Mir ist geheißen, auszugleichen zwischen euch:
 Gott unser Herr und euer Herr;
 Uns unsre Werk, euch eure Werke!
 Kein Rechten zwischen uns und euch!
 Vereinen wird er uns, und zu ihm ist die Rückkehr.
15/16 Die aber rechten über Gott,
 Nachdem geworden Antwort ihm,
 Ihr Rechtsgrund ist hinfällig
 Vor ihrem Herrn, auf ihnen
 Ist Zorn, für sie ist harte Pein.
16/17 Gott, der herabgesandt das Buch zu Steuer
 Der Wahrheit und die Wage;
 Wer aber sagt dir, ob nicht nah die Stund' ist?,
17/18 Die um Beschleunigung anrufen
 Diejenigen, die an sie nicht glauben;
 Die aber glauben, bangen
 Vor ihr, und wissen daß sie ist die Wahrheit.
 O die da zweifeln an der Stunde,
 Die sind in weiter Irre.
18/19 Gott, gütig gegen seine Diener,
 Versorget wen er will, und Er
 Ist der machtvolle hohe.
19/20 Wer wünscht den Acker jener Welt,
 Zulegen wir ihm von dem Acker;
 Wer aber wünscht den Acker dieser,
 Dem geben wir von ihr,
 Doch an der andern hat er keinen Theil.
22/23 Dis, was verheißt Gott seinen Knechten,
 Die glaubten und das Gute thaten.
 Sprich: Nicht von euch begehr' ich dafür Lohn,
 Als nur die Liebe zur Verwandtschaft.

Vers 22 *Die Liebe zur Verwandtschaft*] siehe Wahl S. [488]. Der vermuthete versteckten Eigennutz. – Wenn auch die Muhammedaner diese Stelle brauchen um die Pflicht zu beweisen, die Familie Mohammeds (die Scherifs) zu

	Wer aber wirket Schönes,
	Dem mehren Schönstes wir dafür;
	Denn Gott ist huldvoll dankbar.
23/24	Doch sagen sie: Er hat auf Gott gedichtet Lüge?
	Nun, wenn Gott will, wird er dein Herz besiegeln,
	Und weg wird tilgen Gott das Falsche,
	Und bewähren die Wahrheit
	Mit seinen Worten; Er kennt den Gehalt der Busen.
26/27	Wenn aber Gott erweiterte
	Die Nahrung seinen Dienern,
	So würden sie auf Erden übermüthig;
	Er aber spendet nach dem Maße wie er will,
	Denn seine Diener kennet er und schauet.
29/30	Und was euch je befällt von Unfall,
	Das ist für eurer Hände Werk,
	Und vieles noch verzeiht er.
31/32	Und auch von seinen Zeichen sind
	Die Wandlerinnen auf dem Meer, gleich Pfeilern;
—/33	Wenn er will, legt er den Wind,
	Da stehn sie unbeweglich auf der Fläche.
	Hierin fürwahr sind Zeichen
	Für jeden dankbaren Geduldigen.
32/34	Oder er läßt sie untergehn
	Für ihre Werk', und vieles noch verzeiht er.
33/35	Er kennet die da streiten gegen unsre Zeichen,
	Für sie ist keine Zuflucht.
34/36	Was aber euch bescheret wird von Gütern,
	Ist Nießbrauch dieses Erdelebens,
	Doch das bei Gott ist besser
	Und dauernder für die so glauben
	Und auf den Herrn vertrauen.
35/37	Die meiden Hauptversündigung und Laster,
	Und, wenn sie zornig sind, verzeihn;

---

unterstützen, so folgt daraus noch nicht, daß er es hier so gemeint. Im ganzen Context und an der Stelle (in Mekka, vermuthlich frühzeitig) sagt es nicht viel mehr als: bedenkt nur daß ich euer Verwandter bin, und liebt mich als solchen.

Die Rathsbetreibung

36/38 Die gern Gehör leihn ihrem Herrn,
 Und halten das Gebet recht,
 Und ihre Angelegenheiten
 Mit Rath betreiben unter sich,
 Von dem auch, was wir ihnen
 Zur Nahrung gaben, spenden aus;
37/39 Und die, wenn sie ein Unrecht trifft, sich wehren:
38/40 Vergeltung eines Bösen ist
 Ein gleiches Böses;
 Doch wer verzeiht und sühnet,
 Hat seinen Lohn bei Gott;
 Er liebet nicht die Übelthäter.
39/41 Wer nun sich wehrt nach einer Kränkung,
 Kein Weg des Rechts ist gegen solchen.
40/42 Der Weg ist gegen solche,
 Die andre kränken, und auf Erden freveln widerrechtlich,
 Derselben wartet Strafe peinlich.
41/43 Wer aber an sich hält und nachsieht,
 Das ist von Tüchtigkeit des Raths.
50/51 Nicht kommt es zu dem Menschen,
 Daß mit ihm anders rede Gott,
 Alsnur durch Offenbarung
 Des Wortes, oder hinter'm Schleier;
51/— Oder er send' ihm einen Boten,
 Der offenbar' auf sein Geheiß ihm was er will;
 Denn er ist hoch und weise.
52/52 Und also offenbareten wir dir durch einen Geist von unserm
 [Worte;
 Du wußtest nicht was Buch war oder Glaube;
 Wir aber machten dis zum Licht in dem wir leiten
 Wen wir wollen von unsern Knechten,
 Du aber leitest zu dem graden Pfade,

Vers 41 *Tüchtigkeit des Raths*] S. 31,16. Das ist vom festen Rathschluß (um den möglichen Doppelsinn zu wahren). Doch ist kein Zweifel, daß ʿazm Festigkeit des Beschlusses bedeutet. Vgl. 46,34 auch von den Geduldigen. Diese Stelle hat Wahl abscheulich und lästerlich verfälscht S. 491.

53/53 Dem Pfade Gottes. Sein ist was im Himmel und auf Erden
[ist,
Und ja zu Gotte kehren heim die Dinge.

Die 43ᵉ Sure
Überschrift
Der Goldprunk

Im Namen [Gottes des allbarmherzigen Erbarmers.]
1/2 Beim klaren Buche!
2/3 Wir machten's zu arabischem Koran,
     Ob sie verstehen möchten.
3/4 Und es ist bei uns in der Urschrift,
     Traun hoch und weise.
4/5 Sollten wir ihnen vorenthalten
     Die Lehre ganz,
     Weil sie sind Leute frevelhaft?
5/6 Doch wieviel sandten wir nicht auch
     Profeten in der Vorzeit!
6/7 Und nie kam ihnen ein Profet,
     Daß sie ihn nicht verlachten.
7/8 Doch wir vertilgten stärkere schon als sie an Macht;
     Ergangen sind die Gleichnisse der Vorzeit.
9/10 Er, der gemacht die Erde euch zum Bette,
     Und macht' euch auf ihr Wege,
     Ob ihr geleitet möchtet seyn.
10/11 Und der hernieder sendete
     Vom Himmel Wasser nach dem Maße,
     Mit dem erweckten wir das Gefild das todte;
     Desgleichen werdet ihr hervorgehn.
11/12 Und der da schuf die Paar' und Gattungen alle,
     Und machte euch von Schiff und Thieren was euch trage;
12/13 Daß ihr auf dessen Rücken schwebet,
     Sodann gedenkt der Wohlthat eures Herrn,

Überschrift. *Der Goldprunk*] s. V. 34.
Vers 8] Ausgelassen als Glosse, Dublette, hieher verirrt aus V. 87, um hier eine scheinbare (oder wirkliche) Lücke zu füllen. Die Construction ist 9-13 Vordersatz 14 Nachsatz.

Wenn ihr schwebet darauf, und sprechet:
Preis ihm der uns macht dienstbar dieses!
Wir hättens nimmer fügen können.
13/14 Und zu unserm Herrn sollen wir uns wenden.
14/15 Doch geben sie ihm nun Antheil von seinen Knechten!
Der Mensch ist offenbarer Huldverleugner.
15/16 Nahm Er von dem wol, was er schaffet, Töchter?
Und euch beehrt' er mit den Söhnen?
16/17 Doch wenn verkündet ihrer einem solches wird,
Was auf den Allerbarmer er
Geschmiedet hat als Gleichnis,
Verfinstert sich sein Antlitz,
Und Aerger würget ihn:
17/18 „Was? so eins das aufwächst im Putz,
Und vor Gericht hat keine Stimme?"
18/19 Doch machten sie die Engel, die
Die Diener sind des Allerbarmers,
Zu Frauen! Waren sie bei ihrer Schöpfung Zeugen?
So sei ihr Zeugnis aufgeschrieben,
Und man soll sie befragen.
20/21 Gaben wir ihnen denn ein Buch vor diesem,
Auf das sie sich berufen könnten?
21/22 Sie sagen nur: „Wir fanden unsre Väter
In einer Glaubens weise,
Und ihren Spuren gehn wir nach."
22/23 Ja, also sandten wir vor dir
In keine Stadt je einen Mahner,
Daß ihre Üppigen nicht sprachen:
Wir fanden unsre Väter
In einer Glaubensweise,
Und ihren Spuren folgen wir.
23/24 Sag ihnen: Wie? auch wenn ich zu euch komme
Mit bessrer Leitung, als wobei
Ihr fandet eure Väter?

Vers 13] Zweideutig; Wahl verstehts von der Rückkehr am jüngsten Tag.
Vers 17] Ganz misverstanden von Wahl, der andere des Misverstands zeiht.
Vers 19] Müßige, störende Glosse.

Der Goldprunk

        Sie sprachen: doch wir glauben
        An eure Sendung nicht.
24/25 Und Rache nahmen wir an ihnen;
        Nun siehe, was das Ende war der' Leugner!
25/26 Wie da sprach Abraham zu seinem Vater
        Und seinem Volk: Ich bin unschuldig
        An dem was ihr anbetet,
26/27 Außer jenem, der mich erschuf,
        Derselbe wird mich leiten.
27/28 Und diese Rede macht' er bleibend unter seiner
        Nachkommenschaft, aufdaß sie sich bekehrten.
28/29 Gefristet aber hab' ich diese
        Und ihre Väter, bis zu ihnen kam die Wahrheit
        Und deutliche Gesandtschaft.
29/30 Und als nun ihnen kam die Wahrheit, sprachen sie:
        Das ist ein Blendwerk, wir sind dran ungläubig.
30/31 Und sprachen: Wäre dieser Koran
        Nur zugekommen einem Edlen
        Aus unsern beiden Städten!
31/32 Ha! theilen sie die Gnade deines Herrn aus?
        Wir theilen unter ihnen aus
        Die Fülle ihrer Güter
        In diesem Leben, und erhöhn
        Den einen ob dem andern
        Um Stufen, daß der eine habe
        Den andern zum Gelächter;
        Allein die Gnade deines Herrn
        Ist besser als was sie da sammeln.
32/33 Und wär' es nicht um zu verhüten,
        Daß alle würden gleiches Schlages,
        So gäben wir jedwedem, der
        Verleugnet den Allerbarmer,
        Auf ihre Häuser silberne Dächer,
        Und Treppen, drauf zu steigen,
33/34 Und ihren Häusern Thore,
        Und Throne, drauf zu lehnen.
34/35 Und goldnen Prunk; und Alles dis
        Ist Nießbrauch dieses Lebens nur,

	Das andre ist bei deinem Herrn
	Für jene, die ihn fürchten.
35/36	Wer aber ist blödsichtig für
	Die Weisungen des Allerbarmers,
	Dem ordnen wir den Satan bei,
	Der wird nun sein Genosse.
36/37	Dieselben stoßen solche nun
	Vom Weg ab, und sie glauben sich geleitet;
37/38	Bis einer zu uns kommt, da spricht er:
	O wäre zwischen mir und dir
	Der Abstand zweier Sonnaufgänge!
	Schlimm ist ein solcher Genosse.
38/39	Nichts aber hilft es heut euch, da ihr sündigtet,
	Daß in der Pein ihr euch Gesellschaft leistet.
39/40	Doch du, wirst du die tauben hören machen, oder leiten
	Die blinden, oder die in offner Irre?
40/41	Mögen wir nun hinweg dich nehmen,
	Wir werden uns an ihnen rächen;
41/42	Oder mögen dich sehen lassen,
	Was wir ihnen verheißen haben;
	Denn wir sind ihrer wohl gewaltig!
42/43	Halt du dich nur an das, was dir ist offenbart!
	Du bist auf gradem Wege.
43/44	Und dis ist eine Weisung dir
	Und deinem Volk, und einst wird man euch fragen.
44/45	Frage nur, wen wir sendeten
	Vor dir als unsre Boten, ob wir machten
	Außer dem Allerbarmer Götter, anzubeten?
45/46	Den Mose sandten wir mit unsern Zeichen
	An Farao und sein Gefolg, da sprach er:
	Ich bin ein Bote von dem Herrn der Welten.
46/47	Und als er ihnen nun bracht' unsre Zeichen,
	Siehe da lachten sie darüber.
47/48	Wir ließen sie nur Zeichen sehn
	Eins größer als das andre,
	Und faßten mit der Strafe sie,
	Ob sie umkehren möchten.
48/49	Sie sprachen: O du Wundermann,
	Ruf deinen Herrn für uns an

Der Goldprunk

	Um das was er dir zugesagt hat! Wir wollen seyn geleitet.
49/50	Als wir von ihnen nahmen dann die Strafe, Siehe, da traten sie zurück.
50/51	Und Farao rief vor seinem Volke, Sprach: o mein Volk, ist mein nicht Das Reich Aegyptens, Und diese Ströme fließen unter mir, seht ihrs?
51/52	Bin ich wol besser als solch ein Verächtlicher,
52/—	Der nicht einmal kann reden?
53/53	Ja wären ihm nur umgehangen Goldspangen, oder kämen Mit ihm die Engel im Verein!
54/54	Und so verführte er sein Volk, daß sie ihm folgten; Sie waren ja ein Volk abtrünnig.
55/55	Doch als sie uns erzürnten, rächten wirs an ihnen, Wir ertränkten sie insgesamt.
56/56	Und machten sie zu Vorgang Und Gleichnis für die Nachwelt.
63/63	Doch als nun Jesus kam mit den Urkunden, Sprach er: Ich komm' euch mit der Weisheit, Und daß ich euch erkläre manches Von dem worin ihr uneins seid; So fürchtet Gott und folget mir!
64/64	Denn Gott ist mein und euer Herr; Dient ihm! das ist der grade Pfad.
65/65	Doch uneins wurden die Anhänger unter sich; Weh aber denen die gesündigt, Weh vor der Strafe schlimmen Tags!
66/66	Was haben sie zu erwarten, als die Stunde, daß Sie ihnen komme plötzlich, Ohne daß sie es merken?
67/67	Die trauten Freunde sind des Tags einander feind, Nur nicht die Gottesfürchtigen.
68/68	Ihr meine Knechte, keine Furcht heut über euch, Und ihr sollt nicht betrübt seyn!

Vers 57-62] deplaziert, siehe nach V. 80.

69/69	Die da geglaubt an unsre Zeichen,
	Und waren Gottergebne.
70/70	Geht ein zum Garten, ihr und eure Fraun, durchwonnet!
71/71	Man geht im Kreis um sie mit Schalen
	Von Gold und Bechern, und alda
	Ist was begehren ihre Seelen,
	Und wünschen ihre Augen;
	Und ihr seid hier geewigt.
72/72	Dis ist der Garten, der zum Erbe
	Euch ward, um was ihr thatet.
73/73	Darin für euch sind Früchte viel,
	Davon ihr esset.
74/74	Allein die Schuldigen sind in der Pein Gehennas ewig,
75/75	Die nicht wird nachgelassen ihnen;
	Drin sind sie hoffnungslos.
76/76	Wir aber thun nicht Unrecht ihnen,
	Sondern das Unrecht thaten sie.
77/77	Und rufen nun: O Malek!
	Ausmachen solls mit uns dein Herr.
	Er aber spricht: Ihr bleibet.
78/78	Wir haben euch gebracht die Wahrheit,
	Doch eure meisten sind der Wahrheit abhold.
79/79	Haben sie ihren Rath beschickt?
	Nun, wir beschicken unsern.
80/80	Oder meinen sie, daß wir nicht hören
	Ihre Heimlichkeit und Gespräch?
	Ja unsre Boten ihnen
	Zur Seite Schreibens auf.
57/57	Da wir aufstellten zum Gleichnis
	Den Sohn Marias, sieh, so schreit dein Volk darüber,
58/58	Und sprechen: Unsre Götter, sind sie besser, oder er?
	Sie stellen ihn dir nur zum Streit auf;
	Ja sie sind Leute streithaft.
59/59	Er aber ist nichts als ein Diener,
	Welchem wir Huld erwiesen,
	Und machten ihn zum Gleichnisse
	Den Söhnen Israels.
60/60	Ja wenn wir wollten, machten wir von euch auch Engel
	Zu Stellvertretern auf der Erde.

Der Goldprunk

61/61 Er aber ist ein Herold für die Stunde;
O zweifelt nicht an ihr, und folget mir!
Das ist der Pfad der grade!
62/62 Und nicht verleite euch der Satan!
Denn er ist euer offner Feind.
81/81 Sprich also: Wenn der Allerbarmer
Hätt' einen Sohn, ich wäre
Der erste der' Anbetenden.
82/82 Lobpreis dem Herrn des Himmels und der Erde,
Dem Herrn des Throns, ob allem, was ihr aussagt!
83/83 Laß du sie thören nur und spielen,
Bis sie begegnen ihrem Tage,
Der ihnen ist verheißen.
84/84 Er ist es der im Himmel Gott ist,
Und auf der Erde Gott,
Er der Allwissende, Allweise.
85/85 Gepriesen Er, des ist die Herrschaft
Des Himmels und der Erde
Und was inzwischen beiden ist,
Und bei ihm ist die Kenntnis
Der Stund', und zu ihm kommt ihr hin.
86/86 Die aber, die man anruft neben ihm,
Vermögen keine Fürsprach, als allein nur
Wer Zeuge war der Wahrheit, und sie wissen das.
87/87 Und fragst du sie, wer sie erschuf?
Sie müssen sagen Gott! Was macht sie denn abwendig?
88/88 Wie oft er sprach: Mein Herr, dis Volk
Sind Leute die nicht glauben!
89/89 Entschlag dich ihnen und sprich Gottbefohlen!
Einst werden sie's erkennen.

Vers 86 *Wer Zeuge war der Wahrheit*] Nach den muhammedanischen Auslegern.

Aus der 44. Sure

Der Rauch

6/7   Der Herr des Himmels und der Erde
Und was inzwischen beiden,
Wenn ihr es recht erkennetet,
7/8   Kein Gott als Er, der leben macht und sterben,
Er euer Herr und Herr all eurer Väter weiland.
8/9   Doch zweifelmüthig scherzen sie.
9/10   Du harre Tages wo der Himmel
Aufgeht in Rauche sichtbar,
10/11   Der deckt die Menschen, das ist Strafe peinlich.
11/12   „Herr, nimm uns ab die Strafe! wir sind gläubig!"
12/13   Woher nun ihnen die Erinnrung?
Da vorlängst ihnen kam ein Bote sichtbar.
13/14   Sie aber wandten sich von ihm und sprachen:
Ein angelernter ein besessner!
14/15   Wir nehmen ab die Straf ein wenig;
Da thut ihrs wieder.
15/16   Tags wo wir schlagen den großen Schlag,
Da werden wir uns rächen.
16/17   Wir prüfeten vor ihnen auch das Volk von Farao,
Und ihnen kam ein werther Bote:
17/18   „Gebt mir heraus die Knechte Gottes!
Ich bin euch ein bewährter Bote.
18/19   Und daß ihr euch nicht wider Gott erhebet!
Ich komm' an euch mit offner Vollmacht.
19/20   Um Zuflucht geh' ich meinen Herrn an!
Und euren Herren, daß ihr mich nicht steiniget!

Vers 9] Der *Rauch* wird als Vorbote des jüngsten Tags gedacht. Aber auch in der siebenjährigen Hungersnoth über Mekka soll ein solcher Rauch gewesen seyn.

Vers 12 *Woher nun*] *'annā* was soll (hilft) nun ihnen. Vergl. 89,24.

Vers 15] Der *große Schlag* ist ebenso doppelgültig: Der jüngste Tag und die Schlacht von Bedr.

Der Rauch

20/21	Und wenn ihr mir nicht glaubt, so laßt mich gehn."
21/22	Da rief er seinen Herrn an:
	Diese sind Leute sündhaft. –
22/23	„So reise Nachts mit meinen Knechten!
	Ihr werdet seyn verfolget.
23/24	Laß hinter dir das Meer gemach!
	Sie sind ein Heer Ersäufter."
24/25	Was ließen sie nicht hinter sich an Gärten und an Quellen!
25/26	Saatfeld und werthen Aufenthalt,
26/27	Und Wohlstand, darin sie sich freuten!
27/28	So nun, zum Erbe gaben wir es andern.
28/29	Und nicht geweint hat über sie der Himmel und die Erde,
	Und man hat nicht auf sie gewartet.
29/30	Wir aber retteten die Söhne Israels
	Von der schmachvollen Strafe,
30/31	Von Farao, denn er war hochmüthig unter den Frevlern.

Vers 22] Die Flucht aus Ägypten als Vorbild der Flucht oder Auswanderung des Profeten und seiner Gläubigen. Mit Farao mag irgendein namhafter von Mohammeds Feinden gemeint seyn.

Aus der 45^n Sure

[Die Hocker]

18/19 Die Ungerechten sind, die einen
Der anderen, Beschützer,
Gott aber ist der Schutz der Gottesfürchtigen.

———————

20/21 Wie meinen denn, die da verübten Böses,
Daß wir sie halten werden wie
Die glaubten und das Gute thaten,
Ganz gleich in ihrem Leben und ihrem Tode?
Wie übel ist ihr Urtheil!
21/22 Gott hat geschaffen Himmel und Erde
Zu ernstem Zweck, damit gelohnt
Sei jeder Seele, was sie wirkte,
Kein Unrecht thut man ihnen.

———————

23/24 Sie aber sprechen: Nichts ist, als dis unser Erdenleben;
Wir leben so und sterben,
Und nichts vertilgt uns als die Zeit.
Doch haben sie davon kein Wissen,
Sie meinen nur.
24/25 Und werden ihnen vorgetragen unsre Zeichen deutlich,
Ist ihr Beweisgrund der nur daß sie sprechen:
Bringt unsre Väter, wenn ihr Wahrheit redet!
25/26 Sag ihnen du: Gott läßt euch leben,
Dann lasset er euch sterben,
Dann schaart er euch zum Tag der Auferstehung,
An dem kein Zweifel ist, allein
Die meisten Menschen wissen nicht.
31/32 Doch wenn man saget: Die Verheißung Gottes
Ist Wahrheit, und die Stunde,
Kein Zweifel ist an ihr, so sprecht ihr:
Wir wissen nicht was die Stunde ist;

Wir meinen nichts als Meinungen,
Und haben nichts Gewisses.

46ᵉ Sure
Überschrift
Ahkaf

Im Namen [Gottes des allbarmherzigen Erbarmers.]

1/2 Niedersendung der Schrift von Gott,
　　 Dem Höchsten, dem Allweisen.
2/3 Wir schufen Himmel und Erde
　　 Und was da zwischen beiden, nur zu ernstem Zweck
　　 Und zu bestimmtem Ziele;
　　 Die Leugner aber wenden sich
　　 Von dem, des sie verwarnt sind, ab.
3/4 Du sprich: Wie meint ihr? Was ihr anruft außer Gott,
　　 Zeigt mir doch, was sie schufen von der Erde!
　　 Oder ob sie haben Antheil an dem Himmel?
　　 Bringt mir ein Buch vor diesem hier
　　 Oder eine Spur von Wissenschaft,
　　 Wenn ihr doch Wahrheit redet!
4/5 Doch wer ist irrer als wer anruft außer Gott,
　　 Die ihm nicht Antwort geben zu dem Tag der Auferstehung,
　　 Und ihres Anrufs sind sie ungewahrsam!
5/6 Wann aber auferstehn die Menschen,
　　 Sind jene ihnen Feind' und leugnen ihren Dienst ab.
6/7 Doch wenn man ihnen vortrug unsre Zeichen deutlich,
　　 So sprachen, die da leugneten
　　 Die Wahrheit, seit sie ihnen kam:
　　 Das ist ein Blendwerk sichtlich.
7/8 Oder sagen sie: Er hats gedichtet?
　　 Sag ihnen: Hab' ich es gedichtet,
　　 So möget ihr mir gegen Gott nicht helfen;
　　 Er weiß am besten, worin ihr euch einlaßt,

Überschrift. *Ahkaf*] (v. 20) d.i. die Sanddünen. Drei Jahre vor der Flucht, als er Tajef bekehren wollte.

	Er ist genug zum Zeugen zwischen mir und euch;
	Er ist der Huldige, der Erbarmer.
8/9	Sag ihnen: Ich bin kein Neuwunder von Gesandten,
	Und weiß nicht, was mit mir geschieht, noch was mit euch;
	Ich folge dem nur was mir offenbaret ist,
	Und bin nichts wan ein offenkundiger Mahner.
9/10	Sag ihnen: Nun, wie meint ihr? wenn dis ist von Seiten Gottes,
	Und ihr es leugnetet, und es
	Bezeugt ein Zeuge von den Söhnen Israels
	Das gleiche, und nimmts glaubend an, ihr aber seid [hochfärtig?
	Fürwahr Gott leitet nicht das Volk der Frevler.
10/11	Allein es sagen, die da leugnen,
	Von denen die da glauben:
	„Wär' es was Gutes, wären diese
	Uns nicht darin zuvorgekommen."
	Und weil sie sich davon nicht wollen leiten lassen,
	So werden sie wol sagen: Es ist alter Lug.
11/12	Doch vor ihm war das Buch von Mose
	Wegweis' und Gnad', und dieses Buch ist
	Bestätigung in arabischer Zunge,
	Zu mahnen die da frevelten,
	Und Heilverkündigung den Frommen.
14/15	Wir haben anbefohlen
	Dem Menschen an den Eltern schön zu handeln;
	Ihn trug die Mutter mit Beschwer,
	Und gebar ihn mit Beschwer;
	Sein Tragen und sein Säugen dreißig Monate;
	Bis er nun kam zu seiner Stärke,
	Und kam zu vierzig Jahren,
	Da sprach er: Herr, gib Antrieb mir, zu danken deiner Güte,
	Die du gethan an mir und meinen Eltern,
	Und daß ich thue Gutes, das dir wohlgefällt;
	Und gib mir Glück an meinem Nachsproß!
	Denn ich bekehre mich zu dir
	Und bin von den Ergebnen.

Vers 12. 13] Müßig.

15/16 Dieselben sinds, von denen wir annehmen wollen
Das Schönste dessen was sie thaten,
Und wollen weggehn über ihrem Bösen
Dort in der Schaar des Wonnegartens
Nach Verheißung der Wahrheit,
Die ihnen ist verheißen.
16/17 Doch wer zu seinen Eltern sagte: Pfui euch!
Wollt ihr mich lehren, daß ich auferstehn soll,
Da doch hingiengen die Geschlechter all vor mir?
Die beiden aber rufen Gott an:
Weh dir! o glaube doch! denn der Verheiß von Gott ist
[wahrhaft.
Da spricht er: Es sind nichts wan alte Mahren.
17/18 Dieselben sind es, denen ist verhängt der Spruch,
Der die Stämme traf, die giengen hin vor ihnen,
Von den Dschinnen und Menschen,
Sie waren die Verlierer.
18/19 Und Stufen sind für alle
Nach dem, was sie gethan,
Daß Er gewähre ihnen ihre Thaten,
Und es geschieht kein Unrecht ihnen.
19/20 Des Tages wo gebracht sind,
Die da leugneten, zum Feuer:
Ihr habet hingenommen euer Gutes
In eurem Leben auf der Welt,
Und [habet das genossen];
Heut werdet ihr belohnet mit der Pein der Schmach,
Darum, daß ihr hochfärtig wäret
Auf Erden ohne Recht, und wart abtrünnig. –
20/21 Denke du auch des Manns von Ad,
Als er sein Volk verwarnte auf den Dühnen;
Und Warner giengen vor ihm hin und hinterher:
O betet nichts wan Gott an!
Ja fürcht' ich über euch Straf eines großen Tages.

Vers 19 *habet das genossen*] Ms. nicht mehr lesbar, Text von Müller (H. B.).

21/22 Sie sprachen: Kommst du uns, abwendig uns zu machen
 [unsern Göttern?
 So bring uns was du drohst!
 Wenn du die Wahrheit redest.
22/23 Er sprach: Das Wissen ist allein bei Gott;
 Ich richt' euch aus, womit ich bin gesendet;
 Allein ich seh', ihr seid ein Volk unwissend.
23/24 Als sie nun sahn ein Quergewölk
 Gewandt auf ihre Thäler,
 Sprachen sie: Dieses Quergewölk beregnet uns! –
 Nein! es ist das, was ihr herbeirieft,
 Sturm, darin Strafe graunvoll.
24/25 Der wüstet alles aufs Geheiße seines Herrn;
 Da war am Morgen nichts zu sehn
 Von ihnen als ihr Wohnplatz;
 So gelten wirs dem Volk der Schuld'gen.
25/26 Wir hatten sie doch wohnlich eingerichtet,
 So gut wie wir euch selbst nur eingerichtet,
 Und hatten ihnen auch gemacht
 Gehör' Aug' und Verstand;
 Doch ihnen half nicht ihr Gehör
 Und nicht ihr Aug' und ihr Verstand
 In nichts, weil sie ableugneten
 Die Zeichen Gottes, und sie traf
 Was sie verlachet hatten.
27/28 O hätten ihnen doch geholfen,
 Die sie annahmen außer Gott
 Zu Opfer und zu Göttern!
 Doch diese schwanden ihnen weg,
 Und das war ihre Lüge
 Und was sie dichteten.
28/29 Doch als wir zu dir wendeten
 Ein Trüppchen von den Dschinnen,

Vers 25 *nur*] *'in* nicht?
Vers 26] Müßig.
Vers 28] Es ist sehr leicht abgethan, dis geradezu für eine unverschämte Erdichtung zu halten. Wenn man aber die Glut und Heftigkeit der Gedanken erwägt, wie sie im nächstvorstehenden herrscht, so läßt sich an völlig guten

| | Daß sie den Koran lesen hörten;
| | Als sie nun nahten, sprachen sie: Seid stille!
| | Und als es war geendet, kehrten
| | Sie heim zu ihrem Volk als Mahner;
| 29/30 | Sprachen: O unser Volk! wir hörten
| | Ein Buch, geoffenbart nach Mose,
| | Bekräftigend alles Vorige,
| | Anleitend zu der Wahrheit
| | Und zu dem Weg dem graden.
| 30/31 | O unser Volk, so gebt Gehör
| | Dem Herold Gottes! glaubt an ihn!
| | Und Er erlass' euch eure Sünden,
| | Und schirm' euch vor der Strafpein!
| 31/32 | Doch wer nicht gibt Gehör dem Herold Gottes –
| | Behindern wird Ihn nichts auf Erden,
| | Und gegen ihn wird ihm kein Schutzherr;
| | Dieselben sind in offner Irre.
| 32/33 | O sehn sie nicht, daß Gott, der schuf
| | Den Himmel und die Erde
| | Und ward nicht müd' an ihrer Schaffung,
| | Gewalt hat zu beleben auch die Todten?
| | Ja, er ist jedes Dings gewaltig.
| 33/34 | Doch Tages, wo gebracht sind, die da leugneten, zum Feuer:
| | Ist dis nicht wahrhaft?
| | Sie sprechen: Ja! bei unserm Herrn!
| | Er spricht: Nun schmeckt die Pein, weil ihr geleugnet!
| 34/35 | Doch du halt aus, wie die standhaften
| | Aushielten von den Boten,
| | Und nicht beschleunig' ihr Gericht!
| | Denn seyn wirds ihnen, wann sie sehen das Verheißne,
| 35/— | Als hätten sie geweilt nur
| | Ein Stündchen eines Tags. Soweit die Meldung!
| | Wen anders tilgt man als das Volk Abtrünniger?

Glauben des Erzählers glauben. Es ist aber, poetisch genommen, die treffendste Beschämung der Bewohner v[on] Tajef, die den Verkündiger ungläubig abziehen ließen, daß noch in der Nacht auf ihrem Gebiet die Dschinnen kommen die Lehre anzunehmen.

47ᵉ Sure

Überschrift

Mohammed

(Medinisch)

1/1 Die leugnen und von Gottes Weg verführen,
   Umkommen läßt er ihre Werke.
2/2 Die glauben und das Gute thun, und glauben
   An das was hergesandt ist auf Mohammed,
   Und daß es Wahrheit ist von ihrem Herrn,
   Denselben nimmt er ab ihr Böses
   Und bessert ihren Sinn.
4/4 Drum, wo ihr treffet die da leugnen,
   So seis Schlag auf die Nacken,
   Bis ihr sie nieder habt gebracht,
   Dann machet fest die Bande!
5/- Dann Gnad' entweder oder Loskauf,
   Bis nun der Krieg legt nieder seine Bürde.
   So! Und wenns Gott gefiele, könnt' er
   Sich ihrer selbst erwehren;
   Doch thut er dis, zu prüfen
   Von euch den einen mit dem andern;
   Und die auf Gottes Wege fallen,
   Umkommen läßt er nimmer ihre Werke.
6/5 Er leitet sie und bessert ihren Sinn,
7/6 Und führt sie in den Garten, den
   Er ihnen angewiesen.

Überschrift. *Mohammed*] s. V. 2. – Abgekürzt. – Eine donnernde Kampfpredigt gegen die Mekkaner, die ihm, nach seiner Auswanderung, den Zugang zur Kaba verwehrten.
Vers 4] Der Bote Allahs, spricht hier freilich nicht wie Christus vor ihm, sondern etwa wie 200 Jahre nach ihm Karl, der große Sachsenbekehrer.
Vers 5 *fallen*] Variante: kämpfen.

8/7	Ihr die da glaubet, steht ihr Gott bei,
	So steht er euch bei
	Und festigt eure Tritte.
9/8	Doch die da leugnen, Unfall ihnen!
	Umkommen läßt er ihre Werke.
10/9	Dis weil sie das verschmähten was Gott niedersandte;
	Versinken läßt er ihre Werke.
14/13	Und o wie manche Stadt, die stärker war an Macht
	Als deine Stadt, die dich vertrieb,
	Vertilgten wir, und ihnen ward kein Helfer.
22/20	Doch sprechen, die da glauben: Würde
	Herabgesandt doch eine Sure!
	Doch wird herabgesandt nun eine Sure bündig,
	Und wird darin erwähnt der Kampf;
	So siehst du die, in deren Herzen Siechthum ist,
	Anblicken dich mit Blicken eines
	Vom Tod befallnen. Ihnen würdiger wäre
	Gehorsam und anständiges Wort.
23/21	Nun es beschlossen ist, o hielten
	Sie Gott ihr Wort, das wäre besser ihnen.
24/22	Wollt ihr vielleicht, wenn ihr den Rücken wendet,
	Verheeren rings das Land, nicht schonen
	Selbst eure Blutsverwandtschaft?
25/23	Die sind es, denen Gott geflucht hat,
	Hat sie getäubt, geblindet ihre Augen.
26/24	Beachten sie den Koran nicht?
	Oder liegen vor den Herzen Schlösser ihnen?
27/25	Ja solche, die sich kehren rückwerts
	Nachdem klar ihnen ward die Leitung,
	Berückt hat sie der Satan,
	Und hat sie losgelassen;
28/26	Dieweil sie sprechen zu den andern,
	Die das verschmähen was Gott niedersandte:
	Wir wollen folgen euch in einigen Stücken.
	Doch Gott weiß ihre Heimlichkeit.
31/29	Wie? meinen die, in deren Herzen Siechthum ist,
	Gott werd' hervor nicht ziehen ihre Abgunst?
32/30	Wenn's uns gefiele, könnten wir sie zeigen dir,
	Daß du sie möchtest kennen an ihren Mienen;

	Und kennen magst du sie am Miston ihrer Rede,
	Und Gott kennt ihre Werke.
33/31	Und prüfen wollen wir euch, bis wir kennen
	Die Kämpfer unter euch und Dulder,
	Und prüfen ihre Kunden.
34/32	Traun, die da leugnen, und verführen
	Von Gottes Weg, und irren den Gesandten,
	Nachdem klar ihnen ward die Leitung;
	Sie werden Gott nicht schaden,
	Doch sinken lassen wird er ihre Werke.
35/33	Ihr die da glaubt, gehorchet Gott und
	Gehorchet dem Gesandten,
	Und nicht vereitelt eure Werke!
37/35	Und seid nicht weich und ruft nach Frieden,
	Da ihr die Obhand habt und Gott ist mit euch,
	Und nie verkürzen wird er eure Werke.
38/36	Das Leben dieser Welt ist nur ein Spiel und Spott;
	Doch wenn ihr glaubt und fürchtet Gott,
	So gibt er euern Lohn euch,
	Und heischt von euch nicht euer Gut.
39/37	Heischt er's von euch und dringt in euch, so geizet ihr,
	Und kommt zum Vorschein eure Abgunst.
40/38	Ha, ihr dahier! man ruft euch nur,
	Zu spenden auf dem Wege Gottes!
	Doch mancher von euch geizt.
	Wer aber geizt, geizt ab von seiner Seele;
	Gott ist der Reiche, ihr die Dürftigen.
	Und wendet ihr euch ab, so wird er tauschen ein
	Ein andres Volk statt euer,
	Die sollen dann nicht seyn wie ihr!

Vers 32 *Miston*] Vielleicht ganz besondere Bezeichnung einer Person.

48ᵉ Sure

Die Siegseröffnung

In Medina

1 Wir haben dir eröffnet eine klare Siegseröffnung,
2 Daß dir verzeihe Gott das was voran ist
  Von deiner Schuld, und was dahinter,
  Und seine Gnad' an dir vollende,
  Und leite dich geraden Pfad,
3 Und stehe Gott dir bei mit hohem Beistand.
4 Er hat gesandt den Gottesfrieden
  In die Herzen der Gläubigen,
  Damit sie nehmen zu an Glauben neben ihrem Glauben;
  Und Gottes sind die Heerschaaren
  Des Himmels und der Erde,
  Und Gott ist weis', allwissend;
  Daß er eingehen lasse
  Die Gläubigen und die Gläubiginnen
  In Gärten, unter denen hin die Ströme fließen,
  Darin sie ewig sind, und nehme
  Von ihnen weg ihr Böses,
  (Das ist von Gott ein großes Heil;)
6 Aber strafe die Heuchler und Heuchlerinnen,
  Götzendiener und Götzendienerinnen,
  Die meinen über Gott die schlimme Meinung,
  Über sie die Umkreisung
  Des Bösen, Gott zürnt über sie

Überschrift] Im 7ⁿ Jahr der Flucht, nach dem Waffenstillstand von Hodeibia, und während des Kriegs gegen die Juden von Chaibar, vor dem feierlichen Besuch der Kaba. Wahl XLVI[II] ff. – *Siegseröffnung*] entweder wirklicher Sieg profetisch, oder die Abkunft mit den Mekkanern in Hodeibia als Sieg dargestellt, oder der darauf folgende Sieg über Chaibar, oder aber Siegsverheißung, oder endlich überhaupt Ertheilung der göttlichen Gnade und Zusicherung göttlicher Hilfe. – Die ersten 4 Verse sind auf den Fahnen der Türken im Kampf gegen Ungläubige.

Die Siegseröffnung

     Und fluchet ihnen und bereitet ihnen
     Die Hölle, schlimm ist sie zur Einkehr.
7   Doch Gottes sind die Heerschaaren
     Des Himmels und der Erde,
     Und Gott ist weis' und mächtig.
8   Wir haben dich gesandt als Zeugen,
     Heilkündiger und Warner;
9   Aufdaß ihr glaubt an Gott und seinen Abgesandten,
     Und achtet ihn und ehret ihn,
     Und preiset Ihn am Morgen und am Abend.
10 Fürwahr, die da dir huldigen,
     Die huldigen Gott;
     Gottes Hand über ihren Händen.
     Und wer den Schwur bricht, bricht ihn seiner Seele;
     Wer aber hält was er Gott zugesagt hat,
     Dem wird er geben großen Lohn.
11 Dir sagen werden die zurückgebliebnen der Feldaraber:
     Uns hielten unsre Herden ab
     Und unser Hausgesinde;
     Bitt um Verzeihung Gott für uns!
     Sie sagen das mit ihren Zungen,
     Was nicht in ihren Herzen ist.
     Sag ihnen: Wer vermag euch gegen Gott was,
     Wenn er euch zudenkt einen Schaden,
     Oder euch zudenkt einen Nutz?
     Gott aber ist des, was ihr thun mögt, kundig.
12 Vielmehr ihr meintet, nimmer kehre
     Der Gottgesandte und die Gläubigen wieder heim,
     Das dünkt' euch gut in euren Herzen,
     Und meinetet die schlimme Meinung,
     Und waret arge Leute.
13 Doch wer nicht glaubt an Gott und seinen Abgesandten,
     Bereitet haben wir den Leugnern Gluten.
14 Doch Gottes ist die Herrschaft
     Des Himmels und der Erde, er verzeihet wem er will,
     Und strafet wen er will, und Gott ist gnädig huldreich.

Vers 9 *Und preiset Ihn*] hier vermutlich Gott.

15 Es werden sagen die Zurückgebliebenen,
Wenn ihr nun auszieht, Beute zu erlangen:
Laßt uns euch folgen! Aendern wollen
Sie Gottes Ausspruch. Sag: Ihr folgt uns nimmer!
So hat es Gott zuvor gesagt.
Sie aber werden sagen: Ihr misgönnt es uns.
Doch sie verstehn nur wenig.

16 Sag den zurückgebliebnen der Feldaraber:
Man wird demnächst euch rufen
Gegen ein Volk von starker Kraft,
Sie zu bekämpfen bis sie sich ergeben.
Gehorcht ihr da, so gibt euch Gott auch schönen Lohn;
Doch wendet ihr euch, wie ihr erst euch wandtet,
So straft er euch mit herber Strafe.

17 Der Blinde ist entschuldigt wol,
Entschuldigt ist der Lahme,
Entschuldiget der Kranke.
Wer aber Gott gehorcht und seinem Abgesandten,
Den wird er führen in die Gärten,
Darunter hin die Ströme fließen;
Und wer sich wendet, strafen wird
Er ihn mit herber Strafe.

18 Gott hat es gnädig angenommen von den Gläubigen,
Als sie dir huldigten dort unterm Baume;
Er wußte was in ihrem Herzen war, und sandte
Den Gottesfrieden über sie,
Und stärkte sie mit naher Siegseröffnung,

19 Und reicher Beute, die sie erlangen sollen;
Denn Gott ist weis' und mächtig.

20 Verheißen hat euch Gott viel reiche Beute,
Die ihr erlangen sollet;
Doch diese gab er euch einstweilen in der Eile,
Und hielt von euch zurück den Arm der Menschen,
Daß es ein Zeichen sei den' Gläubigen,
Und er euch leit' auf gradem Pfad.

Vers 20 *In der Eile*] im Krieg gegen Chaibar, vor der völligen Einnahme. – *Hielt von euch zurück den Arm der Menschen*] ein Handstreich also ohne Gegenwehr.

Die Siegseröffnung

21 Die andre, über die ihr noch nicht habt Gewalt,
   Die hat Gott schon in Händen,
   Denn Gott ist jedes Dings gewaltig.
22 Und würden euch die Leugner auch bekämpfen,
   Sie wendeten doch den Rücken,
   Dann finden sie nicht Helfer noch Beschützer;
23 Nach Satzung Gottes, die vorlängst ergangen ist,
   Und nimmer wirst du finden an der Satzung Gottes eine
   [Wandlung.
24 Er ist es auch, der dort zurückhielt ihren Arm
   Von euch, und euren Arm von ihnen,
   Im Thale Mekkas, als er schon die Oberhand
   Euch über sie gegeben hatte,
   Und Gott ist alles eures Thuns ansichtig.
25 Sie sind es, die da leugneten
   Und drängten weg euch vom geweihten Bethaus,
   Die Opferthiere schon bereit
   Zur Opferstätte zu gelangen.
   Und wär's nicht wegen einiger glaubigen Männer
   Und glaubigen Weiber unter ihnen,
   Die ihr nicht kanntet, und ihr hättet
   Sie mit danieder getreten,
   Und euch daran versündiget unwissentlich,
   Daß Gott in sein Erbarmen doch
   Aufnähme, wen er wollte,
   Wenn sie gesondert wären;
   So hätten wir die Leugner unter ihnen wol
   Gestraft mit herber Strafe:
26 Wie da die Leugner fasseten
   In ihre Herzen trotzigen Stolz,
   Den trotzigen Stolz des Heidenthums;
   Gott aber sandte seinen Frieden
   Auf seinen Abgesandten und die Gläubigen,
   Und ließ sie halten fest das Wort der Gottesfurcht;
   Des waren sie ja würdiger,

Vers 22 *die Leugner*] die von Chaibar, nicht die Mekkaner.
Vers 24 *ihren Arm*] der Mekkaner.
Vers 26 *Stolz des Heidenthums*] siehe Wahl.

Und wohl dazu geschickt;
Gott aber ist um alle Dinge wissend.
27 So hat Gott Wort gehalten seinem Gesandten
Mit jenem Traumgesicht in Wahrheit,
Ja eingehn werdet ihr ins heilige Bethaus,
So Gott will, friedlich,
Geschornen Haupts, gemessnen Schrittes, ohne Furcht.
Er wußte wol, was ihr nicht wisset,
Und machte außerdem noch nahe Siegseröffnung.
28 Er ist es, der gesendet seinen
Gesandten mit der Leitung
Und wahrem Gottesdienst, daß er
Ihn siegen lass' ob jedem Gottesdienste,
Und Gott genügt zum Zeugen.
29 Mohammed, der Gesandte Gottes,
Und die mit ihm sind eifrig wider
Die Leugner, liebreich unter sich;
Du siehest sie verbeugt, fußfällig,
Erflehend Huld von Gott und Wohlgefallen.
Ihr Gepräg ist in ihrem Antlitz
Von Spuren des Betniederfalls:
Dis ist ihr Gleichnis in der Thora;
Ihr Gleichnis in dem Evangelium:
Wie Saat, die treibet ihren Halm,
Und macht ihn wachsen daß er anschwillt,
Und schwebt auf seinem Schafte,
Freuend den Sämann, daß sich ärgern
An ihnen die Ungläubigen. Gott hat verheißen denen,
Die glaubten und das Gute thaten unter ihnen,
Barmherzigkeit und großen Lohn.

Vers 27 *Was ihr nicht wisset*] nämlich, daß es erst im nächsten (diesem) Jahre in Folge des Waffenstillstandes geschehen sollte, da ihr meintet, es solle vorm Jahr geschehen.

Neunundvierzigste Sure
Überschrieben
Die Gemächer

In Medina

1 Ihr alle die da glauben, drängt euch nicht voran
  Vor Gott und seinem Abgesandten,
  Und fürchtet Gott!
  Denn Gott ist der da hört und weiß.
2 Ihr alle die da glauben,
  Erhebt nicht eure Stimme über
  Die Stimme des Profeten,
  Und seid nicht gegen ihn laut mit der Rede,
  Wie ihr es untreinander seid,
  Daß eure guten Werke nicht
  Verfallen, ohne daß ihrs merket.
3 Fürwahr, die ihre Stimmen dämpfen
  Beim Abgesandten Gottes,
  Die sind es, deren Herzen Gott
  Geprüfet hat zur Frömmigkeit, denselben wird
  Verzeihung und ein großer Lohn.
4 Fürwahr die so dich rufen
  Hervor aus den Gemächern,
  Sind meistens unverständige.
5 Doch wenn sie sich geduldeten,
  Bis du heraus zu ihnen giengest,
  Das wäre besser ihnen;
  Und Gott ist, der verzeiht und sich erbarmet.
6 Ihr alle die da glauben,
  Wenn zu euch ein Verläumder kommt
  Mit einer Kunde, so bedenket wohl,
  Daß ihr nicht Jemand kränkt im Unverstande,
  Und habet dann, was ihr gethan habt, zu bereuen.

Überschrift] Ganz klar, verständig, schön.

7 Wisst, unter euch der Abgesandte Gottes,
Wollt' er gehorchen euch in manchen Dingen,
Ihr würdet übel fahren;
Gott aber hat euch lieb gemacht den Glauben,
Und ihn geschmückt für eure Herzen,
Und hat euch leid gemacht Unglauben,
Treubruch und Ungehorsam;
Dieselbigen von euch sind die Rechtfertigen,
8 Aus Gottes Huld und Gnade,
Und Gott ist der da weiß und richtet.
9 Wenn zwei Parteien von den Gläubigen kämpfen,
So sühnet zwischen ihnen;
Hat aber eine von den beiden Gefrevelt an der andern,
Bekämpfet ihr die frevelnde,
Bis sie sich füget dem Gebote Gottes,
Und wenn sie sich gefügt hat,
Dann sühnet zwischen ihnen beiden
Dem Recht nach und entscheidet billig,
Denn Gott liebt billige Entscheidung.
10 Fürwahr die Gläubigen sind Brüder;
So sühnt denn zwischen euren beiden Brüdern,
Und fürchtet Gott, ob ihr Erbarmen findet.
11 Ihr alle die da glauben,
Nicht spotten sollen Leute über Leute;
Wer weiß, sind diese besser nicht als jene.
Noch Weiber über Weiber,
Wer weiß, sind diese besser auch als jene.
Noch winkt und deutet auf einander,
Noch stichelt mit Zunamen euch;
Ein schlimmer Nam' ist Abfall nach dem Glauben.
Und wer sich nicht bekehrt,
Dasselbe sind die Frevler.
12 Ihr alle die da glauben,
Vermeidet mancherlei zu denken;
Denn vieles was man denkt, ist Sünde.
Und spürt nicht aus, und afterredet
Nicht einer von dem andern.
Liebt denn wol einer unter euch
Zu essen seines Bruders Fleisch, des todten?

Die Gemächer

Es würd' euch davor eckein;
So fürchtet Gott!
Denn Gott ist der sich zukehrt und erbarmet.
13 Ihr o ihr Menschen, wir erschufen
Euch Mann und Weib,
Und machten euch zu Stämmen und Geschlechtern,
Daß ihr einander kennen möchtet;
Fürwahr, der edelste von euch ist
Der Gottesfürchtigste von euch;
Denn Gott ist weis' und kundig. –
14 Es sprechen die Feldaraber:
Wir glauben. Sprich zu ihnen:
Ihr glaubet nicht. Sprecht nur: Wir traten über.
Noch ist nicht eingegangen
Der Glaub' in eure Herzen. Doch
Wenn ihr gehorchet Gott und seinem Abgesandten,
Wird er euch nichts entziehn von euren Werken;
Denn Gott ist nachsichtsvoll barmherzig.
15 Die Gläubigen aber, die da glaubten
An Gott und seinen Abgesandten,
Und dann nicht wurden zweifelhaft,
Und die gestritten haben
Mit ihrem Gut und ihrem Leben
Auf Gottes Weg; die sinds die Wahrheit reden.
16 Sprich: Wollt ihr Gott belehren eures Glaubens?
Gott ist belehrt von allem was
Im Himmel und auf Erden ist,
Und Gott ist jedes Dings mitwissend.
17 Sie rechnen's gegen dich sich zum
Verdienste, daß sie übertraten.
Sprich: Rechnet euch nicht zum Verdienste
Den Übertritt zum Islam!
Gott rechnets zum Verdienste sich
An euch, daß er euch leitete zum Glauben;
Wenn ihr wollt Wahrheit reden.
18 Gott weiß die Heimlichkeit
Des Himmels und der Erde,
Und Gott sieht was ihr thut.

Aus der 50ⁿ Sure
[Qaf]

15/16 Erschaffen haben wir den Menschen,
   Und wissen auch was ihm zuflüstert seine Seele,
   Denn wir sind näher ihm als die Pulsader.
16/17 Da wo begegnen sich die zwei Begegnenden,
   Zur Rechten und zur Linken sitzend;
17/18 Kein Wörtchen spricht er, ohne daß
   Bei ihm ein Merker ist bereit.
18/19 Dann kommt die Trunkenheit des Todes wirklich;
   Das ists wovon du ab dich wandtest.
19/20 Geblasen aber wird in die Drommete;
   Das ist der Tag der Drohverheißung.
20/21 Und jede Seele kommt,
   Mit ihr ein Treiber und ein Zeuge.
21/22 Unachtsam warest du auf dis,
   Nun nahmen wir dir deine Hüll' ab,
   Und heut ist scharf dein Auge.
22/23 Spricht sein Gesell': Das war bei mir zu haben! –
23/24 „Ihr beiden, werft in die Gehenna
   Jeden hartnäckigen Leugner,
24/25 Hindrer des Guten, frevelhaften Zweifler!
25/26 Der neben Gott macht' andere Götter.
   Werft in die strenge Pein ihn!"
26/27 Spricht sein Gesell: O Herr, ich hab' ihn nicht verführt,
   Er selber war in weiter Irre.
27/28 Doch Er spricht: Rechtet nicht vor mir!
   Ich gab zuvor euch mein Verheiß.

Vers 22 *Sein Gesell*] Der Dämon, der ihn verführt hat. Zu diesem hat dich die Verbindung mit mir gebracht.
Vers 23 *Ihr beiden*] Gerichtsengel. Wir haben hier (V. 16. 20. 23) drei verschiedene Engelpaare, keines eins mit dem andern, daneben noch den bösen Gesellen im Leben und im Tode, der sich jetzt gern von der Gesellschaft lossagen möchte V. 26. wie anderwerts ausführlicher.

28/29 Gewechselt wird bei mir das Wort nicht.
Und Unrecht thu' ich nicht den Knechten.
29/30 Des Tags wo wir zur Hölle sagen: Bist du voll?
Und sie sagt: Gibts noch mehr?
30/31 Doch hergerücket wird der Garten
Den' Gottesfürchtigen unfern.
31/32 Das ist was euch verheißen ward,
Jedem eifrigen Bewahrer;
32/33 Wer fürchtet den Erbarmer im Verborgnen,
Und kommt mit willigem Herzen,
33/34 Geht ein darin in Frieden!
Das ist der Tag der Ewigkeit.
34/35 Sie haben was sie wünschen drin,
Und bei uns ist noch mehr.

Aus der 51ⁿ Sure
Überschrift
Die Streuerinnen

1 Bei euren streuenden Streuerinnen!
2 Und Bürdeträgerinnen!
3 Und leichten Läuferinnen!
4 Und Werkanordnerinnen!
5 Was euch gedroht ist, das ist wahr,
6 Und das Gericht trifft ein.
7 Beim Himmel dem gestreiften!
8 Ihr führt mishellige Rede;
9 Durch die wird irr, wer irr ist.
10 Tod den verlognen Wähnern,
11 Die in Betäubung taumeln!
12 Sie fragen: wann ist der Gerichtstag?
13 Tags wo man sie am Feuer probt.
14 Verkostet eure Probe!
    Das ist was ihr herbeirieft.
15 Aber die Frommen in Gärten und an Quellen,
16 Empfahnd, was ihnen gab ihr Herr,
    Weil sie zuvor schön handelten;
17 Nur wenig von der Nacht sie schliefen;
18 Und früh an um Verzeihung riefen,
19 Und ihres Gutes ward sein Theil
    Dem Bittenden und dem Darber.
20 Auf Erden wol sind Zeichen für Erkennende,
21 Und an euch selber; seht ihr nicht?

Vers 1 *Bei euren streuenden Streuerinnen*] Bei den von euch angenommenen weiblichen Engeln, Elementarwesen, Winden, Wolken u.s.w. Das „euer" hat die Übersetzung eingeschoben, um den Bezug hervorzuheben, den alle bisherigen Ausleger, auch die mahommedanischen, übersehen zu haben scheinen. Vgl. S. 79 u. S. 36.

Die Streuerinnen

22 Doch im Himmel ist eure
   Versorgung, und das euch Verheißne.
23 Beim Herrn des Himmels und der Erde! Das ist wahr.
   Wie ihr auch zu betheuern pflegt.

---

56 Ich schuf die Dschinnen und die Menschen
   Nur dazu daß sie dienten mir.
57 Ich will von ihnen keine Nahrung,
   Will nicht, daß sie mich speisen.
58 Denn Gott ja ist der Nährer,
   Der Herr der starken Kraft.

Vers 23 *Wie ihr auch zu betheuern pflegt*] Nämlich bei euern Streuerinnen u.s.w. statt beim Herrn. Man hat dem Profeten oft diese Art von Betheuerungen zum Vorwurf gemacht. Wenigstens könnte er sich entschuldigen, wie einst ein junger italienischer Kanonikus, den ich fragte, warum er immer *corpo di Bacco* fluche? er sagte, daß er es in *dispetto di Bacco* thue.

52. Sure

Der Berg

1 Beim Berg in Wettern!
2 Und bei des Buches Lettern
3 Auf entfalteten Blättern!
4 Bei dem besuchten Hause,
5 Des Daches hohem Knaufe,
6 Und bei des Meeres Brause!
7 Die Strafe deines Herrn trifft ein,
8 Und ihr wird kein Abwender seyn.
9 Wann wank die Himmel wanken,
10 Und schwank die Berge schwanken,
11 Weh selbigen Tags den Lügezeihern,
12 Die plätschern in der Thorheit Weihern,
13 Des Tags, wo man sie zu den Feuern
   Der Hölle stößt mit Stoß hin.
14 Das ist das Feuer, das ihr Lüge habt geziehn.
15 Ists Blendwerk, oder seht ihrs nicht?
16 Nun heizt es, und seid geduldig oder seid es nicht!
   Gleich gilt es nun,
   Man lohnet euch nur euer Thun.
17 Die Frommen aber in Gärten und in Wonnen,
18 Froh des was ihnen gab ihr Herr,
   Es schirmte sie ihr Herr, vorm Flammenbronnen.
19 Esset und trinket wohlgemuth,
   Weil ihr thatet gut!
20 Gelehnt auf Polstern den gebauschten,
   Und wir vermählten sie mit Huris großgeaugten.
21 Die so da glaubten und es folgte
   Ihr Nachsproß ihnen auch im Glauben,
   Beigeben wir denselben ihren Nachsproß,
   Und wir verkürzen sie um ihrer Werke keins;
   Ein jeder Mann steht seinem Thun zu Pfande.
22 Wir haben sie versorgt mit Früchten
   Und Fleisch, wie sie begehren.

23 Sie langen dort sich Becher zu,
   Kein Thorenwort ist dort und keine Sünde.
24 Und um sie kreisen zur Bedienung Jünglinge
   Gleich Perlen in der Muschel.
25 Da wendet einer sich zum andern fragend:
26 Sprechend: Wir waren sonst unter den Unsern zagend.
27 Doch Gottes Huld nahm uns in Hut,
   Und schirmt' uns vor der Pein der Glut.
28 Wir aber riefen sonst ihn auch,
   Er ist der gnädige der Erbarmer.
29 Du mahne nur! Du bist, dank deinem Herren, weder
   Wahrsager noch bezaubert.
30 Oder sagen sie ein Dichter?
31 Wir wollen seines Unfalls lauern.
32 Sprich: Lauert nur! ich will mit euch stehn auf der Lauer.
   Mahnen sie ihre Träume dessen?
33 Oder sind sie nur so vermessen?
   Oder sagen sie: Er macht ein Gedicht?
34 Ja, sie glauben nicht.
   Sie mögen doch nur bringen einen gleichen Spruch,
35 Wenn sie die Wahrheit reden.
   Sind sie erschaffen wol aus Nichts,
36 Oder sind sie selbst die Schöpfer?
   Erschufen sie wol Erd' und Himmel?
37 Sie haben nichts Gewisses.
   Sind ihnen deines Herrn Schatzkammern,
38 Oder sind sie die Verwalter?
   Oder haben sie eine Leiter,
   Darauf zu steigen und zu horchen?
   So komm' ein Horcher nur von ihnen
   Mit Vollmacht und Beweisen!
39 Hat Er die Töchter, ihr die Söhne?
40 Oder forderst du Lohn von ihnen,
   Daß Schuldenlast sie drückte?
41 Besitzen sie wol das Geheimnis,
   Und schreiben es?
42 Oder schmieden sie eine List?
   Doch die Leugner sind überlistet.

43 Haben sie andern Gott als Gott?
   Lobpreis sei Gott ob allem,
   Was sie ihm beigesellen!
44 Und sähen sie ein Stück vom Himmel fallen,
   So sprächen sie: Ein Wolkenstreif.
45 Laß du sie nur, bis sie begegnen ihrem Tag,
   Wo sie bestürzt seyn werden.
46 Des Tags wo ihnen nicht wird helfen ihre List,
   Und ihnen wird kein Beistand.
47 Der' Frevler aber wartet vorher Strafe noch,
   Doch ihre meisten wissen nichts.
48 Harr auf den Rathschluß deines Herrn!
   Du bist vor unsern Augen,
   Und preise deines Herrn Lob, wann du aufstehst,
49 Und einen Theil der Nacht durch preise,
   Und hinter'm Fall der Sterne.

53ᵉ Sure

Der Stern

1/1 Beim Stern der flirrt!
2/2 Nicht euer Genosse thört noch irrt,
3/3 Spricht nicht aus eigener Begierd',
4/4 Es ist was offenbart ihm wird.
5/5 Ihn lehrte ein hochstrebender,
6/6 Gewaltiger, stätschwebender,
7/7 Am Himmel hoch sich hebender,
8/8 Dann naht' er sich und kam hernieder,
9/9 Und war zwei Ellen weit und minder,
10/10 Und offenbarte seinem Knecht, was er ihm offenbarte;
11/11 Nicht log das Herz, was das Auge gewahrte.
12/12 Wollt ihr abstreiten ihm, was er gewahrte?
13/13 Dann sah er ihn das andremal
14/14 Beim Sidrabaum am Grenzepfahl,
15/15 Wo der Wohngarten sich erstreckt;
16/16 Da hat den Sidrabaum bedeckt, was ihn bedeckt.
17/17 Es wankte nicht und irrte nicht sein Blick erschreckt;
18/18 Von Zeichen seines Herrn sah er das große.
19/19 Was meint ihr nun von Allat und von Osse?
20/20 Und von Menat, der dritten der Genossen?
21/21 Hat Er die Töchter, ihr die Knaben?
22/22 Ihr wollt unbillige Theilung haben.
23/23 Es sind nur Namen, die ihr nanntet, ihr und eure Väter,
Gott sandte dazu keine Vollmacht,
Ihr folgt nur eurer Meinung
Und eurer Seelen Lust,
Da doch von eurem Herrn euch kam die Leitung.
24/24 Hat wol der Mensch, was ihn ergetzt?
25/25 Doch Gottes ist das Erst' und Letzt';

Vers 1 *Beim Stern*] Der Stern, hier der Sirius, *Schira*, Gegenstand abgöttischer Verehrung s. V. 50. Die Betheuerung wie S. 51.

26/26	Und o wie mancher Engel in den Himmeln,
	Nichts nützet seine Fürsprach',
27/—	Als nur nachdem es zuläßt Gott
	Für einen, den er liebt und schätzt.
28/27	Doch die nicht glauben an das Letzte, haben
	Den Engeln weibliche Namen gesetzt.
29/28	Sie haben davon nicht Wissenschaft,
	Sie folgen nur der Meinung,
	Da doch die Meinung von der Wahrheit nichts ersetzt.
30/29	Laß ab von dem, der sich abwendet unsrer Mahnung
	Und nur an dieser Welt sich letzt.
31/30	Das ist ihr höchstes Ziel der Weisheit;
	Gott aber weiß wer ab von seinem Wege schreitet,
	Und weiß wer da ist recht geleitet.
32/31	Sein ist was da im Himmel und auf Erden ist,
	Um zu vergelten Bösesthuenden ihr Thun,
	Schönhandelnden das Schönste zu bereiten,
33/32	Die Laster und Hauptsünden meiden,
	Und fehlen nur in Kleinigkeiten;
	Dein Herr ist weit umfassend an Barmherzigkeit.
	Er wüßt' um euch, als er euch ließ hervorgehn aus der Erde,
	Und als ihr Keime wart in eurer Mütter Leibern;
	Drum machet euch nicht rein; er weiß schon wer ihn ehret.
34/33	O siehst du den, der ab sich kehret?
35/34	Der kargt und gibt nichts Großes?
36/35	Kennt er vielleicht die Heimlichkeit des Loßes?
37/36	Ward ihm nichts kund vom Buche Moßes?
38/37	Von Abraham, der Treue pflegt'?
39/38	Und daß nie eine Trägerinn
	Die Last von einer andern trägt?
40/39	Und nichts dem Menschen wird, als was er angelegt?
41/40	Sein Angelegtes einst wird sichtbar dargelegt?
42/41	Dann wird ihm voller Lohn gewägt!

Vers 34 *O siehst du den, der ab sich kehrt*] Soll auf einen ganz besonderen Fall anspielen. Siehe Wahl. Dergleichen Anekdoten sind meist etwas läppisch, was nur den Auslegern zur Last fällt, die nach solchen Läppchen der Überlieferung haschen. Hier genügt ebenso das Allgemeine wie V. 30, von dem es nur die Steigerung ist.

Der Stern

43/42 Und daß beim Herrn der Ausgang ist der Sachen?
44/43 Er weinen macht und lachen?
45/44 Und sterben und erwachen?
46/45 Daß er erschaffet die Geschlechter, Weib und Mann,
47/46 Aus einem Tröpflein welches rann?
48/47 Und daß er auch zum andernmale schaffen kann?
49/48 Daß man ohn' ihn kein Gut gewann?
50/49 Und Sirius ist in seinem Bann?
51/50 Daß er das Volk von Ad verstieß?
52/51 Und von Themud nicht übrig ließ?
53/52 Und Noa's Volk; denn sündig wars und frech dazu.
54/53 Und er stürzt' um die Städt' im Nu;
55/54 Da deckte sie was sie deckte zu.
56/55 An welcher Gnade deines Herren zweifelst du?
57/56 Dir kam ein Mahner von den alten Mahnern zu.
58/57 Die Überfallende fällt ein,
—/58 Die Niemand außer Gott hält ein.
59/59 Verwundert ihr euch dieser Kunde?
60/60 Lacht statt zu weinen mit dem Munde?
61/61 Und schreitet stolz einher zur Stunde?
62/62 Fallt nieder betet an am Grund!

Vers 50 *Sirius*] Nicht Sirius, noch andere Sterne geben Glück und Besitz.

Anfang und Ende der 54ⁿ Sure
Der Mond

1 Die Stunde naht, es ist der Mond gespaltet.
2 Doch wenn sie sehn ein Zeichen, wenden sie sich ab
  Und sagen: Zauber waltet.
3 Sie zeihn der Lüg' und folgen ihren Lüsten;
  Doch alles Ding ist fest gestaltet.
4 Wol zur Abschreckung könnten dienen
  Die Mahnungen, die ihr erhaltet,
5 Ausreichende Belehrungen,
  Und Warnung, die ihr schaltet.
6 Laß du sie gehn! einst wann der Rufer
  Ruft zu dem Dinge schlimm gestaltet!
7 Die Augen niederschlagend, gehn sie aus der Gruft,
  Wie sich ein Heuschreckzug entfaltet;
8 Hinzitternd zu dem Rufer, sagen dann die Leugner:
  Das ist ein Tag der hitzt und kältet.
52 Doch alles ist im Buch entfaltet,
53 Geschrieben, was für groß und klein ihr haltet.
54 Die Frommen in den Gärten,
   An Strömen, ungealtet,
55 Im Sitze der Gerechtigkeit,
   Beim Könige, der waltet.

55ᵉ Sure

Der Allerbarmer

1/1	Der Allerbarmer lehrte dich
-/2	Den Koran zum Vortrage.
2/3	Den Menschen schuf er an dem Schöpfungstage,
3/4	Und lehrte ihn die Sprache.
4/5	Bahn halten Sonn' und Mond bei Nacht und Tage.
5/6	Und Stern und Baum sind in Anbetungslage.
6/7	Er hob den Himmel und setzt' ein die Wage;
7/8	Daß ihr nicht frevlet an der Wage!
8/9	Daß ihr recht haltet das Gewicht Und nicht verkürzt die Wage!
9/10	Die Erde setzt' er um des Menschen willen,
10/11	Fruchtbäume drauf und Palmen mit Fruchthüllen,
11/12	Und Korn in Hülsen und Basilien.
12/13	Ihr Menschen und ihr Genien! Welche Gnad' eures Herrn wollt ihr verkennen?
13/14	Er schuf den Menschen Töpfergleich aus Lehmen,
14/15	Und schuf die Genien aus des Funkens Brennen;
15/16	Welche Gnad' eures Herrn wollt ihr verkennen?
16/17	Der Herr der beiden Sonnaufgänge
17/—	Und beiden Niedergänge;
18/18	Welche Gnad' eures Herrn wollt ihr verkennen?
19/19	Durch den die beiden Wasser sich begegnen und sich [trennen;
20/20	Zwischen ihnen die Scheidewand, dagegen sie nicht rennen;
21/21	Welche Gnad' eures Herrn wollt ihr verkennen?
22/22	Er läßt daraus Perl' und Korall' erbrennen;
23/23	Welche Gnad' eures Herrn wollt ihr verkennen?
24/24	Sein sind die Schiffe, die durchs Meer wie Berge rennen;
25/25	Welche Gnad' eures Herrn wollt ihr verkennen?
26/26	Was auf der Erd' ist, muß vergehn,
27/27	Und nur das Antlitz deines Herren wird bestehn, Das herrlich ist zu nennen;
28/28	Welche Gnad' eures Herrn wollt ihr verkennen?

29/29 Ihn fleht an, wer im Himmel und auf Erden ist;
Neu ist an jedem Tage sein Beginnen;
30/30 Welche Gnad' eures Herrn wollt ihr verkennen?
31/31 Wir werden auf euch sonders achten,
Ihr zwei Gewichte, Menschen und ihr Dschinnen!
32/32 Welche Gnad' eures Herrn wollt ihr verkennen?
33/33 Ihr Heer der Genien und Menschen,
Wenn ihr entrinnen könnt den Grenzen
Des Himmels und der Erd', entrinnt nur!
Ihr werdet ohne Vollmacht nicht entrinnen.
34/34 Welche Gnad' eures Herrn wollt ihr verkennen?
35/35 Man wird auf euch Sprühfunken senden
Und feuriges Blenden,
Ihr werdet euch nicht wehren können;
36/36 Welche Gnad' eures Herrn wollt ihr verkennen?
37/37 Wenn sich der Himmel spaltet,
Wie eine Ros' entfaltet,
Gleich rothem Leder von Jemen;
38/38 Welche Gnad' eures Herrn wollt ihr verkennen?
39/39 Des Tages fragt man nicht um ihre Schuld erst Mensch und
[Genien.
40/40 Welche Gnad' eures Herrn wollt ihr verkennen?
41/41 Man wird die Schuldigen an ihren Mienen kennen,
Sie fassen bei Stirnhaaren und Fußsennen:
42/42 Welche Gnad' eures Herrn wollt ihr verkennen?
43/43 Das ist die Hölle, die die Sünder Lüge nennen.
44/44 Sie werden zwischen ihr und heißer Flut umrennen.
45/45 Welche Gnad' eures Herrn wollt ihr verkennen?
46/46 Dem Frommen wird sein Herr zwei Gärten zuerkennen.
47/47 Welche Gnad' eures Herrn wollt ihr verkennen?
48/48 Zwei laubige Gartentennen;
49/49 Welche Gnad' eures Herrn wollt ihr verkennen?
50/50 Worin zwei Quellen rinnen;
51/51 Welche Gnad' eures Herrn wollt ihr verkennen?
52/52 Von jeder Frucht sind Doppelarten drinnen;
53/53 Welche Gnad' eures Herrn wollt ihr verkennen?

Vers 52 *Doppelarten*] siehe Wahl.

Der Allerbarmer 411

54/54 Wo sie auf seidnen Polstern lehnen,
 Des Gartens Früchte nah den Händen.
55/55 Welche Gnad' eures Herrn wollt ihr verkennen?
56/56 Drin sittsamblickende, die noch berührte keiner
 Der Menschen oder Genien;
57/57 Welche Gnad' eures Herrn wollt ihr verkennen?
58/58 Schön wie Korallen und Rubinen;
59/59 Welche Gnad' eures Herrn wollt ihr verkennen?
60/60 Worin besteht der Lohn für Schönes als im Schönen?
61/61 Welche Gnad' eures Herrn wollt ihr verkennen?
62/62 Und noch zwei Gärten außer jenen;
63/63 Welche Gnad' eures Herrn wollt ihr verkennen?
64/64 Die dunkel grünen;
65/65 Welche Gnad' eures Herrn wollt ihr verkennen?
66/66 Und auch zwei Quellen träufeln drinnen;
67/67 Welche Gnad' eures Herrn wollt ihr verkennen?
68/68 Auch Frucht, Palm' und Granat' in ihnen;
69/69 Welche Gnad' eures Herrn wollt ihr verkennen?
70/70 Und drin die guten auch und schönen;
71/71 Welche Gnad' eures Herrn wollt ihr verkennen?
72/72 Huris in ihren Zeltvorhängen:
73/73 Welche Gnad' eures Herrn wollt ihr verkennen?
74/74 Die nie zuvor berührt hat einer
 Der Menschen oder Genien;
75/75 Welche Gnad' eures Herrn wollt ihr verkennen?
76/76 Wo sie auf grünen Kissen lehnen
 Und Teppichen, den schönen;
77/77 Welche Gnad' eures Herrn wollt ihr verkennen?
78/78 Gepriesen sei der Name deines Herren, der
 Mit Ehrfurcht ist zu nennen.

56. Sure

Die Treffende

1/1 Wann eintrifft die Treffende,
2/2 Die nichtzubezweifelnde,
3/3 Erniedernde, erhöhende;
4/4 Wann die Erd' erbebt mit Beben,
5/5 Die Berge gehoben sich heben,
6/6 Und werden zu Flockengeweben,
7/7 Drei Schaaren werdet ihr geben:
8/8 Die Genossen der rechten Hand;
Was sind die Genossen der rechten Hand?
9/9 Und die Genossen der linken Hand;
Was sind die Genossen der linken Hand?
10/10 Und die Vorgehenden, die Vorgeh'nden!
11/11 Das sind die Nahesteh'nden;
12/12 In Wonnegärten,
13/13 Ein Trupp von den Urersten,
14/14 Und wenige von den Letzten.
15/15 Auf gestickten Polsterkissen
16/16 Gelehnt darauf, sich gegenübersitzend,
17/17 Umkreist von Jünglingen ewigen,
18/18 Mit Bechern, Näpfen, Schaalen des Klarflüssigen,
19/19 Das nicht berauscht und nicht verdüstert;
20/20 Und Früchten, wonach sie gelüsten,
21/21 Und Fleisch von Vögeln, was sie wünschen.
22/22 Und Huris, schöngeaugt,
—/23 gleich Perlen in der Muschel,
23/24 Belohnung fürs gethane Gute:
24/25 Sie hören dort kein Thorenwort noch Sünde,
25/26 Nur sagen Friede Friede!
26/27 Doch die Genossen der Rechten?
Wo sind die Genossen der Rechten?
27/28 Bei Sidrabäumen schlichten,

Vers 25 *Nur sagen Friede*] den Gruß nur.

Die Treffende

28/29	Und Talhasträuchen in Schichten,
29/30	Und Schatten dichten,
30/31	Und Quellen lichten,
31/32	Und vielen Früchten,
32/33	Ungeschmälert und unverwehrt.
33/34	Aber die auf den Polstern hehr,
34/35	Neu schufen wir sie neulich,
35/36	Und machten sie jungfreulich,
36/37	Gleichaltrig, herzerfreulich
37/38	Den Genossen der Rechten;
38/39	Ein Trupp von den Urersten,
39/40	Und ein Trupp von den Letzten
40/41	Doch die Genossen der Linken,
	Wo sind die Genossen der Linken?
41/42	Im Sud- und Glutwinde,
42/43	Und Schatten vom Rauchgewinde,
43/44	Nicht kühl und hold zu empfinden.
44/45	Sie waren es die sonst sich letzten,
45/46	Sich an Ruchlosigkeit ergetzten,
46/47	Und Worte setzten:
47/—	Wie, wann wir starben und wurden Staub und Knochen,
	Wie sollen wir seyn die Auferweckten?
48/48	Und unsre Väter auch, die ersten?
49/49	Sag: Ja die ersten und die letzten,
50/50	Versammelt zu der Tagfrist, der gesetzten.
51/51	Ihr Irrer, und ihr Leugner, nun
52/52	Esset ihr von dem Baum Zakkum,
53/53	Und füllet euern Bauch davon,
54/54	Und trinkt darauf vom heißen Strom,
55/55	Und trinkt so schnell,
	Wie ein verdurstetes Kamel.
56/56	Dis ist ihr Gasttrunk am Gerichtsstag.
57/57	Wir haben euch geschaffen;
	O daß ihr glauben möchtet!
58/58	Was meinet ihr vom Saamen, den ihr hingießt?
59/59	Seid ihr es, die ihn schafft?
	Oder sind wir die Schaffenden?
60/60	Wir setzen unter euch den Tod fest,
	Und Niemand kommt darin zuvor uns,

61/61 An eure Statt zu setzen andre,
Und euch entstehn zu lassen neu
In dem was ihr nicht kennet.
62/62 Ihr kennt ja das Entstehn, das erste;
O daß ihr doch bedächtet!
63/63 Was meinet ihr vom Feld das ihr bestellet?
64/64 Seid ihr es die es säet?
Oder sind wir die Säenden?
65/65 Gefiel' es uns, so machten wirs zu Stoppeln,
Dann würdet ihr euch wundern:
66/66 Wir sind verschuldet, ja wir sind
—/67 Um den Ertrag betrogen.
67/68 Was meinet ihr vom Wasser das ihr trinket?
68/69 Seid ihr es die es sendet aus der Wolke?
Oder sind wir die Sendenden?
69/60 Gefiel' es uns, so machten wir es bitter;
O wollet ihr nicht danken?
70/71 Was meinet ihr zum Feuer das ihr zündet?
71/72 Habt ihr gepflanzt den Baum desselben?
Oder sind wir die Pflanzenden?
72/73 Wir schufens zur Erinnerung,
Und zum Gebrauch der Reis' in Wüsten.
73/74 Preise den Namen deines Herrn, des großen!
74/75 Ich schwöre nicht beim Fall der Sterne
75/76 (Ja dieser Schwur ist, wüßtet ihrs, ein großer):
76/77 Dis ist ein werther Koran
77/78 In dem verwahrten Buche,
78/79 Berührt nur von Reinen,
79/80 Eröffnung von dem Herrn der Welten.
80/81 Wollt ihr verschlagen diese Kunde?
81/82 Zu eurem Unterhalt es machen daß ihr leugnet?
82/83 O wann die Seele kommt zum Schlunde,
83/84 Und ihr es seht zur Stunde,
84/85 Doch wir sind näher ihm als ihr,
Ihr aber seht es nicht;

Vers 61 *was ihr nicht kennet*] siehe Wahl.
Vers 81 *Zu eurem Unterhalt*] Lesart: zu eurem Dank.

Die Treffende   415

85/86 O könntet ihr dann ungerichtet
86/87 Die Seele wiederbringen,
       Wenn ihr doch Wahrheit redet!
87/88 Doch wenn er nun ist von den Nahgestellten;
88/89 Ruh ihm und Duft und Wonnegarten!
89/90 Und ist er von der Schaar zur Rechten;
90/91 Friede dir von der Schaar zur Rechten!
91/92 Doch ist er von den Leugnern,
92/—   Den Irrern;
93/93 Ein Gasttrunk ihm vom heißen!
94/94 Und Feuerbrand der Hölle!
95/95 Dis ist die Wahrheit die gewisse;
96/96 Preise den Namen deines Herrn, den großen!

Vers 85 *ungerichtet*] wörtlich: wenn ihr (wirklich wie ihr glaubt) ungerichtet seid, d.i. kein Gericht bevorsteht.
Vers 87 *Die Nahgestellten*] Auch die Vorausgehenden genannt im Anfang dieser Sure.
Vers 90 *Friede*] Heilgruß.

57. Sura

Überschrieben

Das Eisen

(Medina)

Im Namen [Gottes des allbarmherzigen Erbarmers.]

1/1 Gott preiset was im Himmel und auf Erden ist,
    Und Er ist der Allmächtige der Allweise.
2/2 Sein ist das Reich des Himmels und der Erde,
    Der leben macht und sterben,
    Und Er ist jedes Dings gewaltig.
3/3 Er ist der erste und der letzte,
    Der offenbare und verborgne,
    Und Er ist jedes Dings mitwissend.
4/4 Er der erschuf den Himmel und die Erde in sechs Tagen,
    Dann saß er auf dem Thron;
    Er weiß, was in die Erd' eingeht,
    Und was aus ihr hervorgeht;
    Und was vom Himmel niederkommt,
    Und was zu ihm emporsteigt;
    Und Er ist mit euch, wo ihr seid,
    Und Gott ist dessen, was ihr thut, Beschauer.
5/5 Sein ist das Reich des Himmels und der Erde,
    Und zu ihm kehren heim die Dinge.
6/6 Er läßt die Nacht ein in den Tag gehn,
    Und ein den Tag gehn in die Nacht,
    Und er ist kundig des Gehalts der Herzen.
7/7 Glaubet an Gott und seinen Gesandten,
    Und gebet Spende
    Von dem worin er euch gesetzt hat zu Verwaltern!
    Denn die von euch, die glauben
    Und Spende geben,
    Denselbigen wird großer Lohn.
8/8 Doch was ist euch, daß ihr nicht glaubet
    An Gott, da der Gesandte

Euch rufet, daß ihr glaubt an euren Herren,
Und eure Zusag' hat er schon empfangen,
Dafern ihr gläubig seid.

9/9 Er ist es, der herniedersendet
Auf seinen Diener offenkundige Zeichen,
Daß er heraus euch führ' aus
Der Finsternis zum Lichte,
Und ja, Gott ist euch gnädig und barmherzig.

10/10 Doch was ist euch, daß ihr nicht Spende gebet
Auf Gottes Weg? Und Gottes ist
Das Erbe Himmels und der Erde.
Nicht gleich ist unter euch, wer Spende
Gab vor dem Sieg, und kämpfte mit;
Diese sind höher eine Stufe,
Als jene, die da Spende gaben
Nachher, doch auch mitkämpften;
Und beiden hat verheißen Gott das Schönste,
Und Gott ist kundig eures Thuns.

11/11 Wer ist es, der an Gott
Darlehnt ein schönes Darlehn,
Daß er es ihm verdopple,
Und ihm wird werther Lohn!

12/12 Am Tage wo du sehen wirst
Die Gläubigen und Gläubiginnen,
Es läuft ihr Licht vor ihnen her,
Und geht zu ihren Rechten.
Freudige Kund' euch heute,
Die Gärten unter denen hin
Die Ströme fließen für die ewigen drinnen,
Das ist das Heil das große.

13/13 Am Tag wo sprechen werden
Die Heuchler und die Heuchlerinnen
Zu denen, die da glaubten: Wartet!
Anzünden wollen wir von eurem Licht uns.
Gesprochen wird: Kehrt hinter euch,
Und suchet Licht!
Dann aufgeführt sind zwischen ihnen
Mauern mit einer Pforte,

	Im Innern ist Barmherzigkeit,
	Und draußen gegenüber ist die Strafe,
—/14	Die rufen jenen zu:
	Waren wir nicht mit euch?
	Sie sprechen: Ja! allein ihr führtet
	Selbst in Versuchung euch,
	Und lauertet und zweifeltet,
	Und euch bethörten die Begierden,
	Bis das Gericht kam Gottes,
	Und euch um Gott bethört hat der Bethörer.
14/15	Nun heute nimmt man von euch keine Loskauf,
	Und nicht von denen die geleugnet,
	Eur Einkehrort das Feuer,
	Es ist eur Hort, und schlimm ist solche Zuflucht.
15/16	Ha ists nicht Zeit für die so glauben,
	Daß sich demüthigen ihre Herzen
	Der Kunde Gottes und was er
	Hat offenbart von Wahrheit?
	Daß sie nicht seyen denen gleich,
	Die einst die Schrift empfiengen,
	Und lang war ihre Frist,
	Doch ihre Herzen wurden hart,
	Und ihrer viele sind abtrünnig.
16/17	Wisset, daß Gott lebendig macht
	Die Erde, wann sie todt war.
	Wir haben euch erkläret
	Die Zeichen, ob ihr mögt verstehn.
17/18	Ja die Almosengeber und
	Allmosengeberinnen,
	Sie lehnten dar an Gott ein schönes Darlehn,
	Verdoppelt wird es ihnen,
	Und ihnen wird ein werther Lohn.
18/19	Und alle die geglaubet haben
	An Gott und seinen Abgesandten, diese
	Sind die Wahrhaftigen und die Zeugen
	Bei ihrem Herrn,
	Ihr Lohn bleibt ihnen und ihr Licht.
	Die aber leugneten

Das Eisen

	Und Lügen straften unsere Zeichen,
	Die sind Genossen ewiger Glut.
19/20	Wisset, das Leben dieser Welt ist
	Ein Spott und Spiel, ein Prunk und Hochmuth unter euch,
	Begier nach mehr an Gärten und an Kindern,
	Wie ein bewässert Feld,
	Dessen Gewächs die Bauern freut;
	Dann welkt es und du siehst es gelb geworden,
	Dann wird es Spreu,
	Und an dem End' ist starke Pein.
20/—	Doch Huld von Gott und Wohlgefallen!
	Das Leben dieser Welt ist
	Ein Nießbrauch nur der Eitelkeit.
21/21	Eilt zu der Huld von eurem Herrn,
	Zum Garten dessen Breit' ist wie
	Die Breite Himmels und der Erde,
	Bereitet denen, die da glaubten
	An Gott und seine Gesandten;
	Das ist die Gnade Gottes,
	Die gibt er wem er will,
	Und Gott ist Herr der Gnaden groß.
22/22	Betroffen hat euch kein Betreff
	Auf Erden noch an euren Seelen,
	Der nicht im Buche stand,
	Bevor wir ihn verfügten;
	Fürwahr, das ist für Gott ein leichtes;
23/23	Damit ihr nicht kleinmüthig seiet
	Um das was euch entgangen ist,
	Noch übermüthig über das, was ihr erlangt;
	Denn Gott liebt keinen eingebildeten stolzen.
24/24	Die aber geizen und den Leuten
	Zum Geize rathen,
	Und wer sich rückwerts wendet; –
	Nun Gott, er ist der reiche, der gelobte.
25/25	Gesendet haben wir
	Mit offnen Kunden unsere Gesandten,
	Und ihnen mitgegeben Buch und Wage,
	Damit im Rechte stehn die Menschen;
	Und auch gesendet haben wir das Eisen,

Darin ist starke Kraft zum Schaden
Und Nutzen für die Menschen,
Und daß daran erkenne Gott,
Wer Beistand leistet ihm und seinen
Gesandten in Abwesenheit;
Denn Gott ist stark und mächtig.

26/26 Gesendet haben wir vor Zeiten Noe
Und Abraham, und stifteten
In ihrem Saamen die Profetschaft und die Schrift;
Von diesen ist rechtfertig einer,
Doch ihrer viele sind abtrünnig.

27/27 Dann ließen wir auf ihren Spuren
Nachkommen unsre Abgesandten,
Und ließen kommen Jesus, Sohn Maria's,
Und gaben ihm das Evangelium,
Und legten in die Herzen derer, die ihm folgten, Lieb' und
[Huld,
Und Mönchthum, das sie neu erfanden,
Wir schrieben nicht es ihnen vor,
Sie thaten's nur, zu suchen Gottes Wohlgefallen,
Doch hielten sie es nicht mit rechter Haltung.
Wir aber gaben denen
Von ihnen, die da glaubten, ihren Lohn,
Doch ihrer viele sind abtrünnig.

28/28 Ihr alle, die da glauben, fürchtet Gott,
Und glaubt an seinen Abgesandten!
So gibt Er euch Gedoppeltes
Von seiner Huld, und setzet euch
Ein Licht, in dem ihr wandelt, und vergibt euch,
Denn Gott ist huldreich und barmherzig.

29/29 Damit nicht denkt das Volk der Schrift,
Daß sie vermögen etwas über Gottes Gnade;
Die Gnade steht in Gottes Hand,
Er gibt sie wem er will,
Und Gott ist Herr der Gnaden groß.

Vers 29 *Damit nicht denkt*] Die eine Negation scheint falsch.

Die 58ᵉ Sure
Die Bestreiterinn
(Medinisch)

1/1 Gott hat gehört die Rede jener,
Die dich bestritt ob ihrem Gatten,
Und klagete zu Gott, Gott aber hörte euer
Gespräch, denn Gott ist Hörer, Seher.

2/2 Die da von euch zu ihren Frauen sagen: „Mutterrücken";
Nicht sind doch diese ihre Mütter, ihre Mütter
Sind jene nur, die sie gebaren;
Sie sagen nur unrechtes Wort und Lüge.

3/- Doch Gott verzeihet und vergibt.

4/3 Die nun zu ihren Frauen sagen: „Mutterrücken",
Dann wiederholen was sie sagten;
Denen liegt ob Befreiung eines Nackens,
Bevor sie ehlich sich berühren.
Das ist, wes ihr gemahnet seid,
Und Gott ist kundig eures Thuns.

5/4 Wer aber keinen findet,
So seis dafür ein Fasten zweier Monde nacheinander,
Bevor sie ehlich sich berühren;
Und wer das nicht vermag, so sei es Speisung sechzig Armer.
Dis, daß ihr glauben mögt an Gott und seinen Abgesandten;
Dis die Bestimmungen Gottes, und den Leugnern strenge
[Pein!

6/5 Fürwahr, die widerstreben Gott und seinem Abgesandten,
Die sind gestürzt, alswie gestürzt sind die vor ihnen.
Schon sandten wir hernieder Zeichen offenkundig,
Und den Verleugnern schmähliche Pein.!

7/6 Des Tags, da Gott sie wird versammeln alle
Und ihnen sagen, was sie thaten;
Gott hats gezählt, sie haben es vergessen,
Und Gott ist jedes Dinges Zeuge.

8/7 O siehst du nicht, daß Gott weiß, was im Himmel ist und
[was auf Erden?
Nicht wird ein heimliches Gespräch geführt von dreien,
Daß er nicht ist ihr vierter,
Und nicht von fünfen, daß er nicht ihr sechster,
Und nicht von wenigern und nicht von mehrern,
Daß Er nicht ist mit ihnen, wo sie sind;
Dann wird er ihnen sagen, was sie thaten,
Am Tag der Auferstehung,
Denn Gott ist jedes Dings mitwissend.

9/8 O siehst du die, so abgemahnet wurden
Von heimlichem Gespräch, und thun das wieder,
Wovon sie abgemahnet worden?
Und führen ihre Zwiesprach' in Versündigung und
[Feindschaft
Und Ungehorsam gegen den Gesandten.
Doch kommen sie zu dir, so grüßen
Sie dich, wie nicht dich grüßet Gott,
Und sagen bei sich selber: „Ei wird Gott wol
Für das uns strafen, was wir sagen!"
Ihr Gewähr ist Gehenna, die sie heizen werden,
Schlimm ist der Einkehrort.

10/9 Ihr die da glaubet, wenn ihr Zwiesprach führet,
Führt sie nicht in Versündigung und Feindschaft
Und Ungehorsam gegen den Gesandten!
Führt sie in Zucht und Frömmigkeit,
Und fürchtet Gott, zu dem ihr werdet seyn gesammelt!

11/10 Heimliche Zwiesprach ist vom Satan,
Damit er kränke die so glauben,
Doch kann er ihnen nichts zu Leid thun
Als auf Zulassung Gottes nur; auf Gott allein
Sollen vertraun die Gläubigen.

12/11 Ihr die da glaubt, wenn euch gesagt wird: „Machet Platz
In den Zusammensitzungen!"
So machet Platz! so wird Gott Platz euch machen dort.
Und wenn euch wird gesagt: „Rückt höher!"
So rücket höher! Gott wird die
Von euch erhöhn, die glauben und

Die Bestreiterinn

Erkenntnis haben, dort um Stufen;
Und Gott ist kundig eures Thuns.

13/12 Ihr die da glaubet, wenn ihr Zwiesprach' habt mit dem
[Gesandten,
So schickt vor eurer Zwiesprach her Almosen!
Das ist besser für euch und reiner.
Doch könnt ihr's nicht aufbringen,
Nun, Gott ist nachsichtvoll barmherzig.

14/13 Bangt ihr vor eurer Zwiesprach her zu schicken ein
[Almosen?
Nun wenn ihr's unterlaßen habt, und Gott euch dann
[erleuchtet,
So haltet das Gebet und gebt die Sühnungssteuer,
Gehorchet Gott und seinem Abgesandten!
Denn Gott ist kundig eures Thuns.

15/14 O sahst du die nicht, die den Rücken wandten?
Ein Volk, auf welche Gott erzürnt ist;
Sie sind von euch nicht und sind nicht von jenen;
Sie schwören auf die Lüg', und wissens.

16/15 Bereitet hat Gott ihnen Strafe peinlich,
Denn bös' ist, was sie thun.

17/16 Sie brauchen ihren Eid als Decke,
Und lenken ab von Gottes Weg,
Für sie ist Strafe schmachvoll.

18/17 Nicht nutzen werden ihnen ihre Güter,
Noch ihre Kinder gegen Gott etwas.
Sie sind Genossen des Feuers,
In dem sie ewig sind.

19/18 Des Tags da Gott sie wird erwecken alle,
Werden sie schwören ihm,
Alswie sie schwören euch,
Und werden meinen, etwas helf es;
Ei ja! sie sind die Lügner.

20/19 Bemächtigt hat sich ihrer Satan,
Und sie vergessen machen Gottes Gedächtnis;
Sie sind die Rotte Satans;
Ei ja, die Rotte Satans
Sind die Verlustigen.

21/20 Die da befeinden Gott und seinen Abgesandten,
Die sind bei den Erniederten.
—/21 Gott hat geschrieben: Siegen werd' Ich
Und meine Abgesandten;
Denn Gott ist stark und mächtig.
22/22 Nicht finden wirst du Leute, die da glauben
An Gott und an den jüngsten Tag,
Die lieben möchten jene, die
Anfeinden Gott und seinen Abgesandten,
Und wären jene ihre Väter oder Kinder,
Oder ihre Brüder oder Stammgenossen.
Die sinds, in deren Herzen Gott
Geschrieben hat den Glauben,
Und sie gestärkt mit einem Geist von sich;
Und eingehn lassen wird er sie
In Gärten, unter denen hin
Die Ströme fließen für die ewigen drinnen.
Gott hat an ihnen Wohlgefallen,
Und Wohlgefallen sie an ihm.
Dieselben sind die Rotte Gottes;
Ei ja, die Rotte Gottes,
Das sind die Seligen.

Neunundfünfzigste Sura
Überschrieben
Der Aufbruch
(Medinisch)

Im Namen [Gottes des allbarmherzigen Erbarmers.]

1 Gott preiset, was im Himmel ist
  Und was auf Erden,
  Und Er ist der Allmächtige der Allweise.
2 Er ist es der vertrieben hat
  Vom Volk der Schrift die Ungetreuen
  Aus ihren Wohnungen im ersten Aufbruch.
  Ihr meintet nicht sie seyen zu vertreiben,
  Und selber meinten sie, beschützen würden
  Sie ihre festen Burgen
  Vor Gott, doch Gott kam ihnen
  Von wannen sie es nicht gedacht,
  Und warf in ihre Herzen Schrecken,
  Sodaß sie selbst zerstörten ihre Häuser
  Mit ihren Händen, wie mit Händen
  Der Gläubigen. So nehmt daran ein Beispiel
  Ihr, die ihr Augen habet.
3 Und hätte Gott nicht über sie
  Geschrieben Landesräumung,
  So hätt' er sie mit Tod gestraft in dieser Welt,
  Und in der andern ist
  Für sie des Feuers Strafe.
4 Dis dafür, daß sie trotzten Gott
  Und seinem Abgesandten;
  Und wer da trotzet Gott,
  Ja, Gott ist scharf von Rache.

Überschrift *Der Aufbruch*] sonst Auferstehung *ḥašr* v. 2.

5 Ihr habt gefället keine Palme,
   Und keine lassen stehn auf ihrem Schafte;
   Gott wollt' es so, und daß er mache
   Zu Schanden die Abtrünnigen.
6 Und was Gott seinem Abgesandten
   Hat zugewandt von ihrer Beute:
   Nichts habt ihr zu ihm stoßen lassen
   Von Reiterei und von Kamelschaar;
   Nur Gott ists, der Gewalt gibt seinen
   Gesandten über wen wer will,
   Und Gott ist jedes Dinges mächtig.
7 Was Gott hat zugewendet seinem
   Gesandten von der Städter Beute,
   Gehöret Gott und dem Gesandten,
   Den Anverwandten und den Waisen,
   Den Armen und dem Sohn des Weges,
   Daß es nicht werde Glückspiel
   Zwischen den Reichen unter euch.
   Doch was euch der Gesandte gibt, das nehmet;
   Und was er euch versagt, versagts euch,
   Und fürchtet Gott,
   Denn Gott ist scharf von Strafe.
8 Und es gehört den Armen Gottes
   Den Ausgewanderten, die sind vertrieben
   Von ihrer Heimat, ihren Gütern;
   Sie suchen Gottes Huld und Wohlgefallen
   Und leisten Beistand Gott
   Und seinem Abgesandten;
   Die sind die Wahrheitsprechenden.
9 Die aber, die vor andern nun
   Inhaben Haus und Glauben,
   Und lieben jene, die zu ihnen
   Auswanderten, und fühlen nicht in ihrer Brust
   Bedürfnis des, was sie besitzen,
   Ja andre werther halten als sich selber,
   Wenn auch sie selber Mangel hätten,

Vers 5 *Ihr habt gefället keine Palme*] Das *mā* ist halb <u>nicht</u>, halb <u>was</u>.

Der Aufbruch

Und wer sich so verwahrt vorm Geize seines Herzens,
Dis sind die Glückbeseligten.
10 Und die nach ihnen kommen, werden sprechen:
Vergib uns, Herr, und unsern Brüdern,
Die uns vorangegangen sind im Glauben;
Und laß nicht seyn in unsern Herzen
Groll gegen die so glauben,
Herr! Denn du bist der Milde, der Barmherzige.
11 O sahst du nicht die Heuchler, wie sie sprachen
Zu ihren ungetreuen Brüdern
Vom Volk der Schrift:
Wenn man euch austreibt, ziehn wir aus mit euch,
Und geben niemals einem gegen euch Gehör;
Wenn man euch angreift, stehen wir euch bei;
Doch Gott ist Zeuge daß sie lügen.
12 So man nun jene austreibt, ziehn sie nicht mit aus,
Und greift man jene an, nicht stehn sie ihnen bei;
Auch wenn sie ihnen beistehn,
So wenden sie die Rücken;
Dann steht auch ihnen Niemand bei.
13 Ihr selber seid gewaltiger
Mit Furcht in ihrer Brust, als Gott,
Dieweil sie sind ein Volk vernunftlos.
14 Sie nicht bekämpfen euch mit Heermacht,
Nur aus verschanzten Städten
Und hinter Mauern. Ihre Kraft
Ist zwischen ihnen selber stark;
Du hältst sie für vereinte Heermacht,
Doch ihre Herzen sind getheilt,
Dieweil sie sind ein Volk verstandlos.
15 Gleich denen, die vor ihnen nächst
Schmeckten das Unheil ihres Rathes,
Und Strafe traf sie peinvoll.
16 Gleichwie der Satan, als er sprach
Zum Menschen: Leugne! Und als er geleugnet,
Sprach Satan: Keine Schuld hab' ich an dir,
Ich fürchte Gott, den Herrn der Welten.
17 Und ihr der beiden Ende war,
Daß beide sind im Feuer,

In dem sie ewig sind;
Das ist der Lohn der Übelthäter.
18 Ihr alle, die da glauben, fürchtet Gott!
Und eine Seele schaue,
Was sie gefördert hat für morgen;
Ja fürchtet Gott,
Denn Gott ist kundig eures Thuns.
19 Seid nicht wie jene, die vergaßen Gottes,
Da macht' er sie vergessen ihrer selber,
Das sind die Abgefallenen.
20 Nicht gleich sind die Genossen
Der Glut und die Genossen
Des Gartens; die Genossen
Des Gartens sind die Seligen.
21 Wenn wir gesendet hätten diesen Koran
Herab auf einen Berg, du sähest
Ihn niedersinken und zerspringen
Aus Furcht vor Gott.
Und diese Gleichnisse prägen wir
Den Menschen aus, ob sie vielleicht bedenken.
22 Er ist Gott, außer welchem ist
Kein Gott als Er,
Der Wisser des Verborgnen und des Sichtbarn,
Er, der barmherzige der Allerbarmer.
23 Er ist Gott, außer welchem ist
Kein Gott als Er, der Herrscher,
Der Heilige, der Friedliche,
Der Treue, der Betraute,
Der Starke, der Gewaltige, der Große,
Preis ihm vor allem was man ihm
Abgöttisch beigesellet!
24 Er ist Gott der Erschaffer und der Schöpfer und der Bildner;
Sein sind die schönsten Namen;
Ihn preiset was im Himmel ist
Und was auf Erden,
Und Er ist der Allmächtige, der Allweise.

Sechzigste Sura
Die Geprüfte
(Medinisch)

1   Ihr, die da glaubet, nehmet
    Nicht meine Feind' und eure Feinde
    Zu Freunden, zu begegnen ihnen
    Mit Liebe, da sie leugnen das,
    Was euch kam von der Wahrheit,
    Und sie vertreiben den Gesandten
    Und euch, weil ihr an Gott glaubt, euern Herrn.
    Wenn ihr nun ausgezogen seid
    Zum heiligen Kampf auf meinem Wege, suchend
    Mein Wohlgefallen, heget ihr
    Noch heimlich gegen sie die Liebe;
    Doch Ich weiß was ihr bergt und was ihr zeiget.
    Und wer dis thut von euch,
    Der irret ab vom graden Wege.
2   Wo sie euch fassen mögen, sind sie Feind' euch,
    Und recken gegen euch aus
    Im Bösen ihre Hand' und ihre Zungen,
    Und liebten's, wenn ihr fielet ab.
3   Nicht helfen wird euch eure Blutsverwandtschaft,
    Noch eure Söhn' am Tag der Auferstehung,
    Der da wird scheiden unter euch;
    Und Gott ist dessen, was ihr thut, ansichtig.
4   Ihr habt ein schönes Muster
    An Abraham und den Seinigen,
    Als sie zu ihrem Volke sprachen:
    Wir sind unschuldig
    An euch und dem was ihr anbetet außer Gott.
    Wir leugnen euch, und offen
    Ist zwischen uns und euch
    Die Feindschaft und der Haß auf ewig,

Die Geprüfte] V. 10.

Bis daß ihr glaubt an Gott den Einen.
Nur sprach noch Abraham zu seinem Vater:
Ich werde für dich bitten,
Doch ich vermag für dich von Gott nichts zu erlangen.
O Herr, auf dich vertrauen wir,
Zu dir wenden wir uns,
Und zu dir ist die Heimkehr.

5 O Herr, nicht mach' uns zur Versuchung
An denen die dich leugnen,
Und o vergib uns, Herr,
Denn du bist der Allmächtige der Allweise.

6 In diesen ist für euch ein schönes Muster
Für den der hofft auf Gott und auf den letzten Tag;
Wer aber sich abwendet,
Nun, Gott ist reich und hochgelobt.

7 Vielleicht wird Gott auch zwischen euch
Und denen, welche ihr befeindet,
Noch machen eine Freundschaft,
Denn Gott ist mächtig,
Und Gott ist huldreich und erbarmend.

8 Gott wehret euch nicht ab von denen, die euch nicht
Bekämpften um des Glaubens willen,
Und nicht vertrieben euch aus eurer Heimat,
Daß fromm ihr seyn mögt gegen sie
Und sie gerecht behandeln,
Denn Gott liebt die Gerechten.

9 Gott wehrt euch ab von denen nur,
Die euch bekämpften um des Glaubens willen,
Und euch vertrieben aus der Heimat, oder halfen
Zu euerer Vertreibung; wehret euch, daß ihr
Mit ihnen Freundschaft haltet;
Denn wer mit ihnen Freundschaft hält,
Dasselbe sind die Sünder.

10 Ihr, die da glaubt! wenn zu euch kommen gläubige Fraun,
Auswandernde, so prüfet sie!
Gott kennt wohl ihren Glauben;
Und findet ihr sie gläubige,

Vers 5 *nicht nach uns zur Versuchung*] Sur. 10,85 vergl. 83.

Die Geprüfte

So schickt sie nicht zurück an die Verleugner.
Sie taugen denen nicht zu Weibern,
Noch ihnen die zu Männern;
Doch gebt den Männern, was sie aufgewendet haben.
Und keine Sünd' ists euch zur Ehe sie zu nehmen,
Wenn ihnen ihr gebt ihre Morgengabe;
Ihr sollt nichts vorenthalten den Verleugnern.
Heischt, was ihr aufgewendet habt,
Und laßt sie heischen was sie aufgewendet.
Das ist der Rechtspruch Gottes,
Er richtet zwischen euch, und Gott
Ist der allweise Richter.
11 Doch wenn euch was entkommt von euren Frauen zu den
[Leugnern,
Und ihr Ersatz dann findet,
So gebet denen, deren Fraun weggiengen,
Soviel sie aufgewendet haben;
Und fürchtet Gott, an den ihr glaubet.
12 Du, o Profet, wenn zu dir kommen
Die gläubigen Fraun, dir zu geloben,
Nicht zu treiben Abgötterei,
Nicht zu stehlen und nicht zu huren,
Und nicht zu tödten ihre Kinder,
Noch vorzubringen Lug, den sie
Erfinden zwischen ihren Händen und Füßen,
Und dir nicht ungehorsam
Zu seyn in dem Gebührlichen:
So nimm an ihr Gelöbnis,
Und sühne Gott mit ihnen aus,
Denn Gott ist gnädig und versöhnlich.
13 Ihr die da glaubet, nehmet nicht zu Freunden
Das Volk, ob welchem Gott zürnt,
Und die da verzweifelten am andern Leben,

Vers 13 *das Volk, ob welchem Gott zürnt*] die Juden. – *Die Verleugner*] die ungläubigen Mekkaner, leugnen die Auferstehung des Fleisches, die Juden aber, etwa sadducäische Sekten, leugnen die Fortdauer überhaupt, von der allerdings auch in den hebräischen Urkunden sich noch kein fester Glaube findet.

Alswie verzweifeln die Verleugner
An den Genossen der Gräber.

Einundsechzigste Sura
Überschrieben
Die Schlachtreihe
(Medinisch)

Im Namen [Gottes des allbarmherzigen Erbarmers.]

1 Gott preiset, was im Himmel ist,
Und was auf Erden,
Und Er ist der Allmächtige, der Allweise.
Ihr die da glaubt, warum sagt ihr, was ihr nicht thut?
Schwer von Gehässigkeit in Gottes Augen ist
Dis, daß ihr sagt, was ihr nicht thut.
Denn Gott liebt, die da kämpfen
Auf seinem Weg in Schlachtreih,
Als sey'n sie ein gefugter Bau.
Als wie da Mose sprach zu seinem Volke:
Mein Volk, o warum kränkt ihr mich,
Und wisset doch, daß ich an euch
Bin Gottes Abgesandter!
Doch weil sie wichen ab, ließ Gott
Abweichen ihre Herzen,
Und Gott führt nicht das Volk, das abgefallne.
6 Und wie da sprach Jesus, der Sohn Maria's:
Ihr Söhne Israel's, ich bin
An euch der Abgesandte Gottes,
Bekräftigend, was vor mir war
Vom heiligen Gesetze,
Verkündend einen Abgesandten,
Der kommen wird nach mir, sein Name Ahmed.
Doch als der ihnen kam mit offnen Kunden,
Sprachen sie: Das ist offenbarer Zauber.
7 Doch wer ist sündiger, als wer
Auf Gott erdichtet Lüge,
Wenn er berufen wird zum Islam?
Doch Gott führt nicht das Volk der Sünder.

8 Sie wollen löschen Gottes Licht,
  Mit ihren Mündern,
  Doch Gott erfüllt sein Licht,
  Auch wenn's ungerne sehn die Leugner.
9 Er ists der seinen Abgesandten
  Gesendet hat mit Führung
  Und mit dem rechten Gottesdienst,
  Um ihm zu helfen gegen jeden Gottesdienst,
  Wenns auch ungerne sehn die Leugner.
10 Ihr die da glaubt, soll ich euch weisen
   Zu einem Handel, welcher euch
   Erlöst von Strafe peinlich?
11 Ihr sollet glauben
   An Gott und seinen Abgesandten,
   Und streiten auf dem Wege Gottes
   Mit eurem Gut und eurem Leben;
   Das ist das Beste euch, wenn ihrs verstehet.
12 So wird er euch vergeben eure Sünden,
   Und lassen eingehn euch zu Gärten,
   Darunter hin die Ströme fließen,
   Zu angenehmen Wohnungen
   In Gärten Edens,
   Das ist das Heil das große.
13 Und noch ein andres, das ihr liebt:
   Hilfe von Gott und naher Sieg!
   Das kündige du den Gläubigen.
14 Ihr die da glaubet, seid Gehilfen Gottes!
   Als wie da sprach Jesus, der Sohn
   Maria's zu den Jüngern: Wer
   Ist mein Gehilfe Gottes?
   Die Jünger sprachen: Wir
   Sind die Gehilfen Gottes.
   Da glaubete ein Theil der Söhne Israels,
   Und leugnete ein andrer Theil;
   Wir aber stärkten jene die

Vers 8 *Sie wollen löschen*] Parallele S. 9,32.

Da glaubten, gegen ihre Feinde,
So wurden sie zu Siegern.

62ᵉ Sura

Der Freitag

(Medinisch)

Im Namen [Gottes des allbarmherzigen Erbarmers.]

1 Gott preiset, was im Himmel ist
 Und was auf Erden,
 Den König, ihn, den Heiligen,
 Den Mächtigen, den Allweisen.
2 Er der erweckt hat unter
 Den Laien einen Abgesandten
 Von ihnen selber, welcher nun
 Liest ihnen seine Zeichen,
 Und weihet sie, und lehret sie
 Die Schrift und Weisheit, und sie waren
 Vordem fürwahr im offenbaren Irre.
3 Und andere von ihnen sind
 Noch nicht vereint mit ihnen,
 Doch Gott ist mächtig und allweise.
4 Das ist die Gnade Gottes,
 Er gibt sie wem er will,
 Und Gott ist Herr der Gnaden groß.
5 Das Gleichnis derer, denen ward zu tragen
 Gegeben das Gesetz, und die's nicht trugen,
 Ist das Gleichnis des Esels,
 Der Bücher trägt. Schlimm ist das Gleichnis
 Des Volks, das Lügen straft die Zeichen Gottes;
 Und Gott führt nicht das Volk der Sünder.
6 Sprich: Ihr, die ihr euch nennet Juden,
 Meint ihr, ihr seid die Auserwählten Gottes
 Mit Ausschluß andrer Menschen;
 So wünscht den Tod, wenn ihr die Wahrheit redet.

Vers 6 *Meint ihr ... wenn ihr die Wahrheit redet*] Gleiche Stelle Sur. 2,[88] (hier, nicht dort original).

7 Sie aber wünschen nimmer ihn
  Ob dessen, was gefrevelt ihre Hände,
  Gott aber kennt die Sünder.
8 Sprich: Ja, der Tod, vor dem ihr flieht,
  Ja, er wird euch begegnen,
  Dann werdet ihr zurückgebracht
  Zum Wisser des Verborgnen und des Sichtbarn,
  Und sagen wird er euch das was ihr thatet.
9 Ihr alle die da glaubet, wenn
  Man rufet zum Gebet am Freitag,
  So eilet zum Gedächtnis Gottes
  Und laßt den Kauf,
  Das ist euch besser, wenn ihr es verstehet.
10 Doch wenn zu End' ist das Gebet,
  Dann so verstreut euch auf der Erde,
  Und suchet von der Gnadenfülle Gottes,
  Und denket Gottes häufig,
  Aufdaß ihr glücklich seid.
11 Doch wenn sie sehen Handelschaft und Spielwerk,
  So rennen sie dahin, und lassen
  Dich stehn. Sprich: Das in Gottes Hand ist besser
  Als Spielwerk und als Handelschaft, und Gott ist
  Der beste Nahrungsspender.

63ᵉ Sure

Die Heuchler

(Medinisch)

1. Die Heuchler, wann sie zu dir kommen, sagen: 'Wir bezeugen
   Du bist der Abgesandte Gottes.'
   Und Gott weiß, daß du bist sein Abgesandter,
   Und Gott bezeuget, daß die Heuchler Lügner sind.
2. Sie machten ihren Eid zu einer Decke,
   Und lenken also ab vom Wege Gottes;
   Ja schlimm ist was sie thaten:
3. Dieweil sie nahmen an den Glauben,
   Dann fielen ab; versiegelt
   Sind ihre Herzen, sie sind ohn' Erkenntnis.
4. Wenn du sie siehst, bewunderst du ihre Leiber,
   Und wenn sie reden, horchst du ihrer Rede.
   Sie sind nur wie gefugte Bretter, meinend,
   Ein jeder Schlag betreffe sie;
   Sie sind die Feinde, hüte dich vor ihnen.
   Bestreite sie Gott! wie sind sie abgewichen.
5. Sagt man nun ihnen: Kommet, daß euch sühne
   Der Abgesandte Gottes! schütteln sie ihr Haupt, du siehest sie
   Ablenken und sich stolz geberden.
6. Gleich ists für sie, ob du sie sühnst ob nicht sie sühnest,
   Gott söhnt sich nicht mit ihnen aus,
   Fürwahr Gott leitet nicht abtrünnige Menschen.
7. Sie sinds die sagen: „Gebt nicht Spende
   Für die beim Abgesandten Gottes,
   Damit sie sich verlaufen!"
   Doch Gottes sind die Schatzkammern
   Des Himmels und der Erde;
   Die Heuchler aber haben nicht Erkenntnis.
8. Sie sprechen: „Kommen wir nur erst zur Stadt zurück,
   So sollen drin die Würdigern

Vers 8 *die Würdigern*] nämlich sie, die so sprechenden, die sich dafür halten.

Die Heuchler

    Hinauswerfen die Schlechtem."
    Doch Gottes ist die höchste Würde
    Und seines Abgesandten und der Gläubigen;
    Die Heuchler aber haben keine Einsicht.
9 Ihr die da glaubet, laßt euch nicht
    Abziehn durch eure Güter, eure Kinder
    Von dem Gedächtnis Gottes;
    Die solches thun, sind die Verlierer.
10 Und gebet Spende auch von dem,
    Womit wir euch versorget haben,
    Eh euer einem kommt der Tod,
    Und er dann sage: Herr, o hättest
    Du mich gefristet auf nahes Ziel,
    Daß ich Almosen geben möcht'
    Und werden von den Guten!
11 Gott aber fristet keine Seele, wann ihr Ziel kam,
    Und Gott ist kundig eures Thuns.

[Aus der 64. Sure]

14 Ihr die da glaubet, ja, an euren Fraun und euern Kindern habt
    Ihr Feinde, hütet euch vor ihnen!
    Doch wenn ihr Nachsicht übt und milde Schonung:
    Nun, Gott ist selber mild und voll Erbarmen.

Vers 14-18] ist der Schluß nicht dieser, sondern der nächstfolgenden Sure, wozu aber dieser Schluß nicht paßt, und schon im Reim abweicht, dagegen mit dieser stimmt, der wir ihn deswegen aneignen. – Dis sei zugleich eine Andeutung von dem wahrscheinlichen Verhältnis mancher Suren wie 64, worüber die Ausleger streiten, ob sie mekkanisch oder medinisch sei oder gemischt. Ich halte 64 von 1-11 für mekkisch, für ein Bruchstück der gewöhnlichen Bekehrungsreden. Aber von V. 12 an tritt der zuversichtlichere Ton ein: Gehorchet Gott und seinem Abgesandten! statt des sonstigen mekkanischen: Gehorche du, Mohammed, ihnen, den Ungläubigen, nicht!
Vers 14 *hütet euch vor ihnen*] erklärt sich aus [S. 63] V. 9 verglichen mit [S. 63] V. 4.

15 Doch eure Güter, eure Kinder, sind Versuchung,
   Aber bei Gott ist großer Lohn.
16 Drum fürchtet Gott soviel ihr könnt,
   Und höret und gehorcht und spendet,
   Was besser euren Seelen ist;
   Und wer sich wahrt vorm Geize seiner Seele,
   Dieselben sind die Glücklichen.
17 Wenn ihr darlehnet Gott ein schönes Darlehn,
   Wird er es euch verdoppeln, und vergeben euch,
   Denn Gott ist dankbar, huldreich.
18 Der Wisser des Geheimen und des Sichtbarn,
   Der Höchste der Allweise.

Schluß der 65ⁿ Sure
[Die Ehescheidung]

12/12 Gott ists, der geschaffen sieben Himmel,
Und ebensoviel Erden;
Das Wort der Macht steigt nieder zwischen ihnen;
Damit ihr wißt, daß Gott ist alles Dings gewaltig,
Und Gott umfaßt mit Weisheit alles.

Vers 12 *Erden*] Die sieben mythischen Erden vielleicht die sieben Planeten? Oder sieben Erdtheile.

Aus der 66^n Sure

[Die Versagung]

8 Ihr die da glaubt, bekehret euch zu Gott mit
Aufrichtiger Bekehrung!
So mags geschehn, daß euer Herr von euch nehm' euer Böses,
Und euch führ' in die Gärten,
Darunter hin die Ströme fließen,
Am Tage wo Gott nicht in Schande
Bestehn wird lassen den Profeten
Und die da glaubeten mit ihm;
Ihr Licht wird wandeln
Vor ihnen und zu ihrer Rechten,
Indem sie sprechen: Unser Herr!
Mach unser Licht voll und vergib uns!
Denn du bist jedes Dings gewaltig.

———————

10 Geprägt hat Gott zum Gleichnis für die Leugnerischen
Das Weib von Noah und das Weib von Loth.
Es hatten sie bei Knechte unsrer frommen Knechte.
Sie aber trogen diese beide,
Doch half es ihnen nichts vor Gott,
Gesprochen ward: Geht beide ein ins Feuer
Mit allen die da eingehn!
11 Und geprägt hat Gott zum Gleichnis für die Gläubigen
Das Weib von Farao, als sie rief:
O Herr, bau mir bei dir ein Haus im Garten,
Und rette mich von Farao und seinen Werken,
Und rette mich vom Volk der Übelthäter!
12 Und die Maria, Tochter Amran's,
Die ihre Sittsamkeit bewahrte,
Da bliesen wir darein von unserm Geiste;
Sie glaubte an die Worte ihres Herrn und seine Schriften,
Und war von den Gehorsamen.

———————

Erste Hälfte der 67. Sure
Die Herrschaft

1 Gepriesen sei, in dessen Hand die Herrschaft ist,
Und Er hat über jedes Ding Gewalt.
2 Der schuf den Tod und schuf das Leben, euch zu prüfen,
Wer unter euch am frömmsten wallt.
3 Der schuf die sieben Himmel schichtenweise;
Du siehest in der Schöpfung
Des Allerbarmers keinen Sprung;
Und wende deinen Blick! siehst du wol einen Spalt?
4 Dann wende nochmals deinen Blick!
Es kehrt dein Blick zu dir zurück,
Erliegend also daß er müd' hinfällt.
5 Den Erdenhimmel schmückten wir mit Leuchten,
Die machten wir zur Steinigung
Den Satanen, und gaben diesen Pein in der Flammenwelt.
6 Und denen, die verleugnen ihren Herrn, Pein in Gehenna;
Schlimm ist der Aufenthalt.
7 Wenn sie darein geworfen werden, hören sie sie brüllen,
Indem sie wallt.
8 Nicht fehlt viel, sie birst vor Grimm;
Sooft darein geworfen wird
Ein Haufen, fragen ihre Wächter:
Kam euch kein Warnherold?
9 Sie sagen: Ja, es kam uns ein Warnherold wohl,
Wir aber zeihten ihn der Lüg' und sprachen:
Gott hat nichts offenbart, ihr seid
In Irrthum manigfalt.
10 Und sagen: Hätten wir gehört
Oder gethan, wir wären jetzt
Nicht von der Schaar der Flammenwelt.

Vers 5 *Flammenwelt* und Vers 6 *Gehenna*] daß beide Höllen nicht getrennt und verschieden gedacht werden, zeigt sogleich V. 10.

11 Nun haben sie ihre Schuld bekannt,
   Zu spät! fort mit der Schaar der Flammenwelt!
12 Die aber fürchten ihren Herrn im Stillen,
   Für die ist Huld und großer Lohn bestellt.
13 Macht leise eure Rede, oder macht sie laut!
   Er kennt der Brust Gehalt.
14 Sollte nicht kennen Er der schuf?
   Sein Blick ist fein und hold.
15 Er hat gemacht die Erd' euch unterwürfig.
   Durchziehet ihre Gegenden,
   Und eßt von seinem Unterhalt;
   Er aber ists zu dem ihr heim einst wallt.
16 Seid ihr vor dem im Himmel sicher,
   Daß er die Erd' euch klaffen lasse?
   Beben wird sie alsbald.
17 Oder seid ihr vor dem im Himmel sicher,
   Daß er auf euch send' einen Sturm?
   Dann wißt ihr, was die Mahnungen gewollt.
18 Doch die vor ihnen leugneten auch,
   Und wie hab' ich gegrollt!

68ᵉ Sure

Der Griffel

1 Bei dem Griffel und wer ihn führt!
2 Du bist durch deines Herren Huld nicht sinnverwirrt;
3 Und großer Lohn ists der dir wird;
4 Du bist ein Geschöpf dem Schöpfer werth.
5 Sehn wirst du's und sie werden's sehn,
6 Wer von euch beiden war bethört.
7 Dein Herr weiß wohl, wer irre geht von seinem Weg,
   Und weiß, wer richtig fährt.
8 Drum thu nicht, was will irgend ein Verächter,
9 Daß du nachgebest, und nachgeben möcht' er.
10 Thu nicht was will ein falscher, schlechter,
11 Verläumder, schleichender Verräther,
12 Hindrer des Guten, Übelthäter,
13 Hochmüthiger, und dabei unächter,
14 Hab' er auch Güter und Sohngeschlechter;
15 Der, wenn man ihm liest unsre Zeichen, ausruft: Mährchen der
    [Väter! –
16 Wir wollen auf die Nas' ihn zeichnen zum Gelächter.
17 Wir haben sie versucht, wie wir versuchten einst
   Die Herrn des Gartens, als sie schwuren
   Ihn zu ernten beim Morgenlicht;
18 Und gaben Gott die Ehre nicht.
19 Doch über ihn ergieng, indeß sie schliefen, deines Herrn Gericht,
20 Und morgens war er wie geerntet glatt und schlicht.
21 Sie aber riefen beim Morgenlicht:
22 Kommt auf den Acker! wollet ihr ihn ernten nicht?
23 Da giengen sie und besprachen sich:
24 Laßt ein zu euch dort heute keinen armen Wicht!
25 So giengen sie hin voll Zuversicht;
26 Doch wie sie sahen, riefen sie: Giengen wir irre nicht?
27 Unsere Hoffnung ward zunicht.
28 Da sprach der beste unter ihnen: Sagt' ichs nicht?
   Warum habt ihr nicht Gott gepriesen?

29 Da sprachen sie: Preis unserm Herrn!
   Ja wir sind Sünder gewesen.
30 Und einer wandte sich zum andern mit Verweisen.
31 Sie sprachen: Weh uns wir sind Frevler gewesen.
32 Vielleicht nun gibt dafür uns unser Herr ein Beßres;
   Denn unsern Herren haben wir erlesen.
33 So hier die Strafe; doch die Strafe dort ist größer,
   Wenn sie es wollen wissen.
34 Die Frommen sind bei ihrem Herrn im Garten, in Genüssen.
35 Sollten wir die Ergebenen gleichhalten wol den Bösen?
36 Was treibt euch, so zu schließen?
37 Habt ihr ein Buch, darin das ist zu lesen?
38 Ja, das euch zuerkennt, was ihr euch mögt erkiesen?
39 Habt ihr denn unser Wort darauf zum jüngsten Tag,
   Daß ihr dürft was ihr wollt beschließen?
40 Frag sie, wer ihnen Bürgschaft hat verheißen?
41 Vielleicht Hülfsgötter haben sie,
   So bringen sie uns diese mit Beweisen!
42 Tags wann das Unheil wird den Schenkel blößen,
   Wann man sie ruft zum Niederfall,
   Und sie nicht können leisten diesen;
43 Niedergeschlagner Augen, Schmach überwältigt sie,
   Einst rief man sie zum Niederfall,
   Da sie noch heil gewesen.
44 Laß mir nur die, die diese Kunde schelten!
   Beikommen will ich ihnen, wo sie es nicht wissen;
45 Ich stunde sie, mein Anschlag der wird gelten.
46 Begehrst du Lohn von ihnen, daß darum sie drücken Schulden?
47 Sie thun, alsob wir ihnen unsre
   Geheimbeschlüss' enthüllten.
48 Du aber sollst auf deines Herrn Gerichtspruch dich gedulden,
   Nicht thun wie der vom Fisch, als er
   Rief in der Noth, der selbstverschuldeten.
49 Hätt' ihn die Gnade seines Herrn nicht eingeholt,
   So lag er schmählich ausgeworfen auf dem Felde.
50 Da nahm sein Herr ihn auf und setzte
   Ihn zu den Auserwählten.

51 Die Leugner aber möchten dich mit ihren Blicken spelten,
Wenn sie die Mahnung hören, und
„Ein Irrer" ist ihr Schelten.
52 Doch es ist eine Mahnung an die Welten.

70ᵉ Sure

Die Stufenleiter

1 Ein fragender fragt, wann trifft die Leugner
2 Die Pein, vor der ist kein Vertheid'ger,
3 Von Gott, dem Herrn der Stufenleiter,
4 Auf der die Engel steigen und der Geist zu ihm
   An einem Tag, des Maß ist funfzigtausend Jahr.
5 Gedulde dich fein einstweilen!
6 Sie sehn ihn ferne weilen,
7 Wir sehn ihn nah her eilen,
8 Den Tag, an dem die Himmel zu Schlacken,
9 Und die Berge werden zu Flocken,
10 Wo Red' und Antwort wird kein Freund dem Freund ertheilen.
11 Sie sehn sich an, und jeder Sünder kaufte gern
   Sich von der Strafe los durch seine Kinder,
12 Sein Weib und seine Brüder,
13 Seine Verwandtschaftsglieder,
14 Und männiglich auf Erden, wer ihm werden wollt' ein Retter.
15 Mitnichten! Die Flamme,
16 Die packt bei dem Kamme,
17 Ruft den heran, der sich sträubte,
   Sich gegen die Mahnung betäubte,
18 Zusammenscharrt' und häufte.
19 Der Mensch ist geschaffen wankelmüthig,
20 Wenn ihn Übles betrifft, kleinmüthig,
21 Wenn ihn Gutes betrifft, ungütig.
22 Doch die des Gebetes pflagen,

Vers 4 *Fünfzigtausend Jahr*] s. Wahl. Vielleicht unächt ohne Reim, hier eingeschoben aus 32,4 (die 50.000 statt 1000 erklären sich im allgemeinen, doch ohne hier zu passen), als 50 Tage für die 50 Völker, jeder Gottestag 1000 Menschenjahre. Nicht die Währung oder der Anfangszeitpunkt des Gerichtes, sondern der Weltverlauf (der freilich auch das Gericht ist). Wenn dieses der rechte Sinn, so ist nothwendig die Stelle hier falsch, weil widersprochen von V. 5 und 6.

Die Stufenleiter

23 Ihrem Gebet oblagen;
24 Von denen ihres Guts auch ein Theil war angeschlagen,
25 Zur Nahrung der Armuth beizutragen;
26 Die zweifelnd nicht nach dem Gerichtstag fragten,
27 Und vor der Strafe ihres Herren zagten
28 (Denn Niemand bürgt vor ihres Herren Strafen)
29 Die ihre Sinnlichkeit im Zaume halten
30 (Gegen andre als ihre Fraun und Sklavinnen,
Denn soweit sind sie nicht zu tadeln,
31 Doch die darüber gehn, die sind in Schuld gefallen);
32 Die anvertrautes Gut und ihre Treu bewahren,
33 Und die bei ihrem Zeugnisse beharren,
34 Und die recht ihr Gebet abwarten;
35 Die sind geehrt im Garten.
36 Was aber ist den Leugnern, daß sie dir entgegen traben,
37 Rechts her und links in Schaaren?
38 Will jedermann von ihnen wol hinein zum Wonnegarten?
39 Mitnichten! Wir erschufen sie, sie wissen wohl von wannen!
40 Und schwör' ich bei dem Herrn der Aufgäng'
Und Niedergänge? wir sind auch im Stande,
41 An ihre Statt, wer wehrt es uns?
Zu setzen bessre andre.
42 Doch laß sie tändeln nur und spielen, bis sie sehn
Den Tag, des man sie mahnte.
43 Des Tags wo sie aus ihrer Gruft gehn eilig,
Wie wenn sie nach dem Ziel wettrannten.
44 Die Augen niedergeschlagen, Schmach überwältigt sie;
Das ist der Tag, des man sie warnte.

Vers 40 *Und schwör' ich*] *lā* wie 79,1; 56,74.

Die erste Hälfte der 72ⁿ Sure
Die Dschinnen

1/1   Sag: Offenbaret ist mir so:
Es hörte zu ein Trüppchen Dschinnen,
Dann sprachen sie: Wir hörten
Einen Koran wunderbar.

2/2   Der leitet zur Rechtfertigkeit;
Drum glauben wir daran, und nie gesellen
Wir unserm Herren einen bei.

3/3   Und so: Erhöht sei unsres Herren Ehre!
Er hat kein Weib und keinen Sohn.

4/4   Und so: Es sprachen Thoren unter uns von Gott sonst
[Irriges.

7/7   Und so: Sie meinten, und ihr meintet,
Gott werde keinen auferwecken.

5/5   Und so: Wir hätten nie gedacht, daß Mensch und Dschinne
Von Gott Lug sollte sagen.

6/6   Und so: Es wandten Männer von den Menschen sich
An Männer von den Dschinnen;
Die aber mehreten nur ihre Thorheit.

8/8   Und so: Wir streiften an den Himmel,
Doch fanden ihn voll Wachen und voll Flammen.

9/9   Und so: Wir saßen manchen Sitz dort
Zum Horchen, doch wer jetzo horcht,
Der findet eine Flamme nach ihm lauern.

10/10   Und so: Wir wissen nicht, ist Böses zugedacht
Denen auf Erden, oder denkt
Ihr Herr Rechtleitung ihnen zu.

11/11   Und so: Von uns sind einige fromm und andre nicht,
Wir sind getrennter Wege.

12/12   Und so: Wir denken, daß wir nichts
Vermögen wider Gott auf Erden,
Auch nichts durch Flucht vermögen.

Vers 7] Versetzt.

Die Dschinnen

13/13 Und so: Nachdem wir höreten
Die Leitung, glauben wir daran.
Und wer an seinen Herrn glaubt, fürchtet
Nicht Schmälerung noch Irrsal.
14/14 Und so: Von uns sind Gottergebne,
Von uns sind auch Abweichende.
Nun wer sich Gott ergeben hat,
Der hat erwählt Rechtfertigkeit;
15/15 Doch die Abweichenden sind für Gehenna Brennholz.

73ᵉ Sure

Der Eingewickelte

1 Auf, Eingewickelter, entsteige!
2 Wache die Nacht, bis auf ein kleines!
3 Die halbe, oder brich nur ab ein kleines!
4 Oder setz' auch etwas zu, und sing
  Den Koran ab sangweise!
5 Wir wollen dir gewichtige Red' ertheilen.
6 Fürwahr, Nachtwache taugt zur Unterredung, frommt zum
  [Heile.
7 Am Tag hast du Geschäfte mancherleie.
8 Doch denke deines Herren Namens,
  Und weih dich ihm mit Weihe!
9 Der Herr des Niedergangs und Aufgangs,
  Kein Gott als Er; ihn wähle zum Geleite!
10 Erdulde, was sie sagen, und
  Mit Glimpf von ihnen scheide!
11 Überlaß mir die Leugner nur,
  Die reichen, und gib ihnen Frist ein Weilchen!
12 Bei uns sind Fesseln und Glutheize,
13 Peinliche Straf und würgende Speise.
14 Tags wann die Erde bebt und die Gebirge,
  Und die Gebirge werden Kies ein feiner.
15 Wir haben euch gesendet einen Boten, Zeugen über euch,
  Wie wir an Farao gesendet einen.
16 Doch Farao bot Trotz dem Boten,
  Und wir ergriffen ihn, unsanft ergreifend.
17 Wie, wenn ihr leugnet, wollt ihr schirmen euch vorm Tag,
  Der Kinder macht zu Greisen?

Vers 6 *taugt zu Unterredung*] Freilich ist *waṭ'* schwer zu erklären (wol aufstehn, Gegensatz liegen, schlafen). – Hammer, *Lebensbeschreibungen* [I], S. 42 unverschämt. „Der Beginn der Nacht ist stärker und besser zur Umarmung der Weiber und erfrischt besser durch Gekose die Kräfte."

Der Eingewickelte

18 Der Himmel ist gespalten dann;
    Gethan ist sein Verheißnes.
19 Dis ist nur Mahnung, wer nun will, der lasse sich
    Den Weg zu seinem Herren weisen. –
20 Fürwahr, dein Herr weiß, daß du auf bist
    Beinah zwei Drittel von der Nacht,
    Auch wol die Hälft', auch wol ein Drittel,
    Und so auch deine Mitgenossen.
    Gott hat gemessen Nacht und Tag,
    Er weiß, daß ihrs nicht könnt berechnen,
    Und hat sich eur erbarmet;
    Drum sagt nur her soviel ihr eben könnt vom Koran.
    Er weiß daß unter euch auch werden Kranke seyn,
    Und andre, die das Land durchziehn,
    Suchend Erwerb von Gottes Fülle,
    Und andre, die auf Gottes Wegen kämpfen;
    Drum sagt davon nur her soviel ihr eben könnt,
    Und haltet das Gebet und gebt die Sühnungsteuer,
    Lehnt Gott ein schönes Darlehn dar!
    Was ihr vorausschickt euren Seelen Gutes,
    Das findet ihr bei eurem Herrn;
    Das ist euch besser, und zum Lohne größer.
    Und bittet um Verzeihung Gott!
    Denn Gott ist gnädig und verzeihend.

Vers 18 *sein*] Gottes.
Vers 20] Über die Form. V. 20 ein exegetischer gesetzlicher Zusatz ohne den poet. Reim. Vgl. 74 v. 31-34.

74ᵉ Sure

Der Bedeckte

(Gabriel:)
1/1 O der du liegst bedeckt,
2/2 Steh auf und lehr' erweckt,
3/4 Und deinen Herrn preis' unerschreckt,
4/4 Mach rein dein Kleid, das ist befleckt,
5/5 Und wirf den Greuel weg!
6/6 Thu nicht Gutes, das Lohn bezweckt,
7/7 Und harr auf den, der dein Ziel dir steckt!
8/8 Wann die Drommete weckt,
9/9 Das wird ein Tag der herbe schmeckt
10/10 Den Leugnenden, sie nicht erquickt.
(Gott:)
11/11 Laß mich allein mit dem, den ich schuf sonder gleichen,
12/12 Und machte ihn zum Reichen,
13/13 Und gab ihm Söhne, seines Glückes Zeugen,
14/14 Und bettet' ihn im Weichen.
15/15 Er aber will, ich soll noch mehr ihm reichen.
16/16 Mitnichten! denn er trotzet unsern Zeichen.
17/17 Ich werd' ihm geben eine Höh zu steigen.
18/18 Denn er baut und braut.
19/19 Fluch dem was er braut!
20/20 Ja Fluch dem was er braut!
21/21 Er steht und schaut,
22/22 Grinst dann und kraut,
23/23 Kehrt dann den Rücken stolz, und laut
24/24 Spricht er: Das ist nur Blendwerk aufgebraut;
25/25 Es ist nur Menschenlaut. –
26/26 Er soll verfallen der Flammenbraut.
27/27 Weißt du was ist die Flammenbraut?
28/28 Sie malmt und kaut,
29/29 Und sengt die Haut.
30/30 Ihre Hut ist neunzehn Hütern vertraut.

Der Bedeckte

31/31 Wir wählten zu des Feuers Wächtern Engel nur,
 Und setzten ihre Zahl fest zur Verstörung der Ungläubigen,
 Doch daß die Schriftinhaber das Gewisse wissen,
 Die Gläubigen aber nehmen zu im Glauben;
32/— Die Schriftinhaber und die Gläubigen zweiflen nicht,
33/— Diejenigen, in deren Herzen Siechthum ist,
 Und die Verleugner aber sagen:
 Was wollte Gott mit diesem Gleichnis?
34/— So läßt Gott irrgehn wen er will,
 Und leitet wen er will, und keiner
 Kennt deines Herren Heer als Er.
 Das ist für Menschen nur ein Mahnelaut.
35/32 Ja bei dem Mond der schaut,
36/33 Und bei der Nacht die thaut,
37/34 Und bei dem Tag der graut!
38/35 Zu einer Warnung ist sie erbaut,
39/36 Zu einem Schauder der Menschenhaut,
40/37 Für den der vorwerts oder rückwerts schaut.
41/38 Wol jede Seele steht für ihre That zu Pfand
—/39 Doch die Genossen der rechten Hand,
42/40 In Gärten am Quellenrand,
—/41 Fragen nach den Sündern im Brand:
43/42 Was hat euch gebracht zur Flammenbraut?
44/43 Sie sprechen: Weil man uns nicht beten fand,
45/44 Und wir nicht speisten die Armen im Land,
46/45 Wir trieben mit den Tändlern Tand,
47/46 Und leugneten des Gerichts Bestand,
48/47 Bis uns die Gewisheit kam zur Hand,
49/48 Und die Vertretung der Vertreter schwand.
50/49 Was haben sie? sie halten nicht der Mahnung Stand,
51/50 Gleichwie Wildesel scheue,
—/51 Wenn sie scheucht ein Leue.
52/52 Ja ihrer jeder möchte daß er eines offnen Briefes sich
 [erfreue!
53/53 Mitnichten! denn sie glauben nicht ans End' in Treue.
54/54 Mitnichten! dis ist Mahnung, wer gemahnt seyn will aufs
 [neue.
55/55 Doch mahnen lassen sie sich nur, wenn Gott will;
 Er ist der Herr der Huld, der Herr der Scheue.

75ᵉ Sure

Der Erstand

1 Schwör' ich beim Tage zum Erstande?
2 Bei der Seele, die besteht in Schande?
3 Meint wol der Mensch, wir seyen sein
   Gebein zu sammeln nicht im Stande?
4 Ja doch! zu fügen auch der Finger Bande.
5 Doch geht der Mensch dahin im Unverstande,
6 Fragt wann der Tag sei zum Erstande.
7 Wanns vorm Auge flirrt,
8 Und der Mond wegschwirrt,
9 Und Sonn' und Mond vereinigt wird;
10 Alsdann wird sagen der Mensch: Wo ist ein Zufluchtsort?
11 Und es ist kein Port.
12 Bei deinem Herren ist alsdann der feste Hort;
13 Und was der Mensch that und was ließ, man sagts ihm dort.
14 Ja selber ist der Mensch sein Zeuge,
15 Ob er auch leugne. –
16 Beweg nicht deine Zunge, daß du mit ihm eilest voran!
17 Wir tragen wohlgefaßt dir vor den Koran.
18 Und wie wir ihn vortragen, folg dem Koran!
19 Und die Erklärung dann vertraun wir deinem Ohr an. –
20 Ihr aber liebt das Eilende,
21 Vergeßt das Ewigbleibende.
22 An jenem Tag Gesichter sind hellscheinende,
23 Auf ihren Herren schauende;
24 Gesichter sind an jenem Tage trauernde,
25 Die denken über sie ergeh' das Schauernde.
26 Ja wann die Seele kommt zum Schlunde,
27 Und man fragt: wo ist Heilkunde?
28 Und er nun merkt, es kommt die Stunde,
29 Und Schenkel sich streckt an Schenkel unten;

Vers 1 *Schwör' ich*] *la* wie 84,16; 90,1; 70,40 wo Gott beim Herrn der Auf- und Untergänge schwört.

30 Zu deinem Herrn ist dann der schwere Gang gefunden.
31 Doch glaubt' er nicht, noch that Gebet,
32 Leugnete nur und hat sich gedreht,
33 Und gieng nach Hause stolzgebläht.
34 Oh weh dir weh
35 Dir! weh dir! weh!
36 Meint denn der Mensch, daß er frei ohne Hüter geh?
37 War er ein Tröpflein nicht, gesäten Samens eh?
38 Dann ward er zähes Blut, bis Gott ihn formt' und bildete,
39 Und machte so Geschlecht und Eh.
40 Sollt' Er nicht haben Macht, daß Todtes aufersteh?

76. Sure

Der Mensch

1 Gieng hin nicht über den Menschen eine geraume Zeit,
  In der er etwas war, des Niemand dachte?
2 Wir bildeten den Menschen
  Aus einem Mischlingströpflein,
  Nun wollen wir ihn prüfen, und verliehn ihm Ohr und Auge.
3 Dann leiteten wir ihn den Weg,
  Sei er nun dankbar oder dank vergessen.
4 Den dankvergessnen Leugnern aber schufen wir
  Ketten und Joch und Gluten.
5 Doch die Gerechten trinken aus den Schalen
  Gewürzt mit Kafur,
6 Dem Quell, an welchem trinken Gottes Knechte,
  Und lassen sprudeln seine Sprudel.
7 Sie die erfüllen ihr Gelübd' und fürchten
  Den Tag, des Weh sich weit verbreitet;
8 Und geben Speisung ihm zu Liebe
  Dem Armen, Waisen und Gefangnen:
9 Wir speisen euch für Gottes Antlitz,
  Und wollen keinen Lohn von euch noch Dank.
10 Von unserm Herren fürchten wir
  Einen finsterblickenden grimmen Tag.
11 Da schirmte Gott sie vor dem Übel solches Tags,
  Und ließ sie finden Freudenstral und Wonne,
12 Galt ihnen, was sie duldeten,
  Mit Lustgarten und Seide.
13 Gelehnt darin auf Pfühlen,
  Sie sehn darin nicht Sonnenbrand noch Mondfrost.
14 Nah über ihnen schweben die Schatten,
  Und niedrig hangen die Früchte nieder.
15 Und um sie macht man Runde mit Gefäßen
  Von Silber und mit Bechern von Kristallen,
16 Silberkristallen, die mit Maß sie messen;

17 Und reicht zum Trinken ihnen dort die Schale
Gewürzt mit Zengebil,
18 Aus einem Quell dort, der genannt ist Selsebil.
19 Und um sie machen Runde Jüngling' ewige;
Die wenn du siehest, hältst für hingestreute Perlen.
20 Und wo du hinsiehst, siehst du Lust und großes Reich.
21 Ihr Oberkleid Gewand von Sundus grün und Atlas,
Und Spangen tragen sie von Silber, und sie tränkt
Ihr Herr mit reinem Tranke.
22 Das ist nun euch zum Lohn gegeben,
Und euer Bemühen ist bedankt.
23 Wir haben dir die Sendung
Des Korans zugesandt.
24 Harr aus im Willen deines Herrn,
Und folge nicht von jenen einem Sünder oder Leugner.
25 Und denke deines Herren Namens früh und spät!
26 Auch bei der Nacht fall nieder ihm, und preis' ihn lange Nächte!
27 Hier diese lieben das Flüchtige,
Und lassen hinterm Rücken einen schweren Tag.
28 Wir haben sie geschaffen
Und ihre Kraft gefugt;
Und wenn wir wollen, lassen wir
An ihre Stelle treten Stellvertreter.
29 Dis eine Mahnung; wer nun will,
Der nimmt zu seinem Herrn den Weg.
30 Doch werdet ihr nicht wollen, wenn nicht Gott will;
Und weis' ist Gottes Rathschluß.
31 Er führt ein, wen er will, in seine Gnade,
Den Sündern aber hat er zubereitet peinliche Strafe.

77ᵉ Sure

Die Ausgesendeten

1 Bei diesen ausgesendeten mit Sendung,
2 Sich wendenden mit Sturmeswendung,
3 Ausspendenden Ausspendung,
4 Aussondernden mit Trennung,
5 Mittheilenden Erkennung,
6 Versöhnung und Vermahnung!
7 Was euch gedroht ist, bricht herein.
8 Wann die Sterne verschlungen sind,
9 Und die Himmel zersprungen sind,
10 Und die Berge geschwunden sind,
11 Die Gesandten eingefunden sind –
12 Zu welchem Tag sie bedungen sind?
13 Zum Tag der Scheidung.
14 Weißt du was ist der Tag der Scheidung?
15 Weh jenes Tags den Leugnern!
16 Tilgten wir nicht die frühern?
17 Nun lassen wir folgen die spätern.
18 So machen wirs den Sündern.
19 Weh jenes Tags den Leugnern!
20 Erschufen wir euch nicht aus schlechten Wassern,
21 Bewahrt in sicheren Behältern
22 Bis zu der Frist, der sichern,
23 Dann formten wir, Preis sei den Formern!
24 Weh jenes Tags den Leugnern!
25 Und machten wir die Erde nicht zum Boden
26 Lebendigen und Todten?
27 Und machten Berge drauf erhöht,
   Und tränkten euch mit süßen Fluten?
28 Weh jenes Tags den Leugnern!
29 Nun kommet her zu dem, was ihr geleugnet gern!

Vers 1-6] D.i. bei diesen Koranversen. Parodie der sonstigen Anrufungen weiblicher Engel, dergl. 79.

Die Ausgesendeten

30 Kommt her zum Schatten der dreifachen Spitze!
31 Er schattet nicht, und wehret nicht der Hitze.
32 Funken wirft es wie Kastelle,
33 Wie die falben Kamele.
34 Weh jenes Tags den Leugnern!
35 Ein Tag heut von Nichtsprechern,
36 Und Nichtentschuldigern.
37 Weh jenes Tags den Leugnern!
38 Der Tag der Scheidung ist es, und wir brachten euch
    Zusammen mit den Frühern.
39 Habt ihr nun eine List, so listet eurem Herrn!
40 Weh jenes Tags den Leugnern!
41 In Schatten und an Quellen sind die Frömmern,
42 Bei Früchten, die sie haben gern.
43 Esset und trinket wohlgemuth vom Euern!
44 So lohnen wir's den Treuern!
45 Weh jenes Tags den Leugnern!
46 Eßt und genießt die kurze Frist,
    Die wir gestecket Sündern!
47 Weh jenes Tags den Leugnern!
48 Die, wann man sagte: Beugt euch! nicht sich beugen.
49 Weh jenes Tags den Leugnern!
50 Wem wollen sie, wenn dem nicht, glauben?

Vers 35. 36] Hier hat der deutsche Reim (wer ihn dafür will gelten lassen) den Ausdruck einmal kürzer und erhabner gemacht, als der arabische ist. Oft genug ist das Gegentheil nicht zu vermeiden, wie sogleich V. 38. So stellt sich denn eine Art von Gleichgewicht her.

Anfang und Ende der 79ⁿ Sure
[Die Entweicherinnen]

1 Bei euren untertauchenden Entweicherinnen,
2 Und umschweifenden Schweiferinnen,
3 Und hinstreifenden Streiferinnen,
4 Und vorlaufenden Läuferinnen,
5 Und Gebotbetreiberinnen!
6 Am Tage wo die Gellerin gellt,
7 Und die Antworterin einfällt,
8 Sind die Herzen von Angst geschwellt,
9 Und die Blicke zu Boden geschnellt.
10 Doch sprechen sie: Wie sollten wir seyn hergestellt,
11 Wann wir zu Knochen sind zerschellt?
12 Sie sprechen: Übel wärs bestellt.
13 Doch seyn wirds nur ein einziger Gell,
14 Und dastehn sie im offnen Feld.
27 Seid ihr Geschöpfe stärker als die Himmel? Er erhob sie,
28 Wölbt' ihre Deck' und wob sie,
29 Umzog mit finstrer Nacht und Morgenroth sie.
30 Die Erde dann, hinstreckt' er bloß sie,
31 Dann Weid' und Wasser trug auf sein Gebot sie,
32 Und aufwerts feste Berge schob sie,
33 Euch zum Genuß und eurem Vieh.
34 Doch kommt die Überwältigerin, die große,
35 Wann seines Werks denkt jeder Werkgenosse,
36 Der Abgrund wird gerückt vors Aug das bloße;
37 Wer nun war im Verstoße,
38 Bethört vom Weltgenusse;
39 Der Abgrund ihm zum Schlosse!
40 Doch wer den Richtort seines Herrn gefürchtet,
   Und der Begierde wehrte unverdrossen,
41 Der Garten ihm zum Schlosse!
42 Sie fragen dich, wann ist gesetzt die Stunde?

Vers 1] Siehe S. 33 u. 51. Dazu 77. Vgl. Wahls Absurda.

Die Entweicherinnen

43 Was hast du davon Kunde?
44 Sie ruht in deines Herren Munde.
45 Du bist ein Mahner nur dem der sie scheut von Herzensgrunde.
46 Wann sie sie sehn, wirds ihnen seyn, als hätten sie
   Geweilt nur einen Abend oder eine Morgenstunde.

80ᵉ Sure

Er gieng verdrießlich

1/1	Er gieng verdrießlich wegen
2/2	Des blinden Manns, der ihm kam ungelegen.
3/3	Weißt du, ob er nicht reinen Sinn mag hegen?
4/4	Ob ihm nicht Mahnung hätte frommen mögen?
5/5	Doch einer von Vermögen,
6/6	Dem kommst du gern entgegen,
7/7	Und fragst nicht, ob er reinen Sinn mag hegen.
8/8	Wer aber zu dir kommt, dem es ist angelegen,
9/9	Und geht auf Gottes Wegen,
10/10	Gar unbekümmert bist du seinetwegen.
11/11	Doch eine Mahnung ists fürwahr
12/12	Für jeden, der zu mahnen war,
13/13	Auf Blättern wunderbar,
14/14	Erhabnen, rein und klar,
15/15	Von den Händen gestellet dar
—/16	Einer hohen heiligen Schreiberschaar.
16/17	Fluch dem Menschen! wie ist er undankbar!
17/18	Woraus hat Er ihn erschaffen?
18/19	Aus einem Tropfen
19/—	Bildet' er ihn und schuf ihn,
20/20	Dann führt' er jede Stuf ihn,
21/21	Ließ dann ihn sterben und begrub ihn,
22/22	Dann, wann er wollte, weckt' er aus der Gruft ihn;
23/23	Doch er thut nie, wozu er ruft ihn!
24/24	So sehe doch der Mensch auf seine Nahrung!
25/25	Wir ließen träufeln Wassertrauf,
26/26	Und spalteten Erdspalten,
27/27	Und ließen wachsen Korn herauf,
28/28	Und Klee und Traub',
29/29	Oliv' und Palm',
30/30	Und Gärten voller Laub,
31/31	Und Frucht und Kraut,
32/32	Euch selbst und euren Thieren zur Bewahrung.

33/33 Wann aber kommt der Schlag,
34/34 Am Tag wo flieht ein Mann vor seinem Bruder,
35/35 Seinem Vater und seiner Mutter,
36/36 Vor seinem Weib und seinem Sohn,
37/37 Weil jeder nun hat für sich selbst genug zu thun;
38/38 Des Tages werden Angesichte erstralen,
39/39 Mit Lächeln wird sie Freude malen;
40/40 Des Tags auch werden Angesicht' erfahlen,
41/41 Erdfarbig seyn vor Qualen;
42/42 Das sind die Leugner und die Lästrer alzumal.

81ᵉ Sure

Die Ballung

1 Wann die Sonne sich wird ballen,
2 Die Sterne zu Boden fallen,
3 Und die Gebirge wallen,
6 Der Meere Fluten Schwallen;
4 Wann Zuchtkamele sind unverwahrt,
5 Und die wilden Thiere geschaart,
7 Und die Seelen wieder gepaart;
8 Man das lebendig begrabne wird fragen,
9 Um welche Schuld es sei erschlagen;
10 Und die Bücher sind aufgeschlagen;
11 Wann der Himmel wird abgedach't,
12 Und die Hölle wird angefacht,
13 Und der Garten herangebracht;
14 Wird eine Seele wissen was sie dargebracht.
15 Soll ich schwören bei den Planeten,
16 Den wandelnden, den unsteten?
17 Und bei der Nacht der öden?
18 Und der athmenden Morgenröthe?
19 Das Wort ists eines Boten werth,
20 Eines Boten stark, der steht beim Herrn des Throns geehrt,
21 Eines Gebieters treu bewährt.
22 Nicht euer Landsmann irrt noch thört.
23 Er sah ihn in der Höh verklärt,
24 Und will mit dem nicht geizen was er sah und hört'.
25 Das Wort nicht ist es dessen der sich hat empört.
26 Wo rennt ihr hin verstört?
27 Es ist nur eine Mahnung an die Welten,
28 Dem wer von euch will lassen die Wahrheit gelten;
29 Ihr aber wollet nicht, wenn nicht will Gott, der Herr der Welten.

Vers 6] Versetzter Vers.
Vers 15 *Soll ich schwören*] *lā* wie 84,16.

82ᵉ Sure

Die Zerkliebung

1 Wann die Himmel zerkloben sind,
2 Und die Sterne zerstoben sind,
3 Wann die Meere sind verschäumt,
4 Und die Gräber sind geräumt;
5 Wird eine Seele wissen, was
  Sie hat gethan und was versäumt.
6 O Mensch, wie bist du deinem Herrn, dem gütigen, entronnen!
7 Der dich gebildet und geschlichtet
  Und eingerichtet,
8 In welche Form er wollte, dich gedichtet.
9 Doch leugnet ihr den Tag, an dem er richtet.
10 Doch über euch sind Hüter bleibende,
11 Hochedle Schreibende,
12 Die wissen was ihr habt verrichtet und begonnen.
13 Fürwahr die Frommen sind in Wonnen,
14 Die Sünder sind im Flammenbronnen,
15 Da brennen sie, wann das Gericht begonnen,
16 Und sind ihm nicht entronnen.
17 Weißt du, wann das Gericht begonnen?
18 Ja weißt du, wann das Gericht begonnen?
19 Wann keine Seel' hilft keiner Seel' und Gottes ist die Macht.

83ᵉ Sure

Die Schmälerer

1 Weh den Schmälerern,
2 Die, wenn sie sich zumessen lassen,
  Von andern nehmen Volles gern,
3 Doch, wenn sie messen oder wiegen, schmälern.
4 Vermeinen sie nicht daß man sie wird wecken
5 Zu einem Tag der Schrecken?
6 Da werden sich die Menschen nicht vor ihrem Herrn verstecken.
7 O ja, die Schrift der Sünder liegt in Sidschin fern.
8 Wüßtest du, was ist Sidschin, gern?
9 Geschriebenes von Schreibern.
10 Weh jenes Tags den Leugnern,
11 Die den Gerichtstag leugnen gern.
12 Geleugnet wird er nur von argen Frevlern;
13 Die, wenn man unsre Zeichen liest,
  Ausrufen: Possen der Aeltern!
14 Ach ja, von ihren Werken läßt ihr Herz sich übermeistern.
15 Ja, ausgeschlossen sind sie dort von ihrem Herrn;
16 Sie brennen in der Hölle Kern.
17 Da sagt man: Das ist, was ihr wolltet leugnen gern.
18 O ja die Schrift der Frommen liegt in Illiun fern.
19 Wüßtest du, was ist Illiun, gern?
20 Geschriebenes von Schreibern,
21 Bezeugt von Auserwähltern.
22 Die Frommen traun in Wonnegauen,
23 Auf Polstern, wo sie um sich schauen;
24 Auf ihren Angesichtern ist der Wonne Glanz zu schauen.
25 Sie tränkt versiegelter Saft der Trauben,
26 Des Siegel ist von Muskus;
  Danach soll ringen ringendes Vertrauen!
27 Und seine Mischung ist von Tesnim's Thaue,
28 Dem Quell, an welchem trinken Gottvertraute.
29 Die Sünder pflegten der Gläubigen einst zu lachen,
30 Und im Vorbeigehn manchen Wink zu machen,

Die Schmälerer

31 Dann heimzugehn froh ihrer Sachen,
32 Zu sagen, wo sie jene sahn: „Das sind die Irren, Schwachen."
33 Sie sollten ja nicht ihre Hüter machen!
34 Heut werden ihrer nun die Gläubigen lachen,
35 Auf Polstern um sich schauend sagen:
36 Wird man den Leugnern wol vergelten was sie sprachen?

84ᵉ Sure

Der Auseinanderfall

1 Wann der Himmel auseinander fällt,
2 Seinem Herrn zu Gebot gestellt,
3 Und wann die Erde wird geschwellt,
4 Und auswirft was sie in sich hält,
5 Ihrem Herrn zu Gebot gestellt;
6 O Mensch, du strebtest gegen deinen Herrn, nun wirst du ihn [finden.
7 Wer nun sein Buch in seine rechte Hand erhält,
8 Dem wird gerechnet eine Rechnung linde,
9 Und zu den Seinen kommt er hin im Glücke;
10 Doch wer sein Buch hält hinter seinem Rücken,
11 Der wird Vernichtung rufen
12 Und brennen in den Gluten.
13 Denn bei den Seinen war er einst im Glücke,
14 Nicht dacht' er daß man ihn entrücke;
15 Doch ihn bemerkten seines Herren Blicke.
16 Soll ich schwören beim Abendroth,
17 Und bei der Nacht und was sie droht,
18 Und bei des vollen Mondes Boot!
19 Ihr werdet kommen aus Noth in Noth.
20 Was wollen sie, daß sie nicht glauben?
21 Wenn man den Koran ihnen liest, nicht beten an im Staube?
22 Die Leugner sind es, die sich strauben.
23 Doch Gott kennt, was sie sich erlauben.
24 Verkündige ihnen Marterschrauben!

Vers 16 *Soll ich schwören*] Das *lā* ist grammatisch nicht als wirkliche Negation zu fassen, weil es beim zweiten Gliede nicht wiederkehrt. Eben so 90,1; 81,15. Die angerufenen Gegenstände sind auch hier ein Bild des was betheuert werden soll: aus einem Zustand in den andern.

25 Doch dem, der glaubt und Gutes thut, wird Lohn, der nicht zu
[rauben.

91ᵉ Sure

Die Sonne

1 Bei der Sonne die im Glänze schreitet,
2 Und bei dem Mond der sie begleitet!
3 Und bei dem Tag, der sie weidet,
4 Und bei der Nacht, die sie bestreitet!
5 Beim Himmel und was ihn geweitet,
6 Und bei der Erd' und was sie gebreitet!
7 Und bei der Seel' und was sie bereitet,
8 Zur Wahl von Gut und Bös sie angeleitet!
9 Selig ist, wer sie läutert,
10 Unselig, wer sie verschleudert.
11 Themud hat einst gemeutert,
12 Als auf sich machte der schlechtste ihrer Leute;
13 Doch sprach der Bote Gottes: Dis Kamel laßt trinken heute!
14 Sie leugneten, und stümmelten's, da hat ihr Herr
Für die Schuld mit Stumpf und Stiel sie ausgereutet,
15 Ohne daß er dafür Rache scheute.

92 e Sure
Die Nacht

1 Bei der Nacht wann sie dunkelt!
2 Und beim Tag, wann er funkelt!
3 Bei dem, was Er schuf Mann und Weib hienieden!
4 Ja, eure Wege sind verschieden.
5 Wer fromm ist und gibt Spende,
6 Und glaubt an die Urstände,
7 Den machen wir zum Heil behende.
8 Wer geizt und gehrt ohn' Ende,
9 Und leugnet die Urstände,
10 Den machen wir zum üblen Heil behende.
11 Nichts hilft sein Gut, wann er zum Abgrund rennte.
12 Die Leitung ist für unsre Hände,
13 Unser der Anfang und das Ende.
14 Ich aber warn' euch vor der Feuerblende,
15 Darin nur brennt der Grundelende,
16 Der leugnet' und sich wendet' ab;
17 Was wir dem Frommen wenden ab,
18 Der von seiner Habe Sühne gab,
19 Und suchte keinen Lohn dafür hienieden,
20 Nur daß ihm sei das Antlitz seines hohen Herrn beschieden;
21 Einst wird er seyn zufrieden.

Vers 3 *Bei dem, was Er (Gott) schuf*] doch wol Was (Nominativ), wie 91,5.
Vers 4 *Verschieden*] wie Tag und Nacht, wie Mann und Weib, oder die Geschöpfe unter sich.

93ᵉ Sure

Der Tag der steigt

1 Beim Tag der steigt!
2 Und bei der Nacht die schweigt!
3 Verlassen hat dich nicht dein Herr, noch dir sich abgeneigt.
4 Das dort ist besser als was hier sich zeigt.
5 Er gibt dir noch, was dir zu deiner Lust gereicht.
6 Fand er dich nicht als Waisen, und ernährte dich?
7 Als irrenden, und führte dich?
8 Als dürftigen, und mehrte dich?
9 Darum den Waisen plage nicht,
10 Dem Bittenden versage nicht,
11 Und deines Herrn Huld vermelde!

94ᵉ [Sure]

Erschlossen wir

1 Erschlossen wir dir nicht die Brust,
2 Und nahmen ab dir deine Last,
3 Darunter du gebeugt dich hast?
4 Und hoben dein Gedächtnis fast?
5 Wol kommt durchs Schwere Hehres.
6 Wol kommt durchs Schwere Hehres.
7 Drum, bist du fertig, hebe dich,
8 Zu deinem Herrn bestrebe dich!

95ᵉ Sure

Die Feige

1 Bei Feige und Olive,
2 Und bei des Berges Giebeln,
3 Und diesem Friedensgebiete!
4 Wir schufen erst den Menschen nach dem schönsten Bilde,
5 Dann ließen wir ihn sinken in die tiefste Tiefe,
6 Die ausgenommen, die glauben und das Gute thun,
   Lohn ungemessner ist für diese.
7 Was zweifelst du noch am Gericht?
8 Ist Gott der gerechteste Richter nicht?

96ᵉ Sure

Das zähe Blut

1 Lis im Namen deines Herrn der schuf,
2 Den Menschen schuf aus zähem Blut.
3 Lis, dein Herr ists der dich erkohr,
4 Der unterwies mit dem Schreiberohr;
5 Den Menschen unterwies er
   In dem was er nicht weiß zuvor.
6 Ach ja, der Mensch wird übermüthig,
7 Wenn Gott ist gütig;
8 Doch einst kommt er demüthig!
9 Siehst du ihn, ders verbietet,
10 Wann einer betet?
11 Siehst du wohl, ob er ist geleitet,
12 Und Frömmigkeit verbreitet?
13 Siehst du wohl, ob er leugnet und wegschreitet?
14 Weiß er nicht, daß ihn Gottes Blick begleitet?
15 Wenn er nicht abläßt, wollen wir
   Ihn bei den Locken packen,
16 Den heuchlerischen meuchlerischen Locken.
17 Ruf er nur seine Leute!
18 Wir rufen die Höllenmeute.
19 Folg' du ihm nicht! bet' an und nah'!

Überschrift] Gilt für die erste, und Hammer, *Lebensbeschreibungen* [I], S. 39, macht aufmerksam, daß die ersten Worte von Mohammeds Prophetenthum Lesen und Schreiben betreffen.

97ᵉ Sure

Die Nacht der Macht

1 Wir sandten ihn hernieder in der Nacht der Macht.
2 Weißt du, was ist die Nacht der Macht?
3 Die Nacht der Macht ist mehr als was
   In tausend Monden wird vollbracht.
4 Die Engel steigen nieder und der Geist in ihr,
   Auf ihres Herrn Geheiß, daß alles sei bedacht.
5 Heil ist sie ganz und Friede, bis der Tag erwacht.

100ᵉ Sure

Die Jagenden

1 Die schnaubenden, die jagenden,
2 Mit Hufschlag Funken schlagenden,
3 Den Morgenangriff wagenden,
4 Die Staub aufwühlen mit dem Tritte,
5 Und dringen in des Heeres Mitte!
6 Ja, der Mensch ist gegen Gott voll Trutz,
7 Was er sich selbst bezeugen muß,
8 Und liebet heftig seinen Nutz.
9 O weiß er nicht, wann das im Grab wird aufgeweckt,
10 Und das im Busen aufgedeckt,
11 Daß nichts von ihnen ihrem Herrn dann bleibt versteckt?

Vers 1] Das *wa* schwört nicht eigentlich, ist ein bloßer Ausruf, statt Construction. Das Bild ist deutlich, die unbändigen begierigen Rosse.

101ᵉ Sure

Die Klopfende

1/1	Die Klopfende!
–/2	was die Klopfende!
2/3	Weißt du was ist die Klopfende?
3/4	Wann Menschen werden seyn wie flatternde Motten,
4/5	Und Berge wie gekrempelte Wollenflocken.
5/6	Nun, wessen Wage schwer wird seyn,
–/7	Der ist in Lust und Liebe;
6/8	Und wessen Wage leicht wird seyn,
–/9	Des Mutter ist die Tiefe.
7/10	O weißt du was ist diese?
8/11	Glut brennend heiße.

102ᵉ Sure

Das Mehrwollen

1 Ihr wollt nur mehr Geschlecht und Habe,
2 Und geht darüber zu dem Grabe.
3 Einst werdet ihrs erfahren,
4 Ja einst werdet ihrs erfahren.
5 O daß ihrs sähet recht im Klaren!
6 Die Hölle werdet ihr gewahren,
7 Gewahren werdet ihr recht im Klaren.
8 Da wird man fragen euch, was eure Freuden waren.

Vers 1] Note über die angeblich besondere Anspielung.

103ᵉ Sure

Das Nachmittagsgebet

1 Beim Nachmittagsgebet!
2 Des Menschen Fleiß misräth,
3 Nur dessen nicht, der glaubet und das Gute thut,
  Der zur Geduld räth und zur Wahrheit räth.

105ᵉ Sure

Die Elefanten

1 Sahst du nicht, was dein Herr that an den Herrn der Elefanten?
2 Macht' er nicht ihre List zu Schanden,
3 Da er auf sie ein Heer von Vögel sandte,
4 Das sie mit Steinen warf, gebrannten;
5 So macht' er sie gleich abgefressnen Saaten.

106ᵉ Sure

Koreisch

1/1 Der Brüderschaft Koreisch,
2/2 Derselben Brüderschaft zur Handelsreis'
     Im Winter und im Sommer!
3/3 Drum sollen sie den Herrn anbeten dieses Hauses,
–/4 Der sie gespeiset gegen Hunger,
4/– Gefriedet gegen Furcht und Kummer.

107ᵉ Sure

Das Geräth

1 O siehst du den, der leugnet das Gericht?
2 Er ists der hart mit einer Waise spricht,
3 Und treibt zur Armenspeisung nicht.
4 Weh dem, der sein Gebet spricht,
5 Und merkt auf sein Gebet nicht,
6 Will nur daß ihr ihn seht,
7 Und weigert das Geräth.

Vers 3 *treibt*] sich und andere.

108ᵉ Sure

Kauther

1 Wir haben dir verliehn den Kauther;
2 Bring deinem Herrn Gebet und Opfer!
3 Ja, wer dich haßt, der ist ein Abgestumpfter.

109ᵉ Sure

Die Leugner

1 Sprich: O, ihr Leugner!
2 Nicht bet' ich an, was ihr anbetet,
3 Noch wollt ihr beten an, was ich anbete,
4 Noch will ich beten an, was ihr habt angebetet,
5 Noch sollt ihr beten an, was ich anbete.
6 Euch euer Gottesdienst und mir der meine!

110ᵉ Sure

Der Sieg

1 Wann kam der Sieg von Gott und Beistand,
2 Und du die Menschen sahest eingehn
  Zum Dienste Gottes schaarenweise;
3 Lobpreise du dann deinen Herrn,
  Und ruf ihn um Verzeihung an;
  Er kehret sich daran.

111ᵉ Sure
Ab sind sie

1 Ab sind die Händ' Abulahab's, und er ist ab;
2 Es half ihm nicht sein Gut und Hab.
3 Heizen wird er des Feuers Brast,
4 Zuträgt sein Weib des Holzes Last,
5 Um ihren Hals ein Strick von Bast.

112ᵉ Sure

Bekenntnis der Einheit

1 Sprich: Gott ist Einer,
2 Ein ewig reiner,
3 Hat nicht gezeugt und ihn gezeugt hat keiner,
4 Und nicht ihm gleich ist einer.

113ᵉ Sure

Die Dämmerung

1 Sprich: Zuflucht such' ich bei dem Herrn der Dämmerung
2 Vorm Bösen dessen was er schuf,
3 Vorm Bösen der Verfinsterung,
4 Vorm Bösen nestelknüpfender Weiber,
5 Und vor dem bösen Neid der Neider.

114ᵉ Sure

Die Menschen

1 Sprich: Zuflucht such' ich bei dem Herrn der Menschen,
2 Dem Könige der Menschen,
3 Dem Gott der Menschen,
4 Vorm Bösen des Einbläsers, des Verräthers,
5 Der einbläst in der Brust des Menschen,
6 Zuflucht vor Dschinnen und vor Menschen.

Erklärende Anmerkungen zum besseren
Verständnis der Koranübersetzung
von Friedrich Rückert

Von Wolfdietrich Fischer

Einleitung

I

Für den Muslim ist der Koran das Wort Gottes, das dem Propheten Muhammad durch den Engel Gabriel im Verlauf von etwas mehr als zwei Jahrzehnten überbracht wurde. Im Koran selbst wird in Sure 53 und in Sure 81:22-25) eindrucksvoll beschrieben, wie die Offenbarung Muhammad ergriff. Nach vielen Jahren, in denen Muhammad von der Suche nach religiöser Gewißheit umgetrieben wurde, durchdrang ihn von diesem Augenblick an die Überzeugung, daß ihm die göttliche Wahrheit zuteil geworden war. Als sich dann das Erleben des göttlichen Wortes wiederholt einstellte, wurde es ihm zur Gewißheit, daß Gott ihn zu seinem Gesandten auserwählt habe, der seinem Volk die Botschaft vom Glauben an den wahren Herrn und Gott, neben dem es keine anderen Götter gibt, überbringen solle, deren Urschrift bei Gott wohlverwahrt ist, wie es in Sure 85:21-22 heißt: „O nein, es ist eine ruhmreiche Lesung / auf einer verwahrten Tafel" (Übersetzung Bobzin).

Nach der Überlieferung begann Muhammads prophetische Verkündigung um das Jahr 610, als er etwa im 40. Lebensjahr stand. Die Nachrichten über die Anfänge seines Wirkens in Mekka sind von Legendenbildung durchwoben. Die Aufzeichnungen, in denen man die Muhammad herabgesandten Offenbarungen festhielt, also der Koran, sind das einzige schriftliche Zeugnis von seinem Leben und Wirken. Über seine Persönlichkeit ist kaum mehr überliefert als das, was sich aus dem Koran herauslesen läßt. Er stammte aus einer Familie, die in Mekka zur Oberschicht zählte. Da der Vater schon vor seiner Geburt und auch die Mutter früh verstarben, wuchs er mittellos als Waise im Hause seines Großvaters, später im Hause seines Onkels Abū Ṭālib auf, was in Sure 93:6-8 angedeutet wird: „Fand Er dich nicht als Waisen, / und ernährte dich? / Als irrenden, und führte dich? /Als dürftigen, und mehrte dich?" Im Alter von ungefähr 25 Jahren vertraute ihm Chadidscha, eine begüterte Witwe, die Führung ihrer Handelsgeschäfte an und wenig später nahm sie ihn zum Ehemann. Als Muhammad sein religiöses Berufungserlebnis hatte, hielt sie treu zu ihm. Es scheint, daß zu diesem Zeitpunkt ihr Vermögen groß genug war, daß Muhammad seine Tätigkeit als Kaufmann aufgeben und sich ganz seiner religiösen Sendung widmen konnte.

Der geistige Horizont, den der Koran widerspiegelt, macht die intensive Anteilnahme deutlich, mit der Muhammad an den Geschehnissen seiner Zeit und insbesondere an den dogmatischen Kämpfen und Meinungsverschiedenheiten zwischen Juden und Christen einerseits und zwischen den verschiedenen christlichen Kirchen und Sekten andererseits teilnahm. So bildete sich in ihm die Vorstellung, daß hinter jenen Glaubensstreitigkeiten eine religiöse Wahrheit stehen müsse, die durch den Egoismus der einzelnen Konfessionen entstellt worden war. So heißt es in Sure 30:32: „Von denen, die gespaltet ihren Gottesdienst / Und wurden Sekten, jeder Trupp / ist auf sein Eignes stolz und froh."

Muhammad fühlte sich ausersehen, seinen Landsleuten die Botschaft von Gott, dem Schöpfer der Welt und aller Wesen, zu überbringen, dem Gott und dem Herrn, der allein Macht und Schöpferkraft besitzt, und der auch für sich allein die Dankbarkeit und Verehrung seiner Geschöpfe beanspruchen kann. Dieser Gott, arabisch Allāh, den auch Christen und Juden anbeteten, war seinen Zeitgenossen in Arabien und in Mekka nicht fremd, doch standen ihnen andere Gottheiten wie Allāt, al-ʿUzzā und al-Manāt (Sure 53:19) näher. Die Vorstellung vom Weltenende, das in naher oder ferner Zukunft anbrechen werde und an dem Gott über seine Geschöpfe zu Gericht sitzen würde, hatte auf Muhammads Gemüt eine ungeheure Wirkung. Vor diesem Weltgericht, zu dem Gott alle Menschen vor sich versammeln und von jedem Rechenschaft für seine Taten fordern wird, mußte Muhammad sein Volk, die Bewohner von Mekka wie auch die anderen Araber, warnen. Zuvor wird Gott die Toten aus den Gräbern herausrufen und wieder zum Leben auferwecken, die zu jener Zeit Lebenden erfahren den Weltuntergang. An diesem Tag wird sich herausstellen, daß nur Gott allein der Herr seiner Schöpfung ist, die Götzen jedoch, welche die Menschen zuvor in ihrer Torheit anbeteten, werden ihnen nicht helfen können. Denn sie sind nur „Namen" (Sure 7:71), denen keine Macht verliehen ist. Das drohende Endgericht stand so lebhaft vor Muhammads innerem Auge, daß er von nun an alle seine Kraft auf das eine Ziel richtete, seine Mitmenschen zum Glauben an den *einen* Gott – und nur ihn allein – zu ermahnen. Gott hatte zu ihnen noch keinen seiner Boten gesandt, wie er sie unter anderen Völkern, insbesondere Juden und Christen, hatte auftreten lassen. Mit dem arabischen Koran konnte nun seinen arabischen Landsleuten das Gotteswort in ihrer eigenen Sprache verkündet und ihnen eine heilige Schrift in ihrer eigenen Sprache gebracht werden. Daher mußten sie jetzt, wo Gott einen der ihrigen mit dieser Sendung beauftragt hatte, die Glaubensbotschaft endlich annehmen. An dieser seiner Sendung hat Muhammad Zeit seines Lebens unbeirrbar festgehalten, hat Rückschläge und den Spott seiner mekkanischen Landsleute auf sich genommen, ohne unter der Last der Anfeindungen und der übernommenen Verantwortung zu zerbrechen. Als man ihm die Verkündigung seiner Botschaft in Mekka unmöglich machte, wandte er sich im Jahre 622 nach dem ca. 400 km nordwestlich von Mekka gelegenen Jathrib, das dann später Medina genannt wurde, wo er auf größere Bereitschaft zur Annahme des Glaubens stieß. Dort gelang ihm in den letzten zehn Jahren seines Lebens der Durchbruch, so daß bei seinem Tode die Glaubensbotschaft des Islam fast alle Stämme der arabischen Halbinsel erreicht hatte.

Man darf annehmen, daß die ersten Stücke des Korans zunächst dem Gedächtnis anvertraut wurden und erst später, als sich eine kleine Gemeinde um Muhammad geschart hatte, aufgeschrieben wurden. Die liturgische Rezitation des Korans stand von Anfang an im Mittelpunkt des Gottesdienstes. Wie aus verschiedenen Koranstellen, insbesondere aus Sure 73 hervorgeht, war die junge Gemeinde Muhammads eine asketische Gemeinschaft; Gebetsgottesdienste, die einen Großteil der Nacht dauerten, scheinen die Regel gewesen zu sein. Zu solchen Gottesdiensten kam dann Muhammad immer wieder mit einem neuen Stück des Korans, um ihn der Gemeinde vorzutragen. Die kurzen Suren, die heute etwa das letzte 15tel des Korans ausmachen, gelten als diejenigen, die aus jener Anfangszeit von Muhammads Wirken stammen. Nach einer von den meisten muslimischen Autoritäten akzeptierten Tradition waren die ersten fünf Verse von Sure 96 das erste Muhammad offenbarte Stück des Korans.

Mit dem Anwachsen der Anhängerschaft wuchs auch die Gegnerschaft, die sich vor allem in den führenden Familien der Stadt Mekka bildete, obwohl Muhammad selbst dieser Oberschicht von Kaufleuten angehörte. Man bezichtigte ihn, er habe seine Offenbarung den Legenden der alten Völker entnommen, ein Christ oder ein Jude habe ihm seine Kenntnisse vermittelt, oder man erklärte ihn einfach für einen Dichter oder hielt ihn gar für einen Besessenen. In der Tat knüpft der Koran in den Suren jener zweiten Wirkensperiode Muhammads immer öfter an die prophetischen Gestalten des Alten und des Neuen Testaments, insbesondere an Abraham, Jakob, Joseph, Mose sowie an Jesus und dessen Mutter Maria an. Aus der Art, wie der Koran von diesen früheren Gottgesandten und Glaubenszeugen erzählt, gewinnt man den Eindruck, daß seinen Zuhörern diese Geschichten in der einen oder anderen Form längst bekannt waren. Wahrscheinlich waren es legendäre Erzählungen von den Gestalten des Alten und des Neuen Testaments, die damals auch in Mekka im Umlauf waren. Gelehrte oder Mönche, die die heiligen Schriften im Original gekannt hätten, dürfte es in Mekka kaum gegeben haben. Der Koran setzt also die Kenntnis solcher biblischen Geschichten voraus und vermittelt, wo er sie anspricht, eine Deutung der Heilsgeschichte im Lichte des unverfälschten Glaubens an den einen Gott. Muhammad sah sich ganz und gar in der alt- und neu-testamentlichen Tradition stehend. Er verstand sich als Warner, der die Menschen vor dem göttlichen Gericht und vor der größten aller Sünden, der Beigesellung, bewahren will, daß sie nicht in Undankbarkeit gegen ihren Schöpfer andere Wesen und Mächte neben ihm anbeten. Muhammad wollte keine neue Religion schaffen, vielmehr wollte er seine Mitmenschen, Heiden, Juden und Christen, zum reinen und einfachen Glauben an den einen Gott zurückführen, von dem sie, wie er meinte, im Laufe der Geschichte abgeirrt seien. Er sah in Abraham denjenigen, der, wie er selbst, diesen Glauben in seiner ursprünglichen Reinheit verkündet hatte, und verknüpfte Abraham und dessen Sohn Ismael, den Stammvater der Araber, mit dem mekkanischen Heiligtum, der Kaaba (vgl. dazu Sure 14:38/35-41/39).

Hatten die Koranstücke der ersten Wirkensperiode Muhammads mehr hymnischen Charakter, so nehmen die Suren der zweiten Wirkensperiode stärker den Charakter von Predigttexten an, in die erzählende Teile aus der alt- und neutestamentlichen Tradition eingeflochten sind. Damit werden die Suren auch etwas länger. Doch dürften manche Suren dieser Zeit nicht in einem Stück entstanden sein. Die Einzelstücke wurden dann zu einheitlichen Kompositionen, den Suren, verschmolzen.

In den Korantexten der dritten und letzten mekkanischen Wirkensperiode tritt die Klage und Verzweiflung über die Verstocktheit der Mekkaner immer stärker in den Vordergrund, weil sie die in so klaren Worten vorgetragenen Glaubenswahrheiten ablehnen und ihren Verkünder der Lüge bezichtigen. Doch Gott läßt sich nicht ungestraft verleugnen. Das Strafgericht, das Gott an dem „Volk des Noah" vollzog, weil auch dieses nicht an die Wahrheit der Glaubensbotschaft glaubte, war nur eines unter mehreren. In ähnlicher Weise hatte Gott auch Pharao bestraft und und ihn und sein Heer im Meer ertränkt, nachdem sie die Botschaft, die Mose ihnen gebracht hatte, nicht annehmen wollten. Und in Arabien selbst konnte der Reisende noch die Ruinenstätten alter Völker, der Ad und der Thamud, sich zum warnenden Zeichen nehmen für die Strafe, mit denen Gott diejenigen heimsucht, die seine Gesandten für Lügner erklären und sie verhöhnen. Muhammad war fest überzeugt, daß auch die Mekkaner ein solches göttliches Strafgericht treffen werde. In diesen Straflegenden der zweiten und dritten Wirkensperiode spiegelt sich mit Deutlichkeit Muhammads eigene Situation und seine Überzeugung, daß Gott den Unglauben der Völker, denen er seine Gesandten schickt, nicht ungestraft läßt. Er erwartet mit aller Bestimmtheit, daß die göttliche Strafe über kurz oder lang die Mekkaner treffen wird. Doch hat Gott seine Sendboten selbst vor der Vernichtung bewahrt, die ihre Völker traf, und so bewahrt er auch ihn, Muhammad, indem ihm Anhänger, die er in Jathrib, dem späteren Medina, gewonnen hatte, die Auswanderung *(hiǧra)* dorthin ermöglichen.

Die muslimische Überlieferung scheidet zwischen den in Mekka und in Medina geoffenbarten Suren und gibt nur in Einzelfällen nähere Hinweise auf die Umstände und die Entstehungszeit einzelner Suren oder Surenteile. Die Meinungen über die Reihenfolge, in der die Suren entstanden sind, sind jedoch keineswegs einhellig. Selbst die Überlieferung, daß die ersten 5 Verse von Sure 96 den Beginn der koranischen Offenbarung darstellen, ist nicht unbestritten. Manche stellen Sure 74 an den Anfang. Die Unterscheidung von drei Wirkensperioden Muhammads in Mekka geht auf Theodor Nöldeke zurück, der diese Auffassung zum erstenmal 1860 veröffentlichte. Sie wird heute im Grundsatz von den meisten Forschern akzeptiert. Nöldeke ordnete die Koransuren vor allem auf Grund stilistischer Eigenheiten in drei Perioden:

Die Suren der ersten mekkanischen Periode sind kurz und stehen in Form und Sprache der Dichtung nahe. Häufig werden sie durch mehrere Schwüre eingeleitet. Die der ersten Periode zugerechneten Suren sind in der von Nöldeke vermuteten Reihenfolge ihrer Entstehung: 96, 74, 111, 106, 108, 104, 107, 102, 105, 92, 90, 94, 93, 97, 86, 91, 80, 68, 87, 95, 103, 85, 73, 101, 99, 82, 81, 53, 84, 100, 79, 77, 78, 88, 89, 75, 83, 69, 51, 52, 56, 70, 55, 112, 109, 113, 114 und 1.

Die der zweiten und dritten mekkanischen Wirkensperiode Muhammads zugerechneten Suren lassen sich nicht so klar in eine zeitliche Ordnung bringen. Ein Wandel im Stil ist in der zweiten Periode augenfällig. Bedingt durch den Predigtcharakter dieser Suren tritt die hymnische Form und Sprache in den Hintergrund. Die Schwurformeln werden seltener; an ihre Stelle treten andere Einleitungsformeln. Die Suren werden länger und enthalten erzählende Passagen, die meist an die Gestalten des Alten und des Neuen Testaments anknüpfen. In einigen Suren dieser Periode wird Gott stets als *ar-raḥmān* „der Erbarmer" angesprochen. Zu dieser Periode werden folgende Suren gerechnet: 54, 37, 71, 76, 44, 50, 20, 26, 15, 19, 38, 36, 43, 72, 67, 23, 21, 25, 17, 27, 18.

Die Suren der dritten mekkanischen Wirkensperiode unterscheiden sich nicht grundsätzlich von jenen der zweiten Periode, jedoch treten die erzählenden Passagen gegenüber den Drohreden, in welchen den Mekkanern Gottes Strafgericht angedroht wird, in den Hintergrund. Als die letzten in Mekka entstandenen Suren sieht Nöldeke die Suren 32, 41, 45, 16, 30, 11, 14, 12, 40, 28, 39, 29, 31, 42, 10, 34, 35, 7, 46, 6 und 13 an.

II

Muhammads Hidschra, seine Auswanderung von Mekka nach Medina, die in das Jahr 622 datiert wird, bildet die einschneidende Zäsur in seinem Leben und Wirken. Der Koran nimmt in Sure 9:40, auf dieses für Muhammad nicht ungefährliche Ereignis Bezug, wo den Gläubigen, die nicht zum Kampf ausrücken wollen, vorgehalten wird, daß der Gottgesandte doch immer auf Gottes Hilfe zählen kann, wie er ihm auch seinerseits während der Hidschra beigestanden hat: „Wenn ihr ihm bei nicht steht, so hat doch Gott ihm beigestanden, da zu entweichen zwangen ihn die Leugner als einen von den zweien, die da waren in der Höle. Da sprach er (d.h. Muhammad) zum Genossen: Kümmre dich nicht! Gott ist mit uns." Wie aus diesem Korantext hervorgeht, mußte sich Muhammad zusammen mit Abū Bakr, seinem Begleiter, in einer Höhle vor den ihn verfolgenden Mekkanern verstecken. Er war bis zuletzt in Mekka geblieben, bis fast alle seine Anhänger sich in Medina in Sicherheit gebracht hatten. Nur Abū Bakr, einer seiner ältesten und treuesten Anhänger, harrte bei ihm aus, um ihn auf der Reise zu begleiten.

Muhammad traf in Medina die vor ihm Ausgewanderten *(muhāǧirūn)* sowie auf eine Gemeinde von Gläubigen, die sich schon gebildet hatte, während er noch von Mekka aus seinen Glauben verkündigte. Aber auch diejenigen unter den arabischen Stämmen Medinas, die sich noch nicht zu Muhammad bekannten, hießen ihn willkommen, weil sie sich von ihm die Schlichtung der erbitterten Feindschaft erhofften, die jahrelang unter ihnen geherrscht und das Leben in der Ansiedlung lahmgelegt hatte. Tatsächlich gewann Muhammad binnen kurzer Zeit eine so große Autorität in Medina, daß sich alle arabischen Bewohner der Stadt zum neuen Glauben bekannten. Sie wurden im Unterschied zu den zugewanderten Mekkanern, den Muhāǧirūn, in Anknüpfung an die Jünger Jesu, die „Helfer" *(anṣār)* genannt, wie es in Sure 61:14 heißt: „Ihr, die da glaubet, seid Gehilfen Gottes! Als wie da sprach Jesus, der Sohn Maria's, zu den Jüngern: Wer ist mein Gehilfe Gottes? Die Jünger sprachen: Wir sind die Gehilfen Gottes."

Da hinter der Bekehrung bei manchem dieser neuen Gläubigen jedoch mehr politischer Opportunismus als wahre Überzeugung stand, konnte sich Muhammad nicht immer der unbedingten Ergebenheit und Treue aller Anṣār sicher ein, was wiederholt Konflikte heraufbeschwor. Vor allem in den kriegerischen Auseinandersetzungen mit den Mekkanern, stellten diese „Heuchler", wie sie im Koran genannt werden, ein Element der Unsicherheit dar.

Infolge der Schiedsrichterfunktion, die Muhammad unter den medinensischen Stämmen inne hatte, sowie seiner Autorität, die sich auf seine prophetische Sendung gründete, wuchs er rasch in die Rolle eines Herrschers über die arabische Bevölkerung Medinas hinein. Neben der Schlichtung der Streitigkeiten unter den Medinensern war es daher seine vordringlichste Aufgabe, die Existenz der Auswanderer aus Mekka zu sichern. Diese hatten weitgehend ihren Besitz in Mekka zurücklassen müssen und konnten in Medina, dessen Bevölkerung von Landwirtschaft lebte, kaum Möglichkeiten finden, ihren Lebensunterhalt zu sichern. So griff Muhammad zu dem naheliegendsten und wohl auch einzig möglichen Mittel, nämlich sich das Notwendige durch Überfälle auf mekkanische Karawanen zu verschaffen. Die Legitimation hierzu hatten ihm die Mekkaner selbst geliefert, indem sie ihn und seine Anhänger unter Zwang aus der Heimat vertrieben, und – was schwerer wog – ihnen den Zugang zum „heiligen Bethaus", der Kaaba, verwehrten, das Abraham und Ismael einst selbst dem Herrn geweiht hatten (vgl. Sure 2:119/125-122/128). Um die zentrale Bedeutung des mekkanischen Heiligtums zu unterstreichen, wurde die Gebetsrichtung, die bis dahin wie bei Juden und Christen auf Jerusalem ausgerichtet gewesen sein soll, nach Mekka gewendet (vgl. Sure 2:136/142-144/149).

Etwa 18 Monate nach Muhammads Auswanderung kam es zu dem ersten schweren Zusammenstoß mit den Mekkanern. Die Muslime wollten eine aus Syrien nach Mekka zurückkehrende Karawane überfallen, trafen aber bei Badr auf eine Streitmacht der Mekkaner, die zum Schutz ihrer Karawane ausgezogen war. Trotz erheblicher Übermacht der Mekkaner trugen Muhammad und die seinen den Sieg davon. Muhammad verstand dies als die Einlösung des göttlichen Versprechens, er werde die Mekkaner für ihren Unglauben bestrafen. So waren es in Wahrheit nicht die Gläubigen, die in Badr die Mekkaner besiegten, sondern Gott selbst, wie es in Sure 8:17 heißt: „Doch ihr nicht habet sie getödtet, sondern getödtet hat sie Gott; und du nicht schossest als du schossest, sondern Gott hat geschossen; nur daß die Glaubigen Er prüfen möchte mit einer schönen Prüfung, denn Gott hört und weiß".

In Medina nimmt der Koran gegenüber den in Mekka entstandenen Suren einen ganz neuen Charakter und Stil an. In seinen Predigttexten begleitet und deutet er das Handeln Muhammads und der Gläubigen, verlangt von den Gläubigen Gehorsam gegenüber Gott und seinem Gesandten und kritisiert das Verhalten der Heuchler und auch der Gläubigen, wo diese den richtigen Einsatz für die Sache Gottes vermissen lassen. Die wesentlichen Ereignisse der Auseinandersetzung mit den Mekkanern werden als ein Wirken im göttlichen Heilsplan gesehen: die Katastrophe vom Berg Uḥud (Sure 3:145/152-149/155), wo Muhammad beinahe ums Leben gekommen wäre (vgl. Sure 3:138/144), die Belagerung Medinas durch die Mekkaner und ihre Verbündeten (Sure 33:9-27), der Waffenstillstand von Hudaibi'a, wo Muhammad sich als der überlegene Verhandlungspartner bewiesen hatte (vgl. Sure 48:1-27) und die Voraussetzung dafür schuf, daß sich Mekka schließlich kampflos Muhammads Führung unterwarf, worauf sich Sure 110 beziehen könnte.

Ein anderes Thema, das in den medinensischen Suren großen Raum einnimmt, ist die Auseinandersetzung mit den dort ansässigen jüdischen Stämmen. Ob Muhammad wirklich angenommen hatte – wie vielfach behauptet wird –, die Juden Medinas würden sich ihm anschließen und ihn als den neuen Propheten anerkennen, läßt sich dem Koran nicht entnehmen; sicher hoffte er, mit ihnen in friedlicher Koexistenz leben zu können, wenn sie ihn als den zu den arabischen Heiden gesandten Propheten *[an-nabī al-ummī* Sure 7:156/157 und ähnlich Sure 62:2) akzeptieren würden. Offensichtlich polemisierten die Juden jedoch sehr heftig gegen Muhammad, unter anderem weil er behauptete, er bestätige mit dem Koran die Offenbarung, die vor ihm herabgesandt worden war (vgl. z.B. Sure 2:91/97-95/101), was für jüdische Thorakenner unakzeptabel gewesen sein dürfte. In den medinensischen Suren 2, 3, 4, 59, 61, 62 und 98 finden sich längere Passagen, in welchen gegen die Juden polemisiert wird. Oft werden sie allerdings nicht direkt genannt, sondern indirekt als die „Leute der Schrift" *(ahl al-kitāb)* bezeichnet. Die Argumente der Juden lassen sich nur undeutlich aus dem Koran rekonstruieren; klarer treten die Argumente hervor, die Muhammad ihnen entgegenhält; das gewichtigste ist wohl der Vorwurf, sie hätten die ihnen von Gott gegebene Schrift an manchen Stellen verfälscht (vgl. Sure 4:48/46 und Sure 5:16/13). Es scheint auch, daß sie Muhammad vorwarfen, die Speisegesetze der Thora nicht zu beachten oder nicht zu kennen. Muhammad konnte jedoch diese Speisegesetze nicht als göttliche Gebote anerkennen; der Koran bezeichnet sie als eine Strafe, die den Juden von Gott wegen ihrer Sünden auferlegt wurde (Sure 4:158/160). Daß Juden wie auch Christen glaubten, daß Gott ihnen eine Vorzugsstellung eingeräumt habe und nur sie ins Paradies aufgenommen würden, wird im Koran an verschiedenen Stellen zurückgewiesen (vgl. z.B. Sure 5:21/18).

Die jüdischen Stämme Medinas waren offenbar wenig bereit, sich gegenüber Muhammad und den Muslimen als loyale Bundesgenossen zu verhalten. Sie scheinen verschiedentlich mit Muhammads Gegnern Kontakt aufgenommen zu haben, so daß sie zu einem immer größeren Sicherheitsrisiko wurden, je mehr die Auseinandersetzung mit den Mekkanern eskalierte. Obwohl die näheren Umstände nicht mehr sehr deutlich erkennbar sind, geht aus dem Koran und der an ihn anknüpfenden Überlieferung soviel hervor, daß es Muhammad gelang, einen jüdischen Stamm nach dem anderen zum Verlassen der Stadt zu zwingen oder ihn zu überwältigen. Hinweise darauf enthält vor allem Sure 59.

Indem Muhammad in Medina zum Oberhaupt einer Gemeinschaft geworden war, die er nicht nur religiös zu unterweisen, sondern auch in allen inneren und äußeren Angelegenheiten zu leiten hatte, mußte er das Zusammenleben der Menschen ordnen und durch gesetzliche Bestimmungen regeln. Auch das Zusammenleben mit den Juden gab Anlaß genug, der muslimischen Gemeinde ein Gesetz zu geben, das dem mosaischen Gesetz vergleichbar wäre. Daher enthalten die medinensischen Suren zahlreiche Passagen, in welchen gesetzliche Regelungen vorgenommen werden, z.B. Vorschriften über die Ehescheidung (Sure 65), Speiseverbote (Sure 5:3/2-4/3), das Weinverbot (Sure 5:92/90-93/91), das Wucherverbot (Sure 2:276/275-281), die Bestrafung bei Diebstahl (Sure 5:42/38), bei Ehebruch (Sure 4:19/15-20/16 und Sure 24:1-10) und andere mehr. Zu einer Art von Herrscher geworden, hatte Muhammad Besucher und Bittsteller zu empfangen, Recht zu sprechen und die militärischen Unternehmungen zu leiten. Nun mußte er, um sich vor allzugroßer Zudringlichkeit zu schützen, den freien Zugang zu seinem Haus einschränken (Sure 33:53-59 und Sure 58:12/11-14/13). Es konnte auch nicht ausbleiben, daß er und seine Frauen trotz seiner großen Autorität in den Mittelpunkt von Klatsch und Intrigen gerieten. Die Überlieferung kennt einige Affären, welche die medinensische Gesellschaft so sehr aufrührten, daß der Prophet mit der Autorität des Korans eingreifen mußte, um der üblen Nachrede Herr zu werden. Beispiele hierfür finden sich in Sure 24:11-20, in Sure 33:28-40, und Sure 66:1-5.

Die Situation, in der sich Muhammad in Medina befand, ist mit den Umständen seines Wirkens in Mekka kaum zu vergleichen. Diese Verschiedenheit schlägt sich augenfällig in der Andersartigkeit der Themen nieder, die in den medinensischen Suren behandelt werden, und wirkt sich natürlich auch auf deren Stil aus. Zwar fehlen Predigttexte nicht völlig, doch knüpfen sie stärker an die Tagesereignisse an. Gesetzliche Texte werden gerne in predigtartige Ermahnungen eingerahmt. Erzählende Passagen, die in der zweiten und dritten mekkanischen Periode einen großen Teil der Suren ausmachen, treten fast ganz in den Hintergrund. Es besteht zwar keine absolute Einhelligkeit hinsichtlich der Frage, welche Suren der medinensischen Zeit zuzurechnen sind, doch stimmen muslimische Tradition und westliche Forschung weitgehend darin überein, daß folgende Suren in Medina entstanden sind: (in chronologischer Reihenfolge nach Nöldeke): 2, 98, 64, 62, 8, 47, 3, 61, 57, 4, 65, 59, 33, 63, 24, 58, 22, 48, 66, 60, 110, 49, 9 und 5.

III

Auf welche Weise der Korantext gesammelt und redigiert wurde und seine heutige Gestalt erhielt, ist in der Forschung umstritten. Zwar haben sich zahlreiche Nachrichten hierüber in der muslimischen Überlieferung erhalten, doch ergibt sich aus ihnen kein widerspruchsfreies Bild. Nach dieser Überlieferung wurden in Mekka die einzelnen koranischen Textteile von Muhammads Anhängern auf allen möglichen Beschreibmaterialien wie Palmblättern, Schulterknochen, Lederstücken und ähnlichem aufgezeichnet. Es ist sicher, daß die meisten Koranstücke, die ja im Gottesdienst liturgischen Zwecken dienten, zugleich auch auswendig gelernt wurden. Bei der Mehrdeutigkeit des arabischen Schriftsystems jener Zeit hätte allein die schriftliche Aufzeichnung der Texte nicht ausgereicht, ihre Lesung und ihr Verständnis zu bewahren. Für die medinensische Zeit wird überliefert, daß Muhammad schreibkundige Sekretäre zur Verfügung standen, denen er die Koranstücke diktierte. Die muslimischen Autoritäten sind der Auffassung, daß Muhammad selbst des Schreibens und Lesens unkundig war und somit selbst nicht die schriftliche Fixierung seiner Offenbarungen vorgenommen haben konnte. Allerdings steht im Hintergrund der Lehre von Muhammads Schriftunkundigkeit der Glaube, er habe keinerlei Kenntnis der religiösen Schriften der Juden und Christen besessen und alles, was der Koran enthält, sei somit unmittelbar wörtlich inspiriertes Wort Gottes.

Umstritten ist auch, ob der Koran schon zu Lebzeiten Muhammads eine feste Form erhalten hat. Muslimische Gelehrte verweisen darauf, daß eine endgültige Redaktion nicht stattgefunden haben könne, da Muhammad ja jederzeit mit neuen Offenbarungen habe rechnen müssen. Die ältere Koranforschung hatte sich diese Auffassung zu eigen gemacht und vertrat die Meinung, daß die Sammlung des Korans erst nach dem Tode Muhammads begonnen worden sei, und daß dabei viele Suren aus verschiedenen Textfragmenten zusammengefügt wurden, so daß wohl manches Fragment nicht an seiner ursprünglichen Stelle steht. Neuere Untersuchungen haben es jedoch wahrscheinlich gemacht, daß dies allenfalls von den medinensischen Suren gesagt werden kann, während in den mekkanischen Suren deutlich Strukturen erkennbar sind, die zeigen, daß hier kunstvoll komponierte Texte vorliegen. Das schließt freilich im Einzelfall nicht aus, daß bei der Endredaktion, die wohl sicher erst nach den Tode Muhammads erfolgte, der eine oder andere Abschnitt beim Abschreiben übersehen wurde oder versehentlich an eine Stelle geriet, an der er nicht ursprünglich gestanden hatte.

In den ersten Jahren nach Muhammads Tod scheinen mehrere Koransammlungen nebeneinander existiert zu haben, die nicht völlig übereinstimmten. Es wird von mindestens vier solcher Koransammlungen berichtet. Der Kalife Othman (644–656) soll, um Streitigkeiten um den authentischen Text zu verhindern, eine Kommission unter der Leitung eines der Sekretäre Muhammads eingesetzt haben, die einen kanonischen Text erstellte. Der sorgfältig redigierte Text sei dann, so wird berichtet, in mehreren Abschriften in die Provinzhauptstädte gesandt worden mit der Maßgabe, daß alle anderen Koranexemplare, die bereits in Umlauf waren, zu vernichten seien. In der Tat enthalten alle heute bekannten Korane den othmanischen Text. Exemplare oder Fragmente älterer Koransammlungen sind bisher nicht aufgetaucht.

Die von Othman eingesetzte Kommission hat auch die Anordnung der Suren vorgenommen. Dabei hat sie sich von einem sehr äußerlichen Prinzip leiten lassen; sie hat nach der Eröffnungssure *(al-fātiḥa)*, die das wichtigste islamische Gebet darstellt, alle weiteren Suren etwa der Länge nach angeordnet: die längste Sure *al-baqara* „die Kuh" zuerst und dann in abnehmender Textlänge die weiteren Suren bis zu den kurzen Suren am Ende des Buchs. Dadurch sind gerade die ältesten mekkanischen Suren an das Ende des Korans zu stehen gekommen. Daß bei der Anordnung der Suren nach diesem Prinzip nicht völlig konsequent verfahren und manche Suren unterschiedlicher Länge zu Gruppen zusammengefaßt wurden, scheint mit den am Anfang einiger Suren stehenden Siglen, den sog. geheimnisvollen Buchstaben, zusammenzuhängen (s. dazu im Anhang unter „Siglen"). Da jedoch über die Arbeitsweise der von Othman eingesetzten Kommission nichts Näheres bekannt ist, sind alle damit zusammenhängenden Fragen unlösbar.

Obwohl der Korantext infolge seiner frühen Redaktion nur wenige Überlieferungsvarianten im sog. Konsonantentext aufweist, gibt es doch unterschiedliche Lesungen, die durch den Mangel an Eindeutigkeit des frühreabischen Schriftsystems bedingt sind. Die ältesten Korancodices wurden in einem Schrifttyp geschrieben, in dem zahlreiche Konsonanten, die später durch diakritische Punkte differenziert wurden, noch unpunktiert waren. Diese alte Schriftart läßt nicht erkennen, ob z.B. ein und dasselbe Zeichen b, ein t, ein th meint, oder ob bei einem anderen Zeichen ein r oder ein z gemeint ist. Außerdem weisen die alten Codices auch keine Zeichen für die Vokale auf. Es liegt auf der Hand, daß damit unterschiedliche Lesungsmöglichkeiten gegeben waren; und hätte es nicht zugleich die Praxis der mündlichen Überlieferung des Korantextes zum Zweck der Koranrezitation gegeben, so wären wohl zahlreiche Ausdeutungen in Umlauf gebracht worden. Sieben Schulen mit unterschiedlichen Lesungen werden bis heute anerkannt. Die Unterschiede ihrer Lesungen sind allerdings meist nicht so gravierend, daß sie die Interpretation des Textes einschneidend berühren; oft handelt es sich nur um lautliche oder dialektale Varianten. Unter diesen sieben Lesungsschulen, hat diejenige von Kufa die meiste Verbreitung gefunden. Ihre Lesung liegt auch dem Korantext zugrunde, der in Kairo unter der Aufsicht der Gelehrten der Azhar-Hochschule gedruckt wurde. Auf ihr beruhen fast alle Koranübersetzungen in europäische Sprachen und so auch diejenige von Friedrich Rückert.

Erläuternde Anmerkungen

Rückert hat sich in seiner Übersetzung meist sehr eng an den Text gehalten, so daß er die oft schwer verständliche Sprache des Korans nicht glättete und sie, so weit dies möglich war, in ihrer Mehrdeutigkeit und andeutenden Art wiedergab. Daher gilt für Rückerts Version, was auch für den arabischen Text gilt, daß er an vielen Stellen ohne Erläuterungen nicht immer verständlich ist. Rückert selbst hat seiner Übersetzung daher erklärende Anmerkungen hinzugefügt, die hier zusammen mit dem Text abgedruckt wurden. Offensichtlich hat Rückert die Arbeit an diesen Anmerkungen nicht zu Ende geführt, denn sie werden je weiter die Übersetzung fortschreitet, desto spärlicher. So mußte ergänzt werden, was Rückert unvollendet gelassen hatte, um den Text verständlicher zu machen. Ausdrücke und Namen, die wiederholt im Koran vorkommen und einer Erklärung bedürfen, werden in einem Anhang alphabetisch aufgeführt. In den Anmerkungen zu den einzelnen Koranversen wird gegebenenfalls auf diesen Anhang verwiesen.

Der Verfasser hat sich bei diesen kommentierenden Anmerkungen größtmögliche Zurückhaltung auferlegt. Manches, was die Koranforschung der letzten hundert Jahre hier beizutragen hätte, ist unsicher und beruht auf Vermutungen, die schon bald überholt sein können. So wurde darauf verzichtet, Unklarheiten dadurch zu beseitigen, daß ein Ungewisses durch ein anderes ersetzt wurde. Allerdings nötigt die Sprache von Rückert, der sich manchmal, und zwar sicher bewußt, eines altertümlichen deutschen Stils bedient, zur Erläuterung von heute kaum mehr verständlichen Ausdrücken.

Sure 1 (*al-fātiḥa*)

Die „eröffnende" Sure *(al-fātiḥa)* wurde dem Koran als einleitendes Gebet vorangestellt. Die Entstehungszeit dieses Gebetes ist umstritten; es dürfte jedoch in einer Zeit entstanden sein, als Muhammad in Mekka bereits eine Gemeinde von Gläubigen um sich versammelt hatte.

Erläuternde Anmerkungen 509

Sure 2 (*al-baqara*)
Diese Sure stammt aus den ersten Jahren nach Muhammads Auswanderung nach Medina. Sie stellt keine einheitliche Komposition dar, sondern besteht aus Stücken unterschiedlicher Entstehungszeit und verschiedenen Inhalts. Die meisten in dieser Sure vereinten Themen sind Ausdruck der aufkommenden Auseinandersetzungen der Gemeinde Muhammads mit den Juden von Medina, die sich nicht von der Sendung des arabischen Propheten überzeugen ließen. An vielen Stellen werden die Juden direkt angesprochen; so in den Versen 74/80 ff., Vers 81/87 ff., 88/94 ff. Die von Rückert getroffene Auswahl enthält die zentralen Aussagen der Sure. – Der Name der Sure bezieht sich auf die in den Versen 63/67-68/73 genannte Kuh.
32 *Iblis*] s. Anhang → Iblis.
39-62] Die übergangenen Verse setzen die an die Juden gerichtete Ermahnung von Vers 38/40 fort. Die Juden werden aufgefordert, sich der Glaubensbotschaft Muhammads nicht zu verschließen. Sie werden daran erinnert, daß Gott ihnen besondere Gnaden erwies, indem er sie vor allen Völkern auszeichnete, sie aus der Knechtschaft Pharaos errettete, Mose das Gesetz gab und sie ins gelobte Land führte. Doch immer wieder hätten sie sich von Gott abgewandt.
70-73] Die übergangenen Verse beinhalten eine Auseinandersetzung mit dem Verhalten der medinensischen Juden gegenüber der muslimischen Gemeinde. Die Gläubigen werden gewarnt, sich auf Glaubensdiskussionen einzulassen.
85-87] Die Verse wurden von Rückert übergangen. Den Juden werden ihre Sünden vorgehalten, darunter auch die Verehrung des goldenen Kalbs.
89 *Des wegen was vorwirkten ihre Hände*] wegen der Sünden, die ihre Hände taten. – Zur Aufforderung an die Juden, sie mögen doch ihren Tod herbeiwünschen, vgl. Sure 62:6.
98-117] Die nicht übersetzten Verse weisen den Anspruch der Juden und Christen zurück, allein im Besitze der Offenbarung und der Wahrheit zu sein.
118 *Wie da den Abraham sein Herr versuchete mit Worten*] ein Hinweis auf Genesis 22,1, wo es heißt: „Nach diesen Geschichten versuchte Gott Abraham". Mit der Versuchung ist Gottes Aufforderung an Abraham gemeint, er solle seinen Sohn opfern. – *auch von meiner Nachkommenschaft?*] Abrahams Bitte, Gottes Zusage möge sich auch auf seine Nachkommen erstrecken, entspricht Genesis 22,18:

"und durch deinen Samen sollen alle Völker auf Erden gesegnet werden, darum daß du meiner Stimme gehorcht hast". Im Koran wird dieses Versprechen jedoch eingeschränkt, indem die Frevler ausgenommen werden.

119 *Standort Abrahams*] s. Anhang → Standort Abrahams. – *Für die Umwandelnden und Stehenden, Verbeugten und Fußfälligen*] d.h. für diejenigen, die den Ritus der Umkreisung der Kaaba vollziehen und sich der Andacht hingeben, für diejenigen, die sich im Gebet verbeugen und niederwerfen. Über die Beziehung Abrahams zum Heiligtum von Mekka s. Anhang → Abraham.

120 *Diese Flur*] das Tal von Mekka.

123 *Einen Abgesandten*] Muhammad verstand sich als der Abgesandte Gottes, um den Abraham gebetet hatte; vgl. Vers 146/151. – *Deine Zeichen*] damit sind hier die Koranverse gemeint; vgl. Anhang → Zeichen.

125 *Ergib dich!*] wörtliche Übersetzung von arab. *aslim*, was dann auch verstanden werden kann als „werde Muslim!"

126 *Diesen Dienst*] s. Anhang → Gottesdienst.

127 f.] Angesprochen sind hier die in Medina lebenden Juden.

129 *Nazarener (naṣārā)*] so werden im Koran die Christen genannt. – Sowohl Christen wie Juden glauben sich allein im Besitz der Rechtleitung, obwohl sich beide auf Abraham berufen. – *andächtig*] mit diesem Ausdruck gibt Rückert arab. *hanif* wieder, das im Koran diejenigen bezeichnet, die am reinen monotheistischen Glauben festhalten.

130 *Wir machen keine Scheidung zwischen einem unter ihnen*] im Koran wird die Auffassung vertreten, daß alle Propheten, und so auch Muhammad, im Kern ein und dieselbe Glaubensbotschaft überbringen. Muslime sollen daher keinen Unterschied zwischen ihnen machen, während Juden und Christen sich in der Bewertung Jesu entzweit haben und damit eine Scheidung zwischen den Propheten vornehmen; ebenso Sure 3:78/84.

136-152] Rückert hat in diesem Stück an zwei Stellen, nämlich bei den Versen 137/143 und 153/158, die überlieferte Reihenfolge geändert, um einen geschlosseneren Zusammenhang herzustellen. Vers 141/146, in dem den Juden Medinas der Vorwurf gemacht wird, sie verheimlichten Stücke der ihnen zuteil gewordenen Offenbarung, wurde von ihm gänzlich übergangen.

Erläuternde Anmerkungen

139 *Dem geweihten Bethaus zu*] vgl. Anhang → Bethaus. – *Jene, so die Schrift empfingen*] Juden und Christen, die schon früher die Offenbarung empfiengen. Vgl. Anhang → Volk der Schrift.

146 *Einen Gesandten aus euch selbst*] ein Gesandter, der aus eurem eigenen Volk stammt, d.h. Muhammad; vgl. Vers 123/129.

153] Der Wallfahrer läuft siebenmal zwischen Safa und Marwa hin und her, was als eine Erinnerung an die verzweifelte Wassersuche der verdurstenden Hagar, der Mutter Ismaels, gedeutet wird. Sie wurde dann durch den Zamzam-Brunnen errettet.

154-185] Die nicht in die Übersetzung aufgenommenen Verse enthalten Predigttexte, in denen der rechte Glaube dargestellt und vom falschen Glauben der Juden abgegrenzt wird, ferner gesetzliche Vorschriften, welche die Vergeltung bei Mord, das Fasten und die Wallfahrt nach Mekka *(ḥaǧǧ)* betreffen. – Die anschließenden Verse 186/190-189/193 hat Rückert nach Vers 215/218 eingefügt.

187 *Beim heiligen Hause*] s. Anhang → Bethaus.

214 *Verdrängung*] die Mekkaner übten auf Muhammad und insbesondere auf seine Anhänger schweren Druck aus, um sie „vom Wege Gottes" abzubringen; schließlich sahen sich Muhammad und seine Anhänger zur Auswanderung *(hiǧra)* nach Medina genötigt.

216-243] Die übergangenen Verse enthalten, neben allgemeinen Ermahnungen zum Glauben und zu guten Werken gesetzliche Vorschriften, nämlich die Ablehnung von Wein und Glücksspiel, das Verbot der Ehe mit Götzendienerinnen, das Verbot des Umgangs mit Frauen während der Menstruation, sowie Vorschriften über den Eid, die Scheidung, die Versorgung der Ehefrauen im Todesfall des Mannes, das Gebet und ähnliches.

252 *Und wär' es nicht, daß Gott abtriebe die Menschen, einige durch andre*] „abtreiben" verwendet Rückert hier im Sinne von „zurücktreiben, zurückhalten". Sure 22:41/40, wo sich dieselbe Wendung findet, übersetzt Rückert: „Und wehrte Gott nicht ab die Menschen, die einen durch die andern".

257 *Gottesdienst*] s. Anhang. Der Vers wird meist übersetzt: „Es gibt keinen Zwang in der Religion". – *Tagut*] Nach neueren Forschungen bezeichnete *ṭāġūt* im vorislamischen Arabien einen Schiedsrichter, der unter Vornahme kultischer Handlungen Streitigkeiten schlichtete. Vgl. die Anm. zu Sure 4:54/51.

272] Der Vers steht inhaltlich außerhalb des Zusammenhangs und wurde daher von Rückert ausgelassen.

282 und 283] Die beiden nicht übersetzten Verse enthalten Vorschriften über die rechte Art der Schuldverschreibung; sie stehen an dieser Stelle als Ergänzung zu dem in Vers 275 genannten „Wucher", unterbrechen aber den Sinnzusammenhang des Textes.
285 *Wir machen keine Scheidung zwischen einem der Gesandten*] s. die Anmerkung zu Vers 130/136.

Sure 3 (*Āl ʿImrān*)

Wie die meisten medinensischen Suren, so besteht auch diese Sure aus mehreren zu unterschiedlichen Zeiten entstandenen Teilen, hauptsächlich aus der Zeit nach der Schlacht von Badr (624) und aus der Zeit nach der Schlacht am Berg Uḥud (625). Die Auseinandersetzung mit Judentum und Christentum bildet auch in dieser Sure den Hintergrund. Ihr Name bezieht sich auf die in Vers 30/33 genannte Āl ʿImrān „Sippe des Amram", womit jedoch im Koran die Sippe der Maria, nicht die des Mose, wie im Alten Testament, gemeint ist.
1-30] Nach einem einleitenden Gebet enthalten diese Verse einen kurzen Hinweis auf Gottes Hilfe beim Sieg der Anhänger Muhammads über eine vielfache Übermacht der Mekkaner in der Schlacht von Badr (624). Gottes Hilfe wird aber nur den Gläubigen zuteil.
34 *Ein Wort von Gott*] damit ist, wie auch in Vers 40/45, Jesus gemeint; vgl. noch Sure 4:169/171.
37 *Gereinet*] d.h. „rein gemacht".
38 *Fußfällig und verbeugt mit den Verbeugten*] im Gebet sich niederwerfend und sich vor Gott beugend, gemäß der Praxis des islamischen Gebetsritus.
39] Der Angesproche ist hier der Prophet Muhammad. Mit der „Kunde des Geheimen" dürfte die in Vers 32/37 gemachte Mitteilung gemeint sein, daß Maria auf Grund eines Loses dem Zacharias zur Obhut anvertraut wurde. Dagegen heißt es in legendären Marien-Erzählungen, das Los sei Joseph zugefallen.
40 *Gott verheißet dir ein Wort von sich*] s. die Anm. zu Vers 34/39 b.
– *Und von den Nahgestellten*] wahrscheinlich „die Gott besonders Nahestehenden".
43] Vgl. hier zu Sure 5:110 und die Anmerkung dazu.
47 *Da haben sie gelistet*] die Juden schmiedeten Listen gegen Jesus.
48 *Worinnen ihr uneins waret*] Gott wird zwischen Juden und Christen über ihre Glaubensstreitigkeiten richten: Die Juden verleugnen Gott, indem sie Jesu Gottgesandtschaft bestreiten, die Christen ver-

Erläuternde Anmerkungen

leugnen Gott, indem sie Jesus als Gottessohn Gott gleichstellen. – *reinen*] d.h. rein machen.
50 *Gewähren wird Er ihnen ihre Löhne*] Der Wechsel zwischen 1. Person (Vers 49/56) und 3. Person (Vers 50/57) in Bezug auf Gott als Sprecher findet sich im Koran an vielen Stellen.
51 *Von unsren Zeichen*] d.h. den Koranversen; s. Anhang → Zeichen.
54 *Doch wenn man dich darüber will bestreiten*] wenn man mit dir darüber streiten will; ähnlich Vers 66 *und wenn sie wollen euch bestreiten*] d.h. mit euch streiten wollen.
57 *Schriftinhaber*] s. Anhang → Volk der Schrift.
61 *Dieser Prophet*] d.i. Muhammad.
66 *Und wenn sie wollen euch bestreiten*] vgl. Anm. zu Vers 54.
69 *Den andern Völkern*] den heidnischen, nichtjüdischen Völkern.
73 *Seid Herrendiener! wie ihr wisset die Schrift und wie ihr lest in ihr*] das von Rückert „Herrendiener" übersetzte arab. *rabbāniyūn* entsprach im damaligen Arabien wahrscheinlich unserem Ausdruck „Rabbiner". Rückerts Übersetzung liegt eine vom herrschenden Text abweichende Lesart zugrunde; der Passus ist nach dem Standardtext folgendermaßen zu verstehen: „Seid Gottgelehrte, dadurch daß ihr die (heilige) Schrift lehrt und studiert!".
78 *Wir machen keine Scheidung zwischen einem unter ihnen*] vgl. die Anm. zu Sure 2:130/136.
79 *Wer folgt anderm Gottesdienst als der Ergebung*] wer einer anderen Religion als dem Islam folgt.
80-88] die nicht in die Übersetzung aufgenommenen Verse behandeln die Strafen, die Gott denjenigen androht, die gläubig geworden, dann jedoch vom Glauben wieder abgefallen sind. In Vers 83/87 wird gesagt, daß den Israeliten alle Speisen erlaubt waren, ehe die Thora herabgesandt wurde.
90 *Das erste Haus*] Gotteshaus; – *Bekka*] altertümliche Namensform von Mekka.
91 *Der Standort Abrahams*] s. Anhang → Standort Abrahams.
96 *Gottes Zeichen*] die Koranverse.
98 *Da ihr verfeindet waret*] angesprochen sind hier die medinensischen Gläubigen, die vor Muhammads Ankunft in Medina in schweren Stammesfehden zerstritten waren, die das Leben der Stadt über viele Jahre lähmten. Einer der Gründe, warum man Muhammad nach

Medina zu kommen aufforderte, war die Erwartung, er werde den Streit schlichten.
100 *Volksstamm*] s. Anhang → Umma.
101 *jene die sich spalteten*] damit sind Juden und Christen gemeint, weil sie über den Inhalt der Offenbarung uneins wurden.
106 und 109 *Volksstamm*] s. Anhang → Umma.
118 *Zwei Truppen*] Rückert bezieht diesen Vers auf den Kampf von Badr und hat daher die Reihenfolge der Verse geändert. Die muslimischen Kommentatoren beziehen den Vers dagegen zumeist auf den Kampf beim Berge Uḥud und meinen, es handle sich bei den „zwei Truppen" um zwei medinensische Stämme, die sich vom Kampf zurückziehen wollten.
123] Die Übersetzung ist hier sehr wörtlich zu nehmen; gemeint ist: „Es geht dich nichts an, ob Er sich ihnen gnädig zuwendet oder sie straft. Denn sie sind Sünder."
139] Der ausgelassene Vers besagt: „Keiner Seele ist es gegeben zu sterben, es sei denn mit Gottes Erlaubnis zu einem im Schicksalsbuch festgelegten Termin. Wer den Lohn dieser Welt verlangt, dem geben Wir davon; wer aber den Lohn des Jenseits verlangt, dem geben Wir davon und die Dankbaren werden Wir belohnen."
145 *Bis ihr erschlafftet dann*] ist eher auf den Kampf am Berg Uḥud bei Medina (im Jahre 3 der Hiǧra, entsprechend 625 n.Chr.) zu beziehen, wo ein Teil der muslimischen Kämpfer sich entgegen der ihnen ergangenen Anweisung vorzeitig auf die Beute stürzte, wodurch sich das Schlachtenglück auf die Seite der mekkanischen Gegner Muhammads neigte. – Auch die folgenden Verse beziehen sich auf diesen Kampf am Uḥud.
148 *Zu ihrer Ruhestatt*] zu dem Ort, wo sie den Tod fanden.
156 *Gehenna*] die Hölle; s. Anhang.
166 *Schramme*] Euphemismus für Niederlage.
172 *Daß sie zunehmen an Verschuldung*] daß ihre Schuld immer mehr zunehme.
181] Der ausgelassene Vers besagt: „Wenn sie dich der Lüge zeihen, so wurden doch schon Gesandte vor die, die mit deutlichen Zeichen, den heiligen Büchern und der erleuchtenden Schrift kamen, der Lüge bezichtigt."
184-199] Diese Verse wurden von Rückert nicht übersetzt, da der Text eine Störung aufweist. Sie enthalten zunächst die Fortsetzung der gegen die Juden gerichteten Kritik (184/187-186/189) und münden

Erläuternde Anmerkungen 515

dann in das Abschlußgebet der Sure ein (187/190-195/195). Darauf folgen nochmals (196-200) Ermahnungen an den Propheten, sich von den Ungläubigen nicht irritieren zu lassen.

Sure 4 (*an-nisāʾ*)

Die in Medina entstandene Sure wird in ihren überwiegenden Teilen in die Zeit zwischen dem Kampf am Berg Uḥud (625) und dem sog. Grabenkrieg (627), in dem die Mekkaner und ihre Verbündeten vergeblich Medina belagerten, datiert. Der Name der Sure weist darauf hin, daß in ihr zu Beginn und an anderen Stellen Bestimmungen über die Frauen enthalten sind.

3] Die nicht übersetzte zweite Hälfte des Verses fährt fort: „so nehmt euch zu Frauen, was euch gutdünkt: je zwei, drei oder vier; wenn ihr aber fürchtet, sie nicht gleich behandeln zu können, dann [nur] eine oder was eure Rechte besitzt [d.h. Leibeigene, Sklavinnen]. Das ist am angemessensten, damit ihr nicht viele Familienmitglieder unversorgt lassen müßt." – Dieser Vers dient den muslimischen Rechtsgelehrten als Grundlage, die gleichzeitige Ehe mit vier Ehefrauen zu erlauben.

8-32] Die übergangenen Verse behandeln Vorschriften über die Verteilung des Erbes, über die Behandlung derjenigen, die Unzucht begangen haben, sowie Ehehindernisse.

33] Sure 2:184/188, worauf Rückert in seiner Anmerkung verweist, besagt: „betrügt euch nicht untereinander um euer Vermögen [wörtl. verzehrt nicht untereinander euer Vermögen ohne Recht] und bietet es nicht den Richtern an, um andere Leute in sündiger Weise um einen Teil ihres Vermögens zu bringen, wobei ihr euch dessen bewußt seid." – Der anschließend von Rückert hierher gestellte Vers 61/58 steht an seiner Stelle ohne inneren Zusammenhang.

34, 35 und 37] Die Verse lassen keine klare Ordnung erkennen; sie wurden daher von Rückert übergangen.

40 *Sohn des Wegs*] s. Anhang. – *Die unter eurer Hand stehn*] wörtl. „was eure Rechte besitzt", womit Leibeigene gemeint sind.

45 *Wenn Wir einst von jeder Volksgilde bringen einen Zeugen*] Gott verkündet, er werde beim Jüngsten Gericht von jeder Gemeinschaft (*umma*, s. Anhang) einen Zeugen wider die Ungläubigen aufrufen.

48-49] Zur Erklärung der den Juden in den Mund gelegten zweideutigen Reden sind sehr verschiedene Meinungen geäußert worden. Rückert hat nicht wörtlich übersetzt, sondern sie durch ein Wortspiel nachzuahmen und zu interpretieren versucht.

50] Zur Bestrafung der Sabbatschänder s. Sure 7:163-166.

54] Die neuere Forschung versteht Gibt und Tagut *(ṭāġūt)* als Bezeichnungen für kultische Schiedsrichter im vorislamischen Arabien, wie Rückert bereits richtig gesehen hat; vgl. seine Anmerkung zu diesem Vers.

55] In dem übergangenen Vers wird den zuvor Genannten der Fluch Gottes angedroht.

56] Kriebs: heute unübliche Bezeichnung für „Kerngehäuse des Apfels". Das an dieser Stelle gebrauchte arab. Wort *naqīr* wird gewöhnlich als „Grübchen im Dattelkern" verstanden und bedeutet also „etwas völlig Wertloses".

73 *Nehmet eure Wahrung*] seit auf der Hut!

75 *Abwand*] ohne die von Rückert vorgenommene Emendation hat der Vers folgenden Sinn: „Wenn euch eine Gunst von Gott zuteil wurde, dann wird jener so, als ob zwischen euch und ihm keine Freundschaft gewesen wäre, sprechen: ‚Wäre ich doch bei ihnen gewesen, dann hätte ich ein großes Glück erlangt.'"

77 *Stadt der sündigen Bewohner*] wahrscheinlich ist damit Mekka gemeint.

78 *Tagut*] s. die Anm. zu Vers 54/51.

79 *Sühnungssteuer*] s. Anhang.

87-88] Rückert hat durch Umstellung der Verse versucht, die gestörte Versfolge wiederherzustellen. Vers 87/85 wurde von ihm zwischen die Verse 106/105-106 und 107/107 gestellt, der gänzlich aus dem Zusammenhang fallende Vers 88/86 zwischen die Verse 96/94 und 97/95 plaziert.

97 *Die Sitzer*] diejenigen, die mit ruhenden Händen dasitzen (vgl. Vers 79/77) und nicht in den Kampf ziehen.

112 *Beschmitzt*] beschmitzen bedeutet „zu Unrecht beschuldigen, verleumden".

123 *Garten*] der Paradiesesgarten.

126-129] Die übergangenen Verse enthalten Ergänzungen zu den die Frauen betreffenden Vorschriften und Ermahnungen vom Surenanfang.

130 und 131] s. Rückerts Anmerkung zu Vers 125.

132 *So nimmt er euch hinweg, ihr Menschen, und bringet andre*] Darin ist die Androhung eines göttlichen Strafgerichts enthalten, wie es an den Menschen zur Zeit Noahs durch die Sündflut vollzogen wurde, und wie es Gott nach dem Koran auch später noch an Völkern voll-

Erläuternde Anmerkungen 517

zog, die nicht an die zu ihnen gesandten Propheten glauben wollten. Vgl. hierzu z.B. Sure 7:57/59 ff.
138 *Mit Vorbeigehn der Gläubigen*] unter Umgehung der Gläubigen.
143-148] Die übergangenen Verse enthalten im wesentlichen eine Variation der vorhergehenden Verse 138/139-142/143: Die Gläubigen werden vor den Ungläubigen und den Heuchlern gewarnt.
153] Der ausgelassene Vers beschreibt den mit den Israeliten geschlossenen Bund in Andeutungen, die sich einem klaren Verständnis entziehen: „Und Wir erhoben den Berg [Sinai] über ihnen beim Bundesschluß, und sagten zu ihnen: ‚Tretet ein in das Tor, zum Gebet euch niederwerfend.' Und Wir sprachen zu ihnen: ‚übertretet nicht den Sabbat!' und nahmen von ihnen einen festen Bund." Vgl. dazu Sure 7:170/171.
161-164] In den übergangenen Versen wird bekräftigt, daß die an Muhammad ergangene Offenbarung derjenigen der früheren Propheten entspricht. Es werden genannt: Noah, Abraham, Ismael, Isaak, Jakob, Jesus, Hiob, Jonas, Aaron, Salomo und David.
169 *Schreitet nicht aus in eurem Gottesdienst*] begeht keine Übertreibungen in eurer Religion.

Sure 5 (*al-māʾida*)

Diese Sure gehört zu den in den letzten Lebensjahren Muhammads entstandenen Teilen des Korans. Rückert hat die Sure nur in Auswahl übertragen. In den meisten Fällen enthalten die von ihm nicht übersetzten Partien Gedankengänge, die eine Wiederholung oder Variation anderer, von ihm übersetzter Teile darstellen.
1-9] Die in den ersten Versen der Sure behandelten Vorschriften über Speisen und die Waschung vor dem Gebet wurden von Rückert nicht übersetzt.
3 *Vom geweihten Bethaus*] s. Anhang → Bethaus.
12 und 13] Die beiden übergangenen Verse enthalten formelhafte Verheißungen von Lohn und Strafe im Jenseits.
16 *Entschlag!*] entschlage sie dir aus dem Sinn! Von anderen Übersetzern wird an dieser Stelle „sei nachsichtig!" interpretiert.
18 *Offne Schrift*] die klare und deutliche koranische Offenbarung.
23-29] Die übergangenen Verse behandeln die Verheißung des gelobten Landes an Mose, und daß Gott den Israeliten, da sie Mose nicht willig folgten, 40 Jahre lang das Betreten des gelobten Land verwehrte.

36-58] Die ausgelassenen Verse beinhalten zunächst weitere Vorwürfe, die an die Adresse von Juden und Christen gerichtet sind. In den Versen 42/38-44/40 wird das Gebot gegeben, dem Dieb und der Diebin die Hand abzuschneiden. Im folgenden richtet Gott tröstende Worte an den Propheten wegen der Heuchelei und des Unglaubens der Juden. In der Thora habe Gott den Juden das Gesetz herabgesandt und dieses im Evangelium durch Jesus bestätigt. Das Juden und Christen gegebene Gesetz wurde nun durch das auf Muhammad herabgesandte Offenbarungsbuch wiederum bestätigt. Muhammad wird dann ermahnt: „Richte du unter ihnen nach dem, was Gott hinabgesandt, und folge nicht ihrem Belieben und hüte dich vor ihnen, daß sie dich nicht dazu verführen, von manchem abzuweichen, was Gott dir herabgesandt hat" (54/49). Auch die Gläubigen werden ermahnt, sich mit Juden und Christen nicht zu nahe einzulassen.

60-75] Die übergangenen Verse enthalten einen Predigttext: „Wer sich an Gott und seinen Gesandten und an diejenigen, die gläubig sind, hält: diese Anhängerschar Gottes *(ḥizb allāh)* sind die Überlegenen" (61/56). Darauf werden wieder die jüdischen Schriftbesitzer angesprochen und ihnen ihre Irrtümer und Sünden vorgehalten: „Warum wehren ihnen die Rabbinen und Schriftgelehrten nicht ihre sündige Rede und das Verzehren ungerechten Besitzes? Gar schlimm ist, was sie tun!" (68/63). Die Schriftbesitzer, Juden und Christen, werden aufgefordert, sich auf die wahren Lehren in Thora und Evangelium zu besinnen und den neu gesandten Propheten anzuerkennen, der nichts Neues lehrt, sondern die Gesetze der früheren Propheten bestätigt.

79 *Sie beide aßen Speise*] Beweis ihrer menschlichen, nicht göttlichen Natur.

80-91] Die übergangenen Verse enthalten an die Schriftbesitzer gerichtete Wiederholungen der schon zuvor erhobenen Vorwürfe. Doch wird zwischen Juden und Christen differenziert: „Du wirst bestimmt die heftigste Feindschaft gegen die Gläubigen bei den Juden und bei den Beigesellern finden und du wirst finden, daß den Gläubigen in Liebe am nächsten stehen diejenigen, die sagen: ‚Wir sind Christen.' Und zwar deshalb, weil unter ihnen Priester und Mönchen sind, die nicht hochmütig sind" (85/82). In den dann folgenden Versen wird betont, daß Gott alle guten Dinge als Speisen erlaubt hat, und ferner, daß unbedachte Eide durch bestimmte Sühneleistungen rückgängig gemacht werden sollen.

Erläuternde Anmerkungen

94] Der ausgelassene Vers besagt, daß die Gläubigen mit dem, was sie bisher an Speisen zu sich genommen haben, keine Sünde begangen hätten. Der Vers scheint sich auf eine Auseinandersetzung mit den Juden über Speisevorschriften zu beziehen, doch ist der Zusammenhang unklar.

95 *Gott will auch euch prüfen*] Die folgenden Bestimmungen, die die Jagd während der Pilgerfahrt einschränken, werden damit begründet, sie seien den Gläubigen als eine Glaubensprüfung auferlegt.

102] Bahira, Sa'iba, Waßila, Hami sind Bezeichnungen für geweihte Opfertiere, die im heidnischen Kult eine Rolle spielten.

105-107] Die übergangenen Verse stehen außerhalb des Zusammenhangs. Sie enthalten Vorschriften, wie testamentarische Verfügungen durch Zeugen abgesichert werden sollen.

108 *Die Boten*] die gottgesandten Propheten; Gott wird sie am Jüngsten Tag darüber befragen, wie die Menschen, zu denen sie gesandt worden waren, ihre Sendung aufnahmen.

109 und 110] Die Legenden vom Sprechen Jesu in der Wiege und von den zum Leben erweckten tönernen Vögeln finden sich auch in apokryphen Kindheitsevangelien.

Sure 6 (*al-anʿām*)

Die Sure gilt als eine der letzten in Mekka entstandenen Suren. Abgesehen von einigen kleineren Auslassungen, hat Rückert nur am Anfang ein größeres Stück unübersetzt gelassen. Die Sure hat ihren Namen von der Erwähnung heidnischer, das Vieh betreffender Gebräuche in den Versen 137/136-140/139.

8 *Sie würden nicht gefristet*] Es würde ihnen keine Frist mehr gewährt, denn die Ankunft der Engel würde den Anbruch eines göttlichen Strafgerichts bedeuten.

10-33] In den nicht übersetzten Versen bekräftigt Muhammad seinen unbedingten Glauben an Gott angesichts der zunehmenden Feindschaft der Mekkaner und des Spottes, dem er sich von ihrer Seite ausgesetzt sieht. Denjenigen, die in Unglauben verharren und Muhammad der Lüge zeihen, wird die Strafe Gottes beim Jüngsten Gericht verkündet.

34 *Kein Wandler ist der Worte Gottes*] keiner kann Gottes Wort verändern, denn es ist unveränderlich und unwandelbar.

35 *Ihre Widrung*] ihr Widerstand; – *Zusammen brächt' Er sie zur rechten Leitung*] Gott könnte, wenn Er wollte, sie zum Glauben zwingen.

37-41] In den übergangenen Versen ist davon die Rede, daß die Ungläubigen fordern, Gott solle ein Wunderzeichen herabsenden, um Muhammad als seinen Gesandten zu erweisen. Der dann folgende Text scheint lückenhaft überliefert zu sein.

42 *Völkergilden*] s. Anhang → Umma.

46 *Wie wir modeln Unsre Zeichen*] das im Text stehende Verbum (*ṣarrafa*) bedeutet wörtlich „hin- und herwenden", womit gemeint ist, daß die Verkündigung mit immer neuen Formulierungen erfolgt, damit sie klar und eindringlich sei. An anderen Stellen, z.B. in Vers 55, wird in ähnlichem Sinn ein anderer Ausdruck (*faṣṣala* „in Abschnitte gliedern, differenzieren") verwendet; Rückert übersetzt auch an dieser Stelle mit „modeln".

55 *So modeln wir die Zeichen*] s. die Anm. zu Vers 46.

57 *Was ihr herbeiruft*] nach den Kommentatoren ist damit das angedrohte Strafgericht gemeint, das herbeizuführen Muhammads Gegner in ungläubigem Spott von ihm verlangen.

60 *Damit werde vollbracht bestimmte Frist*] Gott weckt den Menschen jeden Tag wieder aus dem Schlaf bis zu jenem Tag, an dem die Lebensfrist abgelaufen ist.

61 *Wächter*] die islamische Tradition versteht darunter Schutzengel, die die guten und bösen Taten des Menschen aufschreiben; vgl. Sure 10:22/21.

65 *Wie wir die Zeichen modeln*] s. die Anm. zu Vers 46.

69-73] Die übergangenen Verse führen die Gedanken der vorausgehenden Verse mit ähnlichen Argumenten fort.

74 *Aser*] Der hier genannte Name von Abrahams Vater weicht von dem im Alten Testament genannten Namen Therach ab.

78 und 79 *Gottgesellung*] Die Sünde, Gott andere Götter zur Seite zu stellen; s. Anhang → Gottgeseller.

80 *Ihn bestritt*] s. die Anm. zu Sure 3:54.

90] Der übergangene Vers besagt: „Sie sind es, die Gott rechtgeleitet hat; so nimm dir ihre Rechtleitung zum Vorbild! Sprich: Ich bitte euch nicht dafür um Lohn. Sie ist nur eine Erinnerung (an die bereits früher ergangenen Offenbarungen) für alle Welt."

94 *Nun kamet ihr uns nackt*] der Text versetzt den Hörer in die Situation des Jüngsten Gerichts: ihr seid dann bei Gott angekommen so, wie er euch ursprünglich erschaffen hat.
97 und 98 *Gemodelt haben wir die Zeichen*] s. die Anm. zu Vers 46.
– *aus einer einzelnen Seele*] bezieht sich wahrscheinlich auf Adam als Stammvater der Menschheit. Mit „Aufenthalt und Aufbewahrung" könnte der vorgeburtliche Aufenthalt im Mutterleib gemeint sein; doch kann auch die Vorstellung eines vorgeburtlichen Aufenthalts der Seelen bei Gott zugrunde liegen (vgl. Sure 7:171/172).
100 folgende] Der folgende größere Abschnitt bezieht sich auf den von Muhammad bekämpften Götzendienst und bringt mehrfach die Verzweiflung des Propheten über die Wirkungslosigkeit seiner Verkündigung zum Ausdruck. Die in dem Text angesprochenen Verhältnisse sind nicht in allen Einzelheiten bekannt, was in einer Reihe von Fällen, die Interpretation erschwert. Rückert hat daher an mehreren Stellen gekürzt und gestrafft (vgl. seine Anmerkung zu Vers 118).
100 *Die Dschinnen*] s. Anhang → Dschinn.
105 *So modeln Wir die Zeichen*] vgl. die Anm. zu Vers 46. – *Daß sie sagen müssen: „Du hast gelesen"*] ist wohl hyperbolisch gemeint: die koranischen Zeichen (d.h. Verse) sind so vollkommen geformt, daß die Ungläubigen sich dies nur dadurch erklären können, daß Muhammad sie in den heiligen Schriften der Schriftbesitzer gelesen habe. An anderen Stellen, z.B. Sure 25:5/4-6/5, wird der Vorwurf der Ungläubigen, Muhammad verdanke die Kenntnis seiner Offenbarung menschlicher Vermittlung bzw. eigenem Studium der heiligen Schriften, entschieden zurückgewiesen.
106 *Gottgeseller*] s. Anhang.
107-127] Die in diesem Abschnitt übergangenen Verse wiederholen zum größten Teil die Grundgedanken des vorausgehenden Textes: Dem Propheten werden stärkende Worte zuteil, daß er nicht selbst an seiner Sendung zweifle (Vers 114), auch die von den Ungläubigen geforderten (Wunder-) Zeichen würden sie nicht zum Glauben (Verse 109 und 124) bringen. Denn ihr Unglaube ist nur möglich, weil Gott ihn zuläßt und sie nicht zum Glauben zwingt (Verse 107 und 110). Die koranische Offenbarung zeigt jedoch den rechten Weg: „Dies ist der Weg deines Herrn, ein gerader; Wir haben die Zeichen (d.h. Koranverse) genau dargelegt für Leute, die sich ermahnen lassen." (Vers 126)
108 *Völkerzunft*] s. Anhang —» Umma.

123 *So machten wir in jeder Stadt*] damit ist wohl eigentlich die Stadt Mekka gemeint, in der Muhammad zu der Zeit, in der diese Sure entstand, unter der Feindseligkeit der führenden Sippen zu leiden hatte.
131-136] Die übergangenen Verse enthalten die Warnung, daß Gott die Städte (vgl. Vers 123) durch ein Strafgericht vernichten werde, allerdings erst nach Ermahnungen und Warnungen, die den Bewohnern durch den von Gott beauftragten Boten zuteil werden.
137 und 138 *Gottgesellen*] die Gott zur Seite gestellten falschen Götter. – *Gottgeseller*] s. Anhang.
142 *Und gebt die Schuldigkeit davon am Tag der Ernte*] wird auf die Almosenabgabe *(zakāh)* bezogen (vgl. Sure 17:26/28).
148 *Wird abgetrieben nicht dem Volk der Schuldigen*] wird durch kein Mittel von den Sündern abgewendet.
150 *Die bündige Bestreitung*] das überzeugende Argument.
153 *Nicht anders als zum Schönsten*] nämlich zum Besten der Waisen.
155] Der übergangene Vers paßt nicht in den Zusammenhang: „Daraufhin gaben wir Mose das (heilige) Buch in Vollendung dessen, daß er gut handelte, und in genauer Darlegung jeder Sache, sowie als Rechtleitung und Barmherzigkeit, auf daß sie an die Begegnung mit ihrem Herrn glauben sollten."
157 *Die zwei Parteien*] Juden und Christen.
160 *Die da gespaltet ihren Gottesdienst*] bezieht sich vermutlich hauptsächlich auf die Spaltung der christlichen Kirche.
164 und 165] Der ausgelassene Vers 164 besagt, daß Gott keiner Seele die Schuld einer anderen aufläd und sie dafür zur Rechenschaft zieht: „Keiner wird die Last eines anderen tragen." Vers 165 verheißt den Gottergebenen (Muslimen), daß Gott sie zu Nachfolgern der früheren Völker, an die sich seine Botschaft richtete, gemacht hat.

Sure 7 (*al-aʿrāf*)

Die Sure gilt, wie Sure 6, als eine der letzten in Mekka entstandenen Suren. Rückert hat die Einleitung ausgelassen und auch sonst im Text Kürzungen vorgenommen. Die Bedeutung der in Vers 44/46 genannten *aʿrāf* (eigentlich „Mähnen" oder „Buckel"), wovon der Name der Sure genommen wurde, ist umstritten. Da sich diese *aʿrāf* zwischen Paradies und Hölle befinden, meinen die einen, es handele sich um eine Art Scheidewand, andere meinen, es sei damit eine Art Vorhölle oder Fegefeuer gemeint.

Erläuternde Anmerkungen 523

1-32] Der nicht übersetzte Abschnitt enthält zunächst die Sureneinleitung, in welcher auf das jüngste Gericht hingewiesen wird. Dann wird der Mythos von Iblis (s. Anhang), der gegen Gott aufsässig war und zum Satan, dem Verführer des Menschen, wurde, erzählt, anschließend die Verführung des ersten Menschenpaars und die Vertreibung aus dem Paradies. Da diese Geschehnisse im Koran auch an anderer Stelle vorkommen, z.B. Sure 20:114/115-123/124, konnte sie Rückert hier übergehen.

35] In dem übergangenen Vers heißt es, daß diejenigen, die wider Gott Lügen ersinnen, die schlimmsten aller Sünden begehen. Die Interpretation des dann folgenden Textes, der diesen Sündern eine besondere Strafe androht, ist sehr umstritten.

43] Der übergangene Vers setzt den vorhergehenden fort: „Die den Weg Gottes versperren und ihn krumm wünschen und die nicht an das Jenseits glauben."

50-56] In den übergangenen Versen wird zunächst verkündet, daß den Menschen nun von Gott ein Buch, der Koran, gebracht wurde, das ihnen die Rechtleitung gibt. Die anschließenden Verse stehen außerhalb des Zusammenhangs; sie schildern Gott als den Schöpfer und sein Wirken in der Natur.

63 *Ad*] s. Anhang.

69 *Die ihr benamet habt und eure Väter*] die falschen Götter, die nichts mehr als nur Namen sind.

71 *Thamud*] s. Anhang.

72 *Nachfolger*] nachdem ʿĀd wegen seines Unglaubens von Gott bestraft worden war, folgte ihnen Thamūd als dasjenige Volk nach, dem ein Gottgesandter zuteil wurde.

83 *Schoaib*] s. Anhang.

97 *Vor Gottes Anschlag sind nur sicher die Verlorenen*] ist ironisch gemeint: nur die Verworfenen wähnen sich vor Gottes Strafgericht sicher.

98] Der übergangene Vers setzt den Gedanken des vorhergehenden fort: „Hat Er denn nicht denjenigen, die das Land nach der Vernichtung seiner (früheren) Bewohner erbten, Rechtleitung zuteil werden lassen: ,Wenn es Unser Wille wäre, hätten Wir sie ihrer Sünden wegen (mit einem Strafgericht) getroffen.' Wir versiegeln ihre Herzen, so hören sie nicht."

102-123] In den übergangenen Versen wird die Geschichte von Moses Wundertaten vor Pharao erzählt: Wie sich sein Stab in eine Schlange verwandelte, seine Hand weiß wurde und wie er im Wettkampf mit den ägyptischen Zauberern obsiegte.

126 *Und euch Nachfolg' im Lande geben*] und euch zu Nachfolgern eurer Feinde in deren Lande machen; vgl. die Anm. zu Vers 72/74.

133 *Des Landes Auf- und Untergänge*] Ost und West.

136 *Er hat euch gewürdigt ob den Welten*] Er hat euch vor aller Welt den Vorrang gegeben.

143-145] Die übergangenen Verse enthalten Strafandrohungen, wie sie schon mehrfach vorgebracht wurden, für diejenigen, die Gottes Zeichen für Lüge erklären und die Sendung seiner Gesandten verleugnen.

151 *Den Dichtern*] den Erdichtern von Lügen über Gott.

154 *Zu unsrer Tagfrist*] zu einem von Gott festgesetzten Zeitpunkt, oder: für eine von Gott festgesetzte Frist. Was damit gemeint ist, läßt sich aus dem Zusammenhang nicht erkennen.

156-158] In Vers 156 und vielleicht auch schon im vorhergehenden Vers wird nicht mehr von Mose, sondern von Muhammad gesprochen. Es scheint, daß diese Verse aus Versehen an diese Stelle gerückt wurden, denn sie stammen vermutlich aus der medinensischen Zeit. – Zu dem im Gesetz, d.h. der Thora, und im Evangelium beschriebenen zukünftigen Gottgesandten vgl. Sure 61:6.

167 *Und wir zerstreuten sie auf Erden zunftweis*] Wir zerteilten sie in verschiedene (religiöse) Gemeinschaften. Vgl. Anhang → Umma.

170 *Wie wir da den Berg ob ihnen schwangen*] Anspielung auf die Offenbarung des Gesetzes am Berg Sinai.

173 *So modeln wir die Zeichen*] s. die Anm. zu Sure 6:46.

174 *Von jenem, dem wir gaben unsre Zeichen*] Nach den Kommentatoren soll damit der biblische Bileam gemeint sein.

180-190] Die übergangenen Verse setzen zunächst die Ermahnung, Gottes Wort ernst zu nehmen, fort. Vers 183/184: „Haben sie denn nicht darüber nachgedacht? Ihr Genosse (d.h. Muhammad) hat doch nichts vom Wesen eines Dschinn an sich. Er ist nur ein deutlicher Warner." – Mit Vers 186/187 beginnt ein kurzer Abschnitt über den Jüngsten Tag: „Man fragt dich nach der Stunde (des Jüngsten Tags), wann sie schlägt? Sprich: Das Wissen davon steht nur bei meinem Herrn" ..." In den Versen 189 und 190 wird das Urelternpaar der Menschheit beschuldigt, bereits in die Sünde der Beigesellung verfallen zu sein. Der daran angeschlossene Text (Vers 191 ff.) bezieht sich

Erläuternde Anmerkungen

dann entweder auf die ganze Nachkommenschaft des ersten Menschenpaars oder auf die Beigeseller im allgemeinen.

193 *Sind Knechte wie ihr selber*] zu den erschaffenen Wesen, die der Koran als Knechte bezeichnet, gehören sowohl die Menschen wie auch die Dschinn. Hier sind die Dschinn gemeint, welche von den Beigesellern als Götter angerufen werden (vgl. Sure 6:100).

200 *Erinnert werden alsbald, und schauen*] sie werden sich an Gott erinnern, dann sehen sie, daß sie verführt waren.

201 *Ihre Brüder*] diejenigen, denen die Satane brüderlich zugetan sind.

202-203] Die übergangenen Verse sind schwer in den Zusammenhang einzuordnen, weil unklar ist, welche Personengruppe angesprochen wird. In Vers 202/203 heißt es: „Und wenn du ihnen keine Zeichen (Koranverse) bringst, sagen sie: ‚Warum hast du keine ausgewählt?'" Ihnen wird dann geantwortet, daß der Prophet nur der an ihn ergangenen Offenbarung folgen könne. Vers 203/204 lautet: „Und wenn der Koran rezitiert wird, dann hört zu und seid still, auf daß ihr des Erbarmens teilhaftig werdet."

205 *Die bei deinem Herrn droben*] die Engel.

Sure 8 (*al-anfāl*)

Rückert hat diese Sure vollständig übersetzt. Die Sure wird in die Zeit unmittelbar nach dem Kampf bei Badr (im Jahre 2 der Hidschra, entsprechend 624 n. Chr.) datiert, wo die Anhänger Muhammads über eine große Übermacht der Mekkaner den Sieg davontrugen. Die Verse 5-19 und 42/41-51/49 geben eine heilsgeschichtliche Deutung dieses Kampfes. – Die Surenüberschrift nimmt auf die in Vers 1 genannten Beutestücke Bezug.

7 *Die eine von den beiden Truppen*] Muhammad war mit seinen Anhängern ausgezogen, um eine relativ schwach beschützte Karawane der Mekkaner zu überfallen. Sie trafen jedoch bei Badr auf die starke mekkanische Truppe, die der bedrohten Karawane zu Hilfe kommen sollte.

20 *indem ihr höret*] obwohl ihr höret.

25 und 40 *Meuterei*] so übersetzt Rückert das arab. Wort *fitna*, das auch im Sinne von „Meuterei, Glaubensstreit, Bürgerkrieg" verwendet wird. In Vers 28 übersetzt er dagegen „Versuchung"; vgl. Rückerts Anm. zu Sure 2:214/217.

42 *auf Unsern Knecht*] Muhammad.
49 *Die aus ihrem Wohnort zogen*] die Mekkaner.
53 *Den Knechten*] seinen Dienern, den Menschen.

Sure 9 (*at-tauba*)

Diese Sure ist die einzige, bei der die Einleitungsformel „Im Namen Gottes, des allbarmherzigen Erbarmers" fehlt. Dies wird so erklärt, daß die Sure ursprünglich mit Sure 8 eine Einheit gebildet habe. Der arab. Begriff *tauba*, der in der Surenüberschrift erscheint, bedeutet sowohl die „reuige Hinwendung (zu Gott)" als auch die „gnädige Hinwendung Gottes zu dem Reuigen". Der Surentitel wird oft „die Buße" übersetzt.
7 *Beim heiligen Bethaus*] der Kaaba; s. Anhang → Bethaus.
10-12] Die übergangenen Verse besagen, daß diejenigen, die gewillt sind, das Gebet zu verrichten und die Almosensteuer *(zakāh)* zu geben, als Glaubensbrüder aufgenommen werden sollen, es sei denn, sie brechen die mit ihnen geschlossenen Verträge.
15-16] In den übergangenen Versen wird den Gläubigen versichert, daß Gott diejenigen, die sich für Gottes Sache unter Einsatz ihres Lebens im Kampf abmühen, sehr wohl kennt.
20-22] In den unübersetzt gebliebenen Versen wird gesagt, daß diejenigen, die um ihres Glaubens willen auswanderten, und diejenigen, die sich für Gottes Sache im Kampf abmühen, bei Gott den höchsten Rang einnehmen, und ihnen der höchste Lohn zuteil wird.
27] „Dann wendet sich Gott hernach denjenigen wieder gnädig zu, denen er gnädig sein will. Denn Gott ist barmherzig und verzeihend."
28] Der Vers begründet den Ausschluß aller Nichtmuslime vom Besuch der heiligen Moschee, der Kaaba, in Mekka. – *Wenn ihr Mangel fürchtet*] richtet sich an die Mekkaner, die wegen des Ausschlusses der Beigeseller von der Wallfahrt finanzielle Einbußen befürchteten.
37 *Die Verlegung*] Es handelt sich um die in Mekka übliche Verschiebung des Jahresbeginns durch einen Schaltmonat, der – so scheint es nach diesem Koranvers – manchmal den heiligen Monaten zugerechnet wurde, manchmal nicht. Das Einschieben eines Schaltmonats in manchen Jahren sollte das Mondjahr an das Sonnenjahr anpassen. Das in dem Vers ausgesprochene Verbot ist die Ursache, daß der islamische Kalender strikt auf dem Mondjahr von 12 Monaten (das sind 354 bzw. in Schaltjahren 355 Tage) aufgebaut ist.

Erläuternde Anmerkungen 527

47 und 49] *Meuterei* und *Versuchung*] s. hierzu die Anm. zu Sure 8:25.
55 *Laß dich nur auch nicht blenden*] bewundere nicht ihre Güter und ihre Kinder.
60 *Sohn des Wegs*] s. Anhang.
71 *Ad* und *Thamud*] s. Anhang.
75 *Und sind Verleugner nach Ergebnen*] sie wurden ungläubig, nachdem sie den Islam angenommen hatten; vgl. Anhang → Gottergeben.
84 *Mit den Hintenbleibern*] bei den zu Hause Zurückgebliebenen.
86-90] Die übergangenen Verse enthalten mit kleinen Varianten Wiederholungen der vorausgehenden Gedanken; so stimmt z.B. Vers 86/85 fast wörtlich mit Vers 55 überein.
91 und 96] Rückert hat hier die Versfolge geändert und Vers 91/92, zusammen mit Vers 96/95, hinter Vers 97/96 gestellt, da die Versfolge eine Störung aufzuweisen scheint.
101 *Die Vortreter*] damit können „diejenigen, die als erste den Glauben angenommen haben" gemeint sein. Der Wortlaut des Verses ist jedoch nicht eindeutig; der Zusammenhang legt den Bezug auf „diejenigen, die als erste zum Kampf ausgezogen sind" (nämlich die Muhāǧirūn und Anṣār) nahe.
107 *Die sind gefristet*] ihnen wird Aufschub gewährt bis zum jüngsten Gericht.
113 *Die sich verbeugenden und niederfallenden*] vgl. die Anm. zu Sure 2:119/125 und die Anm. zu Sure 3:38/43.

Sure 10 (*Yūnus*)

Die 10. Sure wird der dritten mekkanischen Periode zugerechnet. Sie wendet sich an die mekkanischen Mitbürger Muhammads, die den verkündeten Glauben an Gott nicht annehmen wollen, obwohl Gott ihnen, wie den Völkern vor ihnen, sein Strafgericht androht. – Rückert hat in seiner Übersetzung den Text etwa um die Hälfte gekürzt. Die in der Übersetzung übergangene Passage Vers 72/71 bis Vers 103 berichtet von den Strafen, mit denen Gott die Völker früherer Gottgesandter traf. Es werden Noah, Mose und Jonas genannt, auf welch letzteren die Surenüberschrift Bezug nimmt. Da diese „Straflegenden" in ähnlicher Form sich auch in anderen Suren wiederholen (vgl. Sure 7:57 ff., Sure 21:49 ff., über Jonas Sure 37:139-148), konnten sie hier übergangen werden. Auch die übrigen von Rückert übergangenen

Verse enthalten Aussagen, die sich in gleicher oder sehr ähnlicher Form an anderen Stellen finden.

1-12] Die in der Übersetzung übergangene Einleitung der Sure spricht von den „Zeichen des Buchs (d.h. des Korans)", die den Menschen zur Warnung und als Aufforderung zum Glauben gegeben werden, den Ungläubigen jedoch als Zauberei erscheinen. Es folgt dann ein Hymnus auf Gott, der Himmel und Erde in sechs Tagen erschuf.

14 und 15] Die übergangenen Verse bereiten das später weiter ausgeführte Thema von der Vernichtung jener Völker, die nicht an die Gottgesandten glaubten, vor.

16 *Die nicht hoffen Unsre Zukunft*] die nicht die zukünftige Begegnung mit Gott beim Jüngsten Gericht erwarten.

17 *Verweilt' ich unter euch zuvor doch ein Leben lang*] Muhammad begann mit seiner prophetischen Predigt etwa im Alter von 40 Jahren.

18-21] Den Ungläubigen wird in den nicht übersetzten Versen, wie auch an anderen Stellen, vorgeworfen, falsche Götter, „die nicht schaden und nicht nützen können," zu verehren. Die Ungläubigen verlangen, um zu glauben, nach einem Wunderzeichen.

22 *Unsre Boten*] die den Menschen behütenden Engel; vgl. Sure 6:61.

25 *So modeln wir die Zeichen*] s. die Anm. zu Sure 6:46.

27 *Sehret*] versehrt, verletzt.

29 *Uns nicht dientet ihr*] die falschen Götter sagen sich von ihren Verehrern los.

32-42] In den nicht übersetzten Versen wird mehrmals in rhetorischer Form gefragt: Gibt es denn außer Gotte etwas, was in Wahrheit Macht und Schöpferkraft hat? Der Koran kann nicht von einem Menschen ersonnen werden, er ist vielmehr, wie die vorausgegangenen heiligen Schriften, Gottes Wort: „Sie mögen sagen: ,Er (d.h. Muhammad) hat sich ihn ausgedacht,' so sprich: ,Kommt doch selbst mit einer solchen Sure herbei und ruft an, wen ihr statt Gottes anrufen könnt!'" (Vers 39/38).

45-47] Die übergangenen Verse besagen, daß Gott denjenigen, die nicht glauben wollen, mit seiner Strafe beim Jüngsten Gericht, kein Unrecht zufügt; sie selbst sind es, die ihre Bestrafung verursacht haben.

48 *Und sie sind nicht bekränkt*] ihnen ist kein Unrecht geschehen, weil ihnen zuvor durch den ihnen von Gott Gesandten die göttliche Botschaft verkündet wurde. Hier wie in den folgenden Versen wird von dem göttlichen Strafgericht gesprochen, das die Völker trifft, weil

Erläuternde Anmerkungen

sie ihren Gottgesandten nicht Glauben schenkten. Angesprochen sind hier jedoch Muhammads Mitbürger in Mekka.
55-57] Die übergangenen Verse führen den Gedanken fort, daß im Angesicht des Strafgerichts jede Reue zu spät kommt.
60-61] In den übergangenen Versen wird den Ungläubigen der Vorwurf gemacht, von Gott nicht sanktionierte Speiseverbote eingeführt zu haben; vgl. eine ähnliche Stelle Sure 6:139/138. Die beiden Verse stehen hier vielleicht nicht an ihrer ursprünglichen Stelle.
63 *Die Schutzverwandten Gottes*] der von Rückert so übersetzte Ausdruck *(awliyāʾ allāh)* wird von den meisten Erklärern als „die Gott Nächststehenden" oder „die Freunde Gottes" verstanden.
67-103] Aus diesem Abschnitt, der in der Hauptsache die Geschichte der Bestrafung der Völker von Noah und Mose, sowie die mit dem Volk des Jonas gemachte Ausnahme beinhaltet (Vers 98: „Gäbe es doch noch eine Ortschaft, die glaubt und der der Glaube nützt, außer dem Volk von Jonas! Nachdem sie gläubig geworden, hoben Wir die Strafe der Schande im Leben des Diesseits von ihnen auf und gewährten ihnen noch Nießbrauch für einige Zeit"), hat Rückert nur zwei Verse von allgemeinerer Bedeutung ausgewählt.

Sure 11 *(Hūd)*

Diese Sure gehört der dritten Wirkensperiode Muhammads in Mekka an, in welcher der Widerstand der Mekkaner gegen seine Verkündigung immer hartnäckiger wurde. Die Sure berührt sich inhaltlich eng mit Sure 10: Muhammad leidet unter der Wirkungslosigkeit seiner Predigt und erwartet ein göttliches Strafgericht. Er hält den Ungläubigen warnend vor, wie auch frühere Völker wegen ihres Unglaubens von Gott mit Vernichtung bestraft wurden. Zu diesen Völkern gehört auch Ad, das Volk des Propheten Hūd, auf den die Surenüberschrift Bezug nimmt; s. Anhang → Ad. – Rückert hat diese Sure nur in Auswahl übersetzt.
1-4] Die übergangenen Einleitungsverse nennen den Koran bzw. diese Sure „ein Buch, dessen Verse von einem Weisen und Kundigen (d.h. Gott) wohlgeformt und im einzelnen dargelegt werden". Muhammad wird in Vers 2 genannt: „Ich bin euch von Ihm ein Warner und Verkünder einer Frohbotschaft."
8-10] Die nicht übersetzten Verse sprechen von Gott als demjenigen, der alles erschaffen hat, und seine Schöpfung in allen Einzelheiten kennt und versorgt.

13 *Ein Gut*] etwas Gutes, Angenehmes.
17 *Und wenn sie euch nicht Antwort geben*] bezieht sich auf die falschen Götter, die außer Gott angerufen werden.
20-37] Die übergangenen Verse enthalten, beginnend mit Vers 20/17 eine Predigt, die vor den Folgen des Unglaubens warnt. Der Abschnitt schließt mit einem Vergleich zwischen Gläubigen und Ungläubigen in Vers 26/24: „Die beiden Gruppen sind gleichsam wie der Blinde und Stumme gegenüber dem Sehenden und Hörenden; sind denn beide gleich zu setzen als Gleichnis? Wollt ihr euch nicht mahnen lassen?". Es folgt dann die Erzählung vom Strafgericht der Sintflut, das über das ungläubige Volk Noahs verhängt wurde.
42 *Und sprudelte der Feuerherd*] nach der jüdischen Überlieferung war das Wasser der Sintflut kochend heiß.
46 *Es aber schwebte auf dem Gudi*] Welcher Berg mit al-Ǧūdī, dem Landeplatz von Noahs Arche gemeint ist, ist unbekannt.
52-104] Die nicht in die Übersetzung aufgenommenen Verse berichten über die Bestrafung weiterer Völker, welche die zu ihnen entsandten Propheten verleugneten. Es werden die Propheten Hūd (s. Anhang), Ṣāliḥ (s. Anhang), Abraham, Lot, Schoaib (s. Anhang) und Mose genannt. Die erzählten Straflegenden gleichen in ihren Grundzügen der Geschichte Noahs.
105] Die erste, von Rückert übergangene Hälfte des Verses, schließt die Erzählung von der Bestrafung früherer Völker ab: „Darin liegt ein Zeichen für die, welche die Pein des Jenseits fürchten." Daran schließt dann an: „Der Tag ist dieses der Versammlung" (zum Gericht).
107 *Außer auf Seinen Urlaub*] nur mit Gottes Erlaubnis.
111-123] Die Schlußverse, die übergangen wurden, sprechen nochmals von der Bestrafung der früheren Völker. Sie scheinen nicht ursprünglich an dieser Stelle gestanden zu haben.

Sure 12 *(Yūsuf)*

Die dem Joseph des Alten Testament gewidmete Sure wird, wie die 11. Sure, der dritten Wirkensperiode Muhammads in Mekka zugerechnet. Sie gilt als eine Sure, die frei von kompositorischen Störungen ist.
2 *Als arabischen Koran*] s. Anhang → Koran.
6 *Kundendeutung*] Die Deutung von Kunden, deren Sinn anderen Menschen verborgen ist; so auch Vers 21 und 102/101.
8 *Josef und sein Bruder*] Josef und sein jüngster Bruder Benjamin.

Erläuternde Anmerkungen 531

15 *Dis ihr Ding*] diese ihre Tat.
24 *Sie strebte gegen ihn, er strebte gegen sie*] sie faßte Neigung zu ihm, und auch er faßte Neigung zu ihr, doch ließ er sich durch die Mahnung Gottes zurückhalten.
33 *Wozu sie mich berufen*] wozu mich die Frauen auffordern.
35 *Nachdem sie schon gesehn die Zeichen*] Hier ist nicht mehr nur von den Frauen die Rede, sondern allgemein von den Menschen seiner Umgebung. Mit den „Zeichen" können sowohl die Zeichen seiner Schönheit wie auch seiner Unschuld gemeint sein.
37 *Die Weise eines Volkes*] das religiöse Bekenntnis eines ungläubigen Volkes.
39 *Sind Herren wol, zwiespaltige*] mehrere Götter, die in Konkurrenz zu einander stehen.
42 *So weilte jener nun im Kerker*] d.h. Josef.
81 *Wir zeugen nichts dan was wir wissen*] Wir bezeugen nur, was wir wissen.
102 *Kundendeutung*] s. die Anm. zu Vers 6.
103] Hier beginnt die Schlußpassage, in der Muhammad von Gott angesprochen wird.
109 *Nur Menschen, denen Wir offenbareten, vom Volk der Städte*] die früheren Gottgesandten waren ebenfalls nur Menschen wie Muhammad und stammten, wie er, aus den Völkern, zu denen sie gesandt waren. Als Strafe für den Unglauben dieser Völker vernichtete Gott ihre Städte. – Mit dem, was der Reisende noch sehen kann, sind wahrscheinlich die Ruinen nabatäischer Städte wie die von Petra und Madāʾin Ṣāliḥ im Nordwesten Arabiens gemeint (vgl. die einleitende Bemerkung zu Sure 15).

Sure 13 (*ar-raʿd*)

Die Sure wird der dritten Periode von Muhammads Wirken in Mekka zugerechnet. Manche Forscher halten sie für die letzte in Mekka entstandene Sure.
2 *Die Zeichen modelt Er*] s. die Anm. zu Sure 6:46.
4 *Wir aber ziehn die eine vor der andern zur Nahrung*] Sofern sich, wie es die Kommentatoren annehmen, „Wir" auf Gott bezieht, ist wohl gemeint, daß Gott den Früchten unterschiedliche Nahrungsqualität verliehen hat.

7 *Sie wollen sich beschleunigen das Übel vor dem Guten*] sie handeln so, als wollten sie die Strafe beschleunigen, die auf den Unglauben folgt, anstatt den Lohn zu erstreben, der dem Gläubigen verheißen ist.
12 *Er hat Begleiter*] die auch in Sure 6:61 genannten Wächterengel.
16 *Und ihre Schatten*] selbst die Schatten werfen sich früh und abends vor Gott in Anbetung nieder.
18 *So schmiedet Gott die Wahrheit und das Nichtige*] Gott prägt solche Gleichnisse für das Verhältnis zwischen Wahrem und Falschem.
22 und 24 *Der Lohn des Hauses*] d.h. die Belohnung durch die Wohnstatt im Jenseits.
30 *Ein solcher Koran*] s. Anhang → Koran.
33 *Oder außenher im Worte*] etwas offen Ausgesprochenes. Die Wendung will wohl sagen: Gott weiß sowohl, was in der Erde verborgen ist, wie auch was in offener Rede gesagt wird.
36 *Einige von den Rotten*] einige Gruppen von den Leuten der Schrift, den Juden und Christen.
38 *Für jede Frist ein eignes Buch*] Jede von Gott gesetzte Frist ist in einer Schrift, dem „Mutterstock des Buches", verzeichnet (Vers 39).
40 und 41] Aus diesen Versen wird deutlich, daß Muhammad der Überzeugung war, daß das von Gott an den früheren Ungläubigen vollzogene Strafgericht bald auch den ungläubigen Mekkanern bevorstehe.

Sure 14 (*Ibrāhīm*)

Diese Sure wird wie Sure 13 der dritten mekkanischen Periode zugerechnet. Wie die meisten Suren dieser Periode setzt sie sich mit dem Unglauben der mekkanischen Mitbürger Muhammads auseinander und mahnt diese an das Schicksal der früheren Völker, welche die Botschaft ihrer Propheten verleugneten. In diesem Zusammenhang wird in den Versen 38/35-42/41 Ibrāhīm, der Abraham des Alten Testaments genannt, auf welchen sich der Name der Sure bezieht.
1 *Zu dir*] der Angesprochene ist Muhammad.
4 *Als in der Sprache seines Volkes*] mit dem Koran wird das göttliche Offenbarungsbuch den Arabern nun in ihrer eigenen Sprache verkündet.
8 *Gott ist unbedürftig*] Gott ist nicht auf den Menschen und seinen Dank angewiesen, aber der Mensch ist auf Gottes Barmherzigkeit und Gnade angewiesen.

Erläuternde Anmerkungen

17 *Und wollen euch bewohnen lassen das Land nach ihnen*] den Gläubigen, die die Sendung des Glaubensboten annehmen, wird verheißen, daß sie das Land nach der Vernichtung der Ungläubigen zum Erbe erhalten.
24 *Da zogen sie auf vor Gott gesammt*] bezieht sich auf das Jüngste Gericht, von dem wie von etwas bereits Geschehenem berichtet wird.
26 *Doch über euch hatt' ich nicht Macht*] Dem Satan ist es zwar erlaubt, die Menschen zu verführen, jedoch ist ihm nicht die Macht gegeben, sie vor dem Gericht Gottes zu bewahren. Vgl. Sure 15:42.
27 *Vor diesem*] vor diesem Jüngsten Tag, im Erdenleben.
36 *Sprich auch zu meinen Knechten*] sprich du, Muhammad, zu den Menschen!
40 *In einem Thale, das saatlos ist, bei deinem Hause*] s. Anhang → Bethaus.
43 *Doch halte du nur Gott nicht für unachtsam*] hier und in den folgenden Versen ist wieder Muhammad der Angesprochene.

Sure 15 (*al-Ḥiǧr*)

Diese Sure wird der zweiten Wirkensperiode Muhammads in Mekka zugerechnet. Der Name der Sure bezieht sich auf die in Vers 80 genannte Stadt al-Ḥiǧr, die in der Antike unter dem Namen Hegra oder Egra bekannt war. Die Ruinen dieser antiken Stadt liegen unweit des heutigen Madāʾin Ṣāliḥ. Nach dem Koran war al-Ḥiǧr von den Thamud bewohnt, die der Botschaft des zu ihnen entsandten Gottesboten Ṣāliḥ keinen Glauben schenkten und deshalb durch ein göttliches Strafgericht vernichtet wurden (vgl. hierzu Sure 7:71/73). Die Ruinen der Stadt galten Muhammad als deutlich sichtbares Zeichen eines solchen Strafgerichts. Vers 82 beschreibt die typischen Felsengrabmäler der Nabatäer.
2 *Wol würden die Ungläubigen wünschen, daß sie Muslime wären*] sie würden diesen Wunsch haben, wenn sie sich der Folgen ihres Unglaubens bewußt wären. Die von Rückert für Muslime an anderen Stellen gewählte Übersetzung „Gottergebener" wäre dem Sinn dieser Stelle besser gerecht geworden.
8 *Wir senden nicht die Engel nieder alsnur, wo's gilt*] vgl. hierzu die parallele Aussage in Sure 6:8.
16-18 *Der Sterne Burgen*] die zwölf Sternbilder des Tierkreises. – Vgl. zu den Satanen, die den himmlischen Rat belauschen, auch Sure 37:7-10.

23 *Und Wir auch sind die Erben*] zuletzt fällt alles Erschaffene wieder an Gott zurück.
47 *Und weggenommen haben Wir, was war in ihrer Brust Unlautres*] Gott reinigt diejenigen, die ins Paradies eingehen von aller Bosheit in ihren Herzen, so daß sie einander wie Brüder begegnen.
51 *Von den Gästen Abrahams*] bezieht sich auf den in Genesis 18 berichteten Besuch der Engelwesen bei Abraham.
65 *Zeuch hinter ihrem Rücken her!*] zieh hinter ihnen her!.
78 *Die von Aika*] aus Sure 26:177 geht hervor, daß damit das Volk gemeint ist, zu dem der Gottesbote Schoaib gesandt wurde. An anderen Stellen werden sie Midjaniter genannt; vgl. Sure 7:83/85.
80 *Die von Higr*] s. die einleitende Anmerkung zu dieser Sure.
85 *Kehr du die gute Kehre!*] Der von Rückert sehr vage übersetzte Ausdruck wird von den meisten Erklärern im Sinne von „sei in schöner Weise nachsichtig mit ihnen!" verstanden.
87 *Die Sieben des Eingangs*] die sieben Verse der Einleitungssure *(al-fātiḥa)*. Rückert schließt sich mit dieser Übersetzung der von den meisten Kommentatoren anerkannten Deutung an. Andere deuten diese Stelle als „die sieben langen Suren".
90 *Die Spaltenden*] Auf wen sich dieser Ausdruck bezieht, ist bei den Erklärern umstritten.

Sure 16 *(an-naḥl)*

Die der dritten mekkanischen Wirkensperiode Muhammads zuzurechnende Sure beschreibt in ihrem Hauptteil die Fürsorge Gottes, die er durch die Ordnung der Natur dem Menschen angedeihen läßt. Der Name der Sure bezieht sich auf die in Vers 70/68 genannte Biene.
1 *Die Fügung Gottes*] bezieht sich auf das von Muhammad erwartete Strafgericht, mit dem Gott die mekkanischen Mitbürger Muhammads wegen ihrer Ablehnung seiner Glaubensbotschaft treffen werde.
9 *Die Richte*] die Ausrichtung, auf die der Weg hinführt. – *Von ihm schweift einer ab*] von ihm schweift der eine oder andere ab.
24 *Kein Anstoß ist*] man kann daran keinen Anstoß nehmen, d.h. keinen Zweifel haben.
27 *Ihre Ladung*] ihre Sündenlast.
29 *Hülfsgötter*] die Gott von den Ungläubigen an die Seite gestellten Götzen; vgl. Anhang → Gottgeseller.
35 *Doch was erwarten die*] die Rede wendet sich wieder den Ungläubigen zu, die in Vers 30/28 genannt waren.

Erläuternde Anmerkungen

37 *Die Abgöttischen*] diejenigen, die Gott andere Götter beigesellen, die Gottgeseller.
41 *Worüber sie uneinig waren*] worüber sie mit den Glaubensboten uneins waren, nämlich daß nur ein einziger Gott sei, der sie am Jüngsten Tag auferwecken und zur Rechenschaft ziehen werde.
43 und 44] Die beiden Verse stehen vermutlich nicht an ihrer ursprünglichen Stelle, da sie den Textzusammenhang unterbrechen. Zum Inhalt vgl. die Anmerkung zu Vers 111/110.
45 *Nur Männer*] nur Menschen, keine Engel; vgl. Sure 21:7.
50 *Die Schatten*] die langen Schatten am Morgen und am Abend werden als Sinnbild des Morgen- und Abendgebets gedeutet.
58 *Und geben dem, was sie nicht kennen, Antheil von dem, womit wir sie versorgten*] sie geben den falschen Göttern, von welchen sie keine wirkliche Kenntnis besitzen, Anteil von dem, womit Gott sie versorgt, indem sie ihnen Opfergaben spenden.
59] Sie schreiben Gott Töchter zu, obwohl sie selbst ihre Söhne wesentlich mehr schätzen als ihre Töchter; vgl. auch Sure 17:42/40. Aus einer anderen Stelle, nämlich Sure 53:19-21, geht hervor, daß mit den Gott zugeschriebenen Töchtern die heidnischen Göttinnen der Araber gemeint sind.
61 *Oder verscharrt er es im Staub?*] Danach scheint es zu Muhammads Zeit nicht ungewöhnlich gewesen zu sein, daß unerwünschte Töchter nach der Geburt getötet wurden. Vgl. dazu auch Sure 17:33/31 und Sure 81:8-9.
64 *Was sie verschmähen*] d.h. die wenig geschätzten Töchter. – *Kein Anstoß!*] s. die Anm. zu Vers 24/23.
65 *Die Stämme*] die Völker früherer Gottgesandten; s. Anhang → Umma.
67 *Nachdem sie todt war*] nachdem auf der Erde im Sommer alle Vegetation erstorben war.
72 *Zum Niedersten des Lebens*] zum Greisenalter, in dem die Gedächtniskraft schwindet.
79 *Die Heimlichkeit*] das Verborgene, das niemand kennt außer Gott.
86 *Aus jedem Volksstamm einen Zeugen*] aus jeder Religionsgemeinschaft, der ein Gottesbote gesandt wurde, wird am Jüngsten Tag ein Zeuge aufgerufen, der den Glauben bzw. Unglauben seines Volkes bezeugt; ähnlich Vers 91/89.

94 *Daß ein Geschlecht sei größer als das andre*] Rückert übersetzt hier, wie auch im nächsten Vers, den koranischen Ausdruck *umma* (s. Anhang) als „Geschlecht". – Der Mißbrauch der Eide dürfte sich, wie auch in Vers 96/94, auf Verpflichtungen der Mekkaner gegenüber Muhammads Anhängern beziehen.

103 *Zeichen*] meint an dieser Stelle „Koranvers"; s. Anhang → Zeichen.

105 *Es lehret ihn ein Mensch*] die Mekkaner halten Muhammad vor, er habe seine koranische Botschaft durch die Unterweisung von Seiten eines Menschen (Juden oder Christen), nicht von Gott erhalten; vgl. hierzu auch Sure 25:5/4.

111 *Die auswanderten*] damit sind diejenigen Anhänger Muhammads gemeint, die wegen der Verfolgung durch die Mekkaner bereits nach Medina ausgewandert waren (vgl. auch Vers 43/41). Auf die Pressionen, denen die Muslime von Seiten der Mekkaner ausgesetzt waren, weisen auch die Verse 108/106 und 116/115 hin.

124/123 *Folge der Innung Abrahams, andächtig*] ähnlich Sure 3:89/95, und Sure 4:124/125.

Sure 17 (*Banū Isrāʾīl oder al-isrāʾ*)

Die Suren 17, 18 und 19 werden in die zweite Periode von Muhammads Wirken in Mekka datiert. Da die Sure am Anfang und am Ende von den Kindern Israels spricht, wird sie oft nach diesen benannt. Der daneben gebräuchliche Surenname *al-isrāʾ* „die Nachtreise" nimmt auf den Einleitungsvers Bezug. Dieser berichtet von einem wunderbaren Ereignis im Leben Muhammads; er sah sich des Nachts vom Heiligtum in Mekka zum „Bethaus der Grenze" oder dem „fernen Bethaus", wie meist übersetzt wird, entrückt. Nach der muslimischen Überlieferung ist damit der Tempel von Jerusalem gemeint.

1 *Mit seinem Diener*] Muhammad; vgl. die Bemerkung zur Surenüberschrift.

3 *Als Saame*] bezeichnet „die Söhne Israels" als Nachkommenschaft Noahs.

4 *Zweimal sollt ihr freveln*] diese Verheißungen werden unterschiedlich gedeutet; es könnte die zweimalige Zerstörung des Tempels gemeint sein.

16 *Nicht ladet eine schuldbeladene die Ladung auf von einer andern*] keine schuldbeladene Seele hat beim Jüngsten Gericht die Last einer anderen zu tragen.

Erläuternde Anmerkungen 537

19 *Wir geben auf der Flucht ihm daran, soviel Wir wollen*] Wir lassen ihn eilig zu den flüchtigen Dingen dieser Welt gelangen.
30 *Doch wenn du ihnen weigerst*] wenn du ihnen, d.h. den in Vers 28/26 genannten Verwandten, Armen und Reisenden, die Gabe verweigerst.
33 *Auch tödtet eure Kinder nicht*] vgl. Sure 16:61/59.
35 *Dessen Vertreter geben wir Gewalt*] dem Vertreter der Sippe des Getöteten wird das Recht übertragen, den Mord zu rächen bzw. Sühneleistung zu verlangen. Vgl. dazu auch Sure 2:173-174/178. Das koranischen Gesetz, das dem Sippenältesten das Recht der Rache überträgt, ist für eine Gesellschaft ohne Obrigkeit konzipiert, wo die Rechte des Einzelnen nicht durch eine Obrigkeit geschützt werden.
38 *Und zeihe nicht*] ziehe nicht in Betracht.
42 *Töchter*] vgl. Sure 16:59/57 und die Anmerkung dazu.
62 *Das Gesicht*] vielleicht das in Vers 1 erwähnte Erlebnis Muhammads. – „Der verfluchte Baum": vom Höllenbaum Zaqqūm, dem Gegenbild des Paradiesesbaums, ist in Sure 56:52 (und an anderen Stellen, die in Rückerts Übersetzung fehlen,) die Rede.
90 *Die Genien*] die Dschinn; s. Anhang → Dschinn.
99 *Vertreter*] die ihre Sache vor Gott vertreten und ihnen Beistand geben; der entsprechende arabische Ausdruck könnte auch „Patron" oder „Nahestehender, Freund" übersetzt werden.
103 *Neun offenbare Zeichen*] damit sind wahrscheinlich die sieben ägyptischen Plagen sowie die Wundertaten Mose, die Verwandlung eines Stabes in eine Schlange und die Verwandlung seiner Hand (Sure 20:20-23, und Sure 27:10 -12), gemeint.
108 *Wenn sie lesen hören*] wenn sie die Koranrezitation hören.

Sure 18 (*al-kahf*)

Die der zweiten mekkanischen Wirkensperiode Muhammads zugerechnete Sure behandelt im ersten Teil (Verse 8/9-3025/26) die Legende von den Siebenschläfern, die von sieben jungen Christen aus Ephesus handelt, die sich vor der Verfolgung durch den römischen Kaiser in eine Höhle flüchteten und aus ihr erst nach ca. 300 Jahren wieder hervorkamen. Die Siebenschläfer werden im Koran „Leute der Höhle" (Rückert: „Genossen der Grotte") genannt.
6 *Die Menschen zu versuchen ...*] die Güter dieser Welt sind als Versuchung für die Menschen geschaffen, um sie zu prüfen, welche ihrer

Werke, die für das Diesseits oder die für das Jenseits, die besseren seien.

8 *Rakim*] die Bedeutung dieses Wortes ist nicht überliefert. Die meisten Erklärer glauben, es sei der Name des Hundes (vgl. Vers 17/18), den die sieben Jünglinge mit sich in die Höhle genommen hatten.

16 *Nun sähest du die Sonne*] die Beschreibung des Sonnenstands besagt, daß der Höhleneingang nach Norden lag, so daß die Sonne nicht ins Höhleninnere scheinen konnte.

20 *Und an der Stunde ist kein Zweifel*] der jahrhundertelange Schlaf der Siebenschläfer beseitigt jeden Zweifel daran, daß Gott die Verstorbenen auch nach langer Zeit wieder zur „Stunde der Auferstehung" erwecken kann. – *Da wurden sie in ihrem Rath uneinig*] bezieht sich auf diejenigen, die nun die wunderbare Wiederkehr der Siebenschläfer bemerkt hatten.

23] Der Vers durchbricht den Zusammenhang und steht wahrscheinlich nicht an seiner ursprünglichen Stelle.

25 *Vertreter*] s. die Anmerkung zu Sure 7:99/97.

30 *Sundus*] eine Art Brokat.

52-58] In den nicht übersetzten Versen wird die göttliche Drohrede in ähnlicher Weise fortgesetzt, wie man sie auch in anderen Suren findet.

59 folgende] Die folgende Erzählung von der Begegnung Mose mit dem „Gottesknecht" (Vers 64/65) enthält das Motiv der Suche nach dem Wasser des Lebens, das Mose beim „Verein der beiden Wasser", des Süß- und des Salzwassers, finden will. Das Motiv findet sich auch im Alexanderroman, wo es jedoch nicht von Mose, sondern von Alexander erzählt wird. Der weise Gottesknecht wird in der islamischen Überlieferung Chadir oder Chidr genannt. Er ist der Hüter des Lebenswassers, wer ihm begegnet, wird in die Weisheit der Gottesfreunde eingeweiht. Rückert hat dieser Gestalt sein bekanntes Gedicht „Chidher" gewidmet.

82 folgende] *Dhulkarnain*, der „Zweigehörnte", ist der arabische Beiname Alexanders des Großen. Die Erzählung enthält Motive, die sich ebenfalls im Alexanderroman finden.

90 *Und Wir erkannten ihn*] bezieht sich auf Dhulkarnain.

93 *Jagug und Magug*] ist die arabisierte Form von Gog und Magog. Beide Namen kommen bereits bei Ezechiel Kp. 38 und 39 vor, wo jedoch Gog der Fürst der Magog ist. In Vers 98 und ebenso in Sure 21:96 heißt es, daß der gegen sie errichtete Damm am Ende der Zeiten zerstört wird.

Erläuternde Anmerkungen 539

105 *Sein Erscheinen*] Gottes Erscheinen beim Jüngsten Gericht. – *Wir richten ihnen nicht am Tag der Urständ' eine Wage*] den Ungläubigen wird am Tag des Jüngsten Gerichts die Waage, auf der die guten und schlechten Taten gewogen werden, nicht errichtet, da sie wegen ihres Unglaubens sowieso dem Höllenfeuer verfallen sind.

Sure 19 *(Maryam)*

Diese in die zweite mekkanische Wirkensperiode Muhammads datierte Sure handelt in ihrem zweiten Abschnitt von Maria, der Mutter Jesu. Die Überlieferung berichtet, daß eine Gruppe von Muslimen vor den Verfolgungen durch die Mekkaner Zuflucht in Abessinien suchte, und, nachdem sie dem Negus diese Sure vorgetragen hatte, freundliche Aufnahme in dem christlichen Land fand.
7 *Jaḥja*] ist die muslimisch-arabische Namensform von Johannes.
29 *O Schwester Aarons*] im Koran wird Maria (arab. *Maryam*, hebr. *Miryam*) als Tochter „Imrāns (hebr. ʿAmrām) ausgegeben, der nach Exodus 6,20 der Vater von Mose und Aaron war. Sie wird also mit der Prophetin Miryam gleichgesetzt, die Exodus 15, 20 als Schwester Aarons bezeichnet wird. Vgl. hierzu auch Sure 3:31/35-36.
57 *Idris*] die muslimischen Koranerklärer setzen ihn mit dem biblischen Henoch (Genesis 4, 17-18 und 5, 21-24) gleich.
65 *Wir aber steigen nur herab*] ist als Rede der Engel gemeint.
74 *Welche der zwei Partein*] die Gegner Muhammads, die seine Verkündigung nicht annehmen wollen, gehörten den führenden Sippen der Stadt Mekka an, während Muhammad seine gläubige Anhängerschaft vorzugsweise unter den geringeren Ständen gewonnen hatte.
83 *Wir wollen ihn beerben, was er redet*] Gott läßt ihn die Folgen seiner Reden erben.
87 *Wir zählen ihnen ihre Zahl*] Gott zählt die Tage, die ihnen noch als Frist gewährt werden.

Sure 20 *(Ṭāhā)*

Die der zweiten mekkanischen Wirkensperiode Muhammads zugerechnete Sure beginnt mit dem Siglum *Ṭā-Hā*, das der Sure auch ihren Namen gegeben hat; s. Anhang → Siglen.
44 *Und seid nicht laß in meiner Mahnung!*] seid nicht nachlässig.

55 *Draus ließen Wir hervorgehn Gattungen von Pflanzen vielfach*] die Rede von Gott wechselt hier in die Rede Gottes in der 1. Person über.
87 *Der Samiri*] das Wort bedeutet „Samaritaner"; ungeklärt ist, wieso der Samaritaner im Koran als Prototyp des Verführers der Kinder Israel verstanden wird.
96 *Und eine Handvoll nahm ich von der Spur des Boten*] mit dem Boten dürfte Mose gemeint sein. Der Staub von der Fußspur eines Menschen wurde im orientalischen Brauchtum zu magischen Zwecken benutzt.
97 *Rühr nicht an!*] im Text steht wörtlich „kein Anrühren!". Damit ist wohl gemeint, daß dem Samiri damit auferlegt wurde, daß keiner ihn berühren dürfe.
103 *Ihr verweilet zehn Tage nur*] die Ungläubigen meinen am Tag der Auferstehung, sie hätten nur zehn Tage im Grabe verweilt.
105 *Allein man fragt dich nach den Bergen*] man fragt, was am Jüngsten Tag mit den Bergen geschieht, die so fest auf der Erde gegründet zu sein scheinen.
107 *Dem Rufer ohne Schiefe*] vermutlich ist gemeint, daß es kein Ausweichen gibt vor dem Rufer, der die Menschen zur Auferstehung ruft.
113 *Doch du beeile nicht den Koran*] äußere keinen Korantext vorschnell.
120 *Dann nahm der Herr ihn wieder an*] Gotte nahm Adams Reue an. Der Koran rückt damit von der Lehre von der Erbsünde ab.
127 *Wer ausgeschritten*] wer Ausschreitungen begangen hat.
129 *Schon hätt' es sie getroffen*] hiermit wendet sich die Rede den ungläubigen mekkanischen Zeitgenossen Muhammads zu.

Sure 21 (*al-anbiyāʾ*)

Diese Sure wird von den meisten Forschern wie die 20. Sure in die mittlere Wirkensperiode Muhammads in Mekka, jedoch eher an deren Ende datiert. Sie enthält in ihrem Mittelteil die Erzählung vom Schicksal der Propheten und der Völker, zu welchen sie gesandt wurden. Nach diesem Teil trägt die Sure den Namen „die Propheten". Das Thema der Sure wird schon im Einleitungsteil, nämlich in den Versen 7-9, angesprochen.

Erläuternde Anmerkungen

3 *Was ist er als ein Mensch nur euresgleichen?*] der die koranische Offenbarung vorträgt, also Muhammad, ist auch nur ein Mensch wie andere Menschen.
7 *Nur Männer*] vgl. die Anm. zu Sure 16:45/43.
26 *Es hat genommen der Allerbarmer einen Sohn ... nein! nur geehrte Knechte*] die Christen sprechen von einem Sohn Gottes, doch alle Propheten sind in Wahrheit Menschen, von Gott mit Ehre ausgezeichnete Gottesknechte.
27 *Die Ihm nicht vorgehn mit dem Wort*] die Propheten sprechen nicht über Gott, ehe Er nicht selbst es ihnen eingegeben hat.
28 *Und sie sind nicht Vertreter*] sie sind keine Anwälte oder Fürsprecher vor Gott.
45 *Wir gaben einen Nießbrauch nur*] die Tatsache, daß sie sich schon so lange Zeit des irdischen Wohllebens erfreuen, garantiert ihnen nicht, daß dies immer so sein werde, denn Gott gibt den Menschen ihr Eigentum nur zum Nießbrauch auf Zeit.
52 *Wir gaben Abraham auch seine Rechtfertigung vor diesem*] seine Rechtschaffenheit, ehe er gegen den Götzendienst seiner Eltern auftrat.
66 *Dann stellten sie auf ihren Kopf sich wieder*] sie verfielen wieder in den Götzendienst.
73 *Zu Vorgängern*] zu Vorbildern.
78] Der Vers spielt offenbar auf eine allgemein bekannte Legende an. Wie der Rechtsfall gelagert war und wie er entschieden wurde, läßt sich nicht mehr rekonstruieren.
80] David galt den Arabern als der Erfinder des Kettenpanzers, welchen sie „Gewebe Davids" nannten.
84 *Für die Diener*] die Gottesdiener.
85 *Idris*] s. die Anm. zu Sure 19:57/56. – *Dhulkifl*] wörtl. „der mit dem Manteltuch"; diese Gestalt wird nochmals Sure 38:48 erwähnt. Die muslimischen Kommentatoren erörtern mehrere Möglichkeiten der Zuordnung dieses Namens zu alttestamentlichen Persönlichkeiten und meinen u.a., es könnte Elias gemeint sein.
92 *Zunft*] religiöse Gemeinschaft; s. Anhang → Umma.
93 *Sie aber spalteten ihr Wesen unter sich*] die ursprüngliche Einheit der Religion zerfiel in verschiedene Sekten und Gemeinschaften.
96 *Gog und Magog*] s. Sure 18:93/94 und die Anm. dazu.
111 *Eine Versuchung für euch*] das Ausbleiben des von Muhammad erwarteten Strafgerichts.

Sure 22 (*al-ḥaǧǧ*)

Diese Sure wird von vielen muslimischen Autoritäten für mekkanisch, von manchen aber zumindest in Teilen für medinensisch gehalten. Die meisten der angesprochenen Themen sind aus den mekkanischen Suren geläufig, doch kommen einige neue Elemente, vor allem die mehrfache Erwähnung der Vertreibung und die Erlaubnis zur Selbstverteidigung (Verse 39/38 und 40/39) hinzu, so daß eine Datierung in die Anfangszeit von Muhammads Wirken in Medina sehr wahrscheinlich ist. Falls diese Datierung zutrifft, ist es bemerkenswert, daß bereits so kurze Zeit nach der Übersiedlung Muhammads nach Medina die Aufforderung zur Mekkapilgerfahrt *(al-ḥaǧǧ)* erging, die der Sure ihren Namen gegeben hat.

1-24] Die übergangenen Verse ermahnen die Menschen zum Glauben an das jüngste Gericht Gottes und bekräftigen diese Mahnung mit dem Hinweis auf die Höllenstrafe und die Wonnen des Paradieses.

27 *Den Ort des Hauses*] Mekka als Sitz des Hauses Gottes, der Kaaba; s. Anhang → Haus, Bethaus.

29 *Hier abzuwarten ihren Vortheil, und auszusprechen Gottes Namen*] aus den folgenden Versen geht hervor, daß damit die Schlachtung der mitgebrachten Opfertiere gemeint ist, über die vor der Schlachtung „im Namen Gottes" gesprochen wird. Der Vorteil besteht darin, daß die Schlachtopfer anschließend verspeist werden.

30 *Dann zu verrichten ihre Weihen*] Rückert vertritt hier eine sehr eigenwillige Deutung. Der Text wird auf Grund der Kommentare im allgemeinen folgendermaßen übersetzt: „zu beenden ihre Vernachlässigung", d.h. der Pilger, der während der Wallfahrt Nägel, Haupt- und Barthaar nicht schneiden durfte, soll sich jetzt wieder in einen ordentlichen Zustand versetzen.

34 *Nutzung bis zu bestimmter Frist*] die mitgeführten Tiere dürfen bis zum Beginn des Weihezustands genutzt werden, sie sind dann während der Wallfahrtszeremonien der Nutzung entzogen und dürfen erst am Ende der Wallfahrt als Opfertiere geschlachtet werden.

35 *Den Namen Gottes auszusprechen über …*] die in Vers 29/28 für die Opfertiere genannte Vorschrift, bei der Schlachtung zuvor „im Namen Gottes" über dem Opfertier auszusprechen, wird hier auf jede Schlachtung ausgedehnt.

37 *Die feisten*] auch die gutgenährten Kamele dürfen als Opfertiere geschlachtet werden.

Erläuternde Anmerkungen 543

43-50] In den übergangenen Versen wird das Thema der früheren Völker behandelt, die ihre Propheten so, wie die Mekkaner es taten, der Lüge ziehen, und dafür bestraft wurden.

54-71] Den um ihres Glaubens willen Ausgewanderten, die nach der Auswanderung starben oder getötet wurden, wird die „schönste Versorgung" im Jenseits verheißen. In Vers 59/60 wird den Auswanderern, denen Unrecht widerfuhr, nochmals das Recht bestätigt, Vergeltung zu üben und sich zur Wehr zu setzen. Gottes Wort wird dann durch den Hinweis auf seine im Himmel und auf der Erde Ordnung stiftende Macht bekräftigt. – In den Versen 66/67-71/72 findet sich eine erste Vorahnung kommender Auseinandersetzungen mit den Juden Medinas.

77 *Zur Innung eures Vaters Abrahams*] das von Rückert mit „Innung" wiedergegebene Wort *(milla)* bedeutet „Bekenntnis, Konfession".

Sure 23 *(al-muʾminūn)*

Aus dieser der mittleren mekkanischen Wirkensperiode Muhammads entstammenden Sure hat Rückert nur wenige Verse in seine Übersetzung aufgenommen. Die Sure beginnt mit einer Aufzählung der Tugenden der Gläubigen: „Selig sind die Gläubigen, welche ...". Hieraus ist der Name der Sure entnommen. – Nach einem Lobpreis auf Gott, den Schöpfer des Menschen und der Natur, werden – wie in vielen Suren dieser Periode – die Prophetenlegenden aufgegriffen: Noah, Mose, Aaron und Jesus werden genannt. Im darauf folgenden Teil werden unterschiedliche Themen angeschnitten. Aus dem Schlußhymnus hat Rückert den Hauptteil übersetzt. Über die von Rückert übergangenen Verse 5-9 vgl. die Anm. zu Sure 70:29-34.

Sure 24 *(an-nūr)*

Die längeren medinensischen Suren sind aus mehreren Stücken zusammengesetzt, für deren Komposition meist inhaltliche Ähnlichkeiten maßgebend waren. Doch scheinen bei der Zusammenfügung nicht selten Störungen unterlaufen zu sein. Es gilt als sicher, daß die medinensischen Suren von Muhammad keiner endgültigen Redaktion unterzogen wurden. Sure 24 gibt sich bereits in Vers 1 als Verkündigung von gesetzlichen Vorschriften zu erkennen. Dieser erste Abschnitt wurde ursprünglich vermutlich durch den Lichthymnus (Vers 35-45/46) abgeschlossen. Aus ihm ist auch die Surenüberschrift entnommen. Die Verse 57/58-61, die nochmals das Thema von Sitte und Anstand in der Familie aufgreifen, wurden dann auf Grund derselben Thematik angefügt. Verse 11-20 beziehen sich auf einen konkreten Anlaß, der zu diesen Verordnungen führte. Sie sind möglicherweise an einer unpassenden Stelle in den Text eingefügt. – Rückert hat versucht, die richtige Anordnung der Surenteile zu rekonstruieren.

2] Über diese koranische Vorschrift hinausgehend, haben die muslimischen Rechtsgelehrten schon früh, wahrscheinlich unter dem Einfluß des jüdischen Rechts, die Steinigung als Strafe für Ehebruch eingeführt. Allerdings blieben die einschränkenden Bedingungen von Vers 4 erhalten, so daß die Steinigung äußerst selten praktiziert wurde.

4 *Beschmitzen*] beflecken, verleumden.

10] Der von Rückert nicht übersetzte Vers besagt: „Und würde nicht Gottes Huld und Barmherzigkeit über euch sein, und wäre er nicht gnädig und weise, ...". Vers 20 hat fast den gleichen Wortlaut. Wahrscheinlich hat dieser Gleichklang die Redaktoren dazu bewogen, die Verse 11-20 unmittelbar nach Vers 10 einzufügen.

11-20] Die Verse nehmen auf ein konkretes Ereignis Bezug, welches das auslösende Moment für die gesetzlichen Bestimmungen dieser Sure gewesen war. Nach muslimischer Tradition handelt es sich um einen Skandal, der um Muhammads Lieblingsfrau Aischa (ʿĀʾiša) im Jahre 626 entstand. Nach einem Feldzug war beim Aufbruch vom Lager übersehen worden, daß ihre Kamelsänfte leer war, so daß sie allein zurückblieb. Ein junger Medinenser, der später an dem Lagerplatz vorbeikam, fand die Zurückgebliebene und brachte sie nach Medina. Dort kamen sofort Gerüchte auf, die Aischa in den Verdacht ehelicher Untreue brachten.

22] Der von Rückert ausgeschiedene Vers lautet: „Und die Begüterten und Wohlhabenden von euch sollen nicht schwören, den Nahestehenden, den Armen und denen, die um Gottes willen ausgewandert sind, nichts mehr zukommen zu lassen. Sie sollen verzeihen und nachsichtig sein, wo ihr doch wünscht, daß Gott auch euch vergibt. Gott ist verzeihend und barmherzig." – Dieser etwas aus dem Zusammenhang fallende Vers wird von der muslimischen Tradition auf Aischas Vater Abū Bakr bezogen, der geschworen haben soll, keinem der an der Verleumdung Aischas Beteiligten jemals mehr etwas zu spenden.

31] Aus diesem Vers sowie aus Sure 33:59 wird die Vorschrift der Verschleierung der muslimischen Frau abgeleitet. – *Auch daß sie nicht mit ihren Füßen schlagen*] die orientalische Frau trägt auch an den Füßen Schmuckringe. Diese sind jedoch beim Tragen fußlanger Gewänder verdeckt.

57-61] Die übergangenen Verse behandeln nochmals das Thema von Sitte und Anstand in der Familie, insbesondere den Schutz der Intimsphäre. Zum Schluß werden die Gläubigen aufgefordert, einander beim Betreten eines Hauses mit „einem gesegneten Gruß von Gott" zu begrüßen. Gemeint ist vermutlich der muslimische Gruß *as-salāmu ᶜalaikum* „Friede sei über euch!", der mit *wa-ᶜalaikumu s-salām* „auch über euch sei Friede" erwidert wird.

62 *Um Urlaub bitten*] um Erlaubnis bitten, sich zu entfernen.

Sure 25 (*al-furqān*)

Die Sure gehört der zweiten mekkanischen Periode an. Die Bedeutung des Wortes *furqān*, das in Vers 1 genannt ist und auch als Surenüberschrift dient, schwankt zwischen „Errettung", „Entscheidung (zwischen Glauben und Unglauben)" und „Offenbarung". Ob an dieser Stelle das Wort *furqān* als Synonym von *qur'ān* (Koran) gemeint ist, wie oft gesagt wird, muß offen bleiben.

2-4a] Die übergangenen Verse enthalten Polemik gegen die Beigeseller.

5 *Ihm halfen dazu Fremde*] Zur Abwehr dieses Vorwurfs der ungläubigen Mekkaner wird mehrfach betont, daß der Koran in „klarer arabischer Sprache" herabgesandt sei, und nicht von Fremden – gemeint sind wohl des Aramäischen kundige Juden oder Christen – stammen könne; vgl. Sure 16:105/103.

18-21] Die übergangenen Verse beinhalten den oft ausgesprochenen Gedanken, daß die Beigeseller bei der Auferstehung samt ihrer falschen Götter auferweckt werden, und diese sie dann selbst des Irrtums überführen.

24 *O ein verhegter Hag*] ein uns verwehrter Paradiesesgarten.

25-28] Die nicht übersetzten Verse enthalten einige kurze Beschreibungen des Auferstehungstages.

34 *Und ließen dir ihn singen sangweis*] liturgische, psalmodierende Vortragsweise des Korans.

36-41] Die übergangenen Verse enthalten kurze Hinweise auf Mose, Aaron und Noah sowie auf Ad und Thamud. Rückert hat aus dieser Passage, die die Straflegenden in knappster Form vorbringt, nur den letzten Vers (42/40) übersetzt.

42] Mit der Stadt, „die eingeregnet ward mit bösem Regen", ist eine zerstörte Stadt gemeint, deren Ruinen den mekkanischen Kaufleuten von ihren Reisen her bekannt waren.
47] Der Schatten wird hier nicht als Naturerscheinung, sondern als Bild der Allmacht Gottes gedeutet.
53] Der übergangene Vers scheint nicht in den Zusammenhang zu passen; er lautet: „Wenn Wir gewollt hätten, hätten wir in jeder Stadt einen Warner ausgesandt."

Sure 26 (*aš-šuʿarāʾ*)

Die der zweiten mekkanischen Wirkensperiode Muhammads angehörende Sure erhielt ihren Namen von den in den Schlußversen enthaltenen Invektiven gegen die Dichter. Stilistisch fällt die Sure durch die Kürze der einzelnen Verse auf; in ähnlicher Weise findet sich diese Versstruktur auch in 37, die in dieselbe Periode datiert wird.
13 *Sie haben auch an mir zu fordern eine Schuld*] bezieht sich auf die Exodus 2, 12 erwähnte Tötung eines Ägypters durch Mose.
17 *Er sprach*] Pharao antwortet auf Moses Rede.
27 *Des Aufgangs und des Niedergangs*] des Sonnenauf- und Sonnenuntergangs, d.h. aller Weltgegenden.
35 *Werbende*] Herolde.
53 *Werbende*] Herolde.
84 *Schaff mir eine Zunge der Wahrheit bei den Spätern*] laß auch spätere Generationen erkennen, daß ich die Wahrheit gesprochen habe.
155 *Hier die Kamelin*] zur arabischen Sage vom Propheten Hūd und der geweihten Kamelin vgl. Sure 7:71/73.
176 *Die Leute von Aika*] sie werden auch Sure 15:78 erwähnt; vgl. Anhang → Midjan.
198 *An einen der Fremdredenden*] vgl. die Anm. zu Sure 25:4/5.
212 *Sie sind vom Hören ausgeschlossen*] vgl. hierzu Sure 15:16-18.

Sure 27 (*an-naml*)

Die Sure wird in die zweite mekkanische Periode datiert. Die Surenüberschrift nimmt auf die in Vers 18 genannten Ameisen Bezug. Die Einleitungsverse, die denjenigen von Sure 26 stark ähneln, wurden von Rückert übergangen. Seine Übersetzung setzt mit den alttestamentlichen Prophetenlegenden ein, in deren Mittelpunkt die nur in

Erläuternde Anmerkungen

dieser Sure erzählte Begegnung Salomos mit der Königin von Saba steht.
12 *Neun Zeichen*] s. die Anm. zu Sure 17:103/101.
17 *Vom Stamm der Dschinnen*] s. Anhang → Dschinn.
39 und 40 *Ifrit*] Name einer Art boshafter Dämonen. Sie gehörten offensichtlich nicht zu den gläubigen Dschinn. Einem solchen Dschinn, „der Wissen hat vom Buche", ist es dann erlaubt, den Thron der Königin zu bringen.
42 und 43 *Wir überkamen schon vordem das Wissen*] Vermutlich spricht hier die Begleitung der Königin, die sich selbst als Gläubige, die Königin aber als Beigesellerin hinstellt.
46-83] In dem nicht übersetzten Anschnitt wird dann von den Thamud und dem Propheten Salih, und anschließend von Lot gesprochen. Es folgt ein Hymnus auf Gott als dem Schöpfer und dem Helfer der Bedrängten. Die Ungläubigen berufen sich in ihrer Leugnung auf den Glauben ihrer Väter. Der Prophet wird zum Vertrauen auf Gott gerufen: „Du bist nicht derjenige, der die Blinden aus ihrem Irrtum auf den rechten Weg führen wird, du wirst nur diejenigen, die an unsere Zeichen glauben, dazu bringen zu hören, so daß sie Ergebene (Muslime) werden" (Vers 83/81).
85-88] Die übergangenen Verse enthalten den Beginn der mit Vers 89//87 fortgeführten Verkündigung des Gerichtstags, an dem die Ungläubigen zur Verantwortung gezogen werden.

Sure 28 (*al-qaṣaṣ*)

Die Sure wird von den meisten Forschern in die dritte und letzte Wirkensperiode Muhammads in Mekka datiert, von den muslimischen Gelehrten jedoch in die zweite Periode. Die Surenüberschrift *al-qaṣaṣ* „die erzählte Geschichte" nimmt auf Vers 25 Bezug, wo von Mose berichtet wird, wie er dem Priester der Midjaniter seine Geschichte erzählt.
4 *Zu Vorständen*] das so übersetzte Wort (arab. *imām*) bezeichnet einerseits den Leiter (Vorsteher) des Gemeindegebets, kann aber auch als „Vorbild" verstanden werden. – *Zu Erben*] zu Erben von Land und Besitz des wegen seines Unglaubens verworfenen Volkes.
5 *Haman*] In der jüdischen Überlieferung im Buch Esther ist Haman der Vertraute des Königs Ahasver. Er galt als der Prototyp des Judenfeindes und wird hier als solcher dem ägyptischen Pharao zur Seite gestellt.

31 *Du bist von den Behuten*] du bist von den Behüteten.
37 *Der Lohn des Hauses*] der Lohn in der jenseitigen Wohnstatt.
41 *Zu Vorständen*] vgl. die Anm. zu Vers 4/5; hier wird Imam („Leiter, Vorbild") jedoch in negativem Sinn gebraucht.
44 *Du selber warst nicht auf der Westseit'*] der Angesprochene ist Muhammad; ihm wird bedeutet, daß er nicht auf der Westseite des Sinai (vgl. dazu Sure 19:53/52) zugegen war, als Mose das Gesetz empfing, sondern diese Kenntnis der Offenbarung verdankt.
52 *Denen Wir die Schrift zuerst gegeben*] nach der üblichen Auslegung sind das die Aufrechten unter den Juden und Christen, die die heilige Schrift vor dem Koran empfangen hatten, und nun, da sie den Koran hören, erkennen, daß er dieselbe Wahrheit enthält.
57 *Ein befriedetes Heiligthum*] Da Rückert die Sure für medinensisch hält, widerspricht er in seiner Anmerkung der Auffassung der Kommentatoren, wonach der heilige Bezirk um die Kaaba in Mekka gemeint ist.
59] Der Vers besagt: „Dein Herr hat niemals Ortschaften vertilgt, ohne zuvor in ihren Hauptort (wörtl. ihre Mutter) einen Gesandten zu schicken, der ihnen Unsere Zeichen vortrug; und niemals haben Wir Ortschaften vertilgt, es sei denn ihre Bewohner begingen Unrecht."
62-64] Die nicht übersetzten Verse enthalten den mehrfach vorgetragenen Gedanken, daß die falschen Götzen beim Jüngsten Gericht eingestehen müssen, daß sie ihre Anbeter in die Irre geführt haben.
67-75] In diesen Versen werden die Gläubigen der Gnade ihres Herrn versichert. Gott weiß, was die Ungläubigen in in ihrer Brust zu verbergen suchen. Die folgenden Verse 71-73 hat Rückert an den Schluß der Sure gestellt. In den nicht übersetzten Versen 74 und 75 wird nochmals die Bedeutungslosigkeit der an Gottes Stelle verehrten Götzen betont.
76 *Karun*] der Korah des Alten Testaments; vgl. Numeri 16.
85 *Zu einer Freistatt*] zu dem Ort, an den alle Menschen bei der Auferstehung zurückkehren.

Sure 29 (*al-ʿankabūt*)

Die Sure wird der dritten mekkanischen Wirkensperiode Muhammads zugerechnet. Einige Verse weisen darauf hin, daß die Sure erst kurz vor Muhammads Auswanderung von Mekka nach Medina entstanden sein dürfte. Wie in den meisten Suren der zweiten und dritten mekkanischen Periode finden sich auch hier die aus der alttestamentli-

Erläuternde Anmerkungen 549

chen Tradition stammenden Prophetenlegenden; sie wurden von Rückert gekürzt wiedergegeben. Vers 40/41 enthält das Gleichnis von der Spinne, das der Sure ihren Namen gegeben hat.

5 *Wer den heiligen Kampf kämpft*] s. Anhang → Dschihad. Manche Forscher halten wegen der Rede vom Dschihad Teile dieser Sure für medinensisch.

6-8] Rückert hat die möglicherweise gestörte Anordnung der Verse zu korrigieren versucht, indem er die Verse 6/7 und 7/8 nach Vers 12/13 einfügte, und Vers 8/9 ausschied, der eine sinngemäße Wiederholung von Vers 6/7 darstellt.

17-19] Die Verse wenden sich an die mekkanischen Zeitgenossen Muhammads, deren Unglaube dem der früheren Völker gleicht.

20 *Und zu Ihm müßt ihr wandern*] zu Gott müßt ihr am Jüngsten Tag zurückkehren.

24 *Aus Liebe nur zu euerem Verein im Erdenleben*] die wörtliche Übersetzung des Ausdrucks würde lauten: „aus Liebe zwischen euch im irdischen Leben"; gemeint ist, daß die Verehrung der Götzenbilder nicht aus Einsicht, sondern auf Grund der im irdischen Leben wirksamen sozialen Bindungen erfolgt.

26-39] In den übergangenen Versen wird noch weiter von Lot gesprochen; es werden dann auch Isaak und Jakob, die Midjaniter und Schoaib, Ad und Thamud sowie Korah erwähnt.

43] Der übergangene Vers besagt: „Gott schuf Himmel und Erde in Wahrheit, darin liegt ein Zeichen für die Gläubigen."

45 *Mit schönem Glimpfe*] auf die beste, glimpflichste Art und Weise.

47-55] Die nicht übersetzten Verse enthalten Gedanken, wie sie auch in anderen Suren dieser Periode vorkommen: die Ungläubigen verlangen Wunderzeichen als Beweis der Wahrheit der göttlichen Sendung. Die Offenbarung sollte ihnen jedoch Beweis genug sein.

67 *Ein befriedetes Heiligthum*] der heilige Bezirk von Mekka, in dem die Menschen sicher vor Überfällen sind (vgl. dagegen die Anm. Rückerts zu Sure 28:57).

Sure 30 *(ar-Rūm)*

Im Einleitungsvers wird ein historisches Ereignis erwähnt: „Besiegt ist Rom". Es wird angenommen, daß damit die Einnahme Jerusalems und Eroberung fast ganz Vorderasiens durch die Perser im Jahre 614 n.Chr. gemeint ist. Tatsächlich gewannen dann die Byzantiner, wie in Vers 2/3 und 3/4 angekündigt, 627 wieder die Oberhand. Danach müßte die Sure in die zweite mekkanische Wirkensperiode Muhammads datiert werden, doch stimmen die meisten Forscher darin überein, daß sie der dritten Periode zuzuweisen sei. Die im Einleitungsvers genannten „Römer" haben der Sure den Namen gegeben. Im Arabischen versteht man darunter „Ostrom", d.h. „die Byzantiner".

5-26] Die Verse enthalten die Ermahnung, über dem irdischen Leben nicht das Jenseits zu mißachten und Gottes Schöpfermacht eingedenk zu sein. Vers 26/27 heißt es von Gott: „Er ist es, der am Beginn der Schöpfung steht und sie dann (am Jüngsten Tag) wiederum hervorbringt. Das ist ihm ganz leicht. Er ist das höchste Gleichnis in den Himmeln und auf der Erde, Er ist der Mächtige und Weise."

28] „Doch diejenigen, die ungerecht handeln, folgen ihren persönlichen Neigungen ohne Wissen (von der Wahrheit). Wer wird aber die rechtleiten, die Gott in die Irre gehen läßt? Sie haben keinen Helfer." Der Vers scheint aus dem Zusammenhang zu fallen und wurde daher von Rückert übergangen.

29 *Nach dem Gebilde Gottes*] nach der von Gott erschaffenen Menschennatur.

31 *Die gespaltet ihren Gottesdienst*] s. Anhang → Gottesdienst.

32-37] Es wird davon gesprochen, daß der Mensch sich nur in Notsituationen an Gott wendet; wenn die Gefahr jedoch vorbei ist, wendet er sich wieder den falschen Göttern zu.

39] Der übergangene Vers lautet: „Gott ist es, der euch erschuf, euch euren Lebensunterhalt gab, euch dann sterben läßt und schließlich wieder zum Leben erweckt. Gibt es unter denen, die ihr beigesellt, einen, der solches tun könnte? Gepriesen sei Er, Er ist erhaben über das, was sie Ihm beigesellen."

41-45] In den Versen werden die Menschen darauf hingewiesen, daß sie für ihre schlimmen Taten Verderben ernten. Wer zu Land oder auf dem Meer reist, kann die Spuren des Verderbens, das die Beigeseller traf, mit eigenen Augen sehen. „Darum richte dein Antlitz auf die feste Religion, ehe ein Tag kommt, an dem es keine Abwendung gibt" (Vers 42/43).

50-52] Der Prophet wird von Gott getröstet, daß er gegen die verstockten Ungläubigen nichts auszurichten vermag. Vers 52/53 ähnelt Sure 27:82/80 und 83/81.

54-60] Die nicht übersetzten Verse setzen das Thema der Verstocktheit der Ungläubigen fort: Am Auferstehungstag vermeinen sie, nicht tot gewesen zu sein und erkennen nicht den Ernst der Stunde, denn ihre Herzen sind versiegelt, weil sie die Botschaft Gottes für Unsinn erklärt haben.

Sure 31 *(Luqmān)*

Die Sure wird in die dritte mekkanische Periode datiert. Sie hat ihren Namen von dem in Vers 11/12 und 12/13 genannten Luqmān, der in der arabischen Tradition als der große Weise gilt, dem man zahlreiche Weisheitssprüche zuschreibt.

1-11] In der Sureneinleitung wird gesagt, daß manche Menschen unterhaltsame Geschichten, die sie freilich auf den Irrweg führen, der ernsten Rede über Gott vorziehen. In Vers 11/12 heißt es, daß Luqmāns Weisheit ihm von Gott gegeben wurde: „Wir haben Luqmān die Weisheit zukommen lassen."

12 *O mein Söhnlein*] die Weisheitsprüche werden hier im Stil der Weisheitsliteratur als ethisches Vermächtnis an den Sohn vorgetragen.

14 *Doch fechten sie dich an*] wenn deine Eltern dich dazu verleiten, falsche Götter anzubeten.

19-34] Der Schlußteil der Sure, aus dem Rückert nur wenige Verse ausgewählt hat, enthält einen Predigttext, der die Wunder der Schöpfung als Mahnung zum Glauben herausstellt.

Sure 32 *(as-saǧda)*

Die Sure wird in die dritte mekkanische Wirkensperiode Muhammads eingeordnet. Der Surenname ist Vers 15 entnommen.
3 *Vertreter*] vgl. die Anm. zu Sure 17:99/97.
7 *Aus Saft verächtlichen Wassers*] gemeint ist die Samenflüssigkeit; vgl. Sure 77:20.
9 *In neuer Schöpfung*] bei der Auferstehung werden die Menschen von neuem erschaffen.
16 *Es trennen ihre Weichen sich vom Lager*] sie bleiben nicht träge auf ihrem Nachtlager, sondern erheben sich zum Gebet.
21 *Von der Pein, der niedern*] von der Pein, die sie im irdischen Leben erfahren.
23 *Du wirst Sein Antlitz schauen*] die Verheißung ist wohl an Muhammad gerichtet. „Sein Antlitz schauen" – wörtlich heißt es „sei nicht in Zweifel an der Begegnung mit Ihm" – bezieht sich wahrscheinlich, wie auch an anderen Stellen, auf die Begegnung mit Gott

am Jüngsten Tage; manche Ausleger beziehen die „Begegnung mit ihm" jedoch auf Mose.
24 *Vorgänger*] an anderer Stelle übersetzt Rückert „Vorstände"; s. die Anm. zu Sure 28:4/5.

Sure 33 (*al-aḥzāb*)

Diese medinensische Sure besteht aus mehreren Abschnitten, die in keinem direkten Zusammenhang stehen. Die Verse 9-27 sprechen von der Belagerung Medinas durch eine Koalition – die „Bündner" in Rückerts Übersetzung (Vers 20) –, die die Mekkaner gegen Muhammad zustande gebracht hatten. Mit den Belagerern sympathisierte der in Medina ansässige jüdische Stamm der Banū Quraiẓa. Sie wurden von Muhammad, nachdem die Belagerer unverrichteter Dinge abgezogen waren, für ihren Verrat bestraft (Vers 26). Das Ereignis wird in das Jahr 5 d.H. (627 n.Chr.) datiert.
1-8] Nach den Einleitungsversen, die den Propheten ermahnen, nur der Offenbarung, und nicht den Ungläubigen und Heuchlern zu folgen, wird das Problem der Adoptivverwandtschaft angesprochen. Sie soll nicht der Blutsverwandtschaft gleichgesetzt werden.
13 *Ihr Leute Jethreb's*] Jethreb *(Yat̲rib)* ist der Name der später Medina genannten Stadt, in die Muhammad im Jahr 622 n.Chr. auswanderte.
20 *Die Bündner*] die verbündeten Mekkaner und Beduinenstämme; vgl. die einleitende Bemerkung zur Sure. – *Feldaraber*] die Beduinenstämme. – *Zeitung*] die neuesten Nachrichten.
22 *Fahr*] Gefahr.
26 *Die, so jenen halfen, vom Volk der Schrift*] damit ist, wie die Überlieferung sagt, der jüdische Stamm der Banū Quraiẓa gemeint; vgl. die einleitende Bemerkung zur Sure.
37-52] In den übergangenen Versen werden verschiedene Themen angeschlagen: Bis Vers 40 wird die Eheschließung Muhammads mit Zainab, der geschiedenen Frau seines Adoptivsohns Zaid ibn Ḥārit̲a, behandelt; Vers 40 lautet: „Muhammad ist nicht der Vater von einem eurer Männer (nämlich seines Adoptivsohns), er ist vielmehr der Gesandte Gottes und das Siegel der Propheten."; s. Anhang → Gottgesandter. – Vers 48/49 behandelt Fragen der Ehescheidung, woran sich eine Passage anschließt, in der die Eheverhältnisse Muhammads geordnet werden, die wohl ins Gerede gekommen waren. Vers 52 besagt: „Von nun an sind dir keine (weiteren) Frauen erlaubt, auch

nicht, daß du sie für (andere) Ehefrauen austauschst, selbst wenn dir ihre Schönheit gefällt, es sei denn, es handelt sich um die, die unter deiner rechten Hand stehen (d.h. Sklavinnen)."
59] Aus diesem Vers sowie aus Sure 24:31, wird das Verschleierungsgebot für die muslimische Frau abgeleitet. – Rückert hat im folgenden die sinngemäß zueinander passenden Verse zusammengestellt.

Sure 34 *(Saba')*

Die Sure wird der dritten mekkanischen Periode zugerechnet. Wie in den meisten Suren der zweiten und dritten mekkanischen Periode finden sich auch hier die aus der alttestamentlichen Tradition stammenden Prophetenlegenden. An die Erwähnung Salomons schließt sich ein Abschnitt über Saba an, ohne daß die Begegnung Salomons mit der Königin von Saba genannt wird. Dieser Abschnitt hat der Sure ihren Namen gegeben.

1-9] Die nicht übersetzte Einleitung enthält einen kurzen Hymnus auf Gott, woran sich eine Auseinandersetzung mit den Argumenten der Ungläubigen, die die Neuschöpfung am Tag der Auferstehung leugnen, anschließt.

10 *Wirke du umwallende Kriegsgewande*] vgl. hierzu die Anm. zu Sure 21:80.

13] Den Dschinnen war der Tod Salomos verborgen geblieben. Da sie seinen Tod nicht bemerkt hatten, leisteten sie ihm weiterhin Fronarbeit.

15] Der endgültige Bruch des Staudamms bei Marib, der Hauptstadt des Sabäerreiches, in der zweiten Hälfte des 6. Jahrhunderts, wird hier als göttliches Strafgericht gedeutet. Der Damm hatte zwei Schleusentore, die das Wasser zu den Bewässerungskanälen auf beiden Seiten des Wadis führten.

17 *Den Städten, welche Wir gesegnet*] damit, sind vermutlich die Städte im heiligen Land Palästina gemeint. Der Weg von Saba dorthin führte über Mekka.

18 *Da machten Wir zu Mährchen sie*] sie waren dann nur noch Gegenstand von Erzählungen. Der sündige Wunsch der Sabäer könnte darin bestanden haben, daß sie um eine weitere Ausdehung ihrer Handelsmacht baten.

21 *Hülfsmann*] die Gott von den Ungläubigen beigesellten Götzen sind ihm keine Hilfe.

36 *Auf ihren Söllern*] die Wohnstätten der Gläubigen im Paradies.

38-44] die übergangenen Verse enthalten eine Variation der vorhergehenden Abrechnungsszene am Tag des Gerichts.
45 *In euerm Landsmann*] Muhammad.
50 *Aus der Nähe*] wo die Menschen am Tag der Auferstehung vor Gott stehen. Dagegen sind sie im Erdenleben in der Gottesferne (Verse 51/52 und 52/53).

Sure 35 (*al-malāʾika*)

Die Sure gehört der dritten mekkanischen Periode an. Der Surenname ist dem Einleitungsvers entnommen.
10 *Die Erde, wann sie todt war*] wenn alles Leben auf der Erde im Sommer erstorben ist.
16 *Dürftige seid ihr gegen Gott*] ihr Menschen seid Gottes bedürftig, doch Gott ist reich, Er bedarf seiner Schöpfung nicht.
19] Ähnlich Sure 17:16/15; vgl. die Anm. dazu.
29 *Von ihnen einer nun der sich versündigt*] bezieht sich nicht auf eine bestimmte Person; gemeint ist: unter ihnen sind solche, die sich versündigen.
38 *Ob ihr ist ein Gesellschaftsrecht am Himmel?*] ob sie Anteil hätten an Gottes Herrschaft im Himmel.

Sure 36 *(Yāsīn)*

Über das der Sure vorangestellte Siglum *Yā-Sīn* s. Anhang → Siglen. – Die Sure wird von den meisten Forschern in die zweite, von der muslimischen Tradition jedoch in die erste mekkanische Wirkensperiode Muhammads datiert. Die Sure wird vor allem bei Todesfällen und an den Gräbern Verstorbener rezitiert.
1 *Beim weisheitsreichen Koran!*] Die älteren Suren werden häufig mit Schwurformeln eingeleitet. In der zweiten mekkanischen Periode werden die Schwurformeln durch andere Einleitungsformen abgelöst.
7 und 8 *Wol legten Wir auf ihre Nacken Joche ...*] das Bild soll die Verstocktheit der Ungläubigen verdeutlichen.
36 *Die Geschlechter alle von dem, was aufgesproßt die Erde*] alle Arten von Pflanzen und Lebewesen, die die Erde hervorbringt.
41 *Im Schiff*] damit ist die Arche Noahs gemeint.
45 *Fürchtet, was vor euch und was hinter euch*] fürchtet die vor euch liegende Strafe, vor der ihr gewarnt worden seid, und fürchtet die

Erläuternde Anmerkungen

warnenden Beispiele früherer Völker, die für ihren Unglauben bestraft wurden.
54 *Heut*] am Jüngsten Tag, an dem alle vor ihrem Herrn versammelt sein werden.
68 *Den krümmen Wir im Wuchse*] dessen Wuchs wird durch das Alter gebeugt.
69 *Ihn*] Muhammad.
75 *Ihr Heer wird selber vorgefordert werden*] das Heer der falschen Götter wird am Gerichtstag vor Gott gebracht zusammen mit denjenigen, die sie verehrten.

Sure 37 (*aṣ-ṣāffāt*)

Die der zweiten mekkanischen Wirkensperiode Muhammads zugerechnete Sure dürfte in die Anfangszeit dieser Periode zu setzen sein. Sie ist wie Sure 36 eine der letzten Suren, die noch mit Schwurformeln eingeleitet wird. Sie ist jedoch eine der ersten, in der die biblischen Prophetenlegenden aufgegriffen werden.
1 *Bei euren Reihenführerinnen!*] die Schwurformeln, die als Einleitung der frühen mekkanischen Suren auftreten, sind oft schwer zu deuten; vgl. hierzu die Suren 51, 77, 79 und 100. Nach der muslimischen Tradition sind mit „den Reihenführerinnen" die Hierarchien der Engelwesen gemeint.
8 *Die hohe Zunft*] die Ratsversammlung der höchsten Engel. Derselbe Ausdruck kommt auch in Sure 38:69, vor, wo Rückert „die hohe Heerschar" übersetzt. – *Getroffen mit Geschoß von jeder Seite*] ähnliches wird auch in Sure 15:17-18 von den Satanen gesagt.
11-96] In den übergangenen Versen werden zunächst eschatologische Themen (jüngstes Gericht, Höllenfeuer und Paradies) angesprochen. Mit Vers 73/75 beginnt die Behandlung der Prophetenlegenden: Noah, Abraham, Moses und Aaron, Elias, Lot und Jonas werden genannt. Rückerts Übersetzung setzt mitten in der Abrahamsgeschichte ein.
114-138] Die Verse sprechen von Moses und Aaron, von Elias und Lot. Den Jonas gewidmeten Abschnitt (Verse 139-148) hat Rückert an den Schluß der Sure gestellt.
143 und 144 *Und, wars nicht weil er war von den Lobpreisern*] wäre Jonas nicht einer von denjenigen gewesen, die Gott lobpreisen, hätte er im Bauch des Fisches bis zum Tag der Auferstehung verweilen müssen.

149 *Die Töchter*] der Gedanke, daß es absurd sei, wenn die Ungläubigen Gott Töchter zuschreiben, wo sie selbst ihre Söhne viel höher schätzen, wird im Koran an mehreren Stellen geäußert. Vgl. Sure 16:59/57.

151-164] In den Versen 151 und 152 wird der Gedanke, Gott könne Söhne oder Töchter haben, zurückgewiesen. Zurückgewiesen wird dann die Auffassung, daß zwischen Gott und den Dschinn verwandtschaftliche Beziehungen bestünden, so daß diese Anteil an der göttlichen Natur hätten. In den Versen 165 und 166 geben dann die Engel selbst Auskunft über ihr wahres Wesen.

167-179] Gott verkündet, daß, trotz des Widerstandes der Ungläubigen, Seine Gesandten und Seine Heerschar überlegen sein werden. Dem Gesandten wird in den Versen 174 und 175 und nochmals in den Versen 178 und 179 empfohlen, sich eine Weile von ihnen abzuwenden: „So wende dich von ihnen eine Weile ab, und sieh ihnen zu! Sie werden dann schon sehen!".

Sure 38 *(Ṣād)*

Die der zweiten mekkanischen Wirkensperiode zugerechnete Sure weist am Anfang, wie Sure 36, ein Siglum auf, den Buchstaben Ṣ, der der Sure auch ihren Namen gegeben hat. Ähnlich wie in Sure 36 bildet die Schwurformel „beim Koran" den Einleitungsvers.

10 und 12 *Die Bündner]* die Verbündeten. Die Deutung dieses Ausdrucks ist sehr unsicher. Rückert hat hier den arabischen Ausdruck *(al-aḥzāb)*, wie in Sure 33 (vgl. die Anm. zu Vers 20 der Sure), mit „Bündner" übersetzt. Andere deuten ihn als „die Parteien, die Sektierer". In Sure 43:65, übersetzt er „die Anhänger".

11 *Der Herr der Pflöcke*] der Ausdruck scheint ein Beiname des Pharao zu sein; Herkunft und Bedeutung des Ausdrucks sind unbekannt.

12 *Die von Aika*] s. Anhang → Midjan.

14 *Die hier*] Muhammads Zeitgenossen in Mekka.

20-24 *Die Kunde der Widersacher*] die Erzählung von den beiden Streitenden scheint auf 2. Samuel 12, 1-13 zurückzugehen.

28 *Ein Buch*] Wenn dieser Vers hier an seiner rechten Stelle steht, dürfte damit das David herabgesandte Offenbarungsbuch, der Psalter, gemeint sein.

30-33 *Die edlen Stampfenden*] Rosse. Salomo vergißt über die Liebe zu den Rossen Gott, seinen Herrn. Erst als dieser eine „Gestalt" auf Salomos Thron setzt, ergreift ihn Reue.

Erläuternde Anmerkungen 557

32 *Die Stümmlung*] die Stelle wird unterschiedlich interpretiert. R. Paret übersetzt: „Er begann ihnen bewundernd über Schenkel und Hals zu streichen."
36 *Lauter Bauer*] die Erbauer; die Satane dienten Salomo beim Bau des Tempels; vgl. Sure 34:11/12 und 1213.
41 *Stampfe mit deinem Fuße!*] ist die Antwort auf Hiobs Klage. Durch das Stampfen auf den Erdboden bricht eine Quelle hervor.
43 *Nimm ... den Blätterbüschel*] nach den Kommentaren schwor Hiob, seiner Frau hundert Hiebe zu verabreichen. Er soll nun den Schwur auf die sanfteste Weise ausführen.
46 *Zur Kundschaft Unsrer Wohnung*] um Kunde zu geben von der ewigen Wohnstatt im Jenseits.
48 *Jasa* und *Dhulkifl*] zwei Gestalten des Alten Testaments; mit Jasa ist der Prophet Elias gemeint; zu Dhulkifl s. die Anm. zu Sure 21:85.
60 *Ihr gienget uns hiezu voran*] die in die Hölle Geworfenen werfen anderen vor, sie wären ihnen im Unglauben vorangegangen und seien damit auch für ihren Unglauben verantwortlich.
69 *Die hohe Heerschaar*] s. die Anm. zu Sure 37:8.
86 *Dafür Lohn*] Lohn für die Warnung vor dem Jüngsten Gericht. – *Einer der Bewerber*] einer, der für seine Sache wirbt; gemeint ist wahrscheinlich „einer der mit der Verantwortung für den Unglauben derjenigen belastet wird, an welche die Botschaft gerichtet ist."

Sure 39 (*az-zumar*)

Die Sure wird in die dritte mekkanische Wirkensperiode Muhammads eingeordnet. Anders als die meisten Suren jener Periode enthält sie keine erzählenden Teile, die Gottes Strafgericht an den ungläubigen Völkern der Vorzeit, behandeln. Die Surenüberschrift ist den Versen 71 und 73 entnommen, wo gesagt wird, daß die Ungläubigen in „Truppen" in die Hölle getrieben und die Gottesfürchtigen „in Truppen" ins Paradies geführt werden.
1-7] Die übergangenen Einleitungsverse beginnen mit den Worten: „Herabsendung der Schrift von Gott, dem Mächtigen, dem Weisen". Es folgt dann die Aufforderung, Gott allein und niemanden anderes anzubeten.
8 *Ihre Gattung*] der so übersetzte Ausdruck (*zawğ*) kann auch als „Paar, Partner" interpretiert werden. – Die vier Gattungen von Haustieren sind nach den Kommentaren Kamele, Rinder, Schafe und Ziegen.

10-13] Rückert hat diese Verse ausgeschieden, da sie keinen inhaltlichen Zusammenhang untereinander aufzuweisen scheinen.
14 *Der Gottergebnen*] s. Anhang.
18-22] Die nicht übersetzten Verse führen das Thema der Höllenstrafe und der Glücksverheißung im Paradies weiter aus.
23 *Zur Ergebung*] zum Islam.
24 *Schmeidigt sich ihre Haut*] ihre Haut wird geschmeidig, glatt und weich.
25-27] Die Verse enthalten an die Ungläubigen gerichtete Androhungen der Strafe Gottes im Diesseits und im Jenseits.
29 *Arabischen Koran*] s. Anhang → Koran.
30 *Einen Mann, der hat Gesellen, unverträgliche, und einen Mann, ganz hingegeben einem Mann*] das Gleichnis soll den Widersinn der Vielgötterei veranschaulichen; gemeint ist: „Ein Mann, der Teilhabern dient, die sich untereinander nicht vertragen, und ein anderer, der nur einem einzigen Herrn ergeben dient."
38 *Kein Irrer*] kein in die Irre Führender.
42] Der nicht übersetzte Vers besagt: „Wir haben die (heilige) Schrift auf dich für die Menschen mit der Wahrheit herabgesandt. Wer sich leiten läßt, tut es zum Wohl seiner Seele, wer aber in die Irre geht, geht in die Irre wider seinem Seelenheil. Doch du bist ihnen kein Sachwalter."
44 und 45] Die Verse sprechen davon, daß es außer Gott keine wirksamen Fürsprecher gibt. „Sprich: Gottes kommt die Fürsprache zu insgesamt, Er hat die Herrschaft in den Himmeln und auf der Erde, und zu Ihm werden die Menschen dereinst zurückgebracht." (Vers 45/44).
53] Der übergangene Vers besagt: „Wissen sie denn nicht, daß Gott, wem er will den Lebensunterhalt reichlich oder begrenzt zumißt? Dies sind Zeichen für jene, die glauben."
58 *Oder sage*] setzt den Satz von Vers 57/56 fort: „Daß dann sag" eine Seele ... oder sage ..."
60 *Dir kamen Unsre Zeichen*] angesprochen ist die zuvor sprechende Seele, deren Einsicht zu spät kommt.
61-64] Die Verse bekräftigen, daß die Ungläubigen verloren sind, wogegen Gott „diejenigen errettet, die gottesfürchtig sind, weil sie erfolgreich bestanden: kein Übel wird sie berühren, sie werden nicht in Traurigkeit gestürzt" (Vers 62/61).

Erläuternde Anmerkungen

Sure 40 (*al-muʾmin*)

Die der letzten Wirkensperiode Muhammads in Mekka zugerechnete Sure behandelt die Strafe, die die Leugner der göttlichen Botschaft am Tag des Jüngsten Gerichts zu erwarten haben, sowie die „Zeichen", die den Menschen gegeben wurden, um Gott als einzigen Herrn der Schöpfung zu erkennen. Im Mittelteil der Sure wird an Hand der Geschichte von Mose und Pharao die Errettung der Gläubigen und die Bestrafung der Ungläubigen aufgezeigt. In der Erzählung tritt ein Gläubiger aus dem Volk des Pharao auf, auf den die Surenüberschrift hinweist. Die Sure beginnt dem Siglum Ḥā-Mīm; s. Anhang → Siglen. Rückert hat hier wie auch bei den Suren 41-46 das Siglum Ḥā-Mīm weggelassen.

Sure 41 (*as-saǧda* oder *fuṣṣilat*)

Die Sure gehört der dritten mekkanischen Periode an. In den meisten Koranausgaben trägt sie nach den Worten in Vers 2/3 die Überschrift *fuṣṣilat* „sie wurde in Abschnitte gegliedert", was Rückert mit „gemodelt" übersetzt (vgl. die Anm. zu Sure 6:46).

5-7] In den nicht übersetzten Versen heißt es: „ Sag, ich bin nur ein Menschenwesen wie ihr. Mir wurde offenbart, daß euer Gott ein einziger Gott ist" (Vers 5/6). Es folgen dann Ermahnungen, den einzigen Gott aufrichtig zu verehren.

12-17] Die Verse enthalten die Geschichte von der Vernichtung der Ad und Thamud als warnendes Beispiel für Gottes Bestrafung der Ungläubigen.

25 *Ob wir vielleicht ihn überwinden*] Rückert hat hier sinngemäß, da es sich um die Rede der Ungläubigen handelt, die 1. Person anstelle der 2. Person verwendet. Wörtlich übersetzt, würde es heißen: „daß ihr vielleicht obsiegt."

33 *Ich bin von den Ergebnen*] s. Anhang → Gottergeben.

39 *Die Erde stille liegen*] gemeint ist die in Leblosigkeit verharrende Vegetation, die Gott mit dem Regen zum Leben erweckt.

40-48] Die Verse enthalten einen Lobpreis auf den Koran als Offenbarungsschrift.

50 *Der Tag*] der Tag des Jüngsten Gerichts.

54 *Über die Zukunft ihres Herrn*] über die zukünftige Begegnung mit Gott am Tag des Gerichts.

Sure 42 (*aš-šūrā*)

Die Sure wird von den meisten Forschern in die dritte mekkanische Wirkensperiode Muhammads datiert. Die Surenüberschrift ist Vers 36/38 entnommen, wo die Gläubigen aufgefordert werden, ihre Angelegenheit in gegenseitiger Beratung zu ordnen. Moderne Koranausleger leiten daraus die Verpflichtung zur Demokratie ab.
1-8] Die nicht übersetzte Sureneinleitung ähnelt derjenigen von Sure 41; sie besteht in einem Hymnus auf Gott und seine Offenbarung.
11 *Gottesdienst – Gottgeseller*] s. Anhang.
13 *Sie aber spalteten sich*] bezieht sich auf diejenigen, denen von Abraham, Moses und Jesus die Offenbarung gebracht worden war, also Juden und Christen, die sich in widerstreitende Sekten und Kirchen gespalten haben.
16 *Zu Steuer der Wahrheit*] zur Steuerung hin zur Wahrheit. – *Die Wage*] nach den meisten Koranauslegern ist damit die Waage als ein Mittel zur Gerechtigkeit im Handel gemeint. – *Die Stunde*] der Anbruch des Jüngsten Gerichts.
20 und 21] In Vers 20/21 wird die Frage gestellt: „Haben die Ungläubigen etwa Teilhaber (an Gottes Macht), die ihnen einen Gottesdienst vorschreiben, den Gott nicht erlaubt hat?"
24 und 25] Die übergangenen Verse besagen, daß Gott die Reue seiner gläubigen Diener annimmt und ihnen ihre schlechten Taten vergibt.
27 und 28] In den übergangenen Versen ist davon die Rede, daß der Regen und die Nutztiere zu den Gnadengaben und Wunderzeichen von Gottes Schöpfung gehören.
30] „Ihr werdet nichts verhindern, und außer Gott habt ihr keinen Freund und Helfer."
31 *Die Wandlerinnen auf dem Meer*] die Segelschiffe.
42-49] Die nicht übersetzten Verse weisen auf das schlimme Schicksal hin, das den Übeltätern und den Ungläubigen droht.

Sure 43 (*az-zuḫruf*)

Die Sure wird, wie die anderen Ḥā-Mīm-Suren (s. Anhang unter Siglen), in die zweite mekkanische Wirkensperiode Muhammads datiert. Die Überschrift ist Vers 34/35 entnommen.
1 *Beim klaren Buche!*] zu der einleitenden Schwurformel vgl. die Anm. zu Sure 36:1.

Erläuternde Anmerkungen

7 *Gleichnisse*] s. Anhang.
8] Der ausgelassene Vers besagt: „Wenn du sie fragst, wer die Himmel und die Erde erschaffen hat, sagen sie: erschaffen hat sie der Mächtige und Wissende." Der Gedanke wird dann in Vers 14/15 fortgeführt: „Doch geben sie ihm nun Anteil von seinen Knechten!", d.h. sie verehren erschaffene Wesen gleich Gott und schreiben ihnen einen Anteil von Gottes Allmacht zu.
10 *Desgleichen werdet ihr hervorgehn*] So wie die Vegetation nach dem Regen zum Leben erweckt wird, werden die Menschen am Tag der Auferstehung erweckt.
14 *Anteil von seinen Knechten*] s. die Anm. zu Vers 8/9.
15 *Töchter*] vgl. die Anmerkungen zu Sure 16:59/57 und Sure 37:149.
19] In dem übergangenen Vers greifen die Ungläubigen eine Argumentation Muhammads auf und berufen sich darauf, daß sie die falschen Götter bzw. Göttinnen nicht anbeten würden, wenn Gott es nicht wollte. Doch wird ihnen entgegengehalten, daß sie in Wahrheit hierüber kein Wissen besäßen.
29 *Und als nun ihnen kam die Wahrheit*] hier wendet sich die Rede wieder den mekkanischen Zeitgenossen Muhammads zu.
30 *Aus unsern beiden Städten*] damit sind nach den Kommentaren die Städte Mekka und Ta'if gemeint.
31] Die Verse 31/32-34//35 spielen auf den Reichtum der in Mekka herrschenden Oberschicht an.
40 *Mögen Wir nun hinweg dich nehmen*] der Vers ist wohl ein Hinweis darauf, daß Muhammad sich in jener Zeit so sehr in Bedrängnis fühlte, daß er um sein Leben fürchtete.
56 und 57 *Gleichnis*] s. Anhang.
61 *Er aber ist ein Herold für die Stunde*] sofern sich die Aussage auf Jesus bezieht, ist wahrscheinlich die Wiederkunft Jesu als Zeichen des bevorstehenden Jüngsten Tags gemeint.
65 *Anhänger*] vgl. die Anm. zu Sure 38:10/11.
69 *Gottergebene*] s. Anhang.
77 *Malek*] der Name des Höllenfürsten. – *Ausmachen soll's mit uns dein Herr*] Gott soll sie durch Vernichtung von der Höllenqual erlösen.
80 *Unsre Boten*] die Wächterengel, die die Taten der Menschen festhalten.

Sure 44 (*ad-duḫān*)

Die Sure wird in die dritte mekkanische Wirkensperiode Muhammads datiert.
1-5] Die Sure beginnt, wie Sure 43, mit der Schwurformel „beim klaren Buch", worauf ein kurzer Hymnus auf die Offenbarung folgt. In Vers 5/6 heißt es, die Gottgesandten seien gesandt „aus Barmherzigkeit von deinem Herrn; Er ist der Hörende und Wissende." Daran schließt dann Vers 6/7 unmittelbar an.
13] *Ein angelernter*] zum Vorwurf, den die Mekkaner Muhammad machen, er verdanke seine Offenbarung der Mitteilung eines Fremden, vgl. Sure 25:5/4 und 6/5.
31-59] Der nicht übersetzte Schlußteil der Sure handelt zuerst davon, daß die Ungläubigen die Auferstehung leugnen. Zum Abschluß folgt eine kurze Schilderung der Höllenqualen und der Paradiesesfreuden.

Sure 45 (*al-ǧāṯiya*)

Die Sure gehört in Muhammads dritte mekkanische Wirkensperiode. Sie enthält eine kurze Zusammenfassung der Gedanken, die Muhammad in den Suren jener Zeit verkündigte: Die Zeichen, die Gott mit seiner Schöpfung setzt und die den Menschen zum Glauben führen, jedoch von den Ungläubigen geleugnet werden; die Offenbarungsschrift, die auch den Kindern Israels gegeben worden war, über deren Auslegung sie sich jedoch entzweiten. Muhammad wird ermahnt, nicht den Neigungen der Unwissenden, sondern allein der ihm gegebenen Offenbarung zu folgen. Mit dem Hinweis auf die Wahrheit des Jüngsten Tags und einer kurzen Schilderung des Gerichts endet die Sure, aus welcher Rückert nur wenige Verse übersetzt hat. Der Surentitel greift das Bild vom Tag der Auferstehung in Vers 27/28 (nicht übersetzt) auf, wo es heißt: „Und du wirst jede Gemeinde auf den Knien kauernd sehen, wie sie zur (Rechenschaft nach) ihrer Schrift gerufen wird: heute wird euch vergolten, was ihr tatet."
23 *Und nichts vertilgt uns als die Zeit*] die Ungläubigen sprechen hier aus, was allgemeiner Glaube im Arabien zu Muhammads Zeit war, den Glauben an das Walten des unausweichlichen Zeitenlaufs, der alles Sein unwiderruflich vernichtet.

Erläuternde Anmerkungen

Sure 46 (*al-aḥqāf*)

Die Sure gehört der dritten mekkanischen Periode an. Sie wird wegen der in Vers 28/29 erwähnten Predigt vor den Dschinn in die Zeit kurz nach Muhammads Rückkehr von Ta'if datiert, wo er vergeblich versuchte, Anhänger zu gewinnen.

8 *Ich bin kein Neuwunder*] Der von Rückert so übersetzte Ausdruck wird von den einen im Sinne von „Neuerer", der eine neuartige Botschaft bringt, verstanden, von anderen als ein „mit Wunderkraft Ausgestatteter". Rückert hat beide Deutungen in einem Wort vereint.

12 und 13] In den übergangenen Versen wird „denjenigen, welche sagen ‚unser Herr ist Gott' und darin aufrecht bleiben" Freiheit von Furcht und der Lohn des Paradieses verheißen.

14 *Von den Ergebnen*] s. Anhang → Gottergeben.

16 *Die beiden*] die beiden Eltern. Die in diesem Vers geschilderte Szene macht deutlich, daß der von Muhammad verkündete neue Glaube Konflikte in den Familien zwischen der älteren und der jüngeren Generation hervorrief.

17 *Von den Dschinnen*] s. Anhang → Dschinn.

23 *Quergewölk*] eine heraufziehende Wolkenbank.

26] Der übergangene Vers besagt: „Wir haben die Ortschaften um euch herum zugrundegehen lassen und haben die Zeichen klar gemacht, auf daß sie (die Bewohner dieser Ortschaften) umkehren mögen."

28] Vgl. hierzu die einleitende Bermerkung zu dieser Sure sowie auch Sure 72.

34 *Und nicht beschleunig' ihr Gericht!*] eine Ermahnung an Muhammad, die Bestrafung der Ungläubigen nicht von sich aus herbeizuwünschen.

35 *Als hätten sie geweilt nur ein Stündchen eines Tags*] die Zeit zwischen Tod und Auferstehung erscheint den Menschen, als habe sie nur eine Stunde gedauert.

Sure 47 (*Muḥammad*)

Die Sure wird in die ersten Jahre nach Muhammads Auswanderung (*hiǧra*) nach Medina datiert. Ein stilistischer Wandel wird in Vers 2 deutlich, wo Muhammad nicht mehr, wie in den mekkanischen Suren, mit „du", sondern mit Namen angesprochen wird, worauf auch die Surenüberschrift Bezug nimmt. Die Sure enthält eine deutliche Kriegserklärung an diejenigen, die sich der Sendung Muhammads entgegenstellen. Muhammads Anhänger werden nun zu Vollstreckern des göttlichen Strafgerichts, das den ungläubigen Mekkanern vor der Auswanderung immer wieder angedroht worden war.

11-13] Wie schon in den mekkanischen Suren wird auf die verwüsteten Ruinenstätten hingewiesen, die die Reisenden als Zeichen der göttlicher Strafgerichte gewahr werden können. „Das ist so, weil Gott der Schutzherr derer ist, die gläubig sind, doch die Ungläubigen haben keinen Schutzherrn" (Vers 12/11).

15-21] In den übergangenen Versen 15/14-17/15 werden die den Gläubigen verheißenen Paradiesesfreuden geschildert. Denjenigen, die sich abwenden, weil ihre Herzen versiegelt sind, wird gesagt, daß die Stunde des Gerichts ohne jede Vorwarnung über sie kommen könnte, denn die Bedingungen hierfür seien gegeben (Verse 18/16-21/19).

29 und 30] Die übergangenen Verse sprechen davon, daß sogar die Todesengel jene Untreuen züchtigen.

36] „Denjenigen, die ungläubig sind und von Gottes Weg abdrängen, und die dann als Ungläubige sterben, wird Gott nicht verzeihen."

Sure 48 (*al-fatḥ*)

Die Surenüberschrift *al-fatḥ* „die Siegseröffnung" (vgl. Vers 1) wird von der Überlieferung als die Verheißung des Sieges über die Mekkaner verstanden. Die Sure soll kurz nach dem Waffenstillstand von Hudaibi'a entstanden sein, den Muhammad bei einem vergeblichen Versuch, die Wallfahrt nach Mekka zu vollziehen, mit den Mekkanern geschlossen hatte.

11 *Die Zurückgebliebnen der Feldaraber*] diejenigen von den arabischen Beduinenstämmen, die sich zwar Muhammad angeschlossen hatten, ihm jedoch bei der hier angesprochenen riskanten Unternehmung (wahrscheinlich der Zug zur Wallfahrt nach Mekka) die Gefolgschaft versagt hatten.

20] Die Anspielungen auf bestimmte Ereignisse jener Zeit lassen sich nicht mit Sicherheit deuten.

24 und 25] Die Verse werden auf den vergeblichen Versuch Muhammads, die Wallfahrt zu erzwingen, und den darauf folgenden Waffenstillstand von Hudaibi'a bezogen (s. die einleitende Bemerkung zur Sure). – *Sie sind es, die ... drängten weg euch vom geweihten Bethaus*] die Mekkanern, die den Anhängern Muhammads die Durchführung der Pilgerfahrt verwehrten. – *Wenn sie gesondert wären*] be-

Erläuternde Anmerkungen

zieht sich auf Muslime, die noch in Mekka weilten, als die Gefahr einer bewaffneten Auseinandersetzung im Verlauf der geplanten Pilgerfahrt bestand; um sie nicht der Gefahr der Geiselnahme auszusetzen, wurde auf den Kampf verzichtet.
27 *So hat Gott Wort gehalten seinem Gesandten*] in dem mit den Mekkanern geschlossenen Abkommen hatten diese eine friedliche Pilgerfahrt im darauffolgenden Jahr zugestanden.
28 *Gottesdienst*] s. Anhang.
29 *Verbeugt, fußfällig*] s. die Anm. zu Sure 3:38/43. – Der Gebetsritus, bei dem der Boden mit der Stirn berührt wird, hinterläßt unter Umständen bei demjenigen, der ihn häufig ausübt, eine Schwiele, die ihn als eifrigen Beter kennzeichnet.

Sure 49 (*al-ḥuǧurāt*)

Die Sure, in der Probleme der sich formierenden Gemeinde in Medina angesprochen werden, dürfte in den letzten Lebensjahren Muhammads entstandenen sein. Der Surentitel ist Vers 4 entnommen.
7 *Die Rechtfertigen*] der an dieser Stelle stehende arab. Ausdruck wird meist sehr unscharf „die Rechtgeleiteten" übersetzt; die Bedeutung ist etwa „die Mündigen, die von sich aus den rechten Weg gehen". Rückert hat das Wort „die Rechtfertigen" geprägt, um diesen Ausdruck von einem anderen, ebenfalls gewöhnlich „rechtgeleitet" übersetzten zu differenzieren.
11 *Ein schlimmer Nam' ist Abfall nach dem Glauben*] der Gebrauch eines schlimmen Schimpfwortes ist gleichzusetzen mit dem Abfall von Glauben.
13 *Die Feldaraber*] s. Anhang.

Sure 50 (*Qāf*)

Die Sure gehört der zweiten Wirkensperiode Muhammads in Mekka an. Sie beginnt mit dem Siglum Qāf, das auch als Titel der Sure dient; s. Anhang → Siglen. In Rückerts Übersetzung fehlen der Anfangs- und der Endabschnitt (Verse 35/36-45) der Sure.
1-13] Nach der einleitenden Schwurformel „beim ruhmvollen Koran" werden die Ungläubigen getadelt, daß sie nicht an die Auferstehung und das Gericht glauben. Die Wunder des Himmelsgewölbes und der sprießenden Vegetation werden ihnen als Zeichen Gottes vorgehalten.

Es folgen kurze Hinweise auf das Schicksal der ungläubigen Völker der Vorzeit.
16 *Die zwei Begegnenden*] die beiden Wächterengel, die die guten und bösen Taten des Menschen aufschreiben.
18 *Das ists wovon du ab dich wandtest*] angesprochen wird hier die Menschenseele im Todeskampf.
35-45] In dem nicht übersetzten Schlußteil wird auf Gottes Allmacht hingewiesen: kein Volk kann Ihm Widerstand leisten; Er erschuf Himmel und Erde in sechs Tagen ohne Ermüdung. Der Prophet erhält dann die Anweisung: „So ertrage, was die Ungläubigen sprechen, und lobpreise deinen Herrn vor Sonnenauf- und Untergang" (Vers 38/39). „Wir wissen, was sie sprechen; du bist nicht dazu berufen, sie zu zwingen. Doch ermahne mit dem Koran den, der Meine Drohung fürchtet." (Verse 44-45).

Sure 51 *(aḏ-ḏāriyāt)*

Die Sure wird in die erste mekkanische Wirkensperiode Muhammads datiert. Der Surentitel ist der einleitenden Schwurformel entnommen. Rückert hat den Mittelteil übergangen, der auf das Beispiel der früheren Gottgesandten, Abraham, Moses, Noah und auf die Völker der Vorzeit, Ad und Thamud, hinweist.
1-4] Die in den Schwurformeln genannten Wesen werden teils als Engel, teils als Naturgewalten gedeutet; vgl. auch die Einleitungsverse der Suren 37, 77, 79 und 100.
17-19 *Nur wenig von der Nacht sie schliefen*] die Frommen verbringen die Nacht im Gebet und geben von ihrem Besitz den Armen.
24-55] s. die einleitende Bemerkung zur Sure.
59 und 60] Die beiden nichtübersetzten Schlußverse enthalten nochmals eine drohende Mahnung an die Ungläubigen.

Sure 52 *(aṭ-ṭūr)*

Auf Grund der einleitenden Schwurformeln wird die Sure der ersten mekkanischen Wirkensperiode Muhammads zugerechnet, doch dürfte sie eher gegen Ende dieser Periode oder auch an den Beginn der zweiten Periode anzusetzen sein. Mit dem „Berg" *(ṭūr)* in Vers 1, auf den sich der Surenname bezieht, ist der Berg Sinai gemeint, auf dem Mose das Gesetz empfing. Der Berg Sinai wird auch in Sure 95:2, erwähnt.

Erläuternde Anmerkungen 567

4 *Bei dem besuchten Hause*] „das Haus Gottes", die Kaaba in Mekka.
30 *Ein Dichter*] die Mekkaner machten Muhammad immer wieder den Vorwurf, er sei nur ein Dichter und kein Verkünder einer göttlichen Botschaft; vgl. Sure 21:5.
39 *Er hat die Töchter, ihr die Söhne?*] s. die Anm. zu Sure 16:59/57.
49 *Und hinter'm Fall der Sterne*] wörtl. „und beim Sichabwenden der Sterne"; welche Zeit damit gemeint ist, ist unklar.

Sure 53 (*an-nağm*)

Wie Sure 52 beginnt diese Sure mit Schwurformeln und gehört in die erste Wirkensperiode Muhammads in Mekka. Auf den Schwur „beim Stern" in Vers 1 nimmt die Surenüberschrift Bezug. Die Verse 2-18 schildern das visionäre Offenbarungserlebnis Muhammads.
1 *Beim Stern, der flirrt*] wörtl. „wenn er herabfällt".
14 und 16 *Sidrabaum*] der Christdorn oder Lotusbaum (Ziziphus lotus).
19 und 20 *Allat – Osse – Menat*] Drei Göttinnen, die in Mekka verehrt wurden; Allāt wurde von den Arabern der griechischen Athena gleichgesetzt, Osse (al-ʿUzzā) entsprach der Venus und Menat (al-Manāt) war die Schicksalsgöttin. In einer Überlieferung heißt es, daß im Anschluß an diesen Koranvers, der Satan dem Propheten die Worte eingegeben habe: „Dies sind die erhabenen Flügelwesen, auf deren Fürbitte man hoffen kann." Daraufhin hätten sich die Mekkaner zu Muhammad bekannt. Doch sobald Muhammad gewahr geworden war, daß diese Worte ihm vom Satan eingeflüstert worden waren, habe er sie widerrufen.
21 *Hat Er die Töchter, ihr die Knaben?*] diese gegen die Mekkaner gerichtete Polemik findet sich auch Sure 52:39; s. die Anm. zu Sure 16:59/57.
23 *Es sind nur Namen*] bezieht sich auf die in Vers 19 und 20 genannten heidnischen Götter.
30 *Laß ab*] Der Angesprochene ist Muhammad.
33 *Drum machet euch nicht rein*] haltet euch nicht selbst für rein.
39 *Eine Trägerinn*] daß nie eine sündebeladene Seele die Sündenlast einer anderen trägt.
57 *Ein Mahner*] eine Mahnung.
58 *Die Überfallende fällt ein*] die nahende Katastrophe des Jüngsten Tages.

Sure 54 (*al-qamar*)

Die Sure stammt aus der Anfangszeit von Muhammads Wirken in Mekka. Der in Vers 1 genannte gespaltene Mond hat der Sure ihren Namen gegeben. In den von Rückert nicht übersetzten Versen 9-51 werden, ähnlich wie in Sure 53, die Völker der Vorzeit, die ihre Gottgesandten der Lüge ziehen, als warnende Beispiele angeführt.

Sure 55 (*ar-raḥmān*)

Die Sure beginnt mit dem Wort *ar-raḥmān* „der Allerbarmer", das auch im Surentitel erscheint. Sie wird an das Ende der ersten oder an den Beginn der zweiten Wirkensperiode Muhammads in Mekka datiert. Sie weist, beginnend mit Vers 12, eine stilistische Besonderheit auf, die sich in keiner anderen Sure wiederfindet: einen ständig wiederkehrenden Refrain „Welche Gnad' eures Herrn wollt ihr verkennen?".
11 *Basilien*] Basilienkraut.
12 *Ihr Menschen und ihr Genien!*] eine Erweiterung Rückerts, die er des Reimes wegen in Anlehnung an Vers 13 und 14 dem Text hinzugefügt hat.
16 und 17 *Der Herr der beiden Sonnenaufgänge und beiden Niedergänge*] manche deuten die Zweizahl als den Sonnenaufgangs- und Untergangsort am Tag der Sommer- und am Tag der Wintersonnenwende, während andere vermuten, daß die Zweizahl hier durch den Reim bedingt ist.
19 *Die beiden Wasser*] das süße und das salzhaltige Wasser; vgl. auch Sure 18:59/60.
31 *Ihr zwei Gewichte*] die Schwergewichtigen, aus Erde erschaffenen Menschen und die leichtgewichtigen, aus Feuer geschaffenen Genien (Dschinn).
56 *Sittsamblickende*] die Huris; s. Anhang.

Sure 56 (*al-wāqiʿa*)

Die Sure wurde nach der in Vers 1 genannten „eintreffenden" Stunde des Jüngsten Tags benannt. Sie gehört der ersten mekkanischen Periode an.
1 *Die Treffende*] die Stunde des Jüngsten Tags (vgl. Sure 70:1).
8 und 9 *Die Genossen der rechten Hand – die Genossen der linken Hand*] dieselbe Bezeichnung kommt auch in Sure 90:18 und 19, vor.

Erläuternde Anmerkungen

27 *Bei Sidrabäumen*] s. die Anm. zu Sure 53:14.
28 *Und Talhasträuchen*] eine Akazienart.
52 *Sakkum*] der Höllenbaum Sakkum (zaqqūm); vgl. die Anm. zu Sure 17:62/60.
61 und 62] Geburt und Auferstehung werden im Koran des öfteren als die erste und zweite Schöpfung des Menschen bezeichnet.
66 *Wir sind verschuldet*] Gott, der hier in der ersten Person spricht, läßt die Saat auch für den Ungläubigen wachsen, wird aber um den Ertrag, nämlich den Glauben, betrogen.
74 *Ich schwöre nicht*] s. die Anm. zu Sure 70:40.
77 *In dem verwahrten Buche*] in der himmlischen Urschrift der Offenbarung. In der himmlischen Urschrift ist sowohl die Offenbarung, als auch das Schicksal der Schöpfung verzeichnet.
82-86 *O wann die Seele kommt zum Schlunde*] Gotte hält dem eitlen Wahn der Ungläubigen, sie vermöchten selbst etwas bewirken, entgegen: wenn die Seele beim Tode aus dem Körper entweicht und ihr dabei zuseht, ist Gott ganz nahe, ohne daß ihr es wahrnehmt; ihr aber könnt die Seele nicht wieder zurückbringen.

Sure 57 (*al-ḥadīd*)

Die Entstehungszeit dieser Sure ist umstritten. Die Verse 8 und 10, in denen die Gläubigkeit von manchen Anhängern in Zweifel gezogen wird, weisen die Entstehung der Sure in die medinensische Wirkensperiode Muhammads. Die Surenüberschrift bezieht sich auf Vers 25, durch den die Pflicht, den Glauben auch mit der Waffe zu verteidigen, unterstrichen wird.
26 *Von diesen ist rechtfertig einer*] einige von ihnen waren auf den rechten Weg, doch die vielen anderen wurden abtrünnig und frevelten.

Sure 58 (*al-muǧādala*)

Die Sure ist in Medina entstanden, und zwar aus einem bestimmten Anlaß, auf den sich die Verse 1-5 beziehen. Es wird berichtet, daß eine Medinenserin sich darüber beklagte, daß ihr Mann sich von ihr geschieden habe unter Anwendung einer bei den Arabern üblichen Formel „Du bist mir wie der Rücken meiner Mutter", daß er dann aber die Scheidung ungeschehen machen wollte.
4 *Befreiung eines Nackens*] Freilassung oder Freikauf eines Sklaven.

9 *Wie nicht dich grüßet Gott*] das bedeutet, sie verwenden nicht die von Gott gebotene Grußformel „Friede sei auf euch" *(as-salāmu ʿalaykum)*; vgl. Sure 6:54.

Sure 59 *(al-ḥašr)*

Die Sure bezieht sich auf die Auseinandersetzung mit einem der jüdischen Stämme Medinas, die mit dessen Vertreibung aus der Stadt endete. Die Verse 6-8 behandeln die Verteilung der von den Juden zurückgelassenen Besitztümer. Wie aus den Versen 9 und 10 hervorgeht, fühlten sich die medinensischen Anhänger gegenüber den aus Mekka Ausgewanderten *(al-muhāǧirūn)* zurückgesetzt.
13 *Ihr selbst seid gewaltiger mit Furcht in ihrer Brust als Gott*] In ihrer Brust ist mehr Furcht vor euch, als vor Gott.
15 *Gleich denen, die vor ihnen nächst schmeckten das Unheil ihres Rathes*] soll sich auf einen anderen jüdischen Stamm in Medina beziehen, der früher bereits in Konflikt mit Muhammad geraten war und die Stadt verlassen mußte.

Sure 60 *(al-mumṭaḥina)*

Diese medinensische Sure soll kurz vor Muhammads Einzug in Mekka im Jahre 8 d.H. (629 n.Chr.) entstanden sein. Die Surenüberschrift nimmt auf Vers 10 Bezug, wo die Gläubigen aufgefordert werden, Frauen, die nach Medina flüchten, auf ihre Gläubigkeit zu prüfen.
1 *Auf Meinem Wege*] auf Gottes Wege.
5 *Nicht mach' uns zur Versuchung an denen die Dich leugnen*] ist Fortsetzung der Rede Abrahams: laß uns nicht den Leugnern zur Versuchung werden, sich an uns zu vergehen.
8 *Gott wehret euch nicht ab von denen, die euch nicht bekämpften ..., daß fromm ihr seyn mögt gegen sie*] Gott verwehrt euch nicht, pietätvoll und gerecht zu handeln gegen jene, die nicht der Religion wegen gegen euch gekämpft haben.
10 *Auswandernde*] in jener Zeit begaben sich immer mehr Menschen unter den Schutz Muhammads nach Medina, darunter offensichtlich auch Frauen, die sich von ihren Männern getrennt hatten. Der folgende Vers zeigt, daß auch Frauen von Anhängern Muhammads zu seinen Gegnern flüchteten. Die Verse machen deutlich, daß die heftige Auseinandersetzung zwischen Muhammad und seinen Anhängern auf

Erläuternde Anmerkungen 571

der einen Seite und den Mekkanern auf der anderen Seite zu immer größeren Spaltungen in der Gesellschaft geführt hatte.
13 *Die da verzweifelten am andern Leben*] die den Glauben an das Leben in der anderen Welt aufgegeben haben. – *Die Genossen der Gräber*] die im Grab liegenden Toten.

Sure 61 (*aṣ-ṣaff*)

Die Sure gilt manchen als mekkanische, anderen als medinensische Sure. Obwohl die Einleitungsformel wie auch die Erwähnung der biblischen Gestalten an die Suren der dritten mekkanischen Wirkensperiode erinnern, spricht die Aufforderung in Vers 4, in fester Reihe zu kämpfen, eher für die Zuordnung zu den medinensischen Suren.
6 *Sein Name Ahmed*] Die muslimischen Erklärer verstehen das Wort *aḥmad* hier durchwegs als Eigenname. Die Stelle könnte jedoch auch als „sein Name ist hochgelobt" verstanden werden. Auch der von der gleichen Wortwurzel abgeleitete Name Muhammad hat diese Bedeutung. Der Text wird von muslimischen Erklärern als Hinweis auf die Vorverkündigung Muhammads in den früheren heiligen Schriften verstanden; sie verweisen dabei auf den im Johannesevangelium mehrmals genannten Paraklet hin.

Sure 62 (*al-ǧumʿa*)

Die Sure wird in die frühmedinensische Wirkensperiode Muhammads datiert. Sie ist nach dem in Vers 9 genannten Freitagsgottesdienst benannt.
2 *Unter den Laien einen Abgesandten*] das ist Muhammad. Der von Rückert mit „Laien" übersetzte Ausdruck wird verschieden gedeutet. Es sind damit diejenigen Völker gemeint, welchen bisher keine Offenbarungsschrift zuteil geworden ist. Die Muslime verstehen diesen Ausdruck heute als „diejenigen, die des Lesens und Schreibens unkundig sind".
5 *Denen ward zu tragen gegeben das Gesetz*] d.h. das Gesetz der Thora.
6 *So wünscht den Tod*] die Polemik gegen die Juden meint: der Tod würde denen, die sich auserwählt wähnen, das Paradies bringen und sie von der Not des irdischen Lebens befreien; sie könnten also, wenn sie sich tatsächlich ihrer Auserwähltheit sicher wären, nichts Besseres tun, als sich den Tod wünschen.

Sure 63 (*al-munāfiqūna*)

Unter den in Vers 1 genannten „Heuchlern" wird eine Gruppe medinensischer Anhänger Muhammads verstanden, die sich ihm mehr aus Opportunismus als aus innerer Überzeugung angeschlossen haben, und die immer wieder gegen bestimmte Maßnahmen, vor allem die kriegerischen Unternehmungen, offen oder insgeheim opponierten. Die Sure spielt auf Rivalitäten zwischen den alteingesessenen Medinensern mit den aus Mekka zugewanderten Anhängern Muhammads, den *muhāǧirūn*, an.
7 *Damit sie sich verlaufen*] soll wohl bedeuten: damit sie sich von Muhammad trennen.
8 *Zur Stadt*] nach Medina.

Sure 64 (*at-taġābun*)

Manche Koranausleger halten den ersten, von Rückert nicht übersetzten Teil für mekkanisch, den zweiten von Vers 11 bis Vers 18 für medinensisch. Der Surentitel „die gegenseitige Übervorteilung" ist Vers 9 entnommen.
1-8] Der nicht übersetzte Teil enthält eine Predigt, in der die Gläubigen ermahnt werden, sich zu vergegenwärtigen, daß Gott nicht nur ihre offenkundigen, sondern auch ihre verborgenen Taten und Gedanken kennt. Des weiteren werden sie darin erinnert, wie frühere Völker, die die Rechtleitung durch die Gesandten Gottes mit der Frage ‚sollen uns Menschen rechtleiten?' abtaten, für ihren Unglauben von Gott bestraft wurden.
9-13] Der Tag des Jüngsten Gerichts wird in Vers 9 als „Tag gegenseitiger Übervorteilung" bezeichnet; damit ist gemeint, daß gegenüber denjenigen, die bisher nicht an Gott glaubten und verächtlich auf die Gläubigen herabsahen, die Gläubigen nun im Vorteil sind. Denn Gott wird Übeltaten nur denjenigen, die an ihn glauben, verzeihen. – Nicht nur die glücklichen Ereignisse, auch jedes Unglück trifft die Menschen nur „mit Gottes Erlaubnis" (Vers 11) und gibt keinen Anlaß, an Gottes rechter Leitung zu zweifeln.
14 *An euren Fraun und euren Kindern habt ihr Feinde*] auf Grund des folgenden Verses wird diese Stelle so verstanden, daß Frauen und Kinder den Gläubigen zum Vorwand dienen, ihre Glaubenspflichten zu vernachlässigen, und zwar vor allem die Pflicht, zum Kampf gegen die Ungläubigen auszuziehen.

Erläuternde Anmerkungen 573

Sure 65 (*aṭ-ṭalāq*)

Die in Medina enstandene Sure gibt in den Versen 1-7 Vorschriften über die Ehescheidung, die ähnliche Vorschriften in Sure 2:226-232, ergänzen. Der daran anschließende Teil (Verse 8-12) ermahnt die Gläubigen, Gottes Geboten zu gehorchen, sonst könnte es ihnen ergehen, wie den früheren Völkern, die Gott wegen ihres Ungehorsams strafte.

Sure 66 (*at-taḥrīm*)

Die Verse 1-5 dieser Sure beziehen sich auf einen Vorfall von Eifersucht unter den Frauen Muhammads. Die Sure beginnt mit der an Muhammad gerichteten Frage: „O Prophet, warum erklärst du für verwehrt, was Gott dir erlaubt hat, nur um deinen Gattinnen zu Willen zu sein?" Hierauf bezieht sich auch die Surenüberschrift. Die folgenden Verse 6 und 7 warnen die Gläubigen und ihre Familien vor Ungehorsam gegenüber Gottes Geboten. Im Schlußteil werden dann Frauengestalten der früheren Völker zur Warnung bzw. als Vorbild angeführt.

9] Der Vers lautet: „O Prophet, wende alle Kraft auf gegen die Ungläubigen und gegen die Heuchler und sei hart gegen sie; ihr Aufenthaltsort ist Gehenna, ein gar schlimmer Ort!"

Sure 67 (*al-mulk*)

Die Sure wird von den meisten Forschern in die zweite mekkanische Wirkensperiode Muhammads datiert. Die Surenüberschrift ist Vers 1 entnommen, in dem es heißt, daß Gott die Herrschaft *(mulk)* über alle Dinge hat.

5 Den Erdenhimmel] die unterste der sieben Himmelssphären – *Die machten Wir zur Steinigung den Satanen*] unter den Leuchten, die zur Steinigung der Satane erschaffen wurden, sind nach Sure 15:18, die Sternschnuppen zu verstehen.

19-30] In dem von Rückert nicht übersetzten zweiten Teil der Sure wird Gott als derjenige beschrieben, der die Natur und den Menschen erschafft und in seiner Barmherzigkeit erhält und versorgt. Den Ungläubigen wird warnend gesagt (Vers 30): „Sprich: Was meint ihr, wenn euer Wasser versiegt, wer bringt euch dann wieder Wasser aus den Quellen?"

Sure 68 (al-qalam)

Die Sure gilt den muslimischen Gelehrten wegen des in Vers 1 genannten Schreibrohrs *(al-qalam)* und der damit gegebenen Nähe zu Sure 96 als die erste nach Sure 96 geoffenbarte Sure. Die Koranforschung datiert sie in die erste Wirkensperiode Muhmmads in Mekka. Sie beginnt mit dem Siglum N *(nūn)*, das nur vor dieser Sure vorkommt; vgl. Anhang → Siglen.
1 *Bei dem Griffel, und wer ihn führt*] Im arab. Text steht wörtlich „und was sie aufzeichnen". Gott ist also nicht selbst der Schreiber, sondern seine Engel.
15 *Märchen der Väter!*] der Vorwurf der Ungläubigen, Muhammad erzähle nur Märchen der Vorväter, findet sich auch Sure 8:31.
16 *Wir wollen auf die Nas' ihn zeichnen*] wörtlich „Wir werden ihm ein Brandmal auf die Nase drücken".
17 *Die Herrn des Gartens*] zu dem Gleichnis vom vernichteten Garten vgl. die Parallele in Sure 18:31/32 f.
35 *Die Ergebenen*] s. Anhang → Gottergeben.
37 *Habt ihr ein Buch, darin das ist zu lesen?*] Gott fragt die Ungläubigen, ob sie ein geoffenbartes Buch als Beleg für ihren Irrglauben vorweisen können.
42 *Den Schenkel blößen*] die Redensart entspricht etwa der deutschen Redensart „die Ärmel aufkrempeln"; – *Wann man sie ruft zum Niederfall*] sich im Gebet vor Gott niederzuwerfen.
45 *Ich stunde sie*] Ich, Gott, gewähre ihnen noch Aufschub.
46 *Begehrst du Lohn von ihnen*] Gott richtet an Muhammad die rhetorische Frage, er verlange doch keinen Lohn für die Warnung, die er seinen Mitbürgern zuteil werden läßt.
48 *Der vom Fisch*] Anspielung auf Jonas des Alten Testaments, der sich dem Auftrag Gottes entziehen wollte und von einem großen Fisch verschlungen wurde.

Sure 69 (al-ḥāqqa)

Die der ersten mekkanischen Periode zugerechnete Sure wurde von Rückert nicht übersetzt. Die Surenüberschrift meint die verläßlich eintretende Stunde des jüngsten Gerichts. In dieser Sure wird zunächst geschildert, wie die Völker der Vorzeit, die Thamud und Ad, die nicht an das Jüngste Gericht glauben wollten, von Gotte hinweggerafft wurden. Es folgt dann eine Beschreibung des Jüngsten Tags, der von einem Posaunenstoß eingeleitet wird.

Sure 70 (*al-maʿāriǧ*)

Die Sure wird von den meisten Forschern gegen Ende der ersten mekkanischen Wirkensperiode Muhammads angesetzt. Die Surenüberschrift ist Vers 3 entnommen, wo von der Himmelsleiter gesprochen wird. Der Einleitungsvers scheint auf den Beginn von Sure 56 Bezug zu nehmen, wo ebenfalls vom Eintreffen der Stunde des Jüngsten Gerichts gesprochen wird.

14 *Und männiglich auf Erden*] alle zusammen, die auf der Erde sind.

29-34] Diese Verse werden, mit Ausnahme von Vers 33, von vielen Forschern nicht zum ursprünglichen Text der Sure gerechnet, sondern als spätere Hinzufügung, denn sie finden sich in völlig gleichlautender Form in den Versen 5-9 der Sure 23 (von Rückert nicht übersetzt).

39 *Von wannen*] wovon, woraus.

40 *Und schwör' Ich*] Es ist nicht zu klären, ob der Schwur als Schwur Gottes bei sich selbst gemeint ist, oder ob hier Muhammad in der 1. Person spricht. Bei letzterer Auffassung muß man einen harten Übergang zu dem folgenden „Wir" in Kauf nehmen, denn hier spricht klar Gott von sich selbst in der 1. Person Plural. Diese Art Schwur findet sich auch in Sure 56:74/75, Sure 75:1, Sure 84:16, und in Sure 90:1. An allen diesen Stellen steht, wie auch hier im, Text: „So schwöre ich nicht bei ..." oder wie andere übersetzen „Nein! Ich schwöre bei ...". Rückert war wohl der Auffassung, daß die schwer deutbare Negation überflüssig sei, und hat den Schwursatz deshalb in eine rhetorische Frage umgeformt.

41 *An ihre Statt ... zu setzen bessre andre*] In allgemeiner Form wird hier die mehrfach vorkommende Drohung vorgebracht, Gott werde diejenigen, die den Glauben von dem zu ihnen gesandten Gottesboten nicht annehmen wollen, vernichten und durch andere Völker ersetzen; vgl. auch Sure 76:28.

Sure 71 *(Nūḥ)*

Die von Rückert nicht übersetzte Sure wird meist in die zweite, von manchen Forschern auch an den Beginn der dritten mekkanischen Periode gestellt. Die Sure ist dem Gottgesandten Noah und der Vernichtung seines Volkes durch die Sintflut gewidmet.

Sure 72 (al-ǧinn)

Die der zweiten mekkanischen Periode zugerechnete Sure besteht aus zwei Teilen, von welchen Rückert nur den ersten übersetzt hat. Darin ist die Rede von der Bekehrung einer Gruppe von Dschinn zum Glauben. Von diesem Ereignis spricht auch Sure 46:28. Der zweite unübersetzt gebliebene Teil spricht über Muhammads Sendung als Warner, auch wenn nur Gott allein weiß, wann der Jüngste Tag kommt. Die Sure endet mit den Versen: „(26) Er ist es, der das Verborgene kennt, Er macht sein Geheimnis keinem offenbar, (27) außer einem Gesandten, dem er wohlgesonnen ist; vor ihm und hinter ihm schreitet Er als Wächter, (28) um zu erfahren, ob sie (d.h. die Gesandten) die Botschaft ihres Herrn überbracht haben. Er erfaßt, was bei ihnen ist, und zählt jedes Ding."
1] Vgl. Sure 46:28, und Sure 6:130.
8 und 9] Die Dschinn haben Zugang zu den untersten Himmelssphären und versuchen dort manches von den göttlichen Geheimnissen zu erlauschen, doch werden sie daran gehindert (vgl. Sure 15:18). Vers 6 läßt vermuten, daß die Dschinn im Kult der heidnischen Zeitgenossen Muhammads eine Rolle spielten.

Sure 73 (al-muzzammil)

Die Sure wird in die erste mekkanische Wirkensperiode Muhammads datiert, der muslimischen Tradition gilt sie als die dritte geoffenbarte Sure.
1 *Eingewickelter*] in ähnlicher Weise wird eine Person (vielleicht Muhammad) in Sure 74:1 als „Bedeckter" angesprochen. Die Bedeutung dieses Ausdrucks ist ungewiß; es heißt, daß sich Muhammad, wenn die Offenbarung über ihn kam, in einen Mantel einhüllen ließ.
2 *Wache die Nacht*] Es gehörte zur frommen Übung Muhammads und seiner ersten Anhänger, große Teile der Nacht mit liturgischer Rezitation von Koransuren zu verbringen; vgl. Sure 76:26. Mit Vers 20 der Sure 73 wird diese Praxis abgeschafft.
9 *Der Herr des Niedergangs und des Aufgangs*] des Sonnenunter- und -aufgangs.
20] Dieser Vers, der die nächtlichen Andachten abschafft, ist erst in späterer Zeit, wohl kaum früher als in der dritten Wirkensperiode Muhammads entstanden und dann dieser Sure angefügt worden.

Erläuternde Anmerkungen

Sure 74 (*al-muddaṯṯir*)

Die Sure soll entstanden sein, nachdem die Offenbarung, die Muhammad mit dem Beginn von Sure 96 zuteil geworden war, längere Zeit ausgesetzt hatte. Die muslimische Koranauslegung versteht diese Sure als Aufforderung an den Propheten, nunmehr öffentlich aufzutreten und seine Sendung zu verkünden (Vers 2).

1 *O der du liegst bedeckt*] vgl. die Anm. zu Sure 73:1.
11 *Laß Mich allein mit dem, den ich schuf sonder gleichen*] Gott spricht: Überlasse Mir die Abrechnung mit demjenigen, den ich in einzigartiger Weise erschuf!. Die muslimische Tradition berichtet, daß damit eine bestimmte Persönlichkeit gemeint sei, doch könnte sich dieser Ausdruck auch auf den ungläubigen Menschen im allgemeinen beziehen.
31-34 *Die Schriftinhaber*] Wegen der hier erwähnten Schriftbesitzer, denen die Offenbarungsschrift schon früher gesandt worden war, werden diese Verse, die auch stilistisch aus dem Rahmen der Sure herausfallen, als medinensischer Zusatz angesehen.
38 *Zu einer Warnung ist sie erbaut*] die Hölle.
49 *Die Vertretung der Vertreter schwand*] die Fürsprache derer, welche die Menschen als Fürsprecher vor Gott erhoffen, hilft ihnen nun nicht.
52 *Daß er eines offnen Briefs sich erfreue!*] daß sein Sündenregister am Tag des Gerichts entrollt und leer gefunden werde.
55 *Der Herr der Scheue*] der Herr der Vergebung.

Sure 75 (*al-qiyāma*)

Die Entstehung der Sure wird gegen das Ende der ersten mekkanischen Wirkensperiode Muhammads angesetzt. Der dem ersten Vers entnommene Surentitel *al-qiyāma* „das Aufstehen" meint die Auferstehung am Jüngsten Tag.

1] Zur Schwureinleitung vgl. die Anm. zu Sure 70:40.
16 *Daß du mit ihm eilest voran!*] sei nicht voreilig mit dem Koranvortrag!
26 *Wann die Seele kommt zum Schlunde*] wenn die Seele beim Tod dem Körper entweicht.

Sure 76 (*al-insān*)

Die Sure wird von den meisten Forschern in die zweite, von manchen auch an das Ende der ersten mekkanischen Periode datiert.
1 *Etwas, des Niemand dachte*] wohl der ungeborene Mensch im Mutterleib.
5 *Kafur*] Kampfer.
17 *Sengebil*] Ingwer.
18 *Selsebil*] Die Herkunft dieses Namens ist unbekannt.
20 *großes Reich*] großen Reichtum.
21 *Sundus*] eine Art Brokat.
26 *Auch bei Nacht fall nieder Ihm*] s. die Anm. zu Sure 73:2 und 20.
28 *Stellvertreter*] s. die Anm. zu Sure 70:41.

Sure 77 (*al-mursalāt*)

Die einhellig zur ersten mekkanischen Periode gerechnete Sure wird ähnlich wie die Suren 37, 51, 79 und 100 durch Schwurformeln eingeleitet, die schwer zu deuten sind. Die in Vers 1 genannten „Ausgesendeten" werden von manchen als Engel, von anderen als Winde oder Wolken gedeutet. Die meisten muslimischen Erklärer sind der Auffassung, daß darunter die Verse des Korans zu verstehen seien.
7] Mit diesem Vers beginnt die Warnung vor dem Jüngsten Gericht.
20 und 21 *Aus schlechtem Wasser*] aus dem menschlichen Samen, der im „sicheren Behälter" des Mutterleibs aufbewahrt wird; ähnlich Sure 32:7/8.
23 *Dann formten Wir*] das hier im Text stehende Verbum (*qadara*) wird meist als „festsetzen, bestimmen" oder „mächtig sein" übersetzt. Rückerts Deutung ist wenig wahrscheinlich.
30 *Schatten der dreifachen Spitze*] der bisher nicht gedeutete Ausdruck bezieht sich in irgendeiner Weise auf das Höllenfeuer.
46 *Eßt und genießt die kurze Frist*] ist an die Ungläubigen gerichtet.

Sure 78 (*an-nabaʾ*)

Die nicht übersetzte Sure behandelt „die Kunde" vom Jüngsten Gericht.

Erläuternde Anmerkungen

Sure 79 (*an-nāziʿāt*)

Die Sure ist wegen ihrer Einleitungsverse, die im Stil mit den Einleitungsversen der Suren 37, 51, 77 und 100 verwandt sind, wahrscheinlich in engem zeitlichen Zusammenhang mit diesen entstanden. Die „Entweicherinnen", „Schweiferinnen" usw. werden von den muslimischen Koranerklärern meist als Bezeichnungen für Engelwesen gedeutet. Manche Forscher wollen unter den „Entweicherinnen" Rennpferde verstehen; vgl. dazu auch Sure 100.

6 *Am Tage, wo die Gellerin gellt*] poetischer Ausdruck für den Anbruch des Jüngsten Tags.

13 *Ein einziger Gell*] ein einziger Schrei.

15-26] Die übergangenen Verse enthalten die Geschichte von Mose und der Bestrafung Pharaos. Pharao wurde bestraft, weil er sich gottgleich wähnte und zu seinem Volk sagte: „Ich bin euer höchster Herr" (Vers 24).

34 *Die Überwältigerin*] der Jüngste Tag mit seiner alles vernichtenden Gewalt.

39 *Der Abgrund ihm zum Schlosse*] der Höllenpfuhl wird ihm zur Wohnstatt; Rückert hat hier das Wort „Schloß" aus Reimgründen gewählt.

46 *Als hätten sie geweilt nur einen Abend oder eine Morgenstunde*] als hätten sie nur kurze Zeit im Grab zwischen Tod und Auferstehung zugebracht.

Sure 80 (*ʿabasa*)

Nach der Überlieferung wird Muhammad in dieser Sure getadelt, weil er einem Blinden, der um Unterweisung gebeten hatte, unbeachtet gelassen habe, während er mit einem vornehmen Mekkaner im Gespräch war. Die Sure wird einhellig in die erste mekkanische Periode datiert.

11 *Doch eine Mahnung ists fürwahr*] der Koran.

15 *Von den Händen gestellet dar einer hohen heiligen Schreiberschaar*] die himmlische Urschrift aller Offenbarungsschriften. Vgl. die ähnliche Stelle Sure 56:76/77-79/80.

Sure 81 (*at-takwīr*)

Die Sure dürfte aus der Mitte der ersten mekkanischen Wirkensperiode Muhammads stammen.

7 *Und die Seelen wieder gepaart*] wenn die Seelen wieder mit dem auferweckten Körper vereint werden.
8 *Das lebendig begrabne*] das nach der Geburt getötete Mädchen. Zu der im vorislamischen Arabien offenbar nicht seltenen Gewohnheit, neugeborene Mädchen zu töten, vgl. Sure 16:60/58-61/59, und auch Sure 17:33/31.
10 *Und die Bücher sind aufgeschlagen*] die Bücher, in welchen die guten und schlechten Taten des Menschen verzeichnet sind; vgl. Sure 82:10, 11.
22-24] Eine Schilderung des Offenbarungserlebnisses. Vgl. dazu Sure 53:2-18.

Sure 82 (*al-infiṭār*)

Die Sure weist im Stil große Ähnlichkeit mit Sure 81 auf und dürfte in der gleichen Zeit entstanden sein.
1 *Wenn die Himmel zerkloben sind*] wenn sich das Himmelsgewölbe spaltet.

Sure 83 (*al-muṭaffifūn*)

Die Sure wird von manchen muslimischen Erklärern für mekkanisch, von anderen für medinensisch angesehen. Auf Grund ihrer stilistischen Nähe zu den Suren der ersten mekkanischen Periode wird sie von den meisten Forschern dieser zugerechnet. Die Sure nimmt insofern eine Sonderstellung ein, als in ihr nicht die Leugnung Gottes und seines Gerichts, sondern moralische Verfehlungen als Grund für die Verdammnis beim Jüngsten Gericht thematisiert werden.
7 *Sidschin*] eine befriedigende Erklärung dieses Wortes wurde bisher nicht gefunden.
18 *Illiyūn*] das Wort geht wahrscheinlich auf hebr. ʿelyōn „das Höchste" zurück.
25 und 26 *Versiegelter Saft der Trauben*] Wein wurde in versiegelten Tonkrügen aufbewahrt. Normalerweise wurden Weinkrüge mit Pech versiegelt; der Wein des Paradieses ist mit Muskus, d.h. Moschus, versiegelt.
27 *Tesnim's Tau*] wie in der Antike trank man in Arabien den Wein mit Wasser vermischt. Bedeutung und Herkunft des Namens Tesnim sind unbekannt.

Erläuternde Anmerkungen 581

Sure 84 (*al-inšiqāq*)

Die der ersten mekkanischen Wirkensperiode Muhammads zugerechnete Sure hat, wie auch andere Suren dieser Periode (vgl. die Suren 81 und 82), den Jüngsten Tag zum Thema.
4 *Was sie in sich hält*] die Toten, welche die Erde in sich in den Gräbern birgt.
7 *Sein Buch*] die Schrift, in der seine guten und bösen Taten verzeichnet sind.
16 *Soll ich schwören*] vgl. die Anm. zu Sure 70:40.
22 *Die sich strauben*] des Reimes wegen statt „die sich sträuben".

Sure 85 (*al-burūǧ*)

Die von Rückert nicht übersetzten Suren 85-87 gehören in die erste mekkanische Wirkensperiode Muhammad.

Sure 86 (*aṭ-ṭāriq*)

Die Sure beginnt mit der Schwurformel „beim Himmel und dem nächtlich Ankommenden (Nachtwandler)", womit ein nächtlicher Wandelstern gemeint ist.

Sure 87 (*al-aʿlā*)

Die Sure beginnt mit einem Hymnus auf Gott, dem Höchsten. In den Schlußversen wird zum ersten Mal angedeutet, daß die Offenbarung des Koran mit der früherer Propheten übereinstimmt: (18) „Wahrlich, dies ist (auch) in den früheren Schriften, (19) den Schriften von Abraham und Mose enthalten."

Sure 88 (*al-ġāšiya*)

Die in die erste mekkanische Periode datierte Sure enthält die beiden Hauptmotive von Muhammads früher Verkündigung: die Warnung vor dem Jüngsten Gericht mit einer Schilderung der Höllenqual und der Paradieseswonne (Verse 1-16) sowie den Hinweis auf die Wunder der Natur als Zeichen der Schöpfermacht Gottes (Verse 17-20). Siehe S. XVII.

Sure 89 (al-faǧr)

Die Sure erweist sich durch die einleitende Schwurformel „Bei der Morgenröte" als der ersten mekkanischen Wirkensperiode zugehörig, obwohl manche Erklärer sie für medinensisch halten. Es werden die Völker der Vorzeit, die Ad und Thamud, eine Stadt namens Iram sowie auch Pharao als warnende Beispiele für Gottes Strafgericht genannt.

Sure 90 (al-balad)

Da die Sure der ersten mekkanischen Periode angehören dürfte, gilt es als sicher, daß mit der „Stadt" Muhammads Heimatstadt Mekka gemeint ist. Der in Mekka ansässige Stamm der Quraisch, dem auch Muhammad angehörte, wird auch in Sure 106 genannt. Siehe S. XIX.

Sure 91 (aš-šams)

Diese aus der ersten mekkanischen Wirkensperiode Muhammads stammende Sure ist wahrscheinlich die früheste Sure, in der das Motiv der Bestrafung eines Volkes wegen der Verleugnung eines Gottgesandten (Vers 14) anklingt.

Sure 92 *(al-lail)* und Sure 93 *(aḍ-ḍuḥā)*

Diese Suren werden von den meisten Forschern zu den ältesten Suren des Koran gerechnet. In Sure 93 werden persönliche Lebenserfahrungen Muhammads angesprochen. Die Überlieferungen berichten, daß sein Vater schon vor seiner Geburt verstorben war, und seine Mutter starb, als er etwa sechs Jahre alt war.

Sure 94 (aš-šarḥ)

Aus dem Anfangsvers von Sure 94, wo es wörtlich heißt: „Haben Wir dir nicht deine Brust geöffnet?" ist die Legende entstanden, daß dem Knaben Muhammad zwei Engel die Brust öffneten, um ihm alle Sündhaftigkeit zu nehmen.

4 *Und hoben dein Gedächtnis fast*] „dein Gedächtnis" wird im allgemeinen im Sinne von „das Denken an dich" verstanden, so daß damit „wir hoben dein Ansehen" gemeint sein könnte.

Erläuternde Anmerkungen 583

Sure 95 *(at-tīn)*

Die einleitende Schwurformel stellt die Sure in eine Reihe mit den Suren 85, 86, 89, 91-93 und 103 (ähnlich auch Suren 77, 79 und 100), wo der Schwur jedoch bei Erscheinungen des Firmaments erfolgt. Nur in dieser Sure findet sich der Schwur bei einer Frucht.
2 *Bei des Berges Giebeln*] Rückert hat hier dem Reim zuliebe frei übersetzt, wodurch der Bezug auf die alttestamentliche Tradition verloren geht. Im Texte heißt es: „Beim Berge Sinai".
3 *Und (bei) diesem Friedensgebiete*] der heilige Bezirk um die Kaaba in Mekka.

Sure 96 *(al-ʿalaq)*

Die Verse 1-4 gelten als die erste an Muhammad ergangene Offenbarung. Hierzu wird ein Bericht von Muhammads Frau Aischa (ʿĀʾiša) überliefert: „Die Wahrheit kam zu ihm, als er in der Einsamkeit einer Höhle auf dem Berg Ḥirāʾ war. Der Engel kam zu ihm und sagte: ‚Lies!'; Muhammad sagte: ‚Ich kann nicht lesen.' Dann ergriff ihn der Engel und preßte ihn, bis ihm fast die Sinne schwanden, ehe er von ihm ließ. Das wiederholte sich dreimal. Dann sprach der Engel: ‚Lies im Namen deines Herrn der schuf, den Menschen schuf aus zähem Blut ...'."
5-19] Nach der Überlieferung stehen diese Verse nicht in direktem Zusammenhang mit den Anfangsversen. Es ist in der Forschung umstritten, ob sich die Verse 5-8 einerseits und die folgenden Verse 9-19 andererseits auf bestimmte Personen, wie manche Erklärer meinen, beziehen oder ob die Aussage den Menschen im allgemeinen anspricht.
8 *Doch einst kommt er demütig*] zu Gott am Tag des Jüngsten Gerichts.
9-19] Wenn die Verse 10-19 sich tatsächlich auf eine bestimmte Person oder Situation beziehen, kann dieser Teil der Sure wohl erst entstanden sein, nachdem Muhammad bereits öffentlich mit seiner Sendung hervorgetreten war.
10 *Wann einer betet*] Diejenigen Erklärer, die Vers 9 auf eine bestimmte Person unter den Gegnern Muhammads beziehen, sind der Auffassung, daß „der Betende" Muhammad selbst sei.

Sure 97 (*al-qadr*)

Die Sure wird von den meisten Forschern zu den frühesten Teilen des Korans gezählt. Entgegen der üblichen Erklärung versteht Rückert *al-qadr* in Vers 1 und in der Surenüberschrift im Sinne von „Macht". Nach den muslimischen Koranerklärern bedeutet *al-qadr* hier „die Schicksalsbestimmung". Als die „Nacht der Schicksalsbestimmung" gilt der 27. Tag des Monats Ramadan.
1 *Wir sandten ihn hernieder*] Nach übereinstimmender Ansicht der Erklärer ist der Koran gemeint.

Sure 98 (*lam yakun*)

Die unübersetzt gebliebene kurze Sure ist in Medina entstanden. Sie enthält polemische Vorwürfe gegen die Ungläubigen und die Beigeseller.

Sure 99 (*az-zalzala*)

Die frühmekkanische, nicht übersetzte Sure enthält eine kurze dramatische Schilderung des Weltuntergangs am jüngsten Tag.

Sure 100 (*al-ᶜādiyāt*)

Der Einleitungsvers, dessen erstes Wort auch die Surenüberschrift bildet, rückt die Sure in die Nähe der Suren 37, 51, 77 und 79, deren Einleitungsverse ebenfalls Schwüre bei Wesen oder Naturgewalten enthalten.
1 *Die schnaubenden, die jagenden*] Eigentlich beginnt die Sure mit einer Schwurformel: „bei den schnaubenden, dahinjagenden Rossen".

Sure 101 (*al-qāriᶜa*)

Die aus der frühmekkanischen Periode stammende Sure nennt die Stunde des Anbruchs des Jüngsten Tags „die Klopfende": die Erde bebt und wird aus ihren Grundfesten gerissen.

Sure 102 (*at-takāṯur*)

Die Sure wird von den meisten Forschern zu den frühesten Suren gerechnet.

Erläuternde Anmerkungen 585

Die Kritik am Besitzstreben des Menschen steht thematisch Sure 104 (von Rückert nicht übersetzt) nahe.

Sure 103 *(al-ʿaṣr)*

Das Wort *al-ʿaṣr* in Vers 1, das der Sure den Titel gibt, kann sowohl „der Nachmittag" als auch „das Nachmittagsgebet" bedeuten. Da die Gebetszeiten in der frühmekkanischen Wirkensperiode Muhammads, in der diese Sure entstanden sein dürfte, noch nicht festgelegt waren, wählen die meisten Übersetzer „Nachmittag". Die einleitende Schwurformel hat Parallelen in anderen Einleitungsversen: „bei der Morgenröte" (Sure 89), „bei der Nacht, wenn sie dunkelt" (Sure 92) und „beim Tag, der steigt" (Sure 95).

Sure 104 *(al-humaza)*

Diese frühmekkanische Sure tadelt wie Sure 102 das Besitzstreben des Menschen: „(1) Wehe jedem Spötter, (2) der Gut zusammenrafft und es nachzählt, (3) der glaubt, sein Gut werde ihm Ewigkeit verleihen."

Sure 105 *(al-fīl)*

Die zu den Suren der ersten mekkanischen Wirkensperiode Muhammads gerechnete Sure spielt auf einen Feldzug des äthiopischen Statthalters im Jemen, Abraha, an, den dieser um 575 gegen Mekka unternahm, wobei er Kriegselefanten mit sich führte. Die Errettung der Stadt Mekka von der drohenden Gefahr wird in dieser Sure als eines der Wunderzeichen Gottes angesehen.

Sure 106 *(Quraiš)*

Diese frühmekkanische Sure wendet sich an den herrschenden Stamm der Quraisch in Mekka, dem auch Muhammad angehörte. Der Wohlstand der Quraischiten beruhte auf dem Handel zwischen Südarabien und dem unter byzantinischer Herrschaft stehenden syrisch-palästinensischen Raum. Wie in Sure 105 werden die Stammesangehörigen Muhammads zur Dankbarkeit an Gott ermahnt, dem sie ihren Reichtum verdanken.
1 *Der Brüderschaft Koreisch*] der von Rückert mit „Brüderschaft" übersetzte Ausdruck wird sehr unterschiedlich gedeutet; manche Erklärer verstehen ihn als „Zusammenstellung", so daß dann „wegen

der Zusammenstellung der Handelsreise im Winter und im Sommer" übersetzt wird.
3 *Sollen sie den Herrn anbeten dieses Hauses*] Gott, den „Herr des Hauses", d.h. der Kaaba in Mekka.

Sure 107 (*al-māʿūn*)

Wie die Sure 105 und 106 gehört auch diese Sure wahrscheinlich zu den frühesten Verkündigungen Muhammads, mit denen er die Mekkaner zu einem gottgefälligen Leben ermahnt und sie vor Gottes Gericht am Jüngsten Tag warnt.
7 *Und weigert das Gerät*] der „Gerät" übersetzte Ausdruck, der auch im Surentitel erscheint, wird unterschiedlich gedeutet: die meisten europäischen Übersetzer haben sich für „Beistand, Hilfeleistung" entschieden: „und verweigert die Hilfeleistung".

Sure 108 (*al-kauṯar*)

Das Wort *kauṯar* wird von den meisten Kommentatoren als „Überfluß" gedeutet. Die Muslime verstehen das Wort nicht im materiellen Sinn, sondern als den Überfluß an Gnade und prophetischer Inspiration, mit der Gott Muhammad ausgezeichnet hat.

Sure 109 (*al-kāfirūn*)

Diese Sure enthält die erste Lossagung von den Ungläubigen, die die Sendung Muhammads nicht annehmen wollen. Die Aussage, daß Muhammad nur als Warner und Verkünder der Botschaft Gottes gesandt sei, jedoch die Ungläubigen nicht zum Glauben zwingen und nicht für deren Unglauben verantwortlich gemacht werden könne, findet sich wiederholt im Koran; vgl. z.B. Sure 88:21.

Sure 110 (*an-naṣr*)

Die Sure wird von den meisten Forschern in die letzte Lebenszeit Muhammads datiert. Sie fällt allerdings durch fragmentarische Kürze aus dem Rahmen der sonstigen medinensischen Suren und weist, was ebenfalls ungewöhnlich ist, keinen Reim auf.

Erläuternde Anmerkungen

Sure 111 *(tabbat)*

Diese Sure ist die einzige, in der einer der mekkanischen Gegner Muhammads mit Namen genannt wird: Abū Lahab „Vater der lodernden Flammen", ein Beiname – vielleicht aber eher ein Schimpfname – von ʿAbdalʿuzzā, einem Halbbruder von Muhammads Vater, der von Anfang an Muhammads religiöse Sendung bekämpfte.

1] Der Vers wird von manchen Erklärern als Wunschsatz oder Fluch verstanden: „Mögen die Hände Abū Lahabs verderben!". Gegen diese Deutung wird jedoch geltend gemacht, daß ein solcher Fluch nicht Gotteswort sein könne.

3 *Des Feuers Brast*] des Feuers Brand. Rückert hat das Wort „Brast" als Kontamination aus Brand und Brunst um des Reimes willen geprägt.

Sure 112 *(al-iḫlāṣ)*

Die Sure, die in die erste mekkanische Periode datiert wird, wird oft als eine Art Glaubensbekenntnis gesprochen. In ihr wird bereits deutlich die Ablehnung der christlichen Vorstellung von der Gottessohnschaft Jesu Christi angesprochen.

Suren 113 *(al-falaq)* und 114 *(an-nās)*

Beide Suren, deren Entstehungszeit sehr unterschiedlich beurteilt wird, werden wegen ihres Beschwörungscharakters und nach ihren Anfangsworten „Ich nehme meine Zuflucht zu …" die „beiden gegen Unheil feienden Suren" *(al-muʿauwiḏatāni)* genannt.

Sure 113:4 *Nestelknüpfender Weiber*] wörtlich heißt es „Knotenbespuckender Weiber"; mit dem Bespucken von Knoten soll eine bestimmte magische Zauberpraxis verbunden gewesen sein.

Anhang:
Im Koran häufig vorkommende Begriffe und Namen

Die in Rückerts Koranübersetzung wiederholt vorkommenden Begriffe sowie im Koran häufig genannte Namen werden in diesem Anhang in alphabetischer Reihenfolge angeführt und erläutert. In den Anmerkungen zu den einzelnen Koranversen wird da, wo solche Namen und Begriffe erwähnt werden, jeweils auf diesen Anhang verwiesen.

Abraham (arab. *Ibrāhīm*): Die Gestalt Abrahams nimmt eine herausragende Stellung im Koran ein. Mehrfach wird erzählt, wie er die Nichtigkeit der Götzenbilder erkennt und sich von der als falsch erkannten Religion seines Volkes und sogar von seinem Vater abwendet (vgl. vor allem Sure 21:52/51-73, und Sure 19:42/41-51/50). Er ist damit zum Vorbild der reinen monotheistischen Gottesverehrung geworden und der Islam ist mit dem Glauben Abrahams identisch (Sure 2:125/131-126/132, Sure 4:124/125, und Sure 22:77/78). Abraham wird daher auch ein „Ergebener" *(muslim)* genannt (Sure 3:60/67). Er war weder Jude noch Christ, denn obwohl Juden und Christen sich ebenfalls auf ihn berufen, haben sie seinen reinen Monotheismus nicht bewahrt und sich in dogmatischen Fragen zerstritten. Daher behaupten Christen und Juden jeweils für sich, die einzig wahre Religion zu vertreten (Sure 2:129/135-130/136). Abrahams Gottergebenheit wird von Gott auf die Probe gestellt, indem er von ihm die Opferung seines Sohns verlangt (Sure 37:98/100-113). Im Koran wird Abraham als der Begründer des Heiligtums in Mekka geschildert. Zusammen mit seinem Sohn Ismael, der schon im Alten Testament (Genesis 25, 13-15) als Stammvater arabischer Stämme genannt wird, erbaute er in Mekka das „geweihte Bethaus", worin Gott als einziger verehrt werden soll, ohne daß ihm andere Götter beigesellt würden (Sure 2:119/125-122/128, und Sure 14:38/35-40/37).

Ad: ʿĀd ist der Name eines mythischen arabischen Volkes. Nach arabischer Überlieferung wurde zu ihnen der Prophet Hūd gesandt, welcher der alttestamentlichen Tradition unbekannt ist. Wie das Volk Noahs werden die arabischen Völker ʿĀd und Thamud im Koran mehrfach unter denjenigen Völkern genannt, die von Gott vernichtet wurden, zur Strafe dafür, daß sie der Verkündigung der zu ihnen gesandten Gottesboten keinen Glauben schenkten.

Beigeseller: s. → Gottgeseller.

Bethaus: „Das heilige Bethaus" oder „das geweihte Bethaus" *(al-masǧid al-ḥarām)* ist die Kaaba *(kaʿba* „Würfel") in Mekka, ein würfelförmiger Bau inmitten eines heiligen Bezirks. An seiner östlichen Ecke ist ein schwarzer Meteorit eingemauert. An manchen Stellen wird die Kaaba im Koran einfach „das Haus" oder das „geweihte Haus" *(al-bait al- ḥarām)* genannt (vgl. hier unter Haus). Schon vor der Zeit Muhammads war die Kaaba ein wichtiges Kultzentrum der arabischen Stämme Zentralarabiens, zu dem einmal im Jahr eine überregionale Wallfahrt, der Hadsch *(ḥaǧǧ)* stattfand. Der Überlieferung nach stand dieses Kultzentrum allen religiösen Gruppen offen. Muhammad akzeptierte schon zu Beginn seiner prophetischen Sendung die Kaaba als Haus Gottes, indem er die Mekkaner in Sure 106:3, auffordert, den „Herrn dieses Hauses" zu verehren. Nach dem Koran wurde das mekkanische Heiligtum von Abraham und seinem Sohn Ismael erbaut (vgl. Sure 2:118/124-122/128).

Dienst: s. → Gottesdienst.

Dschihad: der arab. Ausdruck *ǧihād* bedeutet „alle Kraft für die Sache Gottes einsetzen", sei es unter Einsatz des eigenen Leben oder auch des Vermögens. Vom *ǧihād* wird im Koran zunächst in diesem allgemeinen Sinn gesprochen; vgl. Sure 29:5/6, wo Rückert „heiliger Kampf" übersetzt, später aber wird es speziell auf den Kampf mit der Waffe zur Sicherung der Glaubensgemeinschaft bezogen; vgl. Sure 8:73/72.

Dschinn, Dschinnen: Menschen und Dschinn (Genien) sind nach koranischer Anschauung gleichermaßen von Gott erschaffene Wesen. Doch sind die Dschinn nicht wie der Mensch aus Erde, sondern aus dem Feuerelement geschaffen (vgl. Sure 55:13/14, 14/15). Die Aufforderung zum Glauben an Gott ergeht sowohl an die Menschen wie auch an die Dschinn. Beide Gruppen von Wesen trifft auch die göttliche Strafe, wenn sie die Gottesbotschaft verleugnen (vgl. Sure

46:17/18). Zu den Dschinn wird auch der Verführer des Menschen Iblis (s. d.) gerechnet. Zu Muhammads Zeit scheinen die Dschinn in Arabien als halbgöttliche Wesen verehrt worden zu sein, mit denen man in übersinnlichen Kontakt treten wollte, um ihre Geheimnisse zu erfahren (vgl. Sure 72:6).

Ergeben: s. → Gottergeben.

Ergebung: wörtliche Bedeutung des Wortes Islam (vgl. Sure 3:79/85 und Sure 39:23/22); s. → Gottergeben.

Feldaraber: Hiermit sind im Gegensatz zur städtischen Bevölkerung Mekkas und Medinas die Angehörigen der arab. Nomadenstämme (Beduinen) gemeint. Die arabischen Stämme schlossen sich in den letzten Lebensjahren Muhammads seiner Glaubensgemeinschaft an, nachdem Muhammad mehr und mehr die Oberhand über Mekka gewonnen hatte. Sie erwiesen sich aber, da sie nicht aus religiöser Überzeugung, sondern überwiegend in Hoffnung auf Beute sich dem Islam angeschlossen hatten, als wenig zuverlässig. Nach Muhammads Tod versuchten die meisten Beduinenstämme ihre Unterwerfung unter die muslimische Herrschaft abzuschütteln.

Feuer: Das Höllenfeuer wird im Koran meist einfach „das Feuer" genannt. Daneben findet sich oft auch Gehenna (s. unten) als Name der Hölle.

Garten: Der Paradiesesgarten wird im Koran meist einfach als Garten bezeichnet. Andere Namen des Paradieses, die im Koran vorkommen, sind *firdaus* „Paradies" und ʿ*adn* (Eden; Sure 61:12).

Gehenna: die Hölle; das arab. *ǧahannam* (Gehenna) geht über das Äthiopische auf hebr. *gēhinnōm* „Tal von Hinnom" zurück. Das Wort wurde schon im nachbiblischen Judentum als Name der Hölle gebraucht.

Gesandter: s. → Gottgesandter.

Gleichnis: Der Koran verwendet das Wort „Gleichnis" in einem sehr weiten Sinn. Oft hat es die Bedeutung „beispielhaftes Vorbild", an an-

Anhang: Im Koran häufig vorkommende Begriffe und Namen 591

deren Stellen heißt es von Gott, daß er Gleichnisse prägt. Damit können sowohl gleichnishafte Erzählungen als auch Ereignisse gemeint sein, die den Menschen als Gleichnis dienen sollen. An manchen Stellen (z.b. Sure 16:62/60) heißt es, Gott gebühre das „höchste Gleichnis".

Gottergeben oder **Ergeben:** So übersetzt Rückert an vielen Stellen den Ausdruck Muslim, der im Koran zuerst in diesem allgemeinen Sinn und erst später als Bezeichnung der gläubigen Anhänger Muhammads gebraucht wird. In den letzten Jahren von Muhammads Wirken wird Muslim dann zur Selbstbezeichnung der Anhänger der neuen Religion. Vgl. Rückerts Anm. zu Sure 2:122/128. Entsprechend übersetzt Rückert Islam mit „Ergebung" (z.B. Sure 2:79/85), und „ergib dich", wo man auch „werde Muslim" interpretieren könnte (Sure 2:125/131).

Gottesdienst (Dienst): das von Rückert so übersetzte arab. Wort *dīn* wird von anderen Übersetzern meist durch „Religion, Glaube" wiedergegeben. Der Begriff *dīn* umfaßt den Gottesdienst im umfassenden Sinn, nämlich den Glauben sowie die Riten und das Sittengesetz, also alles, was Gott einem Volk durch seine Gesandten als religiöse Verhaltensnormen vorschreibt. Vgl. auch Sure 2:257/256, wo der Grundsatz „es gibt keinen Zwang im Gottesdienst, d.h. in der Religion" verkündet wird. Den Christen, und zum Teil auch den Juden, wird im Koran der Vorwurf gemacht, daß sie ihre Religion spalteten, womit auf den Glaubensstreit zwischen Christen und Juden einerseits und auf die dogmatischen Kirchenspaltungen andererseits angespielt wird.

Gottgesandte: Die von Gott den Völkern gesandten Glaubensverkünder und Propheten; sie werden im Koran oft nur „Gesandte" genannt. Nach der koranischen Geschichtsauffassung sendet Gott jedem Volk einen Gesandten, der es zum Glauben an den einen Gott, den Schöpfer aller Dinger ermahnt und vor Gottes Gericht am Jüngsten Tag warnt. Viele Völker nehmen jedoch diese Ermahnung nicht an und erklären die Gottgesandten für Lügner. Gott bestraft diese ungläubigen Völker, indem er sie vernichtet, wie er Noahs Volk durch die Sintflut untergehen ließ. Jedoch vernichtet er kein Volk, ohne daß es zuvor durch einen Gesandten gewarnt wurde (vgl. Sure 12:109 und die Anm. dazu). In Sure 33:40 (von Rückert nicht übersetzt) heißt es

„Muhammad ...ist der Gesandte Gottes und das Siegel der Propheten". „Siegel der Propheten" bedeutet nach muslimischer Auffassung den Abschluß der Reihe der Propheten, d.h. daß Gott nach Muhammad keine weiteren Propheten senden wird.

Gottgeseller, Gottgesellung: Gott andere Götter beizugesellen (ar. *širk*) und ihnen Teilhabe an Gottes Macht zuzubilligen, wird im Koran wiederholt als die schwerste und von Gott nicht zu verzeihende Sünde bezeichnet. Diejenigen, die dem einen, wahren Gott andere, falsche und ohnmächtige Götter, „die nicht schaden und nicht nützen können", zur Seite stellen, und damit gegen Gottes oberstes Gebot, ihn allein zu verehren und ihm für die Fürsorge, die er seiner Schöpfung zukommen läßt, dankbar zu sein und ihn allein zu verehren, werden im Koran *mušrikūn* „Beigeseller, Gottgeseller" genannt. Der Ausdruck wird in anderen Koranübersetzungen meist mit „Heiden" oder „Götzendiener" wiedergegeben. Die Gott zur Seite gestellten falschen Götter bezeichnet Rückert als „Gottgesellen" (z.B. Sure 6:137/136) oder „Hülfsgötter" (Sure 16:29/27).

Haus: das geweihte Haus (Sure 5:98/97), das erste Haus (Sure 3:90/96), das alte Haus (Sure 22:34/33) und manchmal einfach nur das Haus (Sure 2:119/125) ist die Kaaba in Mekka; s. → Bethaus. – In anderer Bedeutung wird das Wort „Haus" gebraucht, wenn z.B. vom „Lohn des Hauses" gesprochen wird (vgl. Sure 13:22, 24, sowie Sure 28:37); es ist dann das Paradies als die Heimstatt gemeint, mit der die Gläubigen im Jenseits belohnt werden.

Heiliger Kampf: s. → Dschihad.

Hud: Hūd ist der Name des Propheten, der zu dem mythischen Volk der Ad gesandt worden war; s. → Ad.

Huris: eigtl. „diejenigen, deren Augen tiefschwarz und hellweiß sind", die ewig jugendlichen Paradiesesjungfrauen, die den gläubigen Männern im Paradies vermählt werden; vgl. über sie Sure 52:20; Sure 55:56,72 und Sure 56:22.

Iblis: Iblis ist der Name des Verführers des ersten Menschenpaares, Adam und seines Weibs, im Paradiesesgarten. Der Name ist wahr-

Anhang: Im Koran häufig vorkommende Begriffe und Namen 593

scheinlich aus dem griech. Wort *diabolos* entstanden, von dem auch unser „Teufel" herstammt. Nach Sure 18:48/50 gehörte Iblis zu den aus Feuer erschaffenen Wesen, die Dschinn (s.d.) genannt werden.

Ismael: Der Sohn Abrahams und seiner Magd Hagar. Er wurde, wie Genesis 16,15 berichtet wird, nach der Geburt Isaaks mit seiner Mutter nach Arabien vertrieben. Er gilt daher als der Stammvater der Araber. Ihm und seinem Vater Abraham wird im Koran die Gründung des mekkanischen Heiligtums, der Kaaba, zugeschrieben. Vgl. Sure 2:118/124-122/128.

Knecht: Der Mensch ist Gottes Knecht; daher spricht Gott die Menschen im Koran mit dem Ausdruck „Meine Knechte" an; z.B. Sure 15:42.

Koran: Koran (arab. *qurʾān*) bedeutet ursprünglich „Lesung", womit ein liturgischer Text zur Lesung im Gottesdienst gemeint ist. Wo im Korantext von „Koran" gesprochen wird, sind also fast immer einzelne Abschnitte des Textes gemeint (vgl. Sure 25:34/32). In seiner Spruchsammlung „Die Weisheit des Brahmanen" hat Rückert den Gedanken dieses Koranverses folgendermaßen dichterisch formuliert:

„Und wenn ihr fragt, warum wir euch kein Ganzes geben?
Wir geben es euch so, wie wir's empfangen eben.
Mir zur Erquickung gab in einzelnen Augenblicken
Es Gott, und also mög' es einzeln euch erquicken."

Erst nachdem die koranische Offenbarung abgeschlossen vorlag, wurde das Wort Koran zum Namen des gesamten Offenbarungsbuchs. In mehreren Suren wird ausdrücklich von einem „arabischen Koran" gesprochen. Die Ungläubigen können sich also nicht darauf berufen, daß ihnen die Offenbarung unverständlich sei, wie dies bei den hebräischen oder aramäischen Bibeltexten der Fall war. Mit der Betonung, daß die Offenbarung in „klarer arabischer Sprache" erfolge, wird auch der gegen Muhammad erhobene Vorwurf zurückgewiesen, er habe den Koran von Juden oder Christen übernommen, deren kultische Texte nicht in arabischer Sprache abgefaßt waren. Vgl. auch die Anm. zu Sure 14:4.

Leugnung, Verleugnung: Unglauben.

Midjan: Die schon im Alten Testament genannten Midianiter werden in Sure 7:83/85, als ein Volk genannt, zu dem der Prophet Schoaib *(Šuʿaib)* entsandt wurde. An anderen Stellen, z.B. Sure 26:176-177, werden sie als „die Leute von Aika" bezeichnet. Schoaib wird von den muslimischen Kommentatoren mit dem im Alten Testament (vgl. Exodus 2, 15-21 und Exodus 18, 1 folgende) genannten Priester der Midianiter Jethro gleichgesetzt, von dem zwar in Sure 28:23-28, die Rede ist, jedoch ohne daß sich an dieser Stelle irgendein Hinweis auf den Propheten Schoaib findet.

modeln: Gott modelt die Koranverse; s. hierzu die Anm. zu Sure 6/46.

Nießbrauch: Vorübergehende Nutzung und Gebrauch der irdischen Güter; Gott ist der Herr seiner Schöpfung, Er versorgt den Menschen mit allem Lebensnotwendigen und stellt ihm seine Schöpfung zu vorübergehendem Nießbrauch zur Verfügung; vgl. Sure 3:182/185). Am Jüngsten Tag nimmt Er jedoch seine Schöpfung wieder zurück; alle Geschöpfe werden zu ihm zurückgebracht. Gott ist also letztlich der Erbe aller Besitztümer (vgl. Sure 15:23).

Nutznießung: d.h. Nießbrauch (Sure 11:50/48).

Salih: *Ṣāliḥ* ist der Name des zu dem Volk der Thamud gesandten Propheten; s. → Thamud.

Schoaib: der zu den Midianitern gesandte Prophet Schoaib *(Šuʿaib)* entstammt der arabischen Tradition. Er wird im Koran „ihr Bruder Schoaib" genannt, womit gesagt sein soll, daß er nicht aus der Fremde kam, sondern einer der ihren war. Von den Koranerklärern wird er mit dem im Alten Testament genannten Priester der Midianiter Jethro gleichgesetzt.

Schriftbesitzer, Schriftinhaber, Leute der Schrift, Volk der Schrift: s. → Volk der Schrift.

Siglen: Am Beginn von 29 Suren stehen Siglen, die aus zwei bis fünf Buchstaben bestehen. Sie werden oft die „geheimnisvollen Buchstaben" genannt, weil über ihre Bedeutung und über den Grund, warum sie vor den Surentext gestellt wurden, nichts Sicheres überliefert ist.

Anhang: Im Koran häufig vorkommende Begriffe und Namen 595

Man vermutet, daß es sich um Abkürzungen von alten Surentiteln handeln könnte, doch gibt es auch andere Hypothesen. Unter den Suren, die mit solchen Siglen beginnen, hebt sich eine Gruppe von sieben Suren (Sure 40-46) heraus, die das Siglum *ḥā-mīm* aufweisen. Sechs Suren beginnen mit dem Siglum *alif-lām-mīm*. Das Siglum *ṭā-hā* von Sure 20 und das Siglum *yā-sīn* von Sure 36 sind unter Muslimen als Männernamen beliebt, da manche Koranautoritäten die Auffassung vertraten, es handele sich um Namen Muhammads, mit denen Gott ihn angesprochen habe.

Sohn des Wegs: der Ausdruck wird von den einen als „derjenige, der auf Reisen ist" verstanden, von anderen als „derjenige, der sich auf Gottes Weg befindet", d.h. sich kämpfend für den Glauben einsetzt.

Standort Abrahams: in Anknüpfung an den Gründungsmythos der Kaaba in Mekka (Sure 2:118/124-123/128), nach welchem diese von Abraham und Ismael als erstes Gotteshaus errichtet wurde, heißt heute noch ein Gebetsplatz auf dem die Kaaba umgebenden Hof „Standort Abrahams" *(maqām Ibrāhīm)*.

Stunde: Der Anbruch des Weltenendes mit Auferstehung und Jüngstem Gericht wird oft im Koran als „die Stunde" bezeichnet. Mehrfach heißt es, daß nur Gott allein die Kenntnis besitzt, wann die Stunde eintreten wird.

Sühnungssteuer: Rückerts Wiedergabe des Wortes arab. *zakāh*, das gewöhnlich mit „Almosensteuer" übersetzt wird, greift den ursprünglich damit verbundenen Sinn der Reinigung und Entsühnung durch Almosengaben auf. Das Wort ist aus aram.-hebr. *zākūt* „Reinigungsalmosen" ins Arabische übernommen worden.

Sure: Als „Sure" wird im Koran ein geschlossener Abschnitt der Offenbarungsschrift bezeichnet; die im Koran damit gemeinten Abschnitte sind jedoch nicht identisch mit der später vorgenommenen Einteilung des Textes in 114 Suren.

Tag der Urständ: Tag der Auferstehung.

Thamud: Ṯamūd ist der Name eines altarabischen Stammes, der auch in antiken Quellen genannt wird, zur Zeit Muhammads jedoch nur noch der Sage nach bekannt war. Man schrieb den Thamud die Ruinenstätten der Nabatäer im nordwestlichen Arabien zu. Zu diesem Volk war der Prophet Salih *(Ṣāliḫ)* gesandt worden. Er wird als solcher nicht nur im Koran genannt, sondern kommt auch in anderen arabischen Überlieferungen vor. Nach ihm erhielt das alte Ḥiǧr (vgl. die Anm. zur Überschrift von Sure 15) den heute üblichen Namen Madā'in Ṣāliḫ. Auf die Sage vom Propheten Ṣāliḫ kommt der Koran mehrmals, z.B. in Sure 7:71/73, Sure 17:61/59, und in Sure 26:141-158, zu sprechen.

Umma: „Religonsgemeinschaft, Volk". Unter *umma* wird im Koran eine durch gemeinsamen Glauben und gemeinsames Sittengesetz geformte Volksgemeinschaft verstanden. Die Menschheit war ursprünglich eine einzige *umma;* doch sandte Gott jedem Volk einen Glaubensboten, so daß verschiedene Religionsgemeinschaften entstanden. Die Verschiedenheit der religiösen Gemeinschaften ist also in Gottes Willen begründet; denn wollte Er es, so könnte Er alle Menschen zu einer einzigen Religionsgemeinschaft zusammenschließen (vgl. Sure 16:86/84 und 95/93). Rückert übersetzt den koranischen Ausdruck *umma* sehr unterschiedlich, nämlich als „Volksstamm, Stamm, Völkerzunft, Volksgilde, Geschlecht".

Urständ: s. → Tag der Urständ.

Verleugner: Die Ungläubigen.

Volk, Volksgilde, Volksstamm, Völkerzunft: s. → Umma.

Volk der Schrift: die Juden und Christen, die die Offenbarungsschrift schon früher durch ihre Gottgesandten, nämlich Mose und Jesus, empfangen haben. Sie werden im Koran „Leute" oder „Besitzer der Schrift" *(ahl al-kitāb)* genannt. In den medinensischen Suren sind mit diesem Ausdruck jedoch meist nur die Juden gemeint.

Wallfahrt: Die große Wallfahrt, der Hadsch *(ḥaǧǧ),* findet jährlich einmal statt, sie beginnt am 7. Tag des Monats Dhu l-Hidscha *(ḏū l-ḥiǧǧa)* des muslimischen Jahres. Dieses Wallfahrtsfest wurde von den Mek-

Anhang: Im Koran häufig vorkommende Begriffe und Namen 597

kanern und den umliegenden arabischen Stämmen schon in vorislamischer Zeit gefeiert. Durch den Koran wurde es im islamischen Glauben verankert, indem es auf Abrahams Wirken in Mekka zurückgeführt wurde.

Zeichen: Zeichen sind im Koran stets die von Gott gesetzten Zeichen, die den Menschen zum Glauben führen sollen. Als solche Zeichen werden sowohl die Wunder der Schöpfung, wie auch die Strafen, mit denen Gott die Ungläubigen vertilgt, bezeichnet. Aber auch die Offenbarung des Korans ist ein solches Zeichen, das Gott setzt, um den Menschen zu ermahnen und zum Glauben zu führen. Daher wird auch der einzelne Koranvers „Zeichen" *(āya)* genannt. In welcher Bedeutung das Wortes „Zeichen" im Einzelfall gemeint ist, läßt sich nur aus dem Zusammenhang ersehen.